Entscheidungen

des

Reichsgerichts.

Herausgegeben

von

den Mitgliedern des Gerichtshofes
und der Reichsanwaltschaft.

Entscheidungen in Zivilsachen.

1[illegible]. Band.

Berlin und Leipzig 1927

Walter de Gruyter & Co.

vormals G. J. Göschen'sche Verlagshandlung · J. Guttentag, Verlagsbuchhandlung · Georg Reimer · Karl J. Trübner · Veit & Comp.

Entscheidungen

des

Reichsgerichts

in

Zivilsachen.

---

117. Band.

Berlin und Leipzig 1927

Walter de Gruyter & Co.

vormals G. J. Göschen'sche Verlagshandlung - J. Guttentag, Verlagsbuchhandlung - Georg Reimer - Karl J. Trübner - Veit & Comp.

Druck von Metzger & Wittig in Leipzig

Inhalt.

I. Bürgerliches Recht.

a. Reichsrecht.

III. Gerichtliches Verfahren.

1. Zur Ausgleichungspflicht der Mitbürgen untereinander.

BGB. §§ 774, 426.

IV. Zivilsenat. Urt. v. 4. April 1927 i. S. Sch. (Kl.) w. H. u. Gen. (Bekl.). IV 608/26.

I. Landgericht II Berlin.
II. Kammergericht daselbst.

Der Kläger und der Beklagte zu 2 sind Gesellschafter der Suprema-Film GmbH. Die Beklagten zu 1 und 3 sind vom Beklagten zu 2 an seinem Gesellschaftsanteil mitbeteiligt worden. Die Parteien sowie weitere Gesellschafter der Suprema-Film GmbH. haben für zwei Forderungen des Freiherrn von G. an die Suprema, die eine auf Zahlung von 35000 GM, die andere auf Rückgewährung geliehener Aktien im Übergabewert von 25000 GM gerichtet, die Bürgschaft übernommen. In einem vom Kläger mit v. G. abgeschlossenen Vergleich vom 17. Januar 1925 hat der Kläger sich zur ratenweisen Abtragung der Forderungen verpflichtet, wobei bestimmt wurde, daß, soweit der Kläger gemäß dem Vergleich den Gläubiger befriedige, dessen Ansprüche an die Bürgen auf den Kläger übergehen sollen. Freiherr von G. hat dann am 1. Juni 1925 diese Ansprüche an den Kläger abgetreten, soweit er von ihm befriedigt worden war.

Der Kläger verlangt im Urkundenprozeß auf Grund des Vergleichs und der Abtretung sowie auf Grund des kraft Gesetzes eingetretenen Rechtsübergangs den Ersatz der von ihm bewirkten Leistungen von den Beklagten als Gesamtschuldnern. Das Landgericht hat seiner Klage stattgegeben. Das Berufungsgericht hat die Klage als in der gewählten Prozeßart unstatthaft abgewiesen. Die Revision des Klägers führte zur Aufhebung des Berufungsurteils und Zurückverweisung.

Gründe:

Das Berufungsgericht geht davon aus, daß der Kläger für seine Zahlungen an den Gläubiger v. G. von seinen Mitbürgen Ersatz nicht in vollem Umfang und nicht von ihnen als Gesamtschuldnern beanspruchen könne. Er habe nach § 774 Abs. 2, § 426 BGB. nur ein beschränktes Rückgriffsrecht. Jeder einzelne der Mitbürgen hafte ihm gesondert zu einem bestimmten Anteil, der durch das zwischen den Bürgen bestehende Rechtsverhältnis bestimmt werde. Der hiergegen von der Revision erhobene Einwurf, daß § 774 BGB. auf eine vertragsmäßige Abtretung der Rechte des Gläubigers keine Anwendung finden könne, ist nicht begründet. Mit Recht hat hierzu das Berufungsgericht ausgeführt, daß es für das Rückgriffsrecht des Bürgen gegen seine Mitbürgen unerheblich ist, ob die Rechte des Gläubigers auf ihn kraft Gesetzes oder kraft Vertrags übergegangen sind. Im übrigen liegt hier die Sache so, daß in der Urkunde vom 1. Juni 1925 die vertragliche Abtretung nur insoweit erfolgt ist, als der Kläger den Gläubiger befriedigt hat. Hat aber der Kläger den Gläubiger befriedigt, so ist schon kraft Gesetzes die Forderung des Gläubigers auf den Kläger übergegangen. Der vertraglichen Abtretung kommt daneben keine weitere Bedeutung zu als der einer Bestätigung des bereits erfolgten Rechtsübergangs.

Im Anschluß an RGZ. Bd. 88 S. 122 nimmt das Berufungsgericht weiter an, daß nach dem zwischen den Bürgen bestehenden Innenverhältnis diese untereinander die Bürgschaftsschuld nach dem Verhältnis ihrer Beteiligung an der Suprema-Film GmbH. aufzubringen haben. Da die Beklagten zu 1 und 3 nicht selbst Gesellschafter der Suprema sind, sondern nur vom Beklagten zu 2 an seinem Gesellschaftsanteil beteiligt worden sind, so scheint das Berufungsgericht unter der Beteiligung an der Gesellschaft eine solche zu verstehen, die sich bei Berücksichtigung jener Unterbeteiligung ergibt. Für die hieraus gefolgerte Einschränkung der Ausgleichungspflicht der drei Beklagten reichen aber die vom Berufungsgericht zur Begründung herangezogenen Erwägungen der angeführten Reichsgerichtsentscheidung nicht aus. Dort wird ausgeführt, daß die Gesellschafter einer Gesellschaft mit beschränkter Haftung in einem Vertragsverhältnis zueinander stehen und daß das in diesem festgesetzte Beteiligungsverhältnis an der Gesellschaft auch die natürliche Grundlage für die Ausgleichung unter den Gesellschaftern bildet, wenn diese als Bürgen für eine Schuld der Gesellschaft eintreten. Die Beklagten zu 1 und 3 stehen aber nur in einem Gesellschaftsverhältnis mit dem Beklagten zu 2, nicht mit dem Kläger und den anderen Mitbürgen. Immerhin kann es wohl sein, daß nach ausdrücklicher oder aus der ganzen Sachlage sich ergebender stillschweigender Vereinbarung aller Bürgen oder wenigstens der Parteien im Innenverhältnis die Unterbeteiligung wie eine Gesellschaftsbeteiligung gelten soll. In dieser Richtung bedarf es jedoch noch weiterer Feststellung, und soweit hierzu ein Beweis zu erbringen ist, muß er von den Beklagten mit den im Urkundenprozeß zulässigen Beweismitteln geführt werden (vgl. § 426 BGB.).

Das Berufungsgericht glaubt unerachtet des von ihm angenommenen Ausgleichungsverhältnisses nicht in der Lage zu sein, die hiernach die Beklagten treffenden Ausgleichungsbeträge festzustellen. Zur Errechnung dieser Beträge — meint das Berufungsgericht — wäre erforderlich, daß erwiesen wäre, welche Leistungen sämtliche Bürgen vor dem vom Gläubiger mit dem Kläger abgeschlossenen Vergleich vom 17. Januar 1925 und ferner, welche Leistungen sie nach jenem Vergleich an den Gläubiger bewirkt haben. Die ersteren seien von der verbürgten Hauptschuld in vollem Umfang, die letzteren insoweit abzuziehen, als die betreffenden Bürgen mehr geleistet hätten, als ihr Anteil an der Gesamtschuld betragen habe, weil insoweit diese Bürgen ihrerseits den Rückgriff gegen die Beklagten gemäß dem Beteiligungsverhältnis nehmen könnten. Erst aus der nach diesen Abzügen festzustellenden Restschuld könnten die auf die Beklagten entfallenden Beträge berechnet werden. Hierbei käme auch in Betracht, ob infolge der Nichtübernahme der Bürgschaft durch den Gesellschafter J. sich im Innenverhältnis die Haftung der Mitbürgen um den dem Gesellschaftsanteil des J. entsprechenden Betrag erhöht habe. Alle hiernach zur Ermittlung der Ausgleichungspflicht der Beklagten erforderlichen Angaben habe der Kläger durch Urkunden zu belegen. Dies gelte auch für die erwähnten Zahlungen. Das Berufungsgericht hat diesen Beweis nicht als erbracht angesehen und deswegen die Klage als in der gewählten Prozeßart unstatthaft abgewiesen.

Die vom Berufungsgericht gegebene Begründung ist nicht geeignet, die Entscheidung zu tragen. Ob sich infolge der Nichtübernahme der Bürgschaft durch den Gesellschafter J. die Ausgleichspflicht der übrigen Bürgen erhöht hat, ist eine reine Rechtsfrage, da Vereinbarungen hierüber nicht behauptet worden sind (vgl. RGZ. Bd. 88 S. 124, WarnRspr. 1914 Nr. 247). Selbst wenn es ferner zutreffend wäre, daß die an den Gläubiger gemachten Leistungen anderer Bürgen den Ausgleichsanspruch des Klägers minderten, wäre es nicht seine Sache, diese Leistungen zu beweisen. Zur Begründung des Rückgriffsrechts des Klägers gegen die Beklagten genügt es, wenn der Kläger seine eigenen Leistungen an den Gläubiger nachweist. Im Umfang seiner eigenen Leistungen ist der Anspruch des Gläubigers auf ihn übergegangen. Daraus ergibt sich ohne weiteres sein Rückgriffsrecht gegen die Beklagten nach Maßgabe der § 774 Abs. 2, § 426 BGB.

Es ist aber auch nicht einmal richtig, daß die Leistungen irgendwelcher anderer Bürgen das Rückgriffsrecht des Klägers gegenüber den Beklagten beeinflussen. Das Berufungsgericht will diese Leistungen, sei es ganz oder zum Teil, von der Hauptschuld abziehen. Für den Umfang, in dem die Hauptforderung nebst den Mitbürgschaften auf den Kläger übergegangen ist, kommt es jedoch nicht darauf an, welche Leistungen von anderen Bürgen gemacht worden sind. Der Umfang des Übergangs auf den Kläger bestimmt sich allein nach seinen eigenen Leistungen. Es kann nur in Frage kommen, ob die Leistungen anderer Bürgen den Rückgriffsanspruch des Klägers mindern. Hat ein einzelner Bürge den ihn nach dem Innenverhältnis treffenden Anteil an den Gläubiger geleistet, so kann der Kläger von diesem Bürgen keinen Ersatz verlangen. Er hat bereits geleistet, was er nach dem Innenverhältnis zu leisten schuldig war. Hätte also einer der Beklagten eine solche Leistung bewirkt, so hätte diesem gegenüber der Kläger allerdings keinen Ausgleichsanspruch. Hat ein Bürge mehr als den ihn treffenden Anteil an den Gläubiger geleistet, so steht auch diesem Bürgen ein Ausgleichsanspruch gegen die andern Bürgen zu, die nichts oder weniger als ihren Anteil geleistet haben. Es bestehen in diesem Falle mehrere Ausgleichsansprüche. Die Ausgleichsberechtigten sind aber nicht gehalten, ihre Ansprüche auf die einzelnen ausgleichspflichtigen Bürgen so zu verteilen, daß jeder Ausgleichsberechtigte von allen Ausgleichspflichtigen zusammen seinen Ersatz erhält. Aus § 774 und § 426 BGB. folgt nur, daß der einzelne ausgleichspflichtige Mitbürge nicht über seinen Anteil hinaus haftet. Bis zu diesem Anteil ist er aber jedem der mehreren Ausgleichsberechtigten in vollem Umfang verpflichtet. Diese stehen dem einzelnen ausgleichspflichtigen Mitbürgen als Gesamtgläubiger gegenüber (vgl. § 428 BGB.). Der in Anspruch genommene Mitbürge kann also nicht einwenden, daß auch noch andere Ausgleichsberechtigte vorhanden seien. Seine Leistung an den einen Ausgleichsberechtigten befreit ihn auch vom Anspruch des oder der anderen Ausgleichsberechtigten, sofern er bis zur Höhe seines Anteils leistet. Die Folge dieser Rechtslage ist allerdings, daß der einzelne Ausgleichsberechtigte sich die Bürgen aussuchen kann, die er in Anspruch nehmen will. Dadurch werden aber die anderen Ausgleichsberechtigten nicht benachteiligt. Sollte sich herausstellen, daß die für ihren Rückgriff übrig bleibenden Mitbürgen zahlungsunfähig sind, so hat das die Wirkung, daß nach § 426 BGB. der Anteil der vom ersten Ausgleichsberechtigten in Anspruch genommenen zahlungsfähigen Mitbürgen sich erhöht. Die anderen nachkommenden Ausgleichsberechtigten können sich dann gleichfalls an diese halten. Hiernach ist es unerheblich, ob etwa andere Mitbürgen mehr als ihren Anteil an den Gläubiger v. G. geleistet haben. Die Beklagten haften dem Kläger jedenfalls bis zur Höhe ihres Anteils, soweit sie nicht ihrerseits den Gläubiger befriedigt haben.

---

2. 1. Umfang des Versicherungsschutzes bei erfolglosen Rettungsversuchen.

2. Berechnung des Versicherungswertes.

3. Zur Aufwertung von Ansprüchen aus Transportversicherungs-Verträgen.

HGB. §§ 799, 819, 834, 840 Abs. 2. AufwG. §§ 59, 69, 77. Vo. über die Aufwertung von Versicherungsansprüchen vom 22. Mai 1926 (RGBl. I S. 249) Art. 3, 4, 5, 11.

I. Zivilsenat. Urt. v. 6. April 1927 i. S. Münchener Rückversicherungs-Gesellschaft (Bekl.) w. G. & H. (Kl.). I 152/26.

I. Landgericht I Berlin, Kammer für Handelssachen.
II. Kammergericht daselbst.

Die Klägerin hat bei der Beklagten auf Grund der Versicherungs-Zertifikate vom 16. August und 16. Oktober 1917 sowie einiger Nachtragsvereinbarungen für den Transport von Tabak aus der Türkei nach Stuttgart Transport-Versicherung genommen, und zwar gegen Kriegsgefahr. Für die Versicherung sind maßgeblich die den Versicherungs-Zertifikaten beigefügten „Allgemeinen Bedingungen für die Versicherung von Güter-Transporten zu Lande". Nach § 40 dieser Bedingungen ist auf das Versicherungsverhältnis deutsches Recht anzuwenden. Die Klägerin behauptet, daß unter die Versicherung ein Transport von 23855 kg gleich 455 Ballen Tabak falle, der am 14. Oktober 1918 mit dem Dampfer „Patmos II" von Konstantinopel verschifft und am 17. Oktober 1918 in Braila angebracht worden ist und von da nach Stuttgart weitergeleitet werden sollte. Die Klägerin behauptet, daß diese Ware auf der Versicherungsreise ganz oder fast ganz verloren gegangen sei. Der Tabak sei zum Teil in Braila in Eisenbahnwagen verladen, aber auf dem Weitertransport teils durch Plünderung, teils durch behördliche Beschlagnahme — mit Ausnahme einer verhältnismäßig geringen, nach Deutschland übergeführten Menge — verloren gegangen. Man habe den Tabak, um ihn dem Zugriff kriegführender Mächte zu entziehen, in Braila in 2 Schleppkähne übergeladen, welche die Ware nach Nikolajew schaffen sollten; von dort aus habe der Weitertransport nach Deutschland erfolgen sollen. Die Schleppkähne mit ihrer Ladung seien zu diesem Zweck von Braila nach der Sulina-Mündung geschafft und dort eine Zeitlang verborgen gehalten worden. Schließlich sei aber der Tabak von der rumänischen Regierung beschlagnahmt und damit der Klägerin endgültig entzogen worden.

Die Klägerin hatte den Tabak für 107 3475 P.M versichert. Sie verlangt von der Beklagten grundsätzlich die Erstattung der Versicherungssumme abzüglich der von dritter Seite wegen des Schadensfalles geleisteten Zahlungen. Im ersten Rechtszug hatte sie die Klagforderung in Papiermark berechnet und ein obsiegendes Urteil erlangt. In der Berufungsinstanz hat sie Aufwertungsansprüche geltend gemacht und auf die aufgewertete Forderung die von dritter Seite erhaltenen Zahlungen, gleichfalls aufgewertet, verrechnet. Das Berufungsgericht hat die Beklagte zur Zahlung von 176529 RM nebst Zinsen verurteilt und den weitergehenden

Klaganspruch abgewiesen. Die Revision der Beklagten hatte nur zum Teil Erfolg; die Anschlußrevision der Klägerin wurde zurückgewiesen.

Aus den Gründen:

1. Zur Revision der Beklagten.

... Das Berufungsgericht nimmt an, daß die in Braila aus dem Dampfer „Patmos II" in die beiden Schleppkähne übergeladene Ware vom Versicherungsvertrag umfaßt und daß auch für sie der Versicherungsfall eingetreten sei. Dies wird, wie folgt, begründet. Die Umladung in Schleppkähne sei vorgenommen worden, um die Ware auf dem Wasserwege von Braila nach Nikolajew zu schaffen und so für die Klägerin zu retten. Wäre der Tabak in Braila liegen geblieben, so hätte er nach Lage der Sache überhaupt nicht mehr abbefördert werden können; dann wäre er sofort in die Hände der rumänischen Regierung gefallen und für die Klägerin verloren gegangen. Die Umladung der Ware in die Schleppkähne und ihre Weiterbeförderung von Braila in die Sulina-Mündung stelle die nach der festgestellten Sachlage erforderliche und zweckmäßige Rettungsmaßnahme dar, welche die Beklagte in ihrem Interesse gegen sich gelten lassen müsse, und falle unter den Versicherungsschutz.

Die Revision verkennt nicht, daß derartige zweckmäßigerweise vorgenommene Rettungsmaßnahmen, auch wenn sie, wie hier, schließlich erfolglos geblieben sind, nach § 18 der „Allgemeinen Bedingungen" sowie nach den allgemeinen Grundsätzen des Versicherungsrechts vom Versicherer zu vertreten sind. (§§ 819, 834 Nr. 3, 840 Abs. 2 HGB.; ASVB. von 1867 §§ 66, 84 Nr. 3, 92; § 144 VVG.). Die Einwendungen der Revision richten sich nur gegen die Annahme des Berufungsgerichts, daß die ergriffenen Maßregeln zweckmäßig gewesen seien. Das betrifft aber hier nicht nachzuprüfende, auf tatsächlicher Grundlage beruhende Erwägungen des zweiten Richters.

Nach dem Berufungsurteil hat die Beklagte die Urteilssumme von 176529 RM mit 12% seit Klagzustellung zu verzinsen. Die Revision beruft sich demgegenüber auf § 33 der „Allgemeinen Bedingungen". Danach kann eine Verzinsung der Streitsumme — mangels ihrer Anerkennung durch die Beklagte — erst von dem Zeitpunkt an verlangt werden, wo über die den Gegenstand des Rechtsstreits bildende Meinungsverschiedenheit der Parteien eine richterliche Entscheidung ergangen ist. Dies ist zuerst durch das landgerichtliche Urteil vom 12. April 1923 geschehen. Allerdings betrifft dieses Urteil eine Summe von 667894,60 P.M, die durch die Inflation völlig wertlos geworden ist, und es läßt die Aufwertungsfrage unberührt, welche für die Urteilssumme des Berufungsurteils, um deren Verzinsung es sich handelt, entscheidende Bedeutung hat. Das kann aber nicht dazu führen, hier eine Verzinsung erst vom 28. November 1925 ab, als dem Tage der Verkündung des Berufungsurteils, eintreten zu lassen. Vielmehr muß die Beklagte, die im Verhältnis der Parteien als die Verfasserin der „Allgemeinen Bedingungen" zu behandeln ist, Unklarheiten des Wortlauts in der Weise gegen sich gelten lassen, daß hier schon die erste richterliche Entscheidung über den Streitfall den Zinsenlauf in Gang bringt. Anderseits liegt nichts dafür vor, daß etwa die Beklagte den in § 33 vorgesehenen Beginn des Zinsenlaufs entgegen den Grundsätzen von Treu und Glauben im Verkehr verzögert hätte. Dagegen erscheint im Hinblick auf die allgemeine Wirtschaftslage zur maßgeblichen Zeit eine Herabsetzung des vom Berufungsgericht auf 12% jährlich bemessenen Zinsfußes auf 10% angemessen.

2. Die Anschlußrevision der Klägerin behandelt die Frage der Berechnung des Anschaffungswertes des Tabaks und der Überversicherung.

Das Berufungsgericht hat unter anderem folgendes ausgeführt. Der streitige Tabak sei einschließlich eines imaginären Gewinnes von 10% mit 45 P.M je Kilogramm versichert gewesen. Demnach habe die Versicherungssumme, wie auch die Prämiennote vom 3. Dezember 1918 ergebe, insgesamt 1073475 P.M betragen. Es sei nicht ausreichend dargetan und könne nicht festgestellt werden, daß der Versicherungswert des Tabaks mit 45 M je Kilogramm zu hoch bemessen sei und eine Überversicherung vorgelegen habe. Dem hat das Berufungsgericht hinzugefügt, zur Ermittlung des Versicherungswerts seien auf den reinen Kaufpreis „noch die sonstigen Unkosten daraufzuschlagen, allerdings nicht die Kosten der Transportversicherung".

Zutreffend weist die Klägerin darauf hin, daß zu dem hier maßgeblichen Versicherungswert auch die Kosten der Transportversicherung gehören. Denn dies ist — entsprechend den allgemein herrschenden Grundsätzen des Versicherungsrechts (vgl. z. B. § 140 VVG., § 799 HGB., ASVB. von 1867 § 22) — in § 15 der „Allgemeinen

Bedingungen" ausdrücklich vorgeschrieben. Indessen ist diese Revisionsrüge der Klägerin hier von keiner Bedeutung. Das Berufungsgericht hat auch ohne Berücksichtigung der Kosten der Transportversicherung die Annahme einer Überversicherung abgelehnt und die volle von der Klägerin beanspruchte Versicherungssumme mit 1073475 PM eingesetzt. Ein diese Versicherungssumme etwa übersteigender Versicherungswert kommt hier laut § 14 Abs. 4 der „Allgemeinen Bedingungen" nicht in Betracht. Die Klägerin ist also insoweit nicht beschwert. Anderseits hat die Beklagte nicht behauptet, daß sie durch eine etwaige Unterversicherung beschwert sei. Das letztere könnte auch höchstens dann der Fall sein, wenn ein Teilschaden vorläge und wegen Unterversicherung eine entsprechende Herabsetzung der Entschädigungssumme in Frage käme. Hier ist aber der Versicherungsfall insofern als Totalverlust behandelt, als nicht etwa von der versicherten Menge von 23855 kg ein geretteter Warenposten abgesetzt und so ein Teilschaden dargetan ist, sondern die der ganzen versicherten Menge entsprechende Versicherungssumme von 1073475 PM eingesetzt und hiervon die der Klägerin anläßlich des Versicherungsfalles gezahlten Beträge abgesetzt worden sind.

3. Die Revision der Beklagten und die Anschlußrevision der Klägerin befassen sich mit der Frage der Aufwertung des in Papiermark ausgedrückten Versicherungsanspruchs der Klägerin.

Das Berufungsgericht hat die Aufwertung auf Grund von § 242 BGB. vorgenommen. Dabei hat es die mit 1073475 PM eingesetzte Entschädigungssumme nach dem Stande des amerikanischen Dollars zur Zeit der Fälligkeit des Versicherungsanspruchs in Goldmark umgerechnet. Die Fälligkeit dieses Anspruchs hat es auf Ende April 1919 festgesetzt und danach den Satz von 1 Dollar = 12,5 PM zugrunde gelegt. Beide Parteien erheben gegen diese Umrechnung Revisionsrügen. Sie haben dabei aber im wesentlichen die vor dem Erlaß der Verordnung über die Aufwertung von Versicherungsansprüchen vom 22. Mai 1926 bestehende Rechtslage im Auge. Insoweit können die Rügen unerörtert bleiben.

Es handelt sich um einen Versicherungsanspruch, bei dem Art und Höhe der Aufwertung gemäß § 59 Abs. 2 AufwG. und Art. 3, 4, 5, 11 der Verordnung vom 22. Mai 1926 grundsätzlich besonders geregelt ist. Allerdings war bei Erlaß des Berufungsurteils die Verordnung vom 22. Mai 1926 noch nicht in Kraft getreten.

Trotzdem ist diese Verordnung aus denselben Gründen, die für das Aufwertungsgesetz selbst wiederholt dargelegt worden sind (RGZ. Bd. 111 S. 321, Bd. 112 S. 172 und 206), auch jetzt in der Revisionsinstanz anzuwenden. Dies hat aber hier nicht die Zuständigkeit der Aufwertungsstelle zur Folge nach Art. 11 der VO. vom 22. Mai 1926 und §§ 69flg. AufwG. Denn nach § 77 AufwG. kommt diese Zuständigkeit nur dann in Frage, wenn die Parteien einen Antrag auf Aussetzung des Verfahrens gestellt haben. Dies ist nicht geschehen. Somit hat das Gericht auch über die Höhe der Aufwertung zu entscheiden (vgl. Neukirch Aufwertungsgesetz § 77 Anm. 2).

Mit Schreiben vom 14. März 1919 hat die Klägerin bei der für die Beklagte zuständigen Stelle wegen der versicherten Ware eine Schadensanzeige erstattet. Darin wird ausgeführt, die Ware sei Mitte Oktober 1918 ab Konstantinopel mit Dampfer „Patmos" zur Verladung gekommen, aber noch immer nicht eingetroffen; es müsse deshalb damit gerechnet werden, daß die Sendung in Verlust geraten sei. Als Schadensersatzanspruch meldete die Klägerin an 23855 kg Tabak zu 45 ℳ = 1073475 ℳ. Demgegenüber hat das Berufungsgericht festgestellt, daß der in den beiden Schleppkähnen befindliche Tabak erst im April 1919 durch die rumänische Regierung weggenommen worden und daß nicht sicher sei, ob sich in den geplünderten Eisenbahnwagen überhaupt ein Teil der versicherten Tabakmenge befunden habe. Diese Feststellungen und die sonstigen Erwägungen des Berufungsrichters laufen darauf hinaus, daß die versicherte Ware zur Zeit der Schadensanzeige vom 14. März 1919 zwar äußerst gefährdet, aber noch nicht endgültig verloren war und daß dieser Verlust erst Ende April 1919 eingetreten ist. Hiernach ist die im übrigen ausreichende und ordnungsmäßige Schadensanzeige vom 14. März 1919 an sich verfrüht. Dies kann aber bei der Länge der seit dem Beginn der Versicherungsreise verstrichenen Zeit und bei der Schwierigkeit, wenn nicht Unmöglichkeit für die Klägerin, über das wirkliche Schicksal der Ware zu jener Zeit nur einigermaßen sichere Kunde zu erlangen, der Klägerin nicht zur Last gelegt werden. Anderseits ist die Rechtswirksamkeit jener Schadensanzeige erst vom Eintritt des wirklichen Schadensfalles ab zu bemessen. Somit ist davon auszugehen, daß eine für den 30. April 1919 wirksame Schadensanzeige vorliegt.

Auf die unbestritten 1073475 PM betragende Entschädigungssumme sind nur zwei Teilzahlungen, und zwar von dritter Seite (nicht von der Beklagten) erfolgt, nämlich am 19. Mai 1921 eine Zahlung von 57278,90 PM und am 26. Mai 1922 eine solche von 249090 PM. Es liegt also der in Art. 3 Abs. 1 der Vo. vom 22. Mai 1926 angeführte Aufwertungsfall vor, daß spätestens am 30. Tage nach der Schadensanzeige, nämlich am 30. Mai 1919, die Entschädigungssumme nicht gezahlt worden und dadurch ein Geldentwertungsschaden eingetreten ist. Somit ist der Geldentwertungsschaden für die Teilzahlungen nach Art. 3 Abs. 2 und für die noch ausstehende Restzahlung gemäß Art. 3 Abs. 3 zu berechnen. Dabei ist zu beachten, daß Art. 5 der Vo. hier nicht anwendbar ist, da die Teilzahlungen nicht von dem Versicherer, der Beklagten, sondern unstreitig von dritter Seite gemacht worden sind. Dies führt zu folgender Berechnung.

An dem nach Art. 3 der Vo. vom 22. Mai 1926 und § 2 Abs. 1 AufwG. maßgebenden Stichtag, dem 30. Mai 1919, waren nach der Tabelle des Aufwertungsgesetzes 10 PM = 3,32 GM. Die Teilzahlung von 57278,90 PM war am 30. Mai 1919 = 19016,60 GM und bei der am 19. Mai 1921 erfolgten Zahlung (100 PM = 7,42 GM) = 4250 GM. Die Wertminderung im Sinne von Art. 3 Abs. 2 betrug also 14766,60 GM und zur Hälfte: 7383,30 GM. Die Teilzahlung von 249090 PM war am 30. Mai 1919 = 82697,90 GM und am 26. Mai 1922, dem Zahlungstage, = 3761,26 GM (100 PM = 1,51 GM). Die maßgebliche Wertminderung betrug also 78936,64 GM und zur Hälfte: 39468,32 GM. Nach Abzug der Teilzahlungen von 57278,90 PM und 249090 PM von der Entschädigungssumme von 1073475 PM verbleiben 767106,10 PM. Diese waren am 30. Mai 1919 = 254679,20 GM. Davon beträgt die Hälfte 127339,60 GM (Art. 3 Abs. 3). Die Summe von 127339,60 GM nebst den für die Teilzahlungen errechneten Aufwertungssummen von 7383,30 und 39468,32 GM ergibt die Gesamtaufwertungssumme von 174191,22 GM.

Dieses dem Wortlaut von Art. 3 a. a. O. entsprechende Ergebnis erhält man auch auf folgendem einfachen Rechnungsweg. Die Entschädigungssumme von 1073475 PM war am 30. Mai 1919 = 365393,70 GM. Hiervon geht ab die Teilzahlung von 57278,90 PM mit einem Wert vom 19. Mai 1921 = 4250 GM und die Teilzahlung von 249090 P.M mit einem Wert vom 26. Mai 1922 = 3761,26 G.M. Der Rest beträgt 348382,44 G.M, davon die Hälfte = 174191,22 G.M. Danach hat das Berufungsgericht mit der Urteilssumme von 176529 R.M der Klägerin 2337,78 R.M zuviel zugesprochen. . . .

---

3. Liegt höhere Gewalt im Sinne von § 1 des Reichshaftpflichtgesetzes oder ein unabwendbarer äußerer Zufall im Sinne von § 25 des preußischen Eisenbahngesetzes vom 3. November 1838 vor, wenn ein Lokomotivführer unter dem Einfluß einer in den ersten Monaten der Entwicklung begriffenen, noch nicht erkannten geistigen Erkrankung (Paralyse) seine Maschine heftig auf einen stehenden Zug auffahren läßt und dadurch Reisende verletzt werden?

IV. Zivilsenat. Urt. v. 7. April 1927 i. S. L. (Kl.) w. Deutsche Reichsbahn-Gesellschaft (Bekl.). IV 745/26.

I. Landgericht Köln.
II. Oberlandesgericht daselbst.

Am 24. März 1921 fuhr der Lokomotivführer St., seinen Zug in Kerpen i. Eifel zurücklassend, mit der Lokomotive nach der nächsten Station Hillesheim, um dort Wasser zu fassen. Bei der Rückkehr nach Kerpen ließ er die Maschine mit solcher Gewalt auf den Zug aufstoßen, daß sich der Postwagen in den folgenden Personenwagen hineinschob und mehrere Fahrgäste, darunter der Kläger L., verletzt wurden. Auch wurden Kleidungsstücke usw. des Klägers beschädigt. Für den ihm dadurch erwachsenen Schaden macht der Kläger die Eisenbahn verantwortlich. Das Landgericht hat den Anspruch dem Grunde nach im Rahmen des Reichshaftpflichtgesetzes und des preuß. Eisenbahngesetzes vom 3. November 1838 für gerechtfertigt erklärt. Das Berufungsgericht hat das Vorliegen höherer Gewalt angenommen und die Klage abgewiesen. Die Revision des Klägers führte zur Wiederherstellung des landgerichtlichen Urteils.

Gründe:

. . . In zweiter Reihe rügt die Revision, daß der Begriff der höheren Gewalt (§ 1 RHpflG.) und des unabwendbaren äußeren

Zufalls (§ 25 des preuß. Eisenbahnges. vom 3. November 1838) verkannt sei. Es fehle an einem von außen auf den Betrieb der Eisenbahn einwirkenden, für den Unfall ursächlichen Ereignis und es sei nicht festgestellt, daß St. entgegen der Vorschrift des § 63 der Eisenbahn-Bau- und Betriebsordnung vom 4. November 1904 ohne Heizer fahren durfte, oder daß der Unfall auch durch den Heizer bei äußerster Sorgfalt nicht hätte verhütet werden können. Nach dieser Richtung war der Revision der Erfolg nicht zu versagen.

Die Begriffe höhere Gewalt und unabwendbarer äußerer Zufall sind nur dem Ausdruck nach verschieden (RT. 1. Sess. 1871 stenogr. Ber. Bd. 3 S. 71; Bd. 1 S. 207, 216, 451, 453). Beide bedeuten ein betriebsfremdes, von außen durch elementare Naturkräfte oder durch Handlungen dritter Personen herbeigeführtes Ereignis, das auch durch die äußerste nach der Sachlage vernünftigerweise zu erwartende Sorgfalt nicht verhütet oder unschädlich gemacht werden konnte (RGZ. Bd. 109 S. 173, Bd. 104 S. 151). Ein solches Ereignis liegt hier nicht vor.

Das heftige Aufstoßen der rasch fahrenden Lokomotive auf den stehenden Zug war unzweifelhaft ein Betriebsvorgang. Dieser war dadurch hervorgerufen, daß der Lokomotivführer seine Maschine nicht rechtzeitig gebremst hatte. Auch solche dienstliche Handlungen oder Unterlassungen eines Angestellten der Eisenbahn gehören zu den inneren Vorgängen des Betriebs. Lokomotivführer, Weichensteller und andere Angestellte sind für den Betrieb ebenso notwendig, wie die Gleisanlage, der Zug usw. Sie müssen wie die leblosen Betriebsmittel für den Betrieb geeignet, also mit bestimmten körperlichen, geistigen und seelischen Eigenschaften ausgestattet und entsprechend ausgebildet sein. Wird von ihnen infolge augenblicklicher Zerstreutheit eine Weiche falsch gestellt oder ein Hebel der Lokomotive nicht rechtzeitig umgelegt, so haftet die Eisenbahn Dritten für den ihnen daraus erwachsenen Schaden auch dann, wenn der Eisenbahnbedienstete sonst durchaus zuverlässig und nach jeder Richtung auf das sorgfältigste ausgewählt war. Um so mehr dann, wenn der Angestellte diese augenblickliche Gedankenablenkung durch eine vorausgegangene Unvorsichtigkeit, durch Schlafentziehung, durch Überanstrengung, durch eine bei ihm sonst nie vorgekommene Alkoholvergiftung oder dadurch begünstigt hat, daß er etwa vor langen Jahren durch den Verkehr mit einer syphilitischen Frauensperson die Neigung

(Disposition) zu einer späteren progressiven geistigen Erkrankung (Paralyse) bei sich entstehen ließ. Das sind Umstände, deren Folgen die Eisenbahn ebenso wie ein Versagen der Luftdruckbremse oder das Brechen eines Rades oder einer Schraube auf sich nehmen muß (JW. 1903 S. 316 Nr. 17, 1914 S. 96 Nr. 25; ferner Urteil vom 24. Juni 1920 VI 169/20). Auch bei der Beratung des § 1 des RHpflG. im Reichstag war man darüber einig, daß die Eisenbahn für Handlungen und Unterlassungen ihrer Angestellten in gleicher Weise wie für das ordnungsmäßige Funktionieren ihrer Betriebsmittel haftet. Nach einem Zusatzantrag des Abgeordneten Reichensperger sollte, um das deutlich zu machen, als Abs. 2 beigefügt werden, daß höhere Gewalt nicht vorliege, wenn der Unfall durch die Angestellten oder Arbeiter des Unternehmers selbst veranlaßt worden sei. Der Antrag wurde auf die von dem preußischen Justizminister Leonhardt geäußerten Bedenken nur deshalb abgelehnt, weil er bloß Selbstverständliches, im Abs. 1 schon Enthaltenes sage und deshalb zur Irreführung geeignet sei (Stenogr. Ber. Bd. 1 S. 452, 582, 591 flg.).

Würde freilich ein Angestellter der Eisenbahn in einem gefährlichen Augenblick infolge eines von außen auf ihn einwirkenden Ereignisses — Blitzschlag, Steinwurf, Schreckwirkung usw. — versagen, dann könnte das höhere Gewalt sein (Staub-Koenige, HGB. 10. Aufl. § 456 Anm. 8). Aber hier ist vom Berufungsgericht unter Bezugnahme auf das Gutachten des Sachverständigen Prof. H. nur festgestellt worden, daß der Lokomotivführer St. zur Zeit des Unfalls an progressiver Paralyse gelitten habe und daß die durch die Erkrankung herbeigeführte Abnahme seiner Intelligenz die Ursache des Unfalls gewesen sei. Wie diese noch unmittelbar vor dem Unfall von seiner Umgebung, insbesondere vom Vorstand der Station Kerpen nicht erkannte Abnahme seiner Intelligenz sonst bei dem Unfall gewirkt hat, ist dem angefochtenen Urteil nicht zu entnehmen. Dieses sagt nur, daß „eine plötzlich eintretende Geisteskrankheit" als höhere Gewalt angesehen werden „könne", und geht dann sofort dazu über, das letzte Begriffsmerkmal der höheren Gewalt zu prüfen, nämlich die Unabwendbarkeit des von außen auf den Betrieb einwirkenden Ereignisses durch äußerste Sorgfalt. Dabei übersieht es, daß der Sachverständige, auf den es sich stützt, nicht von einer plötzlichen (akuten), sondern von einer progressiven (chronischen)

Erkrankung des St. gesprochen hat, ferner, daß auch eine plötzlich ausbrechende Geisteskrankheit eben nur dann als höhere Gewalt angesehen werden kann, wenn sie in einem von außen einwirkenden Ereignis, nicht in der natürlichen Fortentwicklung eines zwar noch nicht erkannten, aber schon vorhandenen Krankheitszustands ihre Ursache hat, und endlich, daß die Frage der Unabwendbarkeit des Ereignisses trotz äußerster Sorgfalt erst dann aufgeworfen werden kann, wenn das erste Erfordernis der höheren Gewalt, ein von außen einwirkendes Ereignis, nachgewiesen ist.

Die im angefochtenen Urteil angezogene Rechtsprechung und die bei Seligsohn Reichshaftpflichtgesetz S. 112 Abs. 4 angeführten Urteile stehen dem Berufungsgericht nicht zur Seite: Das Urteil vom 9. Juli 1880 (Eger EE. Bd. 1 S. 250) spricht von einem abgelösten, nicht mehr diensttuenden Schaffner, der als geisteskrank in ein Wagenabteil eingesperrt und durch das Fenster entkommen und abgestürzt war. Das Urteil vom 23. März 1888 (Eger Bd. 6 S. 218) behandelt einen Fall, in dem ein dreijähriges Kind von der Pferdebahn überfahren wurde. In dem bei Eger Bd. 34 S. 144 (= JW. 1917 S. 717 Nr. 13) abgedruckten Fall war der Verletzte ohnmächtig geworden und von der vorderen Plattform eines Straßenbahnwagens gefallen. Dazu bemerkt das Urteil nur, daß plötzliche Ohnmacht „unter Umständen" als höhere Gewalt erscheinen möge. In dem bei Eger Bd. 1 S. 147 (= RGZ. Bd. 1 S. 253) behandelten Fall hat ein geistig gesunder Eisenbahnbediensteter bequemlichkeitshalber eiserne Schienenheber aus dem fahrenden Zug geworfen und dadurch jemand verletzt. Dieses Urteil macht allerdings am Schlusse seiner Ausführungen über die Verantwortlichkeit der Eisenbahn für Handlungen ihrer Bediensteten die beiläufige Bemerkung, daß „nur bei ganz besonderen Umständen, z. B. plötzlich eingetretener Geistesstörung eine Ausnahme statthaft erscheine", ohne sich aber über die Voraussetzungen zu äußern, unter denen eine solche Geistesstörung einen Fall höherer Gewalt begründe.

Im vorliegenden Fall handelt es sich um die geistige Erkrankung eines diensttuenden Lokomotivführers, die sich bei ihm schon einen bis zwei Monate vor dem Unfall durch Gedächtnisstörungen bemerkbar gemacht hatte, ohne daß diese von seiner Umgebung oder von dem Arzt, den er hierwegen aufgesucht hatte, als Anzeichen einer paralytischen Erkrankung erkannt wurden. Hier kann von einem zur Zeit des Unfalls von außen auf den Betrieb einwirkenden betriebsfremden Ereignis keine Rede sein.

Es kann daher nicht darauf ankommen, daß die Eisenbahn nicht alle Tage alle Eisenbahnbediensteten oder wenigstens die Lokomotivführer auf ihren Gesundheitszustand untersuchen lassen kann. Auch braucht nicht darauf eingegangen zu werden, ob sich ein Heizer auf der Maschine befand, ob ein solcher zugezogen werden mußte und ob er bei Anwendung der gebotenen äußersten Sorgfalt den Unfall verhüten oder unschädlich machen konnte....

---

4. Ist es als Verstoß gegen die guten Sitten und als unlauterer Wettbewerb anzusehen, wenn jemand die Preise anderer auf der Grundlage von Arbeitslöhnen unterbietet, die unterhalb der Sätze eines für allgemein verbindlich erklärten Tarifvertrags liegen?

TarifvertragsVo. vom 23. Dezember 1918 (RGBl. S. 1456) in der Fassung des Gesetzes vom 23. Januar 1923 (RGBl. I S. 67) §§ 1, 2; UnlWG. § 1; BGB. § 826.

II. Zivilsenat. Urt. v. 12. April 1927 i. S. K. (Bekl.) w. Berliner Wach- u. Schließgesellschaft m. b. H. (Kl.). II 425/26.

I. Landgericht II Berlin.
II. Kammergericht daselbst.

Die Klägerin übernimmt gewerbsmäßig die Bewachung von Berliner Grundstücken. Der Beklagte, ein Kriminalbeamter a. D., ist Inhaber eines geschäftlichen Unternehmens für privaten Kriminal- und Sicherheitsdienst, für Ermittlungen und für Bewachung von Häusern in Berlin. Durch Schiedsspruch des Schlichtungsausschusses Groß-Berlin vom 25. September 1925, der für verbindlich erklärt worden ist, sind für die Zeit vom 1. Oktober 1925 bis 30. September 1926 die Lohn- und Arbeitsbedingungen zwischen dem Deutschen Verkehrsbund Sektion VII einerseits und der Klägerin und einigen weiteren Wachgesellschaften anderseits festgelegt worden. Der Beklagte war an diesen Abmachungen nicht beteiligt. Auf Grund dieses Schiedsspruchs ist zwischen der Klägerin und vier von den im Schiedsspruch genannten Gesellschaften mit dem Deutschen Verkehrsbund Sektion VII am 7. Oktober 1925 ein Lohn- und Arbeitsvertrag (Tarifvertrag) abgeschlossen worden, der durch Entscheidung des Präsidenten der Reichsarbeitsverwaltung vom 14. Januar 1926 mit Wirkung vom 1. Dezember 1925 ab für allgemeinverbindlich erklärt wurde. Als Vertragsparteien sind in dieser Entscheidung der Verkehrsbund, die Klägerin und „16 andere Wachgesellschaften" bezeichnet. Die Allgemeinverbindlichkeit sollte räumlich für den Bezirk der Stadtgemeinde Berlin, beruflich für die „Wächter und Kontrolleure der Wach- und Schließgesellschaften" gelten. Der Beklagte entlohnt seine Angestellten erheblich unter den Sätzen des Tarifvertrags und verlangt für seine Bewachungen eine wesentlich geringere Vergütung als die Klägerin. Diese erblickt in seinem Vorgehen eine sittenwidrige Schädigung der tariftreuen Firmen und hat gegen den Beklagten unter Berufung auf § 826 BGB., §§ 1, 3, 4 UnlWG. und unter dem Gesichtspunkt der ungerechtfertigten Bereicherung Klage erhoben auf Unterlassung der Entlohnung seiner Wachangestellten zu niedrigeren Sätzen als denjenigen des für allgemein verbindlich erklärten Tarifs sowie auf Feststellung seiner Schadensersatzpflicht. Der Beklagte bestreitet die Verbindlichkeit des Schiedsspruchs für sein Unternehmen, insbesondere im Hinblick auf die Art der Dienstleistungen seiner Angestellten, die auch nicht Mitglieder des Verkehrsbundes seien. Er wendet ferner ein, es liege kein Verstoß gegen die guten Sitten vor; seine Angestellten hätten auf Einhaltung des Tarifs ausdrücklich verzichtet; zur Zeit der Verbindlicherklärung habe er langfristige Bewachungsverträge zu festen Sätzen abgeschlossen gehabt.

Die Vorinstanzen haben der Klage im wesentlichen stattgegeben. Die Revision des Beklagten hatte keinen Erfolg.

Gründe:

Die Revision rügt Verletzung der Verordnung vom 23. Dezember 1918 in der Fassung des Gesetzes vom 23. Januar 1923, des § 826 BGB. und des § 1 UnlWG. Sie wendet sich zunächst gegen die Annahme, daß die Allgemeinverbindlich-Erklärung sich nach ihrem beruflichen Geltungsbereich überhaupt auf den Betrieb des Beklagten erstrecke. Das Berufungsgericht hat hierzu ausgeführt, daß insoweit lediglich die Eigenart der zu leistenden Arbeit maßgebend sei. Die Angestellten des Beklagten verrichteten Wächterdienste gemäß den Anweisungen und entsprechend der Organisation eines Unternehmens, das gewerbsmäßig die Überwachung von Grundstücken betreibe. Ob sie für diesen Dienst besonders geeignet seien und ihn nach einem besonderen System ausübten, sei unerheblich. Die „Qualität" und der „Nutzeffekt" der Leistungen der Angestellten des Beklagten gegenüber denjenigen der Klägerin möge verschieden sein, die Fachart der Arbeitsleistung sei aber auch bei der besonders gestalteten Ausübung des Dienstes der Wächter des Beklagten ihrem Wesen nach durchaus die gleiche wie bei den Wächtern der Klägerin. Diesen Ausführungen ist jedenfalls im Ergebnis beizustimmen.

Unerheblich für die Frage des beruflichen Geltungsbereichs der Allgemeinverbindlichkeit des Tarifvertrags ist zunächst die Rechts- und Organisationsform des Unternehmens. Denn auf die Art der zu leistenden Dienste, die nach § 2 der genannten Verordnung grundsätzlich ausschlaggebend ist, übt es keinen Einfluß aus, ob das Unternehmen einer juristischen Person, einer Personenmehrheit oder einem einzelnen gehört. Wenn daher der berufliche Geltungsbereich der Allgemeinverbindlich-Erklärung mit „Wächter und Kontrolleure der Wach- und Schließgesellschaften" umschrieben ist, so kann dies nur als Gattungsbezeichnung für Unternehmungen verstanden werden, die sich gewerbsmäßig mit der Übernahme von Leistungen dieser Art befassen. Die Allgemeinverbindlichkeit umfaßt demnach alle geschäftlichen Unternehmen, die den Wach- und Schließdienst gewerbsmäßig betreiben. Dies trifft aber beim Beklagten ohne weiteres zu, wie ein Blick in seine Vordrucke für Bewachungsaufträge und ihre Vergleichung mit den entsprechenden Vordrucken der Wach- und Schließgesellschaften zeigt. Daß der Beklagte anscheinend nicht im Handelsregister eingetragen ist, daß er neben diesem Geschäftszweig noch auf anderem Gebiet („detektivistisch-kriminalistisch") tätig ist, vermag hieran nichts zu ändern. Lediglich dann könnte eine andere Beurteilung Platz greifen, wenn die Bewachungsaufträge nicht selbständig, sondern nur im Anschluß und im Zusammenhang mit jenen anders gearteten Aufträgen übernommen würden. Vom Beklagten wird aber der Bewachungsdienst ganz unabhängig hiervon angeboten und übernommen. In seinen Vordrucken spricht er selbst von seinem Unternehmen als einer „Gesellschaft"; anschließend daran findet sich die Klausel, daß die Bewachungsgebühr sich bei Eintritt höherer Lohntarife um den gleichen Prozentsatz erhöhe wie die Löhne. Unerheblich ist ferner, ob der Beklagte „grundsätzlich" nur „Separatbewachung", nicht aber Revierbewachung leistet. Denn der Tarifvertrag regelt in § 2 gerade auch die Lohnsätze für „Separatbewachung" und mit hierauf erstreckt sich auch die Allgemeinverbindlich-Erklärung, von der nur hier völlig belanglose Einzelbestimmungen des Tarifvertrags ausgenommen sind. Auch das ist bedeutungslos, daß die „Wächter" des Beklagten ihren Dienst nicht in Uniform leisten. Gerade auch diese „Art" der Dienstleistung ist wiederum im Tarifvertrag vorgesehen, mitgeregelt und von der Verbindlich-Erklärung umfaßt. Die Arbeit der „Separatwächter" des Beklagten und diejenige der Tarifgesellschaften ist, wie das Berufungsgericht mit Recht annimmt, ihrer Art nach die gleiche. Trifft die Behauptung des Beklagten zu, daß er nur besonders ausgebildete, geschulte, erfahrene und zuverlässige Angestellte verwende, die nach einem eigenen System ihren Wachdienst versehen, so wäre dies wohl für die Güte der von ihm angebotenen und übernommenen gewerblichen Leistung von Bedeutung, würde aber an der Art der Arbeit seiner Angestellten (Verrichtung von Wachdiensten) nichts ändern. Im übrigen unterscheidet auch der Tarifvertrag zwischen „ausgebildeten" und „nichtausgebildeten" Wächtern.

Zufolge der Allgemeinverbindlich-Erklärung sind die Bestimmungen des Tarifvertrags, die „normativer Art" sind, kraft Rechtssatzes auch für den Beklagten und die zwischen ihm und seinen Angestellten bestehenden Arbeitsverträge verbindlich, und zwar „unabdingbar" verbindlich geworden, soweit der Tarifvertrag nicht ausdrücklich abweichende Vereinbarungen zuließ oder soweit diese nicht eine Änderung der Arbeitsbedingungen zugunsten der Arbeitnehmer enthielten (§ 1, 2 der Vo.). Selbst wenn die Angestellten des Beklagten auf schon fällig gewordene Lohnforderungen auch bei fortbestehendem Arbeitsverhältnis ganz oder teilweise verzichten konnten, ändert dies nichts daran, daß der Beklagte verpflichtet war, die Tarifsätze zu zahlen, und daß seine Angestellten einen Rechtsanspruch auf diese Löhne hatten. Hiervon abweichende Vereinbarungen in den Arbeitsverträgen waren ungültig; an ihre Stelle trat ohne weiteres der Tarif (JW. 1927 S. 241 Nr. 1 und RGZ. Bd. 103 S. 23). Unerheblich ist endlich, ob der Beklagte und seine Angestellten ihr Arbeitsverhältnis als tarifunterworfenes oder als tariffreies auffaßten oder aufgefaßt wissen wollten.

Die Revision bekämpft weiter die Annahme, daß dem Beklagten ein Verstoß gegen die guten Sitten zur Last falle, sei es im Sinne des § 1 UnlWG. oder des § 826 BGB. Das Berufungsgericht erwägt, daß durch die Allgemeinverbindlich-Erklärung staatlich gesetztes (nicht vereinbartes) objektives Recht geschaffen werde (vgl. Hueck, Handbuch des Arbeitsrechts 3. Buch § 13 Nr. IV; Oertmann, Deutsches Arbeitsvertragsrecht § 17 Nr. 1; Giesberts-Sitzler, Tarifverträge Anm. 8 zu § 2 der Vo. vom 23. Dezember 1918; Baum, Anm. 1 zu § 2 ebenda), und daß allerdings nicht jede gesetzwidrige Handlung als solche schon gegen die guten Sitten verstoße, es vielmehr auf den Inhalt des gesetzlichen Gebotes ankomme. Eine planmäßige, mit einer vorsätzlichen Benachteiligung anderer verbundene Zuwiderhandlung sei aber regelmäßig sittenwidrig. Letzteres treffe hier zu. Denn nur um die gesetzestreuen Wettbewerber unterbieten zu können, halte der Beklagte den Tarifvertrag nicht ein; er schaffe sich planmäßig auf gesetzwidrige Weise billige Einstandspreise, um sich so im Wettbewerb einen Vorsprung zu sichern. Zu berücksichtigen sei weiter, so fährt das Berufungsgericht fort, daß die Allgemeinverbindlich-Erklärung ein Mittel zur Aufrechterhaltung gesunder sozialer Verhältnisse darstelle, dem Interesse der Gesamtwirtschaft sowie der staatlichen Ordnung diene und die Ausnützung mißlicher Verhältnisse am Arbeitsmarkt zuungunsten der wirtschaftlich schwächeren Arbeitnehmer verhindern solle. Wer trotzdem planmäßig und in der Absicht, auf diese Weise seine Wettbewerber schlagen zu können, entgegen den im Allgemeininteresse gegebenen Vorschriften seine Angestellten unter dem Tarif entlohne, bediene sich eines verwerflichen Mittels und handle sittenwidrig.

Die Revision vermißt zunächst eine Feststellung dahin, daß der Beklagte bei der Annahme, sein Betrieb falle nicht unter den Tarifvertrag, nicht gutgläubig gewesen sei; gehe man vom guten Glauben des Beklagten aus, so liege höchstens ein entschuldbarer Rechtsirrtum vor; dann sei aber die Sittenwidrigkeit ausgeschlossen. Auch dieser Angriff ist nicht begründet. Allerdings enthalten die Urteilsgründe keine ausdrückliche Feststellung dahin, daß dem Beklagten die Anwendbarkeit des Tarifs auf sein Unternehmen bekannt gewesen sei. Daß aber das Berufungsgericht bei seinen Ausführungen dieser Überzeugung war, ergibt sich ohne weiteres aus dem Sinn und Zusammenhang seiner Urteilsgründe. Diese Annahme ist um so unbedenklicher, als der Beklagte, wie schon in anderem Zusammenhang hervorgehoben wurde, in seinen Vordrucken zur Erteilung von Bewachungsaufträgen sogar ausdrücklich die Lohntarifklausel aufgenommen hatte.

Soweit die Klage auf unlauteren Wettbewerbs und auf § 826 BGB. gestützt ist, kommt es nach der ständigen Rechtsprechung des Reichsgerichts für die Frage, ob der gewerbliche Interessenkampf im Einzelfall erlaubt oder unerlaubt, also rechtswidrig ist, auf den verfolgten Zweck und auf die dabei angewandten Kampfmittel an. Wenn nach der einen oder der anderen Richtung ein sittenwidriger Eingriff in den Kreis fremder Rechte gegeben ist, dann liegt ein Verstoß gegen § 1 UnlWG. und § 826 BGB. vor. Der Zweck, den der Beklagte mit seinen untertariflichen Löhnen und seinen gegenüber den Sätzen der tariftreuen Firmen sehr viel billigeren Preisen und Preisangeboten im Auge hatte, war, wie auf der Hand liegt und wie offensichtlich auch das Berufungsgericht annimmt, die Gewinnung neuer Kunden. Dies ergibt sich auch ohne weiteres aus den vom 11. Februar 1926 und 24. Februar 1926 datierten, also aus der Zeit nach der Allgemeinverbindlich-Erklärung stammenden Angeboten an die einzelnen Firmen. Dieser Zweck war kraft der allgemeinen Gewerbefreiheit an und für sich durchaus erlaubt. Auch das Mittel der billigeren Arbeitslöhne und billigeren Preisstellung wäre an sich nicht zu beanstanden, mochte auch der Wettbewerb des Beklagten gerade hierdurch für die übrigen Unternehmungen noch so unbequem und nachteilig sein. Mit Recht haben aber die Vorinstanzen das Vorgehen des Beklagten und damit die von ihm verwendeten Kampfmittel für sittenwidrig erklärt. Der Beklagte kann im Ernst selbst nicht bestreiten, daß seine sehr viel niedrigeren Preise (trotz angeblich viel höherer Leistungen) jedenfalls zu einem sehr wesentlichen Teil nur durch die untertarifliche Entlohnung seiner Angestellten ermöglicht sind. Die Lohnsätze des Tarifvertrags sind jedoch nach der Allgemeinverbindlich-Erklärung des Tarifvertrags auch für ihn bindend. Er ist nach §§ 1, 2 der Vo. vom 23. Dezember 1918 verpflichtet, seinen Angestellten eben diese Sätze zu zahlen; abweichende Vereinbarungen sind rechtsungültig, zum voraus erklärte Verzichte seiner Angestellten für sie jedenfalls nicht bindend, für den Beklagten nicht schuldbefreiend.

Der Beklagte handelt also rechts- und vertragswidrig, wenn er seine Angestellten zu Sätzen beschäftigt, die unter dem für allgemein verbindlich erklärten Tarif liegen. Daran würde auch dadurch nichts geändert, daß die betroffenen Angestellten bei fortdauerndem Arbeitsverhältnis auf ihre jeweils verfallenen Ansprüche rechtswirksam verzichten könnten und rechtswirksam verzichtet hätten. Dabei kann übrigens dahingestellt bleiben, ob nicht ein solcher Verzicht im Einzelfall etwa deshalb unverbindlich wäre, weil er unter der mehr oder weniger unverblümten Drohung der Kündigung zustande gekommen ist. Der Beklagte verwertet demnach einen durch Rechts- und Vertragsbruch erlangten gewerblichen Vorteil, nämlich die erheblich niedrigeren Einstandspreise seiner gewerblichen Leistungen, dazu, um sich vor den tariftreuen Wettbewerbern durch seine so ermöglichten sehr viel billigeren Vergütungssätze einen Vorsprung im gewerblichen Wettkampf zu sichern. Er nützt damit die rechtliche Bindung der tariftreuen Firmen, der er sich geflissentlich entzieht, zu ihrem Schaden und zu seinem Vorteil aus. Ein Vorgehen dieser Art verstößt nach seinem Gesamtcharakter gegen die guten Sitten und damit gegen § 1 UnlWG. und § 826 BGB. Daran ändert auch der Umstand nichts, daß die untertarifliche Entlohnung der Angestellten des Beklagten selbst an und für sich noch nicht sittenwidrig sein mag.

Der Beklagte hat sich in diesem Zusammenhang noch darauf berufen, daß er eine große Anzahl von Bewachungsaufträgen schon vor der Allgemeinverbindlich-Erklärung des Tarifvertrags auf längere Dauer zu festen, also von der Bewegung der Arbeitslöhne unabhängigen Preisen abgeschlossen habe. Das Berufungsgericht ist auf diese Behauptung nicht eingegangen. Sie ist indessen auch unerheblich. Hat der Beklagte, trotz der Tarifklausel in seinen Vordrucken, Bewachungsaufträge für längere Dauer zu festen Preisen abgeschlossen, so geht dies auf seine Gefahr. Im übrigen können bei Dauerverträgen erhebliche Lohnsteigerungen, denen er sich im Falle der Allgemeinverbindlich-Erklärung der einschlägigen Tarifverträge mit der Entlohnung seiner Angestellten anpassen muß, ein Kündigungsrecht für ihn begründen.

Die sittenwidrige Wettbewerbshandlung besteht in dem Unterbieten der tariftreuen Wettbewerber auf Grund der untertariflichen Entlohnung der Wachangestellten des Beklagten. Auf Unterbleiben dieser Handlung geht der gesetzliche Unterlassungsanspruch. Dies war im verfügenden Teil des angefochtenen Urteils klarzustellen. Mit dieser Maßgabe ist der Unterlassungsanspruch der Klägerin begründet. Das gleiche gilt auch für den Schadensersatzanspruch. Daß der Klägerin durch die „Schleuderpreise" des Beklagten ein Schaden erwachsen ist, hat das Landgericht in einwandfreier tatsächlicher Würdigung als erwiesen angesehen.

---

5. Handelt der als Eigentümer im Grundbuch eingetragene Grundstückskäufer arglistig, wenn er die behördliche Genehmigung des Kaufvertrags betreibt, obschon er weiß, daß der vom Verkäufer wegen des Mangels dieser Genehmigung erhobene Anspruch auf Rückauflassung des Grundstücks zu Recht besteht?

BGB. § 242.

V. Zivilsenat. Urt. v. 13. April 1927 i. S. Fi. (Bekl.) w. Fl. (Kl.). V 316/26.

I. Landgericht I Berlin.
II. Kammergericht daselbst.

Durch notariellen Kaufvertrag vom 1. Februar 1923 hat der Beklagte vom Kläger ein Hausgrundstück in Berlin-Lichtenberg gekauft. Die Auflassung ist erfolgt; der Beklagte ist auch am 4. Februar 1924 als Eigentümer im Grundbuch eingetragen worden. In der Kaufurkunde ist als Kaufpreis der Betrag von 1500000 ℳ angegeben, während seine wirkliche Höhe 2750000 ℳ betrug. Für den Vertrag liegt eine Bescheinigung des Bezirksamts Berlin-Lichtenberg vom 23. April 1923 vor, wonach gemäß § 6 Abs. 2 des Gesetzes über den Grundstücksverkehr der Genehmigungsantrag beim Grunderwerbssteueramt eingegangen ist und die Frist des § 7 vom 23. April 1923 ab läuft; ferner eine bezirksamtliche Bescheinigung vom 29. April 1925, wonach Auflassung und Eintragung zugunsten des Beklagten mit dem auf 2750000 ℳ mitgeteilten Kaufpreis ohne Einschränkung genehmigt worden sind.

Der Kläger verlangt mit der Klage die Rückauflassung des Grundstücks, hilfsweise die Einwilligung des Beklagten in die Berichtigung des Grundbuchs dahin, daß der Beklagte als Eigentümer gelöscht und er, der Kläger, als Eigentümer eingetragen werde. Er hält die erste Genehmigung für unwirksam, weil damit ein nichtiger Kaufvertrag genehmigt worden sei, die zweite für unzulässig, weil die gesetzlich vorgeschriebenen Unterlagen eines erneuten Antrags nicht mehr vorgelegen hätten und eine Einigung der Parteien nicht mehr vorhanden gewesen sei.

Das Landgericht wies die Klage ab, weil es die Mängel des Kaufvertrags durch die Heilung gemäß § 313 Satz 2 BGB. im Verein mit der nachträglichen behördlichen Genehmigung als behoben ansah. Das Berufungsgericht dagegen verurteilte den Beklagten zur Auflassung des Grundstücks an den Kläger Zug um Zug gegen Zahlung von 481,53 RM. Die Revision des Beklagten führte zur Wiederherstellung des landgerichtlichen Urteils.

Gründe:

Das Berufungsgericht hält den zwischen den Parteien geschlossenen Kaufvertrag für formwidrig und genehmigungspflichtig, erachtet indessen den Mangel der Genehmigung durch die zweite der erwähnten bezirksamtlichen Bescheinigungen trotz der vom Kläger gegen ihre Gültigkeit erhobenen Einwendungen für behoben und infolge dieser Genehmigung den Mangel der Form nach § 313 Satz 2 BGB. für geheilt. Gegen die hieraus vom Berufungsgericht gefolgerte Unzulässigkeit der hilfsweise erhobenen Klage auf Berichtigung des Grundbuchs macht die Revision keine Bedenken geltend. Solche liegen auch nicht vor und sind namentlich auch nicht aus der Art herzuleiten, in welcher die nachträgliche Genehmigung der Auflassung und Eintragung zustande gekommen ist (Urt. vom 22. Januar 1927 V 268/26).

Trotzdem hat das Berufungsgericht dem Klagebegehren insoweit stattgegeben, als es dem Kläger die an erster Stelle begehrte Rückauflassung deswegen bewilligte, weil er sich mit Recht auf die Kondizierung der im nichtigen Kaufvertrag beurkundeten Auflassung berufe. An sich hindere freilich die Behauptung eines derartigen Anspruchs nach der reichsgerichtlichen Rechtsprechung den Käufer nicht, seine Eintragung ins Grundbuch zu betreiben. Die Berechtigung dazu ende aber, sobald dem Käufer das Zurechtbestehen des Kondiktionsanspruchs bekannt geworden sei. Denn er handle arglistig, wenn er bewußt den Kondiktionsanspruch des Vertragsgegners zu vereiteln suche, indem er seine Eintragung betreibe. Dasselbe müsse im vorliegenden Falle gelten. Die Klage im gegenwärtigen Rechtsstreit sei bereits zugestellt gewesen, als der Beklagte die Erteilung der behördlichen Genehmigung betrieben habe. In der Klage sei behauptet, daß der beurkundete Kaufpreis nicht dem vereinbarten entspreche, daß deshalb der Vertrag nichtig und die Eintragung des Beklagten rechtsunwirksam sei, weil die Genehmigung zunächst nicht für den wahren Kaufvertrag, sondern für den nichtigen erteilt worden sei. Die behaupteten Tatsachen seien dem Beklagten als richtig bekannt gewesen. Daß die daraus gezogenen rechtlichen Schlußfolgerungen richtig seien, habe er aus dem ihm am 13. Juli 1925 zugestellten landgerichtlichen Beschluß ersehen, durch den die Eintragung eines Widerspruchs gegen seine Eintragung als Eigentümer angeordnet worden sei. Er habe daraus weiter ersehen, daß der Kläger die wegen Formmangels nichtige Einigung über den Verkauf des Grundstücks nicht mehr gelten lassen wolle und daß deshalb die in derselben Urkunde erklärte Auflassung ohne Rechtsgrund erfolgt sei. Wenn er trotzdem mit seinem vom 15. Juli 1925 datierten Gesuch an das Bezirksamt die nachträgliche Genehmigung der bereits kondizierten Auflassung betrieben habe, so habe er damit arglistig gehandelt, um den wohlbegründeten Anspruch des Klägers zu vereiteln. Diese Arglist werde nicht dadurch beseitigt, daß das Bezirksamt trotz Kenntnis dieser Umstände die Genehmigung erteilt habe. Auf sein eigenes arglistiges Verhalten dürfe sich der Beklagte nicht berufen; deshalb sei der Anspruch des Klägers auf Rückauflassung begründet.

Die Revision macht hiergegen geltend: Der Beklagte habe seine Eintragung zu einer Zeit erwirkt, als von einem Widerspruch des Klägers gegen die Eintragung nichts bekannt gewesen sei. Als er die Genehmigung des Schwarzvertrags betrieben habe, sei kein Vorgang mehr in Frage gekommen, der auf seinem einseitigen Antrag beruht habe, sondern ein behördliches Verfahren. Die Entscheidung der Behörde sei nicht als gesetzliche unmittelbare Folge des Antrags, sondern als Ergebnis der Anhörung beider Parteien anzusehen. Die Verfolgung der Ansprüche des Beklagten in einem derartigen Verfahren könne nicht als arglistiges Verhalten angesehen werden. Es sei nicht festgestellt, daß er sich nicht als dazu berechtigt angesehen habe. Um ihn als arglistig bezeichnen zu können, müßte man auch seine Behauptung widerlegen, daß der Kläger selbst den Schwarzverkauf arglistig herbeigeführt habe. Dies aber habe das Berufungsgericht nur für nicht bewiesen erklärt.

Der Revision ist darin beizutreten, daß das Betreiben der Genehmigung durch den Beklagten kein arglistiges Vereiteln eines wohlbegründeten Anspruchs des Klägers darstellt. In dem vom Berufungsgericht für das Gegenteil herangezogenen Erkenntnis des Senats vom 30. September 1925 V 561/24 (teilweise abgedruckt in LZ. 1926 Sp. 113 Nr. 4) ist u. a. die Frage erörtert, ob der Erwerber eines Grundstücks sich dem Veräußerer gegenüber dann auf die Heilung des formwidrigen Grundgeschäfts berufen könne, wenn er seine Eintragung als Eigentümer in Kenntnis des bestehenden Konditionsanspruchs betrieben hat. Wegen dieser Möglichkeit eines arglistigen Verhaltens ist damals das Interesse des Käufers an der Feststellung angezweifelt worden, daß die ihm erteilte Auflassung rechtswirksam sei. Es kann dahinstehen, ob an dieser Beurteilung der Arglistfrage bei erneuter Prüfung festzuhalten wäre. Denn gegenüber der damals erörterten Sach- und Rechtslage besteht ein grundlegender Unterschied, wenn der Erwerber wie hier seine Eintragung als Eigentümer ins Grundbuch bereits erlangt hat, ohne daß vorher vom anderen Vertragsteil Zweifel an seiner Berechtigung dazu geltend gemacht worden wären. Bei solcher Sachlage wird nicht, wie in dem angeführten Falle erörtert, die zur Heilwirkung des § 313 Satz 2 BGB. erforderliche Eintragung unter Mißachtung entgegenstehender Rechte des Vertragsgegners herbeigeführt. Vielmehr steht der endgültigen Berechtigung des Grundstückserwerbers kein bürgerlichrechtliches Hindernis mehr im Wege, sondern nur noch das öffentlichrechtliche Hindernis der noch nicht erteilten behördlichen Genehmigung, die von der Verwaltungsbehörde ohne Rücksicht auf Parteiinteressen nach gemeinwirtschaftlichen Rücksichten beurteilt wird. Allerdings ist es selbst in dieser Zeitspanne, in welcher der Eintritt der Heilwirkung nur noch von der Erteilung der Genehmigung abhängt, keineswegs ausgeschlossen, daß eine Kondiktion des Klägers noch zum Ziele führt. Er sieht sich aber jetzt der günstigeren Rechtslage gegenübergestellt, die der Beklagte dadurch erlangt hat, daß er als Eigentümer im Grundbuch eingetragen ist. Zum vollwirksamen Rechtserwerb fehlt dem Beklagten nunmehr allein noch die Genehmigung, die in einem Verfahren herbeigeführt wird, in welchem ausreichend Gelegenheit gegeben ist, auf die gerade hier in Betracht kommende Übereinstimmung des Vertragsinhalts mit den tatsächlich getroffenen Abreden unter Zuziehung beider Vertragsteile einzugehen (vgl. § 6 Abs. 1 Nr. 2 GVerkG.). Irgendein Recht auf Nichtgenehmigung des Vertrags durch die Verwaltungsbehörde hat der Kläger gegenüber dem Beklagten nicht. Dieser handelt deshalb mit dem bloßen Betreiben des Genehmigungsverfahrens noch keineswegs arglistig. Vielmehr verfolgt er nur sein eigenes Interesse (dem zwar ein Interesse des Gegners, aber kein Anspruch auf Unterlassung entgegensteht), wenn er versucht, die durch den Mangel der Genehmigung schwebend bedingte Wirksamkeit des ursprünglich formwidrigen, inzwischen aber der Heilwirkung des § 313 Satz 2 BGB. teilhaftig gewordenen Grundstückskaufs zur endgültigen Wirksamkeit zu gestalten. Daß sich der Beklagte beim Betreiben der Genehmigung durch unrichtige Angaben oder dergl. (RGZ. Bd. 110 S. 364) eines arglistigen Verhaltens gegen den Kläger schuldig gemacht hätte, ist nicht behauptet worden. Die Berufung des Beklagten darauf, daß jetzt eine wirksame Genehmigung erteilt sei, widerspricht ohne Hinzutreten besonderer, hier nicht geltend gemachter Umstände ebensowenig Treu und Glauben, wie dies bei einer Berufung des Klägers auf eine etwaige Versagung der Fall wäre (RGZ. Bd. 111 S. 102).

---

6. Trifft Art. 173 RVerf. auch solche Staatsleistungen, die einer Religionsgesellschaft bis zur Staatsumwälzung aus Gesetz, Vertrag oder besonderen Rechtstiteln geschuldet waren, vor dem Inkrafttreten der Reichsverfassung aber in landesrechtlich gültiger Weise aufgehoben worden sind?

IV. Zivilsenat. Urt. v. 13. April 1927 i. S. der Braunschw. evang.-lutherischen Landeskirche (Kl.) w. den Braunschw. Staat (Bekl.). IV 716/26.

I. Landgericht Braunschweig.
II. Oberlandesgericht daselbst.

Der Klägerin sind anläßlich der Tagung des ersten Landeskirchentags in der Zeit vom Mai 1924 bis zum Mai 1925 durch die

Zahlung von Tage- und Reisegeldern an die Abgeordneten, an die Mitglieder der Kirchenregierung und an Kirchenbeamte, sowie durch sachliche Ausgaben Unkosten erwachsen. Sie fordert deren Erstattung vom Beklagten, indem sie geltend macht: Seit dem Inkrafttreten des braunschw. Gesetzes, die Errichtung einer Landessynode und eines Synodalausschusses für die evangelisch-lutherische Kirche des Landes betreffend, vom 31. Mai 1871 (GuVS. S. 145) sei der Beklagte verpflichtet gewesen, die Kosten der Landessynode zu tragen. Die Verpflichtung zu dieser Staatsleistung bestehe gemäß Art. 138 Abs. 1, Art. 173 RVerf. auch unter der neuen Staatsverfassung fort; sie sei nunmehr mit Bezug auf den an die Stelle der Landessynode getretenen Landeskirchentag zu erfüllen. Landgericht und Oberlandesgericht haben die Klage als unbegründet abgewiesen. Auch die Revision der Klägerin hatte keinen Erfolg.

Aus den Gründen:

Was die von Amts wegen zu prüfende Zulässigkeit des Rechtswegs anlangt, so ist die Abgrenzung der Gerichtsbarkeit der ordentlichen Gerichte gegenüber der Verwaltung und der Verwaltungsgerichtsbarkeit gemäß § 13 GVG., beim Fehlen reichsgesetzlicher Sondervorschriften, aus dem Landesrecht zu entnehmen. Im Lande Braunschweig besteht, wie das Landgericht unter stillschweigender Billigung des Berufungsgerichts und deshalb, gemäß § 562 ZPO., für das Revisionsgericht bindend festgestellt hat, ein Gewohnheitsrecht, kraft dessen der Anspruch wegen seiner vermögensrechtlichen Natur vor die ordentlichen Gerichte gehört.

In der Sache selbst hat es sich bei dem Streite der Parteien zunächst darum gehandelt, ob der beklagte Staat unter der Herrschaft des bis zur Staatsumwälzung in Geltung gewesenen Staatskirchenrechts zur Tragung der Kosten der Landessynode verpflichtet gewesen ist oder ob für ihn nach der Landesgesetzgebung von 1876 und 1895 nur die gesetzliche Ermächtigung bestanden hat, die Kosten auf die staatliche Klosterreinertragskasse zu übernehmen. Das Berufungsgericht hat diese Frage zugunsten der Klägerin entschieden.... Gemäß seiner Darlegung über den Inhalt des nicht revisiblen Landesrechts ist zugunsten der Klägerin davon auszugehen, daß der Beklagte bis zur Staatsumwälzung zur Tragung der Kosten der Landessynode verpflichtet war.

Das Berufungsgericht hat ferner, und zwar auch insoweit

nach § 562 ZPO. mit bindender Kraft für das Revisionsgericht, festgestellt, daß jene Verpflichtung durch den § 26 des „zur Änderung der Neuen Landschaftsordnung vom 12. Oktober 1832" (der Verfassungsurkunde des Herzogtums Braunschweig) unter dem 20. Juni 1919 (GuVS. S. 199) erlassenen, vor der Reichsverfassung in Kraft getretenen Gesetzes in landesrechtlich gültiger Weise aufgehoben ist. Es fragt sich aber, ob diese Aufhebung, wie die Klägerin angenommen wissen will, mit Art. 138 Abs. 1, Art. 173 der Reichsverfassung vom 11. August 1919 in Widerspruch steht und deshalb gemäß Art. 13 Abs. 1 RVerf. durch das Reichsrecht „gebrochen", d. h. wieder beseitigt ist. Diese Frage ist im Berufungsurteil mit Recht verneint.

Art. 138 Abs. 1 bestimmt, daß die auf Gesetz, Vertrag oder besonderen Rechtstiteln beruhenden Staatsleistungen an die Religionsgesellschaften abgelöst werden und daß die Grundsätze hierfür das Reich aufstelle. Nach Art. 173 bleiben bis zu dem gemäß Art. 138 zu erlassenden Reichsgesetze die bisherigen auf Gesetz, Vertrag oder besonderen Rechtstiteln beruhenden Staatsleistungen an die Religionsgesellschaften bestehen. Diese Bestimmungen könnten der Klägerin nur zugute kommen, wenn unter den „bisherigen" Staatsleistungen diejenigen zu verstehen seien sollten, die auf dem alten, d. h. dem bis zur Staatsumwälzung in Geltung gewesenen Rechte beruhen. Die Meinung, daß der Ausdruck „bisherig" einen solchen Sinn habe, wird in der von der Klägerin mitgeteilten Begründung zu § 1 Abs. 1 des Referentenentwurfs eines Reichsgesetzes über die Ablösung der Staatsleistungen an die Religionsgesellschaften vertreten. Diese Meinung ist aber unbegründet.

Nach dem allgemeinen Sprachgebrauch wird unter einem „bisherigen Zustand" ein solcher verstanden, der sich bis zur Gegenwart, oder, in der Sprache eines Gesetzes, bis zum Zeitpunkte seines Inkrafttretens erstreckt. In diesem Sinne ist der Ausdruck zweifellos an den beiden anderen Stellen gebraucht, an denen er in den „Übergangs- und Schlußbestimmungen" der Reichsverfassung vorkommt, nämlich in Art. 178 Abs. 3, wo Anordnungen der Behörden, die auf Grund „bisheriger" Gesetze in rechtsgültiger Weise getroffen waren, eine bis auf weiteres fortdauernde Gültigkeit zuerkannt ist, und in Art. 179 Abs. 2, wo bestimmt ist, daß die nach den „bisherigen" Vorschriften dem Staatenausschuß (§ 2 des Gesetzes über die vorläufige Reichsgewalt vom 10. Februar 1919, RGBl. S. 169) zustehende Befugnis zum Erlaß von Verordnungen auf die Reichsregierung übergehe. Daß der Ausdruck „bisherig" in Art. 173 denselben Sinn hat, daß also unter den „bisherigen auf Gesetz, Vertrag oder besonderen Rechtstiteln beruhenden Staatsleistungen" die noch zur Zeit des Inkrafttretens der Reichsverfassung aus Gesetz, Vertrag oder besonderen Rechtstiteln geschuldeten Staatsleistungen zu verstehen sind, wird dadurch bestätigt, daß die bisherigen Staatsleistungen „bestehen bleiben" sollen. Denn Staatsleistungen, die zwar bis zur Staatsumwälzung, aber nicht mehr zur Zeit des Inkrafttretens der Reichsverfassung geschuldet wurden, konnten nicht kraft einer Bestimmung in der Reichsverfassung „bestehen bleiben"; sie hätten wieder aufleben müssen. Dazu kommt, daß die in Art. 173 mit Bezug auf Art. 138 Abs. 1 getroffene Übergangsbestimmung der Übergangsvorschrift entspricht, die in Art. 174 mit Bezug auf Art. 146 Abs. 2 RVerf. gegeben ist. Auch nach Art. 146 Abs. 2 soll das Nähere über die dort zugelassene Einrichtung von Volksschulen als Bekenntnisschulen oder bekenntnisfreien Schulen „durch die Landesgesetzgebung nach den Grundsätzen eines Reichsgesetzes" bestimmt werden; und Art. 174 schreibt vor, daß es bis zum Erlaß dieses Reichsgesetzes „bei der bestehenden Rechtslage bleibe". Damit ist nicht die Rechtslage, die bis zur Staatsumwälzung bestanden hatte, sondern die zur Zeit des Inkrafttretens der Reichsverfassung bestehende Rechtslage gemeint. Das ist schon in dem Beschluß des IV. Zivilsenats vom 4. November 1920 IV 1/20 (Arch. des öff. Rechts Bd. 40 S. 102; vgl. auch RGZ. Bd. 105 S. 26) anerkannt.

Die Entstehungsgeschichte der Reichsverfassung ergibt nichts, was der dem Wortlaut und dem Zusammenhang des Art. 173 entsprechenden Auslegung berechtigterweise entgegengehalten werden könnte. Der Abgeordnete D. Dr. Kahl, dessen Partei beantragt hatte, dem Art. 135 (jetzt 138) Abs. 1 als dritten Satz hinzuzufügen, daß bis zum Erlaß des Reichsgesetzes die bisherigen Staatsleistungen bestehen bleiben, hat in der Sitzung der verfassunggebenden Nationalversammlung vom 17. Juli 1919 (Verh. Bd. 328 S. 1648 D, 1649 A) zur Begründung dieses Antrags ausgeführt:

„Wann dieses (nämlich das in Art. 135, jetzt 138, Abs. 1 vorgesehene) Reichsgesetz ergehen wird, weiß niemand. ... Es ist aber für die evangelische Kirche nicht nur, sondern auch für die katholische von gleich großer Bedeutung, daß für diesen Zwischenzustand, der Jahre, vielleicht Jahrzehnte dauern kann, wenigstens der gegenwärtige Rechtszustand sichergestellt ist. Wir haben alle Veranlassung, dies zu betonen. Mir werden Klagen aus verschiednen Einzelstaaten zugestellt, in denen man in der Zwischenzeit die Staatsleistungen von kurzer Hand für den Staatssäckel eingezogen hat. Das ist contra bonam fidem, gegen das Gesetz. Deshalb muß gegenüber der unrühmlich betätigten Eigenmacht einzelner Einzelstaaten festgestellt werden, daß, bis die Reichsgesetzgebung diese Ablösung näher regelt, die bisherigen Staatsleistungen ihren gewöhnlichen Weg weitergehen."

Auch in dieser Ausführung, welche die Klägerin für sich angezogen hat, wird also von den „bisherigen Staatsleistungen" als dem „gegenwärtigen Rechtszustand" gesprochen, womit auf den zur Zeit bestehenden und nicht auf den bis zur Staatsumwälzung in Geltung gewesenen Rechtszustand hingewiesen ist. Als der „Zwischenzustand", für dessen Dauer (nach der „unrühmlichen" Betätigung staatlicher „Eigenmacht" in einigen Einzelstaaten) „wenigstens" die bisherigen Staatsleistungen gegen einseitige einzelstaatliche Aufhebung sichergestellt werden sollten und sichergestellt worden sind, erscheint auch hiernach die Zeit zwischen dem Inkrafttreten der Reichsverfassung und dem Inkrafttreten eines Reichsgesetzes über die Ablösung der Staatsleistungen.

Die Frage, wie die nach der Staatsumwälzung, aber vor dem Inkrafttreten der Reichsverfassung, insbesondere in der Zeit der Beratung der Reichsverfassung von Einzelstaaten vorgenommenen Aufhebungsmaßnahmen zu beurteilen seien, wurde durch den damals zur Debatte stehenden, bei der 3. Lesung (Verh. Bd. 329 S. 2191 D, 2192 A) unter Verweisung in die Übergangsbestimmungen angenommenen Gesetzesvorschlag nicht geregelt. Die von dem Abgeordneten Kahl in dieser Beziehung geäußerte Meinung, daß eine solche, dem Wirksamwerden der Reichsverfassung zuvorkommende Aufhebung contra bonam fidem und in diesem Sinne gegen das Gesetz verstoße, berührt sich mit dem im Verfassungsausschuß (Verh. Bd. 336 S. 194) von dem Abgeordneten Dr. Kaas ausgesprochenen Gedanken, die auf Gesetz beruhenden Leistungen könne der Staat, soweit das strenge „Recht", nicht die Billigkeit in Betracht komme, schließlich durch Gesetz auch wieder aufheben. Einzelstaatlichen, vor dem Inkrafttreten der Reichsverfassung in Kraft getretenen Aufhebungsgesetzen ist in der Tat, mögen sie von einzelnen Volksteilen, zu deren Sprechern sich die beiden genannten Abgeordneten machten, auch als unbillig empfunden werden, die rechtliche Anerkennung nicht zu versagen. Es trifft durchaus zu, was zu dieser Frage in RGZ. Bd. 105 S. 26 gesagt ist: „Solange der Landesgesetzgebung keine Schranken durch die Reichsgesetzgebung gezogen waren, war sie nicht gehindert, auch solche Vorschriften zu erlassen, welche mit dem Geiste erst in der Vorbereitung befindlicher Reichsgesetze in Widerspruch standen. Selbst die ... positive Absicht, einem kommenden Reichsgesetz entgegenzuarbeiten, dessen Wirkungen durch eiligst erlassene Landesgesetze zu vereiteln, gibt dem Richter nicht die Macht, diese Landesgesetze für unwirksam zu erklären. Sache der Reichsgesetzgebung ist es vielmehr, solchen Landesgesetzen vorzubeugen oder sie nachträglich zu beseitigen." Wollte das Reich eine Beeinträchtigung der Religionsgesellschaften durch Landesgesetze ausschließen, die nach der Staatsumwälzung und insbesondere während der Beratung der Reichsverfassung erlassen wurden, so hätte dies durch die Aufnahme einer solche Landesgesetze für unwirksam erklärenden Bestimmung oder dadurch geschehen können, daß ein vor dem Inkrafttreten der Reichsverfassung liegender Zeitpunkt (etwa der 9. November 1918 oder der Tag der Eröffnung der Nationalversammlung) für den Schutz der bis dahin noch zu Recht bestehenden Staatsleistungen festgesetzt wurde. Das ist indessen nicht geschehen.

Auf den im Vorstehenden vertretenen Standpunkt hat sich der IV. Zivilsenat bei der Auslegung der Art. 138 Abs. 1, 173 RVerf. bereits in seinem die Verpflichtung des sächsischen Staats zu Leistungen an die evangelisch-lutherische Landeskirche betreffenden Schiedsspruch vom 17. Februar 1926 (RGZ. Bd. 113 S. 349) gestellt. Dort ist (S. 350) aus jenen Bestimmungen der Reichsverfassung gefolgert, daß bis zur Erlassung des in ihnen vorbehaltenen Reichsgesetzes die bei Inkrafttreten der Reichsverfassung auf Gesetz, Vertrag oder besonderen Rechtstiteln beruhenden Staatsleistungen an eine Religionsgesellschaft vom Staate einseitig weder eingestellt oder gemindert noch auch nur abgelöst, d. h. gegen Entschädigung aufgehoben werden dürfen, und an späterer Stelle (S. 402) ist gesagt: Die auf Staatsgesetz beruhende (eine Unterstützung der kirchlichen Verwaltung durch eine staatliche Behörde darstellende) Mitgliedschaft der Amtshauptleute in den Kircheninspektionen hätte vor dem Inkrafttreten der Reichsverfassung durch Staatsgesetz mit der Wirkung aufgehoben werden können, daß die in der Mitwirkung der Amtshauptleute liegenden Staatsleistungen an die evangelisch-lutherische Landeskirche fortgefallen wären.

Die Berufung der Klägerin auf RGZ. Bd. 103 S. 94 geht fehl. Der sich dort findende Satz, es sei durch die vor der Reichsverfassung liegende Landesgesetzgebung ein Zustand geschaffen worden, der unter der Herrschaft der Reichsverfassung nicht hätte geschaffen werden dürfen und der deshalb unter ihrer Herrschaft auch nicht fortdauern dürfe, darf nicht aus seinem Zusammenhang gerissen werden. Die landesgesetzlichen Normen, um die es sich damals handelte, waren die im Gesetz „zur Änderung der Neuen Landschaftsordnung" vom 20. Juni 1919 in § 22 Abs. 1 getroffenen Vorschriften über die Wahl zur verfassunggebenden Synode. Die Wahl zu dieser Synode fand erst statt, nachdem die Reichsverfassung und mit ihr der in Art. 137 Abs. 3 Satz 1 aufgestellte Rechtssatz in Kraft getreten war, daß jede Religionsgesellschaft ihre Angelegenheiten innerhalb der Schranken des für alle geltenden Gesetzes selbständig ordne und verwalte. Mit diesem unmittelbar und sofort anwendbaren Rechtssatze stand, wie in jener Entscheidung mit Recht angenommen ist, das vor dem Inkrafttreten der Reichsverfassung geschaffene, einen staatlichen Eingriff in die Verwaltung der evangelisch-lutherischen Landeskirche enthaltende Landesgesetz in Widerspruch, weil es erst unter der Herrschaft der Reichsverfassung ausgeführt werden sollte. Es mußte deshalb der Reichsverfassung weichen. Die ausdrücklich auf die „Kraft des Art. 137 Abs. 3 Satz 1 RVerf." gegründete Entscheidung darf hiernach nicht in dem von der Klägerin gewollten Sinne verallgemeinert werden.

Nach alledem ist dem Berufungsgericht darin beizutreten, daß die in § 26 des Landesgesetzes vom 20. Juni 1919 mit landesrechtlicher Gültigkeit ausgesprochene Aufhebung der früheren Verpflichtung des Beklagten, die Kosten der Landessynode zu tragen, unter der Herrschaft der Reichsverfassung wirksam geblieben ist. Es braucht deshalb darauf nicht eingegangen zu werden, ob und inwieweit die Verpflichtung, falls sie fortbestände, auf die Kosten des Landeskirchentags zu erstrecken wäre.

7. 1. Kennzeichen einer laufenden Rechnung. Wann ist Einlage eines Arbeitnehmers bei seinem Arbeitgeber anzunehmen, wann eine Vermögensanlage im Sinne des Aufwertungsgesetzes?

2. Kann bei laufender Rechnung über Bezüge eines kaufmännischen Angestellten, der sein Saldo-Anerkenntnis wegen Unrichtigkeit der in entwerteter Papiermark aufgestellten Rechnung widerruft, von diesem geltend gemacht werden, es handle sich um Ansprüche aus einem gegenseitigen Vertrag nach § 63 Abs. 3 AufwG., und kann zu diesem Zwecke auf das zugrunde liegende Rechtsverhältnis zurückgegangen werden?

3. Kann Aufwertung der Posten einer laufenden Rechnung, wenn die Saldoanerkenntnisse wegen Währungsverfalls als irrig widerrufen worden sind, nur vom 15. Juni 1922 an oder auch für eine frühere Zeit verlangt werden?

AufwG. §§ 15, 63, 65. HGB. § 355. BGB. §§ 781, 782, 812.

I. Zivilsenat. Urt. v. 13. April 1927 i. S. B. (Kl.) w. D. (Bekl.). I 371/26.

I. Landgericht Hamburg. Kammer für Handelssachen.
II. Oberlandesgericht daselbst.

Der Kläger war von 1891 bis 1923 Leiter des Hamburger Hauses der Bremer Kommissions-, Versicherungs- und Speditionsfirma B. Der Beklagte ist seit 1909 Inhaber dieses Geschäfts. Schon bei Lebzeiten des früheren Inhabers konnten Angestellte des Hauses Geld bei diesem gegen tägliche Kündigung stehen lassen; es wurde ihnen zu 5% verzinst. Der Kläger, der mit 10% am Gewinn des Hamburger und mit ½% an dem des Bremer Hauses beteiligt war, machte davon Gebrauch. Zu dem stehengelassenen Gehalt und Gewinnanteil zahlte er auch bisweilen Beträge ein. So ergaben sich bedeutende Summen. Im Juli 1911 hatte er ein Guthaben von 148133,22 *M*. Dann zog er (1911/12) große Beträge heraus, und vorübergehend befand er sich im Soll. Außer im Jahre 1920 wurde stets am Jahresschluß der Gewinnanteil berechnet und Saldo gezogen. Dieser betrug Ende 1923 20,45 Billionen Mark.

Für die Zeit vom Juli 1919 an hat nunmehr der Kläger sein Guthaben in Gold umgerechnet. Vom Ergebnis verlangt er als Aufwertungsbetrag 70%, weil, wie er behauptet, der Beklagte durch den Währungsverfall nur 30% eingebüßt habe. Mit der vorliegenden Klage beansprucht er davon den vierten Teil mit 14337,60 RM und Zinsen. Er vertritt die Meinung, daß seine Einlage sich als Darlehen kennzeichne, jedenfalls frei aufzuwerten sei.

Der Beklagte hat den Klaganspruch nach Grund und Betrag bestritten. Es handle sich, so erwidert er, um kein Darlehen, auch um keine Vermögensanlage, sondern um bloße Gefälligkeit zugunsten des Klägers. Nach der geschäftlichen Behandlung liege laufende Rechnung vor, so daß Aufrechnung grundsätzlich ausgeschlossen sei. Sollte man eine Einlage des Arbeitnehmers beim Arbeitgeber als vorliegend ansehen, so könne nur der festgestellte letzte Saldo aufgewertet werden. In jedem Falle seien 70% zu hoch; er, Beklagter, habe von dem in Hamburg angelegten Friedenswerte mindestens die Hälfte eingebüßt.

Das Landgericht erklärte durch Zwischenurteil den Klaganspruch dem Grunde nach für gerechtfertigt. Auf Berufung des Beklagten erkannte das Oberlandesgericht dem Kläger 4765,08 RM mit Zinsen zu und wies den weitergehenden Anspruch ab.

Die Revision des Klägers hatte Erfolg.

Gründe:

1. Übereinstimmend mit dem Landgericht nimmt das Oberlandesgericht an, daß es sich bei dem Rechtsverhältnis unter den Parteien, auf das der Kläger seinen Anspruch gründet, um eine laufende Rechnung und um die Einlage eines Arbeitnehmers bei seinem Arbeitgeber handle.

Das Urteil weist darauf hin, daß das Aufwertungsgesetz vom 16. Juli 1925 in § 65 von „Ansprüchen aus einem Kontokorrent oder einer anderen laufenden Rechnung" spricht. Wie es hieraus richtig folgert, sind mit „anderen" laufenden Rechnungen solche gemeint, die nicht die sämtlichen wesentlichen Merkmale des eigentlichen Kontokorrents (§ 355 HGB.) aufweisen. Ob eine laufende Rechnung, sei es im eigentlichen oder uneigentlichen Sinne, vorliegt, entscheidet vor allem der Wille der Beteiligten; er kann auch durch entsprechendes Verhalten stillschweigenden Ausdruck finden und sich aus der Art des Geschäftsverkehrs ergeben. Wesentliche Merkmale, aus denen er hervorzugehen pflegt, liegen darin, daß die einzelnen Leistungen nur eine rechtlich untrennbare Verbindung von Rechnungsgrößen für ein in regelmäßigen Abschnitten zu ermittelndes Gesamtergebnis, den Überschuß (Saldo), bilden; ferner darin, daß der Saldo verzinst wird, auch wenn schon Zinsen darunter begriffen sind; weiter in der Übersendung der regelmäßigen Abschlüsse und in ihrer mit dieser Zusendung bezweckten Anerkennung (ROHG. Bd. 11 S. 142; RG. in JW. 1892 S. 374 Nr. 18; RGZ. Bd. 76 S. 331, Bd. 88 S. 375; WarnRspr. 1922 Nr. 76, 1926 Nr. 27; RGU. vom 12. Januar 1927 I 175/26). Das Landgericht, auf dessen Feststellungen das Berufungsgericht zustimmend verweist, legt dar, daß unter den Parteien beiderseitige Leistungen in zusammenhängender, untrennbarer Reihe stattfanden: Der Kläger machte bei dem Hause B. Einzahlungen, ließ seine Gewinnanteile dort stehen, empfing viele Zahlungen „a conto". Das Handlungshaus leistete diese Zahlungen in Anrechnung auf das, was es ihm jeweils schuldete, nicht auf einzelne Schuldposten. Jede Leistung des Klägers wurde als verzinsliche Kreditgewährung behandelt; der jedesmalige Verbleib wurde, obwohl er schon Zinsen enthielt, verzinst und auf neue Rechnung vorgetragen. Aus dieser geschäftlichen Behandlung entnehmen beide Vordergerichte den Willen der Beteiligten, daß das jährlich ermittelte Abschlußergebnis eine selbständige Forderung begründen sollte. Die Kennzeichnung des Verhältnisses als laufende Rechnung läßt keinen Rechtsirrtum ersehen. Nach der allgemeinen Gesetzesregel wären Ansprüche des Klägers aus dieser laufenden Rechnung nicht aufzuwerten (§ 65 AufwG.).

Eine Ausnahme von diesem Grundsatz findet jedoch statt, wenn es sich um Einlagen des Arbeitnehmers bei seinem Arbeitgeber handelt (§ 65 AufwG.). Das Landgericht nimmt — auch hier unter Zustimmung des Oberlandesgerichts — an, dieser Fall sei unter den Parteien gegeben. Unbegründet sei der Einwand des Beklagten, daß der Kläger nach Stellung und Bezügen nicht zu den Arbeitnehmern gehört habe. Zwar bezeichne man in einem engeren, gebräuchlicheren Sinne als Arbeitnehmer den, welchen der Arbeitgeber gegen Lohn in vorwiegend körperlicher Tätigkeit beschäftige. Das sei aber nicht der Sinn, den das Aufwertungsgesetz mit dem Worte verbinde. Wie in mehreren anderen Gesetzen der neuesten Zeit (Einkommensteuer-Gesetz vom 10. August 1925 §§ 69 flg., Betriebsräte-Gesetz vom 4. Februar 1920 §§ 1 flg. u. a.) müsse die Grenze weiter gezogen werden. Seien danach unter die Arbeitnehmer doch sogar die gesetzlichen Vertreter juristischer Personen zu rechnen, sofern mit ihnen ein wirklicher Dienstvertrag abgeschlossen sei. Auf Grund eines solchen Vertrags aber sei der Kläger bei B. über dreißig Jahre tätig gewesen. Die gesetzliche Rechtswohltat (§ 65 AufwG.) und somit der Aufwertungsanspruch des Arbeitnehmers könne ihm also nicht versagt werden. Auf wessen Veranlassung er die Einlagen gemacht habe, sei rechtlich gleichgültig. Auch diese Ausführungen enthalten keinen Verstoß gegen Rechtsregeln.

Landgericht und Oberlandesgericht sehen in der Einlage des Klägers beim Beklagten eine Vermögensanlage im Sinne des Aufwertungsgesetzes. Sie gehen davon aus, daß nach den Grundsätzen der Rechtsprechung der Begriff „Vermögensanlage" jede auf eine gewisse Dauer berechnete Verwendung von Vermögensstücken umfaßt, die zum Zwecke der Erhaltung und Nutzung des Kapitals erfolgt (JW. 1925 S. 936 Nr. 5, 1926 S. 149 Nr. 4, S. 2357 Nr. 1; RGZ. Bd. 113 S. 201). Das Berufungsgericht erwägt auch, ob nicht aus der Befugnis des Klägers, jederzeit über die eingelegten Gelder zu verfügen, ein Bedenken wider die Auffassung als Daueranlage und damit als Vermögensanlage zu entnehmen sei. Das verneint es. Im allgemeinen, führt es aus, werde freilich eine Einlage, bei der tägliche Entnahme gestattet sei, ebensowenig als Vermögensanlage betrachtet werden dürfen, wie ein Girokonto bei einer Bank. Hier jedoch habe der Kläger eine über den üblichen Banksatz für Giro-Konten in der Zeit vor dem Kriege beträchtlich hinausgehende Verzinsung von 5% erhalten. Das habe ihn veranlaßt, erhebliche Kapitalien, im Jahre 1911 z. B. fast 150000 M, im Geschäfte stehen zu lassen. Und als (wie der Kläger selbst vorbringe) der Beklagte ihm die 5% nicht weiter zu zahlen willens gewesen sei, habe er seine Einlage herausgezogen. Also habe er für die bedeutenden Werte nach anderer Anlage gesucht; aber in den nächsten Jahren seien dann doch wieder große Beträge stehengeblieben. Alles dies rechtfertige die Annahme, daß es sich hier um eine Vermögensanlage im Sinne des § 63 Abs. 1 AufwG. handle.

Diese Darlegungen entsprechen ebenfalls anerkannten Auslegungsgrundsätzen. Die Auffassung beider Vorinstanzen, daß die Einlage des Klägers beim Beklagten als Vermögensanlage im Sinne des Aufwertungsgesetzes zu behandeln sei, läßt sich also nicht beanstanden.

2. Der mit der Revision verfochtenen Meinung des Klägers, daß eine der gesetzlichen Ausnahmen vom Tatbestande der Vermögensanlage gegeben sei (§ 63 Abs. 2 und 3 AufwG.), ist nicht beizustimmen.

Daß kein Guthaben bei einer Fabrik- oder Werksparkasse in Frage steht (§ 63 Abs. 2 Nr. 6, § 64 AufwG.), braucht nicht näher dargelegt zu werden (Durchführungsverordnung zu § 64 des AufwG. vom 8. Juli 1926, RGBl. I S. 403, Art. 1). Der Kläger könnte sich auch nicht darauf berufen, daß Ansprüche aus gegenseitigen Verträgen nicht als Vermögensanlagen im Sinne des § 63 Abs. 1 AufwG. gelten (§ 63 Abs. 3). Zwar gehörte der Dienstvertrag, auf Grund dessen der Kläger gegen Gehalt und Gewinnanteil beim Beklagten angestellt war und das Hamburger Haus leitete, zu den gegenseitigen Verträgen (§§ 611 flg., 320 flg. BGB., §§ 48 flg. HGB.). Das Vertragsverhältnis aber ist beendigt; der Kläger hat unstreitig die bedungene Gegenleistung erhalten. Jetzt handelt es sich nur noch um die Ausgleichung des Verlustes, den der Kläger durch die Geldentwertung an seinem beim Beklagten angelegten Vertragsentgelt erlitten hat. Er macht im gegenwärtigen Rechtsstreit keinen Anspruch aus dem Dienstvertrag, etwa auf Gewährung rückständiger Vergütung, geltend. Grundlage seines Anspruchs ist das Rechtsverhältnis, das durch vereinbarte und entsprechend geführte laufende Rechnung gekennzeichnet wird. Und zwar verlangt er billigen Ausgleich dafür, daß infolge des Währungsverfalls die buchmäßigen Abschlüsse für ihn einen unverhältnismäßig viel geringeren Wert ergeben haben, als er ihm nach Treu und Glauben bei gerechter Abwägung der Belange beider Teile gebühre (§ 242 BGB.).

Aus ganz entsprechenden Gründen trifft auch die Ausführung der Revision nicht zu, daß der Kläger mit der gegenwärtigen Klage einen Anspruch aus einem Beteiligungsverhältnis verfolge (§ 63 Abs. 2 Nr. 1 AufwG.). Welche Grenzen diesem gesetzlichen Begriffe zu ziehen sind, kann hier unerörtert bleiben. Es mag zugegeben werden, daß ein Anteil von 10% am Gewinn des Hamburger und von ½% am Gewinn des Bremer Geschäfts im Vergleich zu den sonstigen Bezügen recht bedeutend war. Als möglich mag sogar unterstellt werden, daß sich mit Rücksicht auf diesen Gewinnanteil das ganze Dienstverhältnis des Klägers als Beteiligung am Geschäft des Beklagten gekennzeichnet habe. Darauf kommt es aber nicht mehr an. Denn der Kläger macht keinen Anspruch aus dem Beteiligungsverhältnis geltend, etwa dergestalt, daß er Auszahlung des Gewinnanteils im aufgewerteten Betrage forderte. Der Anteil ist nach herkömmlichen Grundsätzen der vereinbarten laufenden Rechnung festgestellt und, soweit der Kläger nicht bares Geld entnommen hat, dem Beklagten als verzinsliche Einlage in laufender Rechnung weiterhin belassen worden. Ein Anspruch des Klägers auf Ausgleichung der durch die Geldentwertung herbeigeführten Vermögenseinbuße gründet sich sonach nicht auf jenes Beteiligungsverhältnis, ebensowenig wie auf den handelsrechtlichen Dienstvertrag. Schließt die laufende Rechnung, weil es sich um eine Einlage des Arbeitnehmers beim Arbeitgeber handelt, die Aufwertung nicht aus (§ 65 AufwG.), so gibt sie den rechtlichen Beziehungen der Parteien zueinander doch eine neue Grundlage. Denn auch bei uneigentlicher laufender Rechnung bildet das — keiner Form bedürftige — Anerkenntnis des Abschlusses einen selbständigen Verpflichtungsgrund (§§ 781, 782 BGB.); die Einzelposten werden rechtlich bedeutungslos, sind bloß noch unselbständige Größen als Posten der laufenden Rechnung, und nur das Guthaben besteht fortan als einzige Forderung (RGZ. Bd. 2 S. 337, Bd. 71 S. 102, Bd. 101 S. 122, Bd. 105 S. 233; JW. 1899 S. 49 Nr. 50; WarnRspr. 1908 Nr. 501). Jenes dem Saldo zugrunde liegende Anerkenntnis aber kann unter den Voraussetzungen des § 812 BGB. als sachlich unrichtig und rechtlich grundlos widerrufen (kondiziert) werden (RGZ. Bd. 101 S. 125). Dies ist im gegenwärtigen Falle spätestens durch das mit der Klage geltend gemachte Verlangen der Aufwertung geschehen; und da es sich um eine Einlage des Arbeitnehmers beim Arbeitgeber handelt, ist der Widerruf auch gesetzlich begründet (§ 65 AufwG.).

3. Aus der von beiden Vorinstanzen zutreffend angenommenen Eigenschaft der Einlagen als Vermögensanlage folgt: Die Aufwertung darf 25% des Goldmarkbetrags nicht übersteigen (§ 63 Abs. 1 Satz 1 mit §§ 2, 3 AufwG.). An dieser im Berufungsurteil ausdrücklich erwähnten Höchstgrenze ist festzuhalten. Dagegen ist dem Berufungsgericht nicht beizustimmen, wenn es aus entsprechender Anwendung von Aufwertungsvorschriften (§ 63 Abs. 1 Satz 2, §§ 14, 15, 17 bis 19 AufwG.) folgert: Der Kläger könne Saldoziehung in alter Währung auf den 15. Juni 1922 verlangen; nur dieser Saldo und die

späteren Posten der laufenden Rechnung seien nach den Meßzahlen des Gesetzes (mit 25%) aufzuwerten; auf eine frühere Zeit dürfe aber nicht zurückgegriffen werden. Mit dem (durch § 65 mit § 63 Abs. 1 AufwG. gerechtfertigten) Widerruf wegen Unrichtigkeit (§ 812 BGB.) hat der Kläger das ihm buchmäßig entgegenstehende Anerkenntnis des Abschlusses aus der laufenden Rechnung rechtlich wirkungslos gemacht. Es bedarf nunmehr der Prüfung, wie weit die von ihm geltend gemachte Unrichtigkeit reicht. Sachlich zutreffend bemerkt das landgerichtliche Urteil: in der laufenden Rechnung müsse bis zu einem Saldo zurückgegangen werden, der für die Parteien durch wirksames Anerkenntnis verbindlich geworden sei; die diesem Saldo folgenden Posten will es — nach allgemeinen Grundsätzen unter billiger Beachtung der Belange beider Teile — aufwerten (RGZ. Bd. 107 S. 78, Bd. 108 S. 83 und 173, Bd. 110 S. 377). Damit stellt es für die Ermittlung des Anspruchsbetrags grundsätzlich richtig die Frage: Welches ist der letzte Abschluß der laufenden Rechnung, den der Kläger als verbindlich gegen sich gelten lassen muß, weil ihm nach Treu und Glauben zuzumuten war, daß er trotz der schon begonnenen Geldentwertung die Berechnung auf Papiermarkgrundlage als eine der Billigkeit noch entsprechende hinnehme? Es ist nicht zu beanstanden, daß das Landgericht den Saldo, den der Kläger hiernach gelten lassen muß, im Streit über den Grund noch unbestimmt gelassen und seine Feststellung dem Verfahren über die Höhe des Klaganspruchs aufgespart hat. Was erforderlich war, um zu entscheiden, ob der Aufwertungsanspruch überhaupt begründet sei, ist ausreichend dargelegt; alles weitere konnte dem Streit über den Umfang des Anspruchs überlassen werden.

Daß der Abschluß vom 31. Dezember 1923 nicht als bindend anerkannt in Frage kommt, bedarf keiner besonderen Ausführung. Mit Recht hebt das Berufungsurteil hervor: Dieser Abschluß werde frühestens im Januar 1924 gezogen worden sein. Damals habe man in Goldmark gerechnet. Bilanzen und andere Abschlüsse in Papiermark aufzustellen, sei damals eine rein förmliche Maßnahme, ein Behelf gewesen, um die Bücher auf herkömmliche Weise äußerlich ordnungsmäßig abzuschließen, jedoch in dem Bewußtsein, daß solche Abrechnung keinen vernünftigen wirtschaftlichen Sinn habe.

Schon am Schlusse des Jahres 1922 war die Geldentwertung so weit vorgeschritten, daß der Satz „Mark ist gleich Mark“ sich als unhaltbar herausgestellt hatte. Zwar entschloß sich die Rechtsprechung erst im Laufe des Jahres 1923, nachdem alle Hoffnungen auf Besserung der Währung hatten aufgegeben werden müssen, dazu, einen Aufwertungsanspruch anzuerkennen. Aber schon während des Jahres 1922 entbehrte die in Papiermark geführte laufende Rechnung unter den Parteien nach den bisher schon ersichtlichen Umständen jeder tatsächlichen Richtigkeit. Das durch den Währungsverfall hervorgerufene grobe Mißverhältnis zwischen den wirtschaftlichen Werten, die in der laufenden Rechnung zu buchen waren, und dem für sie verwendeten Ausdrucksmittel der schwindenden Mark war offensichtlich. Es bedarf, um dies zu begründen, nicht der — rechtlich bedenklichen — Darlegung des Berufungsurteils, die in der Saldierung eine „Leistung" des Beklagten an den Kläger findet, welche dieser vorbehaltlos (aber nach § 15 AufwG. ohne Rechtsnachteil) angenommen habe. Den Begriff der Leistung über die — im vorliegenden Fall außer Frage stehende — Rückzahlung hinaus zu erstrecken, erscheint weder nötig noch angebracht.

Es besteht kein grundsätzliches Rechtsbedenken dagegen, die laufende Rechnung auch über den Abschluß vom 31. Dezember 1921 hinaus, wie das Landgericht sagt, nach rückwärts aufzurollen. Denn schon im Laufe des damals abgeschlossenen Jahres war der Wert der Mark so beträchtlich gesunken, daß er nur etwa noch $^1/_{20}$ gegenüber der Zeit vor dem Kriege betrug. Zu entscheiden, ob gegen Ende des Jahres 1920 bereits durch Entwertung ein grobes Mißverhältnis bestand und damit die Notwendigkeit billigen Ausgleichs erwächst, wird erst möglich sein, nachdem im bevorstehenden Verfahren die wesentlichen tatsächlichen Umstände festgestellt sein werden, auf Grund deren die Belange der hier beteiligten Parteien gegeneinander abzuwägen sind.

Fälligkeit und Verzinsung sind nach billigem Ermessen zu bestimmen (§ 63 Abs. 4 verb. mit Abs. 1 AufwG.). Die Grundlagen dafür werden ebenfalls im Streit über den Betrag des Anspruchs noch zu ermitteln sein. . . .

8. Ist für den Anspruch des Verpächters auf Ergänzung der ihm vom Pächter in Geld geleisteten, infolge des Währungsverfalls entwerteten Pachtsicherheit das Pachteinigungsamt ausschließlich zuständig?

Reichspachtschutzordnung vom 23. Juli 1925 § 1. Preuß. Pachtschutzordnung vom 30. September 1925 § 2.

III. Zivilsenat. Urt. v. 29. April 1927 i. S. v. K. (Kl.) w. K. (Bekl.). III 291/26.

I. Landgericht Halle.
II. Oberlandesgericht Naumburg.

Der Beklagte ist Pächter eines dem Kläger gehörigen Ritterguts. Auf Grund des Pachtvertrags vom Jahre 1910 hatte der Beklagte eine Pachtsicherheit von 30000 ℳ gestellt. Nachdem nunmehr diese Sicherheit infolge des Währungsverfalls völlig entwertet ist, verlangt der Kläger ihre Ergänzung auf 30000 RℳDer Beklagte bestreitet nicht, zur Ergänzung verpflichtet zu sein, hält aber den begehrten Betrag für zu hoch und ist der Meinung, daß die Entscheidung über das Ergänzungsverlangen des Klägers zur Zuständigkeit des Pachteinigungsamts gehöre und nicht vor dem ordentlichen Gericht verfolgt werden könne. Auf Grund dieses Einwands hat das Landgericht die Klage abgewiesen und der Berufungsrichter die Berufung des Klägers zurückgewiesen. Die Revision des Klägers blieb erfolglos.

Gründe:

Nach dem Pachtvertrag der Parteien ist der beklagte Pächter, wie er nicht bestreitet, zur Ergänzung der infolge des Währungszusammenbruchs gänzlich entwerteten Pachtsicherheit verpflichtet. Nach der Annahme des Berufungsrichters gehört diese Verpflichtung zu den Leistungen aus dem Pachtverhältnis, für welche die Pachteinigungsämter ausschließlich zuständig sind und die ordentlichen Gerichte nicht angerufen werden können (§ 1 Abs. 2 RPSchutzO. in der Fassung vom 23. Juli 1925, § 2 Abs. 1 Preuß. PSchO. vom 30. September 1925). Dem ist beizutreten.

Die in Rede stehende Verpflichtung des Pächters ist, wie keiner Ausführung bedarf, eine Leistung aus dem Pachtvertrag. Eine rechtliche Beschränkung dieses Begriffs auf wiederkehrende Leistungen ist weder dem Inhalt des Gesetzes zu entnehmen noch aus dessen Veranlassung und Zweck abzuleiten; dies entspricht auch der herrschenden Meinung. Wie ferner nicht zu bezweifeln ist, hat der Pächter die Sicherheit während der Dauer des Pachtverhältnisses zu leisten und gegebenenfalls zu ergänzen; ohne Belang ist, daß die Verbindlichkeiten des Pächters, zu deren Sicherung die Pachtkaution zu dienen bestimmt ist, großenteils erst nach beendigter Pacht zu bereinigen sind. Ohne Rechtsirrtum endlich hat der Berufungsrichter ausgeführt, daß eine anderweitige Festsetzung der Pachtsicherheit angesichts der völlig veränderten wirtschaftlichen Verhältnisse der Billigkeit entsprechen kann und daß zur Lösung dieser vorwiegend auf dem wirtschaftlichen Gebiete liegenden Aufgabe das Pachteinigungsamt besonders geeignet und daher im Sinne der angeführten Vorschriften gesetzlich berufen ist (vgl. § 2 Abs. 3 Preuß. PSchO).

Da nach dem Dargelegten der Berufungsrichter mit Recht die Zuständigkeit des Pachteinigungsamtes zur Entscheidung des Streites der Parteien als gegeben angenommen hat, entfällt der Vorwurf der Revision, der Berufungsrichter habe der Pachtschutzordnung als einem Ausnahmegesetz einen Anwendungsbereich zugestanden, der ihr nicht zukomme.

---

9. 1. Hat derjenige, gegen den auf Grund der Verordnung zur Behebung der dringendsten Wohnungsnot vom 9. Dezember 1919 eine Enteignung verfügt worden ist, einen Anspruch auf Rückauflassung, wenn das enteignete Land nicht bebaut wird?

2. Welche Wirkungen hat ein vor dem Inkrafttreten der Zivilprozeßnovelle vom 13. Februar 1924 erlassenes Zwischenurteil über ein selbständiges Angriffsmittel nach dem genannten Zeitpunkt?

Preuß. Enteignungsgesetz v. 11. Juni 1874 §§ 42, 57. BGB. § 812. ZPO. §§ 303, 318.

(VII.) VI. Zivilsenat. Urt. v. 29. April 1927 i. S. R. (Kl.) w. Gemeinnützigen Bauverein V. (Bekl.). (VII) VI 44/27.

I. Landgericht Hannover.
II. Oberlandesgericht Celle.

Durch Bescheid des Regierungspräsidenten (Bezirkswohnungskommissars) in Hannover vom 23. Februar 1920, dem Kläger zugestellt am 27. Februar 1920, wurden mehrere dem Kläger gehörige Grundstücks-Parzellen zugunsten des Beklagten enteignet. Dieser wurde auch im Grundbuch als Eigentümer eingetragen. Die Enteignung erfolgte auf Grund der Verordnung zur Behebung der dringendsten Wohnungsnot vom 9. Dezember 1919. Im gegenwärtigen Rechtsstreit verlangt der Kläger die Rückauflassung der Parzellen. Er hält das Enteignungsverfahren für unwirksam, weil ihm das rechtliche Gehör nicht gewährt worden sei. Er führte weiter aus, der Zweck der Enteignung, die rasche Bebauung des Geländes mit Wohngebäuden, sei unmöglich geworden. Endlich suchte er die Klage in der Berufungsinstanz auch auf die Haftung des Staates für die Amtspflichtverletzungen seiner Beamten zu stützen. Das Landgericht wies die Klage ab. Das Berufungsgericht erließ am 12. Februar 1924 ein Zwischenurteil, wonach die Klage nicht auf das Unmöglichwerden des Enteignungszwecks und auf die Vorschriften über die Haftung des Staates für die Amtspflichtverletzungen von Beamten gestützt werden könne. Demnächst erhob die Regierung in Hannover den Kompetenzkonflikt und bat, den Rechtsweg für unzulässig zu erklären. Der Gerichtshof zur Entscheidung der Kompetenzkonflikte erkannte dahin, daß der Rechtsweg zulässig sei, soweit der Klaganspruch aus der bisher unterbliebenen Bebauung des enteigneten Grundstücks und dem Unmöglichwerden des Zwecks der Enteignung hergeleitet werde; im übrigen erklärte er den Rechtsweg für unzulässig. Das Oberlandesgericht wies darauf die Berufung des Klägers zurück. Die Revision des Klägers blieb ohne Erfolg.

Gründe:

Gegen die Rechtsgültigkeit der Verordnung vom 9. Dezember 1919 hat die Revision keine Bedenken angeregt. Solche sind auch nicht von Amts wegen zu erheben (RGZ. Bd. 102 S. 211, Bd. 108 S. 70).

In erster Linie macht die Revision geltend, der Zweck der Enteignung sei von vornherein nicht gegeben gewesen, weil Hannover damals hinreichend eigenes Gelände zur Abstellung der dringendsten Wohnungsnot besessen habe. Die Revision rügt, daß weder der Berufungsrichter noch das Urteil des Kompetenz-Gerichtshofs auf diesen Gesichtspunkt eingegangen sei. Die mit diesem Vorbringen aufgestellte tatsächliche Behauptung ist neu und schon deshalb unbeachtlich. Im übrigen unterliegt das Urteil des Kompetenz-Gerichtshofs nicht der Nachprüfung des Reichsgerichts, und das Oberlandesgericht durfte die von der Revision jetzt vermißte Erörterung auch nicht von Amts wegen anstellen, weil nur der Bezirks-Wohnungskommissar darüber zu entscheiden hatte, ob die Voraussetzungen des § 3 der Verordnung vom 9. Dezember 1919 gegeben waren, d. h. ob für Klein- und Mittelwohnungen Bau- und Gartenland in passender Lage zu angemessenem Preise zur Verfügung stand. Insoweit ist sein Bescheid nach § 4 Abs. 3 der Verordnung unanfechtbar.

Das einzige Angriffsmittel des Klägers, worüber der Berufungsrichter nach dem Urteil des Kompetenz-Gerichtshofs noch zu entscheiden hatte, ging dahin, daß der Beklagte, weil er das enteignete Grundstück noch nicht bebaut habe und der Zweck der Enteignung überhaupt unmöglich geworden sei, zur Rückauflassung oder doch zur Einwilligung in die Berichtigung des Grundbuchs verpflichtet sei. Über dieses Angriffsmittel hat das Oberlandesgericht noch vor dem Inkrafttreten der Zivilprozeßnovelle vom 13. Februar 1924 auf Grund des § 303 ZPO. in seiner damals geltenden Fassung durch Zwischenurteil befunden. An dieses Zwischenurteil blieb das Oberlandesgericht nach der von der Novelle unverändert gelassenen Vorschrift des § 318 ZPO. auch nach dem Inkrafttreten der Novelle (1. Juni 1924) gebunden. Mit Recht hat es deshalb im Endurteil von selbständigen Erörterungen abgesehen und nur auf die Begründung des Zwischenurteils verwiesen. Unter diesen Umständen hat das Revisionsgericht nur zu prüfen, ob das Zwischenurteil das damalige Vorbringen der Parteien in rechtlich zutreffender Weise gewürdigt hat. Wenn die Revision ihre Ausführungen darauf stützen will, daß das enteignete Grundstück auch heute noch unbebaut sei oder daß es auch bei Erlaß des Berufungsurteils noch unbebaut gewesen sei, so ist das ein neues tatsächliches Vorbringen, mit dem sie nicht gehört werden darf.

Im Zwischenurteil hat der Berufungsrichter zunächst die rechtliche Schlüssigkeit des vom Kläger erhobenen Angriffs beanstandet. Er hält den vom Kläger herangezogenen § 42 des preußischen Enteignungsgesetzes vom 11. Juni 1874 auch nicht für entsprechend anwendbar, weil § 42 nur Fälle behandle, in denen die Enteignung, abweichend von dem gegenwärtigen Falle, noch nicht vollzogen ist. Dieser Ausführung des Berufungsrichters ist beizutreten und es kann deshalb unerörtert bleiben, ob es überhaupt angängig ist, die reichsrechtliche Verordnung vom 9. Dezember 1919 durch einzelne Vorschriften oder Gedanken des preußischen Enteignungsrechts zu ergänzen. Ebenso zutreffend hat das Oberlandesgericht dargelegt, daß das preußische Enteignungsgesetz nach vollzogener Enteignung ein anderes Recht des Enteigneten als das ihm durch § 57 Abs. 2 und 3 a. a. O. gewährte nicht kenne. Danach ist dem Eigentümer eines teilweise enteigneten Grundstücks ein gesetzliches Vorkaufsrecht eingeräumt, wenn das enteignete Stück Landes zu dem bestimmten Zweck ganz oder teilweise nicht weiter notwendig ist und veräußert werden soll. Diese Regelung des Gesetzes schließt in der Tat die Annahme aus, daß nach preußischem Recht jeder Enteignete einen Anspruch auf Rückauflassung des enteigneten Grundstücks haben sollte, wenn es „zu dem bestimmten Zweck nicht weiter notwendig ist". Das Verlangen der Revision, daß § 42 des preußischen Enteignungsgesetzes entsprechend angewendet werden müsse, ist ohne besondere rechtliche Begründung geblieben.

Die Revision hat aber versucht, den Anspruch des Klägers aus § 812 Abs. 1 Satz 2 BGB. oder doch aus dem dieser Vorschrift zugrunde liegenden Rechtsgedanken herzuleiten. Auch dieser Versuch muß indessen von vornherein scheitern. Nach jener Vorschrift ist zur Herausgabe verpflichtet, wer durch die Leistung eines anderen auf dessen Kosten etwas erlangt hat, wenn der mit der Leistung nach dem Inhalt des Rechtsgeschäfts bezweckte Erfolg nicht eintritt. Das kann bei einer Enteignung nicht unmittelbar zutreffen, denn sie ist kein Rechtsgeschäft im Sinne des Bürgerlichen Gesetzbuchs, d. h. keine das Hervorrufen privater Rechtsverhältnisse bezweckende private Willenserklärung (RGZ. Bd. 68 S. 324). Sie ist vielmehr ein öffentlichrechtlicher Akt, der den Normen des Privatrechts nicht untersteht. Aber auch eine entsprechende Anwendbarkeit jenes Rechtssatzes ist zu verneinen, denn die Enteignung wird unbedingt und ohne jede Rücksicht darauf ausgesprochen, ob der Zweck des durch sie begünstigten Unternehmens erreicht wird oder nicht.

Außer seinen rechtlichen Bedenken hat den Berufungsrichter zur Ablehnung des Klaganspruchs auch die Erwägung geführt, daß der Enteignungszweck noch gar nicht unmöglich geworden sei. Zwar sei der Beklagte bisher, d. h. bis zum Tag der mündlichen Verhandlung, auf die das Zwischenurteil erging, durch die Inflation und das Ausbleiben der erwarteten Staatszuschüsse am Bauen gehindert gewesen, bei der Besserung des Geld-, Kredit- und Baumarkts würden sich diese Verhältnisse aber nunmehr ändern. Die Revision sieht hier den Begriff der Unmöglichkeit als verkannt an und vermißt namentlich die Feststellung, daß die geeigneten Mittel jetzt für den Beklagten bereitgestellt worden seien oder wenigstens bereitgestellt werden könnten. Ein rechtlicher Verstoß liegt indessen nicht vor; der vom Berufungsrichter zwischen vorübergehender und dauernder Unmöglichkeit gemachte Unterschied trifft zu. Auch die allgemeine Bezugnahme auf die schon eingetretene und voraussichtlich andauernde Besserung der Verhältnisse genügte. Die Anforderungen der Revision gehen hier zu weit.

Hiernach versagen die Angriffe der Revision gegen die beiden Entscheidungsgründe des Berufungsrichters, von denen jeder das angefochtene Erkenntnis selbständig zu tragen vermag.

---

10. 1. Wann ist eine Erfindung als eine gemeinsame anzusehen, wann als Betriebserfindung?

2. Kann ein Miterfinder gegenüber dem anderen eine widerrechtliche Entnahme begehen?

3. Ist ein Vorbenutzungsrecht an einer gemeinsamen Erfindung denkbar?

PatGes. § 3 Abs. 2, §§ 5, 10 Abs. 1 Nr. 3, GebrMusterSchGes. § 4 Abs. 3, § 6 Abs. 2.

I. Zivilsenat. Urt. v. 30. April 1927 i. S. D. (Kl.) w. M. (Bekl.). I 191/26.

I. Landgericht Bielefeld.
II. Oberlandesgericht Hamm.

Die Beklagte stellte nach einer von ihrem ehemaligen Angestellten L. gemachten, ihr unter Nr. 339397 patentierten Erfindung Luftfilter her, zu denen Abdichtungshohlkörper gehören. Diese ließ sie anfänglich aus Holz, später aus Blech herstellen, konnte aber längere Zeit keine sie völlig befriedigende Form für die Blechhohlkörper finden. Nachdem sie ein von ihren Angestellten entworfenes Muster (Modell III) anderwärts hatte herstellen lassen, fertigte einer ihrer Techniker, B., einen neuen Entwurf (Modell IV) an, und im Januar 1921 zog sie auch die Klägerin hinzu, die zwar schon andere Arbeiten für sie geliefert hatte, mit dieser Arbeit aber noch nicht befaßt gewesen war. Die Klägerin fertigte zwei Musterbleche (Modell I) an, die den Beifall L.s fanden. Die Beklagte bestellte danach bei der Klägerin zwei Bleche in größerer Ausführung, die am 28. Januar 1921 geliefert wurden, und gab ihr dann größere Mengen in Auftrag, von denen die ersten am 4. März 1921 zur Ablieferung gelangten. Inzwischen hatte die Klägerin das Modell I zum Gebrauchsmusterschutz auf ihren alleinigen Namen angemeldet und erhielt den Schutz unter Nr. 772765 mit Wirkung vom 2. März 1921. Da sich bei der praktischen Verwendung des Modells I herausstellte, daß die „Zähne" dieser Form Öltropfen mitnahmen, so wurden die Versuche bei der Beklagten fortgesetzt; diese ging dann zu der Form des „Modells II" über, das sie im Jahre 1921 noch wiederholt bei der Klägerin, später aber bei anderen Firmen in Auftrag gab. Seit 1924 will sie eine ganz andere Form benutzt haben.

Die Klägerin begehrt mit der Klage die Feststellung ihres alleinigen Rechts auf Herstellung nach dem Gebrauchsmuster 772765. Die Beklagte hat Widerklage auf Löschung erhoben. Sie bestreitet die Schutzfähigkeit des Musters und die Berechtigung oder doch Alleinberechtigung der Klägerin, indem sie geltend macht, das Muster sei in ihrem Auftrag und mit Hilfe ihrer Anleitung, ihrer Beschreibungen und Zeichnungen hergestellt, zum mindesten sei sie mitberechtigt. Sie wendet ferner ein, das Muster sei zur Zeit der Anmeldung bereits im Inland offenkundig benutzt worden, jedenfalls habe sie ein Vorbenutzungsrecht. Die Klägerin bestreitet das alles.

Das Landgericht hat der Klage unter Abweisung der Widerklage stattgegeben, das Oberlandesgericht hat auf die Berufung der Beklagten entgegengesetzt entschieden. Die Revision der Klägerin, soweit sie sich gegen die Abweisung der Klage richtet, wurde zurückgewiesen; im übrigen — wegen der Widerklage — führte sie zur Aufhebung und Zurückverweisung.

Gründe:

... Die Schutzfrist des Gebrauchsmusters 772765 begann mit dem 2. März 1921 und ist nach § 8 des GebrMusterSchG.

bereits abgelaufen. Der Antrag der Klägerin ist daher nunmehr dahin zu deuten, daß sie ihr Alleinrecht für die Dauer des Schutzes festgestellt wissen will, woran sie nach wie vor ein rechtliches Interesse hat. Anderseits ist auch die Widerklage durch den Ablauf der Schutzfrist nicht erledigt, weil die begehrte Löschung rückwirkende Kraft haben würde (RGZ. Bd. 71 S. 196).

Die Revision ist jedoch insoweit unbegründet, als sie sich gegen die Abweisung der Klage richtet. Denn der Klägerin stand das Alleinrecht an dem Gebrauchsmuster nicht zu. Zwar kann dem Berufungsgericht in der Annahme einer „Betriebserfindung" nicht beigetreten werden. Die Klägerin war selbständige Unternehmerin und hat diese Stellung bei den Besprechungen mit der Beklagten nicht aufgegeben. Daß ihr Inhaber oder sein Vertreter „gleichsam" in den Betrieb der Beklagten aufgenommen und ihren Technikern gleichgestellt worden sei, ist keine klare Betrachtungsweise. Das Berufungsgericht hat denn auch an anderer Stelle anerkannt, daß der Inhaber der Klägerin oder sein Vertreter doch nicht zu den Technikern der Beklagten gehörte, und hat die bei Annahme einer Betriebserfindung gebotene Folgerung, daß die Beklagte die Alleinberechtigte gewesen sei, nicht gezogen, vielmehr eine gemeinsame Erfindung angenommen. Dem ist im Ergebnis beizustimmen. Die Klägerin wurde von der Beklagten zur Arbeit an der Herstellung eines geeigneten Blechhohlkörpers zugezogen. Sie war auf diesem Gebiete völlig unerfahren, ihrem Inhaber oder seinem Vertreter mußte erst die nötige Anleitung gegeben und der Stand des bisher Erreichten durch Vorlegung von Modellen und Entwürfen erläutert werden. Daß dabei auch der von B. angefertigte Entwurf vorgelegt wurde, der bereits die Grundzüge des Gebrauchsmusters an sich trug, ist vom Berufungsgericht festgestellt. Bei dieser Sachlage kann das Modell I, das von der Klägerin zum Gebrauchsmusterschutz angemeldet worden ist, nicht als ihre alleinige Erfindung (vorausgesetzt, daß es überhaupt eine war) angesehen werden, sondern muß als gemeinsame Erfindung gelten. Die Parteien standen somit in bezug auf den Gegenstand des Gebrauchsmusters in Rechtsgemeinschaft (§§ 741 flg. BGB.).

Daraus folgt aber nicht, daß in der Anmeldung der Klägerin eine widerrechtliche Entnahme im Sinne des § 4 Abs. 3 GebrMusterSchGes. gelegen habe und ein Löschungsanspruch der Beklagten nach § 6 Abs. 2 das. bestehe. Die Frage, ob in solchem Falle eine rechtswidrige Entnahme anzunehmen sei, ist für das Patent- und das Gebrauchsmusterschutzgesetz gleichermaßen streitig. Für die Bejahung der Frage haben sich ausgesprochen: Kohler (Handbuch S. 315), Allfeld (Komm. 1904 S. 71), Kisch (Handbuch S. 123), Isay (Komm. 4. Aufl. S. 166), Seligsohn (Komm. 6. Aufl. § 3 Nr. 22, JW. 1922 S. 1715); für die Verneinung: Kent (Komm. 1906 S. 316), Robolski (Komm. § 3 Nr. 5), Lutter (Komm. 8. Aufl. S. 64), Damme-Lutter (Handbuch 3. Aufl. S. 263), Dunkhase im Gew. Rechtsschutz 1907 S. 219, Starck in JW. 1922 S. 1714, Ruhfus in Markenschutz und Wettbewerb XXII S. 131; v. Boehmer (Gew. Rechtsschutz 1903 S. 345) ist für die Verneinung bei gemeinsam gemachter Erfindung, für die Bejahung bei Miteigentum an den Zeichnungen usw. Das Patentamt hat sich in der Entscheidung vom 27. Februar 1879 (Patentblatt S. 476, Gareis Entsch. in Patents. Bd. 1 S. 210flg.) für die Verneinung ausgesprochen. Das Reichsgericht hat bisher zu dieser Frage noch nicht Stellung genommen. Zwar ist die bei Bolze Bd. 23 unter Nr. 244 im Auszug abgedruckte Entscheidung vielfach als Beleg dafür angeführt worden, daß der Senat die Frage bejaht habe. Indessen ist dieser Eindruck nur dadurch entstanden, daß ein Satz der Entscheidungsgründe aus dem Zusammenhang gelöst worden ist. Die vollständigen Entscheidungsgründe ergeben ganz klar, daß der Senat damals in dem Nichtigkeitskläger den alleinigen Erfinder gesehen hat. Überwiegende Gründe sprechen für die Verneinung der Frage. Die strafrechtliche Anschauung, daß ein Miteigentümer gegen den anderen Unterschlagung und Diebstahl an der gemeinsamen Sache begehen kann, ist für die Auslegung des Patent- und des Gebrauchsmusterschutzgesetzes nicht ohne weiteres zu verwerten. Die Vorschriften über die rechtswidrige Entnahme (§ 3 Abs. 2, § 10 Abs. 1 Nr. 3 PatGes., § 4 Abs. 3, § 6 Abs. 2 GebrMusterSchGes.) haben den Fall im Auge, daß ein Nichtberechtigter dem Berechtigten gegenübersteht, nicht ein Mitberechtigter einem anderen Mitberechtigten. Im Falle der Mitberechtigung stehen nicht Beschreibungen usw. eines anderen, sondern gemeinsame Beschreibungen in Frage. Der Vorschrift, daß jeder Teilhaber einer Gemeinschaft die zur Erhaltung des Gegenstandes notwendigen Maßregeln ohne Zustimmung der andern treffen kann (§ 744 Abs. 2 BGB.), entspricht bei einer Erfindung das Recht jedes

Teilhabers auf Anmeldung. Zwar hat er die Erfindung auf den Namen aller Teilhaber anzumelden und handelt, wenn er sie nur auf seinen Namen anmeldet, insoweit widerrechtlich. Aber diese Widerrechtlichkeit ist dadurch auszugleichen, daß die Umschreibung auf den Namen aller erfolgt oder daß die Teilhaber sich auseinandersetzen. Es würde über das Schutzbedürfnis der anderen hinausgehen und das Recht des Teilhabers, der angemeldet hat, verletzen, wenn man ihnen das Recht geben wollte, die Erteilung des Patents zu hindern oder die Vernichtung des Patents sowie die Löschung des Gebrauchsmusters herbeizuführen. Dazu käme für Patente, daß das Patentamt im Erteilungs- und Nichtigkeitsverfahren mit der Prüfung streitiger Gemeinschaftsverhältnisse befaßt werden müßte, die ihrer Natur nach vor die ordentlichen Gerichte gehören. Das ist auch die Ansicht des Patentamts in der Entscheidung vom 27. Februar 1879.

Hiernach kann die Widerklägerin nicht Löschung des Gebrauchsmusters, sondern nur Feststellung ihrer Mitberechtigung beanspruchen. Vorausgesetzt ist aber, daß das Muster überhaupt schutzfähig war (§ 1 Abs. 1) und daß es nicht schon zur Zeit der Anmeldung offenkundig benutzt war (§ 1 Abs. 2). Diese Fragen, die vom Berufungsgericht offen gelassen sind, bedürfen noch der Prüfung. Dagegen kommt ein Vorbenutzungsrecht im Sinne des § 5 des Patentgesetzes (RGZ. Bd. 80 S. 206) für die Beklagte als Teilhaberin an einer gemeinsamen Erfindung nicht in Frage.

---

11. 1. Zur Tragweite der deutsch-chinesischen Vereinbarung vom 20. Mai 1921 über die Wiederherstellung des Friedenszustandes (RGBl. S. 829).

2. Welche Rechtsfolgen treten ein, wenn der Pfandgläubiger das Pfand durch eine eigene ihm zurechenbare Handlung verliert?

BGB. § 1223.

I. Zivilsenat. Urt. v. 30. April 1927 i. S. D.-A. Bank (Bekl.) w. D. & Co. (Kl.). I 356/26.

I. Landgericht I Berlin, Kammer für Handelssachen.
II. Kammergericht daselbst.

Die beklagte Bank hatte in Ostasien Niederlassungen, u. a. in Tsingtau, in Peking und in Shanghai. Auch die Klägerin hatte daselbst verschiedene Niederlassungen. Die klägerische Zweigniederlassung in Tsingtau hatte am 30. Juni 1915 bei der dortigen Niederlassung der Beklagten ein an sich unbestrittenes Guthaben in Höhe der eingeklagten Summe. Streitig ist, ob die Forderung der Klägerin durch gewisse spätere Vorkommnisse, besonders durch Verhandlungen mit der chinesischen Regierung, getilgt ist, oder ob die Beklagte daraufhin wenigstens eine Aufrechnung gegen diese Forderung vornehmen kann. Als nämlich Tsingtau von den Japanern besetzt war, verboten sie der dortigen Niederlassung der Beklagten, irgendwelche Guthaben an Firmen der Mittelmächte, also auch an die Klägerin, auszuzahlen. Die Klägerin wandte sich deshalb wegen Begleichung ihres Guthabens an die Niederlassung der Beklagten in Shanghai. Letztere verweigerte jedoch unter Berufung auf jenes Verbot der Japaner die Zahlung. Man einigte sich schließlich 1915 dahin, daß die Niederlassung Shanghai — an Stelle der Zahlung — der Klägerin ein Darlehen in gleicher Höhe gewährte. Nähere Vereinbarungen, wann und unter welchen Umständen dieses Darlehen als eine Bezahlung der Forderung der Klägerin gelten sollte, sind nicht vorgelegt worden. Nach Ausbruch des Krieges zwischen Deutschland und China im August 1917 wurden die sämtlichen Niederlassungen der Beklagten von der chinesischen Regierung liquidiert. Da das genannte Darlehen in den Büchern der Beklagten in Shanghai der Klägerin belastet war, verlangte der chinesische Liquidator der Beklagten von der Klägerin Bezahlung dieser Darlehensschuld, ohne Rücksicht darauf, daß der Klägerin ein Guthaben gegen die Beklagte in Tsingtau in gleicher Höhe zustand. Letzteres Guthaben war nicht in den Büchern der Beklagten in Shanghai, sondern in Tsingtau, also auf japanischem Gebiete gebucht. Nach Behauptung der Klägerin versuchte nun der chinesische Liquidator, von ihr den Darlehensbetrag beizutreiben. Um dem zu entgehen, schloß die Klägerin mit der chinesischen Regierung am 2. März 1922 einen Vertrag, durch den der chinesischen Regierung gewisse chinesische Staatsschuldscheine übereignet wurden, wogegen der Liquidator der Beklagten sich wegen der Forderung gegen die Klägerin für befriedigt erklärte. Mit diesen Regierungsschuldscheinen hatte es folgende Bewandtnis. Im März 1916 hatte die Beklagte der Klägerin einen Vorschuß von 625000 Taels gegeben. Die Klägerin war damals im Besitze von chinesischen Regierungsschuldscheinen Nr. 240 bis 245 und 247 bis 252 im Gesamtbetrag von etwas über 2 Millionen Mark. Diese Schuldscheine hatte die Klägerin der Beklagten für den Tael-Vorschuß verpfändet; sie waren bei der Niederlassung der Beklagten in Peking hinterlegt. Der Inhalt jenes Abkommens zwischen der Klägerin und der chinesischen Regierung ging nun dahin, daß die Klägerin als Eigentümerin der chinesischen Regierungsschuldscheine davon 6 Stück der Regierung übereignete (wovon sie später 2 Stück zurückerhalten hat). Damit erklärte sich die chinesische Regierung wegen des Darlehensbetrags für befriedigt, den die Klägerin an den chinesischen Liquidator der Beklagten zurückzuzahlen hatte. Die Frage, ob dieser Vertrag zwischen der Klägerin und der chinesischen Regierung trotz des Pfandrechts der Beklagten an den Regierungsschuldscheinen mit Rechtswirksamkeit gegenüber der Beklagten vorgenommen werden konnte, ist der eine Hauptstreitpunkt der Parteien. Dazu muß noch bemerkt werden, daß im Mai 1921, also vor Abschluß jenes Vertrags, ein Staatsvertrag zwischen China und Deutschland über Wiederherstellung des Friedenszustandes geschlossen worden ist (RGBl. 1921 S. 829, 838). Nach der Auffassung der Beklagten durfte nach diesem Staatsvertrag eine weitere Liquidation ihrer Aktiva nicht mehr vorgenommen werden, und deshalb hält die Beklagte jenen später geschlossenen Übereignungsvertrag für rechtsungültig, da er auf eine Enteignung ihres Pfandrechts hinauskomme. Darauf hat die Beklagte die chinesische Regierung in späteren Jahren hingewiesen und letztere hat in der Tat am 27. Mai 1925 den Übereignungsvertrag für ungültig erklärt. Auf diesem Standpunkt ist die chinesische Regierung auch in einem späteren Schreiben an die Klägerin vom 22. September 1925 stehen geblieben. Die Klägerin will diese nachträglich veränderte Stellungnahme der Regierung nicht gelten lassen, da diese nicht in der Lage gewesen sei, den geschlossenen Vertrag einseitig aufzuheben.

Der zweite Hauptpunkt betrifft folgendes: Am 6./7. Juni 1924 ist zwischen der deutschen und der chinesischen Regierung durch Notenaustausch ein Staatsvertrag zur Regelung der Angelegenheiten der beklagten Bank geschlossen worden. Nach Nr. 3 des Vertrags gelten sämtliche Forderungen der Beklagten gegen die chinesische Regierung und der chinesischen Regierung gegen die Beklagte als abgegolten mit Ausnahme eines hier nicht in Betracht kommenden Vorschusses, den die Beklagte der chinesischen Regierung gegeben hatte. Weiter bestimmt Nr. 5, daß mit dem Notenaustausch die Bestimmungen über die Liquidation der Beklagten aufgehoben sein sollten. Aus diesem Übereinkommen schließt die Klägerin, daß die deutsche Regierung in Vollmacht der Beklagten auf alle Rechte wegen Rücklieferung der erwähnten Regierungsschuldscheine verzichtet habe, falls ein solches Rückforderungsrecht überhaupt bestanden haben sollte, wenn jener Übereignungsvertrag ungültig sei. Die Klägerin schließt weiter, die Beklagte habe sich damit selbst außerstande gesetzt, der Klägerin die ihr gehörigen, der Beklagten verpfändeten Schuldscheine zurückzugeben. Könne der Pfandgläubiger das Pfand nicht zurückgeben, so sei die Schuld, für die das Pfand hafte, erloschen. Auf diese Weise sei die Darlehensforderung der Beklagten getilgt, und daraus folge, daß die Klägerin ihr ursprüngliches, von der Beklagten an sich nicht bestrittenes Guthaben ungehindert zurückfordern könne. Die Beklagte hat dagegen u. a. geltend gemacht, daß das mit der Klage geforderte Guthaben im Laufe der Zeit durch Aufrechnung mit der in gleicher Höhe bestehenden Darlehensschuld längst getilgt sei, so daß die Klägerin nichts mehr zu fordern habe.

Das Landgericht wies die Klage ab, im wesentlichen um deswillen, weil die chinesische Regierung in der Lage gewesen sei, im Jahre 1925 durch Staatshoheitsakt den von ihr mit der Klägerin im März 1922 geschlossenen Übereignungsvertrag wieder aufzuheben. Das Berufungsgericht erkannte nach dem Klagantrag. Die Revision der Beklagten führte zur Aufhebung und Zurückverweisung.

Gründe:

Das Berufungsgericht hat zunächst angenommen, daß der Entscheidung des Rechtsstreits deutsches Recht zugrunde gelegt werden müsse. Es hat weiter ausgeführt, es sei ohne rechtliche Bedeutung, daß das Abkommen der Klägerin vom März 1922 mit dem chinesischen Finanzministerium getroffen worden sei, nicht aber mit dem von der chinesischen Regierung für die Firma der Beklagten eingesetzten Liquidator. In diesen beiden Punkten ist dem Berufungsgericht lediglich beizustimmen; insoweit hat auch die Revision keine Einwendungen erhoben.

1. Zum ersten Hauptstreitpunkt, über Inhalt und Wirkung des Vertrags vom März 1922, hat das Berufungsgericht dargelegt:

Das Abkommen stelle der Sache nach einen Verbrauch der zugunsten des chinesischen Staates enteigneten Forderung der Beklagten als Mittel zur Tilgung einer Schuld des Staates an die Klägerin dar. Deshalb könne nicht mit der Klägerin angenommen werden, daß die Beklagte, vertreten durch ihren Liquidator, sich den Pfanderlös durch Veräußerung der verpfändeten Regierungsschuldscheine zugeführt habe. Vielmehr sei die Enteignung für die Beteiligten und für das deutsche Gericht nicht als verbindlich anzuerkennen. Eine Verbindlichkeit der Enteignung werde auch nicht durch den Versailler Vertrag oder durch Nr. 5 des deutsch-chinesischen Abkommens vom Mai 1921 herbeigeführt. In diesem Abkommen sei bestimmt, daß die Liquidation der Niederlassungen der Beklagten tatsächlich einzustellen sei und zwar sofort mit Unterzeichnung des Abkommens oder doch wenigstens mit der Mitteilung seiner Ratifikation. Das Abkommen zwischen der Klägerin und der chinesischen Regierung, welches der letzteren die Regierungsschuldscheine übereignet habe, sei aber erst nachher, nämlich im März 1922, geschlossen worden. Deshalb sei die Vereinbarung sowohl als privates Rechtsgeschäft wie auch als Hoheitsakt von Anfang an für die Beteiligten unwirksam gewesen.

Im Ergebnis muß dem Berufungsgericht hierin beigetreten werden. In dem Staatsabkommen vom Mai 1921 ist bestimmt, daß die Liquidation der Niederlassungen der Beklagten eingestellt werden sollte. Es kann ganz dahingestellt bleiben, ob danach bereits beschlagnahmte Vermögensbestandteile der Beklagten weiter liquidiert werden durften oder herausgegeben werden mußten; jedenfalls durften keine neuen Enteignungen mehr vorgenommen werden. Das ist aber durch die Vereinbarung der Klägerin mit der chinesischen Regierung vom März 1922 geschehen. Die Beklagte hatte ein vertragsmäßiges Pfandrecht an den Regierungsschuldscheinen, die im Eigentum der Klägerin standen und von dieser der Beklagten für den Vorschuß von 625000 Taels zum Pfand gegeben waren. Dieses Pfand ist der Beklagten entzogen worden, indem die Klägerin mit der Regierung vereinbarte, daß diese die Staatsschuldscheine endgültig an sich nehmen solle. Das kam inhaltlich auf die Enteignung eines der Beklagten zustehenden Rechts hinaus und entbehrte also nach dem Staatsabkommen von 1921 der Rechtswirksamkeit. Die chinesische Regierung hat das auch selbst eingesehen; denn sie hat im Jahre 1925 sowohl der Beklagten als auch der Klägerin gegenüber erklärt, daß der Übereignungsvertrag ungültig sei. Das Berufungsgericht hat angenommen, daß diese Erklärungen vom Jahre 1925 keine Hoheitsakte dargestellt und sich selbst keine Recht schaffende Kraft beigelegt hätten, sondern nur hätten feststellen wollen, daß die Vereinbarung vom März 1922 ohne rechtliche Wirkung sei. Es kann dahingestellt bleiben, ob dem zuzustimmen ist. Denn immerhin ergibt sich doch aus jenen Erklärungen, daß die Regierung selbst die Übereignung vom März 1922 und die gleichzeitig erfolgte Aufhebung der Darlehensschuld der Klägerin für unwirksam und ungültig hält und ihrerseits keine Rechte aus der Vereinbarung mehr herleiten will. Nach der Gesamtheit dieser Umstände können die deutschen Gerichte nicht anerkennen, daß die Klägerin gegen die Beklagte aus diesem Abkommen, durch dessen Abschluß sie bewußt das Pfandrecht der Beklagten verletzte, Rechte herzuleiten vermag. Auf die Behauptung der Klägerin, daß die Beklagte das Abkommen später genehmigt und als rechtswirksam anerkannt habe, ist noch zurückzukommen.

2. Hat das Berufungsgericht zwar insoweit die Ausführungen der Beklagten gebilligt, so hält es ihren Standpunkt schließlich dennoch für ungerechtfertigt, weil sie sich ihres Rechts gegen die chinesische Regierung durch die spätere Abmachung vom 6./7. Juni 1924 begeben habe. Darin kann dem Berufungsgericht nicht gefolgt werden. Jenes Abkommen ist zwischen der deutschen und der chinesischen Regierung getroffen und lautet unter Nr. 3 wie folgt: „es gelten sämtliche Forderungen der D.-A. Bank gegen die chinesische Regierung und der chinesischen Regierung gegen die D.-A. Bank als abgegolten mit Ausnahme des Vorschusses . . ., den die D.-A. Bank der chinesischen Regierung gegen Verpfändung . . . gewährt hat." Das Berufungsgericht führt aus: Es sei kein Zweifel, daß die deutsche Regierung dieses Abkommen mit Zustimmung der beklagten Bank getroffen habe. Mit der Abmachung in Nr. 3, daß alle Forderungen der Beklagten gegen die chinesische Regierung als erledigt anzusehen seien, habe die Beklagte durch den Mund der deutschen Regierung auf Rückforderung der ihr von der Klägerin verpfändeten, sodann aber aus ihrem Besitz entnommenen Regierungsschuldscheine — gegebenenfalls, nach Vernichtung der Schuldscheine, auf die an ihre Stelle getretene Schadensersatzforderung — verzichtet. Sie könne deshalb der Klägerin das von dieser bestellte Pfand nicht zurück-

geben, wozu sie nach §§ 1293, 1252, 1223, 281 BGB. verpflichtet sei. Sie sei ebenso zu beurteilen, als ob sie sich im Wege des Pfandverkaufs aus dem Pfand befriedigt hätte. Zu der durch das Pfand gesicherten Forderung habe auch die Forderung auf Rückzahlung des der Klägerin im Jahre 1915 gegebenen Darlehens gehört, da das Pfand kraft des kaufmännischen Zurückbehaltungsrechts (§§ 369, 371 HGB.) auch für diese Forderung gehaftet habe. Die Darlehensforderung sei also erloschen. Zum mindesten könne die Klägerin den Einwand erheben, daß sie die Zahlung nach Treu und Glauben verweigern dürfe, weil sie selbst ihren Bereicherungsanspruch gegen die chinesische Regierung, der aus der festgestellten Ungültigkeit des Übereignungsvertrags vom März 1922 hervorgehe, infolge des Verhaltens der Beklagten jetzt nicht mehr geltend machen könne.

Diese Ausführungen sind von Rechtsirrtum beeinflußt. Die später (1916) entstandene Forderung der Beklagten auf Rückzahlung der 625000 Taels war durch Pfand gesichert, nicht dagegen die früher (1915) entstandene kleinere Forderung; allerdings konnte die Beklagte das Pfand, falls die gesetzlichen Voraussetzungen im übrigen gegeben waren, für diese Forderung zurückbehalten. Nach § 1223 BGB. ist der Pfandgläubiger verpflichtet, das Pfand nach Erlöschen des Pfandrechts dem Verpfänder zurückzugeben. Tatsächlich festgestellt ist, daß die Beklagte, die Pfandgläubigerin, sich durch ihr eigenes Verhalten außerstand gesetzt hat, das Pfand zurückzugeben. Wenn dem so ist, so hat sie dafür ihrem Schuldner, dem Verpfänder und Eigentümer des Pfandes, in irgendeiner Form aufzukommen. Rechtlich möglich ist die Auffassung, daß sie sich so ansehen lassen muß, als ob sie sich aus dem Pfand befriedigt hätte. Rechtlich möglich ist aber auch die Annahme, daß dem Schuldner, Verpfänder und Pfandeigentümer ein Schadensersatzanspruch erwächst. Welche Auffassung vorzuziehen ist, braucht nicht entschieden zu werden, da beide im Ergebnis auf dasselbe hinauslaufen. Nach Annahme des Berufungsgerichts hat nun im vorliegenden Falle der Verlust des Pfandes (oder der Verzicht auf die an seine Stelle getretene Schadensersatzforderung gegen die chinesische Regierung) die Wirkung, daß beide Forderungen der Beklagten, sowohl die Forderung vom Jahre 1916 auf Rückzahlung der 625000 Taels als auch die frühere, im Jahre 1915 entstandene Darlehensforderung, erledigt sind, daß dies aber unter allen Umständen für die letztere zutrifft, die hier allein in Frage kommt. Dem stehen jedoch folgende zwei Umstände entgegen. In erster Reihe und hauptsächlich: es kann keinesfalls angenommen werden, daß von den Forderungen ein größerer Betrag erledigt ist, als dem Wert des Pfandes entspricht. Nur in dieser Höhe sind die Interessen des Schuldners und Pfandeigentümers durch den Verlust des Pfandes beeinträchtigt worden. Gegenteiliges ist vom Gesetz nirgends vorgeschrieben. Diesen Umstand hat das Berufungsgericht nicht beachtet. In zweiter Reihe fragt es sich, welche von den beiden Forderungen um den Wert des Pfandes herabgemindert wird, wenn dieser Wert nur zur Deckung einer der Forderungen ausreicht. Die Antwort muß ohne Bedenken dahin lauten, daß diejenige Forderung betroffen wird, für die das Pfand bestellt worden ist. Denn erst, wenn diese Forderung getilgt war, konnte Rückgabe des Pfandes verlangt werden. Nur wenn der Wert des Pfandes den Betrag dieser Forderung übersteigt, kann der Überschuß gegen die andere Forderung verrechnet werden. Es kommt also vor allen Dingen darauf an, das Verhältnis des Werts des Pfandes, das die Beklagte aus den Händen gegeben hat, zu den Beträgen ihrer Forderungen an die Klägerin festzustellen. Hierzu hat das Berufungsgericht keine Feststellungen getroffen. Es läßt sich auch aus dem Vorbringen der Parteien nichts Sicheres darüber entnehmen. (Wird im einzelnen dargelegt.) Da in allen diesen Punkten Unklarheit herrscht, mußte das Berufungsurteil aufgehoben und die Sache in die Vorinstanz zurückverwiesen werden.

Nun hat das Berufungsgericht seine Entscheidung noch auf einen anderen Grund gestützt. Die Beklagte soll durch das mit ihrer Einwilligung geschlossene Abkommen zwischen der deutschen und der chinesischen Regierung vom Juni 1924 nachträglich den an sich als unwirksam anzusehenden Übereignungsvertrag zwischen der Klägerin und der chinesischen Regierung vom März 1922 genehmigt haben. Eine solche Genehmigung liegt jedoch nicht vor. Wenn die Beklagte gegenüber der chinesischen Regierung auf Rückgabe der 4 Schuldscheine verzichtet hat, so kann das der Klägerin in der bezeichneten Weise zugute kommen. Weitere Folgerungen sind daraus aber nicht zu ziehen. Das wäre um so weniger angängig, als ja die Klägerin ihrerseits 2 Schuldscheine, die sie der Beklagten verpfändet hatte, ohne jeden bisher ersichtlich gemachten Grund von der chinesischen Regierung zurückerhalten hat.

12. Zum Begriff des Schuldscheindarlehens nach dem Gesetz vom 16. Juli 1925 über die Ablösung öffentlicher Anleihen.

AnlAblG. § 30 Abs. 3, § 40 Abs. 3.

IV. Zivilsenat. Urt. v. 2. Mai 1927 i. S. Stadtgemeinde M. (Bekl.) w. A.-G. f. Boden- u. Kommunalkredit (Kl.). IV 790/26.

I. Landgericht Mannheim.
II. Oberlandesgericht Karlsruhe.

Die Klägerin sicherte der Beklagten durch Vertrag vom 23. Februar 1922/11. März 1922 ein Darlehen von 6 Millionen Mark zu, verzinslich zu 5%, rückzahlbar nach sechsmonatiger, nicht vor dem 1. Juli 1937 zulässiger Kündigung. Der Darlehensbetrag wurde der Beklagten unter Abzug einer vereinbarten Provision von 2% am 20. Juni 1922 ausgezahlt; die Beklagte bestätigte durch ein von ihrem Ersten Bürgermeister unterzeichnetes Schreiben vom 22. Juni 1922 den Eingang der Zahlung, als des Barwertes des ihr nach dem Vertrage zugesagten Darlehens.

Die Klägerin verlangt Aufwertung des Darlehens in Höhe von 25% des Goldmarkbetrags der Darlehenssumme. Die Beklagte ist der Meinung, daß es sich um eine Markanleihe im Sinne der §§ 40, 30 des Anleiheablösungsgesetzes handle und daß deswegen die Klägerin nur einen Anspruch auf Umtausch in Ablösungsanleihe habe.

Das Landgericht wies die Klage ab; das Oberlandesgericht entsprach dagegen dem Aufwertungsbegehren der Klägerin. Die Revision der Beklagten hatte keinen Erfolg.

Gründe:

Das Anleiheablösungsgesetz gibt in § 30 Abs. 3 selbst eine Erläuterung darüber, was es als Markanleihe verstanden wissen will. Markanleihen sind hiernach Schuldverpflichtungen aus Schuldverschreibungen, Buchschulden und verzinslichen Schatzanweisungen sowie aus Darlehen, über welche Schuldscheine ausgestellt sind. Der Begriff des Darlehens ist eindeutig. Er kann kein anderer sein als der des bürgerlichen Rechts (§ 607 BGB.). Die Auffassung, daß solche Darlehen gemeint seien, die nach dem maßgeblichen Landesverwaltungsrecht als öffentliche Anleihen zu gelten haben, ist mit dem Urteil des V. Zivilsenats vom 23. März 1927 (RGZ. Bd. 116 S. 166) abzulehnen. Die Darlehen des § 30 Abs. 3 und dementsprechend des § 40 Abs. 3 AnlAblG. sind nur dadurch aus anderen herausgehoben, daß für sie Schuldscheine ausgestellt sein müssen. Diese Schuldscheine werden vom Gesetz mit den Schuldverschreibungen und den verzinslichen Schatzanweisungen, welche für die Anleihen erfordert werden, auf die gleiche Stufe gestellt. Rechtlich unterscheiden sie sich von jenen dadurch, daß die Schuldscheine nur Beweisurkunden sein können, die Schuldverschreibungen und Schatzanweisungen dagegen Wertpapiere sind, bei denen der Bestand oder auch die Ausübung des verbrieften Rechtes an den Besitz der Urkunde gebunden ist. Die vom Gesetz vorgenommene Gleichstellung muß deswegen darin ihren Grund haben, daß die Schuldscheine im übrigen jenen Wertpapieren entsprechen, daß sie wie die Schuldverschreibungen und Schatzanweisungen den Inhalt der Schuldverpflichtung zum mindesten im wesentlichen wiedergeben. Sie müssen infolgedessen geeignet sein, für sich allein den Beweis des wesentlichen Inhalts der Schuldverpflichtung zu erbringen. Derartige von einem Lande oder einer Gemeinde ausgestellte Schuldscheine werden wirtschaftlich den Schuldverschreibungen gleichgewertet. Sie bieten dem Gläubiger die gleiche Sicherheit und erleichtern auch die Veräußerung der Forderung.

Einen solchen Schuldschein enthält das von der Beklagten an die Klägerin gerichtete Bestätigungsschreiben vom 22. Juni 1922 nicht. Es fehlt in ihm, wie das Berufungsgericht mit Recht hervorhebt, die vereinbarte Bestimmung über die Fälligkeit und die Verzinsung der Darlehensschuld. Richtig ist, daß, wie die Revision bemerkt hat, durch das Bestätigungsschreiben in Verbindung mit dem schriftlichen Vertrag vom 23. Februar 1922/11. März 1922 der volle Beweis für den Inhalt der Darlehens-Schuldverpflichtung der Beklagten geführt werden kann. Dies genügt aber nicht. Das Bestätigungsschreiben müßte für sich allein hierzu geeignet sein, um den Erfordernissen eines Schuldscheines im Sinne der §§ 40, 30 AnlAblG. zu entsprechen. Noch weniger kann der schriftliche Vertrag als ein solcher Schuldschein angesehen werden. Er beweist den Abschluß des Darlehens-Vorvertrags, dagegen nicht die Darlehens-Schuldverpflichtung der Beklagten, die erst mit der Darlehens-Hingabe zur Entstehung gelangt ist.

Da hiernach das von der Klägerin der Beklagten gegebene Darlehen nicht der Sonderregelung des Anleiheablösungsgesetzes unterliegt, ist die Darlehensforderung nach den Vorschriften des Aufwertungsgesetzes zu behandeln, wie dies das Berufungsgericht getan hat.

---

13. 1. Bedarf es, wenn der Bezogene in dem nach § 16 ScheckG. auf den Scheck gesetzten Vorlegungsvermerk die Angabe des Datums nachträglich abändert, der Hinzufügung eines von ihm unterschriebenen Vermerks?

2. Zur Frage der Haftung einer Bank (Aktiengesellschaft) aus § 31 BGB.

II. Zivilsenat. Urt. v. 3. Mai 1927 i. S. A.-G. Bayerische Vereinsbank (Kl.) w. Firma R. (Bekl.). II 479/26.

I. Landgericht Essen, Kammer für Handelssachen.
II. Oberlandesgericht Hamm.

Die klagende Bank hatte in Weißenhorn eine auf Grund ihrer Satzung errichtete Zweigstelle, deren Leiter der Bankbeamte Sch. war. Zu den Kunden dieser Zweigstelle gehörte seit Herbst 1923 der Sägewerksbesitzer und Holzhändler L. Am 14. März 1924 schloß L. mit der Beklagten drei Verträge, zwei Kaufverträge und einen sogenannten Interessenvertrag. Nach den Kaufverträgen hatte er der Beklagten Bretter und Dielen zu liefern. Der Interessenvertrag sah u. a. vor, daß die Beklagte dem L. durch Inanspruchnahme ihrer Bank eine finanzielle Unterstützung gewähren sollte.

In Ausführung des Interessenvertrags sandte die Beklagte mit Brief vom 23. April 1924 an L. einen von ihr an demselben Tag ausgestellten, auf den Inhaber und auf die Essener Bank in Essen als Bezogene lautenden Verrechnungsscheck über 10000 Billionen Mark. Der Scheck wurde von L. der Zweigstelle der Klägerin zur Gutschrift auf sein Konto übersandt. Die Zweigstelle gab ihn mit Brief vom 25. April 1924, eingegangen am 30. desselben Monats, weiter an die bezogene Bank mit der Aufforderung, die Schecksumme an die Bayerische Staatsbank in Kempten zu zahlen. Die Bezogene verweigerte die Zahlung, weil die Beklagte den Scheck gesperrt hatte. Mit Brief vom 10. Mai 1924 sandte die Bezogene den Scheck an die Zweigstelle zurück, nachdem sie ihn mit folgendem, von ihr unterschriebenen Vorlegungsvermerk versehen hatte:

„Vorgelegt und nicht bezahlt:

Essen, den 10. Mai 1924".

Als die Zweigstelle die Bezogene auf das verspätete Datum des Vorlegungsvermerks hinwies, änderte diese auf dem ihr wieder zugeschickten Scheck durch Radierung die Zahl „10." in „1." L. ist zahlungsunfähig geworden. Die der Beklagten verkauften Bretter und Dielen hat er trotz Nachfristbestimmung nur teilweise geliefert. Die Beklagte forderte deshalb von ihm Schadensersatz wegen Nichterfüllung.

Mit der zunächst im Scheckprozeß erhobenen, dann im ordentlichen Verfahren weiter verfolgten Regreßklage verlangte die Klägerin als Inhaberin des Schecks von der Beklagten als der Ausstellerin die Zahlung des Scheckbetrags. Die Beklagte erhob Widerklage auf Zahlung von 27000 GM. Zur Begründung der Widerklage machte sie u. a. geltend, daß Sch. ihr vor dem Abschluß der Verträge vom 14. März 1924 über die Verhältnisse des L. arglistig unrichtige Auskunft erteilt habe, daß ihr dadurch Schaden in Höhe des geforderten Betrags entstanden sei und daß die Klägerin für das Verhalten des Sch. einzustehen habe.

Das Landgericht wies die Klage und die Widerklage ab. Das Oberlandesgericht beließ es bei der Abweisung der Klage, den Anspruch der Widerklage erklärte es dem Grunde nach für gerechtfertigt. Die Revision der Klägerin hatte keinen Erfolg.

Aus den Gründen:

Zur Klage.

Den Einwand der Beklagten, daß die Klägerin auf die Geltendmachung des Schecks verzichtet habe, erachtet das Berufungsgericht für unbegründet. Dagegen ist es der Ansicht, daß die vorliegende Regreßklage schon deshalb keinen Erfolg haben könne, weil der von der bezogenen Bank auf den Scheck gesetzte Vorlegungsvermerk nicht dem Gesetze genüge. Trotz rechtzeitiger Vorlegung des Schecks habe der Vermerk zunächst die unterschriebene Erklärung „10. Mai 1924" enthalten, was verspätet wäre. Durch die nachträgliche Umwandlung des Datums in „1. Mai 1924" sei zwar die Vorlegung als innerhalb der gesetzlichen Frist von zehn Tagen erfolgt bescheinigt, die letztere Erklärung sei aber nicht nochmals unterschrieben und die frühere Unterschrift decke nicht die spätere Änderung. Der Bezogenen habe es freigestanden, den Vermerk der tatsächlichen Vorlegung entsprechend richtig zu stellen. Dies hätte durch Änderung des Datums geschehen können, allein die Änderung hätte vermerkt und unterschrieben werden müssen. Daraus, daß der Vermerk unterschrieben sein müsse, folge ohne weiteres, daß auch jede Abänderung der Unterschrift bedürfe. Durch die Unterschrift solle die Gewähr geboten werden, daß ein Befugter die Abänderung vorgenommen habe.

Dem kann nicht beigetreten werden. Nach § 16 Abs. 1 Nr. 1 ScheckG. kann der zur Ausübung des Regreßrechts erforderliche Nachweis, daß der Scheck rechtzeitig zur Zahlung vorgelegt und nicht eingelöst worden ist, geführt werden durch eine auf den Scheck gesetzte, vom Bezogenen unterschriebene und den Tag der Vorlegung enthaltende Erklärung. Dieser Vorschrift entspricht der Vermerk, den der streitige Scheck trägt; insbesondere ist auch, entgegen der Meinung des Berufungsgerichts, das Datum „1. Mai 1924" durch die Unterschrift des Bezogenen gedeckt. Es gehört nicht zum Begriffe der Unterschrift, daß sie erst beigefügt wird, wenn der fertige Text der Erklärung vorliegt, auf die sie sich beziehen soll. Daher hat die Ersetzung des ursprünglichen Datums durch ein anderes nicht zur Folge, daß der Vermerk in seiner jetzigen Gestalt und mit seinem jetzigen Inhalt vom Bezogenen nicht mehr unterschrieben ist. Die vorgenommene Radierung hat vielmehr nur die Bedeutung, daß sie die Beweiskraft der Urkunde abschwächt. Im gegebenen Fall ist dies jedoch ohne Belang, weil die Echtheit der Urkunde in ihrer jetzigen Gestalt außer Zweifel steht. Dem vom Berufungsgericht im Lauf seiner Ausführungen erwähnten Urteil RGZ. Bd. 100 S. 138 ist nichts Gegenteiliges zu entnehmen. Dort handelte es sich zwar um einen Fall, wo das Datum des Vorlegungsvermerks im Wege einer neuen Beurkundung abgeändert war, aber nicht um die Frage, ob die neue Beurkundung notwendig war. (Es folgen Ausführungen darüber, daß die Abweisung der Klage aus den vom Vorderrichter angegebenen weiteren Gründen gerechtfertigt ist.)

Zur Widerklage.

(Die Ausführungen des Vorderrichters, der der Beklagten durch das Verhalten des L. entstandene Schaden sei dadurch verursacht, daß Sch. der Beklagten über L. eine wissentlich falsche Auskunft erteilt habe, wird gebilligt. Dann wird fortgefahren:)

Im übrigen beruht die zur Widerklage ergangene Entscheidung auf § 31 BGB., wonach eine juristische Person für den Schaden verantwortlich ist, den der Vorstand, ein Mitglied des Vorstands oder ein anderer verfassungsmäßiger Vertreter durch eine in Ausführung der ihm zustehenden Verrichtungen begangene, zum Schadensersatz verpflichtende Handlung einem Dritten zufügt. Das Berufungsgericht erwägt, die Satzung der Klägerin sehe die Errichtung von Zweigniederlassungen vor, Sch. habe Handlungsvollmacht mit dem Rechte der Kollektivzeichnung gehabt, er werde in dem Vollmachtsschreiben der Klägerin vom 3. Januar 1922 als Leiter der Zweigstelle bezeichnet, daher sei er unbedenklich als ein neben dem Vorstand für gewisse Geschäfte bestellter besonderer Vertreter im Sinne des § 30 BGB. (und damit als „ein anderer verfassungsmäßiger Vertreter" im Sinne des § 31) anzusehen. In dem erwähnten, von der Direktion der Klägerin an die Zweigstelle gerichteten Schreiben vom 3. Januar 1922 wird diese benachrichtigt, daß durch Direktionsbeschluß dem Leiter der Stelle, Sch., Spezialvollmacht für die Niederlassung erteilt worden sei zur Ausstellung von Quittungen, Empfangsbescheinigungen, Rechnungen, Wechseln, Wechselgiros, ferner von Anweisungen und Schecks sowie zur Unterzeichnung der bei der Zweigstelle vorkommenden Korrespondenz mit der Maßgabe, daß er berechtigt sei, für die Zweigstelle mit einem anderen zur Zeichnung berechtigten Beamten zu zeichnen. Daß neben den Direktoren und Prokuristen besondere Bevollmächtigte mit dem Recht zur Kollektivzeichnung für einen bestimmten Geschäftskreis bestellt werden können, ist in § 30 Abs. 2 der Satzung der Klägerin vorgesehen.

Im Hinblick auf die selbständige Stellung, die Sch. danach auf Grund der Satzung der Klägerin bekleidet hat, ist gegen die Auffassung des Berufungsgerichts jedenfalls insoweit nichts einzuwenden, als es sich um die Frage handelt, ob Sch. überhaupt als verfassungsmäßiger Vertreter der Klägerin in Betracht kommen kann, für den diese nach § 31 BGB. einzustehen hat. Dabei ist es im gegenwärtigen Fall unerheblich, daß er nur das Recht zur Kollektivzeichnung hatte. Denn bei einer Verbindlichkeit aus unerlaubter Handlung, hier aus § 826 BGB., hat diese Beschränkung der Vertretungsmacht nicht die Wirkung, daß die Haftung des Geschäftsherrn wegfällt (vgl. RGZ. Bd. 110 S. 145 und die dort angeführten früheren Entscheidungen). Es genügt aber nicht, daß Sch. überhaupt ein verfassungsmäßiger Vertreter der Klägerin war; § 31 erfordert vielmehr weiter, daß er die unerlaubte Handlung begangen hat in Ausführung der ihm zustehenden Verrichtungen. Das Berufungsgericht hat sich über diesen Punkt nicht ausdrücklich geäußert. Das mag daher rühren, daß die Klägerin, soweit ersichtlich, Einwendungen zwar nach der Richtung erhoben hat, ob Sch. überhaupt als verfassungsmäßiger Vertreter in Betracht kommen könne, aber nichts dagegen vorgebracht hat, daß er, wenn er verfassungsmäßiger Vertreter war, in Ausführung der ihm zustehenden Verrichtungen gehandelt habe. In dieser Beziehung ist denn auch, entgegen der Meinung der Revision, die angefochtene Entscheidung nicht zu beanstanden. Läge einer der in der Rechtsprechung mehrfach behandelten Fälle vor, wo eine Bank nur in der Weise tätig wurde, daß sie über einen ihrer Kunden in dessen Interesse nach der Art eines Auskunftsbüros Auskunft erteilte, dann hätte das Berufungsgericht allerdings noch Anlaß gehabt, zu prüfen, ob die Erteilung solcher Auskünfte in den Kreis der Geschäfte fiel, die Sch. zu besorgen hatte. Allein hier ist nach dem Vorbringen der Parteien und den Feststellungen des Berufungsgerichts der Sachverhalt ein anderer. Die Bank stand den Verträgen, die L. mit der Beklagten schloß und die zur Einziehung der Auskunft Anlaß gaben, nicht unbeteiligt gegenüber. Sch. hat vielmehr bei ihrem Abschluß mitgewirkt und dies deshalb getan, weil sie der Bank zum Vorteil gereichen sollten, indem sie dem Konto des L. Entlastung brachten. Danach hat aber Sch., auch wenn er sonst nicht zur Auskunfterteilung bestellt war, die unerlaubte Handlung nicht nur in äußerem Zusammenhang mit den ihm als Leiter der Zweigstelle zustehenden Verrichtungen und damit nicht nur bei Gelegenheit der Ausführung dieser Verrichtungen begangen, sondern die Handlung lag im Bereich seines verfassungsmäßigen Wirkungskreises, da die Einräumung von Krediten und auch die Sorge für die Abdeckung gewährter Kredite zu seinen Aufgaben gehörte.

---

14. 1. Können zur Begründung des Schadensersatzanspruchs wegen Nichterfüllung aus § 283 BGB. auch Tatsachen angeführt werden, die zeitlich vor der rechtskräftigen Verurteilung liegen?

2. Sind diesem Anspruch gegenüber Einwendungen zulässig, die in dem rechtskräftig abgeschlossenen Rechtsstreit entweder schon behandelt worden sind oder doch hätten geltend gemacht werden können?

BGB. §§ 283, 325 Abs. 2.

I. Zivilsenat. Urt. v. 4. Mai 1927 i. S. F. & Co. (Kl.) w. B. (Bekl.). I 329/26.

I. Landgericht Düsseldorf, Kammer für Handelssachen.
II. Oberlandesgericht daselbst.

Durch Urteil des Landgerichts vom 16. November 1920 ist der Beklagte verurteilt worden, der Rechtsvorgängerin der Klägerin auf Grund eines am 11. September 1919 bestätigten Kaufvertrags sechs Kesselwagen gegen Zahlung des Kaufpreises von 24800 ℳ zu liefern. Das Urteil ist am 8. Oktober 1923 rechtskräftig geworden. Nach erfolglosem Versuch der Vollstreckung des Urteils und nach vergeblicher Setzung einer Frist gemäß § 283 BGB. verlangt die Klägerin mit der gegenwärtigen Klage vom Beklagten Schadensersatz wegen Nichterfüllung (Ersatz des entgangenen Gewinns und ihres weiteren Schadens). Der Beklagte beruft sich darauf, daß ein Ersatzabkommen, das er im Januar 1921 mit der Rechtsvorgängerin der Klägerin getroffen habe, den Erfüllungsanspruch sowohl wie jeglichen Schadensersatzanspruch ausschließe; im früheren Rechtsstreit sei dies nur durch ein Mißverständnis seines Prozeßbevollmächtigten nicht geltend gemacht worden; die Benutzung des rechtskräftigen Urteils verstoße daher gegen Treu und Glauben und gegen die guten Sitten. Das Landgericht hat diese Einwendungen zurückgewiesen und die geforderten Beträge teils zugesprochen, teils aberkannt. Auf die Berufung des Beklagten hat das Oberlandesgericht die Klage völlig abgewiesen. Die Revision der Klägerin führte zur Aufhebung und Zurückverweisung.

Gründe:

Der Berufungsrichter kommt zur Abweisung der Klage, weil er der Ansicht ist, daß zur Rechtfertigung des Klaganspruchs aus § 283 BGB. nur Umstände dienen können, die nach dem Erlaß des rechtskräftigen Urteils eingetreten sind. Tatsachen, die in der früheren Zeit liegen, könne die Klägerin, die bis dahin die Erfüllung des Vertrags verlangt habe, zur Begründung von Schadensersatzansprüchen wegen Nichterfüllung nicht verwerten.

Mit Recht macht die Revision geltend, daß für eine derartige Beschränkung der § 283 BGB. — und dasselbe gilt auch für § 325 Abs. 2 das. — keinen Anhalt bietet, Schadensersatz vielmehr in gleichem Maße verlangt werden kann, wie wenn schon durch Fristsetzung nach der Fälligkeit gemäß § 326 BGB. der Erfüllungsanspruch verloren gegangen und der Schadensersatzanspruch entstanden ist. Die gegenteilige Auffassung des Berufungsgerichts kommt darauf hinaus, den vertragstreuen Teil, wie dies die Rechtsprechung vor dem Bürgerlichen Gesetzbuch tat, nach rechtskräftiger Verurteilung des säumigen Gegners am Erfüllungsanspruch festzuhalten und ihm nur einen Anspruch auf das Interesse wegen des nicht befolgten Urteils zu gewähren (vgl. RGZ. Bd. 66 S. 66). Das Reichsgericht hat in der hier angeführten Entscheidung des näheren dargelegt, daß das Bürgerliche Gesetzbuch absichtlich von der seitherigen Rechtsprechung abgewichen ist. Den Erfüllungsanspruch kann der Gläubiger geltend machen, solange er will, und zu beliebiger Zeit kann er nach vergeblicher Fristsetzung zum Schadensersatzanspruch übergehen, ohne daß hieran durch das rechtskräftige Urteil, das ihm seinen Erfüllungsanspruch zuspricht, etwas geändert wird. Ob der Beklagte Aufwertung des Papiermark-Kaufpreises hätte verlangen können, gegen dessen Zahlung er zur Lieferung verurteilt worden war, bedarf hier nicht der Entscheidung. Denn durch die Beantwortung dieser Frage wird die Berechtigung des Schadensersatzanspruchs der Klägerin grundsätzlich nicht berührt. Der Beklagte hat selbst nicht geltend gemacht, daß er seinerzeit vergeblich Aufwertung verlangt und etwa deswegen dem Urteil zuwider nicht geliefert hätte.

Hiernach unterliegt das Berufungsurteil der Aufhebung. Nach erneuter Verhandlung wird der Berufungsrichter, wie es das Landgericht zutreffend getan hat, dem Grund und der Höhe nach zu den einzelnen von der Klägerin verlangten Schadensbeträgen Stellung nehmen müssen, für die, soweit sie bestehen, der ursächliche Zusammenhang mit der Nichterfüllung des Kaufvertrags außer Zweifel steht.

Dabei wird zu beachten sein, daß der Schadensersatzanspruch lediglich an die Stelle des bereits rechtskräftig feststehenden Erfüllungsanspruchs getreten ist und daß infolgedessen Einwendungen des Beklagten nicht mehr berücksichtigt werden können, die in dem rechtskräftig abgeschlossenen Rechtsstreit entweder schon behandelt worden sind (JW. 1916 S. 831 Nr. 4) oder doch nach § 767 Abs. 2 ZPO. hätten geltend gemacht werden können (RGZ. Bd. 96 S. 21, Bd. 107 S. 15). Das ist, ganz abgesehen von der Vorschrift des § 767 Abs. 2 ZPO., schon deshalb nicht möglich, weil der Beklagte gegenüber der Klage aus § 283 (§ 325 Abs. 2) BGB. auf Vertragsbedingungen, die ihn von der Lieferung befreien könnten, nicht mehr zurückkommen kann; denn der Kläger stellt gar nicht mehr den Vertragsanspruch zur Entscheidung, stützt sich vielmehr darauf, daß über diesen schon rechtskräftig entschieden worden ist (RGZ. Bd. 107 S. 233). Danach kann sich der Beklagte im gegenwärtigen Rechtsstreit auf das angebliche Ersatzabkommen vom Januar 1921, soweit es sich um den Grund des Anspruchs handelt, überhaupt nicht mehr berufen. Denkbar wäre es höchstens insofern, als er etwa geltend machen wollte, daß damit schon von vornherein eine Schadensersatzforderung auch auf Grund des § 283 BGB. für die Zukunft habe ausgeschlossen werden sollen (RGZ. Bd. 107 S. 235). Dafür bietet aber das Vorbringen des Beklagten bisher keinen Anhalt. Daß nach dem festgestellten Sachverhalt auch kein Verstoß der Klägerin gegen Treu und Glauben oder gegen die guten Sitten in der Benutzung des rechtskräftigen Urteils zu erblicken ist, hat das Landgericht in seinem Zwischenurteil bereits zutreffend ausgeführt.

Ob die Höhe des Schadens durch das angebliche Abkommen vom Januar 1921 sowie etwa dadurch beeinflußt wird, daß die Rechtsvorgängerin der Klägerin im Lieferungsfalle verpflichtet gewesen sein sollte, die Kaufpreisforderung aufzuwerten, bleibt der Prüfung des Berufungsgerichts vorbehalten.

15. 1. Über Bedeutung und Inhalt des wechselrechtlichen Begebungsvertrags.

2. Schließt der Nehmer eines in blanco girierten Wechsels, der diesen mit dem Auftrag empfängt, ihn für Rechnung des Gebers diskontieren zu lassen, mit dem Geber einen Begebungsvertrag?

WO. Art. 9, 10.

II. Zivilsenat. Urt. v. 6. Mai 1927 i. S. W. B. & Co. u. Gen. (Bekl.) w. Frau K. (Kl.). II 502/26.

I. Landgericht Freiburg i. B.
II. Oberlandesgericht Karlsruhe.

Die Klägerin hat als Inhaberin des eingeklagten, am 15. April 1926 fällig gewordenen und mangels Zahlung protestierten Wechsels, den sie als Indossantin im Rücklauf eingelöst haben will, die drei Beklagten gesamtschuldnerisch auf Zahlung der Wechselsumme von 9300 Schweizer Franken im Wechselprozeß in Anspruch genommen, und zwar die Beklagte zu 1 als Akzeptantin, die Beklagten zu 2 und 3 als Vorindossanten. Sie hat diesen Wechsel, der außer den Blankoindossamenten der Beklagten zu 2 und 3 auch dasjenige eines inzwischen verstorbenen v. G. trug, im Vorlauf aus der Hand des letzteren empfangen und, nachdem sie ihn mit ihrem Blankogiro versehen hatte, zum Inkasso dem Bankhaus B. & Co. in Freiburg übergeben, das ihr die Wechselsumme auf Schweizer Franken-Inkassokonto, Wert 15. April 1926, gutschrieb. Gleichzeitig gewährte ihr das Bankhaus eine Vorlage von 5500 RM gegen Verpfändung von zwei Sparkassenbüchern. Diese 5500 RM gab sodann die Klägerin, wie sie behauptet, dem v. G. als Darlehen. Das Bankhaus B. & Co. indossierte den Wechsel weiter an die Schweizerische Genossenschaftsbank in Basel, die beim Domiziliaten Protest mangels Zahlung erheben ließ. Die Klägerin wurde daher vom Bankhaus B. & Co., an das der Wechsel im Rücklauf kam, wieder mit 9300 Franken auf Schweizerfranken-Konto belastet. Sie deckte den ihr gewährten Kredit von 5500 RM nebst Zinsen und Wechselunkosten ab und erhielt daraufhin den Wechsel nebst Protest ausgehändigt.

Das Landgericht wies die Klage ab, das Oberlandesgericht dagegen gab ihr statt. Die Revision der Beklagten hatte keinen Erfolg.

Gründe:

Die Revision hat nicht in Zweifel gezogen, daß die Klägerin, die sich im Besitz des eingeklagten Wechsels und des Protestes befindet, den Wechsel als Indossantin im Rücklauf erworben hat und daß sie daher an sich regreßberechtigt ist. Es ist auch nicht von Bedeutung, ob sie diese Urkunden durch Erlegung der Regreßsumme oder durch Begleichung der Protestkosten und der effektiven Auslagen des Bankhauses zurückerlangt hat, an das sie den Wechsel zum Inkasso weiterbegeben hatte. Denn das Recht auf die versprochene Wechselsumme ist vom Gegenwert der Einlösung nicht abhängig (JW. 1909 S. 323 Nr. 27, 1910 S. 716 Nr. 26). Die Klägerin brauchte sich daher zur Wiedererlangung ihrer formellen Legitimation von ihrer Inkassomandatarin weder eine Abtretung zu verschaffen, noch ein Nachindossament geben zu lassen (RGZ. Bd. 114 S. 365).

In dieser Rechtsstellung als Wechselinhaberin wird ihr von den Wechselschuldnern der Einwand entgegengehalten, daß ihr Wechselrecht materiell nicht von Bestand sei, weil es zwischen ihr und ihrem Vormann v. G., durch dessen Blankoindossament sie die Rechte aus dem Wechsel erworben haben will, an einem Begebungsvertrag fehle. Denn die Klägerin habe den Wechsel mit dem Blankogiro des v. G. aus dessen Hand mit dem Auftrag empfangen, ihn für v. G. bei dem Bankhaus B. & Co. diskontieren zu lassen, wofür ihr aus dem Wechselerlös die Rückerstattung eines dem v. G. gewährten Darlehens von 5500 RM und eine Vermittlerprovision von 1500 RM versprochen worden sei. Sie habe jedoch den Wechsel nicht für v. G. diskontieren lassen und, dem Verlangen der Bank nachgebend, ihr Giro auf ihn gesetzt. Demnach sei zwischen ihr und v. G. kein Begebungsvertrag zustande gekommen. Das Landgericht hat dem Einwand stattgegeben, während das Oberlandesgericht ihn mit tatsächlichen Erwägungen für widerlegt erachtete. Auf diese Feststellungen, die von der Revision bekämpft werden, kommt es jedoch im einzelnen nicht an, da dem Einwand aus rechtlichen Gründen der Erfolg zu versagen ist.

Die Frage nach der rechtlichen Natur eines wechselrechtlichen Indossaments und seiner Erfordernisse, die in der Rechtsprechung des Reichsgerichts bisher mehr nach Lage des einzelnen Falles behandelt worden ist, bedarf hier einer grundsätzlichen Klärung. Im wesentlichen herrscht seit langem in der Rechtsprechung wie im Schrifttum Einigkeit darüber, daß es zur Übertragung des Wechsels durch Indossament nicht nur eines Skripturakts, sondern auch einer Begebung des Wechsels, eines sogenannten Begebungsvertrags, bedarf (vgl. aus neuerer Zeit RGZ. Bd. 87 S. 367, Bd. 112 S. 202 sowie die Urteile des erkennenden Senats vom 22. Januar 1926 II 480/1925 und vom 29. März 1927 II 379/1926).

Die Wechselordnung spricht zwar in Art. 9 Abs. 1 nur davon, daß der Wechsel durch Indossament übertragen werde, aber dazu gehört, wie zu jeder Rechtsübertragung, ein Vertrag, der, wie jede Wechselverpflichtung abstrakt ist, auch nur ein abstrakter Vertrag sein kann. Insoweit kann die Frage als ausgetragen gelten. Die rechtliche Natur dieses Vertrags wird aber weder dadurch erschöpfend genug gekennzeichnet, daß er im Geben und Nehmen des Wechsels beruhe (RGZ. Bd. 5 S. 82, Bd. 112 S. 202), noch dadurch, daß es genügen soll, wenn das indossierte Papier mit dem Willen des unmittelbaren Vormanns in die Hände des Indossatars gelangt (II 379/26). Wer mit dem Willen des Gebers einen von diesem in blanco girierten Wechsel zur Aufbewahrung empfängt oder wer damit beauftragt ist, einen solchen Wechsel zur Bank zu tragen, damit sie ihn dem Auftraggeber diskontiere, gelangt zwar durch Geben und Nehmen in den Besitz des Wechsels, er erlangt aber nicht die Rechtsstellung des Wechselgläubigers und begegnet, wenn er ihn gegen den Schuldner einklagt, dem berechtigten Einwand, daß er den Wechsel nicht durch einen Begebungsvertrag erlangt habe. Es muß also zu dem bloßen einverständlichen Geben und Nehmen etwas weiteres hinzukommen, um den Begebungsvertrag zu vollenden, und das ist die Einigung des Gebers und Nehmers, welche die Rechtsübertragung ausmacht. Daß indessen diese Einigung, wenn sie ein Begebungsvertrag sein soll, die Übertragung der Wechselrechte zu eigenem Nutzen des Empfängers enthalten müsse, wie aus Art. 10 WO. („durch das Indossament gehen alle Rechte aus dem Wechsel auf den Indossatar über, insbesondere auch die Befugnis, den Wechsel weiter zu indossieren") hervorzugehen scheint, steht mit der modernen Rechtsentwicklung nicht im Einklang. Wie die Bedürfnisse des Verkehrs im bürgerlichen Recht zur Anerkennung einer Inkasso-Abtretung und fiduziarischer Rechtsübertragungen geführt haben, so hat die Rechtsprechung des Reichsgerichts auch im Wechselrecht die Gültigkeit fiduziarischer Indossamente und der sogenannten Inkasso-Indossamente anerkannt, letztere mit der Wirkung, daß der Inkasso-Indossatar im Innenverhältnis nur Beauftragter ist, daß er aber nach außen als Gläubiger der im Innenverhältnis ihm fremd gebliebenen Rechte gilt, also legitimiert ist, die Gläubigerrechte auszuüben. Damit hängt es zusammen, daß er sich die Einwendungen gefallen lassen muß, die diesem fremden Recht entgegenstehen. Ein gültiger Begebungsvertrag liegt daher auch dann vor, wenn dem Empfänger des indossierten Papiers nach außen die Legitimation zur Geltendmachung ihm fremd gebliebener Rechte eingeräumt wird. Der gleichen Erscheinung begegnet man auch im Aktienrecht, wo das Indossament der Namensaktie dazu benutzt wird, dem Erwerber nur die äußere Legitimation des Rechtsinhabers zu verschaffen, um ihn instandzusetzen, die Aktienrechte auszuüben, insbesondere mitzustimmen (vgl. Staub Kommentar zum HGB. § 222 Anm. 16flg., § 223 Anm. 17flg. und die dort angeführte Rechtsprechung). Ein gleicher oder ähnlicher Rechtsgedanke wird auch bei Auslegung des § 185 Abs. 1 BGB. im Schrifttum erörtert (vgl. Oertmann 3. Auflage zu § 185 BGB. Anm. 3). Nach § 185 Abs. 1 BGB. ist eine Verfügung, die ein Nichtberechtigter über einen Gegenstand trifft, wirksam, wenn sie mit Einwilligung des Berechtigten erfolgt. Diese Vorschrift bezieht sich zwar unmittelbar nur auf die Wirkung des Handelns eines Nichtberechtigten; trotzdem wird darin im Schrifttum (so Enneccerus BGB. Bd. I § 175, Ludewig Die Ermächtigung 1922) eine „Verfügungsermächtigung" oder „eine Überlassung der Rechtsausübung" erblickt, ein Zeichen, daß auf allen Gebieten des Rechts die Entwicklung dazu drängt, die Möglichkeit einer Übertragung der Legitimation zur Ausübung fremder Rechte anzuerkennen.

Nun liegt das Rechtsverhältnis zwischen Geber und Nehmer des Wechsels beim Diskontierungsauftrag insofern anders als beim Inkassomandat, als der Beauftragte den Wechsel nicht einziehen und gegen den Schuldner einklagen, sondern im eigenen Namen, aber für Rechnung des Gebers diskontieren, also verwerten soll. Der Auftrag betrifft jedoch hier wie dort nur das Verpflichtungsgeschäft, also den innern, kausalen Teil des Rechtsverhältnisses. Diese Seite ist auch beim Diskontierungsauftrag von der Verfügungsermächtigung wohl zu unterscheiden, welche die Legitimationsübertragung zum Gegenstand hat. Beide, der Inkassomandatar und derjenige, der einen Wechsel diskontieren lassen soll, sind im Innenverhältnis nur Beauftragte. Die Weiterbegebung selbst ist, wie die Einziehung, eine Verfügung und als solche Erfüllung oder Teil der Erfüllung des kausalen Vertrags, durch den der Beauftragte zu verfügen verpflichtet wird; die Einigung darüber, daß der Beauftragte zu verfügen ermächtigt wird, ist der Gegenstand des abstrakten Geschäfts. Macht der mit der Diskontierung Beauftragte von der ihm durch den abstrakten Vertrag eingeräumten Verfügungsbefugnis einen auftragswidrigen Gebrauch, läßt er den Wechsel, ohne ihn diskontieren zu lassen, bei sich liegen, sodaß dadurch Rechte verwirkt werden, so macht er sich aus der kausalen Abmachung heraus schadensersatzpflichtig. Nicht minder handelt er auftragswidrig, wenn er den Wechsel bei einer anderen als der ihm bezeichneten Stelle diskontieren läßt, wenn er ihn der Bank zum Inkasso indossiert, anstatt ihn gegen Erlegung der Diskontsumme weiterzubegeben, wenn er von der Ermächtigung Gebrauch macht, obwohl der Auftrag widerrufen ist, oder wenn er den Wechsel unmittelbar gegen den Wechselschuldner einklagt. Das alles berührt nicht die durch das Geben und Nehmen des Wechsels zur Diskontierung vollzogene Einigung, daß der Beauftragte nach außen in der Rechtsstellung des Wechselgläubigers auftreten und über die Rechte des Auftraggebers verfügen soll. Daß diese Verfügungsermächtigung, die dem Beauftragten eingeräumt wird, beim Inkassoindossament die unmittelbare Einziehung des Wechsels, bei der Begebung zur Diskontierung die Weiterübertragung der Wechselrechte an die Bank zum Gegenstand hat, macht für die Bedeutung des abstrakten Vertrags als Begebungsvertrag keinen Unterschied. Durch die Einziehung wie durch die Weiterbegebung eines Wechsels werden Befugnisse ausgeübt, wie sie nur aus der vollen rechtlichen Machtstellung eines Wechselgläubigers heraus erwachsen können. Beide setzen daher, wenn sie einem anderen zur Ausübung überlassen werden, die Einräumung dieser Machtstellung voraus, also zum wenigsten die äußere Legitimation, als Wechselgläubiger aufzutreten. Mit der Ermächtigung zur Weiterbegebung eines Wechsels wird aber diese Machtstellung übertragen, weil die Begebung an einen dritten durch den Beauftragten die vollen

Wechselrechte des Auftraggebers, also das Recht zur Einziehung und zur abermaligen Weiterbegebung durch den diskontierenden Empfänger, auf diesen überträgt. Es tut daher der Übertragung der Legitimation an den Beauftragten nach außen, wenn sie die Erfordernisse eines Begebungsvertrags aufweisen soll, keinen Abbruch, wenn von dieser Legitimation nach den internen Weisungen des Auftraggebers nur ein bestimmter Gebrauch gemacht werden soll oder nach Art des Auftrags — soll dieser erfüllt werden — im Wechselvorlauf nur ein bestimmter Gebrauch gemacht werden kann. Ebenso, wie der Inkassomandatar nur zur Einziehung des Wechsels ermächtigt, seine Befugnis zur Weiterbegebung aber ausgeschlossen werden kann, ohne daß diese Einschränkung für den Begebungsvertrag von Bedeutung wäre, bildet die in der Natur des Diskontierungsauftrags liegende Ermächtigung an den Beauftragten, den Wechsel nur an die Bank weiterzubegeben, kein Hindernis dagegen, daß sich in der Einräumung dieser Verfügungsermächtigung seine äußere Legitimation als Wechselgläubiger überhaupt kundgibt.

Der Einwand, daß es an dieser Übertragung der Legitimation hier fehle, weil die Klägerin den Wechsel ohne Einverständnis ihres Vormanns mit ihrem Giro versehen habe, steht im Widerspruch mit dem unbestrittenen Sachverhalt. Denn danach war der Zweck der ganzen Abmachung zwischen der Klägerin und v. G., dem letzteren Geld zu verschaffen und dazu die Beziehungen der Klägerin zum Bankhaus B. & Co. und ihr Guthaben bei dieser Bank oder bei einer Sparkasse nutzbar zu machen. Wer aber als Kaufmann einen Wechsel nicht selbst unterbringen kann, weil seine Unterschrift oder andere auf dem Wechsel befindliche Unterschriften der Bank nicht genügen, und daher einen Dritten in Anspruch nimmt, weiß, daß die Verwertung des Wechsels nicht ohne das Giro des Beauftragten erfolgen kann. Es liegt deshalb, wie regelmäßig, auch hier die Sache so, daß derjenige, der einen in blanco girierten Wechsel zur Diskontierung erhält, damit den Auftrag übernimmt, ihn in eigenem Namen, aber für fremde Rechnung zu verwerten. Nur für diese Abrechnung unter den Parteien des Auftrags hat der Brief des v. G. an die Bank vom 20. Januar 1926, den die Revision für ihren Standpunkt anruft, Bedeutung.

Durch die im Schrifttum (Staub-Stranz WO. 11. Aufl. Art. 9 Anm. 3, Art. 82 Anm. 13) vertretene Auffassung, der Diskontierungsauftrag sei kein Begebungsvertrag, wer den Wechsel nur mit dem Auftrag erhalte, ihn diskontieren zu lassen, werde nicht Eigentümer des Wechsels, auch wenn er sich aus dem Erlös bezahlt machen solle, wird die Frage des Begebungsvertrags nicht geklärt. Wer verneint, daß derjenige einen Begebungsvertrag schließe, der für seinen Auftraggeber einen Wechsel im eigenen Namen weiter begeben soll und zu diesem Zwecke einen in blanco girierten Wechsel empfängt, müßte folgerichtig den Schuldner auch dann zum Einwand des mangelnden Begebungsvertrags für berechtigt halten, wenn der mit der Diskontierung Beauftragte auftragsgemäß gehandelt hat, den Wechsel im Regreßwege — ohne Deckung — hat einlösen müssen und ihn nun gegen die Regreßverpflichteten einklagt. Denn seine Rechtslage ist, wenn er selbst regreßpflichtig gemacht wird, die, daß er dem ihn belangenden Wechselgläubiger gegenüber, wenn dieser gutgläubig war, den Mangel eines eigenen Begebungsvertrags zwischen ihm und seinem Vormann überhaupt nicht einwenden kann, also gegen Regreßansprüche nicht geschützt ist (RGZ. Bd. 112 S. 202). Das Recht aber, das er selbst durch die Einlösung erlangt, erwächst ihm nicht aus der Nachfolge in das Recht des rückgriffnehmenden Inhabers, ist also kein neues Recht, sondern die zurückerworbene Forderung ist nur die alte, ihm vor der Indossierung zu eigen gewesene, und wenn er sie geltend macht, so kann der Schuldner ihm — wie im Wechselvorlauf, so auch im Rücklauf — den Einwand entgegenhalten, daß er nicht durch einen gehörigen Begebungsvertrag in den Besitz des Wechsels gelangt sei, auch wenn dieser Einwand gegen die Nachmänner des mit der Diskontierung Beauftragten wirkungslos geworden ist. Das Recht gegen die Wechselverpflichteten auf Zahlung der Wechselsumme setzt also auch beim Rückgriff des Indossanten einen gültigen Begebungsvertrag zwischen ihm und seinem Vormann voraus. Daß aber derjenige, der auftragsgemäß den Wechsel mittels eigenen Giros hat diskontieren lassen, diesem Einwand nicht wohl ausgesetzt sein kann, wird nicht zu bestreiten sein. Das beruht jedoch nicht darauf, daß er seinen Auftrag erfüllt hat, weil ja dieser nur die innere, kausale Seite seines Rechtsverhältnisses zu seinem Vormann betrifft, sondern darauf, daß er den Wechsel durch einen Begebungsvertrag erlangt hat, der ihm nach außen in Verbindung mit dem Blankoindossament seines Vormanns die Legitimation zur Geltendmachung der ihm fremd gebliebenen Wechselrechte verschafft hat. Der Begebungsvertrag vollendet sich nicht etwa erst durch die Erfüllung des Auftrags, sondern er wird zeitlich und begrifflich bei der Hingabe des Wechsels, bei seiner Begebung, geschlossen und verträgt als Bestandteil des Indossaments keine Bedingung oder Zeitbestimmung. Dieser Begebungsvertrag ist es, auf dem die materielle Legitimation des einlösenden Indossanten beruht, und wenn er nunmehr die Wechselforderung einklagt, so macht er nur von der Rechtsstellung Gebrauch, die er von vornherein durch den mit dem Diskontierungsauftrag verbundenen Begebungsvertrag nach außen erlangt hat und die — zunächst — nicht zur Einziehung des Wechsels und zur Klage gegen die Verpflichteten führen, sondern nur in der Weiterübertragung des Wechsels an die Bank wirksam werden sollte. Steht sonach die Einrede jedweder auftragswidrigen Ausführung des Geschäfts nur dem unmittelbaren Vormann der Klägerin zu, so ist alles, was die Beklagten gegen die Klagforderung vortragen, sofern es nicht von vornherein unbegründet ist, eine unzulässige Einrede aus dem Rechte eines Dritten, weil es in Verkennung der Tragweite der kausalen Abmachung zwischen der Klägerin und v. G. den Begebungsvertrag aus Gründen der Nichterfüllung des Auftrags zu verneinen sucht. Hat also insbesondere die Klägerin, anstatt gegen Erlegung der Diskontsumme, nur durch Inkassoindossament über den Wechsel verfügt, so ist das für die Frage nach dem Begebungsvertrag zwischen ihr und v. G. unerheblich. Die Revision kann daher mit dem Einwand des mangelnden Begebungsvertrags keinen Erfolg haben.

In zweiter Linie hält das Oberlandesgericht für möglich, aber für widerlegt den Einwand, die Beklagten hätten ihre Wechselunterschriften nur aus Gefälligkeit gegen v. G., den Vormann der Klägerin, abgegeben. Daß der Einwand möglich sei, ist eine rechtsirrige Auffassung. Denn der Zeichner eines Gefälligkeitsakzepts oder eines Gefälligkeitsgiros geht mit der Abgabe seiner Unterschrift eine ihn dem dritten Erwerber gegenüber bindende Wechselverpflichtung ein, und es ist gerade der Inhalt seiner Gefälligkeit, daß durch seine Verpflichtungserklärung der Wechsel umlauffähig gemacht oder sein Kreditwert erhöht werden soll. Weiß der dritte Erwerber, daß der Wechselgeber sich dem Nehmer nur im Vertrauen darauf verpflichtet hat, dieser werde ihn von seiner Wechselverbindlichkeit freihalten, so steht diese Kenntnis nach ständiger Rechtsprechung des Reichsgerichts den Rechten des dritten Erwerbers nicht im Wege, weil sie allein den Einwand der Arglist nicht begründen kann.

Die Revision ist der Meinung, die Klägerin habe auf die Mitteilung des v. G., daß die Sache die anderen auf dem Wechsel unterschriftlich beteiligten Personen gar nichts angehe, den Wechsel nur unter Ausschluß des Rechts erworben, diese Personen in Anspruch zu nehmen. Diese Meinung ist irrig. Daß die Klägerin bei der Wechselbegebung zugunsten der Beklagten die Verpflichtung übernommen hätte, sie nicht zu belangen, hat das Oberlandesgericht nicht festgestellt. Wovon es ausgeht, ist nur, daß die Mitteilung des v. G. an die Klägerin über seine Rechtsbeziehungen zu den Beklagten keine andere Bedeutung gehabt habe als die, der Klägerin die Kenntnis zu vermitteln, daß die Beklagten bloß als Gefälligkeitsschuldner gezeichnet hätten und daß v. G. beabsichtige, den Wechsel selber einzulösen. Ein vertraglicher Verzicht auf den Rückgriff gegen die übrigen Wechselschuldner, mit Wirkung zu ihren Gunsten, ergibt sich aus dieser Feststellung nicht. Die zweite Rüge ist demnach schon aus diesem Grunde hinfällig und es bedarf daher keines Eingehens auf die Revisionsrügen, die sich gegen die Feststellung wenden, daß ein Gefälligkeitsakzept und Gefälligkeitsindossamente gegenüber v. G. nicht vorgelegen hätten.

---

16. 1. Findet § 43 des Reichsbeamtengesetzes auch dann Anwendung, wenn die früher länger als ein Jahr bekleidete, höher besoldete Stelle eine Kriegsstelle war?

2. Wie ist im Falle des § 43 RBG. für Beamte des Reichsheeres das pensionsfähige Diensteinkommen von Kriegsstellen zu berechnen?

Reichsbeamtengesetz § 43. Offizierspensionsgesetz § 32 Abs. 3.

III. Zivilsenat. Urt. v. 10. Mai 1927 i. S. G. (Kl.) w. Deutsches Reich (Bekl.). III 483/26.

I. Landgericht I Berlin.

Der Kläger war im Frieden Oberintendantursekretär. Im Kriege wurde er durch Verfügung des Generalintendanten des Feldheeres vom 16. April 1916 mit der bereits vorher von ihm wahrgenommenen Vorstandsstelle der Feldintendantur einer Militär-Eisenbahndirektion beliehen. Diese Stelle hat er bis zum Dezember 1918 innegehabt und ist dann in seine Friedensstelle zurückgetreten. Zum 1. Mai 1924 wurde er wegen Verminderung der Wehrmacht in den einstweiligen, zum 1. Februar 1926 wegen Erreichung der Altersgrenze in den dauernden Ruhestand versetzt. Wartegeld und Pension sind ihm entsprechend seiner Friedensstelle nach den Sätzen der Gruppe IX Stufe 8 bewilligt worden.

Der Kläger ist der Auffassung, daß sein Wartegeld und sein Ruhegehalt nach Gruppe X Stufe 8 zu berechnen seien, da die von ihm während des Krieges länger als ein Jahr bekleidete Stelle die eines Intendanturrats gewesen sei. Er hat den Unterschied zwischen den ihm gewährten und den ihm angeblich zustehenden Bezügen eingeklagt. Das Landgericht hat die Klage abgewiesen. Die vom Kläger unmittelbar eingelegte Revision blieb erfolglos.

Gründe:

Der Streit der Parteien betrifft die Frage, welches Diensteinkommen der Berechnung des Wartegeldes und der Pension des Klägers zugrunde zu legen ist. Der Kläger verlangt, daß ausgegangen werde von dem Einkommen aus der höchsten Dienstaltersstufe (8) der Gruppe X als der Gruppe, in welcher die seiner oben bezeichneten Kriegsstelle entsprechende Friedensstelle eines Intendanturrats eingereiht ist; er stützt sich dabei auf die Vorschrift in § 43 RBG., die nach seiner Auffassung auch auf Kriegsstellen zu beziehen ist. Das bestreitet der Beklagte, der deshalb nur nach dem Diensteinkommen der vom Kläger zuletzt bekleideten Stelle eines Intendantur-Oberinspektors, d. h. nach Gruppe IX, und zwar nach Maßgabe seines Besoldungsdienstalters aus der höchsten Stufe 8, Wartegeld und Pension zahlen will.

Im Gegensatz zur Auffassung der Vorinstanz muß dem Kläger darin beigepflichtet werden, daß die Voraussetzungen des § 43 RBG. in seiner Person erfüllt sind. Dort wird in Abweichung von dem in § 42 das. ausgesprochenen Grundsatz, daß der Berechnung der Pension das von dem Beamten zuletzt bezogene Diensteinkommen zugrunde zu legen sei, folgendes bestimmt:

„Ein Beamter, welcher früher ein mit einem höheren Diensteinkommen verbundenes Amt bekleidet und dieses Einkommen wenigstens ein Jahr bezogen hat, erhält, sofern der Eintritt oder die Versetzung in ein Amt von geringerem Diensteinkommen nicht lediglich auf seinen im eigenen Interesse gestellten Antrag erfolgt oder aber als Strafe auf Grund des § 75 gegen ihn verhängt ist, bei seiner Versetzung in den Ruhestand eine nach Maßgabe des früheren höheren Diensteinkommens unter Berücksichtigung der gesamten Dienstzeit berechnete Pension ...."

Dafür, daß man bei Erlaß dieser Vorschrift an die Kriegsverhältnisse gedacht hat, bieten allerdings die Motive zum Reichsbeamtengesetz (Reichstagsverhandl. 1872 Bd. 26 Aktenstück Nr. 9) keinen Anhalt. Sie weisen (S. 72) zu § 42 des Entwurfs (§ 43 des Gesetzes) auf das Vorbild von § 11 des preuß. Pensionsgesetzes hin und bemerken, daß derartige Fälle im auswärtigen Dienste möglich seien. Indessen läßt sich das Schweigen der Motive nicht irgendwie ausschlaggebend gegen die vom Kläger vertretene Ansicht verwerten, daß auch die länger als ein Jahr bekleideten Kriegsstellen bei Anwendung des § 43 RBG. zu berücksichtigen seien. Vielmehr muß an der Hand des Gesetzes selbst ihre Richtigkeit nachgeprüft werden.

Die vom Kläger während des Krieges innegehabte Vorstandsstelle einer Feldintendantur war ein Amt im Reichsdienst. Solange der Kläger die Geschäfte der Stelle wahrnahm, war er nur Stellvertreter, seit seiner am 16. April 1916 erfolgten Beleihung mit ihr aber Stelleninhaber (§ 3 Abs. 4 der Kriegs-Besoldungs-Vorschrift vom 29. Dezember 1887). Er hat das Diensteinkommen dieser Stelle, das höher war als das mit seiner Friedensstelle verbundene Diensteinkommen, länger als ein Jahr bezogen. Trotzdem glaubt das Landgericht die Anwendung des § 43 RBG. ablehnen zu sollen, da nach § 5 (Abs. 4) KriegsBesVorschr. die infolge der Kriegsformation eintretende Stellenbesetzung und die hieraus den Stelleninhabern erwachsenden Rechte nur für die Dauer der Kriegsformation gegolten und die dem Friedensstand angehörenden Inhaber von Kriegsstellen keinen Anspruch auf gleichartige Verwendung im Friedensverhältnis gehabt hätten. Der Kläger sei somit nach Beendigung des Krieges ohne weiteres wieder in sein Friedensamt eingerückt; in dieser Einrückung könne weder ein „Eintritt" noch eine „Versetzung" in ein anderes Amt erblickt werden, wie das § 43

RBG. voraussetze. An diesen Ausführungen ist richtig, daß der Kläger mit dem Ausscheiden aus seiner Kriegsstelle ohne weiteres wieder in seine Friedensstelle als Oberintendantursekretär zurückgetreten ist. Inhaber dieser Stelle ist er trotz der — ihrem Wesen nach von vornherein zeitlich beschränkten — Übertragung einer Kriegsstelle stets geblieben, so daß er sie mit dem Fortfall der Kriegsstelle sofort wieder angetreten hat. Diese Tatsache steht aber der Anwendung von § 43 RBG. nicht entgegen. Die Ausdrücke „Eintritt" und „Versetzung" in ein Amt von geringerem Diensteinkommen verwendet das Gesetz nur bei Bestimmung einer Ausnahme von der Regel, daß die Pension eines Beamten nach dem von ihm früher länger als ein Jahr bezogenen höheren Diensteinkommen zu berechnen sei. Als positives Erfordernis stellt es nicht auf, daß sich der Übergang aus dem mit einem höheren in das mit einem geringeren Diensteinkommen verbundene Amt gerade im Wege des „Eintritts" oder der „Versetzung" vollzogen habe. Zudem kann man bei ungezwungener Auslegung des Wortes „Eintritt" in ein anderes Amt darunter auch den Eintritt in ein bereits früher verliehenes, nur zeitweise nicht versehenes Amt verstehen. Wie aus den schon erwähnten Motiven zum Reichsbeamtengesetz ersichtlich, scheint bei Schaffung der fraglichen Vorschrift nicht an das Verhältnis zwischen Kriegs- und Friedensstellen gedacht worden zu sein; danach hat jedenfalls der Fall nicht ausgeschlossen werden sollen, daß ein Militärbeamter nach Wegfall seiner höher besoldeten Kriegsstelle seine Friedensstelle wieder übernimmt. Die Fassung des § 43 RBG. spricht demnach nicht gegen die Berücksichtigung früher bekleideter Kriegsstellen bei einer späteren Pensionierung.

Es fehlt aber auch an inneren Gründen, die Vorschrift einschränkend dahin auszulegen, daß das höhere Diensteinkommen aus einer Kriegsstelle bei Berechnung der Pension außer Betracht zu bleiben habe. Für das Gegenteil spricht vielmehr, daß der Dienst nicht bloß der Offiziere, sondern auch der Militärbeamten im Felde erheblich schwerer und verantwortungsreicher als im Frieden, daß er außerdem mit Gefahren für ihr Leben und ihre Gesundheit verbunden ist. Danach muß es als ausgeschlossen bezeichnet werden, daß sich § 43 RBG. nur auf Friedens-, nicht auch auf Kriegsstellen mit höherem Diensteinkommen beziehen soll.

Der Kläger, der ein mit einem höheren Diensteinkommen verbundenes Amt als Vorstand einer Feldintendantur bekleidete und das Einkommen daraus länger als ein Jahr bezog, hat damit dem § 43 RBG. genügt und kann deshalb beanspruchen, daß seine Pension nicht auf der Grundlage des von ihm in seiner letzten Friedensstelle als Intendantur-Oberinspektor bezogenen Diensteinkommens, sondern nach dem Einkommen berechnet wird, das er als Vorstand einer Feldintendantur erhalten hat, sofern dieses höher war. Tatsächlich hat er im Felde ein höheres Diensteinkommen bezogen, als ihm damals in seiner Friedensstelle zukam. Dieses kommt indessen hier nicht mit dem wirklich bezahlten Betrage in Betracht, sondern nur, wenn und soweit es pensionsfähig war. Es ist das in Verwaltungsübung und Schrifttum allgemein anerkannt und folgt aus dem Zweck des § 43 RBG. Der Beamte soll durch seinen Übertritt in ein geringer besoldetes Amt für den Fall seiner Pensionierung nicht schlechter gestellt und soll deshalb so behandelt werden, als ob er auch seine weitere Dienstzeit in dem höheren Amte zurückgelegt hätte und aus ihm in den Ruhestand getreten wäre. Es würde jedoch eine innerlich nicht zu rechtfertigende Besserstellung des Beamten bedeuten, wenn auch das nichtpensionsfähige Diensteinkommen der früheren Stelle bei seiner späteren Pensionierung aus einem geringer besoldeten Amte berücksichtigt würde. Über den Umfang, in dem das höhere Diensteinkommen des früher bekleideten Amtes pensionsfähig ist, trifft § 43 keine Bestimmung.

Als Vorstand einer Feldintendantur hat der Kläger neben seinem Friedenseinkommen als Oberintendantursekretär eine Feldzulage bezogen in Höhe von $^3/_{10}$ der Feldbesoldung der beliehenen Stelle (Nr. Ia 1 der Bestimmungen zur Neuregelung der Kriegsbesoldung der Beamten usw. vom 1. November 1915 AVBl. S. 511). Der Beklagte verneint die Pensionsfähigkeit dieser Zulage, da sie nicht, wie es § 42 Nr. 2 RBG. verlange, im Reichshaushalt unter den Besoldungstiteln ausgebracht worden sei. Der Kläger führt demgegenüber aus, daß eine Anwendung jener Vorschrift auf die Besoldungen der Kriegsstellen nicht angängig sei, da sie überhaupt nicht in den Reichshaushalt aufgenommen worden seien; dieser habe für die Kriegsbedürfnisse immer nur eine Gesamtsumme ausgeworfen, während sich alles Nähere hinsichtlich der Besoldungen erst aus den Stärke- und Gebührnisnachweisungen und den auf ihrer Grundlage von den Militärstellen aufgestellten Besoldungsetats (vgl. § 2

KriegsBesVorschr.) ergeben habe. Die Ausführungen beider Parteien treffen in diesem Punkte nicht das Richtige. Der Umfang der Pensionsfähigkeit des Diensteinkommens der Kriegsstellen von Militärbeamten läßt sich vielmehr aus einer gesetzlichen Vorschrift entnehmen, nämlich aus § 32 Abs. 3 des Gesetzes über die Pensionierung der Offiziere usw. vom 31. Mai 1906 (RGBl. S. 565), wo es mit Bezug auf die Beamten des Reichsheeres heißt:

„Als pensionsfähiges Diensteinkommen sind während der Dauer des Krieges die niedrigsten Gebührnisse derjenigen Friedensstelle anzurechnen, welche der Kriegsstelle entspricht, deren Inhaber der Beamte zuletzt gewesen ist; falls der Beamte jedoch im Frieden bereits ein höheres pensionsfähiges Diensteinkommen hatte oder nach seinem Dienstalter im Frieden eine höhere Gehaltsstufe erreicht hätte oder in ein höheres Amt befördert worden wäre, ist das pensionsfähige Diensteinkommen der höheren Gehaltsstufe oder des höheren Amtes anzurechnen."

Diese Vorschrift entspricht der für Offiziere geltenden des § 10, auf dessen Begründung (Reichtagsdrucksachen 1905/06 Nr. 13 S. 31) die Begründung zu § 32 (S. 35 das.) verweist. Aus ihr ergibt sich, daß zur Festsetzung darüber, welches Einkommen während der Dauer des Krieges der Pensionsberechnung zugrunde gelegt werden soll, das Friedensdiensteinkommen deshalb bestimmt worden ist, weil die Kriegsbesoldungen nach der häufig wechselnden Verwendung der einzelnen Offiziere (hier der Militärbeamten) zu verschiedenartig sind und keine sichere, gleichmäßige Grundlage bieten. § 32 Abs. 3 a. a. O. bezieht sich unmittelbar freilich nur auf den Fall, daß die Pensionierung während des Krieges aus der Kriegsstelle heraus erfolgt. Die Vorschrift muß aber auch dann entsprechend angewendet werden, wenn bei späterer Pensionierung eines Militärbeamten gemäß § 43 RBG. das höhere Diensteinkommen seiner früheren Dienststelle zu berücksichtigen ist. Denn wie bereits gesagt, soll ein früheres höheres Diensteinkommen im Falle des § 43 der Berechnung der Pension insoweit zugrunde gelegt werden, als es berücksichtigt worden wäre, wenn die Pensionierung aus der höher besoldeten Stelle selbst, hier mithin während des Krieges, erfolgt wäre. Erst aus § 32 Abs. 3 OffPensG. ist also, soweit früher bekleidete Kriegsstellen in Frage kommen, zu entnehmen, wie die in § 43 RBG. vorgeschriebene Pensionsberechnung nach Maßgabe des früheren höheren Diensteinkommens zu erfolgen hat. Die Vorschrift in § 32 Abs. 4 OffPensG.:

„Auch nach Beendigung des Krieges sind die in Abs. 3 bezeichneten Gebührnisse anzurechnen, wenn die Dienstunfähigkeit durch den Krieg entstanden ist"

bedeutet, daß, falls die Dienstunfähigkeit eines Militärbeamten Kriegsfolge ist, das höhere Diensteinkommen der Kriegsstelle für die Pensionsberechnung auch dann maßgebend ist, wenn der Beamte das frühere Diensteinkommen noch nicht, wie § 43 es fordert, ein Jahr bezogen hatte. Eine gleiche Auslegung haben die für Offiziere geltenden Vorschriften in § 6 Abs. 3 und § 10 OffPensG. durch das Reichsversorgungsgericht (Entsch. Bd. 3 S. 177 [180], Bd. 4 S. 168 [179]) erfahren. Es sind das Vorschriften, die — von hier zunächst nicht in Betracht kommenden Abweichungen abgesehen — den für die Beamten des Reichsheeres anzuwendenden Bestimmungen in § 43 RBG. und § 32 Abs. 3 und 4 OffPensG. entsprechen.

Steht dem Kläger also der § 43 RBG. zur Seite und kann er grundsätzlich verlangen, daß bei Berechnung seines Wartegeldes und Ruhegehalts das Diensteinkommen der von ihm länger als ein Jahr bekleideten Kriegsstelle berücksichtigt werde, so folgt daraus doch noch nicht die Berechtigung des von ihm erhobenen Anspruchs. Denn nach der, wie dargelegt, im vorliegenden Fall entsprechend anwendbaren Vorschrift des § 32 Abs. 3 OffPensG. sind pensionsfähig nur die niedrigsten Gebührnisse der der früheren Kriegsstelle entsprechenden Friedensstelle. Der Kriegsstelle, deren Inhaber der Kläger gewesen ist, entspricht als Friedensstelle die Stelle eines Intendanturrats, die der Gruppe X der Reichsbesoldungsordnung angehört. Die niedrigsten Gebührnisse dieser Gruppe, die der Stufe 1, sind demnach bei Anwendung des § 43 RBG. auf den Kläger zugrunde zu legen. Sie sind aber niedriger als die Bezüge der Gruppe IX Stufe 8, die der Kläger in seiner letzten Friedensstelle bezogen und nach denen bereits der Beklagte Wartegeld und Pension des Klägers berechnet hat. § 43 a. a. O., der nur Platz greift, sofern nicht die Regel des § 42 zu einem günstigeren Ergebnis führt, ist damit für die Versorgungsbezüge des Klägers schließlich ohne Bedeutung.

Die Ausnahmen, welche die zweite Hälfte des § 32 Abs. 3 OffPensG. von dem in der ersten Hälfte aufgestellten Grundsatz macht, stehen dem Kläger bei sinngemäßer Auslegung der allerdings nicht ganz einwandfrei gefaßten Vorschrift nicht zur Seite. Auffallend, wenngleich ohne sachliche Bedeutung, ist der Umstand, daß aus dem ersten der dort aufgeführten drei Ausnahmefälle (der Beamte hatte im Frieden bereits ein höheres pensionsfähiges Diensteinkommen) die Folgerung, daß dieses anzurechnen sei, nicht gezogen ist, wenigstens nicht ausdrücklich. Nur in bezug auf die beiden anderen Ausnahmefälle wird ihre Wirkung bestimmt, und zwar dahin, daß das pensionsfähige Einkommen der höheren Gehaltsstufe oder des höheren Amtes anzurechnen sei. Bedeutsamer ist ein anderer Zweifel, den der Wortlaut des Gesetzes erweckt. Wenn es heißt:

„Falls der Beamte jedoch .... nach seinem Dienstalter im Frieden eine höhere Gehaltsstufe erreicht hätte oder in ein höheres Amt befördert worden wäre, ist das pensionsfähige Diensteinkommen der höheren Gehaltsstufe oder des höheren Amtes anzurechnen",

so kann man auf den Gedanken kommen, daß damit gesagt werden solle, das pensionsfähige Diensteinkommen der der verliehenen Kriegsstelle entsprechenden Friedensstelle sei nach der von dem Beamten im Frieden erreichten höheren Gehaltsstufe zu berechnen. Diese Auslegung wird jedoch schon durch die Erwägung ausgeschlossen, daß sie zu einer vollen Anrechnung des Besoldungsdienstalters des Beamten auf das Diensteinkommen seiner Kriegsstelle führen würde, so daß nur selten deren niedrigste Gebührnisse angerechnet würden, wie es das Gesetz grundsätzlich verlangt. Die niedrigsten Gebührnisse würden dann lediglich bei den Beamten angesetzt werden, die sich in ihren Friedensstellen noch in der untersten Gehaltsstufe befanden. Es ist das nur eine Minderzahl, so daß die Regel des Gesetzes in Wirklichkeit eine Ausnahme bilden würde. Der Zusammenhang, in dem die im Frieden erreichte höhere Gehaltsstufe erwähnt wird, zeigt auch, daß sie auf das mit der Friedensstelle des Beamten verbundene Diensteinkommen bezogen werden muß. Der Beamte soll dadurch, daß er aus einer Kriegsstelle in den Ruhestand tritt, nicht geschädigt werden; er soll mindestens das Ruhegehalt beziehen, das er bekommen würde, wenn er in seiner Friedensstelle verblieben wäre. Deutlicher träte das zutage, wenn die zweite Hälfte des § 32 Abs. 3 OffPensG. etwa dahin gefaßt worden wäre: „Falls der Beamte jedoch im Frieden bereits ein höheres pensionsfähiges Diensteinkommen hatte oder es im Frieden dadurch erreicht haben würde, daß er nach seinem Dienstalter in eine höhere Gehaltsstufe aufgerückt oder in ein höheres Amt befördert worden wäre, so ist das höhere pensionsfähige Diensteinkommen anzurechnen." Daß das der Sinn des Gesetzes ist, kann nach dem Gesagten nicht bezweifelt werden.

Zuzugeben ist dem Kläger, daß die Zugrundelegung der untersten Stufe der der Kriegsstelle entsprechenden Friedensstelle für die Militärbeamten eine Schlechterstellung gegenüber den Offizieren bedeutet. Denn für sie bestimmt § 10 OffPensG. folgendes:

„Während der Dauer eines Krieges sind als pensionsfähiges Diensteinkommen die Gebührnisse derjenigen Friedensstelle anzurechnen, welche der Kriegsstelle entspricht, deren Inhaber der Offizier zuletzt gewesen ist. Auch nach der Beendigung des Krieges sind diese Gebührnisse anzurechnen, wenn die Dienstunfähigkeit durch den Krieg entstanden und ein höheres pensionsfähiges Friedenseinkommen noch nicht erreicht worden ist.

Den Inhabern solcher Stellen, für welche im Frieden mehrere Gehaltsklassen bestehen, ist das Gehalt der höchsten Klasse anzurechnen, sofern im Kriege nur eine Gehaltsklasse besteht; jedoch kommt das Gehalt der niedrigsten Klasse zum Ansatze, wenn der Inhaber der Kriegsstelle einem niedrigeren als dem dieser Stelle im Frieden entsprechenden Dienstgrad angehört."

Aus der Begründung zum OffPensG. (a. a. O. S. 35) ergibt sich, daß man in den für die Beamten des Reichsheeres gegebenen entsprechenden Vorschriften in § 32 Abs. 3 und 4 das. mit Rücksicht auf das für die Beamten bestehende Dienstaltersstufen-System bewußt von § 10 abgewichen ist. Dieses Dienstaltersstufen-System ist aber durch die Besoldungsreform von 1920 auf die Offiziere erstreckt worden. Daraus folgt für sie, und zwar mit Rücksicht auf das Pensionsergänzungs-Gesetz vom 21. Dezember 1920 auch für die vor dem 1. April 1920 in den Ruhestand getretenen Offiziere (vgl. Entsch. des Reichsversorgungsgerichts Bd. 4 S. 168), daß, sofern ihre Pension gemäß der dem § 43 RBG. entsprechenden Vorschrift des § 6 Abs. 3 OffPensG. nach den etwa höheren Dienstbezügen der ihren Kriegsstellen entsprechenden Friedensstellen zu berechnen ist, die maßgebende Gehaltsstufe nach den Vorschriften über das Besoldungsdienstalter zu bestimmen ist. Es fehlt an einer Gesetzesvorschrift, die sie auf die niedrigsten Gebührnisse dieser Stelle beschränkt. Der Kläger will daraus die Folgerung ziehen, daß damit diese in § 32 Abs. 3 OffPensG. für die Militärbeamten ausdrücklich vorgeschriebene Beschränkung fortgefallen sei; sie stehe in Widerspruch mit der vom Offizierspensionsgesetz erstrebten und verwirklichten Gleichstellung der Beamten mit den Offizieren; es handle sich lediglich um eine Weiterentwicklung des Offizierspensionsgesetzes unter Berücksichtigung der durch das Besoldungsgesetz vom 30. April 1920 geschaffenen Rechtslage, wenn die Beschränkung der Militärbeamten auf die niedrigsten Gebührnisse der ihrer Kriegsstelle entsprechenden Friedensstelle gestrichen werde. Solche Erwägungen mögen dem Gesetzgeber Veranlassung geben, den § 32 Abs. 3 zu ändern. Der Richter ist jedoch nicht befugt, von einer unzweideutigen Gesetzesvorschrift abzuweichen, wie es diese Bestimmung in ihrer gegenwärtig noch geltenden Gestalt ist. Dazu gibt ihm auch der Umstand nicht das Recht, daß die Gleichstellung der Offiziere und Heeresbeamten, auf die das Offizierspensionsgesetz abgezielt haben mag, in dem hier fraglichen Punkte nicht mehr besteht, seitdem die Offiziersbesoldung umgestaltet worden ist. Die vom Kläger angeführten Gründe könnten umgekehrt auch dazu führen, die Beschränkung des § 32 Abs. 3 OffPensG. auf die Offiziere zu erstrecken. Ebensowenig wie das ohne ausdrückliche Gesetzesvorschrift zulässig ist, kann die entstandene unterschiedliche Behandlung von Offizieren und Militärbeamten dadurch ausgeglichen werden, daß die Rechtsprechung zugunsten der letzteren die fragliche Beschränkung wegfallen läßt. Es muß für sie bei den niedrigsten Gebührnissen der ihren Kriegsstellen entsprechenden Friedensstellen sein Bewenden behalten.

Der Anspruch des Klägers auf Zahlung von Wartegeld und Pension nach den Sätzen der Besoldungsgruppe X Stufe 8 ist mithin nicht gerechtfertigt.

---

17. Gegen wen richtet sich der Anfechtungsanspruch, wenn der Wechselakzeptant demjenigen, der den Wechsel aus Gefälligkeit an eigene Order ausgestellt und weitergiriert hat, eine Hypothek zur Sicherheit für dessen bedingte Regreßforderung bestellt hat, wenn dann die Hypothek vereinbarungsgemäß an den Wechselinhaber

abgetreten worden ist und dieser aus der Hypothek Befriedigung für seine Forderung aus dem nicht eingelösten Wechsel erlangt hat?
AnfG. § 3 Nr. 1.

(VII.) VI. Zivilsenat. Urt. v. 10. Mai 1927 i. S. A. (Kl.) w. F. (Bekl.). (VII) VI 61/27.

I. Landgericht I Berlin.
II. Kammergericht daselbst.

Der Kläger hat eine ihm von seinem Neffen A. abgetretene fällige Forderung von 9077,45 RM gegen den Kaufmann G., über die ein vollstreckbarer Schuldtitel vorliegt. G. war Akzeptant eines Wechsels über 20000 RM, den der Beklagte, sein Schwager, als Gefälligkeitsgirant gezeichnet hatte. Dieser Wechsel war der Deutschen V.-Bank in Berlin zur Sicherheit für einen dem G. zu gewährenden Kredit giriert worden. Am 16. September 1924 ließ G. zugunsten des Beklagten auf seinem Grundstück in H. zur Sicherheit wegen des Wechselgiros eine Höchstbetragshypothek in Höhe von 20000 RM eintragen. Diese trat der Beklagte am 3. Oktober 1924 an die V.-Bank ab; die Abtretung wurde am 7. Oktober 1924 im Grundbuch vermerkt. Bei dem bald darauf erfolgten freihändigen Verkauf des Grundstücks wurde die Hypothekenschuld vom Käufer übernommen und an die V.-Bank ausgezahlt. Der Wechsel wurde von G. nicht eingelöst. Der V.-Bank gegenüber hatte der Beklagte in vollstreckbarer notarieller Urkunde seine Wechselschuld in Höhe von 20000 RM anerkannt.

Der Kläger hat die Hypothekenbestellung wegen Gläubigerbenachteiligung angefochten. Das Landgericht hatte der Klage stattgegeben, das Kammergericht hat sie abgewiesen. Die Revision des Klägers führte zur Aufhebung und Zurückverweisung.

Gründe:

Dem Berufungsgericht mag zugegeben werden, daß durch die Eintragung der Höchstbetragshypothek nicht unmittelbar eine Benachteiligung der Gläubiger bewirkt worden ist. Die Benachteiligung der Gläubiger ist jedoch als mittelbare Folge der Hypothekenbestellung dadurch eingetreten, daß der Beklagte die zu seiner Sicherung bestellte Hypothek an die Bank abgetreten und daß diese sich für ihre Wechselforderung daraus befriedigt hat. Für die Anfechtung aus § 3 Nr. 1 AnfG. genügt aber mittelbare Gläubigerbenachteiligung.

Das Berufungsgericht meint nun, die Anfechtungsklage gegen den Beklagten sei schon deshalb unbegründet, weil dieser die Hypothek auf Grund einer mit dem Schuldner und der Bank bei der Hypothekenbestellung getroffenen Vereinbarung auf Verlangen der letzteren an sie abgetreten habe. Es sei zwar richtig, daß durch die Abtretung auch die Tilgung der eigenen Wechselschuld des Beklagten bewirkt worden sei. Das sei aber unerheblich, weil der gleiche Erfolg auch eingetreten wäre, wenn der Schuldner G. ohne den Beklagten als Zwischenglied die Eintragung für die Bank unmittelbar vorgenommen und diese sich verpflichtet hätte, mit Rücksicht auf die dingliche Sicherung gegen den Wechselverpflichteten nicht vorzugehen.

Diese Auffassung des Vorderrichters ist nicht frei von Rechtsirrtum. Wäre der Beklagte nur unbeteiligte Mittelsperson bei der Zuwendung des Vermögenswerts an die Bank gewesen, so wäre freilich ein Anfechtungsanspruch gegen ihn unbegründet, weil er aus der Hingabe jenes Wertes dann keinen eigenen Vorteil gehabt, nichts aus dem Vermögen des Schuldners erlangt hätte. So liegt die Sache aber nicht, wie das Berufungsgericht selbst anerkennt. Die Bank war Gläubigerin des G. aus dem Wechselakzept, aber auch der Beklagte hatte aus diesem von ihm ausgestellten Wechsel bedingte Gläubigerrechte gegen G. Die Hypothek war nicht nur zur Sicherung der Bank wegen ihrer Wechselforderung, sondern auch zur Sicherung des Beklagten wegen seiner Regreßforderung bestellt worden. Das Berufungsurteil sagt denn auch zutreffend: „Wenn der Beklagte sich eine Sicherungshypothek von dem Schuldner bestellen ließ, so geschah dies, um ihn für den Fall seiner Inanspruchnahme aus dem Wechsel zu sichern, denn die Bank konnte als Wechselinhaberin sich an jeden der beiden Wechselverpflichteten halten." Wenn nun aber in einem solchen Falle der Schuldner dem Gläubiger der bedingten Regreßforderung einen Vermögenswert hingibt mit der Verabredung, daß er ihn zur Befriedigung des Hauptgläubigers, damit aber gleichzeitig zu seiner eigenen Schuldbefreiung und zur Beseitigung einer etwaigen Regreßforderung weitergeben solle, so ist die Hingabe zum Vorteil beider Gläubiger erfolgt. Es kann daher, wenn im übrigen die Voraussetzungen für die Anfechtung gegeben sind, der Anfechtungsanspruch gegen beide geltend gemacht werden. . . .

18. 1. Wann ist die Veräußerung beweglicher Sachen beurkundet im Sinne der Tarifstelle 7 Abs. 5 des preußischen Stempelsteuergesetzes in der Fassung vom 27. Oktober 1924?

2. Von wann an können Zinsen aus rückzuvergütenden Stempelsteuerbeträgen verlangt werden?

VI. Zivilsenat. Urt. v. 13. Mai 1927 i. S. Sch. & A. (Kl.) w. Preußischen Staat (Bekl.). VI 65/27.

I. Landgericht Breslau.

Die Klägerin verkaufte Anfang September 1925 an zwei Personen einen Kraftwagen. Am 19. September 1925 gaben die Käufer der Klägerin einen von ihr erhaltenen Vordruck ausgefüllt und unterschrieben zurück. Der Vordruck lautete:

„Firma Sch. & A.

Wir bestellen hiermit unter Anerkennung der umstehenden Verkaufs- und Lieferungsbedingungen ... Stück ... Personenautomobil (folgt Beschreibung) zum Gesamtpreise von *M* ..., zahlbar mit ...

Wir räumen der Firma Sch. & T. ... das Eigentum an den Wagen bis zur völligen Bezahlung des vereinbarten Kaufpreises ein mit der Verpflichtung ..."

Auf den Vordruck sind ausführliche Verkaufs-, Lieferungs- und Garantiebedingungen aufgedruckt.

Zu der Urkunde vom 19. September 1925 sind auf Grund der Tarifstelle 7 Abs. 5 des preußischen Stempelsteuergesetzes 66,50 *M* Stempelsteuer erfordert und bezahlt worden. Die Klägerin hält die Urkunde nicht für stempelpflichtig und verlangt den gezahlten Betrag nebst 10% Zinsen seit dem Zahlungstag zurück. Das Landgericht hat die Klage abgewiesen. Die von der Klägerin unmittelbar eingelegte Revision hatte Erfolg.

Gründe:

Die Tarifstelle 7 Abs. 5 des preußischen Stempelsteuergesetzes lautet in ihrem hier in Betracht kommenden ersten Satz:

„Beurkundungen von Veräußerungen beweglicher Sachen unterliegen dem Stempel dieser Tarifstelle auch dann, wenn sie nur von einem der Vertragschließenden ... unterzeichnet und dem anderen Vertragschließenden ausgehändigt sind."

Diese Vorschrift hat das Landgericht auf die Urkunde vom 19. September 1925 angewendet. Es verkennt dabei nicht, daß bloße Vertragsangebote nicht unter die Vorschrift fallen, meint jedoch, daß das Schriftstück vom 19. September 1925 äußerlich zwar der Form eines bloßen Vertragsangebots angenähert, daß darin aber gleichwohl die Veräußerung, d. h. „die dem Willen beider Vertragsparteien entsprechenden Vertragsbedingungen ihrem ganzen Inhalt nach beurkundet" worden seien. Das letztere mag richtig sein, das Landgericht irrt aber rechtlich, wenn es die Festlegung aller einzelnen Vertragsbedingungen mit dem Abschluß des Vertrags selbst gleichsetzt. Denn es ist wohl möglich, daß sich zwei Parteien über alle Einzelheiten eines in Aussicht genommenen Vertrags einigen, daß sich die eine Partei aber ihren Entschluß, ob sie den so umschriebenen Vertrag auch wirklich abschließen will, noch vorbehält. Jeder Vertrag hat eine gegenständliche und eine persönliche Seite. Bei einem Kaufvertrag, bei dem der Kaufpreis nicht sofort voll bezahlt, die Kaufsache aber dem Käufer unter Eigentumsvorbehalt sofort übergeben werden soll, fällt gerade die persönliche Seite des Vertrags für den Verkäufer stark ins Gewicht. Ob er dem vorbereiteten Vertrag wirklich zustimmt, kann z. B. von der Kreditwürdigkeit und Zuverlässigkeit des Käufers abhängen, über die er sich vielleicht erst noch unterrichten will. Wenn dann der Kauflustige sein Angebot schriftlich abgibt und den gesamten Inhalt des in Aussicht genommenen Vertrags verlautbart, so ist damit immer noch nicht der Vertragsschluß als solcher beurkundet. Das trifft erst zu, wenn auch die Annahme des Angebots beurkundet ist. Danach reicht die Vollständigkeit und Ausführlichkeit des der Klägerin gegenüber abgegebenen Angebots und auch die vom Landgericht besonders hervorgehobene Aufnahme der Zahlungsbedingungen in das Angebot nicht aus, um den Vertragsschluß als beurkundet anzusehen.

Das Landgericht legt ferner Wert darauf, daß in dem der Klägerin gemachten Angebot von dem „vereinbarten Kaufpreis" gesprochen wird. Das geschieht in der Tat in dem Satz, wonach das Eigentum am Wagen bis zur völligen Bezahlung des vereinbarten Kaufpreises bei der Klägerin verbleiben soll. Wenn das Landgericht daraus entnimmt, daß der Vertrag schon geschlossen sei, so preßt es die Worte und haftet am buchstäblichen Sinn des gebrauchten Ausdrucks. Im Rahmen eines Angebots bedeutet das

Gesagte nur, daß künftig, wenn der Vertrag erst zustande gekommen ist und der Wagen übergeben wird, das Eigentum daran gleichwohl bis zur völligen Bezahlung des dann wirklich vereinbarten Kaufpreises bei der Klägerin verbleiben soll. Lediglich um das Angebot auch an dieser Stelle einfach und klar zu fassen, wird hier der erst erwartete Vertragsschluß als schon geschehen vorweggenommen. Anders kann der Satz nicht verstanden werden, wenn man das Angebot in seinem ganzen Zusammenhang betrachtet.

Das Landgericht glaubt endlich in dem Angebot eine Vertragsurkunde deshalb erblicken zu können, weil die beigefügten Verkaufs-, Lieferungs- und Garantiebedingungen „häufige Hinweise" darauf enthalten, „daß ein Vertrag nur in schriftlicher Fassung abgeschlossen werden kann". Indessen die Abrede zweier Personen, einen Vertrag, über den sie verhandeln, nur schriftlich abzuschließen, kann aus einem einwandfreien Angebot keine Vertragsurkunde machen. Auch hat das Landgericht den § 127 BGB. übersehen, wonach die Vorschriften des § 126 BGB. im Zweifel auch für die durch Rechtsgeschäft bestimmte schriftliche Form gelten. Es muß also auch nach § 127, falls keine abweichenden Abreden getroffen sind und falls nicht telegraphische Übermittlung oder Briefwechsel als Vertragsform gewählt ist, entweder dieselbe Urkunde von beiden Vertragschließenden unterzeichnet oder es müssen einseitig unterschriebene, aber gleichlautende Urkunden ausgetauscht werden. Diese Erfordernisse sind nicht erfüllt. Danach vermögen die Verkaufs- usw. Bedingungen die Ansicht des Landgerichts nicht zu stützen.

„Bestätigt" sieht endlich das Landgericht seine Auffassung durch die unstreitige Tatsache, daß der Vertrag zwischen der Klägerin und ihren Kunden schon anfangs September 1925 abgeschlossen war, bevor am 19. September 1925 das schriftliche Angebot abgegeben wurde. Da die übrigen Gründe des Vorderrichters sich als nicht stichhaltig erwiesen haben, kommt eine „Bestätigung" nicht in Frage. Selbständig aber vermag die vom Landgericht angeführte Tatsache die Entscheidung nicht zu tragen, denn nach § 3 Abs. 1 des preußischen Stempelsteuergesetzes richtet sich die Stempelpflicht einer Urkunde nach ihrem Inhalt und nur nach ihrem Inhalt. Der preußische Landesstempel ist grundsätzlich ein Urkundenstempel. Nur wenn Ausnahmen ausdrücklich zugelassen sind, vgl. z. B. Tarifstelle 7 Abs. 7 StStG. („erweislich") dürfen Umstände bei der Entscheidung über die Stempelpflicht herangezogen werden, die aus der Urkunde nicht zu ersehen sind.

Das gefundene Ergebnis wird nun wirklich bestätigt durch die Erwägung, daß die Kunden der Klägerin sicherlich nicht in der Lage gewesen wären, im Urkundenprozeß klagend allein auf Grund der Urkunde vom 19. September 1925 die Erfüllung des Kaufvertrags und die Lieferung des Kraftwagens zu verlangen. Das müßte aber der Fall sein, wenn damals in der Tat der Kaufvertrag beurkundet worden wäre.

In der vom Landgericht herangezogenen Entscheidung des Reichsgerichts (RGZ. Bd. 83 S. 221) war der zu beurteilende Sachverhalt anders als gegenwärtig. Damals war nicht ein Angebot, sondern ein wirklicher Kaufvertrag beurkundet worden. Der in jenem Falle benutzte Vordruck fing nicht mit den Worten an „Ich bestelle", sondern mit den Worten „Hiermit kaufe ich". Einen dem vorliegenden völlig gleichen Fall behandelt das Reichsgerichtsurteil vom 28. Juni 1921 VII 17/21. Der damals vom Kunden unterzeichnete und dem Verkäufer ausgehändigte Vordruck lautete:

„Unterzeichneter bestellt ... bei ... Piano (Flügel), Harmonium ... zum Preise von ... Ich zahle ... Ich erkenne ausdrücklich an, daß solange das Instrument nicht etwa durch Auszahlung des oben festgelegten Betrags ... in meinen Besitz übergeht, dasselbe Eigentum des Vermieters ist. ..."

Auch hierdurch ist nach jener Entscheidung nur ein Angebot, nicht ein Kaufvertrag beurkundet worden. Dort ist auch ausgeführt, daß der die Steuerumgehung behandelnde § 5 der Reichsabgabenordnung für Landessteuern nicht in Betracht kommt.

Nach alledem war das angefochtene Urteil aufzuheben und der Klage in der Hauptsache stattzugeben. An Zinsen waren der Klägerin aber nur 4% seit der Klagezustellung zuzusprechen. Einen Grund, der einen höheren Zinssatz rechtfertigen könnte, hat sie nicht angegeben. Der Zinsenlauf beginnt, wenn gezahlte Stempelsteuerbeträge zurückverlangt werden, regelmäßig mit der Klagezustellung (RGZ. Bd. 54 S. 25, Bd. 72 S. 152, Bd. 93 S. 272). Ein früherer Beginn könnte nach § 819 Abs. 1 BGB. in Frage kommen. Dessen Tatbestand ist aber nicht behauptet worden.

19. 1. Zur Auslegung von § 8 des Bankdepot-Gesetzes.
2. Kann der Bankier gutgläubig nach § 366 HGB. ein Pfandrecht an deponierten Wertpapieren erwerben, die nicht dem Hinterleger gehören?

I. Zivilsenat. Urt. v. 18. Mai 1927 i. S. S. (Kl.) w. C.- u. P.-Bank und Gen. (Bekl.). I 327/26.

I. Landgericht Hamburg.
II. Oberlandesgericht daselbst.

Der Kläger wollte im März 1924 in geschäftliche Verbindung mit der Firma H. & S. treten und übergab der Firma ihm gehörige Aktien im Nennbetrag von 105000 *M*. Die Firma hat die Aktien am 23. März 1924 bei der Depositenkasse Ottensen der zu 1 beklagten Bank eingeliefert, deren Vorsteher der Beklagte zu 2 war. Die Firma H. & S. war damals im Debet bei der beklagten Bank. Ihre Schuld wuchs demnächst weiter an und die Bank verkaufte schließlich zur Deckung ihrer Forderung die Aktien. Das will der Kläger als Eigentümer der Aktien nicht gegen sich gelten lassen; er verlangt Verurteilung der beiden Beklagten zur Lieferung eines Teils der Aktien. Die Einlieferung der Aktien bei der Depositenkasse Ottensen geschah in folgender Weise. Der Kläger hatte dort kein Konto, wohl aber die Firma H. & S.; deshalb wurden die Aktien auf deren Konto verbucht. Der Kläger behauptet, er habe der Firma H. & S. nicht gestattet, die Aktien für ihre Schulden zu verpfänden; der Auftrag sei vielmehr nur dahin gegangen, die Aktien bei der Depositenkasse einstweilen zu deponieren. Die Beklagte zu 1 habe also für ihre Forderungen an jene Firma kein Pfandrecht an den Wertpapieren erwerben können. Die Firma H. & S. habe bei Einlieferung der Aktien auch ausdrücklich erklärt, daß sie Eigentum des Klägers seien.

Die Beklagte zu 1 bestreitet, daß ihr eine solche Mitteilung gemacht worden sei. Die Firma H. & S. habe nur erklärt, daß sie von fremder Seite Wertpapiere zur Geldbeschaffung erhalten habe; sie habe die Aktien eingeliefert und dann darauf Beträge entnommen, die sie nicht zurückgezahlt habe. Die Beklagte zu 1 habe deshalb für ihre Forderungen die Aktien verkaufen dürfen. Es möge bei der Einlieferung gesagt worden sein, daß die Aktien nicht für die alte Schuld der Firma verwendet werden dürften; das sei aber auch nicht geschehen sie würden vielmehr nur für Schulden der Firma in Anspruch genommen, die nach der Einlieferung entstanden seien.

Das Landgericht hat die Klage abgewiesen. Auf die Berufung des Klägers hat das Oberlandesgericht für den Beklagten zu 2 auf einen Eid erkannt, im wesentlichen über die bei der Einlieferung von der Firma H. & S. abgegebenen Erklärungen. Die Revision des Klägers hatte keinen Erfolg.

Aus den Gründen:

Das Berufungsgericht hat zunächst dargelegt, formelle Bedenken gegen die Inanspruchnahme der Beklagten zu 1 beständen nicht und es sei davon auszugehen, daß die Aktien zur Zeit des Zwangsverkaufs im Eigentum des Klägers gestanden hätten. Dieser müsse nun, so wird weiter ausgeführt, beweisen, daß der Verkauf der Aktien widerrechtlich erfolgt sei. Dieser ihm obliegende Beweis laufe darauf hinaus, daß das Pfandrecht nicht entstanden und den Beklagten dies bewußt gewesen sei. ... Das Berufungsgericht stellt sodann tatsächlich fest, die Firma H. & S. habe bei Einlieferung der Aktien Mitteilung davon gemacht, daß sie fremdes Eigentum seien. Diese Mitteilung habe zur Folge gehabt, daß ein Pfandrecht der Beklagten zu 1 an den Papieren für solche Forderungen, die nicht in bezug auf die Papiere entstanden seien, gemäß § 8 BankdepotGes. nur dann habe entstehen können, wenn die Beklagte in gutem Glauben eine Verpfändungsbefugnis der Firma H. & S. als gegeben habe annehmen können, und wenn sie ihrerseits das Vorhandensein dieses guten Glaubens nachweise. Nun möge es sein, daß gegenüber einem Lokalbankier — auf solchen Fall beziehe sich § 8 in erster Linie — der Zentralbankier, wenn jener ihm fremde Wertpapiere überliefere, ein gewisses Mißtrauen wegen der Verpfändungsbefugnis hegen müsse. Diese Auffassung könne aber auf den vorliegenden Fall nicht zutreffen. Denn die Firma H. & S. habe mit der Beklagten zu 1 seit langen Jahren in Geschäftsverbindung gestanden, auch hätten über ihre Zahlungsfähigkeit bis dahin keine Zweifel bestanden. Deshalb hätten die Beklagten keinen Argwohn zu hegen brauchen, wenn die Firma ihnen mitgeteilt habe, daß sie zur Verfügung über die Aktien berechtigt sei. Die Entscheidung des Rechtsstreits hänge somit davon ab, ob die Firma H. & S. die Papiere nicht im eigenen Namen und für eigene Rechnung übergeben, sondern erklärt habe, sie gehörten dem Kläger und sollten für ihn deponiert werden, der sie beleihen lassen wolle. Habe die Firma eine derartige Erklärung abgegeben, so habe die Beklagte zu 1 ein Pfandrecht wegen der später entstandenen Schuld der Firma nicht erwerben können. Das Berufungsgericht würdigt sodann eingehend das Ergebnis der Beweisaufnahme und gelangt zu dem Schluß, daß die Entscheidung darüber, was H. & S. bei Hingabe der Aktien erklärt hätten, von einem Eide des Beklagten zu 2 abhängig zu machen sei.

Mit Recht hat das Berufungsgericht angenommen, daß für die Entscheidung des Streitfalles zunächst § 8 BankdepotGes. in Betracht kommt. Nach § 8 hat ein Kaufmann, der im Betriebe seines Handelsgewerbes fremde Wertpapiere einem Dritten zur Aufbewahrung überantwortet, dem Dritten mitzuteilen, daß die Papiere fremde seien. Dann kann der Dritte an den Papieren ein Pfandrecht oder ein Zurückbehaltungsrecht nur wegen solcher Forderungen an seinen Auftraggeber (den Einlieferer) geltend machen, die mit Bezug auf diese Papiere entstanden sind. Diese Vorschrift spricht zwar nicht von einer Verpfändung der fremden Wertpapiere. Sie ist aber auch auf den Fall der Verpfändung zu erstrecken, wie jetzt allgemein angenommen wird (vgl. Rießer, DepotGes. 4. Aufl. S. 122, Note 2). Daß sie auch für den Fall gilt, wenn der Verpfänder nicht ein Bankier, sondern ein Kaufmann ist, ergibt sich aus dem Wortlaut der Vorschrift und ist in RGZ. Bd. 87 S. 329 dargelegt.

Die Vorschrift geht nun inhaltlich dahin, daß, wenn mitgeteilt worden ist, es handle sich um fremde Papiere, (nur) Forderungen, die mit Bezug auf die Papiere entstanden sind, durch die Effekten gedeckt werden. Vorliegendenfalls handelt es sich nicht um Forderungen, die mit Bezug auf die eingelieferten Wertpapiere entstanden sind, sondern um Darlehen oder Vorschüsse, die der Firma H. & S. auf Grund des Depots gewährt worden sind. Daß derartige Kredite nicht von der Vorschrift des § 8 Abs. 2 umfaßt werden, bedarf keiner Erörterung. § 8 kann also nicht zur Begründung dafür herangezogen werden, daß die Beklagte zu 1 das behauptete Pfandrecht an den Wertpapieren erworben habe.

Anderseits schließt § 8 aber auch die Möglichkeit der Entstehung des Pfandrechtes nicht aus. Denn nach feststehender Rechtsprechung (RGZ. Bd. 68 S. 134, Bd. 71 S. 339) sind neben dem Depotgesetz die Vorschriften über den gutgläubigen Pfanderwerb, besonders die Vorschrift des § 366 HGB., zu beachten.

Wenn der Pfandnehmer weiß, daß die Effekten nicht dem verpfändenden Kaufmann gehören, so kann er doch auf Grund seines guten Glaubens an dessen Berechtigung zur Verfügung über die Effekten ein Pfandrecht erwerben. Dabei tritt aber eine Besonderheit ein. Nach der herrschenden Rechtsprechung (vgl. RGZ. Bd. 87 S. 332) muß der Pfandnehmer entgegen der allgemeinen Regel des § 366 seinerseits seinen guten Glauben nachweisen. Diesen Beweis hat das Berufungsgericht als so weit geführt erachtet, daß es dem Beklagten zu 2 den aus der Urteilsformel ersichtlichen Eid auferlegt hat. Das Berufungsgericht hat ausdrücklich festgestellt, daß die Beklagte zu 1 nach Lage des Falles der Firma H. & S. gegenüber keinen Anlaß zu näherer Nachforschung oder zu Mißtrauen hatte. (Wird ausgeführt.) An diese tatsächliche Feststellung ist das Revisionsgericht gebunden. Allerdings scheint es, als ob das Berufungsgericht angenommen hätte, daß Anlaß zu näherer Erkundigung und Nachforschung nur oder wenigstens in erster Reihe nur einem Zentralbankier gegenüber einem Lokalbankier obliege. Dem könnte in dieser Allgemeinheit nicht zugestimmt werden. Auch wenn der Verpfänder nicht Bankier, sondern Warenkaufmann ist, kann nach Lage des Falles Anlaß gegeben sein, seiner bloßen Versicherung, er dürfe über die fremden Papiere verfügen, nicht ohne weiteres Glauben zu schenken. Aber das Berufungsgericht hat in genügender Weise festgestellt, daß der zur Entscheidung stehende Fall nicht so lag. Wenn es sich um einen alten Kunden handelte, gegen dessen Zahlungsfähigkeit keine Bedenken bestanden, dann war in der Tat kein Anlaß gegeben, seinen Versicherungen zu mißtrauen und sich seine Verfügungsberechtigung von ihm bescheinigen zu lassen. Die Revision wendet ein, bei solcher Auffassung würde § 9 BankdepotGes. inhaltsleer sein. Das ist aber nicht der Fall. Dort ist unter Strafe gestellt, wenn ein Kaufmann über Wertpapiere, die ihm als Pfand übergeben worden sind, zum eigenen Nutzen oder zum Nutzen eines Dritten rechtswidrig verfügt, oder wenn ein Kaufmann der Vorschrift des § 8 zum eigenen Nutzen oder zum Nutzen eines Dritten vorsätzlich zuwiderhandelt. Die Strafbestimmung will also u. a. denjenigen treffen, der fremde Wertpapiere einliefert, ohne die vorherige Anzeige zu machen. Diese Bestimmung steht offenbar in keiner Verbindung mit der Frage, ob und unter welchen Umständen der Pfandnehmer, wenn ihm die Anzeige gemacht worden ist, ein Pfandrecht rechtswirksam erwerben kann....

20. 1. Zum Begriff der unentgeltlichen Verfügung im Sinne von § 2205 BGB.

2. Ist auch in Fällen des § 15 AufwG. die Vorschrift des § 14 dieses Gesetzes über die Wirkung eines ausdrücklichen Verzichtes auf die Hypothekenaufwertung anwendbar?

V. Zivilsenat. Urt. v. 18. Mai 1927 i. S. Testamentsvollstrecker des M.schen Nachlasses (Kl.) w. G.-Aktiengesellschaft (Bekl.). V 354/26.

I. Landgericht III Berlin.
II. Kammergericht daselbst.

Zum Nachlaß des Fabrikbesitzers M., dessen Testamentsvollstrecker die Kläger sind, gehört eine auf dem Grundstück der Beklagten ruhende Hypothek von 110000 PM, für welche persönliche Schuldnerin die Ehefrau M. war. Diese hatte sich der Beklagten gegenüber verpflichtet, das Grundstück von der Hypothek zu befreien, und zahlte zu diesem Zweck im Oktober 1923 an den Kläger zu 2 200 Millionen PM. Die Kläger machten aber die Löschungsbewilligung davon abhängig und setzten es bei deren Erteilung im Dezember 1923 durch, daß Frau M. — wie es im Tatbestand des Berufungsurteils heißt — sich verpflichtete, „alle in Zukunft etwa durch Gesetz, Aufwertung oder durch gerichtliche Urteile entstehenden Ansprüche zu befriedigen".

Gestützt auf die Behauptung, daß die Erteilung der löschungsfähigen Quittung eine unentgeltliche Verfügung im Sinne von § 2205 BGB. darstelle, daß sie auch deshalb nicht wirksam sei, weil der Kläger zu 2 damit als alleiniger Vorstand der Beklagten ein nach § 181 BGB. unzulässiges Rechtsgeschäft mit sich selbst vorgenommen habe, daß schließlich die Beklagte nach dem Aufwertungsgesetz gehalten sei, die Hypothek wieder eintragen zu lassen, haben die Kläger vor dem Berufungsgericht begehrt:

a) festzustellen, daß Löschungsbewilligung und Löschung unwirksam und nichtig sind,

b) die Beklagten zu verurteilen, in die Wiedereintragung der auf 27500 GM umzuschreibenden Hypothek zugunsten der Erben M. zu willigen.

Die Vorinstanzen haben die Klage abgewiesen. Die Revision der Kläger hatte Erfolg.

Gründe:

1. Das Berufungsgericht weist das Klagevorbringen, daß die Erteilung der löschungsfähigen Quittung durch die Kläger ein unentgeltliches Rechtsgeschäft gewesen sei, unter Billigung der Gründe des Landgerichts zurück. Dieses hat u. a. erwogen, die Kläger hätten als Gegenleistung nicht lediglich den, in Goldmark umgerechnet, geringfügigen Papiermarkbetrag von 200 Millionen erhalten, sondern weiter noch einen Anspruch gegen Frau M. auf Zahlung eines Betrags, der dem jetzigen Wert der gelöschten Hypothek entspreche. Es sei nicht erkennbar, daß die Testamentsvollstrecker von den Grundsätzen der ordnungsmäßigen Verwaltung abgewichen seien, als sie die erhaltenen Leistungen für einen vollen Gegenwert gegenüber der erteilten Quittung, mithin das Geschäft als entgeltliches angesehen hätten. Das Berufungsgericht fügt hinzu, die Kläger hätten nicht beabsichtigt, die Hypothek ohne Gegenwert aufzugeben, und hätten auch tatsächlich nach den zur Zeit der Löschungsbewilligung herrschenden Anschauungen einen Ersatz erlangt. Mit Hypothekenaufwertung habe man damals nach dem Stande der Rechtsprechung allgemein gerechnet, die künftige Anerkennung einer Aufwertungspflicht für die persönliche Schuld jedoch durchaus bezweifelt. Die Kläger hätten deshalb wegen der Möglichkeit einer Aufwertungspflicht und als Gegenleistung für die löschungsfähige Quittung eine weitergehende Verpflichtung der persönlichen Schuldnerin verlangt und erhalten, was z. B. bewirken werde, daß Frau M. sich nicht auf die ihr sonst zur Seite stehende Härteklausel berufen könne.

Die Revision meint demgegenüber, die Kläger hätten mit der Erklärung der Frau M. nur das erhalten, was ihnen zugestanden habe. Die Erklärung sei der Beklagten, nicht aber den Klägern zugute gekommen. Die Härteklausel habe für Dezember 1923 wirtschaftlich keine Rolle gespielt. Im Verhältnis zu den Klägern sei die Erklärung der persönlichen Schuldnerin gleichbedeutend mit einem Vorbehalt der Aufwertungsansprüche gewesen.

Dieser Revisionsangriff versagt. Wie das Reichsgericht in RGZ. Bd. 105 S. 249 ausgesprochen hat, genügt es, um die Verfügung eines Testamentsvollstreckers als entgeltlich erscheinen zu lassen, wenn die beiderseitigen Leistungen von ihm und den anderen Beteiligten für die verfolgten Zwecke einander gleichgestellt werden und von ihm nach dem Maßstab einer ordnungsmäßigen Verwaltung einander gleichgestellt werden dürfen, vorausgesetzt nur, daß die Leistung vom Testamentsvollstrecker nicht im irrigen Glauben an eine Gegenleistung bewirkt wird. Ein solcher Irrtum des Testamentsvollstreckers wird aber nicht schon dadurch dargetan, daß dieser beim Bestehen einer Ungewißheit über die zukünftige Entwicklung eines seiner Verwaltung unterstehenden Vermögenswerts sich durch Entgegennahme einer Verpflichtungserklärung für einen der möglichen Fälle sichert und sich nachher in der Erwartung getäuscht sieht, daß die Erklärung von Nutzen für die Erbmasse sein werde. Denn dann besteht die Gegenleistung des andern Teiles für das Aufgeben eines in seinem Werte fraglichen Rechtes der Erbmasse in der keineswegs wertlosen Übernahme der Gefahr, daß er eine Verpflichtung eingeht, mit der er vielleicht nach der später eintretenden Erkenntnis sich besser nicht belasten würde. So liegt die Sache hier. Zur Zeit der Entgegennahme der allerdings fast wertlosen Zahlung gegen die Verpflichtungserklärung der persönlichen Schuldnerin, Dezember 1923, konnten die Kläger im Rahmen einer ordnungsmäßigen Verwaltung annehmen, daß sie der Erbmasse nützten, wenn sie einer Verweigerung der löschungsfähigen Quittung und den dadurch vielleicht veranlaßten Streitigkeiten die Verpflichtungserklärung der Frau M. für die etwaigen Aufwertungsansprüche vorzogen und der von ihnen verwalteten Erbmasse dadurch wenigstens ein gewisses Maß von Gewähr dafür verschafften, daß der Verlust der dinglichen Sicherung durch Eintreten der persönlichen Schuldnerin aufgewogen werde. Das konnte auch den Erben zum Vorteil gereichen. Wäre, womit die Kläger zur Zeit der Quittungsausstellung nach der Annahme des Berufungsgerichts rechnen konnten, nur die dingliche Forderung aufgewertet worden, so hätten sie wegen der Aufwertungsforderung der Erbmasse nur aus dem Grundstück Befriedigung suchen können; durch die Verpflichtung der Frau M. erlangten sie gegen die — vom Berufungsgericht für nachgewiesen erachtete — Aufgabe der Hypothek eine Sicherung für den persönlichen Anspruch in voller Höhe des Aufwertungsbetrags. Daß die spätere Entwicklung der Verhältnisse — Aufwertung auch der persönlichen Forderung durch das Aufwertungsgesetz und Vermögensverfall der persönlichen Gläubigerin — die Erwartung der Kläger nicht gerechtfertigt hat, ändert nichts an dem ursprünglichen Charakter ihrer Verfügung als einer Verwaltungsmaßnahme, die infolge der von der Gegenpartei in Aussicht gestellten Leistung keineswegs als unentgeltliche angesehen werden kann. Bezüglich des Hinweises im Berufungsurteil darauf, daß Frau M. durch ihre Verpflichtungserklärung gehindert war, sich auf die Härteklausel zu berufen, ist der Revisionsbegründung zwar zuzugeben, daß man diese Besonderheit der künftigen Gesetzgebung nicht voraussehen konnte; wie gezeigt, genügt jedoch das vorsorgliche Verhalten der Kläger, um die Unentgeltlichkeit auszuschließen. Mangels einer solchen ist deshalb der § 2205 BGB. durch die angegriffene Entscheidung nicht verletzt. Auch im übrigen liegt gegen ihre Begründung kein rechtliches Bedenken vor, soweit die Abweisung des Feststellungsantrags der Klage in Frage steht.

2. Zu dem auf Verurteilung gerichteten Klagebegehren führt das Berufungsgericht aus: Aus dem Aufwertungsgesetz sei der Anspruch auf Wiedereintragung nicht herzuleiten. Die Leistung sei in der Rückwirkungszeit des § 15 von den Klägern unter dem Vorbehalt angenommen worden, der in der Verpflichtung der Frau M. liege. Daher sei die Vorschrift des § 14 Satz 2 Halbsatz 2 anzuwenden, wonach die Hypothek nicht aufgewertet werde, wenn der Gläubiger sich insoweit ausdrücklich der Rechte auf Aufwertung begeben habe. Das sei aber hier der Fall, wenn man der Verpflichtung der Frau M. die erwähnte Bedeutung gebe. Gegen Übernahme der Aufwertungspflicht durch Frau M. sei von den Klägern die Löschungsbewilligung erteilt und damit auf die Aufwertung der Hypothek in zweifelsfreier Weise, also ausdrücklich, verzichtet worden. Daß es genüge, wenn dieser Verzicht dem persönlichen Schuldner gegenüber erfolge, unterliege keinem Bedenken.

Die Revision stützt ihre Rüge der Verletzung der §§ 14 und 15 AufwG. zunächst darauf, daß die Vorschrift des § 14 Satz 2 in den Fällen des § 15 keine Anwendung finde. Überdies sei nicht ersichtlich, inwiefern ein ausdrücklicher Verzicht vorliegen solle. Aus der Löschungsbewilligung und der Entgegennahme der Erklärung der Frau M. könne man höchstens einen stillschweigenden Verzicht auf die Hypothekenaufwertung folgern. Ebensowenig sei dargetan, daß ein solcher Verzicht gegenüber der Beklagten abgegeben werden sollte. Ihr gegenüber sei nur die Löschungsbewilligung erklärt worden. Allerdings habe die Beklagte einen ausdrücklichen Verzicht behauptet. Dagegen sei in der Berufungsbegründung von den

Klägern angeführt worden, daß der Aufwertungsanspruch erhoben und angemeldet worden sei, ohne daß die Beklagte ihren Einspruch gegen die Aufwertung begründet habe.

Die Annahme der Leistung durch die Klägerin fällt in den von § 15 AufwG. betroffenen Zeitraum. Nach dieser Vorschrift soll die Annahme der Leistung durch den Gläubiger in der Zeit vom 15. Juni 1922 bis zum 14. Februar 1924 zur Folge haben, daß eine Aufwertung der Hypothek und der persönlichen Forderung stattfindet, und zwar auch dann, wenn der Gläubiger sich bei der Annahme der Leistung seine Rechte nicht vorbehalten hat. Damit wird an die Leistungsannahme während eines genau bestimmten Zeitraums, der Rückwirkungszeit, dieselbe Folge geknüpft, wie im § 14 Satz 1 und Satz 2 erster Halbsatz an die Abgabe einer bestimmten Erklärung des Vorbehalts. Über die vom Berufungsgericht nach dem Zusammenhang seiner Urteilsgründe bejahte, von der Revision verneinte, im Schrifttum (vgl. Mügel zu § 15 Anm. 1, Neukirch zu § 14 Anm. 13 und zu § 15 Anm. 4a, Rademacher-Philipp S. 44) verschieden beantwortete Frage, ob auch im Falle des § 15, also im Falle der Annahme der Leistung innerhalb der Rückwirkungszeit, die Vorschrift des § 14 über die Wirkung eines ausdrücklichen Verzichts auf die Hypothekenaufwertung zur Anwendung kommen soll, spricht sich das Gesetz nicht aus. Es ist jedoch zu berücksichtigen, daß die Ausnahmebestimmung des § 14 Satz 2 zweiter Halbsatz im § 15 nicht wiederholt worden ist, während anderseits in diesem andere Ausnahmebestimmungen getroffen worden sind (Satz 2 Nr. 1 bis 3), die mit der für den ausdrücklichen Verzicht verordneten Regelung sich schwer vereinbaren lassen. Aus dieser Fassung des Gesetzes erhellt, daß jene Ausnahmebestimmung auf die Fälle des § 15 nicht zu übertragen ist. Für diese Auffassung spricht ferner der Umstand, daß der § 67 Abs. 2 Satz 1 die im Wege des Vergleichs über den Aufwertungsstreit während des Rückwirkungszeitraums abgegebenen Willenserklärungen ebenfalls der Geltung beraubt hat, die im § 67 Abs. 1 für Aufwertungsvergleiche grundsätzlich vorgesehen ist. Die Vorschrift des § 14 Satz 2 Halbsatz 2 steht daher dem mit der Klage erhobenen Anspruch nicht entgegen.

21. 1. Kommt bei Flugunfällen mit schuldhaftem Verhalten des Halters des Flugzeugs neben der Haftung aus § 21 Abs. 2 des Luftverkehrsgesetzes vom 1. August 1922 auch eine solche nach § 844 Abs. 2 BGB. in Betracht?

2. In welchem Umfang kann diese Haftung durch den Beförderungsvertrag im voraus ausgeschlossen werden?

3. Zur Auslegung der Beförderungsbedingung „die Teilnahme am Flug erfolgt auf die alleinige Gefahr der Fluggäste“.

IV. Zivilsenat. Urt. v. 19. Mai 1927 in S. Witwe L. (Kl.) w. Aero Lloyd AG. und H. (Bekl.). IV 847/26.

I. Landgericht I Berlin.
II. Kammergericht daselbst.

Am 22. Juli 1925 abends ist ein vom Beklagten zu 2 gesteuerter Verkehrs-Fokker-Eindecker Typ F, der auf der Strecke Mannheim-Baden-Baden-Stuttgart-München verkehrte, auf dem Wege nach München in der Dunkelheit aus der Richtung gekommen und nachts $10^1/_2$ Uhr in der Schweiz (nördlich von Zürich) beim Versuch einer Notlandung verunglückt. Hierbei wurde der Generaldirektor Dr. L., der in Baden-Baden eingestiegen war, tödlich verletzt. Seinen Flugschein hatte er im Reisebüro des Agenten W. L. in Baden-Baden erworben, welcher Agent der Beklagten zu 1 war, aber auch für die Süddeutsche Aero Lloyd AG. in München Flugscheine abgab. Beide Gesellschaften gehörten dem Aero Lloyd-Konzern an. Die von der Beklagten zu 1 vorgelegten Beförderungsbedingungen des Konzerns enthalten folgende Bestimmungen:

3. Die Teilnahme am Fliegen sowie die Mitnahme von Gepäck erfolgt für den Fluggast und etwaige Rechtsnachfolger gegenüber der Luftverkehrsgesellschaft, ihren Angestellten sowie den verausgabenden Agenturen auf alleinige Gefahr der Fluggäste.

Mit der Teilnahme verzichtet der Fluggast insbesondere für sich und seine Rechtsnachfolger auf den Ersatz des Schadens, der ihm mittelbar oder unmittelbar bei der Benutzung des Flugzeugs oder sonst im Zusammenhang mit der Luftreise an seiner Person, seinen Sachen oder dem aufgegebenen Gepäck erwächst.

Insbesondere ist auch ein Anspruch auf Schadensersatz wegen Ausschlusses vom Flug, Verspätung oder Unterbrechung eines

Flugs nicht gegeben. Ein Anspruch auf Rückerstattung des gezahlten Flugpreises besteht nicht, wenn ein angemeldeter Fluggast zu dem betreffenden Flug nicht oder zu spät eintrifft.

Diese Bestimmungen waren mit Ausnahme des zweiten Absatzes auf der Rückseite des von dem Verunglückten unterzeichneten Flugscheins abgedruckt.

Die Witwe des Verunglückten verlangt von den Beklagten Schadensersatz, insbesondere nach § 21 des Luftverkehrsgesetzes vom 1. August 1922 und wegen unerlaubter Handlung (§ 844 Abs. 2 BGB.). Sie macht den Beklagten zum Vorwurf, daß das Luftfahrzeug in Stuttgart zu spät abgeflogen und für eine Nachtfahrt nicht mit den erforderlichen, dem Führer das Ablesen des Kompasses ermöglichenden Beleuchtungskörpern versehen gewesen sei, und daß dem Führer die nötige Orientierungsfähigkeit und die Möglichkeit gefehlt habe, sich vor der Notlandung mit den Fluggästen im Innern des Fahrzeugs zu verständigen. Die Beklagte zu 1 wendete in erster Reihe ein, daß nicht sie, sondern die Süddeutsche Aero Lloyd AG. als Halterin des Flugzeugs den Flug durch ihren Angestellten, den Beklagten zu 2, ausgeführt habe. Im übrigen machten beide Beklagte geltend, daß beim Abschluß des Beförderungsvertrags jede Haftung ausgeschlossen worden sei.

Beide Vorinstanzen haben den ersten Einwand dahingestellt gelassen und die Klage wegen Verzichts des Verunglückten auf jeglichen Schadensersatzanspruch abgewiesen. Die Revision der Klägerin führte zur Aufhebung des Berufungsurteils und zur Zurückverweisung der Sache in die Vorinstanz.

Gründe:

In Frage steht, ob und inwieweit im Juli 1925 der Halter eines Flugzeugs für sich und den Flugzeugführer gegenüber dem Fluggast und seinen Rechtsnachfolgern jede Haftung für Unfälle beim Fliegen aus dem Luftverkehrsgesetz und aus unerlaubter Handlung durch den Beförderungsvertrag ausschließen konnte, und ob und in welchem Umfang im vorliegenden Fall mit dem Verunglückten eine solche Vereinbarung tatsächlich getroffen worden ist.

Die erste Frage kann unter Ausschluß der schon vom Berufungsgericht ausgenommenen Haftung für Vorsatz (§ 276 Abs. 2 BGB.) und sittenwidriges Verhalten (§ 138 BGB.) mit dem Vorderrichter bejaht werden. Sie ist im Luftverkehrsgesetz nicht ausdrücklich geregelt.

Als Auslegungsbehelfe lassen sich das Reichshaftpflichtgesetz, ferner § 844 Abs. 2 BGB. und das Gesetz über den Verkehr mit Kraftfahrzeugen heranziehen. Nach § 5 RHpflG. kann der Unternehmer eines Eisenbahnbetriebs die Haftung aus diesem Gesetz, insbesondere auch die in § 3 Abs. 2 bestimmte Verpflichtung zum Ersatz des den Hinterbliebenen erwachsenen Schadens, nicht im voraus durch Vertrag ausschließen oder beschränken. Zu § 844 Abs. 2 BGB. fehlt ein solches Verbot. Die Rechtsprechung geht dahin, daß hier ein solcher Haftungsausschluß innerhalb der vom Gesetz (§ 276 Abs. 2 BGB.) und der Rechtsprechung zu § 138 BGB. gezogenen Schranken vor dem Unfall vereinbart werden kann (RGZ. Bd. 65 S. 315). Im Kraftfahrzeuggesetz bedurfte es keiner Stellungnahme zu dieser Frage, weil Halter und Führer des Kraftfahrzeugs nach § 8 Nr. 1 KFG. für Schäden des Fahrgastes und seiner Hinterbliebenen aus diesem Gesetz überhaupt nicht haften. Eine gleiche Bestimmung sollte nach § 16 des ersten Entwurfs eines Luftfahrzeuggesetzes vom 31. Januar 1914 auch in dieses Gesetz aufgenommen werden (RT. Drucks. 1912/14 Nr. 1338). Aber bei der Erlassung des Gesetzes wurde entsprechend dem zweiten Regierungsentwurf vom 8. Juli 1921 davon abgesehen. Der Gesichtspunkt, daß der Fluggast die Gefahr freiwillig auf sich nimmt, wurde in der Begründung dieses zweiten Entwurfs hinter die Erwägung zurückgestellt, daß die Entschädigung des verunglückten Fluggastes durch den Unternehmer die im Interesse der Allgemeinheit liegende Entwicklung des Flugwesens fördere. Doch fügt die Begründung zu §§ 15, 16 am Schlusse bei, daß das Recht des Halters, seine Haftpflicht in den zulässigen Grenzen durch besondere Abmachungen einzuschränken, dadurch nicht berührt werde (RT. Drucks. 1920/21 Nr. 2504 S. 2474). Außerhalb der zulässigen Grenzen läge es, wenn nach der Entwicklung des Luftverkehrswesens die Allgemeinheit auf die Benützung der Luftfahrtunternehmungen angewiesen wäre und eine Luftverkehrsgesellschaft ihre Monopolstellung und die Zwangslage des Publikums dazu mißbrauchen würde, den Fahrgast zum Verzicht auf ein Schutzrecht zu nötigen, das ihm das Gesetz zugedacht hat. Aber von einer solchen Zwangslage der Allgemeinheit war im Jahre 1925 keine Rede. Damals wurde noch wenig geflogen. Die vom Aero-Lloyd- und vom Junkers-Konzern in die Wege geleitete Herstellung und Unterhaltung regelmäßiger Luftverbindungen lag noch in den Anfängen und der Verkehr bewegte sich fast ausschließlich auf dem Lande und dem Wasser. Daher kann es damals nicht gegen die guten Sitten verstoßen haben, wenn die junge Industrie die noch zu wenig ausgeprobten Gefahren der Luftschiffahrt durch Vereinbarung mit den Fluggästen nach Möglichkeit auf diese abzuwälzen suchte.

Was die zweite Frage anlangt, so ist die Gefährdungshaftung (§§ 19flg. LVG.) im vorliegenden Fall beim Abschluß des Beförderungsvertrags oder spätestens bei der Unterzeichnung des Flugscheins durch die Annahme der auf der Rückseite abgedruckten Beförderungsbedingungen unzweifelhaft ausgeschlossen worden. Die Beklagten machen geltend, daß sich dieser Haftungsausschluß auch auf Unfälle erstrecke, die nicht auf die regelmäßig mit einem sorgfältigen oder doch ordnungsmäßigen Flugbetrieb verbundenen Gefahren, sondern auf ein ausgesprochenes, unzweifelhaftes Verschulden des Halters oder des Führers des Luftfahrzeugs zurückzuführen seien. Dem kann nicht beigetreten werden. Die Auslegung der vom Aero-Lloyd-Konzern aufgestellten allgemeinen Beförderungsbedingungen, durch deren Annahme auch dieser Haftungsausschluß zustande gekommen sein soll, unterliegt der Nachprüfung des Revisionsgerichts (Komm. v. RGR. zum BGB. 5. Aufl. § 133 Anm. 2 Abs. 2). Soweit diese Bedingungen dem Fluggast einen Verzicht auf gesetzliche Entschädigungsansprüche zumuten, ist keine ausdehnende Auslegung zulässig und das Erfordernis der Deutlichkeit bedarf hier besonderer Beachtung. Im übrigen kommt für die Auslegung nur der erklärte Vertragswille in Betracht, und der Unternehmer muß die von ihm angebotenen Beförderungsbedingungen so gegen sich gelten lassen, wie sie der Fluggast nach Treu und Glauben und nach der allgemeinen Auffassung des Verkehrs verstehen durfte. Der Wortlaut der Bedingung kann für sich allein um so weniger entscheiden, wenn er wie hier eine doppelte Deutung zuläßt.

Daß der Luftverkehr besondere Gefahren mit sich bringt, war im Juli 1925 allgemein bekannt. Sie wurden damals eher höher eingeschätzt als heute. An diese Gefahren dachte der Fluggast zunächst, wenn er hörte, daß er „die Gefahr" allein auf sich nehmen und also auf die in dieser Beziehung dem Unternehmer auferlegte gesetzliche Haftung verzichten solle; ferner dagegen lag für ihn der Gedanke, daß ihm die Beförderungsbedingungen auch bei eigenem Verschulden des Halters oder des Führers des Luftfahrzeugs, und zwar auch bei grobem Verschulden, einen Verzicht auf die Erstattung des ihm dadurch erwachsenden Schadens zumuteten. Nach Treu und Glauben im Verkehr durfte er erwarten, daß ihm eine solche Zumutung in sinnfälliger, nicht mißzuverstehender Weise zur Kenntnis gebracht werde. Das ist hier nicht geschehen. Die auf der Rückseite des Fahrscheins abgedruckten Bedingungen sprechen nur davon, daß die Teilnahme an der Fahrt auf die alleinige Gefahr des Fluggastes erfolgt, aber nicht davon, daß der Fluggast auch auf jede Haftung des Halters oder des Führers des Flugzeugs für eigenes Verschulden im Sinne der §§ 823, 831, 276 Abs. 1 BGB. verzichten muß. Der im Tatbestand angeführte zweite Absatz der allgemeinen Beförderungsbedingungen, der wenigstens das Wort „Verzicht" gebraucht, ist nicht mit abgedruckt. Daß ihn der Verunglückte gekannt habe oder daß diesem die von der Beklagten verlangte Auslegung beim Abschluß des Vertrags oder bei der Unterzeichnung des Fahrscheins etwa aus persönlichen Beziehungen zu den Luftverkehrsgesellschaften oder aus anderen Erkenntnisquellen bekannt gewesen sei, oder daß die vollständigen, auf der Rückseite des Flugscheins in Bezug genommenen, allgemeinen Beförderungsbedingungen wenigstens an der Ausgabestelle des Fahrscheins ausgehängt und besonders vorgewiesen worden seien, hat das Berufungsgericht nicht festgestellt. Ein zwingender Anlaß, sich nach ihnen zu erkundigen, bestand gerade für die Frage der Haftungsausschließung um deswillen nicht, weil nach dieser Richtung die allgemeinen Bedingungen auf der Rückseite des Flugscheins abgedruckt waren und der Fluggast annehmen konnte, daß die Wiedergabe richtig, d. h. im wesentlichen erschöpfend sei. An der Stelle des Berufungsurteils, auf die sich der Prozeßbevollmächtigte der Beklagten bei der mündlichen Verhandlung berufen zu können glaubte, ist nur zum Ausdruck gebracht, daß der Verunglückte die Bedingung von der Teilnahme am Flug, die „auf die alleinige Gefahr der Fluggäste erfolgt", aus den im angefochtenen Urteil dargelegten Gründen nicht anders auffassen konnte, als sie vom Berufungsgericht ausgelegt wird. Das würde nur zutreffen, wenn diese Auslegung des Vorderrichters richtig wäre. Das kann aber nicht zugegeben werden. Was das angefochtene Urteil anführt, reicht nicht aus, um die Annahme zu rechtfertigen, daß der Unternehmer einen Verzicht dieses Umfangs mit genügender Deutlichkeit verlangt hat, oder daß dieses Verlangen trotz der unzulänglichen Deutlichkeit der auf dem Flugschein abgedruckten Bedingungen von dem Verunglückten aus besonderen Gründen gleichwohl erkannt worden war (JW. 1927 S. 1248 Nr. 3).

Aus dem dritten Absatz der im Flugschein abgedruckten Bedingungen ergibt sich, wie die Revision zutreffend bemerkt, nichts für die Auslegung der Beklagten. Denn er handelt im wesentlichen nur von Schadensersatzansprüchen wegen Ausschlusses eines Fluggastes vom Flug oder wegen Verspätung oder Unterbrechung des Fluges, also von Notwendigkeiten, die sich aus der Natur der Luftschiffahrt ergeben können, nicht aber von Schadensersatzansprüchen wegen Verschuldens des Halters oder des Führers bei der Ausrüstung des Flugzeugs, bei der Auswahl, Belehrung oder Überwachung des Führers oder bei der pflichtgemäßen Bekämpfung der dem Flugverkehr eigentümlichen besonderen Gefahren. Daß die im ersten Absatz angeführten „Angestellten" — im Gegensatz zu § 18 KFG. — im Rahmen des Luftfahrzeuggesetzes keine Haftung trifft, brauchte dem Verunglückten nicht bekannt zu sein. Ein tieferes Nachdenken über die Bedeutung dieser von den Angestellten handelnden Bedingung war von ihm nicht zu verlangen. Dagegen wäre es für den Konzern ein leichtes gewesen, den von der Beklagten behaupteten Sinn der Bedingung mit wenig Worten deutlicher auszudrücken.

Das nötigt zur Aufhebung des angefochtenen Urteils. Zur Entscheidung (§ 565 Abs. 3 Nr. 1 ZPO.) ist die Sache nicht reif. Denn es ist noch dazu Stellung zu nehmen, ob der Verunglückte den vom Konzern mit der streitigen Bedingung verbundenen Sinn etwa aus einem besonderen Grunde doch gekannt hat, und andernfalls, ob ein wesentliches Verschulden des Halters oder des Führers des Flugzeugs vorlag, und ob die Beklagte zu 1 als Halterin des Flugzeugs in Betracht kommt.

---

22. Kann der Eigentümer der Aufwertung einer Hypothek widersprechen, wenn er auf Grund der Löschungsbewilligung des Gläubigers das Grundstück im guten Glauben erworben hat, aber die Hypothek bis zum Inkrafttreten des Aufwertungsgesetzes im Grundbuch nicht gelöscht ist?

AufwG. § 20. BGB. § 892.

V. Zivilsenat. Urt. v. 25. Juni 1927 i. S. Ehel. S. (Bekl.) w. Gr.-Bank (Kl.). V 493/26.

I. Landgericht Frankfurt.
II. Oberlandesgericht daselbst.

Für die Klägerin steht seit Vorkriegszeiten auf einem in Frankfurt a. M. gelegenen Grundstück eine Hypothek von 86000 ℳ eingetragen. Der Eigentümer E. verglich sich mit der Klägerin in der Rückwirkungszeit des § 15 AufwG. dahin, daß die Klägerin gegen Zahlung von 840 GℳM die Löschung der Hypothek bewilligte. E. verkaufte am 27. November 1923 das Grundstück an die beklagte Ehefrau, welcher die Löschungsbewilligung bei der Auflassung und der Stellung des Antrags auf Eintragung bekannt war. Im Grundbuch wurde aber die Löschung nicht bewirkt. Die Klägerin begehrt die Feststellung, daß der Beklagten die Vorschriften über den öffentlichen Glauben des Grundbuchs nicht zur Seite stehen und die näher bezeichnete Hypothek demnach aufzuwerten sei, und verlangt von dem mitbeklagten Ehemann Duldung der Zwangsvollstreckung in das eingebrachte Gut wegen der Kosten. Die Beklagte beruft sich auf § 20 Abs. 2 AufwG.

Beide Vorinstanzen haben der Klage stattgegeben, die Revision der Beklagten hatte keinen Erfolg.

Gründe:

Das Oberlandesgericht legt den § 20 Abs. 2 AufwG. dahin aus, daß der gutgläubige Erwerb des Eigentums am Grundstück oder eines sonstigen Rechtes sich erst mit der Löschung der Hypothek vollende. Dafür spreche die Überschrift des § 20 „Wiedereintragung gelöschter Hypotheken" und die Entstehungsgeschichte der Vorschrift. Die starke Durchbrechung der Grundsätze des formellen Grundbuchrechts halte sich in erträglichen Grenzen, wenn der Einklang zwischen der Buchung und der wahren Rechtslage durch die nachfolgende Löschung gewahrt werde. Ob die Löschung bis zur Eintragung des neuen Erwerbers im Grundbuch vermerkt sein müsse oder bis zum 1. Juli 1925 statthaft bleibe (§ 22 Abs. 2 AufwG.), könne unentschieden bleiben.

Die Revision hält diese einschränkende Auslegung mit dem Wortlaut des § 20 Abs. 2 AufwG. nicht für vereinbar. Der Titel sei ohne Bedeutung, da er den Sinn der unter ihm getroffenen Bestimmungen nicht erschöpfen könne. Weder in der Begründung der Vorlage noch im Kommissionsbericht sei zu der Frage Stellung genommen worden, wann der Erwerber eines Rechts am Grundstück als gutgläubig anzusehen sei. Es könne sich nicht darum handeln, daß der Inhalt der abgegebenen Erklärungen als richtig gelte, denn sie seien ja tatsächlich richtig. Vielmehr solle der Inhalt der Löschungserklärungen als rechtlich wirksam angesehen werden.

Die Revision kann keinen Erfolg haben. Eingetragene Hypotheken sind grundsätzlich aufzuwerten (§ 4 AufwG.). Selbst die Zurückzahlung der Hypotheken innerhalb der Rückwirkungszeit vom 15. Juni 1922 bis zum 14. Februar 1924 steht nach § 15 AufwG., soweit nicht die dort vorgesehenen Billigkeitsgründe zutreffen, der Aufwertung nicht entgegen, auch wenn der Gläubiger seine Rechte nicht vorbehalten hat. Hierbei ist kein Unterschied gemacht, ob der Gläubiger bei Annahme der Leistung eine löschungsfähige Quittung ausgestellt hat oder nicht. Der Zusammenhang dieser Regelung mit den Vorschriften des § 20 legt schon den Gedanken nahe, daß eine andere Beurteilung nur bei solchen Hypotheken Platz greifen soll, die beim Inkrafttreten des Aufwertungsgesetzes nicht nur zurückgezahlt, sondern auch erloschen waren. Dieser Gedanke findet im § 20, wenn man ihn im Zusammenhang liest, einen deutlichen Ausdruck. Nicht nur in der Überschrift, die allein keine ausschlaggebende Bedeutung hat, sondern namentlich im Eingang des § 20 ist von gelöschten Hypotheken die Rede. § 20 Abs. 1 lautet, soweit er hier in Betracht kommt: „Ist die Hypothek im Grundbuche bereits gelöscht, so findet ihre Wiedereintragung in Höhe der Aufwertung mit dem sich aus § 6 ergebenden Range statt, soweit nicht die Vorschriften über den öffentlichen Glauben des Grundbuchs ... entgegenstehen". Wenn darauf im Absatz 2 die Vorschriften des Bürgerlichen Gesetzbuchs über den öffentlichen Glauben des Grundbuchs eine gewisse Erweiterung erfahren, so kann dies nur gelten, sofern diese Vorschriften überhaupt Anwendung finden sollen, nämlich wenn die Wiedereintragung gelöschter Hypotheken in Frage steht. Hätte der Gesetzgeber die sich aus dem Wortlaut und der Anordnung der Bestimmungen im § 20 ergebende Beziehung zwischen Absatz 2 und Absatz 1 nicht gewollt, so wäre ein deutlicher Ausdruck seines gegenteiligen Willens erforderlich gewesen. Aber auch wenn man den Wortlaut und Sinn des § 20 Abs. 2 AufwG. für sich allein betrachtet, rechtfertigt er nicht die von der Revision gewünschte weite Auslegung. Es ist hier nicht schlechthin bestimmt, daß die Löschungsbewilligung der wirklichen Löschung rechtlich gleichstehe. Vielmehr sollen die Löschungsurkunden nur in Betracht kommen, wenn sie in dem in § 892 Abs. 2 BGB. bestimmten Zeitpunkt bereits erteilt waren oder gleichzeitig erteilt wurden. Der Gedanke ist also der, daß es lediglich für die Kenntnis des Rechtserwerbers in einem bestimmten Zeitpunkt auf die Löschungsurkunden, im übrigen aber auf die wirkliche Löschung ankommen soll, die nach § 892 BGB. an sich allein entscheiden würde. Der Erwägung des Oberlandesgerichts ist zuzustimmen, daß nicht eine endgültige Regelwidrigkeit gegenüber den Vorschriften des Bürgerlichen Gesetzbuches über den öffentlichen Glauben des Grundbuchs, sondern eine baldige Herstellung des Einklanges zwischen dem Grundbuch und der durch § 20 Abs. 2 AufwG. geschaffenen Rechtslage als vom Gesetzgeber gewollt anzunehmen ist. Allerdings fehlt es an einer ausdrücklichen Vorschrift, bis wann die vorausgesetzte Löschung bewirkt sein muß. Als äußerster Zeitpunkt für die Löschung ergibt sich der 14. Juli 1925. Denn mit dem für den folgenden Tag verordneten Inkrafttreten des Aufwertungsgesetzes ist die sachliche Aufwertung der eingetragenen Hypotheken nach Maßgabe der einschlägigen Vorschriften rechtswirksam geworden.

Für die engere Auslegung spricht weiter der § 16 Abs. 3 AufwG. Dort ist bestimmt, daß der Eigentümer, wenn die Hypothek noch nicht gelöscht ist, die Eintragung eines Widerspruchs auf Grund der Behauptung beantragen kann, daß nach §§ 14, 15 eine Aufwertung nicht stattfinde. Wäre die Vorschrift des § 20 Abs. 2 auch auf nicht gelöschte Hypotheken zu beziehen, so hätte es nahe gelegen, dem Grundstückserwerber das Recht zu verleihen, die Eintragung eines Widerspruchs im Grundbuch herbeizuführen, um sich gegen Aufwertungsansprüche und die etwa noch mögliche Abtretung einer Buchhypothek zu schützen. Gleichwohl ist § 20 Abs. 2 AufwG. in § 16 Abs. 3 nicht angezogen. Nicht gelöschte Hypotheken sind in § 21 AufwG. behandelt. Namentlich ist aber die Entstehungsgeschichte des § 20 im Sinne der engen Auslegung zu verwerten. § 11 Abs. 4 der Regierungsvorlage enthielt die Vorschrift des § 20 Abs. 1 AufwG. ohne die Regelung über das Erlöschen von Rechten im Falle des Zuschlags bei der Zwangsversteigerung. In der Begründung hierzu heißt es unter anderem: „Die Eintragung der Aufwertung soll regelmäßig an der Rangstelle des alten Rechts erfolgen.“ Eine Ausnahme ist nur zugunsten derjenigen gemacht, die im Vertrauen auf die Richtigkeit des Grundbuchs nach der Löschung Rechte an dem belasteten Grundstück erworben haben. Dem wurde im Aufwertungsausschuß des Reichstags zugestimmt und von den Kompromißparteien wurde die später in § 20 Abs. 2 aufgenommene Ausdehnung des Schutzes des gutgläubigen Erwerbers gegen das Wiederaufleben gelöschter Rechte auf denjenigen verlangt, der nicht auf Grund des bereinigten Grundbuchs, sondern im Vertrauen auf vorgelegte Löschungspapiere das Eigentum erlangt oder eine Hypothek erworben habe. In der weiteren Begründung des Kommissionsberichts ist, wie das Oberlandesgericht zutreffend hervorhebt, von der im Anschluß an die Löschungsbewilligung alsbald zu bewirkenden Löschung die Rede. Hiernach haben die gesetzgebenden Faktoren von vornherein die Grundsätze über den öffentlichen Glauben des Grundbuchs nur dann für anwendbar gehalten, wenn die Hypothek zur Zeit des Inkrafttretens des Aufwertungsgesetzes gelöscht war. Hieran ist in der Kommissionsberatung bei Schaffung der später als § 20 Abs. 2 in das Gesetz aufgenommenen Vorschrift festgehalten worden. Man hat sich die Löschungsurkunden nur als Vorläufer und Grundlage der nachfolgenden Eintragung der Löschung im Grundbuch und im Zusammenhang mit dieser vorgestellt. Wie oben bereits gezeigt ist, hat der hieraus zu entnehmende Wille des Gesetzgebers in der Fassung des § 20 besonders in dem Verhältnis der beiden Absätze zueinander einen deutlichen Ausdruck gefunden.

Auf dem hier vertretenen Standpunkt steht die ständige Rechtsprechung des Kammergerichts (JW. 1926 S. 181 Nr. 5, 1927 S. 460 Nr. 1; JRundsch. 1926 Nr. 1413 und 1546; DRZ. 1927 Nr. 474), ferner OLG. Dresden Ring 1926 S. 219; OLG. Frankfurt a. M. JW. 1926 S. 2708 Nr. 7. Im wesentlichen in demselben Sinne haben sich ausgesprochen: Mügel AufwG. S. 308; Quassowski 4. Aufl. S. 247; Nadler 3. Aufl. S. 227; Michaelis S. 99; Neukirch S. 297. A. M. Hagelberg in der Festschrift für Heinitz S. 172, dem Schweitzer, Grundeigentum 1926 S. 546, zustimmt.

23. Ist eine Verwendung für ein Grundstück auch dann eine notwendige, wenn sie den Zweck hat, den mit dem Grundstück verbundenen Gastwirtschaftsbetrieb durch neuzeitliche Verbesserungen der Einrichtungen lebensfähig zu erhalten oder nutzbringender zu gestalten?

BGB. § 994.

(VII.) VI. Zivilsenat. Urt. v. 20. Mai 1927 i. S. Eheleute L. (Bekl.) w. M. (Kl.). (VII) VI 518/26.

I. Landgericht Meiningen.
II. Oberlandesgericht Jena.

Die Beklagten haben durch notariellen Vertrag vom 26. Juni 1918 von der Brauerei Z. in M. die Wirtschaft „Zur grünen Aue" in H. gekauft und dabei für sich und ihre Rechtsnachfolger die Verpflichtung übernommen, auf die Dauer von 12 Jahren das in der Gastwirtschaft zu verschänkende Bier von der Firma Z. oder ihrer Rechtsnachfolgerin zum üblichen Preise zu beziehen. Im August 1918 hat die Firma Z., die inzwischen in Liquidation getreten war, ihren Betrieb an die jetzt klagende Brauerei verkauft. Diese hat die Brauerei in M. zunächst weitergeführt, später aber stillgelegt und von den Beklagten den Bierbezug aus ihrer eigenen Brauerei in T. verlangt, den diese verweigern.

Mit der Klage hat die Klägerin gefordert, daß die Beklagten für ihre Gastwirtschaft bis zum 1. Juli 1930 das Bier von ihr entnehmen, hilfsweise (für den Fall der Nichtigkeit der getroffenen Vereinbarung) aber beantragt, die Beklagten zu verurteilen, das Grundstück an die Firma Z. zurückaufzulassen. Den Hilfsantrag hat sie auf eine ihr von der Firma Z. erteilte Ermächtigung zur Einklagung gestützt.

Das Landgericht hat die Beklagten nach dem Hauptantrag verurteilt und das Berufungsgericht hat ihre Berufung zunächst durch Urteil vom 3. Juni 1924 zurückgewiesen. Dieses Urteil ist auf die Revision der Beklagten aufgehoben und die Sache zur anderweiten Verhandlung und Entscheidung an das Berufungsgericht zurückverwiesen worden. In der erneuten Berufungsverhandlung haben die Beklagten beantragt, unter Abänderung des landgerichtlichen

Urteils die Klage abzuweisen, während die Klägerin die Zurückweisung der Berufung erbat und ihren früheren Hilfsantrag wiederholte. Die Beklagten baten, sie gegebenenfalls nur Zug um Zug gegen Zahlung von 62000 RM zur Auflassung an die Firma Z. zu verurteilen. Auf den angegebenen Betrag beziffern sie ihre Bereicherungsansprüche gegen die Firma Z., die sie nicht bloß auf den gezahlten Kaufpreis erstrecken, sondern auch auf die aus ihren Mitteln bewirkten Verbesserungen des Grundstücks durch Umbau des Gastwirtschaftsgebäudes zum Logierhaus gründen.

Das Berufungsgericht hat nunmehr die Beklagten unter Abweisung des Hauptantrags verurteilt, das Grundstück an die Firma Z. gegen Zahlung von 13713,12 RM aufzulassen. Auf die Revision der Beklagten ist das Urteil aufgehoben und die Sache an das Berufungsgericht zurückverwiesen worden.

Aus den Gründen:

(Es wird ausgeführt, daß der zwischen den Beklagten und der Firma Z. geschlossene Kaufvertrag wegen Ungültigkeit der über den Bierbezug getroffenen Vereinbarung nichtig sei und deshalb nur der mit dem Hilfsantrag geltend gemachte Bereicherungsanspruch der Firma Z. auf Rückgewähr des Grundstücks in Betracht komme. Dann wird fortgefahren:)

Ohne Rechtsirrtum hat das Berufungsgericht angenommen, daß die Bereicherungsansprüche der Firma Z. gegen die Beklagten wegen Unmöglichkeit der Herausgabe des Grundstücks im früheren Zustand nicht ausgeschlossen sind. Denn der Umbau und die Vergrößerung des Betriebes haben nicht bewirkt, daß das Grundstück, weil es durch den Umbau und die Betriebserweiterung ein anderes geworden wäre, nicht mehr herausgegeben werden könnte. In Wirklichkeit ist es kein anderes, da es nach wie vor dem Gastwirtschaftsbetrieb gewidmet geblieben ist und nur die damit verbundenen Einrichtungen durch Vergrößerung den neuzeitlichen Bedürfnissen angepaßt worden sind.

Zutreffend ist das Berufungsgericht auch davon ausgegangen, daß für die Feststellung der Bereicherung das infolge der Vermögensverschiebung eingetretene Gesamtergebnis ausschlaggebend ist (RGZ. Bd. 94 S. 254, Bd. 105 S. 31). Es sind also neben den vom Bereicherten erlangten Vorteilen auch die ihm erwachsenen Nachteile, insbesondere also auch die auf die zurückzugewährende Sache gemachten Ausgaben zu berücksichtigen, wobei aber Verwendungen auf die Sache nur in den vom Gesetz gezogenen Grenzen in Rechnung gestellt werden dürfen. Diese Verwendungen hat das Berufungsgericht jedoch rechtsirrig beurteilt.

Richtig wendet es zwar den § 818 Abs. 4 BGB. an, wonach im Falle der Bereicherung der Empfänger vom Eintritt der Rechtshängigkeit an nach den allgemeinen Vorschriften haftet. Denn wenn der Umbau des Anwesens, wie behauptet wird, erst in den Jahren 1925 und 1926 stattgefunden hat, so ist er nach der Rechtshängigkeit des Anspruchs auf Rückübertragung des Grundstücks vorgenommen, da dieser Anspruch schon im Jahre 1922 rechtshängig geworden ist. Daß er nur hilfsweise geltend gemacht war, hat den Eintritt der Rechtshängigkeit nicht gehindert und hindert auch nicht die Anwendung des § 818 Abs. 4 BGB. auf diesen Fall der Rechtshängigkeit. Denn die bevorzugte Stellung des Empfängers hört auch dann auf, wenn er durch einen rechtshängig gewordenen Hilfsantrag darauf hingewiesen wird, daß er die empfangene Sache möglicherweise ohne Rechtsgrund besitzt, da er auch dadurch schon auf die Unsicherheit seines Weiterbesitzes aufmerksam gemacht wird und deshalb seine Verfügungen danach einrichten muß. Der Einwurf, daß die Klägerin gegen Treu und Glauben handle, wenn sie sich auf die Rechtshängigkeit dieses bis zur letzten Berufungsverhandlung nur beiläufig behandelten Hilfsantrags berufe, ist vom Berufungsgericht mit Recht zurückgewiesen worden.

Wenn aber die Beklagten, soweit sie nach der Rechtshängigkeit des Hilfsantrags Verwendungen auf das Grundstück gemacht haben, Ansprüche gegen die Verkäuferin nur nach Maßgabe des § 818 Abs. 4 BGB. verfolgen können, so stehen ihnen nach § 292 Abs. 2 BGB. Ersatzansprüche nach den Vorschriften zu, die für das Verhältnis zwischen dem Eigentümer und dem Besitzer vom Eintritt der Rechtshängigkeit des Eigentumsanspruchs an gelten. Sie können also gemäß § 994 Abs. 2 BGB. Ersatz bloß für die auf das Grundstück gemachten notwendigen Verwendungen verlangen, und zwar nach den Vorschriften über die Geschäftsführung ohne Auftrag. Vergeblich versucht die Revision diesen Rechtsfolgen dadurch auszuweichen, daß sie den Umbau des Gebäudes unter dem Gesichtspunkt des § 951 BGB. beurteilt wissen will. Denn Verhältnisse, wie sie die §§ 946 flg. BGB. im Auge haben, liegen nicht vor. Dagegen rügt sie mit Recht, daß das Berufungsgericht den Begriff der notwendigen Verwendungen verkannt habe.

Es ist nicht richtig, wenn der Vorderrichter zwar anerkennt, daß die Umwandlung des einfachen Wirtshauses in ein Logierhaus wirtschaftlich vorteilhaft gewesen sein möge und den Umsatz erheblich gesteigert haben könne, die notwendige Verwendung aber deshalb ablehnt, weil der Umbau keine Maßnahme gewesen sei, die nach den Grundsätzen einer ordnungsmäßigen Wirtschaft zu ergreifen gewesen wäre, um den Untergang oder die Verschlechterung des Grundstückes abzuwenden. Denn mit Fug behauptet die Revision, daß notwendig nicht bloß diejenigen Verwendungen sind, die den Untergang oder die Verschlechterung der körperlichen Sache verhüten sollen, sondern auch solche, die den lebenswichtigen Interessen des Betriebs dienen, in dessen Zweck das Grundstück gestellt ist. Auch solche Verwendungen kommen seiner wirtschaftlichen Erhaltung mittelbar zugute, da, wenn ein Grundstück wirtschaftlich einem bestimmten Zweck — hier dem Gastwirtschaftsbetrieb — gewidmet ist, alle Aufwendungen für die Erfüllung und Förderung dieser Bestimmung auch dem Grundstück selbst förderlich sind. Denn in seiner Ganzheit wird dies nur erfaßt, wenn auch seine Zweckbestimmung mitberücksichtigt wird. Ist hieran aber festzuhalten, so kann auch im gegebenen Falle durch den Umbau sehr wohl eine notwendige Verwendung auf das Grundstück erfolgt sein. Wie weit sie notwendig war, entscheidet sich nach denselben Gesichtspunkten, wie bei der unmittelbaren Verwendung auf die Sache. Wie diese als notwendig anzusehen ist, wenn sie die Sache vor dem Verfall schützt, so ist die Aufwendung für den im Grundstück bestimmungsgemäß unterhaltenen Betrieb dann notwendig, wenn sie den Zweck hat, diesen am Leben zu erhalten oder so auszugestalten, daß er nutzbringend bleibt und die vorgesehene Bestimmung des Grundstücks aufrechterhält. Dazu können auch Erweiterungen und Umbauten gehören, wenn sie das erforderliche oder auch nur geeignete Mittel sind, um den Betrieb lebensfähig zu erhalten oder gewinnbringender zu gestalten. Denn nicht nur was aufgewendet werden muß, um den alten Zustand zu erhalten, sondern auch, was verausgabt wird, um ihn zeitgemäß einzurichten, ist notwendig. Allerdings ist es auch nützlich für das Grundstück, wie jede notwendige Verwendung. Aber diese Nützlichkeit berechtigt nicht, nur auf sie abzustellen und darüber die Notwendigkeit der Verwendung zu übersehen. Deshalb wird nach dieser Richtung das Vorbringen der Beklagten noch einmal geprüft werden müssen.

Auf die Verwendungen im einzelnen wird nicht zurückgegangen zu werden brauchen. Es wird ausreichen, wenn die Verbesserung durch den Umbau im ganzen in den Grenzen seiner Notwendigkeit berücksichtigt wird. Auf dieser Grundlage wird gegebenenfalls auch der Mehrwert des Grundstücks zu veranschlagen sein.

Hat die Firma Z. den Erweiterungsbau gesehen und trotz ihres von der Klägerin für ihre Rechnung hilfsweise geltend gemachten Anspruchs auf Rückauflassung keinen Widerspruch dagegen erhoben, so könnte daraus, soweit die Vorschriften über die Geschäftsführung ohne Auftrag zur Anwendung kommen, möglicherweise geschlossen werden, daß der Umbau ihrem Willen entsprach, oder darin vielleicht sogar eine Genehmigung der Maßnahmen gefunden werden (§§ 683, 684 Satz 2 BGB.). Andernfalls müßte die Firma Z., wenn sie die durch den Umbau geschaffene Verbesserung in Besitz nimmt und ausnutzt, mindestens für die Bereicherung einstehen (§ 684 Satz 1 BGB.)....

---

24. Welche Folgen hat die Auflösung einer eingetragenen Genossenschaft mit beschränkter Haftpflicht für die satzungsmäßige Verpflichtung der Genossen zum Erwerb weiterer Geschäftsanteile und zur Bewirkung von Einzahlungen hierauf?

GenG. §§ 78flg., 137.

II. Zivilsenat. Urt. v. 20. Mai 1927 i. S. Kreislandbund-Genossenschaft J.-L. eingetr. Gen. m. b. H. (Kl.) w. v. L. (Bekl.). II 445/26.

I. Landgericht Potsdam.
II. Kammergericht Berlin.

Die Klägerin, eine eingetragene Genossenschaft mit beschränkter Haftpflicht, ist „zur Förderung des Erwerbs und der Wirtschaft" ihrer Mitglieder gegründet worden. Als Gegenstand des Unternehmens nennt die Satzung den gemeinschaftlichen Bezug landwirtschaftlicher Bedarfsartikel, den gemeinschaftlichen Absatz landwirtschaftlicher Erzeugnisse und „nebenbei" die Annahme von Einlagen zur Verstärkung der Betriebsmittel und ihre Verzinsung. Nach § 4 der Satzung übernimmt jedes Mitglied u. a. ausdrücklich die Verpflichtung, mindestens einen Geschäftsanteil zu erwerben und sofort einzuzahlen und bei einer landwirtschaftlich genutzten Fläche über 25 Morgen für je angefangene weitere 25 Morgen einen weiteren Geschäftsanteil zu erwerben. Mit der Einzahlungspflicht auf die Geschäftsanteile befaßt sich auch § 40 der Satzung und zwar dahin, daß die Einzahlung sogleich nach der Eintragung des Beitretenden in die gerichtliche Liste der Genossen zu erfolgen habe. Die Höchstbeteiligungsziffer eines einzelnen Genossen ist auf 200 Geschäftsanteile festgesetzt. Der einzelne Geschäftsanteil hat ursprünglich 2000 PM betragen; er ist durch Generalversammlungsbeschluß vom 5. April 1924 zunächst auf 10 RM, einzuzahlen bis spätestens 15. Oktober 1924, umgestellt und durch weitere Generalversammlungsbeschlüsse vom 7. Januar und 22. Mai 1925 auf 40 und 140 RM erhöht worden. Eintragung im Genossenschaftsregister ist erfolgt. Die Haftsumme ist auf 400 RM für den Anteil festgesetzt. Der Beklagte ist auf Grund seiner Beitrittserklärung vom 25. September 1922 am 1. Juni 1923 in die gerichtliche Liste der Genossen mit 10 Geschäftsanteilen eingetragen worden; seiner Einzahlungspflicht hat er insoweit auch für die umgestellten und erhöhten Geschäftsanteile voll genügt. Er ist Eigentümer von 2218 Morgen landwirtschaftlich genutzter Fläche. Die Klägerin hat deshalb mit Schreiben vom 23. November 1925 die Übernahme und Einzahlung weiterer 79 Geschäftsanteile zu je 140 RM = 11060 RM von ihm gefordert. Da der Beklagte sich dessen weigerte, hat sie Klage erhoben mit dem Antrag, ihn zur Zahlung von 11060 RM nebst Zinsen zu verurteilen. Der Beklagte hat insbesondere eingewendet, daß sich die Klägerin in „stiller" Liquidation befinde, ihr Verlangen daher Treu und Glauben widerspreche.

Das Landgericht gab der Klage statt. Im Berufungsverfahren verlangte die Klägerin Verurteilung des Beklagten dahin, daß er sich mit weiteren 79 Geschäftsanteilen in die Liste der Genossen eintragen zu lassen und nach dieser Eintragung 11060 RM nebst Zinsen zu zahlen habe. Während des Verfahrens zweiter Instanz beschloß eine Generalversammlung der Klägerin vom 28. Juni 1926 deren Liquidation; der Beschluß wurde am 29. Juni 1926 in das Genossenschaftsregister eingetragen. Das Kammergericht wies die Klage ab. Die Revision der Klägerin war erfolglos.

Gründe:

Das Berufungsgericht hat den Klagantrag auf Verurteilung des Beklagten, sich in die gerichtliche Liste der Genossen mit 79 weiteren Geschäftsanteilen eintragen zu lassen, abgewiesen, weil es insoweit an einem Rechtsschutzinteresse der Klägerin fehle. Es erwägt, daß nach Auflösung der Klägerin durch den Liquidationsbeschluß vom 28. Juni 1926 weder der Beitritt eines neuen Gesellschafters noch auch die Übernahme von weiteren Geschäftsanteilen in das Genossenschaftsregister (richtig: in die Genossenschaftsliste des Registergerichts) noch eingetragen werden könne, und daß daher die Erklärung eines Genossen, sich mit weiteren Geschäftsanteilen zu beteiligen, bedeutungslos sei. Die Klägerin habe demnach kein schutzwürdiges Interesse mehr an der Verurteilung des Beklagten zur Abgabe einer solchen Erklärung.

Die Revision meint, die Verpflichtung des Beklagten zur Übernahme von 79 weiteren Geschäftsanteilen sei nach § 4 der Satzung schon mit dem Beitritt des Beklagten, also längst vor Auflösung der Genossenschaft, begründet gewesen; die Liquidation stehe der Eintragung einer auf Grund solcher Verpflichtung ausgesprochenen Übernahme von weiteren Geschäftsanteilen nicht im Wege.

Der Angriff ist nicht begründet. Es ist zu prüfen, ob nach Auflösung einer Genossenschaft durch Generalversammlungsbeschluß im Abwicklungsverfahren überhaupt noch die Beteiligung von Genossen auf weitere Geschäftsanteile erfolgen kann; verneinendenfalls, ob wenigstens dann etwas anderes gilt, wenn eine satzungsmäßige Verpflichtung zur Übernahme weiterer Geschäftsanteile besteht, die Genossenschaft diesen Anspruch auch schon im Rechtsstreit verfolgt und erst während Schwebens des Verfahrens in den Tatsacheninstanzen sich aufgelöst hat und in Liquidation getreten ist.

Rechtsgrundsätzlich ist zunächst die satzungsgemäße Verpflichtung zum gleichzeitigen Erwerb einer Mehrheit von Geschäftsanteilen, wie sie die Satzung der Klägerin vorsieht, unbedenklich zulässig (RGZ. Bd. 62 S. 303, Bd. 73 S. 402; ferner Rieß in Ehrenbergs Handbuch des ges. Handelsrechts Bd. III 2 S. 149, Deumer Recht der eingetr. Genossenschaften S. 217/218, Crüger-Crecelius Anm. 7 zu § 134 GenG.). Die Voraussetzungen für die pflichtmäßige Mehrbeteiligung und ihr Umfang sind auch in der Satzung der Klägerin klar und deutlich umschrieben. Anderseits ist die Höchstzahl der Beteiligung auf 200 Geschäftsanteile bestimmt. Unbedenklich darf daher von der Rechtsgültigkeit der Satzungsvorschriften ausgegangen werden. Insoweit hat auch der Beklagte in den Vorinstanzen, soweit ersichtlich, keine Einwendung erhoben, ebensowenig hat er die ziffermäßige Berechnung der ihm angesonnenen Mehrbeteiligung mit weiteren 79 Geschäftsanteilen bemängelt. Der Beklagte war zur Zeit der Auflösung der Genossenschaft schon Genosse. Es handelt sich also nicht etwa darum, ob sein Beitritt nach der Auflösung noch möglich wäre. Immerhin ist diese Frage nicht unerheblich. Wäre sie zu bejahen, dann ließen sich auch gegen eine Mehrbeteiligung, wie sie hier verlangt wird, keine durchgreifenden Bedenken erheben. Die Möglichkeit, einer Genossenschaft noch nach ihrer Auflösung, im Liquidationsverfahren, beizutreten, ist aber zu verneinen. Dies ist für den Fall der Auflösung durch Konkurseröffnung gerade für die Genossenschaft mit beschränkter Haftpflicht schon durch Urteil des I. Zivilsenats vom 15. Januar 1902 (RGZ. Bd. 50 S. 127) entschieden und muß aus den dort angeführten Gründen auch für den Fall der Auflösung durch Generalversammlungsbeschluß mit anschließender Liquidation gelten. Eine aufgelöste Genossenschaft kann keine neuen Mitglieder erwerben. § 87 GenG. erklärt für die Zeit nach der Auflösung bis zur Beendigung der Liquidation für die Rechtsverhältnisse der Genossenschaft und der Genossen nur die Vorschriften des zweiten und des dritten Abschnitts des Gesetzes mit gewissen Beschränkungen für anwendbar, nicht aber auch die Vorschriften des ersten Abschnitts, der gerade auch die Bestimmungen über den Erwerb der Mitgliedschaft enthält (§ 15 GenG.). Die Gewinnung neuer Mitglieder würde völlig aus dem Rahmen des Liquidationszwecks herausfallen, der auf Geschäftsabwicklung und Vermögensaufteilung, aber nicht mehr auf Förderung des Erwerbs oder der Wirtschaft der Mitglieder gerichtet ist. Der Erwerb der Mitgliedschaft ist nach § 15 GenG. durch eine schriftliche Beitrittserklärung und deren Einreichung bei Gericht durch den Vorstand und die anschließende Eintragung in die Liste der Genossen bedingt. Erst mit letzterer entsteht die Mitgliedschaft, wie § 15 Abs. 3 ausdrücklich bestimmt. Daraus folgt weiter, daß, falls sich die Genossenschaft vor der soeben erwähnten Eintragung auflöst, die Eintragung trotz Vorliegens ihrer sonstigen Voraussetzungen nicht mehr vollzogen werden kann. Damit ist aber der Erwerb der Mitgliedschaft selbst rechtlich ausgeschlossen (RGZ. Bd. 50 S. 127, Rieß

a. a. O. S. 223, Deumer a. a. O. § 57 S. 305/30, Waldecker, Die eingetr. Genossenschaft S. 298, Crüger-Crecelius Anm. 8 zu § 15). Auch wenn also der Beklagte für den zunächst unterstellten Fall des Beitritts eine ordnungsmäßige Erklärung ausgestellt hätte und diese vom Vorstand dem Registerrichter zur Eintragung vorgelegt worden wäre, würde eine Eintragung und die Erlangung der Mitgliedschaft nicht mehr möglich gewesen sein, obwohl auch hier der Beklagte an seine Beitrittserklärung gebunden gewesen wäre und von ihr nicht einseitig sich hätte lossagen können. Nicht anders läge es dann, wenn er eine solche Erklärung überhaupt noch nicht abgegeben, sich vielmehr zu ihrer Abgabe und zum Beitritt zunächst rechtsgültig verpflichtet, die Erfüllung dieser Verpflichtung aber zu Unrecht verweigert hätte und wenn nun während des Rechtsstreits der Genossenschaft gegen ihn die Auflösung erfolgt wäre.

Dieselben Grundsätze müssen aber auch dann gelten, wenn es sich zwar nicht um den Beitritt und damit um die Erlangung der Genossenschafts-Mitgliedschaft als solcher, sondern um die Beteiligung eines Genossen mit weiteren Geschäftsanteilen handelt. Die Beteiligung auf weitere Geschäftsanteile vollzieht sich im wesentlichen in denselben Formen wie der Beitritt und damit der Erwerb der Mitgliedschaft überhaupt. Dies ergibt sich aus § 137 GenG., der ausdrücklich bestimmt, daß die Beteiligung auf weitere Geschäftsanteile erst mit der Eintragung in Kraft tritt, und im übrigen den § 15 GenG. für entsprechend anwendbar erklärt. Auch § 137 GenG. gehört nicht zu den Vorschriften, deren Weitergeltung nach § 87 das. für die Zeit nach Auflösung der Genossenschaft bis zur Beendigung der Liquidation vorgesehen ist. Ebenso wie der Beitritt neuer Mitglieder liegt in diesem Fall die Erweiterung der körperschaftlichen Beteiligung, wie sie die Übernahme weiterer Geschäftsanteile bedeutet, außerhalb des beschränkten Abwicklungszwecks der aufgelösten Genossenschaft. Sie ist deshalb nach diesem Zeitpunkt nicht mehr möglich (vgl. Rieß a. a. O. S. 87, Waldecker i. d. Zeitschr. f. Handelsr. Bd. 77 S. 433; Deumer a. a. O. S. 221 und S. 343 (für den Konkursfall); Crüger-Crecelius Anm. 14 zu § 134). Weshalb die Eintragung der Beteiligung auf die weiteren Geschäftsanteile vor der Auflösung nicht vollzogen wurde oder werden konnte, ist ebenfalls unerheblich. Entscheidend ist allein, ob schon vor diesem Zeitpunkt die Voraussetzungen für die weitere Beteiligung sämtlich verwirklicht worden sind und damit die weitere Beteiligung selbst in Kraft getreten ist.

Die Verpflichtung des Beklagten, sich mit weiteren Geschäftsanteilen eintragen zu lassen, d. h. eine dem § 137 Abs. 1 GenG. entsprechende Erklärung abzugeben, ist mithin durch die Auflösung der Genossenschaft erloschen. Daran würde auch ein etwaiger Verzug des Beklagten nichts ändern. Es fehlt also nicht nur am Rechtsschutzinteresse, sondern der Anspruch selbst ist unbegründet. Gleiches gilt für die mit der Klage weiter verfolgte Zahlungsverpflichtung. Da die Erweiterung der genossenschaftlichen Beteiligung nicht mehr möglich ist, konnte auch diese Verpflichtung nicht mehr entstehen. Der Auflösungsbeschluß hat also auch insoweit der Klage den Boden entzogen. . . .

25. Unter welchen Umständen kann gegenüber dem Einwande der Formnichtigkeit eines formbedürftigen Vertrags der Gegeneinwand der allgemeinen (gegenwärtigen) Arglist erhoben werden?
BGB. §§ 313, 242.

V. Zivilsenat. Urt. v. 21. Mai 1927 i. S. M. & C. AG. u. Gen. (Bekl.) w. G. (Kl.). V 476/26.

I. Landgericht Düsseldorf.
II. Oberlandesgericht daselbst.

Die Entscheidung über die auf Auflassung des Hauses K.straße 6 in D. gerichtete Klage hat das Berufungsgericht von der Leistung eines richterlichen Eides für den Kläger abhängig gemacht. Auf die Revision der Beklagten ist die Klage abgewiesen worden. Der Sachverhalt ergibt sich aus den

Gründen:

Im Februar 1920 wurde der Kläger von der beklagten Gesellschaft, deren Generaldirektor der Beklagte v. Z. ist, als Betriebsleiter angestellt; im Juni 1922 kam es zu Streitigkeiten, in deren Verlauf der Kläger aus den Diensten der Gesellschaft ausgetreten ist.

In einem am 13. August 1920 abgeschlossenen dreijährigen Dienstvertrag wurde dem Kläger als freie (Dienst-) Wohnung das oben bezeichnete Haus zugewiesen, das die Gesellschaft um diese Zeit für

120000 ℳ käuflich erworben hatte. Als am 20. Februar 1922 ein neuer Dienstvertrag für die Zeit bis zum 30. September 1924 abgeschlossen wurde, stellte der Beklagte v. Z. namens der Gesellschaft dem Kläger ein Schriftstück des Inhalts aus, daß der Kläger auf das Haus ein Vorkaufsrecht zum Preise von 120000 ℳ habe. Der Kläger verlangt in erster Reihe von den Beklagten als Gesamtschuldnern die Auflassung des genannten Hausgrundstücks, hilfsweise einen Feststellungsausspruch dahin, daß die Beklagten als Gesamtschuldner verpflichtet seien, ihm allen Schaden zu ersetzen, der ihm aus der Nichtübereignung des Grundstücks erwachse. Jedenfalls seien die Beklagten als Gesamtschuldner zu verurteilen, ihm im Falle der Nichtübereignung den Wert des Grundstücks mit dem Gebäude zu bezahlen. Die Beklagten haben sich darauf berufen, daß keine nach § 313 BGB. formgerechten Zusagen erteilt worden seien, und weiter bestritten, daß der Beklagte v. Z. die vom Kläger behaupteten Zusagen überhaupt erteilt habe. In dieser Hinsicht geht die Klagedarstellung, wie sie unter den richterlichen Eid des Klägers gestellt ist, dahin, der Beklagte v. Z. habe dem Kläger gegenüber im Jahre 1920 kurz nach Zuweisung des Hauses als Wohnung bei einer Fahrt nach dem Landsitz des Beklagten v. Z. die vorzüglichen Leistungen des Klägers für die Gesellschaft gerühmt und erklärt, das Haus solle auf ihn für zwei nicht bar auszuzahlende Weihnachts-Gratifikationen von je 60000 ℳ zu Weihnachten 1920 und 1921 übergehen. Bei einer weiteren Fahrt habe der Beklagte v. Z. im November 1920 seine Zusage wegen der Überlassung des Hauses wiederholt und auf eine Äußerung des Klägers über den Ernst seiner Absicht, ihm das Haus zu übereignen, ungefähr geantwortet: der Kläger könne hierüber vollkommen beruhigt sein, bei ihm, dem Beklagten v. Z., herrschten keine jüdischen Gepflogenheiten, er sei von Adel. Im Dezember 1920, als der Kläger gebeten habe, Schritte wegen der Klarstellung seines Rechts auf das Haus zu unternehmen, habe ihm der Beklagte v. Z. erwidert, das eile nicht; das Haus sei ihm sicher, da er (Kläger) ja sein (des Beklagten v. Z.) festes Versprechen habe, er habe nie sein Wort gebrochen. Am 18. Februar 1922 habe der Kläger den Beklagten v. Z. um Übertragung und Auflassung des Hauses ersucht, und dieser habe ihm ungefähr erklärt, der notarielle Akt könne jeden Augenblick gemacht werden, das sei aber „zwischen uns“ nicht nötig, es sei nur eine Formsache, sein Edelmannswort sei dem Kläger so gut wie ein Vertrag; den Wert des Hauses könne der Kläger angeben, wie er wolle, auf 120000, auf 30000 oder auf 0 ℳ.

In der rechtlichen Beurteilung geht das Berufungsgericht mit dem ersten Richter davon aus, daß eine arglistige Absicht der beklagten Seite, insbesondere des Beklagten v. Z., dahin, den formungültigen Vertrag nicht zu erfüllen, sondern sich auf die Formnichtigkeit zu berufen, nicht als von vornherein bestehend festgestellt werden könne. Vielmehr wird angenommen, daß die Beklagten bei den Verhandlungen die ernstliche Absicht gehabt hätten, den formungültigen Vertrag zu erfüllen, und daß sie erst später den Entschluß gefaßt hätten, es nicht zu tun. Das Berufungsgericht hält aber dafür, daß der Beklagte v. Z., wenn er die angeführten Zusicherungen erteilt habe, hierdurch die Nichtbeurkundung der vom Kläger behaupteten Vereinbarungen verschuldet habe, und daß es gegen Treu und Glauben wie gegen das Anstandsgefühl aller billig und gerecht Denkenden verstoße, wenn der Beklagte v. Z. nunmehr als Willensorgan der Gesellschaft die Übereignung des Grundstücks verweigere. Auch die beklagte Gesellschaft müsse das Sachverhältnis so gegen sich gelten lassen, wie es sich gestaltet hätte, wenn ihr Willensorgan, der Beklagte v. Z., bei Abschluß des Vertrags dem Verlangen des Klägers nach Erfüllung der Form nachgekommen wäre; diese Wirkung der erhobenen Einrede ergebe sich aus §§ 826, 249 BGB. Neben der durch die Verfehlung des Beklagten v. Z. verpflichteten Gesellschaft hafte dieser selbst und persönlich gemäß §§ 830, 840 Abs. 1 BGB.

Die Revision wendet unter Berufung namentlich auf die Urteile V 200/24 und 387/25 (JW. 1926 S. 1810 Nr. 2) ein, daß der Kläger durch die behaupteten Zusicherungen nicht in einen Irrtum über die Notwendigkeit der Beurkundung versetzt worden sei, daß vielmehr beide Teile von dieser Notwendigkeit ausgegangen seien, und hält danach den Einwand der Arglist für unbegründet.

Das Urteil war aufzuheben.

Die Vorinstanzen nehmen, wie bereits erwähnt, an, daß die Beklagten bei den Verhandlungen die ernstliche Absicht gehabt hätten, den formnichtigen Vertrag zu erfüllen, und daß sie erst später den gegenteiligen Entschluß gefaßt hätten. Die rechtliche Beurteilung der Vorinstanzen beruht auf dem Gedanken, es verstoße gegen Treu und Glauben und gegen das Anstandsgefühl aller billig und

und gerecht Denkenden, daß die Beklagten im Gegensatz zu den früher „in einer so feierlichen Weise" gemachten Versprechungen jetzt — nach den ausgebrochenen Zwistigkeiten — die Auflassung verweigerten.

Im Hinblick auf das gesetzliche Formerfordernis des § 313 Satz 1 BGB. kann weder der Einwand eines gegenwärtigen Verstoßes gegen Treu und Glauben (der gegenwärtigen Arglist, RGZ. Bd. 107 S. 357) als begründet, noch sonst ein Verstoß gegen die guten Sitten als dargetan anerkannt werden.

Für den erstgedachten Einwand ist nach den in der Rechtsprechung des Reichsgerichts, insbesondere in RGZ. Bd. 107 S. 357 ausgeführten und in der Folge festgehaltenen Grundsätzen (vgl. bes. Urt. vom 19. April 1926 V 387/25, abgedruckt JW. 1926 S. 1810, WarnRspr. 1926 Nr. 113, LZ. 1926 Sp. 696; Urt. v. 24. Oktober 1925 V 617/24, abgedruckt JRsch. 1926 Nr. 368; auch Urt. v. 20. Oktober 1924 V 200/24; Urt. v. 24. November 1926 V 194/26; Urt. v. 19. März 1927 V 339/26; Urt. v. 23. April 1927 V 491/26) zu erfordern, daß auf der Seite desjenigen, der der Geltendmachung der Formnichtigkeit entgegentritt, ein Irrtum über die rechtliche Notwendigkeit der Form vorgelegen hat und daß dieser Irrtum vom Geschäftsgegner schuldhaft, mindestens fahrlässig (§ 276 BGB.) verursacht ist. Keine der beiden Voraussetzungen ist dem festgestellten Sachverhalt zu entnehmen. Aus dem Klagvortrag selbst erhellt vielmehr, daß beide Teile die Notwendigkeit der Form gekannt haben; eine Irreführung hierüber oder auch nur ein Versuch dazu hat nicht stattgefunden. Von einem Verschulden der Beklagten im Zeitpunkt der umstrittenen Zusagen kann gleichfalls keine Rede sein, da das Berufungsgericht feststellt, daß die Beklagten zu jener Zeit die ernstliche Absicht gehabt haben, die Zusagen zu erfüllen, und in solcher Absicht die Zusagen erteilt haben. Wenn aber beide Teile die Notwendigkeit der Formwahrung kannten, so beruht es auf dem Einverständnis auch des Klägers, daß mit der Beurkundung der getroffenen Abreden zugewartet worden ist, und er muß die Folgen dieses Zuwartens tragen, ohne sie auf den Gegner abwälzen zu können. Der für diesen Einwand erforderliche Irrtum über die rechtliche Notwendigkeit der Form kann nicht durch einen tatsächlichen Irrtum darüber ersetzt werden, ob im gegebenen Falle die Zusage, auch wenn nur formlos erteilt, werde erfüllt werden. Der hier in Rede stehende Einwand, wie er in der Rechtsprechung des Reichsgerichts ausgestaltet und in den weiteren Zusammenhang des Verschuldens beim Vertragsschluß (culpa in contrahendo) gestellt ist, ergibt daher für die Klage keine Stütze.

Eine Abweichung von den im Vorstehenden angeführten Grundsätzen ergeben auch nicht die weiteren — älteren — Entscheidungen des Reichsgerichts, auf die sich die Vorinstanzen stützen wollen, nämlich WarnRspr. 1908 Nr. 38 und RGZ. Bd. 96 S. 315 nebst der dort angeführten Entscheidung WarnRspr. 1917 Nr. 174. Daß die beiden letztangeführten Urteile gegenüber RGZ. Bd. 107 S. 357 nichts Gegenteiliges enthalten, hat der in jenen erkennende III. Zivilsenat bereits in seinem Urteil WarnRspr. 1926 Nr. 136 ausgesprochen, das sich im übrigen ganz in der Richtung der oben dargelegten Grundsätze bewegt (vgl. auch Recht 1924 Nr. 1443). Das Urteil WarnRspr. 1917 Nr. 174 stellt darauf ab, der Mieter habe die Unterzeichnung der Vertragsurkunde lediglich hinausgeschoben, der Vermieter habe sich dabei beruhigt und so sei es zum Formmangel gekommen; das ergebe nicht den Tatbestand des — hier wie sonst zumeist sogenannten — Einwands der Arglist. Als solcher ist in der Entscheidung RGZ. Bd. 96 S. 315 angeführt, „wenn eine Partei beim Vertragsschluß die Form für unnötig erklärt und sich später trotzdem auf den Formmangel beruft". Hierbei ist allerdings weder gesagt, ob Fahrlässigkeit vorausgesetzt ist, noch ist von Irrtumserregung bezüglich der Notwendigkeit der Form die Rede. Aber es ist unmittelbar darauf als Merkmal für die Unterscheidung des gegebenen Falles von dem bei den vorangegangenen Rechtsausführungen vorausgesetzten Falle ausdrücklich beigefügt, hier „fehle die Einwirkung auf den Irrtum des Gegners über die Notwendigkeit der Form". Im Urteil WarnRspr. 1908 Nr. 38 endlich hatte der Kläger, der sich auf die Formungültigkeit des Vertrags berief, selbst das Abkommen für formlos gültig gehalten und durch seinen Einwand, die Beurkundung sei nicht nötig, selbst die Formnichtigkeit veranlaßt. Worin eine Fahrlässigkeit des Klägers in dieser Hinsicht gefunden werde, ist nicht näher ausgeführt; aber es wird dem Kläger entgegengehalten, daß sein eigenes „damaliges Verschulden" die alleinige Ursache sei, weshalb die Form nicht gewahrt sei. Danach scheint auch diesem Urteil die Annahme einer fahrlässigen Irreführung des Gegners über die rechtliche Notwendigkeit der Form zugrunde zu liegen.

Auch ein Verstoß gegen die guten Sitten, der im Sinne des § 826 BGB. die Beklagten unter dem Gesichtspunkt des § 249 BGB. zur Auflassung verpflichten könnte (RGZ. Bd. 107 S. 365 oben; Warn-Rspr. 1926 Nr. 136 auf S. 199 unten, aus jüngster Zeit Urt. v. 13. April 1927 V 158/26, vgl. auch schon RGZ. Bd. 58 S. 356), liegt nicht vor. Waren die „unter Edelmannswort" gemachten Zusagen, als sie gemacht wurden, von der ernstlichen Absicht getragen, sie zu erfüllen, so kann in ihrer „feierlichen" Erklärung für sich allein noch kein Verstoß gegen die guten Sitten gefunden werden; ein solcher liegt erst darin vor, wenn im Rechtsstreit jene Zusagen verleugnet wurden, ihre Erfüllung abgelehnt worden ist. Da es sich aber beim Einwand der Formnichtigkeit nach § 313 Satz 1 BGB. um die an sich zulässige Geltendmachung eines bestehenden Rechtsbehelfs handelt, kann darin ein zum Schadensersatz verpflichtender Verstoß gegen die guten Sitten nur unter besonderen Umständen, nach der hier gegebenen Sachlage nur dann gefunden werden, wenn jenem früheren Verhalten die Kraft einer rechtlichen Verpflichtung beigemessen werden kann. Das ist für den vorliegenden Fall nach den angeführten grundlegenden Feststellungen des Berufungsgerichts zu verneinen. Es liegt im Wesen einer gesetzlichen Formvorschrift begründet, daß, wenn die Form nicht gewahrt ist, die Erklärung des rechtsgeschäftlichen Willens nicht verpflichtet. Und dies auch dann nicht, wenn der Wille in besonders nachdrücklichen Worten verlautbart, in feierlicher Form bekräftigt wird. Das Erfordernis der gesetzlichen Form kann nicht durch eine von den Beteiligten gewählte sonstige Feierlichkeit des Ausdrucks ersetzt werden. Die vom Gesetz vorgeschriebene Form kann nicht auf diesem Wege überflüssig gemacht und es kann nicht unter dem Gesichtspunkt des Schadensersatzes der formlosen Erklärung eine Rechtsfolge beigemessen werden, die sie nach dem Willen des Gesetzes nicht erzeugen soll.

Hiernach ist der Anspruch auf die mit der Klage verlangte Leistung, für den der Gesichtspunkt des Verschuldens beim Vertragsschluß (culpa in contrahendo) versagt, auch nicht unter dem Gesichtspunkt eines Verstoßes gegen die guten Sitten zu begründen. Die Klage ist daher abzuweisen.

Die Revisionsbeantwortung hat — an sich zutreffend — darauf hingewiesen, daß der Kläger unstreitig die beiden Weihnachts-Gratifikationen für die Jahre 1920 und 1921 mit je 60000 ℳ (in bar) nicht gezahlt erhalten und noch zu fordern habe, wenn er das streitige

Grundstück nicht erhalte. Dieser auf den Dienstvertrag zu stützende Geldzahlungsanspruch war indessen in den Vorinstanzen nicht geltend gemacht. Er kann daher in der Revisionsinstanz nicht neu eingeführt und es kann auch unter diesem Gesichtspunkt im gegenwärtigen Rechtsstreit kein dem Kläger günstigeres Ergebnis erzielt werden....

---

26. Wie muß eine Bank verfahren, die einen von ihr einzuziehenden, in ausländischer Währung berechneten Geldbetrag auf eine ausländische Bank zu überweisen hatte, wenn sich nach Einziehung des Betrags in Papiermark und nach Absendung der Überweisungspapiere herausstellt, daß die Überweisung infolge Kriegsausbruchs nicht ausgeführt worden ist? Welchen Einfluß hat in diesem Falle die Geldentwertung auf die Haftung der Bank?

BGB. §§ 244, 275, 279, 675.

I. Zivilsenat. Urt. v. 21. Mai 1927 i. S. D.-Bank (Bekl.) w. D. F.-G. (Kl.). I 19/27.

I. Landgericht Hamburg, Kammer für Handelssachen.
II. Oberlandesgericht daselbst.

Im Juni 1914 kaufte die Klägerin von der N.-Company in Durban Maisfutter zum Preise von 864.19.5 £. Die N.-Company übergab der N.-Bank in Durban die Dokumente für die Ware, u. a. ein Konnossement, zwei Rechnungen und zwei über die Rechnungsbeträge von der Verkäuferin ausgestellte Tratten. Die N.-Bank in Durban übersandte diese Dokumente an die Beklagte mit dem Auftrag, die Papiere an die Klägerin gegen Zahlung des Kaufpreises auszuhändigen und das Geld an die Londoner Niederlassung der N.-Bank zu überweisen. Nunmehr löste die Klägerin die Dokumente gegen Zahlung von 17860,70 *M* ein; die Beklagte rechnete die Summe in englische Währung um, zog davon Spesen ab und richtete unter dem 1. August 1914 ein Schreiben an die N.-Bank in Durban des Inhalts, daß sie in der üblichen Weise an die Londoner Niederlassung der N.-Bank 863.13.1 £ überwiesen habe. Die Überweisung ist indessen nicht vollzogen worden. Die Beklagte behauptet, daß sie einen auf die genannte Pfund-Summe lautenden Scheck auf ihre Londoner Filiale ausgestellt und an die Niederlassung der N.-Bank in London abgeschickt habe; diese Sendung sei infolge des Kriegsausbruchs nicht in die Hände der N.-Bank in London gelangt, sondern im Jahre 1919 an die Beklagte zurückgekommen.

Die Klägerin behauptet, die N.-Bank habe auf Grund ihres Auftragsverhältnisses zur Beklagten gegen diese einen Anspruch auf Zahlung des von der Beklagten für die N.-Bank eingezogenen und nach dem Kurse des Einziehungstags in englische Währung umgerechneten Betrags; diesen Anspruch habe die N.-Bank oder deren Rechtsnachfolgerin an die Klägerin abgetreten. Demgemäß hat die Klägerin — unter Abzug eines hier nicht interessierenden Betrags — von der Beklagten Zahlung von 787.15.1 £ nebst Zinsen verlangt.

Die Beklagte hat unter anderem eingewandt, daß der Gegenwert für die Einzahlung der Klägerin bei ihrer, der Beklagten, Niederlassung in London für die N.-Bank in London bereitgestanden habe, aber mit dem Gesamtvermögen der Londoner Filiale der Beklagten durch Beschlagnahme der englischen Behörden verloren gegangen sei.

Die Instanzgerichte haben der Klage im wesentlichen stattgegeben. Die Revision führte zur Zurückverweisung der Sache an das Berufungsgericht.

Aus den Gründen:

... Der Anspruch der N.-Bank gegen die Beklagte wird hergeleitet aus einem Auftrag, den die N.-Bank an die Beklagte erteilt hat. Danach sollte diese von der Klägerin gewisse in englischer Währung aufgeführte Geldbeträge gegen Aushändigung bestimmter Dokumente einziehen und an die Londoner Niederlassung der N.-Bank unter Benachrichtigung der N.-Bank in Durban übersenden. Und zwar sollten die von der Beklagten bei der Klägerin in Deutschland eingezogenen Geldbeträge nach London übersandt werden „in usual course", wie es ausdrücklich im Auftragsschreiben der N.-Bank heißt. Zutreffend entnimmt das Berufungsgericht diesem Auftrag, daß die N.-Bank grundsätzlich Zahlung in englischer Währung haben wollte, aber von vornherein damit rechnete, daß die in Deutschland ansässige Klägerin in Reichswährung zahlen werde. Zu einer solchen Zahlung war die Klägerin nach § 244 BGB. berechtigt, da nach den Feststellungen des Berufungsgerichts eine Zahlung in ausländischer Währung nicht ausdrücklich ausbedungen war. Dementsprechend ging auch der Auftrag der N.-Bank nicht etwa dahin, daß die Beklagte unter allen Umständen nur Zahlung in englischer Währung annehmen dürfte. Vielmehr genügt es, daß die Beklagte gegen Aushändigung der Dokumente Zahlung in deutscher Währung nach dem damals üblichen Kurs erhielt, wenn sie nur die entsprechenden Beträge in englischer Währung an die Londoner Filiale der N.-Bank überwies. Und weiter ist weder aus den Feststellungen des Berufungsgerichts noch sonst ersichtlich, daß die Beklagte diese Überweisung grundsätzlich effektiv, d. h. in baren englischen Zahlungsmitteln, vorzunehmen hatte, sondern es ist davon auszugehen, daß die Überweisung wie die übrige Abwicklung des Auftrags in kaufmännisch üblicher Form zu erfolgen hatte. Somit war die Beklagte im Rahmen ihres Vertragsverhältnisses zur N.-Bank keineswegs verpflichtet, die ordnungsmäßig eingezogenen Markbeträge sofort in englisches Geld umzuwechseln oder der N.-Bank zu garantieren, daß sie gegen Aushändigung der Dokumente an die Klägerin in den Besitz der angeforderten Pfund-Beträge gelangte. Die Beklagte konnte vielmehr ihre Verpflichtung, die von der Klägerin erhaltenen Markbeträge in englischer Währung an die Londoner Niederlassung der N.-Bank zu übersenden, auf jedem verkehrsüblichen Wege erfüllen.

Danach hat die Beklagte zunächst alles getan, was im vorliegenden Falle von ihr verlangt werden konnte, wenn sie einen über den Pfund-Betrag auf ihre Londoner Filiale gezogenen Scheck, für welchen bei dieser Deckung vorhanden war, an die dortige Niederlassung der N.-Bank sandte. Dies hat die Beklagte, wie die Feststellungen des Berufungsgerichts ergeben, in sachgemäßer Weise unternommen. Es ist auch gegen diese Überweisungsart als solche von keiner Seite etwas eingewendet worden. Wenn dann der von der Beklagten abgesandte Scheck nicht in die Hände der N.-Bank gelangt, sondern infolge des Kriegsausbruchs zunächst von der englischen Regierung beschlagnahmt und erst im Jahre 1919 an die Beklagte zurückgeschickt worden ist, so hat die Beklagte dies der N.-Bank gegenüber nicht zu vertreten. Mit dem Kriegsausbruch trat für sie, die bis dahin in ihrem Rechtsverhältnis zur N.-Bank alles getan hatte, was ihr billigerweise zuzumuten war, in bezug auf weitere Erfüllung ihrer Umwechslungs- und Übersendungspflicht eine Unmöglichkeit der Leistung im Sinne von § 275 BGB. ein, die sie nicht zu vertreten hat. Es lag auch nicht etwa bloß subjektives Unvermögen der Beklagten im Sinne von

§ 279 BGB. vor, da der Kriegsausbruch jede deutsche Bank hinderte, mit einer englischen Bank während der Kriegsdauer in Verbindung zu treten (Komm. v. RGR. Anm. 5 zu § 275 BGB.). Durch die Unmöglichkeit der Leistung wurde die Beklagte nach § 275 BGB. von der Umwechslungs- und Übersendungspflicht insoweit frei, als den deutschen Banken der Verkehr mit englischen Banken verschlossen war, d. h. bis zu der Zeit, als die englischen Behörden diesen Verkehr wieder frei gaben.

Die Beklagte hat also der N.-Bank und der Klägerin als deren Rechtsnachfolgerin nicht dafür einzustehen, daß sie bis zu dem genannten Zeitpunkt den von der Klägerin in deutscher Währung empfangenen Betrag nicht der N.-Bank, in englische Währung umgerechnet, zuwenden konnte. Diese Verpflichtung wurde für sie erst wieder wirksam, als sie im Jahre 1919 den Pfund-Scheck zurückerhielt und daraus ersah, daß er der N.-Bank nicht zugegangen war. Die Beklagte hätte darauf sofort nach dem damaligen Kurse den früher von der Klägerin erhaltenen Markbetrag in englischer Währung an die N.-Bank übermitteln müssen. Denn die Behauptung der Beklagten, daß sie die von der Klägerin erhaltene Mark-Zahlung, umgerechnet in englische Währung nach dem Kurse des Zahlungstags, bei ihrer Londoner Filiale für die N.-Bank greifbar bereitgestellt habe und daß dieses Geld durch einen von der Beklagten nicht zu vertretenden Zufall, nämlich die Beschlagnahme ihres Londoner Vermögens durch die englischen Behörden, verloren gegangen sei, ist mit den Feststellungen des Berufungsgerichts nicht vereinbar. Zunächst ist nicht ersichtlich, daß die Beklagte ihre Londoner Niederlassung von der Absendung des Schecks an die N.-Bank in London damals benachrichtigt hat. Sollte die Beklagte eine solche Mitteilung tatsächlich abgeschickt haben, so wird diese nach ihren eigenen Angaben mit ihren übrigen englischen Briefen aus jener Zeit von den englischen Behörden angehalten und später an die Beklagte zurückgeschickt worden sein. Aber selbst wenn eine derartige Mitteilung damals an die Londoner Filiale der Beklagten gelangt sein sollte, so wäre dies nicht entscheidend. Denn es ist nicht behauptet worden oder nach dem vorliegenden Streitstoff anzunehmen, daß die Beklagte zur Auszahlung des Scheckbetrags eine entsprechende Erhöhung des Kapitalbestandes ihrer Londoner Niederlassung oder eine entsprechende Aussonderung aus diesem Kapitalbestand zugunsten der N.-Bank vorgenommen hat und zu der maßgeblichen Zeit überhaupt vornehmen konnte. Das Berufungsurteil sagt, daß für die Deckung des Schecks gesorgt war und daß diese Deckung bei der Londoner Filiale der Beklagten mit ihrem übrigen Vermögen beschlagnahmt worden ist oder daß die Beklagte den bei ihrer Londoner Filiale befindlichen Pfund-Betrag infolge der Beschlagnahme in London eingebüßt hat. Diese Ausführungen sind aber nur dahin zu verstehen, daß damals eine zur Bezahlung des Schecks ausreichende Summe der Londoner Filiale der Beklagten zur Verfügung stand, ohne daß zu diesem Zwecke besondere Maßnahmen der Beklagten nach der angegebenen Richtung hin erfolgt und möglich waren. Dann hat aber die Beschlagnahme des Londoner Filialvermögens der Beklagten diese rechtlich und wirtschaftlich nicht anders und nicht schwerer getroffen, als wenn sie überhaupt keinen Versuch gemacht hätte, die Pfund-Summe an die N.-Bank in London zu überweisen.

Somit ist die Beklagte der N.-Bank und damit der Klägerin höchstens in Höhe des Betrags haftbar geworden, den die von der Klägerin an die Beklagte gezahlte Mark-Summe in englischer Währung nach dem Kurse des Tages ausmacht, an dem die Beklagte ihren nach England geschickten Scheck zurückerhalten hat. Dagegen braucht sie für die in der Zwischenzeit bis zu diesem Tage erfolgte Entwertung der deutschen Valuta nicht einzustehen. . . .

27. Wie ist für die Ersatzpflicht der Eisenbahn der gemeine Handelswert von nicht in Verkehr gebrachtem Monopolsprit zu berechnen?

HGB. § 457. EVerkO. § 88.

I. Zivilsenat. Urt. v. 21. Mai 1927 i. S. Deutsche Reichsbahn-Gesellschaft (Bekl.) w. Reichsmonopolverwaltung für Branntwein (Kl.). I 10/27.

I. Landgericht Oppeln.
II. Oberlandesgericht Breslau.

Am 17. November 1925 sandte die Klägerin von ihrer Abteilung in Kreuzburg an ihre Abteilung in Kandrzin mit der Eisenbahn in einem Kesselwagen Rohspiritus zu 11699,9 Ltr. Weingeist. Das Frachtgut ist unterwegs verloren gegangen, indem vor seiner Ablieferung an die Empfängerin der Spiritus infolge einer Beschädigung des Kesselwagens auf dem Bahnhof in Kandrzin vollständig auslief. Die Klägerin behauptet, der Schaden sei durch grobe Fahrlässigkeit eines Weichenstellers der Beklagten herbeigeführt worden. Sie verlangt deshalb nach § 95 EVerkO., § 457 Abs. 3 HGB. Ersatz ihres vollen Schadens. Sie behauptet, dieser entspreche dem regelmäßigen Verkaufspreis, der nach den Vorschriften des Gesetzes über das Branntweinmonopol vom 8. April 1922 für die hier maßgebliche Zeit auf 4,30 ℳ für das Liter Weingeist festgesetzt gewesen sei. Dieser Preis sei auch als der gemeine Handelswert der Ware im Sinne von § 88 EVerkO., § 457 HGB. anzusehen. Danach habe ihr die Beklagte 50309,55 RM zu erstatten. Ihre Klage geht auf Zahlung eines Teilbetrags von 5000 RM nebst Zinsen.

Die Beklagte hat der Klägerin 7136,95 RM gezahlt, dagegen die Mehrforderung abgelehnt, indem sie den Standpunkt vertrat, daß sie nach § 88 EVerkO. nur den Betrag zu erstatten habe, den die Klägerin selbst für den Spiritus gezahlt habe (Selbstkostenpreis); dieser Selbstkostenpreis entspreche dem sogenannten Übernahmepreis nach § 58, §§ 62 flg. BranntwMonGes. und sei mit der gezahlten Summe abgegolten.

Das Landgericht wies die Klage ab, das Oberlandesgericht gab ihr statt. Die Revision der Beklagten hatte keinen Erfolg.

Gründe:

Die Beklagte bestreitet nicht, daß sie grundsätzlich gemäß § 88 EVerkO. und § 457 HGB. verpflichtet ist, der Klägerin den gemeinen Handelswert zu ersetzen, welchen Rohspiritus von der Art und Beschaffenheit des verloren gegangenen am Ort der Absendung im Zeitpunkt der Annahme zur Beförderung hatte. Bei Ermittlung dieses gemeinen Handelswerts ist das Berufungsgericht vom „regelmäßigen Verkaufspreis" für Branntwein ausgegangen, wie er im Branntweinmonopolgesetz (zu vgl. besonders §§ 88, 90, 85, 89) geregelt ist. Das Berufungsgericht stellt fest, daß dieser „regelmäßige Verkaufspreis" zur maßgeblichen Zeit 4,30 ℳ für das Liter Sprit betrug und zieht hiervon die sogenannte Hektolitereinnahme (§ 84 BranntwMonGes.) ab, die damals mit 2,80 ℳ für das Liter Sprit berechnet wurde. Dabei hat das Berufungsgericht erwogen, daß diese Hektolitereinnahme — abgesehen von dem nicht in Betracht kommenden Fall der Verwertung des Branntweins zur Herstellung von Monopolerzeugnissen, §§ 84, 95flg. — nur dann an die Reichskasse abzuführen gewesen wäre, wenn der Branntwein zu regelmäßigen Verkaufspreisen tatsächlich abgesetzt worden, also nicht verloren gegangen wäre.

Demgegenüber meint die Revision, daß bei Ermittlung des gemeinen Handelswerts im Sinne von § 88 EVerkO. und § 457 HGB. zum Branntwein-Übernahmepreis (§§ 62flg.) allenfalls die Fracht- und Faßkosten, unter Umständen auch die Vergällungskosten (§ 60) zuzuschlagen seien, niemals aber die Kosten der Besoldung der Reichsmonopol-Beamten (§ 8) sowie die aus den Monopoleinnahmen an das Reich für „Wohlfahrts- und Wirtschaftszwecke" jährlich abzuführenden Beträge (§ 118).

Damit hat die Revision den von der Beklagten in den Vorinstanzen vertretenen Standpunkt aufgegeben, daß grundsätzlich der Klägerin nur der Branntwein-Übernahmepreis zu erstatten sei. In der Tat ist eine solche Beschränkung des Erstattungsanspruchs der Klägerin nicht gerechtfertigt. Es fragt sich aber, in welchem Maße und von welchen Gesichtspunkten aus über jenen Übernahmepreis hinauszugehen ist. Der in § 88 EVerkO. und § 457 HGB. angeführte Versandwert ist nach einem objektiven Maßstabe zu bemessen. Dieser ergibt sich grundsätzlich aus dem Preise, der für die Ware in regelrechter Güte am Ort und zur Zeit ihrer Auflieferung im Durchschnitt gezahlt wurde; das ist ihr objektiver Verkaufswert, der sogenannte Verkäuflichkeitswert (Rundnagel Haftung der Eisenbahn § 24 S. 123; Düringer-Hachenburg HGB. § 430 Anm. 6, 7, § 457 Anm. 2; Blume-Weirauch, EVerkO. § 88 Anm. 1flg.; RGZ. Bd. 96 S. 124, Bd. 98 S. 150, Bd. 100 S. 104 u. a.). Hiernach kommt es weder auf den Anschaffungswert der Ware noch auf den Preis an, den der Ersatzberechtigte für die Ware angelegt hat oder zu dem er Ware von derselben Art und Beschaffenheit bekommen kann. Zu Unrecht beruft sich demgegenüber die Revision darauf, daß bei Ersatzforderungen nach § 88 EVerkO., § 457 HGB. der durch die Rechnung des Absenders belegte Wert der Ware am Versandort entscheidende Bedeutung habe und daß nicht daneben die laufenden Geschäftsunkosten (Gehälter, Werbekosten usw.) des Geschädigten anteilig in Rechnung zu stellen seien. Allerdings wird bei Sachbeförderungen, denen ein Veräußerungsgeschäft zugrunde liegt, der in die Rechnung des absendenden Verkäufers eingestellte Warenpreis vielfach ein wesentliches Beweismittel für den Versandwert der Ware sein. Eine entscheidende Bedeutung kann aber diesem Beweismittel schon um deswillen nicht beigelegt werden, weil der Verkaufspreis der Ware nicht mit ihrem nach objektivem Maßstab festzustellenden gemeinen Handelswert oder gemeinen Wert übereinzustimmen braucht. Abgesehen hiervon sind jedoch bei einem regelrechten Veräußerungsgeschäft im Verkaufspreis der Ware die laufenden Geschäftsunkosten des Verkäufers anteilmäßig auf Grund der üblichen und sachgemäßen Preisberechnung enthalten. Im vorliegenden Fall handelt es sich um Ware, die einem Monopol unterliegt. Sie mußte vom Erzeuger an die Monopolverwaltung abgeliefert und konnte nur auf diesem Wege gesetzmäßig verwertet werden. Aber auch die Verwertung anderer Ware von derselben Art und Beschaffenheit außerhalb des Monopolbetriebs brachte grundsätzlich die Aufwendung eines Preises mit sich, der dem im Monopolgesetz vorgesehenen „regelmäßigen Verkaufspreise" im wesentlichen entsprach (§§ 100, 99, 84, 88, 90 BranntwMonG.). Ferner handelt es sich hier um eine Güterbeförderung innerhalb des Betriebes der Klägerin von einer ihrer Abteilungen an eine andere, ohne daß zwischen diesen Abteilungen ein Veräußerungsgeschäft und ein zu dessen Abwicklung vorgenommener Warenumsatz in Frage kam. In einem solchen Falle ist der objektive Verkaufs- oder Versandwert im Sinne von § 88 EVerkO., § 457 HGB. aus der Gesamtheit der einschlägigen Verhältnisse zu entnehmen. Dabei kann der Betrag, den die absendende Abteilung der Klägerin für die Ware zur Zeit der Ablieferung aufgewendet hatte oder schuldig geworden war, für sich allein nicht maßgebend sein. Denn dieser Betrag bildete nur einen Teil der Aufwendungen, welche die Klägerin machen mußte, um die Ware in Verkehr zu bringen und umzusetzen. Der gemeine Wert einer Ware, d. h. der Wert, den sie objektiv für jedermann hat, oder der gemeine Handelswert einer Ware, d. h. der Wert, den sie objektiv im Handelsverkehr hat, regelt sich, wie erwähnt, nach dem Durchschnittspreis, der für Ware dieser Art und Beschaffenheit in dem Falle zu erzielen ist, daß sie in den Verkehr gebracht wird und im Rahmen dieses Verkehrs verkäuflich ist (Verkäuflichkeitswert).

Ein solcher Verkaufswert erschöpft sich im vorliegenden Falle nicht in den Aufwendungen, welche die Klägerin kraft ihrer Monopolstellung außerhalb des gewöhnlichen Verkehrslebens zur Beschaffung der Ware gemacht hat (Übernahmepreis, Fracht- und Faßkosten, Vergällungskosten usw.). Vielmehr kommt es für diesen Verkehrswert auf einen durchschnittlichen Handelspreis an, wie er bei regelmäßigen und gewöhnlichen Geschäftsvorgängen zu erzielen ist. Das ist hier der Preis, für den Ware derselben Art und Beschaffenheit entweder beim Absatz durch die Monopolverwaltung zum regelmäßigen Verkaufspreis (§§ 88, 90 BranntwMonG.) oder bei entsprechendem Absatz außerhalb des Monopolbetriebs gemäß §§ 99flg. a. a. O. im Handelsverkehr am Ort der Absendung und im Zeitpunkt der Annahme des Gutes zur Beförderung zu haben war. Und zwar gilt dies auch dann, wenn wie hier die Verlustreise eine Beförderung der Ware im inneren Betriebe der Reichsmonopolverwaltung betrifft. Denn bei der Aufgabe der Ware zu dieser Beförderung war bereits die Möglichkeit der Verwertung dieser Ware sowie von Ware derselben Art und Beschaffenheit in der angegebenen Weise, und zwar zu demselben Preise am Orte der Absendung und der Bestimmung, vorhanden und damals entsprach eine solche Verwertung dem gewöhnlichen Verlauf der Dinge. Der danach grundsätzlich heranzuziehende regelmäßige Verkaufspreis nach §§ 88, 90 BranntwMonG. wird von dem in entsprechender Weise außerhalb des Monopolbetriebs nach §§ 99flg. das. erzielbaren Durchschnittspreis bei der nahen und gesetzlich geregelten Beziehung beider Preise zueinander nicht wesentlich verschieden sein. Er umfaßt neben den in §§ 60, 62flg. das. aufgeführten Beträgen unter anderem den Besoldungsaufwand (§ 8), die Aufwendungen für Wohlfahrts- und Wirtschaftszwecke (§ 118) und grundsätzlich auch die Hektolitereinnahme (§§ 84, 85). Mit Recht hat aber im vorliegenden Falle das Berufungsgericht die Hektolitereinnahme abgezogen. Denn diese ist im Falle des Branntweinverkaufs zu regelmäßigen Verkaufspreisen nur aus dem Preise der von der Reichsmonopolverwaltung wirklich abgesetzten Ware, also dem wirklich vereinnahmten Kaufpreis, an das Reich abzuführen (§ 84). Somit hat derselbe Umstand — der Verlust der Ware auf dem Eisenbahntransport —, welcher der Klägerin den Ersatzanspruch nach § 88 EVerkO., § 457 HGB. gegeben hat, ihr auch die Befreiung von der Verpflichtung zur Zahlung der Hektolitereïnnahme für diese Ware gebracht. Dies ist aber bei Bemessung des Ersatzanspruchs, der den Rechtscharakter eines Schadensersatzanspruchs hat, im Wege der Vorteilsausgleichung zu berücksichtigen (Rundnagel a. a. O. § 24 S. 123). Dementsprechend erfordert dieser Ersatzanspruch trotz seiner grundsätzlich objektiven Natur, daß der Klägerin durch den Verlust des Gutes mindestens irgendein Vermögensschaden entstanden ist. Letzteres ist aber von der Revision nicht bestritten und wird durch die von der Klägerin gemachten und von der Beklagten nicht bemängelten Ausführungen über die tatsächlichen und rechtlichen Verhältnisse des Branntwein-Monopol-Betriebes bestätigt. Nach alledem ist die Annahme des Berufungsgerichts rechtlich nicht zu beanstanden, daß der Klaganspruch nach § 88 EVerkO., § 457 HGB. begründet ist.

---

28. Unter welchen Voraussetzungen kann die Frist für den Nachweis der Zahlung der Prozeßgebühr durch ein wiederholtes Armenrechtsgesuch gehemmt werden?

ZPO. § 519 Abs. 6.

II. Zivilsenat. Beschl. v. 24. Mai 1927 i. S. R. (Kl.) w. Stadtkreis G. (Bekl.). II B 12/27.

I. Landgericht Gera.
II. Oberlandesgericht Jena.

Der Beklagte hat gegen ein Urteil des Landgerichts vom 27. Oktober 1926 ordnungsmäßig Berufung eingelegt; er hat sie auch durch einen am 7. Dezember 1926 beim Berufungsgericht eingegangenen Schriftsatz fristgerecht begründet und gleichzeitig um Bewilligung des Armenrechts nachgesucht. Durch Beschluß vom 2., dem Beklagten zugestellt am 10. Februar 1927 ist das Gesuch teils wegen Aussichtslosigkeit der weiteren Rechtsverfolgung, teils wegen Leistungsfähigkeit des Beklagten abschlägig beschieden worden. Laut Verfügung des Vorsitzenden des Berufungsgerichts vom 25. Februar, zugestellt am 1. März, ist dem Beklagten sodann zum Nachweis der Zahlung der Prozeßgebühr von 534 RM eine Frist von zwei Wochen vom Tage der Zustellung dieser Verfügung ab bestimmt worden. Durch neues, beim Berufungsgericht am 4. März eingegangenes Gesuch hat der Beklagte mit weiterer Begründung wiederum das Armenrecht erbeten. Dieses Gesuch ist durch Beschluß vom 12., dem Beklagten zugestellt am 17. März 1927, aus denselben Gründen wie das erste abgewiesen worden. Am 11. April 1927 ist sodann beim Berufungsgericht Zahlungsnachweis über 346,50 RM eingegangen. Mit Beschluß vom 13. April, dem Beklagten zugestellt am 25. April 1927, ist seine Berufung als unzulässig verworfen worden.

Das Berufungsgericht erwägt, daß durch das zweite Armenrechtsgesuch der Lauf der Nachweisefrist nicht gehemmt worden sei, und daß im übrigen die Frist um deswillen auf alle Fälle versäumt wäre, weil der Beklagte statt der von ihm erforderten Prozeßgebühr von 534 RM nur 346,50 RM, eingezahlt habe. Hiergegen wendet sich die sofortige Beschwerde. Sie macht geltend: das erste Armenrechtsgesuch müsse, da die Nachweisefrist erst nach seiner Ablehnung bestimmt worden sei, hier ganz außer Betracht bleiben. Fristhemmend habe erst das zweite Armenrechtsgesuch wirken können und gewirkt. Dann sei die Nachweisefrist aber erst am 11. April 1927 abgelaufen. An diesem Tage habe dem Berufungsgericht indessen der Nachweis über die Zahlung der Prozeßgebühr vorgelegen; diese habe der Beklagte nach den Sätzen des mit Wirkung vom 1. April 1927 in Kraft getretenen Gesetzes über die Gerichtskosten und Gebühren der Rechtsanwälte vom 28. Januar 1927 richtig auf 346,50 RM statt der angeforderten 534 RM errechnet.

Der Beschwerde war der Erfolg nicht zu versagen. Richtig ist, daß das Gesetz vom 28. Januar 1927 mit dem 1. April 1927 in Kraft getreten ist und daß nach Art. V Abs. 2 seine Vorschriften, insbesondere auch über Tarif, Gebührensätze und Streitwert, auf schon anhängige Sachen Anwendung finden, soweit nur die Instanz noch nicht beendet war, und zwar ohne Rücksicht auf den Zeitpunkt der Fälligkeit der Gebühr. Bezüglich der Gerichtskosten (anders für die Anwaltsgebühren, vgl. Art. V Abs. 3) hat es für die schon entstandenen Schreibgebühren bei den bisherigen Vorschriften sein Bewenden. Im vorliegenden Fall war die Berufungsinstanz am 1. April 1927 noch nicht beendet. Nach den Sätzen des neuen Tarifs ermäßigte sich sonach die Prozeßgebühr bei einem Streitwert von 29563,82 RM von 534 RM auf 345 RM. Die Zahlung dieses letzteren, zwar nicht erforderten, aber nunmehr allein noch geschuldeten Betrags genügte (Beschluß des IV. Zivilsenats vom 22. Oktober 1926 in JW. 1927 S. 53 Nr. 14). Sie ist rechtzeitig erfolgt, wenn das zweite Armenrechtsgesuch fristhemmend wirkte. Denn dann war nach § 519 Abs. 6 ZPO. der Lauf der Frist bis zum 31. März 1927 einschließlich gehemmt und die Frist selbst mit den restlichen 11 Tagen erst am 11. April 1927 abgelaufen. Zuzugeben ist nun allerdings, daß die Frist des § 519 Abs. 6 ZPO. nur einmal durch ein Armenrechtsgesuch gehemmt werden kann (RGZ. Bd. 110 S. 402; JW. 1925 S. 2467 Nr. 1 und Entscheidung dieses Senats vom 22. Dezember 1925 in JW. 1926 S. 1563 Nr. 12). Ebenso aber wie ein vor Einlegung der Berufung eingereichtes Armenrechtsgesuch muß auch ein solches Gesuch außer Betracht bleiben, das schon vor der Fristbestimmung abgelehnt war. Denn nur ein bei der Fristsetzung noch nicht erledigtes Gesuch kann fristhemmende Wirkung haben. Es hätte keinem Bedenken unterlegen, daß die Frist noch während Schwebens des ersten Armenrechtsgesuchs bestimmt worden wäre; dann hätte dieses Gesuch den Lauf der Frist gehemmt und damit wäre beim zweiten Armenrechtsgesuch eine fristhemmende Wirkung ausgeschlossen gewesen. So aber war das neue Armenrechtsgesuch in Wirklichkeit das erste, das innerhalb der Nachweisefrist gestellt wurde und ebendarum auch zur Fristhemmung führte (WarnRspr. 1926 Nr. 223 S. 321, ferner Sonnen in JW. 1926 S. 1564 Anm. 4). Das Oberlandesgericht hat daher zu Unrecht die Berufung wegen Versäumung der Nachweisefrist als unzulässig verworfen.

---

29. 1. Werden polizeiliche Maßnahmen gegen die Presse, die im Preßgesetz nicht vorgesehen sind, durch § 10 ALR. II 17 gedeckt?

2. Stehen die in Art. 48 Abs. 4 RVerf. den Landesregierungen übertragenen Befugnisse den preußischen Oberpräsidenten zu?

3. Enthält eine gegen gesetzliche Bestimmungen verstoßende Amtshandlung dann keine den Staat zum Schadensersatz verpflichtende Amtspflichtverletzung, wenn der Beamte in Notwehr gehandelt hat?

Preßgesetz vom 7. Mai 1874 §§ 1, 30 Abs. 1. Preußische Verfassung Art. 7, 55.

III. Zivilsenat. Urt. v. 24. Mai 1927 i. S. Preuß. Staat (Bekl.) w. A. (Kl.). III 355/26.

I. Landgericht Hannover.
II. Oberlandesgericht Celle.

Die in Hannover erscheinende N. A. Zeitung, die bei der Klägerin verlegt und gedruckt wird, enthielt im August 1923 Artikel, durch die nach Auffassung der staatlichen Behörden in einer den öffentlichen Frieden gefährdenden Weise zu Gewalttätigkeiten aufgefordert und angereizt wurde. Am 11. August brachen in Hannover Unruhen aus, die zu blutigen Zusammenstößen zwischen der Polizei und der erregten Volksmenge führten. Nunmehr ordnete der Polizeipräsident auf Anweisung des Oberpräsidenten an, daß in der Druckerei der Zeitung deren letzte Nummer, das an diesem Tage ausgeteilte Flugblatt sowie sämtliche in Druck und Satz befindlichen Teile der Zeitung und eine Parteibekanntmachung zu beschlagnahmen, daß ferner die Druckereimaschinen zur Verhütung weiterer strafbarer Handlungen verwendungsunfähig zu machen seien. In Ausführung dieser Anordnung machten noch an demselben Tage Polizeibeamte die Druckereimaschinen der Klägerin durch Losschrauben wichtiger Teile unbrauchbar und nahmen die losgeschraubten Maschinenteile in Verwahrung. Auch wurden die Setzmaschinen und einige andere Maschinen und Apparate der Setzerei in gleicher Weise außer Betrieb gesetzt.

Am 14. August 1923 berichtete der Oberpräsident dem Reichsminister des Innern telegraphisch und schriftlich, daß er auf Grund der Verordnung des Reichspräsidenten zur Wiederherstellung der öffentlichen Sicherheit und Ordnung vom 10. August 1923 die N. A. Zeitung wegen Aufforderung und Anreizung zu Gewalttätigkeiten vom 12. August an bis auf weiteres verboten habe und daß die Beschlagnahme durch die Polizeibehörde erfolgt sei; auch bat er um Bestätigung dieses Verbots. Durch Telegramm vom 17. August und Schreiben vom gleichen Tage teilte der Minister dem Oberpräsidenten mit, daß er die Zeitung auf Grund der genannten Verordnung des Reichspräsidenten für die Zeit vom 14. bis 27. August 1923 verbiete. Dieses Verbot wurde der Klägerin am 18. August zugestellt. Am gleichen Tage wurden die weggenommenen Maschinenteile der Klägerin zurückgegeben.

Die Klägerin verlangt vom beklagten Preußischen Staat Ersatz des Schadens, der ihr durch die gewaltsame Stillegung ihres Druckereibetriebs in der Zeit vom 12. bis zum 18. August entstanden sei, da die Stillegung vom Oberpräsidenten und vom Polizeipräsidenten schuldhaft und rechtswidrig angeordnet worden sei. Sie hat zunächst einen Teilbetrag von 550 GM nebst Zinsen eingeklagt.

Der Beklagte bestreitet, daß die bezeichneten Beamten rechtswidrig gehandelt hätten. Das Verbot der Zeitung sei nötig gewesen, da ihre aufhetzenden Artikel die damaligen Unruhen verursacht oder mindestens verstärkt hätten. Jedenfalls treffe die Beamten unter solchen Umständen kein Verschulden.

Das Landgericht erklärte den Klaganspruch dem Grunde nach für gerechtfertigt. Das Oberlandesgericht wies die Berufung des Beklagten zurück. Die Revision des Beklagten führte zur Aufhebung des Berufungsurteils und zur Zurückverweisung der Sache an die Vorinstanz.

Gründe:

Die auf Anweisung des Oberpräsidenten vom Polizeipräsidenten angeordnete, durch staatliche Polizeibeamte ausgeführte Unbrauchbarmachung der Druckerei- und Setzmaschinen der Klägerin bezweckte, das weitere Erscheinen der Zeitung, die bei der Klägerin verlegt und gedruckt wurde, zu verhindern. Mit Recht hat das Berufungsgericht angenommen, daß diese Maßnahme durch die die allgemeinen Aufgaben der Polizei bestimmende Vorschrift des § 10 ALR. II 17 nicht gedeckt wurde. Denn nach § 1 des Reichsgesetzes über die Presse vom 7. Mai 1874 unterliegt die Freiheit der Presse nur den durch dieses Gesetz vorgeschriebenen oder zugelassenen Beschränkungen. Ein vorbeugendes polizeiliches Einschreiten gegen Inhalt und Verbreitung von Druckschriften ist dort nicht vorgesehen. Ebensowenig wie die Herstellung und Herausgabe einer Druckschrift im voraus verboten werden kann, darf die Polizei sie unter Berufung auf den angeführten § 10 durch Anwendung unmittelbaren Zwanges verhindern.

Das Vorgehen der beteiligten staatlichen Behörden gegen die Klägerin wird ebensowenig durch die Verordnung des Reichspräsidenten vom 10. August 1923 gerechtfertigt. Das dort durch § 1 zugelassene Verbot periodischer Druckschriften erfolgt nach § 3 Satz 1 das. durch den Reichsminister des Innern. Für die ihm gleichfalls übertragene Anordnung der Beschlagnahme war nach Satz 2 das. bei Gefahr im Verzuge auch die Polizeibehörde zuständig. Daraus ergibt sich, daß sie zum Verbot periodischer Druckschriften auf Grund der genannten Verordnung nicht befugt war. Deshalb durfte sie auch nicht, ehe ein solches Verbot durch den Reichsminister des Innern vorlag, das Erscheinen einer Zeitung durch Anwendung unmittelbaren Zwanges unmöglich machen.

Fehl geht auch die Berufung des Beklagten auf ein staatliches Notrecht, das, wenn überhaupt von einem solchen gesprochen werden darf, jedenfalls nicht in dem vom Beklagten beanspruchten Umfang besteht. Es ist nicht richtig, daß bei Gefahr im Verzug die oberste Staatsbehörde und ihre Stellvertreter berechtigt sind, nach Maßgabe der herrschenden Verhältnisse alle im Interesse der Sicherheit und Ordnung erforderlichen Maßnahmen zu treffen. Vielmehr dürfen sie auch in außerordentlichen Zeiten, insbesondere zur Verhütung und Bekämpfung von Unruhen, nur die Mittel anwenden, welche die Gesetze ihnen gestatten. Nach den allgemeinen Gesetzen nicht zulässige Eingriffe in die durch Art. 118 RVerf. gewährleistete Freiheit der Meinungsäußerung durch die Presse dürfen nur erfolgen, wenn diese Verfassungsbestimmung zuvor außer Kraft gesetzt wird. Dazu ist nach Art. 48 RVerf. nur der Reichspräsident und bei Gefahr im Verzuge die Landesregierung befugt. Diese wird in Preußen durch das Staatsministerium gebildet (Art. 7 Preuß. Verf.; vgl. auch Art. 55 das.). Den Oberpräsidenten stehen die in Art. 48 RVerf. vorgesehenen Befugnisse nicht zu, wenngleich sie beständige Kommissarien des Ministeriums (§ 4 der Verordnung wegen verbesserter Einrichtung der Provinzialbehörden vom 30. April 1815, GS. S. 85), Stellvertreter der obersten Staatsbehörden in besonderem Auftrage und bei außerordentlicher Veranlassung (§ 1 III der Instruktion für die Oberpräsidenten vom 31. Dezember 1825, GS. 1826 S. 1) sind. Die den Oberpräsidenten in § 11 Nr. 2 der genannten Instruktion übertragene Ermächtigung und Verpflichtung, bei außerordentlichen Ereignissen und Gefahr im Verzuge die augenblicklich erforderlichen Anordnungen zu treffen, berechtigt sie nur zu Maßnahmen, die sich im Rahmen der geltenden Gesetze halten, nicht aber dazu, diese einstweilen außer Kraft zu setzen oder sie unbeachtet zu lassen....

Ist dem Berufungsurteil insoweit beizupflichten, so enthalten seine Ausführungen doch eine Lücke, die zu seiner Aufhebung zwingt. Mit Recht macht die Revision geltend, daß der Sachverhalt auch vom Gesichtspunkt der Notwehr aus hätte geprüft werden müssen. Nach den Behauptungen des Beklagten ist die Möglichkeit nicht auszuschließen, daß die Stillegung des Druckereibetriebs der Klägerin eine Verteidigungsmaßnahme darstellte, die erforderlich war, um einen gegen den Bestand des Staates gerichteten, gegenwärtigen und rechtswidrigen Angriff abzuwenden. Allerdings handelt der Staat, der sich seiner inneren Angreifer erwehrt, der ihnen gegenüber sich selbst durchsetzen, den Fortbestand der gegebenen Staatsform sichern will, an sich nicht in Notwehr, sondern macht lediglich Gebrauch von der ihm zustehenden obersten Gewalt. Die Polizei, die zur Erhaltung der öffentlichen Ruhe, Sicherheit und Ordnung tätig wird, handelt auch dann, wenn die öffentliche Ruhe, Sicherheit und Ordnung durch Angriffe gegen den Staat als solchen gefährdet wird, nicht kraft Notwehr, sondern in Erfüllung ihrer gesetzlichen Aufgabe. Grundsätzlich ist sie bei der Wahl ihrer Mittel unbeschränkt. Sie darf das tun, was nötig ist, um die öffentliche Ordnung aufrecht zu erhalten. Durch Sondervorschriften, so durch die des Preßgesetzes, ist aber für die Polizei die Möglichkeit ihrer Tätigkeit in verschiedenster Richtung begrenzt worden. Damit hat der Staat sich selbst und seinen Organen rechtliche Schranken gezogen, deren Überschreitung rechtswidrig ist, es sei denn, daß solche Rechtswidrigkeit wieder durch andere Rechtsnormen ausgeschlossen wird. Einen solchen die Rechtswidrigkeit des staatlichen Handelns in den gedachten Fällen ausschließenden Rechtsgrund bildet die Notwehr. Ist der Fall der Notwehr gegeben, so entfällt die Annahme der Amtspflichtverletzung der beteiligten Beamten gegenüber der Klägerin. Die Voraussetzungen der Notwehr beurteilen sich aber hier, da über die zivilrechtlichen Folgen einer amtlichen, in Ausübung der öffentlichen Gewalt getroffenen Maßnahme zu entscheiden ist, nach dem Bürgerlichen Gesetzbuch (§ 227). Unter den Voraussetzungen der Notwehr waren im vorliegenden Fall die in Frage kommenden staatlichen Organe nicht mehr an die besonderen Vorschriften des Preßgesetzes gebunden. Denn auch die Presse muß sich, sofern sie als Werkzeug für einen gegenwärtigen rechtswidrigen Angriff dient, die zu seiner Abwehr erforderliche Verteidigung gefallen lassen. Ist Notwehr, wie nicht zu bezweifeln, gegenüber Angriffen auf Rechtsgüter des Staates überhaupt zulässig, so fehlt es an einem

Grunde, den Staat gegenüber solchen Angriffen, falls sie durch die Presse verübt werden, auf die Maßnahmen zu beschränken, die das Preßgesetz vorsieht. Es muß dann vielmehr wieder der Grundsatz des Preßgesetzes zur Geltung kommen, daß die Presse den allgemeinen Gesetzen unterliegt (vgl. § 30 Abs. 1 PrG.).

Ob im vorliegenden Falle das Vorgehen des Oberpräsidenten und des Polizeipräsidenten durch Notwehr gerechtfertigt war, kann auf Grund des vom Berufungsgericht in dieser Hinsicht noch nicht geklärten Sachverhalts nicht entschieden werden, so daß die Zurückverweisung der Sache an die Vorinstanz geboten ist.

30. Über die Aufwertung von Teilbeträgen eines Gesamtdarlehens, das eine industrielle Aktiengesellschaft gegen gleichlautende Schuldscheine unter Bestellung von Grundschulden für einen Treuhänder aufgenommen hat.

BGB. § 242. AufwG. §§ 9flg., 31, 33flg., 62flg.

IV. Zivilsenat. Urt. v. 25. Mai 1927 i. S. Stahlwerk B. Aktiengesellschaft (Bekl.) w. M. (Kl.). IV 2/27.

I. Landgericht Krefeld.
II. Oberlandesgericht Düsseldorf.

Die Beklagte hat am 1. August 1918 bei der Süddeutschen Bank in M. ein Gesamtdarlehen von 15 Millionen Mark aufgenommen. Über das Darlehen wurden Schuldscheine zu Teilbeträgen ausgestellt, aus denen die Verzinsungs- und Rückzahlungsbedingungen und die Sicherung des Darlehens durch zwei Grundschulden im Gesamtbetrag von 16 Millionen Mark ersichtlich sind. Die durch zwei Unterschriften vollzogenen Schuldscheine lauten in ihren vorgedruckten (handschriftlich ausgefüllten) Teilen:

„Nr. . . .

Schuldschein
der Stahlwerk B. Aktiengesellschaft in W.

Die Stahlwerk B. Aktiengesellschaft in W. schuldet aus barem Darlehen
de . . . .
Mark . . . ., in Worten . . . . Mark.

Die Stahlwerk B. Aktiengesellschaft in W. verzinst dieses Darlehen mit fünf vom Hundert jährlich. Der Zinslauf beginnt mit dem 1. August 1918 und endigt mit dem Tage der Rückzahlung des Darlehens. Die Zinsen sind halbjährlich am 31. Januar und 31. Juli an den Gläubiger oder an diejenige Stelle zahlbar, welche der Gläubiger bezeichnen wird.

Das Darlehen ist ohne weitere Kündigung mit 102% am 1. August 1930 rückzahlbar. Der Stahlwerk B. Aktiengesellschaft in W. steht jedoch das Recht zu, schon vom 1. August 1923 ab das Kapital jederzeit zum Quartalsersten unter Einhaltung einer dreimonatigen Kündigungsfrist mit 102% zur Rückzahlung zu bringen.

Das in diesem Schuldschein verbriefte Darlehen ist ein Teilbetrag eines Gesamtdarlehens von fünfzehn Millionen Mark. Für dieses Gesamtdarlehen haftet zugunsten der Preußischen Treuhand- und Revisions-Aktiengesellschaft in C. als Treuhänderin

a) eine auf sämtlichen Fabrikgrundstücken (einschl. Fabrikanlagen) der Gesellschaft in C. in Höhe von 10,5 Millionen Mark an erster ausschließlicher Rangstelle eingetragene Grundschuld und ferner

b) eine auf den sämtlichen Fabrikgrundstücken (einschl. Fabrikanlagen) der Gesellschaft in W. in Höhe von 5,5 Millionen Mark an zweiter Rangstelle hinter einer ersten Belastung von 5 bzw. 5,1 Millionen Mark eingetragene Grundschuld.

Es dürfen während der Laufzeit der Schuld keine neuen Anleihen oder Darlehen auf die Fabrikanlagen der Gesellschaft in W. und C. aufgenommen werden, welche eine Spezialsicherheit genießen.

Der Gläubiger soll berechtigt sein, die vorstehende Forderung an einen Dritten zu übertragen und diesem den Schuldschein auszuhändigen. Die Übertragung hat der Schuldnerin gegenüber nur Wirksamkeit, wenn sie ihr durch Einschreibebrief seitens des alten Gläubigers mitgeteilt oder unter Vorlage der Abtretungsurkunde nachgewiesen ist.

W., den . . . . Stahlwerk B.
Aktiengesellschaft."

Die Süddeutsche Bank hat Teilbeträge des Gesamtdarlehens von zusammen 200000 ℳ am 23. September 1918 an den Kläger abgetreten und ihm die auf ihren Namen ausgestellten Schuldscheine über diese Teilbeträge mit dem auf die Rückseite gesetzten Vermerk übergeben:

„Diesen Schuldschein übertragen wir hiermit auf den Namen ...." (offen gelassen).

„M., den 23. September 1918.

Süddeutsche Bank, Abteilung der Pf. Bank."

Zwei Unterschriften.

Der Kläger verlangt die Aufwertung seiner Darlehensforderung, und zwar in diesem Rechtsstreit nur von 100000 ℳ der ihm abgetretenen 200000 ℳ, auf 15 % des für den 23. September 1918 gemäß der Anlage zum Aufwertungsgesetz (nach den Verhältniszahlen 10:6,45) berechneten Goldmarkbetrags. Unter Berücksichtigung des Rückzahlungssatzes von 102% fordert er demgemäß (100000 × 6,45/10 × 102/100 =) 65790 × 0,15 = 9868,50 Rℳ, die spätestens am 1. Januar 1932 mit 3% Zinsen vom 1. Januar 1926 ab und 5% Zinsen vom 1. Januar 1928 ab gezahlt werden sollen. Diesem Klagebegehren hat das Berufungsgericht entsprochen.

Auf die Revision der Beklagten, die in den Vorinstanzen Klagabweisung beantragt hatte, weil eine Aufwertung bei ihren ungünstigen wirtschaftlichen Verhältnissen unbillig sei und von ihr nicht geleistet werden könne, wurde das Berufungsurteil aufgehoben und die Sache an das Berufungsgericht zurückverwiesen.

Gründe:

1. Das Berufungsgericht geht mit Recht davon aus, daß die Entscheidung über den vorliegenden Aufwertungsanspruch nicht oder wenigstens nicht unmittelbar aus den §§ 33flg., § 31 oder §§ 9flg. AufwG. zu entnehmen, sondern daß die Aufwertung innerhalb der sich aus § 63 (Abs. 1 und 4) ergebenden Grenzen nach den in § 62 AufwG. angezogenen „allgemeinen Vorschriften" zu bestimmen ist.

Die in den §§ 33flg. AufwG. unter der Abschnittsüberschrift „Aufwertung von Industrieobligationen und verwandten Schuldverschreibungen" gegebenen Vorschriften treffen nach § 33 nur Ansprüche aus verzinslichen oder an Stelle der Verzinsung mit einem Aufgeld rückzahlbaren, von Personen oder Personenvereinigungen des Privatrechts ausgegebenen Schuldverschreibungen, die auf den

Inhaber lauten oder durch Indossament übertragbar sind. Durch Indossament übertragbar sind die von Personen oder Gesellschaften des Handelsrechts ausgegebenen Schuldverschreibungen, wenn sie an Order lauten (§ 363 Abs. 1 HGB.); diese sogenannte Orderklausel muß von dem die Schuldverschreibungen ausstellenden Schuldner herrühren. Die von der Beklagten ausgestellten „Schuldscheine" lauten nicht auf den Inhaber oder an Order, sondern auf den Namen einer bestimmten Gläubigerin, der Süddeutschen Bank in M. Die von dieser für die Übertragung der Rechte aus den Schuldscheinen gewählte Form, daß in den Übertragungsvermerken der Name des neuen Gläubigers offen gelassen wird, ist nicht geeignet, die Schuldscheine zu Inhaber- oder Orderpapieren zu machen. Die Schuldscheine sind auch gar keine Schuldverschreibungen im Sinne des Aufwertungsgesetzes, das diesen Begriff, ebenso wie das Bürgerliche Gesetzbuch (§§ 793flg.), die Reichsstempelgesetze und das Gesetz betreffend die gemeinsamen Rechte der Besitzer von Schuldverschreibungen vom 4. Dezember 1899, nur auf Schuldurkunden anwendet, welche Träger der Forderung, also Wertpapiere sind. Ob die §§ 33flg. AufwG. auf alle das Versprechen der Zahlung einer bestimmten Geldsumme enthaltenden Urkunden mit Wertpapiercharakter oder (gleich dem Gesetze vom 4. Dezember 1899) nur auf solche Urkunden dieser Art zu beziehen sind, die bei einer größeren einheitlichen Kreditaufnahme, einer Anleihe, über Teile der Anleihe ausgegeben werden, kann dabei auf sich beruhen. Sowohl die Bezeichnung der von der Beklagten ausgestellten Urkunden als „Schuldscheine" wie auch ihr Inhalt ergeben deutlich, daß weder für den ersten Erwerber der Forderung noch für seine Rechtsnachfolger die Geltendmachung der beurkundeten Rechte an den Besitz der Urkunde gebunden ist. Die Urkunden sind deshalb keine Wertpapiere, sondern bloße Beweisurkunden für das Darlehen, das mit seinen Verzinsungs-, Rückzahlungs- und Sicherungsbestimmungen in ihnen verbrieft ist. Ansprüche aus verbrieften Darlehen aber werden vom Aufwertungsgesetz nur auf dem besonderen, hier nicht in Betracht kommenden Gebiete des § 47 AufwG. den Ansprüchen aus Schuldverschreibungen gleich behandelt. Regelmäßig gehören sie zu den „anderen" Ansprüchen, deren Aufwertung nach Maßgabe des § 62 den „allgemeinen Vorschriften" unterliegt (so schon das Urteil des Senats vom 25. April 1927 IV 856/26).

Daß das Gesamtdarlehen durch zwei für einen Treuhänder bestellte Grundschulden gesichert ist, vermag, was auch das Berufungsgericht „zunächst und an sich" gelten läßt, eine Anwendung der für die Aufwertung der persönlichen Forderung bei einer Hypothek geltenden §§ 9flg. AufwG. nicht zu rechtfertigen. Der § 31 AufwG. zählt die Vorschriften einzeln auf, die aus dem Abschnitt „Aufwertung von Hypotheken" (§§ 4 bis 30) zur entsprechenden Anwendung auf Grundschulden, Rentenschulden und Reallasten nach der rechtlichen Natur dieser selbständigen Grundstücksbelastungen geeignet sind; es sind dies die sich auf die Aufwertung des dinglichen Rechts beziehenden §§ 4 bis 8 und die ergänzenden Vorschriften in den §§ 14 bis 30, während die §§ 9 bis 13, welche die Aufwertung der hypothekarisch gesicherten persönlichen Forderung betreffen, nicht mit angezogen sind. Die Übertragung dieser Vorschriften auf die Aufwertung einer durch Grundschuld (Rentenschuld oder Reallast) gesicherten Forderung wird demgemäß in feststehender Rechtsprechung abgelehnt (RGZ. Bd. 113 S. 93, RGU. vom 20. Februar 1926 V 142/25, 14. April 1926 V 514/24 und 29. Mai 1926 V 489/25 bei Zeiler, 250 Aufwertungsfälle Nr. 323, 324 und 325; KG. in JW. 1926 S. 994).

Anderseits ist nicht zu bezweifeln, daß die durch Grundschulden gesicherte Forderung aus einem Darlehen, das in der angegebenen Weise zu verzinsen und erst nach 12 Jahren mit einem Aufgeld zurückzuzahlen war, sich in der Hand dessen, der diese Forderung von der vermittelnden Bank erwarb, als eine Vermögensanlage darstellt. Die Aufwertung darf deshalb nach § 63 Abs. 1 AufwG. 25% des nach den §§ 2, 3 AufwG. zu berechnenden Goldmarkbetrags der Forderung nicht übersteigen. Innerhalb dieser Höchstgrenze ist der angemessene Aufwertungsbetrag gemäß den in § 62 AufwG. angezogenen „allgemeinen Vorschriften" (§§ 157, 242 BGB.) nach den aus der Sachlage zu entnehmenden Rücksichten auf Treu und Glauben zu bestimmen. Über die Fälligkeit und die Verzinsung des Aufwertungsbetrags kann das Gericht gemäß § 63 Abs. 4 nach billigem Ermessen entscheiden, dem nur die Schranke gesetzt ist, daß die vertragsmäßigen Zinsen und Zahlungsbedingungen zuungunsten des Gläubigers nicht über das bei der Aufwertung von Hypotheken (in den §§ 25, 26, 28 AufwG.) vorgesehene Maß hinaus geändert werden dürfen.

Wenn das Berufungsgericht sagt, die Höhe des Aufwertungsbetrags bemesse sich (innerhalb der Höchstgrenze des § 63) „nach den aus der besonderen Lage des Falles sich ergebenden Umständen und den gesamten Verhältnissen der Beteiligten", so wird diese für die Aufwertung im allgemeinen zutreffende Fassung der Eigenart der gegebenen Sachlage nicht gerecht. Das in dem einzelnen Schuldschein verbriefte Darlehen ist ausdrücklich als Teilbetrag eines Gesamtdarlehens bezeichnet. Es ist aus den Schuldscheinen ersichtlich, daß die Teilbeträge, mögen sie auch nicht gleich hoch sein, doch nach dem Verhältnis ihrer Nennwerte gleichberechtigt für Verzinsung, Rückzahlungsbedingungen und Sicherheit sein sollten. Dieser vertragsmäßigen Gleichwertigkeit der einzelnen Teile des Gesamtdarlehens entspricht es, daß über die Höhe der Aufwertung nicht je nach den Vermögensverhältnissen oder sonstigen besonderen Verhältnissen der einzelnen Gläubiger verschieden, sondern nur gleichmäßig gegenüber allen Gläubigern entschieden werden kann. Eine in diesem Sinne einheitliche Aufwertung trägt gerade der Besonderheit des Falles Rechnung, nämlich der Eigenschaft des einzelnen Darlehens als Teiles eines Gesamtdarlehens. Zur Vergleichung sei auf den die Aufwertung von Teilschuldverschreibungen betreffenden § 46 AufwG. sowie auf RGZ. Bd. 113 S. 156 Abs. 2 hingewiesen, wo dargelegt ist, daß die Aufwertung von rückständigen Einlagen auf Aktien einheitlich, also ohne Berücksichtigung der besonderen Verhältnisse der einzelnen Schuldner vorzunehmen ist. Das Berufungsgericht hat auch, im Widerspruch mit seinem oben wiedergegebenen allgemeinen Satze, bei seinen späteren Erwägungen über die Aufwertung die Vermögenslage oder die sonstigen besonderen Verhältnisse des Klägers gar nicht in Betracht gezogen. Dies ist rechtlich zu billigen.

2. Obwohl das Berufungsgericht nicht verkennt, daß für die Aufwertung von hypothekarisch gesicherten Forderungen einerseits und von Forderungen, die durch eine Grundschuld gesichert sind, anderseits verschiedene Vorschriften gelten, nämlich dort die §§ 9flg. AufwG., hier nach Maßgabe des § 62 die „allgemeinen Vorschriften", gelangt es doch wegen der rechtlichen und wirtschaftlichen Natur des von der Beklagten aufgenommenen Darlehens und seiner Sicherheit dazu, „im Rahmen der Billigkeit" die für die Hypothekenaufwertung gegebenen Vorschriften „in starkem Maße zu berücksichtigen". Es sagt: Einem Hypothekengläubiger, dessen Forderung nicht zurück-

gezahlt sei, seien 25% und bei stärkster Berücksichtigung der wirtschaftlichen Verhältnisse des Schuldners und Grundstückseigentümers 15% des Goldmarkbetrags der Forderung zu gewähren; es wäre unbillig, dem Gläubiger aus dem Darlehen von 1918 einen geringeren Betrag zuzusprechen; die Forderung des Klägers, der selbst an Stelle einer Aufwertung auf 25% nur eine solche auf 15% begehre, müsse deshalb berechtigt erscheinen. Diese Auffassung wird von der Revision bekämpft. Sie ist in der Tat rechtlich bedenklich.

Allerdings kann dem Berufungsgericht darin gefolgt werden, daß die Beklagte durch die Schaffung eines Treuhandverhältnisses und die Bestellung von Grundschulden für den Treuhänder einen der hypothekarischen Sicherung der Gläubiger des Gesamtdarlehens ähnlichen Erfolg erstrebt und erreicht hat. Der zwischen der Beklagten und dem Treuhänder abgeschlossene Vertrag sei, so wird ohne Rechtsirrtum angenommen, ein Vertrag zugunsten Dritter, nämlich der Gläubiger des Gesamtdarlehens. Nach diesem Vertrag hätten die Gläubiger das Recht, im Falle der Nichtzahlung der Schuld bei Fälligkeit vom Treuhänder die Verwertung der dinglichen Sicherheit zu verlangen. Die Verwertung könne durch Abtretung der Sicherheit sowie durch Betreibung der Zwangsversteigerung oder Zwangsverwaltung erzielt werden; den Gläubigern stehe dann der Anspruch auf den Versteigerungs- oder Verwaltungserlös zu. Für die weitere Annahme, daß dieses Recht gegen den Treuhänder auf Verwertung des dinglichen Rechts bei einer Übertragung der Darlehensforderung mit dieser auf den neuen Gläubiger übergehe, bedarf es nicht der Heranziehung des vom Berufungsgericht angeführten § 401 BGB. Der Übergang folgt vielmehr schon daraus, daß nach Vorstehendem die jeweiligen Gläubiger von Teilbeträgen des Gesamtdarlehens als diejenigen anzusehen sind, zu deren Gunsten die Rechte gegen den Treuhänder begründet wurden. Die rechtliche Möglichkeit, gemäß § 328 BGB. Rechte zugunsten dritter Personen zu begründen, die zur Zeit des Vertragsschlusses noch ungewiß sind, aber durch den Eintritt eines gewissen Zustands, hier durch den Erwerb eines Teilbetrags der Gesamtdarlehensforderung, bestimmt werden, ist in der Rechtsprechung anerkannt (RG. in SeuffArch. Bd. 67 Nr. 174 S. 312, OLG. München ebenda Bd. 68 Nr. 142 S. 258).

Die Erwägung, daß die Gläubiger des Gesamtdarlehens möglichst so gestellt werden sollten und in den Grenzen der rechtlichen Möglichkeit auch in ähnlicher Weise gestellt worden sind wie die Gläubiger hypothekarisch gesicherter Darlehensforderungen, reicht aber nicht aus, die entscheidende Heranziehung der Vorschriften über die Hypothekenaufwertung zu begründen. Es darf nicht unbeachtet bleiben, daß sich für eine rechtsvergleichende Betrachtung nicht nur und nicht in erster Linie die Vorschriften über die Aufwertung der durch eine Hypothek gesicherten persönlichen Forderung, sondern die Vorschriften über die Aufwertung von „Industrieobligationen und verwandten Schuldverschreibungen" darbieten. Diese Vorschriften (§§ 33flg. AufwG.) gehen jenen (§§ 9flg.) insofern vor, als sie nach § 33 auch dann anwendbar sind, wenn die von ihnen betroffenen Forderungen durch Hypothek gesichert sind, was gemäß §§ 1187, 1189 BGB. ohne oder mit Bestellung eines Gläubigervertreters geschehen sein kann. Den Industrieobligationen im Sinne der §§ 33flg., deren hauptsächliche (wenn nicht einzige) Erscheinungsform Teilschuldverschreibungen im Sinne des Gesetzes vom 4. Dezember 1899 sind, stehen die von der beklagten Industriegesellschaft im Jahre 1918 eingegangenen Darlehensverpflichtungen um deswillen nahe, weil die Darlehen als Teilbeträge eines Gesamtdarlehens aufgenommen sind, und zwar unter Bestellung eines Treuhänders für die Wahrnehmung der gemeinsamen Rechte der Gläubiger wegen der dinglichen Sicherheit. Führt diese Betrachtung auch nicht zur Anwendung der §§ 33flg. auf den vorliegenden Tatbestand, so ist doch vergleichungsweise zweierlei bemerkenswert. Einmal, daß auf Industrieobligationen ein Aufwertungssatz von 15% des Goldmarkbetrags nicht als Mindestsatz, sondern als ein keiner Erhöhung zugänglicher Normalsatz trifft, dessen Herabsetzung (äußerstenfalls bis auf Null) der Schuldner verlangen kann, wenn dies mit Rücksicht auf seine wirtschaftliche Lage zur Abwendung einer groben Unbilligkeit unabweisbar erscheint. Ferner, daß auch der in den §§ 37flg. den Altbesitzern neben der Aufwertung eingeräumte Anspruch auf eine gewisse Beteiligung am Reingewinn und am Liquidationserlös bei wirtschaftlicher Schwäche des Schuldners nur einen wenig erheblichen oder ganz bedeutungslosen Ausgleich gewährt. Eine höhere Aufwertung der Industrieobligationen wurde bei Erlassung des Aufwertungsgesetzes für wirtschaftlich nicht erträglich erachtet mit Rücksicht auf die der Industrie gemäß dem Dawes-Plan durch das Industriebelastungsgesetz vom 30. August 1924 auferlegten Lasten und die wirtschaftspolitische Notwendigkeit, die Unternehmungen, von denen das Schicksal zahlreicher Arbeiter und Angestellter und der Fortbestand von Deutschland als Industriestaat abhängt, lebens- und leistungsfähig zu erhalten. Mit dieser Absicht des Gesetzes, die besonderen Verhältnisse der Industrieunternehmungen bei der Bemessung der Aufwertung zu berücksichtigen, setzt sich das Berufungsgericht in Widerspruch, indem es dem Kläger in Anlehnung an die für die Aufwertung von Hypotheken geltenden Vorschriften den dort vorgesehenen Mindestsatz von 15% zubilligt und dies damit zu begründen versucht, daß es unbillig wäre, den Kläger schlechter zu stellen, als ein Hypothekengläubiger selbst bei stärkster Berücksichtigung der wirtschaftlichen Verhältnisse des Schuldners gestellt werden könnte.

Am Schlusse seiner Gründe bringt das Berufungsgericht freilich auch zum Ausdruck, daß, auch abgesehen von den Vorschriften über die Aufwertung von Hypotheken, ein „Herabgehen von dem Höchstsatz von 25%" auf keinen geringeren als den dem Kläger zugesprochenen Betrag von 15% des Goldmarkbetrags seiner Forderung der wirtschaftlichen Lage der Beklagten gerecht werde. Auch diese Ausführung wird von der Revision mit Recht beanstandet. Sie läßt erkennen, daß das Berufungsgericht von dem in § 63 AufwG. angegebenen Höchstsatz ausgegangen ist, wie wenn dieser (gleich dem in den §§ 4, 9 AufwG. vorgesehenen Satze derselben Höhe) der Normalsatz wäre, dessen Herabsetzung (§ 8) in Frage käme. Richtigerweise hätte der sich aus der Anwendung der „allgemeinen Vorschriften" (§ 62) ergebende Aufwertungsbetrag, unabhängig von dem Höchstsatz, ermittelt und der so gefundene Betrag, sofern er hinter dem Höchstsatze zurückblieb, zugesprochen werden müssen. Es ist nicht ausgeschlossen, daß das Berufungsgericht bei solcher richtigen Wahl des Ausgangspunktes zu einem anderen Ergebnis gekommen wäre. Jedenfalls ist die von ihm für die Aufwertung auf 15% gegebene Begründung rechtlich unzureichend. Das Berufungsgericht begnügt sich im wesentlichen damit, den Aufwertungsansprüchen aus Papiermarkforderungen gegen die Beklagte, die sich auf das Gesamtdarlehen von 1918, eine Anleihe und Lombarddarlehen im Umrechnungswerte von insgesamt 32,4 Millionen Goldmark gründen, ein „Aktienkapital" von 33,9 Millionen Goldmark gegenüberzustellen und festzustellen, daß sich der Grundbesitz von 30000 qm im Jahre 1914 auf 103000 qm im Jahre 1926 vergrößert hat. Dabei setzt sich das sogenannte Aktienkapital nach dem von der Beklagten vorgelegten Gutachten des Direktors im

Statistischen Reichsamt S., dem die Zahl 33,9 Millionen entnommen ist, aus dem Vorkriegskapital und dem Goldwert der in den Jahren 1916 bis 1923 vorgenommenen Kapitalerhöhungen zusammen. Diese Summe hat aber für die Beurteilung der wirtschaftlichen Lage der Beklagten in der Gegenwart, in der über die Aufwertung zu entscheiden ist, nur noch als Vergleichungsmaterial Bedeutung. Es kommt auf den gegenwärtigen bilanzmäßigen Vermögensstand der Beklagten an. Dieser Vermögensstand ist von S. im Wege einer Wahrscheinlichkeitsrechnung, deren Nachprüfung dem Tatrichter überlassen bleiben muß, auf nur 0,8 Millionen Goldmark (2,4% des vorangeführten „Aktienkapitals") errechnet. Die Vergrößerung des Grundbesitzes bedeutet für die wirtschaftliche Lage der Beklagten, ihre Leistungs- und Lebensfähigkeit, auch nicht ohne weiteres einen Vorteil. Nach der von der Beklagten vorgelegten Bescheinigung des Gewerberats B. hat gerade die Vergrößerung der Betriebsanlagen in den Kriegs- und Nachkriegsjahren in Verbindung mit dem Umstand, daß die vergrößerten Anlagen nur noch in geringfügigem Maße ausgenutzt werden können, für das Unternehmen die größte Unwirtschaftlichkeit zur Folge. Auch diese Behauptung wird nötigenfalls vom Tatrichter nachgeprüft werden müssen.

Des weiteren hebt die Revision mit Recht hervor, daß von einer Rücksichtnahme auf die wirtschaftliche Lage des Schuldners, falls dies eine Aktiengesellschaft ist, nicht mehr gesprochen werden kann, wenn der Aufwertungssatz eines einzelnen von zahlreichen gleich zu behandelnden Teilbeträgen eines Gesamtdarlehens so bemessen wird, daß für die Aktiengesellschaft bei Mitberücksichtigung ihrer sonstigen Verpflichtungen, insbesondere auch aus Aufwertungsforderungen, Überschuldung und damit nach § 207 Abs. 1 KO. ein Konkursgrund eintritt. Nach § 240 Abs. 2 HGB. hat der Vorstand einer Aktiengesellschaft die (durch § 315 Abs. 1 Nr. 2 HGB. unter eine Strafbestimmung gestellte) Verpflichtung, die Eröffnung des Konkurses zu beantragen, wenn sich bei Aufstellung der Jahresbilanz oder einer Zwischenbilanz ergibt, daß das Vermögen nicht mehr die Schulden deckt. Nach § 292 Abs. 1 Nr. 3 HGB. wird die Aktiengesellschaft durch die Eröffnung des Konkurses aufgelöst. Daraus folgt für diesen Rechtsstreit, daß die streitige Aufwertungsforderung nicht in solcher Höhe zugebilligt werden darf, daß die Bilanz der beklagten Aktiengesellschaft passiv erscheint, wenn in sie der schätzungsweise zu ermittelnde Gesamtbetrag aller anzuerkennenden Aufwertungsforderungen mit ihrem (bei künftiger Fälligkeit) für die Gegenwart zu berechnenden Werte eingestellt wird. Die Vermeidung der Herbeiführung des Konkursfalls bei der Beklagten setzt aber dem Aufwertungsmaß nur eine äußerste obere Grenze. Auch abgesehen hiervon muß, wie der Revision zuzugeben ist, darauf Bedacht genommen werden, daß die Beklagte „selbstverständlich unter härtesten Anstrengungen ihrerseits" fortbestehen kann. Es ist aus den Urteilsgründen nicht zu entnehmen, daß das Berufungsgericht der Beklagten eine solche Rücksichtnahme auf die Möglichkeit ihres Fortbestehens hat zuteil werden lassen, welche Rücksichtnahme bei Geltung eines gesetzlichen Mindestsatzes für die Aufwertung (§§ 8 bis 10 AufwG.) unter diesen Satz herunter nicht zulässig, dagegen auf dem Boden des § 62 AufwG. mit § 242 BGB. (wie auf dem Boden des § 34 AufwG.) ohne Beschränkung zulässig und rechtlich geboten ist.

---

31. 1. Sind die auf Kündigung angestellten Beamten der Eisenbahnverwaltungen der Länder als Reichsbeamte auch dann Kündigungsbeamte geblieben, wenn bei ihrer Übernahme in den Reichsdienst die Kündigungsbefugnis des Reichs nicht ausdrücklich vorbehalten wurde?

2. Kann im Reich und in Preußen Beamten, die auf Kündigung angestellt sind, nur aus Gründen gekündigt werden, die in ihrer Person liegen, oder ist die gleichzeitige Kündigung gegenüber einer größeren Zahl von Beamten zur Erzielung von Ersparnissen zulässig? Wie ist in dieser Hinsicht die Rechtsstellung der Reichsbahnbeamten?

RBG. §§ 2, 32. Preuß. Disziplinargesetz vom 21. Juli 1852 § 83. Staatsvertrag über den Übergang der Staatseisenbahnen auf das Reich vom 31. März 1920 § 25. Reichsbahngesetz vom 30. August 1924 § 24. Reichsbahn-Personalgesetz vom 30. August 1924 § 2.

III. Zivilsenat. Urt. v. 27. Mai 1927 i. S. S. (Kl.) w. Deutsche Reichsbahn-Gesellschaft. III 462/26.

I. Landgericht I Berlin.
II. Kammergericht daselbst.

Im Jahre 1906 trat der Kläger als Bahnunterhaltungsarbeiter in den Dienst der Preußischen Staatseisenbahnverwaltung. Am 1. April 1919 wurde er zum planmäßigen Schaffner ernannt, jedoch unter dem ausdrücklichen Vorbehalt der Kündigung mit einmonatiger Frist. Mit dem Übergang der preußischen Staatsbahnen auf das Reich wurde er Reichsbeamter, mit dem Inkrafttreten des Reichsbahngesetzes vom 30. August 1924 Reichsbahnbeamter. Durch Schreiben vom 12. September 1925 wurde dem Kläger das Dienstverhältnis gemäß § 25 der Personalordnung dergestalt gekündigt, daß es mit dem 31. Oktober 1925 aufhöre. Die Kündigung wurde damit begründet, daß die Herabminderung des Personalbestands der Beklagten sie erforderlich mache. Jedoch erklärte sich die Beklagte bereit, den Kläger vom 1. November 1925 ab im Arbeiterverhältnis weiter zu beschäftigen. In gleicher Weise hat die Beklagte noch einer großen Zahl von anderen Kündigungsbeamten gekündigt und ihnen ebenfalls angeboten, sie im Arbeiterverhältnis weiter zu verwenden.

Der Kläger behauptet in erster Linie, die gegen ihn ausgesprochene Kündigung sei rechtsunwirksam, in zweiter Linie, sie enthalte einen Mißbrauch des der Beklagten etwa zustehenden Kündigungsrechts. Er verlangt mit der Klage 1. Feststellung, daß seine rechtliche Stellung in seinem Amt als Schaffner durch die Kündigung nicht geändert worden sei, 2. Verurteilung der Beklagten zur Zahlung von 399 RM nebst Zinsen, 3. ihre Verurteilung zur Zahlung der jeweiligen Bezüge eines planmäßigen Schaffners vom 1. Juni 1926 ab.

Die Vorinstanzen haben die Klage abgewiesen. Die Revision des Klägers blieb erfolglos.

Gründe:

1. (Die Abweisung des auf Feststellung gerichteten Klagantrags zu 1 aus prozessualen Gründen wird gebilligt.) ...

2. Der Kläger leitet die Rechtsunwirksamkeit der ihm gegenüber ausgesprochenen Kündigung zunächst daraus her, daß er nicht Kündigungsbeamter, sondern lebenslänglich angestellter Beamter gewesen sei. Diesen Einwand hat das Kammergericht mit rechtlich bedenkenfreier Begründung zurückgewiesen. Allerdings hat das Reich den auf Grund des Staatsvertrags vom 31. März 1920 in seinen Dienst übernommenen Kündigungsbeamten der Länder-Eisenbahnen, insbesondere dem Kläger gegenüber, keinen ausdrücklichen Kündigungsvorbehalt gemacht. Das war aber trotz § 2 RBG. nicht erforderlich.

Denn diese Vorschrift verlangt nur, daß bei der Anstellung von Reichsbeamten, die nicht auf Lebenszeit angestellt werden sollen, die Kündigung ausdrücklich vorbehalten werden muß. Als Beamter angestellt worden ist der Kläger aber nicht vom Reiche, sondern von der preußischen Staatsbahnverwaltung. Einen mit dem Kündigungsvorbehalt zu verbindenden Anstellungsakt hat das Reich dem Kläger gegenüber niemals vorgenommen. Vielmehr ist er kraft Gesetzes (Reichsgesetz betr. den Staatsvertrag über den Übergang der Staatseisenbahnen auf das Reich vom 30. April 1920 in Verbindung mit § 25 des Staatsvertrags) Reichsbeamter geworden. Die im Staatsvertrag vorgesehene Übernahme der Beamten der Länder-Eisenbahnen durch das Reich bedeutete zwar einen Wechsel in der Person des Dienstherrn der Beamten (RGZ. Bd. 106 S. 257), bewirkte in ihrer Rechtsstellung aber nur die durch diesen Wechsel und den damit verbundenen Erwerb der Reichsbeamteneigenschaft gebotenen Veränderungen. Der Kläger, der in Preußen Kündigungsbeamter war, blieb dies daher auch, als er Reichsbeamter wurde, ohne daß es eines nochmaligen Vorbehalts bedurft hätte. Es fehlt an jedem Rechtsgrund für die Annahme, daß seine Rechtsstellung in diesem Punkt durch den Wechsel des dienstberechtigten Gemeinwesens berührt worden wäre. Wenn die Revision versucht, den gegenteiligen Standpunkt mit vertragsrechtlichen Erwägungen zu begründen, so braucht demgegenüber nur darauf hingewiesen zu werden, daß das Beamtenverhältnis kein Vertragsverhältnis ist. Vertragsbeziehungen zwischen dem Kläger und dem Reich können auch nicht daraus hergeleitet werden, daß er die — von ihm übrigens nicht benutzte — Möglichkeit hatte, in den Staatsdienst zurückzutreten (§ 26 des Staatsvertrags). Diese Rücktrittsbefugnis der Länderbeamten ändert nichts daran, daß sie Reichsbeamte kraft Gesetzes geworden sind. Aus alledem ergibt sich, daß nicht bloß Preußen, sondern ebenso auch das Reich und dann die Deutsche Reichsbahn-Gesellschaft befugt waren, dem Kläger zu kündigen.

3. Der Kläger bestreitet die Wirksamkeit der Kündigung aber auch für den nach dem vorstehend Gesagten tatsächlich gegebenen Fall, daß er Kündigungsbeamter geblieben ist. Er behauptet, daß die Beklagte nicht berechtigt gewesen sei, ihm gleichzeitig mit zahlreichen anderen Beamten zum Zwecke der Überführung in das Arbeiterverhältnis zu kündigen. Um dies zu begründen, hat der Vertreter

des Klägers an die Spitze seiner Ausführungen den Satz gestellt, daß nach preußischem wie nach Reichsrecht den auf Kündigung angestellten Beamten nur aus solchen Gründen gekündigt werden dürfe, die in ihrer Person lägen, während die Kündigung aus Gründen des dienstlichen Bedürfnisses unzulässig sei, und hat daraus gefolgert, daß diese Einschränkung der behördlichen Kündigungsbefugnis auch zugunsten der Reichsbahnbeamten gelte. Diese Ansicht ist unrichtig. Den rechtlichen Ausgangspunkt für die Anstellung von Beamten auf Kündigung bildet für Preußen § 12 Nr. 2 Abs. 3 der Instruktion zur Geschäftsführung der Regierungen vom 23. Oktober 1817 (GS. S. 248), der vorschreibt, daß diejenigen Unterbedienten, deren Dienst keine Ausbildung erfordert, sondern größtenteils nur mechanisch ist, soviel möglich, auf Kündigung anzustellen sind, ohne damit übrigens die Anstellung auf Kündigung für andere Beamte als die bezeichneten zu untersagen. In § 83 des preußischen Disziplinargesetzes vom 21. Juli 1852 (GS. S. 465) heißt es, daß Beamte, welche auf Kündigung angestellt sind, ohne ein förmliches Disziplinarverfahren von der Behörde, welche ihre Anstellung verfügt hat, entlassen werden können. Die entsprechende reichsrechtliche Vorschrift findet sich in § 32 RBG., der ebenfalls bestimmt, daß die Entlassung der auf Kündigung angestellten Beamten durch diejenige Behörde erfolgt, welche die Anstellung verfügt hat. § 2 das. fordert nur noch, daß die Kündigungsbefugnis ausdrücklich vorbehalten sein müsse. Eine Einschränkung der Kündigungsgründe ist aus keiner dieser Vorschriften zu entnehmen, kann insbesondere für das preußische Recht nicht daraus gefolgert werden, daß die angeführte Bestimmung über die zur Ausübung des Kündigungsrechts berufene Behörde (§ 83 a. a. O.) in einem Disziplinargesetz enthalten ist. Etwaige Weisungen der Ministerialinstanzen an die nachgeordneten Behörden, von der Kündigungsbefugnis nur aus erheblichen Gründen Gebrauch zu machen, besagen nicht, daß diese erheblichen Gründe ausschließlich der Person des Beamten zu entnehmen sind, daß sie nicht auch in allgemeinen dienstlichen Verhältnissen liegen können. So hat denn der Senat bereits gerade für einen preußischrechtlichen Fall in der RGZ. Bd. 81 S. 99 abgedruckten Entscheidung ausgesprochen (S. 106, 107), daß einem Beamten das Dienstverhältnis auch wegen Wegfalls des Bedürfnisses oder wegen anderweitiger Einrichtung und Gliederung der Behörden oder ihres Dienstes gekündigt werden kann, daß der Vorbehalt der Kündigung gerade den Zweck verfolgt, den Behörden bei Entscheidung der Frage der ferneren Verwendung oder der Entlassung der unter diesem Vorbehalt angestellten Beamten freie Hand zu lassen. Diese mit Verwaltungsübung und Schrifttum übereinstimmenden Sätze gelten auch für das Reichsrecht.

Völlig willkürlich ist die Behauptung des Klägers, das Reichsbeamtenrecht habe eine Massenkündigung von Reichsbeamten, d. h. die gleichzeitige Kündigung gegenüber einer größeren Zahl von Reichsbeamten aus Gründen des dienstlichen Bedürfnisses nicht zugelassen. Das Reichsbeamtengesetz macht — ebenso wie das preußische Beamtenrecht — keinen Unterschied zwischen der Kündigung gegenüber einem einzelnen Beamten und der gleichzeitigen Kündigung gegenüber mehreren Beamten. Es stellt die Kündigung bei Beamten ausschließlich in das pflichtmäßige, der Nachprüfung im ordentlichen Rechtsweg nicht unterliegende Ermessen der dazu berufenen Dienststelle und verbietet ihr nicht, aus Gründen der Verminderung der staatlichen Ausgaben gleichzeitig zahlreiche Kündigungen auszusprechen. Nicht richtig ist auch, daß eine sog. Massenkündigung von Beamten erst durch die Personal-Abbau-Verordnung vom 27. Oktober 1923 zugelassen worden sei. Art. 3 § 1 Abs. 2 das. schuf nur die Möglichkeit, Kündigungsbeamte zu entlassen oder sie unter Gewährung des gesetzlichen Wartegelds einstweilen in den Ruhestand zu versetzen. Das Recht der Verwaltung, ihnen zu kündigen, blieb unberührt. Der Senat hat das bereits in seiner RGZ. Bd. 116 S. 173 abgedruckten Entscheidung vom 25. Februar 1927 für die entsprechenden Vorschriften in den §§ 15 Abs. 2 und 16 Abs. 1 der preußischen Personal-Abbau-Verordnung vom 8. Februar 1924 ausgeführt. Das dort Gesagte gilt auch für Art. 3 § 1 Abs. 2 ReichsPersAbbVo.

Fehl geht unter diesen Umständen die Berufung des Klägers auf die in § 30 des Staatsvertrags vom 31. März 1920 vom Reich übernommene Gewährleistung der Rechte der in seinen Dienst übergehenden Beamten der Länder-Eisenbahnen. Denn, wie dargelegt, war seine Stellung als Kündigungsbeamter im Reiche nach Reichsrecht keine andere, als sie es für ihn in Preußen nach preußischem Recht war. Ob, wie in der Revisionsverhandlung ausgeführt worden ist, den oldenburgischen Landesbeamten nur aus Gründen gekündigt werden kann, die in ihrer Person liegen, und ob dies auch den in den Reichsdienst übernommenen oldenburgischen Eisenbahnbeamten zugute kommt, kann auf sich beruhen. Denn der Kläger war anfänglich nicht oldenburgischer, sondern preußischer Beamter. Der Inhalt der für ihn aus § 30 des Staatsvertrags fließenden Rechte kann sich daher nicht nach oldenburgischem, sondern nur nach preußischem Recht bestimmen.

Für die auf Kündigung angestellten Reichsbahnbeamten bestehen keine Vorschriften, die zu ihren Gunsten in Abweichung von dem für die Reichsbeamten geltenden Recht die Kündigungsmöglichkeit auf die in ihrer Person liegenden Gründe beschränkten. Der § 2 des Reichsbahn-Personalgesetzes vom 30. August 1924 besagt nur, daß die Reichsbahnbeamten, insoweit sie nicht unter dem ausdrücklichen Vorbehalt des Widerrufs oder der Kündigung angestellt werden, als auf Lebenszeit angestellt gelten, stimmt also mit § 2 RBG. fast wörtlich überein. Ebensowenig steht dem Kläger der § 24 des Reichsbahngesetzes zur Seite, der folgendes bestimmt:

> „Die Gesellschaft kann Reichsbahnbeamte auf Dienstposten von geringerer Bewertung versetzen, wenn das dienstliche Bedürfnis es erfordert. Der Reichsbahnbeamte kann unter Bewilligung von Wartegeld einstweilen in den Ruhestand versetzt werden."

Der Kläger meint, daß diese Vorschrift die Befugnis der Beklagten zu Maßnahmen gegen ihre Beamten beim Vorliegen eines dienstlichen Bedürfnisses erschöpfend regele. § 24 räume ihr nicht das Recht ein, ihren Kündigungsbeamten aus Gründen des dienstlichen Bedürfnisses ganz allgemein und im großen zu kündigen. Aus Gründen anderer Art, insbesondere solchen der Dienstzucht, dürfe gegenüber dem einzelnen auf Kündigung angestellten Beamten allerdings von der Kündigungsbefugnis Gebrauch gemacht werden. Eine mit dienstlichen Bedürfnissen gerechtfertigte Massenkündigung, wie sie hier dem Kläger zugleich mit zahlreichen anderen Beamten zugegangen sei, sei aber unzulässig und rechtsunwirksam. Diese Auslegung des § 24 ReichsbahnG. entbehrt jeder Grundlage. Die Vorschrift gibt der Beklagten ihren Beamten gegenüber gewisse, über die Vorschriften des Reichsbeamtengesetzes hinausgehende Befugnisse, bietet aber nach ihrem Wortlaut nicht den mindesten Anhalt dafür, daß zugleich die Rechte der Beklagten, insbesondere ihre Rechte gegenüber den auf Kündigung angestellten Beamten, haben eingeschränkt werden sollen. Das wäre auch mit dem Zweck der Bestimmung unvereinbar gewesen, die nach ihrer Begründung der Beklagten gerade die Möglichkeit hat verschaffen sollen, ihre Verhältnisse auf dem Gebiete des Personals so wirtschaftlich wie nur irgend möglich zu gestalten. Eine Einschränkung ihrer Kündigungsbefugnis hätte, wie keiner Ausführung bedarf, die Erreichung dieses Ziels erschwert.

Anerkannt ist freilich in der Rechtsprechung des Senats (RGZ. Bd. 81 S. 107, Bd. 82 S. 261), daß einem Beamten, der bereits dienstunfähig geworden ist und daher Ruhegehalt beanspruchen kann, sein Recht auf Ruhegehalt nicht mehr durch eine Kündigung genommen werden kann. Daraus folgt aber nicht, daß einem Beamten, der — wie das jetzt nach § 24 Satz 2 ReichsbahnG. bei allen Reichsbahnbeamten der Fall ist — unter Bewilligung von Wartegeld einstweilen in den Ruhestand versetzt werden kann, nicht gekündigt werden kann oder daß er, falls die Kündigung erfolgt, wenigstens Wartegeld zu beanspruchen hat. Denn jener Rechtsprechung liegt der Satz zugrunde, daß der Rechtsanspruch des Beamten auf Ruhegehalt ohne weiteres mit dem objektiven Vorliegen der gesetzlichen Erfordernisse entsteht, so daß die Entscheidung der Verwaltungsbehörde darüber, ob dem Beamten Pension zustehe, nur erklärende, nicht rechtsbegründende Bedeutung hat (RGZ. Bd. 81 S. 105). Ein Rechtsanspruch auf Wartegeld steht aber keinem Reichsbahnbeamten zu. Er entsteht erst mit der wiederum vom Ermessen der zuständigen Dienstbehörde abhängigen Versetzung in den einstweiligen Ruhestand.

Nach alledem erweisen sich auch die Angriffe der Revision gegen die Rechtsgültigkeit des im Kündigungsschreiben der Beklagten angeführten § 25 der Personalordnung der Deutschen Reichsbahn-Gesellschaft als unbegründet. Wenn diese Vorschrift in Nr. 1 auf § 20 Nr. 3 Satz 2 das. verweist und damit zum Ausdruck bringt, daß die Ausübung des Kündigungsrechts in Betracht komme, wenn der Beamtenkörper der Gesellschaft wegen Einschränkung des Aufgabenkreises, Abnahme des Geschäftsumfangs, Veränderung oder Umbildung von Einrichtungen der Gesellschaft oder wegen sonstiger Vereinfachung vermindert werden müsse, so enthält sie keine unzulässige Verschlechterung der Rechtsstellung der Kündigungsbeamten, sondern steht nach dem Gesagten mit den gesetzlichen Bestimmungen durchaus im Einklang. Diese enthalten keine Beschränkung der Beklagten hinsichtlich der Ausübung ihrer Kündigungsbefugnis gegenüber den auf Kündigung angestellten Beamten....

32. Welche Bedeutung hat das Bestehen eines Absonderungsrechts für die Ausübung des Anfechtungsrechts während des Konkurses, namentlich gegenüber Veräußerungen, deren Wirksamkeit die Entstehung des Absonderungsrechts gehindert haben würde?

KO. § 36. AnfGes. § 13.

(VII.) VI. Zivilsenat. Urt. v. 27. Mai 1927 i. S. Sch. (Kl.) w. Gebr. M. (Bekl.). (VII) VI 81/27.

I. Landgericht Chemnitz.
II. Oberlandesgericht Dresden.

Die verklagte Firma erhielt am 25. November 1925 von der Firma R. L. in Ch. etwa 500 kg rohes Wollgarn zum Färben, lehnte aber demnächst die Rückgabe ab, indem sie ein Zurückbehaltungsrecht wegen einer Forderung von 12000 RM für andere Färbeaufträge geltend machte, über die sie am 22. Februar 1926 in Höhe eines Teilbetrags von 4500 RM eine vorläufig vollstreckbare Verurteilung der Auftraggeberin beim Landgericht erwirkte. Der Kläger, der mit einer Schwester des Alleininhabers der Firma R. L. verheiratet ist, behauptete, daß diese Firma ihm die Garne durch Vertrag vom 9. November 1925 übereignet habe, und erhob Klage auf ihre Herausgabe. Die Beklagte bestritt die Übereignung und focht sie hilfsweise an, weil durch sie die Gläubiger der Übereignerin, die am 6. April 1926 in Konkurs geraten ist, benachteiligt worden seien und die hierauf gerichtete Absicht der Übereignerin dem Kläger beim Abschluß des Vertrags bekannt gewesen sei.

Die Klage wurde abgewiesen, die Berufung des Klägers zurückgewiesen. Auch seine Revision blieb erfolglos.

Gründe:

Das Berufungsgericht läßt dahingestellt, ob die Garne auf Grund des Vertrags vom 9. November 1925 dem Kläger übereignet worden sind und ob dieser Vertrag etwa als Knebelungsvertrag wegen Sittenwidrigkeit nichtig ist. Es hält für erwiesen, daß die Übereignung, falls sie gültig stattgefunden hat, die Gläubiger der Firma R. L. benachteiligte und daß dies von ihrem Inhaber beabsichtigt war, und meint, daß es mit Rücksicht auf das Schwägerschaftsverhältnis eines Beweises für die Kenntnis des Klägers von dieser Absicht nicht bedürfe. Der Vorderrichter erachtet deshalb die Anfechtungseinrede der Beklagten gegen den Herausgabeanspruch auf Grund ihres vollstreckbaren Forderungstitels und des ihr zustehenden Zurückbehaltungsrechts für gerechtfertigt. Er ist weiter der Ansicht, daß die Beklagte, da sie kraft ihres Zurückbehaltungsrechts im Konkurs absonderungsberechtigt sei, das Anfechtungsrecht auch im Konkurs selbständig ausüben könne.

Die Revision wendet gegen diese Ausführungen vornehmlich ein, die Beklagte habe an den Garnen kein Zurückbehaltungsrecht erwerben können, weil diese bereits Eigentum des Klägers gewesen seien, als die Beklagte sie zum Färben erhalten habe; demgemäß stehe ihr auch kein Anfechtungsrecht zu; auch sei eine Rückgewähr zu ihren Gunsten gegenstandslos, da sie kein Recht auf Sicherung ihrer Forderung durch die Garne gehabt habe.

Dieser Angriff ist unbegründet. Grundlage des Anfechtungsrechts außerhalb des Konkurses ist nicht das Absonderungsrecht, sondern die fällige Forderung des Gläubigers und der für sie bestehende vollstreckbare Schuldtitel. Diese Voraussetzungen sind aber bei der Beklagten unabhängig vom Erfolg ihrer Anfechtungseinrede gegeben. Daß die Beklagte kein Recht auf Übergabe der Garne zur Sicherung hatte, schließt nicht aus, daß die Übereignung an einen Dritten ihre Befriedigung aus den Garnen erschwerte, und hindert sie auch nicht, aus der Rückgewähr durch den Dritten den Vorteil zu ziehen, den sie ohne die Übereignung durch Begründung ihres Zurückbehaltungsrechts erlangt hätte. Das Absonderungsrecht, dessen Entstehung durch die angefochtene Übereignung in Frage gestellt wird, ist für die Anfechtung nur insofern von Bedeutung, als von ihm die Befugnis der Beklagten abhängt, ihren Anfechtungsanspruch noch während des Konkurses selbständig geltend zu machen. Wohl ist im allgemeinen das Anfechtungsrecht nach § 36 KO. während des Konkurses vom Konkursverwalter auszuüben und kann von den einzelnen Gläubigern nach § 13 Abs. 4 AnfG. erst nach Beendigung des Konkurses wieder verfolgt werden; die absonderungsberechtigten Gläubiger jedoch können sich dieses Rechtes auch während des Konkurses bedienen, wie in der Rechtsprechung des Reichsgerichts seit jeher anerkannt ist (RGZ. Bd. 16 S. 32). Da das Absonderungsrecht dem anfechtungsberechtigten Gläubiger hiernach nur die Fortdauer der Befugnis zur selbständigen Geltendmachung des Anfechtungsrechts im Konkurs gewährt, so muß ihm diese Befugnis auch gegenüber Veräußerungen zustehen, die im Falle der Wirksamkeit die Entstehung seines Absonderungsrechts, wie im vorliegenden Falle, gehindert haben würden. Andernfalls würde, da der Konkursverwalter in der Regel kein Interesse an der Anfechtung solcher Veräußerungen haben wird, die Konkurseröffnung den Erwerber für die Dauer des Konkurses vor der bis dahin begründeten Anfechtung sichern und den Anfechtungsberechtigten auf die ungewisse Möglichkeit beschränken, sein Anfechtungsrecht nach der Beendigung des Konkurses geltend zu machen.

Wenn die Revision noch anführt, daß die Gemeinschuldnerin und der Kläger bei der Übereignung eine Benachteiligung der Beklagten nicht hätten beabsichtigen können, da deren Forderung zum Teil erst später entstanden, jedenfalls erst später mit vollstreckbarem Titel und Zurückbehaltungsrecht ausgestattet worden sei, so ist dieser Angriff gegenüber dem klaren Wortlaute des § 3 Nr. 2 AnfGes. hinfällig, der nicht eine Benachteiligung des anfechtenden Gläubigers, sondern nur eine Benachteiligung der Gläubiger erfordert.

33. Sind die Landgerichte ohne Rücksicht auf den Wert des Streitgegenstands ausschließlich zuständig für die Ansprüche der Reichsbahnbeamten gegen die Deutsche Reichsbahn-Gesellschaft aus ihrem Dienstverhältnis?

ZPO. § 547 Nr. 2. GVG. § 71 Abs. 2 Nr. 1.

III. Zivilsenat. Urt. v. 27. Mai 1927 i. S. Deutsche Reichsbahn-Gesellschaft (Bekl.) w. B. (Kl.). III 358/26.

I. Landgericht I München.
II. Oberlandesgericht daselbst.

Die obige Frage wurde bejaht aus folgenden

Gründen:

Der Beschwerdegegenstand beläuft sich auf weniger als 4000 RM. Trotzdem ist die Revision nach § 547 Nr. 2 ZPO. zulässig. Denn für den eingeklagten Anspruch, den Anspruch eines Reichsbahnbeamten gegen die Deutsche Reichsbahn-Gesellschaft, ist in sinngemäßer Anwendung des § 71 Abs. 2 Nr. 1 GVG. die ausschließliche landgerichtliche Zuständigkeit als gegeben anzusehen. Allerdings bestimmen sich die Rechtsverhältnisse der Reichsbahnbeamten nicht nach dem Reichsbeamtengesetz, sondern nach dem Reichsbahngesetz vom 30. August 1924, dem Reichsbahn-Personalgesetz vom gleichen Tage und der auf Grund des ersteren erlassenen Personalordnung. Aber die dort gegebenen Vorschriften lehnen sich grundsätzlich an die für Reichsbeamte geltenden Vorschriften an und weichen von diesen nur insoweit ab, als das bei Berücksichtigung der besonderen Verhältnisse der Gesellschaft erforderlich erschien (vgl. § 22 Abs. 3 ReichsbahnG.). Auf die Verfolgung vermögensrechtlicher Ansprüche aus dem Reichsbahnbeamtenverhältnis sind nach ausdrücklicher Vorschrift (§ 8 Reichsbahn-PersonalG.) die Bestimmungen der §§ 149flg. RBG. sinngemäß anzuwenden. Das Bedürfnis einer einheitlichen Rechtsprechung, dem die fragliche besondere Zuständigkeitsnorm ihre Entstehung verdankt, besteht für die im Dienste der Reichseisenbahnen beschäftigten Beamten bei ihrer großen Zahl in besonders hohem Maße. Dem durch das Reichsbahngesetz bewirkten Übergang der Dienstgewalt über sie vom Reich auf die Deutsche Reichsbahn-Gesellschaft, ihrer Verwandlung von unmittelbaren Reichsbeamten in mittelbare (RGSt. Bd. 60 S. 139) kann daher für die zu entscheidende Frage keine Bedeutung beigemessen werden. Es muß vielmehr trotzdem angenommen werden, daß die bis dahin gegebene Anwendbarkeit des § 71 Abs. 2 Nr. 1 GVG. auf die bei den Reichseisenbahnen tätigen Beamten durch das Reichsbahngesetz nicht hat ausgeschlossen werden sollen, daß also die Landgerichte ohne Rücksicht auf den Wert des Streitgegenstands auch für die Ansprüche ausschließlich zuständig sind, die auf Grund der für die Reichsbahnbeamten geltenden Vorschriften gegen die Deutsche Reichsbahn-Gesellschaft erhoben werden. Im gleichen Sinne hat der Senat bereits über Ansprüche entschieden, die gegen das Unternehmen „Deutsche Reichspost" von ihren Beamten geltend gemacht werden (RGZ. Bd. 111 S. 341).

34. Zur Frage der stillschweigenden Bevollmächtigung eines kaufmännischen Angestellten zur Eingehung von Wechselverbindlichkeiten.

HGB. § 54 Abs. 2. BGB. § 167.

II. Zivilsenat. Urt. v. 27. Mai 1927 i. S. der R. L. Sp. Zünderwerke GmbH. (Bekl.) w. die Bank für D. B., eingetr. Genossensch. m. beschr. Haftpfl. (Kl.). II 521/26.

I. Landgericht II Berlin.
II. Kammergericht daselbst.

Die Klägerin hat als Inhaberin des eingeklagten Wechsels, der von dem Kaufmann L. am 8. September 1925 an eigene Order ausgestellt worden ist, die Beklagte als Akzeptantin auf Zahlung von 7190 RM nebst Zinsen und Wechselunkosten im Wechselprozeß in Anspruch genommen. Das Akzept, aus dem die Beklagte haftbar gemacht wird, ist mit ihrer Firma durch Dr. G. gezeichnet worden. Unstreitig war Dr. G. zur Zeit, als dies geschah, nicht Geschäftsführer der Beklagten. Die Klägerin behauptet aber, daß er nach dem Tode seines Vaters L. G., welcher Geschäftsführer der Beklagten war, deren Geschäft (die Abteilung Spandau) völlig selbständig geleitet habe. Auch als Anfang 1925 der Direktor Sch. zum Geschäftsführer bestellt worden sei, habe Dr. G. ihn vertreten und mit seinem Wissen und Willen nicht nur alle laufenden Geschäfte vorgenommen, sondern auch Kundenwechsel mit dem Giro der Beklagten versehen und Akzepte für sie gezeichnet.

Das Landgericht wies die Klage ab; das Kammergericht dagegen gab ihr statt. Die Revision der Beklagten hatte keinen Erfolg.

Gründe:

Die Beklagte, die in Berlin-Zehlendorf ihre Hauptniederlassung hat und in Spandau eine Zweigniederlassung unterhält, wird aus einem Wechselakzept in Anspruch genommen, das Dr. G. unter ihrer Firma mit seinem Namen gezeichnet hat. Da Dr. G. nicht Geschäftsführer der Beklagten, also nicht ihr gesetzlicher Vertreter war, so kann sie aus dem Akzept nur in Anspruch genommen werden, wenn er zur Eingehung von Wechselverbindlichkeiten für sie ermächtigt war.

Nach der Feststellung des Kammergerichts hatte Dr. G. nach dem Tode seines Vaters dem Geschäftspersonal der Spandauer Zweigniederlassung gegenüber und nach außen die Stellung eines Geschäftsführers. Nach dem Zeugnis der beiden Buchhalter der Beklagten, auf deren Aussage sich das Kammergericht stützt, leitete er das Spandauer Werk selbständig, unterschrieb die Geschäftsbriefe und zeichnete eingehende Kundenwechsel mit dem Giro der Beklagten. Auch als Anfang 1925 Direktor Sch. sich bei dem Spandauer Werk als Geschäftsführer vorgestellt hatte, blieb Dr. G. weiterhin in gleicher Weise tätig.

Ob darin, daß nach dem Tode des Geschäftsführers G. sein Sohn Dr. G. zum Leiter des Spandauer Werkes bestimmt wurde, die Erteilung einer General-Handlungsvollmacht erblickt werden könnte, braucht nicht untersucht zu werden. Denn auch eine General-Handlungsvollmacht schließt nicht notwendig die Ermächtigung zur Eingehung von Wechselverbindlichkeiten in sich (RGZ. Bd. 76 S. 202). Diese Ermächtigung muß vielmehr auch dann besonders erteilt werden, wenn jemand zum Betrieb eines Handelsgewerbes ermächtigt ist und der Betrieb die Eingehung von Wechselverbindlichkeiten gewöhnlich mit sich bringt (§ 54 Abs. 2 HGB.).

Diese besondere Ermächtigung braucht nicht mit ausdrücklichen Worten zu erfolgen, der darauf gerichtete Wille des Prinzipals kann sich vielmehr auch aus schlüssigen Handlungen ergeben (RGZ. Bd. 76 S. 203). Im Verkehr unter Kaufleuten muß aber die Frage, ob ein Kaufmann einem seiner Angestellten Vollmacht zur Vornahme von Rechtsgeschäften, insbesondere zur Eingehung von Wechselverbindlichkeiten, erteilt hat, und ebenso der Umfang dieser Vollmacht nach dem in die äußere Erscheinung getretenen Verhalten des Kaufmanns beurteilt werden (RGZ. Bd. 65 S. 295, Bd. 100 S. 49). Es kommt daher, wie der erkennende Senat in seinem Urteil vom 24. Juni 1926 II 49/26 (JW. 1927 S. 1249 Nr. 5) ausgesprochen hat, für die Frage nach der stillschweigenden Vollmachtserteilung nicht sowohl darauf an, ob der Vertretene die rechtsgeschäftliche Tätigkeit des Vertreters gekannt und geduldet hat, als vielmehr darauf, wie das Verhalten des Vertretenen gegenüber den Handlungen des Vertreters von den mit diesem abschließenden dritten Personen aufgefaßt werden mußte, d. h. ob es von ihnen nach Treu und Glauben dahin gedeutet werden durfte, daß dem Vertretenen bei Anwendung der im Verkehr erforderlichen Sorgfalt das Verhalten des Vertreters nicht habe verborgen bleiben können und daß es daher von ihm geduldet werde.

Gegen diese Grundsätze hat das Kammergericht, entgegen der Meinung der Revision, nicht verstoßen. Es hat festgestellt, daß Dr. G. innerhalb der letzten zwei Jahre vor Ausstellung des Klagewechsels in etwa 10 Fällen Kundenwechsel giriert habe und daß ein Teil dieser Wechsel nach Vollziehung des Giros an die Hauptniederlassung der Beklagten gelangt sei, die diese rechtsgeschäftliche Betätigung des Dr. G. geduldet habe. Da diese Betätigung sich über den Zeitraum von zwei Jahren erstreckt hat und der Geschäftsleitung der Hauptniederlassung bei Anwendung der im Verkehr erforderlichen Sorgfalt nicht verborgen bleiben konnte (weil die girierten Wechsel zum Teil an sie eingesandt wurden), so kann die Beklagte nicht mit der Entschuldigung gehört werden, daß ihre Geschäftsleitung von diesen Girierungen keine Kenntnis genommen habe. Denn der Verkehr durfte sich darauf verlassen, daß die Vornahme solcher Girierungen durch einen Unbefugten einer sorgsamen Geschäftsleitung während eines Zeitraumes von 2 Jahren nicht wohl entgehen konnte.

Mit Unrecht macht jedoch das Kammergericht in der Vollmachtsfrage einen Unterschied zwischen Girierungen und Akzepten, indem es aus der Vollmacht zu ersteren nicht auf die Bevollmächtigung zu letzteren schließen und diese, die Akzepte, nur deswegen anerkennen will, weil auch im übrigen dem Dr. G. „eine selbständige Stellung" eingeräumt worden sei. Darauf, ob diese Stellung mehr oder weniger selbständig war, kommt es jedoch nicht an. Läge in der Einräumung dieser Stellung eine Vollmachtserteilung zu allen Rechtshandlungen jeglicher Art ohne irgendeine Ausnahme, so brauchte die Frage nach einer besonderen Ermächtigung zur Eingehung von Wechselverbindlichkeiten nicht gestellt zu werden; denn durch jene Vollmacht im allerweitesten Sinne wäre auch die Eingehung von Wechselverbindlichkeiten gedeckt. Daß in der Einräumung einer selbständigen Stellung an Dr. G. eine soweit gehende Vollmacht gelegen habe, hat aber das Kammergericht nicht festgestellt. Die Entscheidung des Rechtsstreits bleibt daher von der Frage abhängig, ob in der Duldung der Wechselgirierungen durch Dr. G. die stillschweigende Ermächtigung zur Eingehung von Wechselverbindlichkeiten überhaupt, also auch zur Ausstellung von Akzepten, zu erblicken ist. Diese Frage muß aber bejaht werden. Die Unterscheidung, die das Kammergericht zwischen Akzepten und Wechselgirierungen macht, ist nach außen nicht von Bedeutung. In beiden Fällen, mag der Vertreter einen Wechsel girieren oder akzeptieren, liegt die Übernahme einer Wechselverbindlichkeit für den Geschäftsherrn vor. Der Umstand, daß diesem im einen Falle ein Rückgriffsrecht gegen andere Wechselverpflichtete zusteht, im anderen nicht, und ebenso die Frage, ob die Girierung in der Regel nur zum Zwecke der Diskontierung von Kundenwechseln erfolgte, ist für die hier zu treffende Entscheidung ohne Bedeutung. Wenn der Geschäftsherr es duldet, daß ein Angestellter längere Zeit hindurch für die Firma Wechsel giriert, so gibt er damit nach außen unzweideutig und ohne Einschränkung kund, daß der Angestellte berufen sei, im Wechselverkehr der Firma für diese verbindlich zu zeichnen, also Wechselverpflichtungen für sie einzugehen. Den hierdurch erweckten äußeren Anschein der Vollmacht auf die Girierung von Wechseln zu beschränken und Akzepte auszuschließen, verbietet die Sicherheit im Rechtsverkehr. Denn der Allgemeinheit kann nicht eine Unterscheidung dahin zugemutet werden, daß ein Geschäftsherr, der die Girierung von Wechseln durch seinen Angestellten duldet, möglicherweise nicht damit einverstanden sei, daß dieser auch Akzepte für die Firma ausstellt. Die gegenteilige Meinung des Kammergerichts verkennt auch, daß die Girierung von Wechseln (mit Obligo) in gleicher Weise wie das Akzept von der gewöhnlichen Handlungsvollmacht des § 54 Abs. 1 HGB. ausgeschlossen ist und daß für beides unter dem Sammelbegriff „Eingehung von Wechselverbindlichkeiten" die besondere Ermächtigung nach Abs. 2 gefordert wird. Wer daher als Geschäftsherr einen Angestellten stillschweigend ermächtigt, Wechselverbindlichkeiten für ihn einzugehen, indem er wissentlich oder infolge von Fahrlässigkeit duldet, daß der Angestellte für die Firma giriert, kann nicht erwarten, daß man im Verkehr Ermittlungen darüber anstelle, ob er die Verbindlichkeit für sich nur dann anerkennen wolle, wenn sie in der Form des Giros auftritt. Er kann daher auch nicht geltend machen, daß das Akzept von dieser stillschweigenden Vollmacht ausgenommen werden müsse.

35. Inwieweit darf in der Revisionsbegründung auf den Inhalt anderer Schriftstücke Bezug genommen werden?

ZPO. §§ 78, 130, 553, 554, 554a.

III. Zivilsenat. Urt. v. 27. Mai 1927 i. S. W. (Kl.) w. Land L. (Bekl.). III 390/26.

I. Landgericht Detmold.
II. Oberlandesgericht Celle.

Die Revision des Klägers wurde als unzulässig verworfen aus folgenden

Gründen:

Der dem Kläger für die Revisionsinstanz im Armenrecht beigeordnete, beim Reichsgericht zugelassene Rechtsanwalt hat innerhalb der für die Revisionsbegründung laufenden Frist einen Schriftsatz eingereicht, der nach Stellung des Revisionsantrags wörtlich wie folgt lautet:

„Zur Begründung wird auf die Rechtsausführungen des abschriftlich beigefügten Armenrechtsgesuchs des Rechtsanwalts B. in D. Bezug genommen, soweit darin Verletzung revisibler Rechtsnormen gerügt wird."

Das in Abschrift beigefügte Gesuch um Bewilligung des Armenrechts schließt mit der Unterschrift des Instanzanwalts; der im Armenrecht beigeordnete Rechtsanwalt am Reichsgericht hat es weder unterzeichnet, noch hat er einen Beglaubigungsvermerk mit seiner Unterschrift darunter gesetzt.

Diese Revisionsbegründung entspricht nicht den zwingenden Formvorschriften des § 554 ZPO. Schon vor Einführung des Begründungszwangs für die Revision durch die Prozeßnovelle von 1905 hat die Rechtsprechung des Reichsgerichts die Unterschrift des Rechtsanwalts unter der Rechtsmittelschrift für ein notwendiges Erfordernis der Rechtswirksamkeit des Rechtsmittels erklärt (RGZ. Bd. 31 S. 375; vgl. Bd. 1 S. 432, Bd. 27 S. 406). Nach Erlaß des Gesetzes vom 5. Juni 1905, durch das der § 554 ZPO. im wesentlichen seine heutige Fassung erhielt, wurde dieser aus § 554 Abs. 5 und § 553 Abs. 2 in Verbindung mit § 78 Abs. 1 und § 130 Nr. 6 ZPO.

hergeleitete Grundsatz beibehalten und weiter ausgebaut. Seine Bedeutung wurde hauptsächlich darin gefunden, daß der die Partei vertretende rechtskundige Anwalt durch seine Unterschrift nicht einer bloßen Förmlichkeit genügt, sondern daß er dadurch die volle Verantwortung für den gesamten Inhalt des Schriftsatzes übernimmt (RGZ. Bd. 65 S. 82; JW. 1910 S. 338 Nr. 20), daß der Revisionsanwalt sich die Revisionsbegründung, wenn er sie auch ausnahmsweise nicht selbst verfaßt haben sollte, nach persönlicher Prüfung völlig zu eigen macht und mit seinem Namen deckt (JW. 1907 S. 393 Nr. 14). Über die Bezugnahme der Revisionsbegründung auf Schriftstücke, die als Anlagen beigefügt sind, führt ein in JW. 1907 S. 181 Nr. 23 abgedrucktes Urteil des II. Zivilsenats aus:

„Die Erwägungen, die den Gesetzgeber zu den Vorschriften bestimmten, daß die Einlegung und die Begründung der Revision im Zivilprozeß dem Anwaltszwang und zwar dem Anwaltszwang der beim Reichsgericht zugelassenen Rechtsanwälte unterliegen, schließen aus, daß formlose — d. h. nicht vom Rechtsanwalt am Reichsgericht unterzeichnete — Schriftstücke, die der von dem Rechtsanwalt am Reichsgericht unterzeichneten Schrift beigefügt sind, Berücksichtigung finden können, mögen sie als integrierende Bestandteile letzterer bezeichnet oder in ihr auf andere Weise, wie hier geschehen, bezogen sein." (Damit übereinstimmend RGU. vom 20. Mai 1915 VI 639/14 und vom 12. Juli 1926 V 552/25.)

Die gesetzgeberischen Erwägungen, auf die das Urteil hinweist, ergeben sich einmal aus der amtlichen Begründung zum Entwurf eines Gesetzes betr. Änderungen der Zivilprozeßordnung vom 5. Juni 1905 (Drucks. Nr. 415 der 11. Legislaturperiode des Reichstags I. Session 1903/04 S. 4flg.) und zum anderen aus dem Bericht der XII. Kommission (Drucks. Nr. 782 daselbst, insbes. S. 25 unter 2a, S. 57, 59 unter 2, S. 60, 61) sowie aus den sich anschließenden Reichstagsverhandlungen (Stenogr. Berichte S. 6031, 6043 und namentlich S. 6090 D). Diese Erwägungen und Absichten der gesetzgebenden Körperschaft, deren Anregung die in den Regierungsentwurf noch nicht aufgenommenen Vorschriften über den Begründungszwang entsprungen sind, haben in der Hauptsache schon in der angezogenen Entscheidung RGZ. Bd. 65 S. 84 Erörterung gefunden. Danach kann es keinem Zweifel unterliegen, daß nach dem Willen des Gesetzgebers an die Sorgfaltspflicht des mit der Abfassung der Revisionsbegründungsschrift betrauten Revisionsanwalts weitgehende Anforderungen gestellt werden sollten.

Dem hat sich das Reichsgericht angeschlossen und hat in ständiger Rechtsprechung bis in die neueste Zeit daran festgehalten, daß die Mußvorschriften des § 554 ZPO. streng auszulegen und anzuwenden sind. Nicht nur für die verfahrensrechtlichen Rügen (§ 554 Abs. 3 Nr. 2b) stellt die Rechtsprechung das Erfordernis auf, daß die Tatsachen, die den Mangel ergeben sollen, in der Begründungsschrift im einzelnen bestimmt bezeichnet werden müssen, und erklärt allgemein gehaltene Rügen und Verweisungen auf andere Schriftsätze für unzulässig (RGZ. Bd. 87 S. 6, Bd. 95 S. 72, RGU. vom 14. November 1918 VI 193/18), sondern auch den sachlich-rechtlichen Revisionsangriffen (§ 554 Abs. 3 Nr. 2a) muß eine sorgfältige, über ihren Umfang und Zweck keinen Zweifel lassende Begründung zuteil werden. So wird verlangt, daß zu jedem von mehreren Streitpunkten eine besondere Begründung im Rechtsmittelschriftsatz enthalten ist, wenn die Revision zulässig sein soll (RGZ. Bd. 62 S. 17, Bd. 66 S. 178, S. 206 und S. 323, Bd. 113 S. 166; JW. 1911 S. 593 Nr. 44; RGU. vom 10. Oktober 1911 III 120/11, vom 28. April 1908 III 431/07, vom 10. Februar 1925 VI 138/24), und es wird außer der Angabe der Revisionsgründe die Stellung eines förmlichen Revisionsantrags für unerläßlich erklärt (RGZ. Bd. 102 S. 280).

Gegen die im § 554 ZPO. zusammengefaßten gesetzlichen Bestimmungen und die darin zum Ausdruck gelangten Absichten des Gesetzgebers verstößt die hier vorliegende Revisionsbegründungsschrift in mehrfacher Hinsicht. Da sie den Inhalt des in Abschrift beigefügten Armenrechtsgesuchs nicht selbst in sich aufgenommen hat, sondern nur darauf Bezug nimmt, so könnte dieser nur dann als Bestandteil der Rechtsmittelschrift gelten, wenn die Anlage vom Revisionsanwalt unterschrieben und dadurch von ihm zu seiner eigenen Erklärung gemacht worden wäre. Dies ist jedoch nicht der Fall, und da die Abschrift des Armenrechtsgesuchs auch keinen vom Rechtsanwalt am Reichsgericht unterzeichneten Beglaubigungsvermerk enthält, so bedarf die Frage keiner Erörterung, ob etwa eine solche unter den Beglaubigungsvermerk gesetzte Unterschrift die Übernahme der vollen Verantwortung für den Inhalt des Schriftstücks darzustellen vermöchte (RGZ. Bd. 27 S. 406). Hat aber der Inhalt des Armenrechtsgesuchs außer Betracht zu bleiben, dann fehlt es dem Rechtsmittelschriftsatz an einem den Vorschriften des § 554 entsprechenden Inhalt und die Revision ist mangels einer der gesetzlichen Form entsprechenden Begründung unzulässig.

Wollte man aber selbst annehmen, daß der Inhalt des in Bezug genommenen Armenrechtsgesuchs nicht schon wegen Fehlens der Unterschrift des Reichsgerichtsanwalts ausscheiden müßte, so wäre zu beachten, daß die Bezugnahme auf die Schrift des Prozeßbevollmächtigten der Vorinstanz eine wesentliche Einschränkung enthält. Dadurch kommt deutlich zum Ausdruck, daß der Rechtsanwalt am Reichsgericht es ablehnt, die volle Verantwortung für den gesamten Inhalt der Anlage zu übernehmen, und zugleich erhebt sich dadurch der nicht zu beseitigende Zweifel, inwieweit die Ausführungen der Anlage in die Revisionsbegründung übernommen werden sollten. Hierzu kommt im vorliegenden Falle noch ein Drittes: Nach der Rechtsprechung des Reichsgerichts muß aus der Revisionsbegründung selbst erkennbar sein, welche Rechtsnorm die Revision für verletzt hält (RGU. vom 20. Mai 1915 VI 630/14). Zwar genügt es, wenn aus der Art der Begründung erkennbar wird, welche Vorschriften gemeint sind (JW. 1910 S. 294 Nr. 33, 1915 S. 712 Nr. 16); allein im vorliegenden Falle besteht diese Möglichkeit nicht. Denn soweit das Armenrechtsgesuch Verletzung von Rechtsnormen überhaupt rügt, handelt es sich ausschließlich um den § 3 der Lippischen Ausführungsverordnung zur Mieterschutzverordnung vom 6. Juli 1920, eine im Rechtszug der Revision zweifellos nicht nachprüfbare Rechtsnorm. Insoweit lehnt auch die Revisionsbegründung die Übernahme des Inhalts des Armenrechtsgesuchs ausdrücklich ab. Was dieses Gesuch außerdem noch erwähnt, sind überwiegend Ausführungen tatsächlicher Natur, Angriffe auf die Feststellungen und Beweisannahmen des Berufungsgerichts und höchstens noch dem § 286 ZPO. entnommene Verfahrensrügen, die nach der Gesetzgebung zur Entlastung des Reichsgerichts zurzeit nicht zulässig sind. Die Revisionsbegründungsschrift läßt also selbst in Verbindung mit dem Inhalt des Armenrechtsgesuchs nicht erkennen, welche Rechtsnormen als verletzt bezeichnet werden sollen.

36. 1. In welchen Grenzen darf von der Vorschrift des Art. 25 der Seestraßenordnung abgewichen werden?

2. Wann befinden sich bei gekrümmtem Fahrwasser zwei Schiffe auf Gegenkurs im Sinne von Art. 18 SeestrO.?

3. Bis zu welchem Zeitpunkt ist die Befolgung von Art. 21 SeestrO. bei einer Ausweichbewegung gemäß Art. 18 berechtigt?

I. Zivilsenat. Urt. v. 28. Mai 1927 i. S. F. & Co. und Gen. (Bekl.) w. Schl. D. B. L. (Kl.). I 44/27.

I. Landgericht Stettin, Kammer für Handelssachen.
II. Oberlandesgericht daselbst.

Zwischen dem der Klägerin gehörigen Eildampfer „Derfflinger" und einem Kahn der Beklagten zu 1 (Breslau Nr. 2932), der sich im Anhang des ebenfalls der Beklagten zu 1 gehörigen und vom Beklagten zu 2 geführten Schleppdampfers „Annica" befand, hat am 11. September 1924 auf der Oder im Gebiet des Stettiner Hafens ein Zusammenstoß stattgefunden.

Die Klägerin mißt die Schuld daran dem Führer der „Annica" bei und fordert von den Beklagten als Gesamtschuldnern Ersatz des ihr erwachsenen Schadens. Die Beklagten behaupten dagegen, der Führer des „Derfflinger" trage die Schuld am Zusammenstoß. Die Beklagte zu 1 hat widerklagend Ersatz ihres Schadens begehrt.

Das Landgericht hat durch Teil- und Zwischenurteil unter Abweisung der weitergehenden Ansprüche den Klaganspruch zu $^2/_3$ und den Widerklaganspruch zu $^1/_3$ dem Grunde nach für berechtigt erklärt. Die Berufung der Beklagten blieb ohne Erfolg. Dagegen hat das Oberlandesgericht auf die Berufung der Klägerin den Klaganspruch zu $^3/_4$, den Widerklaganspruch zu $^1/_4$ dem Grunde nach für berechtigt erklärt. Die Revision der Beklagten wurde zurückgewiesen.

Aus den Gründen:

Nach den Feststellungen des Berufungsgerichts fuhr der Dampfer „Derfflinger", als er sich in der Höhe des Gaskanals befand, etwas östlich der Strommitte stromabwärts. Als er der „Annica" ansichtig wurde, betrug der Abstand von ihr ungefähr 400 Meter. Der „Derfflinger" gab darauf das Signal für Steuerbordruder und führte es aus. Dies wiederholte er noch zweimal, in ungefähr 200 und 100 Meter

Entfernung vom Gegendampfer. Die „Annica" fuhr mit dem Kahn Breslau 2932 im Anhang, nachdem sie, aus der Parnitz kommend, die Oder gewonnen hatte, auf der östlichen Stromhälfte ungefähr auf Gegenkurs zum „Derfflinger". Sie beantwortete die Steuerbordruder-Signale und -Manöver des „Derfflinger" mit Backbordruder-Signalen und entsprechenden Manövern. ...

Der Berufungsrichter hat ein für den Zusammenstoß ursächliches Verschulden der „Annica" darin erblickt, daß sie entgegen der Vorschrift des Art. 25 SeestrO. in der als enges Fahrwasser anzusehenden Fahrwasserrinne der Oder nicht die an Steuerbordseite gelegene Fahrwasserseite gehalten hat. Ein weiteres Verschulden der „Annica" sieht er darin, daß sie unter Verletzung des Art. 18 SeestrO. dem auf Gegenkurs befindlichen Dampfer „Derfflinger" nach Backbord auszuweichen versucht hat.

Daß nach den Umständen des Falles eine Befolgung des Art. 25 SeestrO. mit Gefahr verbunden gewesen sei, hat der Berufungsrichter verneint. Er stellt tatsächlich fest, es sei trotz der Verengung des Fahrwassers durch einige am Westufer liegende Kähne und den an der Westseite des Stromes zu Berg fahrenden Schleppzug des Dampfers „Theodor" für die „Annica" Platz genug vorhanden gewesen, sich an der für sie rechten (westlichen) Fahrwasserseite zu halten. Daß die „Annica", wie er unterstellt, damit gerechnet habe, zur Abgabe des geschleppten Kahnes 400—500 Meter oberhalb der Parnitzmündung das Ostufer aufsuchen zu müssen, hält er nicht für ausreichend, um die Abweichung von der Vorschrift des Art. 25 SeestrO. zu rechtfertigen, da nach der Sachlage mit der Ansteuerung dieser Stelle unter Einhaltung der verletzten Vorschrift keine Gefahr verbunden gewesen sei.

Die Revision bekämpft diese Auffassung. Sie führt aus, bei der vom Berufungsgericht angenommenen Sachlage sei der von der „Annica" gewählte Kurs einem zweimaligen Kreuzen des Fahrwassers, wie es der vom Vorderrichter für richtig gehaltene Kurs notwendig gemacht hätte, vorzuziehen gewesen. Die Darlegungen des angefochtenen Urteils lassen indessen keinen Rechtsirrtum erkennen. Die Vorschrift des Art. 25 SeestrO. ist für die Schiffahrt in engen Gewässern die Hauptregel. Sie ist geschaffen, um bei der hier ohnehin erschwerten Schiffsführung gefahrbringende Kurse begegnender Fahrzeuge nach Möglichkeit von vornherein auszuschließen

(RGUrt. vom 21. April 1909 I 268/08, Hansa 1909 S. 644; RGUrt. vom 10. Mai 1911 I 13/10, Hansa 1911 S. 568; OSeeA. Bd. 17 S. 222). Sie findet allerdings ihre Begrenzung in den Regeln vorsichtiger Schiffsführung. Denn eine Befolgung der Vorschrift erscheint mit der Anwendung der durch die seemännische Übung gebotenen Vorsicht, wie sie als allgemeines Erfordernis in Art. 27 und 29 SeestrO. zum Ausdruck gelangt ist, dann nicht vereinbar, wenn dadurch die Gefahr eines Unfalles nicht gemindert, sondern gesteigert wird. Dies kann der Fall sein, wenn Ausgangspunkt und Ziel der Fahrt des Schiffes auf dem Backbordufer liegen und die dazwischen befindliche Strecke im Verhältnis zur Breite des Fahrwassers so kurz ist, daß die durch das wiederholte Kreuzen des Fahrwassers geschaffene Gefahrenquelle den durch die Vorschrift erstrebten Vorteil, frei voneinander laufende Kurse begegnender Fahrzeuge zu schaffen, an Bedeutung überwiegt. Diese Grenze für die Anwendung der Vorschrift ist vom Berufungsrichter auch nicht verkannt worden. Er hat vielmehr ausdrücklich und ohne Verstoß gegen allgemeine Erfahrungssätze festgestellt, daß mit der Befolgung der Vorschrift keine Gefahr verbunden gewesen sei. Seine Darlegungen stehen auch nicht in Widerspruch zu den in der reichsgerichtlichen Entscheidung vom 10. Februar 1900 I 432/99 (Hansa 1900 S. 171) entwickelten Grundsätzen. Mit dem dort behandelten Fall hat allerdings der vorliegende die äußerliche Übereinstimmung, daß die Entfernung vom Eintritt des Fahrzeugs in das Fahrwasser bis zum nächsten Fahrtziel ungefähr die gleiche war. Die Voraussetzungen der Entscheidungen stimmen aber insofern nicht überein, als in dem dort behandelten Falle, abweichend von dem jetzigen, das Verhältnis der Breite des Fahrwassers zur Fahrtstrecke in gerader Linie derart war, daß eine Befolgung der Vorschrift im wesentlichen auf ein doppeltes Kreuzen des Fahrwassers beschränkt geblieben wäre. Bei dieser Verschiedenheit der tatsächlichen Verhältnisse kann die dort getroffene Entscheidung, die ein Abweichen von Art. 25 SeestrO. für zulässig erklärte, auf den gegenwärtigen Fall nicht übertragen werden.

Da die „Annica" die östliche Fahrwasserseite benutzte, befanden sich die beiden Fahrzeuge auf Gegenkursen, die nicht unzweifelhaft frei voneinander liefen. Der Berufungsrichter hat die mit dem ursprünglichen Kurse der Fahrzeuge verbundene Gefahr des Zusammenstoßes zwar nicht ausdrücklich festgestellt; er erwähnt aber, daß Zweifel am Freikommen beider Fahrzeuge bestanden hätten. Daraus kann ohne weiteres entnommen werden, daß er von solcher tatsächlichen Lage ausgegangen ist. Er hat es daher auch für jedes der beiden Fahrzeuge für geboten erklärt, in Befolgung des Art. 18 SeestrO. nach Steuerbord auszuweichen. Demgemäß sieht er ein weiteres Verschulden der „Annica" darin, daß sie trotz der Signale und Manöver des „Derfflinger", die dieser Vorschrift entsprachen, auf einem Ausweichen nach Backbord bestanden habe. Auch diese Darlegungen des Berufungsurteils sind nicht zu beanstanden (RGZ. Bd. 44 S. 24). Insbesondere hat es mit Recht ausgeführt, daß bei gekrümmtem Fahrwasser, wie es hier in Frage kommt, der Kurs eines Schiffes im Sinne von Art. 18 SeestrO. nach seinem aus der Fahrwassergestaltung zu entnehmenden voraussichtlichen Wege zu bestimmen sei und daß daher dahingestellt bleiben könne, ob der „Derfflinger" bei Ansichtigwerden der „Annica" diese an seiner Steuerbordseite gesehen habe. . . .

Auf Grund dieser Verstöße der „Annica" gegen die Seestraßenordnung hat der Vorderrichter ihrer Führung die überwiegende Schuld an dem Zusammenstoß zuerkannt. Er hat jedoch ein Mitverschulden des „Derfflinger" angenommen und dieses darin gesehen, daß er sein Steuerbordmanöver weiter durchgeführt habe, nachdem die „Annica" auf sein Steuerbordruder-Signal bei ungefähr 100 Metern Entfernung wiederum mit Backbordruder-Signal und entsprechendem Manöver geantwortet habe. Er nimmt an, dieses Verhalten der „Annica" habe es dem Führer des „Derfflinger" geboten erscheinen lassen müssen, von der Ausweichbewegung nach Steuerbord abzugehen und mit voller Kraft und Backbordruder rückwärts zu gehen. Den Erfolg eines solchen Manövers hält der Berufungsrichter für gegeben.

Die Revision meint, ein vom Berufungsurteil nicht berücksichtigtes Verschulden des „Derfflinger" liege darin, daß er nicht schon früher, nachdem er die Absicht der „Annica", ihren Backbordkurs beizubehalten, habe erkennen müssen, sein Vorhaben aufgegeben habe, Backbord an Backbord an ihr vorüberzugehen. Die Darlegungen des Berufungsgerichts lassen jedoch eine Verkennung von Rechts- oder Erfahrungssätzen nicht ersehen. Das Berufungsurteil geht von der Annahme aus, der Führer des „Derfflinger" habe bei seinem zweiten, in ungefähr 200 Meter Entfernung vom Gegendampfer gegebenen Steuerbordruder-Signal noch damit rechnen können, dieser werde sich der Vorschrift des Art. 18 SeestrO. entsprechend verhalten, und solange sei er zur Beibehaltung seines vorschriftsmäßigen Ausweichmanövers berechtigt gewesen. Diese Auffassung ist frei von Rechtsirrtum. Das Fahrzeug, das den Vorschriften der Seestraßenordnung entsprechend handelt, darf zwar keineswegs, hierauf pochend und seinerseits alle Rücksicht auf den Gegensegler außer Augen setzend, diesen einfach überrennen (RGUrt. vom 7. März 1923 I 802/22, OSeeA. Bd. 18 S. 320). Es darf aber zunächst von der Erwartung ausgehen, daß auch der Gegner die Vorschriften der Seestraßenordnung beachten werde. Handelt dieser anders, so ergibt sich damit nicht ohne weiteres für ihn die Verpflichtung, sich dem fehlerhaften Manöver anzupassen. Ein solches Verhalten würde für den nicht auszuschließenden Fall, daß auch der Gegensegler, die Lage erkennend, sich zu einem anderen Manöver entschließt, nur Verwirrung bringen und zur Erhöhung der Gefahr beitragen. Eine entsprechende Anwendung der Vorschrift des Art. 21 SeestrO. ist daher auch im Falle einer gegenseitigen Ausweichbewegung nach Art. 18 SeestrO. geboten. Erst wenn der vorschriftsmäßig Handelnde erkennt, daß das Verhalten des Gegners zu einer Kollision führen muß, wird er von der Vorschrift des Art. 18 SeestrO. und der Notwendigkeit zu einem Handeln gemäß Art. 27 und 29 SeestrO. befreit. Die Beurteilung des Zeitpunkts, in dem die Lage sich entsprechend gestaltet hat, ist im wesentlichen Gegenstand tatsächlichen Ermessens. Eine Verkennung von Rechtsregeln läßt sich bei seiner Beurteilung durch das Berufungsgericht jedenfalls nicht feststellen. ... (Es folgen Ausführungen über die Ursächlichkeit und das Maß des beiderseitigen Verschuldens.)

---

37. Kann beim Verkauf eines kaufmännischen Geschäfts ein Wettbewerbsverbot nur ausdrücklich oder auch stillschweigend auferlegt werden?

BGB. § 157.

II. Zivilsenat. Urt. v. 31. Mai 1927 i. S. E. L. GmbH. (Bekl.) w. F. A. (Kl.). II 517/26.

Landgericht I Berlin.
Kammergericht daselbst.

Der Kläger betrieb zusammen mit dem Kaufmann L. unter der Firma E. L. ein Geschäft mit Krankenwagen. Durch Vertrag vom 24. Januar/26. März 1923 verkauften die beiden dieses Geschäft an die Firma D. O. W. GmbH. in Berlin, die es unter der neuen Firma E. L. GmbH. — das ist die Beklagte — weiterbetrieb. Nach § 1 des Vertrags wurde der Bestand an Maschinen und Materialien zum Tagespreis übernommen. Nach § 2 sollten der Kläger und L. mit Rücksicht auf die Überlassung der Patente und ähnlicher Rechte, sowie der sämtlichen ideellen Werte der Firma, wie Geschäftsverbindungen, Absatzmöglichkeiten und dergl., auf die Dauer von 10 Jahren zur Hälfte am Verkaufswert der nach Übernahme des Geschäfts hergestellten und verkauften Krankenwagen beteiligt sein, und zwar im ersten Jahr mit $7^1/_2\%$, in den folgenden Jahren mit 5%. In § 3 ist vereinbart, daß der Kläger von der neuen Firma zu noch näher zu vereinbarenden Bedingungen für eine leitende Stellung übernommen werden solle. Die Übernahme des Geschäfts fand am 1. März 1923 statt. Durch Vertrag vom 14. April 1923 wurde der Kläger bei der Beklagten als kaufmännischer Leiter angestellt. Am 31. Dezember gl. J. schied er aus den Diensten der Beklagten aus und es wurden ihm als besondere Abfindung noch 6 Monatsgehälter ausgezahlt.

Der Kläger behauptet, seit dem 1. Januar 1924 habe ihm die Beklagte nur mangelhafte Abrechnungen über die abgeschlossenen Verkäufe erteilt, auch seien ihm seit dem 1. Mai 1924 die Beträge nicht mehr ausgezahlt worden, zu deren Entrichtung sich die Beklagte im § 2 des Vertrags verpflichtet habe. Mit der Klage verlangt der Kläger 1. Zahlung von 4352,66 RM nebst Zinsen und Rechnungslegung über die seit dem 1. Januar 1924 verkauften Krankenwagen; 2. Zahlung der aus der Rechnungslegung sich ergebenden weiteren $2^1/_2\%$ des Verkaufswerts der Wagen. Die Beklagte wandte ein: Der Kläger habe nach seinem Ausscheiden bei der Beklagten angefangen, selbst wieder Krankenwagen herzustellen und ihr Konkurrenz zu machen. Das verstoße gegen § 2 des Vertrags. Solange sich der Kläger dieser Vertragsverletzung schuldig mache, habe er keinen Anspruch auf die Umsatzbeteiligung, sei vielmehr selbst schadensersatzpflichtig. Der Kläger bestritt, daß der § 2 des Vertrags ein

Wettbewerbsverbot enthalte, und machte geltend: Allerdings stelle die Firma, bei der er seit Mai 1924 beteiligt sei, u. a. auch Krankenwagen her. Es sei ihm aber, nachdem ihm die Stellung bei der Beklagten aufgekündigt worden sei, nichts anderes übrig geblieben, als sich wieder auf dem Gebiete zu betätigen, auf dem er Fachkenntnisse besitze.

Das Landgericht gab dem Klagantrag zu 1 durch Teilurteil statt. Die Berufung der Beklagten war erfolglos. Ihre Revision führte zur Aufhebung und Zurückverweisung.

Gründe:

Mit der Revision macht die Beklagte geltend, daß der Kläger solange keinen Anspruch auf Rechnungslegung und Gewinnbeteiligung erheben könne, vielmehr selbst schadensersatzpflichtig sei, als er dem § 2 des Vertrags zuwider der Beklagten Konkurrenz mache. Diesen Einwand hat das Kammergericht mit der Begründung zurückgewiesen, daß im Vertrag vom 24. Januar/26. März 1923 ein Wettbewerbsverbot für den Kläger weder ausdrücklich ausgesprochen noch stillschweigend enthalten sei. Die Beklagte habe ohne weiteres damit rechnen müssen, daß der Kläger sich nach seinem Ausscheiden aus dem Geschäft auf demselben Gebiet wie bisher betätigen werde. Ein gegenteiliger Parteiwille sei nicht zum Ausdruck gebracht worden. Seiner Vertragspflicht gegenüber der Beklagten habe der Kläger genügt, insbesondere dadurch, daß er sie bei den hauptsächlichsten Beziehern von Krankenwagen, den Versorgungsämtern, als Lieferantin eingeführt und ihr damit die Möglichkeit gegeben habe, ihre Wagen an diese Behörden abzusetzen.

Damit wird das Berufungsgericht der Sachlage nicht gerecht; seine Ausführungen verstoßen vielmehr gegen § 157 BGB.

Der Vertrag vom 24. Januar/26. März 1923 enthält neben dem Geschäftsverkauf die Vereinbarung, daß der Kläger von der neu zu gründenden Firma für eine leitende Stelle unter noch festzulegenden Bedingungen übernommen werde. Diese Anstellung ist durch Vertrag vom 14. April 1923 erfolgt. Ein Wettbewerbsverbot ist darin für die Zeit nach dem Ausscheiden des Klägers nicht vereinbart worden. Die Beklagte stützt sich auch nicht auf ein zwischen dem Prinzipal und dem Handlungsgehilfen vereinbartes, nach §§ 74flg. HGB. zu beurteilendes Wettbewerbsverbot, sondern sie hält den Wettbewerb des Klägers für eine gegen § 2 des Kaufvertrags verstoßende Vertragsverletzung, weil er durch seine Wettbewerbstätigkeit der Verpflichtung zuwiderhandle, der Beklagten alle ideellen Werte der Firma zu übertragen.

Das Kammergericht geht bei Beurteilung dieses Einwands, mit welchem die Beklagte ein Zurückbehaltungsrecht und eine Schadensersatzforderung geltend macht, zutreffend davon aus, daß ein Wettbewerbsverbot gegenüber dem Verkäufer als Bestandteil eines Geschäftsverkaufs auch stillschweigend vereinbart werden könne. Gleichwohl befassen sich seine Darlegungen und diejenigen des Landgerichts, auf die das angefochtene Urteil Bezug nimmt, zum großen Teil doch nur damit, daß es an einer ausdrücklichen Vereinbarung eines solchen Verbots fehle. Daß letzteres zutrifft, bedarf keiner weiteren Erörterung. Dagegen ist die Auslegung, die schon das Landgericht und ihm folgend das Kammergericht dem § 2 des Vertrags gegeben hat, zu beanstanden, weil sie zu sehr am buchstäblichen Sinn dieser Vertragsbestimmung haftet und die Tragweite verkennt, die ihr nach Treu und Glauben beizumessen ist.

Nach diesem § 2 hatten der Kläger und L. der Beklagten alle ideellen Werte der Firma, insbesondere Patente und ähnliche Rechte, Geschäftsverbindungen und Absatzmöglichkeiten zu übertragen, und der Gegenwert für diese vertraglichen Leistungen, die gesondert von den Sachwerten abzugelten waren, bestand darin, daß der Kläger und L. 10 Jahre lang am Verkaufswert aller während dieser Zeit abgesetzten Krankenwagen mit einem bestimmten Hundertsatz anteilsberechtigt sein sollten. Wie die Beklagte vor dem Kammergericht vorgetragen hat, waren und sind die Versorgungsämter die Hauptabnehmer des Geschäfts, und insbesondere bei ihnen soll der Kläger der Beklagten seit Mai 1924 durch Herstellung und Lieferung eines gleichen Wagentypes fühlbare Konkurrenz machen. Ist diese Darstellung richtig, so hat der Kläger seine Vertragspflicht, die Absatzmöglichkeiten auf die Beklagte zu übertragen, insoweit erfüllt, als er die Beklagte bei den Versorgungsämtern als Lieferantin eingeführt hat. Die Frage ist aber, ob damit seine Vertragspflichten erschöpft sind und ob er nicht nach seinem Ausscheiden — und zwar auch ohne daß ihm als Handlungsgehilfen ein Wettbewerbsverbot auferlegt wurde — zur Unterlassung jeder Wettbewerbstätigkeit gegenüber der Beklagten verpflichtet ist, solange er gewinnbeteiligt sein und bleiben will. Das verneint der Berufungsrichter mit unzureichender Begründung.

Der Kaufmann, der seinem Vertragsgegner für die Übertragung eines Geschäfts mit Kundschaft — auch diese ist hier unzweideutig übertragen — als Gegenleistung eine Gewinnbeteiligung auf die Dauer von 10 Jahren verspricht, rechnet damit, daß er während der Zeit, in welcher der Verkäufer sich mit ihm in das Geschäftsergebnis teilen soll, aus der Kundschaft denjenigen Nutzen ziehen kann, den mutmaßlich der Verkäufer gezogen haben würde, wenn er sein Geschäft behalten hätte. Der Verkäufer kann verständigerweise nicht erwarten, daß ihm der Käufer freistellen will, die Kundschaft, durch deren Überlassung doch der zu verteilende Gewinn erzielt werden soll, durch Eröffnung eines Konkurrenzgeschäfts wieder an sich zu ziehen und trotzdem seinen Anteil am Gewinn des verkauften Geschäfts zu beanspruchen. Die gegenteilige Auffassung würde auf die Zumutung an die Beklagte hinauslaufen, daß sie einen Konkurrenten fortlaufend mit Geld unterstützen und dadurch instand setzen solle, sie im Geschäftsverkehr zu unterbieten und womöglich völlig lahm zu legen. Ein solches Ergebnis widerspräche den mutmaßlichen Absichten vernünftig und redlich handelnder Kaufleute. Es kann daher dem § 2 des Vertrags — vorbehaltlich besonderer, vom Kammergericht bisher nicht dargelegter Umstände — nach Treu und Glauben nur die Deutung gegeben werden, daß der auf die Dauer von 10 Jahren bestimmten Gewinnbeteiligung des Klägers die auf die gleiche Zeit zu bemessende, von seinem Verbleiben in der Firma unabhängige Vertragspflicht entspricht, der Beklagten die übertragenen ideellen Werte, insbesondere die Kundschaft, nicht durch eigene Wettbewerbstätigkeit zu entziehen oder zu schmälern. Denn dadurch würde der Vertragszweck vereitelt, der dahin ging, den Geschäftsnutzen in dem bisher vom Kläger und von L. gezogenen Umfang der Beklagten zuzuwenden. . . .

---

38. 1. Zum Begriff des Vorbehalts der Rechte im Sinne des § 14 AufwG.

2. Schließen Zweifel an der Richtigkeit des Grundbuchs die Berufung auf dessen öffentlichen Glauben aus?

3. Unter welchen Umständen kann der Berufung auf den öffentlichen Glauben des Grundbuchs ein Einwand aus § 826 BGB. entgegengehalten werden?

4. Läßt sich die Vorschrift des § 22 Abs. 3 AufwG. rechtsähnlich auch auf Verfügungen des Eigentümers ausdehnen, die er vor dem in dieser Vorschrift bezeichneten Zeitpunkt getroffen hat?

AufwG. §§ 14, 22 Abs. 3; BGB. §§ 892, 826.

V. Zivilsenat. Urt. v. 1. Juni 1927 i. S. der U. Aktienges. (Bekl.) w. die Preuß. Zentralbodenkredit-Aktienges. (Kl.). V 392/26.

I. Landgericht I Berlin.
II. Kammergericht daselbst.

Für die Klägerin war auf einem jetzt der Beklagten gehörigen Grundstück in B. aus der Schuldurkunde vom 14. September 1895 eine Tilgungshypothek von 800000 *M* eingetragen, die am 28. Juni 1923 noch in Höhe von 648593,30 *M* zu Recht bestand. Die damalige Eigentümerin des Grundstücks, Grundstücksgesellschaft Charlotten- und Markgrafenstraße m. b. H., eine Tochtergesellschaft der Union-Baugesellschaft auf Aktien, hatte die Hypothek im März 1922 gekündigt, worauf die Klägerin ihr zwar die erbetene Aufstellung über die Forderung erteilte, sich aber gegen Zurückzahlung in bloßer Papiermark in ihren Schreiben vom 7. und 25. April 1923 verwahrte. Nachdem dann Ende Juni 1923 der Papiermarkbetrag der Hypothek gezahlt war, stellte die Klägerin eine vom 30. Juni datierte Urkunde aus, worin sie — anschließend an die Feststellung, daß von den noch eingetragenen 740751,50 *M* weitere 92158,20 *M* durch Amortisation getilgt seien — den Restbetrag von der Grundstückseigentümerin „in heutiger Papiermark zum Nennbetrage" gezahlt erhalten zu haben bekannte und die Löschung im Grundbuch bewilligte. Diese Erklärung übersandte sie der Eigentümerin (zu Händen der Unionbaugesellschaft) mit dem Schreiben vom 7. Juli 1923, worin sie hinzufügte, sie erkläre sich durch die in Papiermark geleistete Zahlung nicht für befriedigt, behalte sich vielmehr alle sich hieraus ergebenden Ansprüche vor. Nachdem dann die 3. Steuernotverordnung ergangen war, machte die Klägerin in einem Schreiben vom 17. März 1924 ihren Aufwertungsanspruch geltend. Die Hypothek wurde jedoch auf den Antrag der damaligen Eigentümerin vom 14. April 1924 im Grundbuch am 25. April gelöscht und das Grundstück auf Grund notariellen Verkaufs vom 15. Mai am 2. Juni 1924 auf die

Beklagte umgeschrieben. Im Wege einstweiliger Verfügung erwirkte die Klägerin am 2. September 1924 die Eintragung eines Widerspruchs gegen die Löschung der Hypothek. Mit der vorliegenden, im Oktober 1924 erhobenen Klage verfolgt sie nunmehr den Anspruch auf Wiedereintragung gegen die Beklagte. Die Vorinstanzen haben ihren Anträgen stattgegeben. Die Revision der Beklagten führte zur Aufhebung und Zurückverweisung aus folgenden

Gründen:

Das Berufungsgericht hat festgestellt, daß die Klägerin ihren Anspruch auf Aufwertung der Hypothek ordnungsmäßig bei der Aufwertungsstelle angemeldet, daß die Beklagte aber rechtzeitig Einspruch eingelegt habe. Da über die Höhe des etwaigen Aufwertungsbetrags unter den Parteien kein Streit bestehe, so habe das ordentliche Gericht darüber zu entscheiden, ob die Klägerin einen auch gegenüber der Beklagten als Grundstückserwerberin wirksamen Vorbehalt ihrer Rechte erklärt habe oder ob die Beklagte den öffentlichen Glauben des Grundbuchs für sich geltend machen könne, weil zur Zeit ihres Grundstückserwerbs die Hypothek gelöscht gewesen sei. Hiergegen hat weder die Revision Angriffe erhoben, noch hat sich sonst ein rechtliches Bedenken ergeben.

Die Revision rügt jedoch zunächst als rechtsirrig, daß das Berufungsgericht einen wirksamen Vorbehalt der Klägerin anerkenne. Da das Berufungsgericht unentschieden läßt, ob die Beklagte auch das Begleitschreiben der Klägerin vom 7. Juli 1923 gekannt habe, hat es lediglich auf die mit jenem Schreiben übersandte Löschungsurkunde selbst abgestellt, die der Beklagten vor dem Kaufe des Grundstücks unstreitig ihrem Wortlaute nach bekannt gewesen ist. Es bedarf hier nicht der Entscheidung, ob in der Frage nach dem objektiven Vorliegen eines wirksamen Vorbehalts für die heutige Betrachtung § 11 der damals geltenden 3. Steuernotverordnung oder § 14 AufwG. maßgebend sein muß. Denn der Beklagten gereicht es jedenfalls nicht zur Beschwerde, daß das Berufungsgericht die Frage nach dem § 11 der 3. Steuernotverordnung beurteilt hat, der für sie insofern günstiger war, als sich der Vorbehalt danach auf das dingliche Recht beziehen mußte, während § 14 AufwG. dem für die persönliche Forderung erklärten Vorbehalt auch Wirksamkeit zugunsten der Aufwertung der Hypothek beilegt. Das Berufungsgericht hat in der „vorsichtigen, als geradezu gesucht auffallenden Art der Fassung", wonach zunächst ein älterer Teilbetrag der Hypothek als „getilgt" bezeichnet, dann aber über den Restbetrag nur „als in heutiger Papiermark zum Nennbetrag gezahlt" quittiert sei, den unverkennbaren Ausdruck eines Vorbehalts gefunden, den es, obwohl er in der sich anschließenden Löschungsbewilligung nicht wiederholt sei, doch mangels unzweideutiger Beschränkung auf das persönliche Schuldverhältnis, in Übereinstimmung mit einer genau die gleiche Fassung der Löschungsurkunde betreffenden Entscheidung des I. Zivilsenats des Kammergerichts (vom 8. Januar 1925, JW. S. 1415 Nr. 1) auch dem dinglichen Recht zugute kommen läßt. Ein Rechtsirrtum ist darin nicht zu finden. Was die Revision dagegen vorbringt, ist nicht stichhaltig. Die damalige Auffassung des Grundbuchbeamten kann kein Gewicht beanspruchen. Wenn hervorgehoben wird, daß aus der bloßen Erklärung, es sei in Papiermark gezahlt, kein genügender Ausdruck des Willens entnommen werden könne, sich vor allem wegen des dinglichen Rechtes irgendwelche Ansprüche zu wahren, so wird zweierlei übersehen: Einmal, daß die Urkunde zwischen Tilgung und Zahlung in Papiermark einen in seiner Absichtlichkeit nicht mißzuverstehenden Unterschied macht und keineswegs von bloßer Zahlung in Papiermark spricht, sondern das Unzulängliche der Zahlung durch die Worte „in heutiger Papiermark zum Nennbetrage" dreifach betont. Ferner, daß es zur bloßen Löschung der Hypothek nur einer einfachen Bewilligung, nicht aber auch der Quittung bedurfte und daß ein Wille, dem Vorbehalt nicht eine möglichst weite Ausdehnung zu geben, nach den Umständen völlig fern lag. Im übrigen ist aber von der Rechtsprechung auch sonst (vgl. z. B. KGE. vom 26. November 1925 in AufwRspr. I S. 53 mit weiteren Nachweisen) eine Quittung über Zahlung in Papiermark bereits als ein sich auf das dingliche Recht miterstreckender Vorbehalt angesehen worden, wie auch eine daraufhin erfolgte Löschung nach dieser Rechtsprechung das Grundbuch unrichtig macht.

Das Berufungsgericht hat hiernach zutreffend angenommen, daß in dem nach § 892 Abs. 2 BGB. für die Kenntnis der Beklagten maßgebenden Zeitpunkt des Umschreibungsantrags das Grundbuch durch die auf Grund unzulänglicher Bewilligung erfolgte Löschung der Hypothek der Klägerin unrichtig geworden war. Zu der sich daraus ergebenden weiteren Frage, ob diese Unrichtigkeit der Beklagten bekannt gewesen sei, hat es wie folgt Stellung genommen:

Ihrer eigenen Darstellung nach habe sich die Beklagte lediglich insoweit in einem Irrtum befunden, als sie die Löschungsbewilligung als vorbehaltlos aufgefaßt, für den Fall aber, daß darin ein Vorbehalt erblickt werden könne, diesen höchstens auf die persönliche Forderung bezogen haben wolle. Es komme also nur ein Irrtum in der Auslegung der Löschungsbewilligung in Betracht. Auch das sei ein Rechtsirrtum, kein bloßer Tatsachenirrtum. An sich genüge auch Rechtsirrtum, um die Kenntnis von der Unrichtigkeit des Grundbuchs auszuschließen. Gleichwohl dürfe die Entscheidung nicht darauf allein abgestellt werden, ob die Beklagte mit Sicherheit erkannt habe, daß die Löschungsbewilligung einen sich auf die Hypothek erstreckenden Vorbehalt enthielt. Unter Umständen sei vielmehr der Erwerber auch beim Fehlen sicherer Kenntnis von der Unrichtigkeit des Grundbuchs einem die Unrichtigkeit Kennenden gleichzuachten. Nicht jeder Behauptung des Erwerbers, daß er sich in einem Rechtsirrtum befunden habe, müsse geglaubt, die Glaubwürdigkeit solcher Behauptung müsse vielmehr vom Gericht sorgfältig geprüft werden. Darüber hinaus sei aber einem Wissenden grundsätzlich gleichzuachten, wer insofern arglistig gehandelt habe, als ihn das Bewußtsein seiner Unkenntnis und der naheliegenden Gefahr, durch sein Verhalten einem anderen Nachteile zuzufügen, von dem Tun hätte abhalten müssen. Es sei ein allgemeiner Rechtsgedanke, daß arglistigem Verhalten der Schutz versagt werden müsse, indem man es, trotz des Mangels sicherer Kenntnis, einem vorsätzlichen oder wissentlichen gleichstelle.

Wenn man von diesen Gesichtspunkten aus die Sachlage prüfe, so lasse sich zwar eine sichere Kenntnis der Beklagten vom Fortbestehen der Hypothek trotz Löschung nicht feststellen. Sichere Erkenntnis eines dinglich wirkenden Vorbehalts lasse sich schon deshalb nicht annehmen, weil die Rechtsprechung damals zu dem erst durch die 3. Steuernotverordnung zu rechtlicher Bedeutung erhobenen, in mancher Hinsicht wenig glücklichen und unklaren Rechtsgebilde des Vorbehalts noch keine klare Stellung genommen habe. Immerhin sei aber schon damals damit zu rechnen gewesen, daß der Begriff des Vorbehalts ziemlich weit aufgefaßt werden würde. Dessen sei sich auch die sicherlich rechtskundig beratene Beklagte offenbar bewußt gewesen. Sie habe sich auch nicht im Zweifel darüber befinden können, daß die Klägerin, zumal als Hypothekenbank, mit allen Mitteln die Auffassung verfechten werde, daß sie einen auch die Hypothek umfassenden

Vorbehalt gemacht habe. Aus der unangefochtenen Löschung der Hypothek habe sie keine gegenteiligen Schlüsse ziehen dürfen, weil diese Löschung erst wenige Tage vor der notariellen Beurkundung des Kaufvertrags erfolgt sei und weil ihr, der Beklagten, außerdem kurz vor Vertragsschluß mitgeteilt worden sei, daß die Klägerin noch Ansprüche aus der Hypothek stelle. Ein Zweifel habe daher für die Beklagte nur in der Richtung obwalten können, ob das Gericht die Löschungsbewilligung als eine solche mit Vorbehalt, der sich auch auf die Hypothek erstrecke, auffassen würde. Daß mindestens Zweifel bestanden hätten, habe die Beweisaufnahme ergeben. Die Beklagte wolle allerdings Zweifel nur über etwaige persönliche Aufwertungsansprüche der Klägerin zugestehen, während man dingliche für ausgeschlossen erachtet habe. Das sei aber völlig unglaubhaft und erwecke fast den Eindruck, als ob man sich (nämlich in einer Erklärung des Generaldirektors der Beklagten vom 15. Mai 1924) seinen guten Glauben über das Erloschensein der Hypothek selbst habe bescheinigen wollen. Irgendwelcher Anhalt dafür, daß keine dinglichen Aufwertungsansprüche der Klägerin in Frage kämen, habe nicht bestanden. Demzufolge sei sich die Beklagte ohne Zweifel bewußt gewesen, daß ihr auch noch dingliche Aufwertungsansprüche der Klägerin drohten, deren künftige Beurteilung durch die Gerichte nicht abzusehen sei. Unter solchen Umständen habe es nahegelegen und sei es auch sittliche Pflicht der Beteiligten gewesen, vor dem Kaufabschluß mit der Klägerin Fühlung zu nehmen und sich mit ihr über ihre recht erheblichen Ansprüche zu verständigen. Dies habe man aber unterlassen in dem Bewußtsein, daß infolge der Vorschriften über den öffentlichen Glauben des Grundbuchs ein Eigentumswechsel die Geltendmachung der dinglichen Aufwertung zum mindesten erschweren, wenn nicht ganz ausschließen würde. Ein solches Verhalten sei arglistig und habe zur Folge, daß die Beklagte sich auf ihre Unkenntnis über die Unrichtigkeit des Grundbuchs nicht berufen dürfe, sondern so zu behandeln sei, als ob sie diese gekannt habe. Zu dem gleichen Ergebnis gelange man auch bei rechtsähnlicher Anwendung eines den Vorschriften über die Gläubigeranfechtung zugrunde liegenden Rechtsgedankens, wie sie § 22 Abs. 3 AufwG. nahelege. Wenn nach dieser Bestimmung Verfügungen schon für anfechtbar erachtet würden, die aus Anlaß einer bevorstehenden Gesetzesänderung in Benachteiligungsabsicht getroffen seien, so müsse dies in weit höherem Maße gelten, wenn solche Verfügungen in der dem anderen Teile bekannten Absicht vorgenommen würden, schon nach dem geltenden Recht drohende Ansprüche zu vereiteln.

Die Revision hält diesen Ausführungen entgegen, wenn sich die Beklagte arglistigerweise absichtlich in Unkenntnis erhalten hätte, möge das zwar insofern Bedeutung haben, als es dahin führen könne, den Rechtsirrtum zu verneinen; jedoch habe das Berufungsgericht nach dieser Richtung das Verhalten der Beklagten gar nicht gewürdigt und nichts zu ihren Ungunsten festgestellt, sondern im Gegenteil das Vorliegen eines Rechtsirrtums bejaht und näher begründet. Als rechtsirrtümlich bezeichnet sie es ferner, daß das Berufungsgericht bei Prüfung des guten Glaubens der Beklagten auch darauf Gewicht gelegt habe, ob sie sich bewußt gewesen sei, daß von der Klägerin dingliche Aufwertungsansprüche drohten und der Ausgang eines Rechtsstreits darüber nicht abgesehen werden könne. Für die Frage, ob die Hypothek bestehen geblieben oder erloschen sei, habe lediglich die rechtliche Beurteilung der Löschungsbewilligung in Verbindung mit der tatsächlich erfolgten Löschung der Hypothek eine Rolle gespielt. Der Rechtsirrtum der Beklagten habe gerade darin bestanden, daß sie nach eingehender Prüfung dingliche Aufwertungsansprüche der Klägerin für unbegründet angesehen habe. Anlaß, mit der Klägerin Fühlung zu nehmen, habe danach für sie nicht bestanden, vollends aber keine Verpflichtung, sich über unbegründete Ansprüche mit ihr zu „verständigen", das heißt, ihr darauf etwas zu zahlen. Hieraus ergebe sich zugleich die Rechtsirrtümlichkeit der Annahme eines arglistigen Verhaltens der Beklagten. Endlich sei eine rechtsähnliche Anwendung des § 22 Abs. 3 AufwG. ebenfalls verfehlt, weil, ganz abgesehen davon, daß weder der Tatbestand einer Benachteiligungsabsicht der früheren Grundstückseigentümerin, noch Kenntnis der Beklagten hiervon festgestellt sei, grundsätzlich eine Sondervorschrift auf einen ihr nicht unterstehenden Tatbestand nicht ausgedehnt werden dürfe.

Der Revision muß zugegeben werden, daß die Darlegungen des Berufungsrichters nicht frei von rechtlichen Bedenken sind. Zunächst kann die rechtsähnliche Anwendung des § 22 Abs. 3 AufwG., die das Berufungsgericht als Hilfsgrund verwendet, nicht gebilligt werden. Zwar trifft die Behauptung der Revision nicht zu, daß das Berufungsgericht das Vorliegen der Voraussetzungen für die Anfechtung, nämlich der Absicht der Benachteiligung bei der Voreigentümerin und der Kenntnis hiervon bei der Beklagten, in seinen Gründen nicht festgestellt habe. Die Feststellung ist vielmehr ausdrücklich erfolgt im Anschluß an die Ausführung, daß die formellen Voraussetzungen nach § 2 AnfG. hier nicht gefordert werden dürften. Ob diese Feststellung zu Recht erfolgt war, bedarf nicht der Prüfung. Denn zutreffend ist es jedenfalls, wenn die Revision ausführt, daß sich eine rechtsähnliche Anwendung der durch bestimmte Fristen zeitlich eng begrenzten und dadurch zugleich als Sondervorschrift gekennzeichneten Vorschrift in § 22 Abs. 3 AufwG. rechtsgrundsätzlich verbietet. Wenn dort der besonderen, erleichterten Anfechtung nur die seit dem 1. Januar 1925 vorgenommenen Verfügungen des Eigentümers unterworfen sind, so ist es, weil dem erkennbaren Willen des Gesetzes zuwiderlaufend, ausgeschlossen, im Wege rechtsähnlicher Anwendung in den Kreis der anfechtbaren Verfügungen auch zeitlich weiter zurückliegende Vorgänge einzubeziehen. Daß es sich im Falle der unmittelbaren Anwendbarkeit des Gesetzes um eine sich gegen ein erst erwartetes Gesetz richtende Vereitelungsabsicht, hier dagegen um eine Benachteiligungsabsicht handelt, die ein schon geltendes Recht von der Anwendbarkeit ausschließen will, reicht um so weniger aus, das Hindernis zu überwinden, das die zeitliche Schranke des § 22 Abs. 3 AufwG. bildet, als das dem Aufwertungsgesetz vorausgehende Recht der 3. Steuernotverordnung eine entsprechende Anfechtungsmöglichkeit nicht gewährt hatte.

Aber auch der Begründung, auf die das Berufungsgericht in erster Linie seine Anerkennung des Klaganspruchs auf Wiedereintragung der Hypothek stützt, kann nicht beigepflichtet werden. In rechtlicher Beziehung geht das Berufungsgericht zutreffend davon aus, daß der gute Glaube im Sinne des § 892 BGB., das heißt, auf den vorliegenden Fall angewendet, die Nichtkenntnis der Beklagten als Grundstückserwerberin vom Fortbestehen der Hypothek, grundsätzlich nicht schon dadurch ausgeschlossen wird, daß diese Nichtkenntnis auf Rechtsirrtum beruhte. Rechtliches Irren dem Kennen schlechthin gleichzustellen, hat die Rechtsprechung mit Recht abgelehnt, im Anschluß an die Abschwächung der vom I. Entwurf des BGB. beabsichtigten Regelung durch die 2. Kommission (vgl. darüber das Urteil des RG. vom 28. Februar 1906 V 365/05 bei Gruchot Bd. 50 S. 985). Tatsächlich geht aber das Berufungsgericht davon aus, daß der Beklagten außer der Löschung im Grundbuch auch der Inhalt der Löschungsurkunde vom 30. Juni 1923 bekannt gewesen sei, und beurteilt diese Sachlage dahin, daß sich eine sichere Kenntnis der Beklagten von der Unrichtigkeit des Grundbuchs nicht feststellen lasse, was zugunsten der Beklagten mit dem damaligen Stande der Rechtsprechung über das neue Rechtsgebilde des Vorbehalts noch besonders begründet wird. Es erachtet aber anderseits auch die Überzeugung der Beklagten von dem Nichtfortbestehen der gelöschten Hypothek keineswegs für gegeben, zieht vielmehr aus den besonderen Umständen der Falles, insbesondere aus der Persönlichkeit der Beklagten als rechtskundig beratener Aktiengesellschaft und wiederum der Klägerin als einer Hypothekenbank, die Folgerung, daß die Beklagte die Rechtslage als in hohem Maße zweifelhaft erkannt und mit drohenden dinglichen Aufwertungsansprüchen der Klägerin gerechnet habe. Bei solcher Gestaltung der Dinge erachtet das Berufungsgericht es als naheliegend und auch als sittliche Pflicht der Beklagten, vor dem Kaufabschluß sich mit der Klägerin über deren „recht erhebliche Ansprüche zu verständigen". Habe sie dies absichtlich unterlassen, um durch den Eigentumswechsel die Rechtslage der Klägerin sogar zu erschweren, so folge aus ihrer damit verübten Arglist, daß sie mit ihrer Berufung auf Gutgläubigkeit nicht gehört werden könne, vielmehr so behandelt werden müsse, als ob sie die Unrichtigkeit des Grundbuchs gekannt habe.

Die Feststellungen des Berufungsgerichts lassen sich hiernach dahin zusammenfassen, daß die Beklagte über das Fortbestehen der klägerischen Hypothek zwar nicht bestimmt schlechtgläubig, aber auch keineswegs bestimmt gutgläubig, vielmehr in erheblichem Zweifel gewesen sei und mit dinglichen Aufwertungsansprüchen der Klägerin, auch mit deren Erschwerung durch den Eigentumswechsel, gerechnet habe. Wenn das Gericht daraus zwar keine rechtliche, aber eine sittliche Pflicht der Beklagten entnimmt, sich vor dem Kaufe des Grundstücks mit der Klägerin über deren Ansprüche zu verständigen, so liegt darin eine rechtsirrtümliche Überspannung dessen, was dem Käufer eines Grundstücks, der ein unbelastetes Grundbuchblatt vor sich hat, selbst in den Zeiten der durch den Verfall der deutschen Währung hervorgerufenen Rechtsunsicherheit zugemutet werden durfte. Was das Berufungsgericht unter der „Verständigung" versteht, sagt es nicht näher. Der Revision wird aber nicht widersprochen werden können, wenn sie in dieser Verständigungspflicht nichts anderes als die Verpflichtung zu mehr oder minder weitgehender ausdrücklicher Anerkennung der gegnerischen Ansprüche erblicken will. Zweifelhafte Ansprüche eines im Grundbuche nicht mehr eingetragenen Hypothekengläubigers vor dem Erwerbe des Grundstücks in der oder jener Weise anzuerkennen, kann aber niemand für verpflichtet erachtet werden. Auch das Bewußtsein der Möglichkeit, einem anderen durch den Erwerb des Grundstücks Rechtsnachteile zuzufügen, genügt, wie Boesebeck in seiner Fußnote zum Abdruck des Berufungsurteils JW. 1926 S. 2215 zutreffend ausführt, für sich allein nicht, um den öffentlichen Glauben des Grundbuchs unter dem Gesichtspunkt außer Wirksamkeit zu setzen, daß Berufung darauf arglistig sei; denn die Rechtsordnung verbietet es grundsätzlich nicht, Maßnahmen zum eigenen Vorteil zu treffen, auf die Gefahr hin, daß andere dadurch Nachteile erleiden. Erst wenn dieses, vom Falle des § 226 BGB. abgesehen, in einer Weise geschieht, die gegen die guten Sitten verstößt, erwächst daraus die Schadensersatzpflicht gemäß § 826 BGB., die auch im Wege der Gegeneinrede gegen die Berufung auf den öffentlichen Glauben des Grundbuchs geltend gemacht werden kann (Komm. v. RGR. § 826 BGB. Anm. 6). Dem Ergebnis, zu dem der Berufungsrichter gelangt ist, könnte hiernach nur zugestimmt werden, wenn er entweder das Vorliegen eines erheblichen, d. h. in den Tatsachen Rechtfertigung findenden Rechtsirrtums verneint oder aber zu Lasten der Beklagten eine bewußte Benutzung bestehender subjektiver Rechtsunsicherheit solcher Art festgestellt hätte, daß in der von ihr vorsätzlich herbeigeführten Schädigung der Klägerin eine Verletzung der guten Sitten erblickt werden müßte. Nach beiden Richtungen reichen aber die bisherigen, zum Teile widerspruchsvollen Ausführungen des Berufungsgerichts nicht aus.

Ohne die im zweiten Rechtsgang teils wiederholten, teils erweiterten Beweisanerbieten zu erschöpfen, hat das Berufungsgericht seiner Entscheidung lediglich die Kenntnis der Beklagten vom Inhalte der Löschungsbewilligung der Klägerin vom 30. Juni 1923 zugrunde gelegt. Von dieser Löschungsurkunde sagt es aber selbst, daß sich daraus eine sichere Erkenntnis des in ihr ausgesprochenen dinglichen Vorbehalts schon deshalb nicht entnehmen lasse, weil „die eigenartige, auf der erst drei Monate zuvor in Kraft getretenen 3. Steuernotverordnung beruhende, rechtliche Erheblichkeit eines ursprünglich bedeutungslos gewesenen Vorbehalts in ihrer Auswirkung damals noch in keiner Weise geklärt" gewesen sei. Das Urteil erkennt also hier, wie im weiteren Verlauf seiner Darlegungen, das Bestehen von begründeten rechtlichen Zweifeln der Beklagten über das Vorliegen eines dinglich wirksamen Vorbehalts jedenfalls als möglich an. Wenn es dann hinzufügt, es habe sich damals „noch gar nicht absehen lassen, wie sich die Rechtsprechung zu diesem neuen, in mancher Hinsicht wenig glücklichen und unklaren Rechtsgebilde des Vorbehalts stellen würde", anderseits aber ausführt, es sei schon „damals damit zu rechnen gewesen, daß der Begriff des Vorbehalts ziemlich weit aufgefaßt werden würde", so enthalten diese Sätze einen offenbaren Widerspruch, denn es kann nicht wohl etwas, womit man rechnen muß, als gar nicht absehbar bezeichnet werden. Rechtsirrtümlich ist ferner die Bedeutung, welche das Berufungsgericht dem subjektiven Standpunkt der Klägerin, den von ihr „drohenden" Ansprüchen, für die Entschließung der Beklagten beimißt. Erhobene Ansprüche der Klägerin hätten für die Feststellung, ob sie einen Vorbehalt gemacht habe, erheblich sein können; künftige Ansprüche von ihrer Seite konnten aber für die Beklagte nur insofern von Bedeutung sein, als diese sie bei Beurteilung der objektiven Rechtslage für gerechtfertigt erkannte. Im Zusammenhang damit steht ein weiteres Bedenken, das sich gegen die Auffassung des Berufungsgerichts insofern ergibt, als das Gewicht verkannt sein könnte, das für die Beklagte die Entscheidung des Grundbuchamts über Löschung oder Nichtlöschung der Hypothek auf Grund der vorgelegten Urkunde gewinnen mußte (vgl. dazu Jacusiel JRsch. 1927 S. 278). War die Beklagte, wovon das Berufungsgericht ausgeht, in subjektiv berechtigtem Zweifel über das Vorliegen eines dinglich wirkenden Vorbehalts, so hätte es besonderer Begründung bedurft, um der demnächst erfolgenden Löschung Einfluß in der Richtung einer Bestärkung des Rechtsirrtums der Beklagten abzusprechen. Als rechtlich bedenklich muß schließlich auch die Würdigung erachtet werden, die das Berufungsgericht der oben erwähnten Erklärung vom 15. Mai 1924 zuteil werden läßt. Wenn dort im Eingang von einer noch bestehenden gewissen Unklarheit bezüglich der bereits gelöschten Hypothek der Klägerin gesprochen wird, so ist aus dem Gebrauche des Wortes „Hypothek", weil damit auch die hypothekarisch gesicherte

Forderung bezeichnet wird, Entscheidendes nicht zu entnehmen. Die folgenden Sätze stellen aber außer Zweifel, daß Gegenstand der Erklärung nur etwaige persönliche Aufwertungsansprüche der Klägerin waren.

Das Verhalten der Beklagten könnte wesentlich anders beurteilt werden, wenn weitere Erhebungen ihre Kenntnis des Briefwechsels vom April/Mai 1923 zwischen der Klägerin und der Union-Baugesellschaft, namentlich des Begleitschreibens vom 7. Juli 1923 klarstellen würden, womit die Klägerin der Voreigentümerin die Löschungsurkunde übersandte. Es ist nicht ausgeschlossen, daß sich damit zugleich Anhalt für die Feststellung ihres Bewußtseins davon ergäbe, daß dem Grundbuchamt mit der Löschungsurkunde über die ausgesprochenen Vorbehalte der Klägerin nur ein sehr unvollständiger Tatbestand unterbreitet worden war. Für die Beurteilung der Frage, ob sich die Beklagte in dem nach § 892 Abs. 2 BGB. maßgebenden Zeitpunkt in einem sie schützenden Rechtsirrtum befand, würde sich daraus sowohl in Ansehung dessen, was sie bis zur Löschung der Hypothek erfahren hatte, wie für die Beeinflussung ihrer Erkenntnis der Rechtslage durch die Löschung, eine durchaus veränderte tatsächliche Grundlage ergeben.

Daneben wird das Berufungsgericht die Sachlage unter dem Gesichtspunkt des § 826 BGB. zu würdigen haben. Auch in dieser Beziehung könnte die erwähnte weitere tatsächliche Aufklärung erheblich sein. Denn eine gegen die guten Sitten verstoßende vorsätzliche Schädigung der Klägerin, welche die Berufung auf den öffentlichen Glauben des Grundbuchs schlagen würde, könnte namentlich dann angenommen werden, wenn sich feststellen ließe, daß die Beklagte in voller Kenntnis der Erklärungen der Klägerin, sei es auch immer noch in rechtlichem Zweifel über das Fortbestehen der Hypothek, die Löschung durch ein, wie sie wußte, mangelhaft unterrichtetes Grundbuchamt abgewartet oder sogar gefördert hätte, ehe sie zum Erwerb des Grundstücks schritt, um sich demnächst auf die Löschung zu berufen.

39. Wie weit erstreckt sich die Haftung dessen, der für eine noch nicht eingetragene Gesellschaft mit beschränkter Haftung gehandelt hat, wenn er für sie eine Geschäftsverbindung mit einer anderen Firma durch einen Rahmenvertrag begründet hat, in dessen Ausführung der Handelnde und nach ihrer Eintragung die Gesellschaft Einzelbestellungen gemacht haben?

GmbHG. § 11 Abs. 2.

I. Zivilsenat. Urt. v. 1. Juni 1927 i. S. W. (Bekl.) w. G. (Kl.). I 23/27.

I. Landgericht Königsberg, Kammer für Handelssachen.
II. Oberlandesgericht daselbst.

Der Beklagte betrieb in K. einen Großhandel mit Kaffee, Mehl und dgl. Er errichtete am 1. Mai 1925 mit dem Kaufmann Kr. eine Gesellschaft mit beschränkter Haftung, die am 16. Juni 1925 in das Handelsregister eingetragen wurde. Schon vor dieser Eintragung, im Mai 1925, trat er mit der Klägerin in Verbindung und übernahm für die Gesellschaft den kommissionsweisen Verkauf der Mehlerzeugnisse der Klägerin. Die auf diese Weise angeknüpfte Geschäftsverbindung bestand bis Ende Dezember 1925. Seit Ende September 1925 besaß der Beklagte sämtliche Geschäftsanteile der Gesellschaft. Am 11. Januar 1926 wurde über ihr Vermögen der Konkurs eröffnet.

Die Klägerin nimmt den Beklagten persönlich in Anspruch für die von der Gesellschaft verkaufte Ware, soweit die Verkaufspreise nicht an sie abgeführt worden sind, und fordert Zahlung von 4883,90 RM nebst Zinsen. Sie gründet den Anspruch einmal darauf, daß der Beklagte vor Eintragung der Gesellschaft für diese den Kommissionsvertrag abgeschlossen habe, ferner auf unerlaubte Handlung.

Der Beklagte bestritt Grund und Höhe der Forderung. Zum ersten Klaggrund machte er insbesondere geltend, seine etwa anfänglich vorhanden gewesene persönliche Haftung sei dadurch beseitigt worden, daß die Gesellschaft in das Geschäft eingetreten sei. Ungedeckt geblieben seien weiter nur die beiden letzten Lieferungen, denen feste Kaufverträge der Klägerin mit der Gesellschaft zugrunde gelegen hätten.

Die Vorinstanzen erkannten klaggemäß. Die Revision des Beklagten führte zur Aufhebung und Zurückverweisung.

Gründe:

Das Berufungsgericht hat persönliche Haftung des Beklagten auf Grund des § 11 Abs. 2 GmbHG. angenommen. Dazu wird ausgeführt: Der Beklagte habe für die damals noch nicht eingetragene Gesellschaft einen Kommissions-Agenturvertrag abgeschlossen. Aus diesem Vertrag hafte er persönlich nach § 11 Abs. 2. Der Eintritt der Gesellschaft in den Vertrag habe ihn nicht von seiner Haftung befreit, sondern die Klägerin habe dadurch zwei Schuldner erworben, und entlassen worden aus dem Schuldverhältnis sei der Beklagte nicht. Der Kommissionsvertrag habe bis zum Schluß unverändert fortbestanden. Der Briefwechsel ergebe klar, daß auch die letzten Lieferungen Kommissionsware sein sollten. Allerdings habe damals die Klägerin sofortige Hergabe der Akzepte der Gesellschaft verlangt, aber nur deshalb, weil sie nach den Mitteilungen des Beklagten habe annehmen müssen, daß die Ware schon bei der Kundschaft untergebracht sei. Der Kommissionsvertrag sei als „Dauervertrag" zustande gekommen. Nach § 11 Abs. 2 GmbHG. sei der Beklagte persönlich haftbar für die „Geschäftsabwicklung" aus diesem Vertrag. Wenn auch die Gesellschaft als solche die Waren geliefert erhalten habe, so folge daraus doch nicht, daß der Beklagte aus seiner Verbindlichkeit entlassen werden sollte, weil die Haftungsfrage erst im Rechtsstreit aufgerollt worden und nicht anzunehmen sei, daß die Klägerin vorher die Rechtslage überschaut und erwogen habe.

Dagegen hat die Revision geltend gemacht, die Klägerin habe, wie anzunehmen, gewußt, daß die Gesellschaft bei Abschluß des Kommissionsvertrags noch nicht eingetragen war. Bei dieser Sachlage fehle es an jedem Anhalt dafür, daß die Klägerin mit dem Beklagten persönlich habe abschließen wollen. Hierbei wird jedoch verkannt, daß die persönliche Haftung des Beklagten gar nicht davon abhängig ist und auch gar nicht darauf gestützt wird, daß die Klägerin mit dem Beklagten persönlich abschließen wollte. Das Gegenteil ist ja vom Berufungsgericht festgestellt und die Haftung allein aus § 11 Abs. 2 GmbHG. hergeleitet worden.

Gleichwohl kann das Berufungsurteil nicht bestehen bleiben. Denn der Vorderrichter gibt dem § 11 Abs. 2 eine Tragweite, die ihm nicht zukommt. Wie nämlich die Revision weiter zutreffend ausführt, kommt es darauf an, wer die Einzelgeschäfte abgeschlossen hat, die im Rahmen des grundlegenden Vertrags vom Mai 1925 zustande gekommen sind. Dies ist in der Tat der entscheidende Gesichtspunkt. Die in § 11 Abs. 2 angeordnete persönliche Haftung des Handelnden kann sich ihrem Umfang nach nur auf diejenigen Verbindlichkeiten beziehen, für welche die Gesellschaft haften würde, wenn sie schon damals eingetragen gewesen wäre. Das Reichsgericht hat dies bereits in seinem Urteil vom 31. Januar 1911 (RGZ. Bd. 75 S. 203) ausgesprochen und hieran ist festzuhalten. Denn die Bedeutung des § 11 Abs. 2 besteht darin, für diejenigen Geschäfte, die für die noch nicht bestehende Gesellschaft abgeschlossen worden sind, einen Schuldner zu schaffen. Ist die Gesellschaft erst einmal zur Entstehung gelangt und geht sie dann selber weitere Verbindlichkeiten ein, so ist sie allein daraus haftbar. Die weitergehende Auffassung des Oberlandesgerichts würde zu unannehmbaren Folgen führen und jedes Rechtfertigungsgrundes entbehren. Danach könnte der Handelnde, der für die erst später eingetragene Gesellschaft einen Kommissions-Agenturvertrag abgeschlossen hat, auch dann haftbar gemacht werden, wenn z. B. die Gesellschaft viele Jahre lang als Kommissionsagentin tätig gewesen ist und erst nach Ablauf einer langjährigen reibungslosen Geschäftsverbindung mit dem Kommittenten ihren Verbindlichkeiten nicht mehr nachkommt. Der Beklagte kann also auf Grund von § 11 Abs. 2 GmbHG. nur insoweit persönlich herangezogen werden, als eine Verbindlichkeit der Gesellschaft begründet gewesen wäre, wenn sie bei Abschluß des Vertrags schon bestanden hätte. Alle später entstandenen Verbindlichkeiten beruhen auf eigenen Handlungen der Gesellschaft. Vor ihrer Eintragung waren nur zwei Arten von Verbindlichkeiten entstanden; einmal die allgemeine Verpflichtung des Kommissionsagenten, für den Kommittenten Geschäfte abzuschließen (Staub, Anm. 16 zu § 84 HGB.). Insoweit hat die Klägerin nichts vorgebracht; dieser Gesichtspunkt scheidet also hier aus. Zweitens kommen dafür diejenigen Lieferungen in Betracht, die bis zur Eintragung der Gesellschaft bestellt worden sind. Hier war der Kommissionär verpflichtet, die bestellten Waren auf Lager zu nehmen, die Verkaufspreise an den Kommittenten abzuführen oder wenigstens die Waren zurückzugeben. Nach dem von der Klägerin überreichten Kontoauszug und dem Briefwechsel läßt sich indes nicht ohne weiteres und möglicherweise nicht ohne neue tatsächliche Feststellungen übersehen, ob die vor der Eintragung gemachten Bestellungen in dieser Weise völlig abgewickelt sind, wenngleich der Anschein dafür spricht. ... In dieser Beziehung bedarf also die Sachlage noch der Klärung. Soweit danach eine Haftung des Beklagten nicht zu begründen sein sollte, wird noch der Klagegrund der unerlaubten Handlung zu erörtern sein.

40. Ist der Rechtsweg zulässig für Ansprüche, die ein deutscher Inhaber von Auslandspatenten gegen das Deutsche Reich erheben will mit der Behauptung, daß die englische Regierung einen Teil der dem Patentinhaber von seinen englischen Lizenznehmern zu zahlenden Lizenzgebühren unter Berufung auf den Versailler Vertrag an sich ziehe und dem Deutschen Reich auf Reparationskonto gutschreibe? Ist in dieser Hinsicht eine Änderung durch das Londoner Abkommen über den Dawesplan eingetreten?

Versailler Vertrag Art. 297 i, 306. Liquidationsschädengesetz vom 20. November 1923 §§ 1, 39.

IV. Zivilsenat. Urt. v. 2. Juni 1927 i. S. J. G. Farbenindustrie (Kl.) w. Deutsches Reich (Bekl.). IV 600/26.

I. Landgericht I Berlin.
II. Kammergericht daselbst.

Die Klägerin ist Inhaberin englischer Salvarsan-Patente; diese sind, nachdem sie während des Krieges von englischen Kriegsmaßnahmen betroffen worden waren, nach Friedensschluß der Klägerin zurückgegeben worden auf Grund der Verordnung des englischen Board of Trade vom 19. Juli 1920 unter den darin in Nr. 8a bezeichneten Beschränkungen. Im März 1923 hat die Klägerin mit einer Reihe von englischen Firmen Lizenzverträge über die Patente abgeschlossen, wonach die Lizenznehmer jeweils 5—10% ihrer Einnahmen als Lizenzgebühren an die Klägerin zu zahlen haben. Von den hierfür geschuldeten Beträgen zahlen sie entsprechend der bezeichneten Anordnung der englischen Regierung nur 25% an die Klägerin, während sie die übrigen 75% an den Controller of the Clearing Office for Enemy Debts abführen. Die Klägerin bezeichnet dieses Vorgehen der englischen Regierung als mit dem Versailler Vertrag und den späteren Verträgen in Widerspruch stehend und trägt vor, auf diese Weise sei ihr in der Zeit vom 25. März 1923 bis 25. März 1925 ein Betrag von über 5000 englischen Pfund rechtswidrig entzogen worden und dieser Betrag sei dem Deutschen Reich in der Weise zugute gekommen, daß er ihm auf Liquidations-, Ausgleichs- oder Reparationskonto gutgeschrieben worden sei. Das Reich biete der Klägerin Ersatz dafür nur nach den Sätzen des Liquidationsschädengesetzes an, also in Höhe von 2 Tausendsteln des erlittenen Schadens; die Klägerin habe aber das Recht auf volle Schadloshaltung durch das Reich, dem die ihr entzogenen Vermögenswerte zugute gekommen seien. Sie hat Klage erhoben, mit der sie Zahlung von vorläufig 10000 RM als Teilbetrag verlangt. Der Beklagte hat den Anspruch bestritten, in erster Reihe aber die Einrede der Unzulässigkeit des Rechtswegs erhoben, weil für den Ersatzanspruch der Klägerin nur das Liquidationsschädengesetz in Betracht kommen könne, das den Rechtsweg ausschließe. Das Landgericht hat die Klage wegen Unzulässigkeit des Rechtswegs abgewiesen. Auf die Berufung der Klägerin hat das Kammergericht dahin erkannt, daß die Einrede der Unzulässigkeit des Rechtswegs insoweit verworfen werde, als es sich um den Ersatz von Lizenzbeträgen handle, die nach dem 1. September 1924 auf Anordnung der englischen Regierung einbehalten und dem Beklagten gutgeschrieben worden seien und daß insoweit der Rechtsstreit zur weiteren Verhandlung an das Landgericht zurückverwiesen, im übrigen aber die Berufung der Klägerin zurückgewiesen werde. Beide Teile haben Revision eingelegt. Die Klägerin beantragte, die Einrede der Unzulässigkeit des Rechtswegs im vollen Umfang zu verwerfen; der Beklagte beantragte, den Rechtsweg im vollen Umfang für unzulässig zu erklären. Das Reichsgericht erkannte gemäß dem Antrag des Beklagten.

Gründe:

Die Unterscheidung, die das Berufungsgericht für die Zeit bis zum 31. August 1924 und die darauffolgende Zeit macht, beruht auf der Annahme, daß in den Befugnissen der englischen Regierung gegenüber den deutschen Patentinhabern eine Änderung durch das Londoner Abkommen über den Dawesplan eingetreten sei, indem dadurch für die Zukunft die Verhältnisse so gestaltet worden seien, daß nunmehr die Empfangnahme der fraglichen Gutschriften durch das Reich einen bürgerlichrechtlichen, im ordentlichen Rechtsweg verfolgbaren Anspruch der Klägerin gegen das Reich erzeuge, während vor dem Londoner Abkommen ein solcher Anspruch nicht bestanden habe.

Zunächst ist die Frage zu prüfen, ob — wie die Revision der Klägerin behauptet — ein im Rechtsweg verfolgbarer Anspruch schon vor dem Londoner Abkommen bestanden hat.

Die Verordnung des Board of Trade, durch die der Klägerin die Lizenzgebühren für ihre Patente zum größten Teil entzogen werden, bestimmt hierüber in Nr. 8a: „im Falle freiwilliger Verfügungen sind 75% solcher Gebühren oder anderer Geldbeträge an den Controller des Ausgleichsamts für die Zwecke dieses Amtes abzuführen und 25% an die beteiligte andere Partei oder Parteien".

Die bezeichnete Behörde stützt sich wegen ihres Rechts zur Erlassung der Vorschrift unter anderem auf den Versailler Vertrag; sie sagt, sie treffe ihre Anordnungen: „in exercise of the powers conferred upon them by section V of the Trading with the Enemy Amendement Act, 1914, and/or the Treaty of Peace (with Germany) Order, 1919, and of all other powers" usw.

Das Berufungsgericht verneint für die Zeit bis zum 31. August 1924 die Zulässigkeit des Rechtswegs deshalb, weil die der Klägerin durch die Verordnung des Board of Trade zugefügte Benachteiligung unter das Liquidationsschädengesetz falle, das nach seinem § 39 Anwendung finde auf die Entschädigung für die Entziehung oder die Beeinträchtigung von gewerblichen, literarischen oder künstlerischen Eigentumsrechten. Es sei zwar der Klägerin zuzugeben, daß Lizenzgebühren nicht unmittelbare Erträgnisse des gewerblichen Eigentums an einem Patent darstellten, sondern erst auf Grund eines besonderen Rechtsverhältnisses entstünden. Aber es bilde doch eine „Beeinträchtigung" des gewerblichen Eigentums, wenn dem Eigentümer die Möglichkeit genommen werde, dieses Eigentum durch Abschluß von Verträgen in dem Maß auszunützen, wie er es möchte und ohne die beeinträchtigende Bestimmung auch könnte. Dazu komme noch, daß in § 1 des Liquidationsschädengesetzes der Art. 306 VV. ausdrücklich genannt, damit also gesagt sei, daß die im letzteren vorgesehenen Tatbestände auch unter das Liquidationsschädengesetz fallen sollten. Nach Art. 306 Abs. 5 VV. sei aber die Beschränkung des gewerblichen Eigentums in der Art vorgesehen, daß sich die alliierten Mächte nach

Belieben an die Substanz oder auch an die Erträgnisse der Patente, z. B. durch Erteilung von Zwangslizenzen, halten könnten. Daher könne man auch den § 39 LiquidSchG. nicht auf Substanzentziehungen beschränken, sondern müsse ihn auch auf Beeinträchtigungen der Ertragsmöglichkeit beziehen.

Die Revision der Klägerin will das nicht gelten lassen. Sie meint, die in der Verordnung des Board of Trade getroffene Anordnung werde durch Art. 306 VV. nicht gedeckt. Denn sie ergreife nicht nur die zur Zeit des Friedensschlusses bestehenden Patente und deren Erträgnisse, sondern darüber hinaus auch Rechte, die der Klägerin erst aus den später geschlossenen Verträgen mit den Lizenznehmern erwachsen seien. Diese Verträge hätten nicht nur die einfache Benutzung der Patente zum Gegenstand, sondern bezögen sich auch in sehr erheblichem Umfang auf Mitteilungen über Erfahrungen, auf Anweisungen, Verbesserungen usw., die den Lizenznehmern neben der Benutzung der Patente gewährt würden und sehr häufig für sie die Hauptsache seien. Deshalb werde durch die Verordnung des Board of Trade nicht nur eine Beschränkung bezüglich des Patentes ausgesprochen, sondern auch in sehr erheblichem Umfang die Enteignung der geistigen Arbeit der deutschen Staatsangehörigen, die nach dem Friedensvertrag liege oder jedenfalls liegen könne.

Das Berufungsgericht erörtert diese von der Klägerin versuchte Unterscheidung nicht ausdrücklich; es will sie aber wohl mit der oben erwähnten Erwägung über die Beeinträchtigung des gewerblichen Eigentums und mit der weiteren Erwägung ablehnen, daß das vom Board of Trade eingeschlagene Verfahren immer noch als ein minus anzusehen sei gegenüber der durch den Versailler Vertrag gewährten Möglichkeit, alle zur Zeit des Vertrags bestehenden und unter gewissen Voraussetzungen auch später erworbene Patente deutscher Staatsangehöriger selbst auszuüben oder Zwangslizenzen für die Ausübung zu vergeben.

Die Meinung der Klägerin, daß ein Friedensvertrag nicht die Wirkung haben dürfe, geistiges Eigentum zu beschlagnahmen, das erst nach dem Friedensschluß entstanden sei, hat an sich ihre Berechtigung; aber gegenüber dem Wortlaut des Art. 306, der auch die Beschränkung und Ausnutzung zukünftiger Patente zuläßt, kann man nicht wohl sagen, das fragliche Vorgehen der englischen Regierung gegen die bestehenden Patente falle in dem Maße aus dem Rahmen des

Art. 306, daß es von der deutschen Gesetzgebung nicht unter das Liquidationsschädengesetz gebracht werden könne.

Es wird mit Isay (Die Lage der deutschen Patente in den früher feindlichen Staaten S. 23/24) anzunehmen sein, daß die englische Regierung den Art. 306 VV. mit seiner oben besprochenen weitgehenden Auslegung an Stelle von Einfuhrverboten und Schutzzöllen als Mittel benutzen will, um der deutschen Industrie das Wiederauftreten auf dem englischen Markt möglichst zu erschweren. Dabei spielt wohl auch die in England geläufige Anschauung (Isay, Die privaten Rechte im Friedensvertrag S. 101 unten) mit, daß die Konfiszierung von Privateigentum eine statthafte Kriegsmaßnahme sei. Das sind alles Dinge, die sich mit dem Begriff eines Friedensvertrags schwer vereinigen lassen (vgl. auch Osterrieth, Gewerblicher Rechtsschutz im Friedensvertrag von Versailles S. 17/18). Aber die deutschen Staatsangehörigen sowie die deutschen Behörden und Gerichte werden sich damit abfinden müssen, daß England den Wortlaut des Vertrags in der Weise wie geschehen ausnutzt, namentlich da in Abs. 6 des Art. 306 für die Beeinträchtigung der zukünftigen Rechte zwar anscheinend eine engere Grenze gezogen werden sollte, aber dann doch die Rücksicht auf „das öffentliche Interesse" als ausreichend erklärt wird. Unter diesen Wortlaut läßt sich schließlich auch die Ausschließung ausländischer Konkurrenz bringen.

Darüber, inwieweit im gegebenen Fall der Inhalt der Lizenzverträge in der von der Klägerin behaupteten Weise über die bloße Benutzungserlaubnis hinausgeht, war bisher nichts vorgetragen worden. Was die Klägerin in der Revisionsinstanz hat vortragen lassen, kann mangels tatsächlicher Feststellungen hier nicht berücksichtigt werden. Auf keinen Fall lassen sich die Benutzungserlaubnis und die etwa weiter dazu gegebenen Anleitungen usw. in der Weise auseinanderhalten, daß die Vergütung für letztere als ein selbständiges Vermögensstück angesehen werden könnte, das von einer gegen das Patent verhängten Maßnahme nicht ergriffen würde. In dieser Hinsicht ist auch von Bedeutung, daß nach der Verordnung des Board of Trade bei denjenigen Patenten, für welche die englische Regierung Zwangslizenzen ausgibt, der deutsche Patentinhaber gar keinen Anteil an den Lizenzgebühren erhalten soll, während bei freiwilligen Lizenzverträgen die 25% an ihn abgegeben werden. Er erhält also auf diese Weise eine gewisse Vergütung für die bei freiwilligen Verträgen hinzukommenden Anleitungen usw. Vielleicht ist der in der Verordnung des Board of Trade gemachte Unterschied in diesem Sinne gemeint.

Fallen aber die von der englischen Regierung getroffenen Maßnahmen unter Art. 306 VV., dann fallen sie auch unter das Liquidationsschädengesetz, das den Rechtsweg ausschließt. Übrigens würde auch dann, wenn man mit der Klägerin annehmen wollte, daß das Liquidationsschädengesetz auf ihren Anspruch nicht anwendbar sei, daraus keineswegs ohne weiteres folgen, daß der Klägerin ein vom Liquidationsschädengesetz unabhängiger Anspruch zustehe und daß für diesen Anspruch der Rechtsweg gegeben sei (vgl. das Urteil des Senats vom 12. April 1926 IV 588/25, JW. 1926 S. 2083). Es braucht aber dieser Frage nicht weiter nachgegangen zu werden, weil, wie ausgeführt, der Rechtsweg hier durch das Liquidationsschädengesetz ausgeschlossen ist.

Auch die Bezugnahme der Revision auf § 75 der Einleitung zum preuß. Allg. Landrecht ist nicht geeignet, eine genügende Grundlage für einen bürgerlichrechtlichen Anspruch der Klägerin gegen das Reich zu bieten. Es ist nicht angängig, den dort ausgesprochenen Rechtsgedanken in der Weise zu verallgemeinern, daß er auf Verhältnisse angewendet würde, die wesentlich anders liegen. Letzteres ist hier insofern der Fall, als die Schädigung der Klägerin nicht durch eine Maßnahme der deutschen Regierung, sondern durch die einer fremden Regierung herbeigeführt worden ist. Daß diese Maßnahme zugleich einen gewissen vermögensrechtlichen Vorteil für Deutschland mit sich bringt, genügt nicht zur Begründung des von der Klägerin erhobenen bürgerlichrechtlichen Anspruchs, und dazu reicht auch nicht die — unten noch zu erörternde — Behauptung der Klägerin aus, daß die Reichsregierung durch Unterlassung geeigneter Gegenmaßnahmen die Anordnung der englischen Regierung gutgeheißen habe.

Nach alledem ist dem Berufungsgericht darin beizupflichten, daß für die auf die Zeit bis zum 31. August 1924 treffenden Lizenzgebühren ein vor den Gerichten verfolgbarer Erstattungsanspruch gegen den Beklagten nicht besteht.

Es fragt sich dann, ob dem Berufungsgericht auch darin beigepflichtet werden kann, daß durch das Londoner Abkommen von 1924 über den Dawesplan eine Änderung dieses Zustandes herbeigeführt worden ist. Das ist zu verneinen.

Das Berufungsgericht weist darauf hin, daß im Dawesplan Teil I Abschnitt XI gesagt und näher ausgeführt wird, die darin angegebenen Summen sollten Deutschlands gesamte Verpflichtung gegenüber den alliierten und assoziierten Mächten umfassen; es meint, daraus ergebe sich mit aller Deutlichkeit, daß außer der im Plan festgesetzten Annuität keinerlei Zahlung von Deutschland verlangt werden könne, daß somit auch die Einbehaltung der Lizenzgebühren mit dem Plan im Widerspruch stehe; die einschlägigen Bestimmungen in Art. 306 VV. seien durch die Generalklausel des Sachverständigen-Planes außer Kraft gesetzt worden. Trotzdem habe die deutsche Regierung aus irgendwelchen hier nicht nachzuprüfenden Gründen diesem rechtswidrigen englischen Vorgehen nicht widersprochen, sondern die Gutschriften stillschweigend als rechtmäßig anerkannt. Der Beklagte habe also etwas zu seinem Vermögen gezogen, was der Klägerin durch eine fremde Macht abgenommen worden sei. Damit seien die im Liquidationsschädengesetz vorgesehenen Tatbestände wesentlich überschritten. Die Klage stütze sich also insoweit nicht nur auf Liquidationsmaßnahmen einer fremden Regierung, sondern vor allem auch auf das Verhalten der deutschen Regierung, nämlich auf die stillschweigende Anerkennung der Gutschriften. Wenn die Klägerin hieraus Vergütungsansprüche, insbesondere unter dem Gesichtspunkt der ungerechtfertigten Bereicherung, herleite, so handle es sich um einen bürgerlichrechtlichen Anspruch, der vor die ordentlichen Gerichte gehöre. Ob der Anspruch sachlich begründet sei, ob insbesondere eine unmittelbare Vermögensverschiebung zwischen den Parteien vorliege, sei bei der jetzigen Lage des Verfahrens nicht zu untersuchen.

Zuzugeben ist, daß das Verfahren der englischen Regierung mit dem Wortlaut und dem Sinn des Dawesplans im Widerspruch steht. Dort wird nicht nur verlangt, daß weitere Zahlungen, als darin bezeichnet, nicht aus Deutschland herausgeholt werden, sondern namentlich auch, daß alles, was Deutschland zahlt, durch die Hand des sog. Transferkomitees gehen soll. Damit steht das Verhalten der englischen Regierung in Widerspruch, auch wenn man berücksichtigt, daß England die hier in Rede stehenden Zahlungen nicht unmittelbar vom Deutschen Reich, sondern von dessen Angehörigen einzieht; denn in Art. 297 i VV. ist Deutschland die Verpflichtung zur Schadloshaltung seiner in dieser Weise geschädigten Angehörigen auferlegt worden. Aber das ändert nichts an der Tatsache, daß die englische Regierung die Einbehaltung der Lizenzgebühren nach wie vor auf den Versailler Vertrag stützt.

Es ist aber weiter auch nicht angängig — wie das Berufungsgericht will —, aus der Art und Weise, wie sich die deutsche Regierung gegenüber diesem englischen Vorgehen verhält, Ersatzansprüche der Geschädigten herzuleiten, die vor den Gerichten verfolgt werden könnten. Was in dieser Hinsicht die Regierung tut oder nicht tut, liegt auf dem Gebiet der Ausübung von Hoheitsrechten und kann von den Gerichten weder auf seine Rechtmäßigkeit noch auf seine Zweckmäßigkeit nachgeprüft werden. Es ist auch gar nicht ersichtlich, auf was sich die Anschauung des Kammergerichts gründet, daß durch irgendwelche Maßnahmen der deutschen Regierung die Lage der Klägerin hinsichtlich ihrer Patente verbessert werden könnte. Wie Fuchs, Die Beschlagnahme, Liquidation und Freigabe deutschen Vermögens im Auslande, S. 283flg. ausführt, hat die deutsche Regierung schon im Oktober 1924 unter Berufung auf die oben erwähnten Bestimmungen des Dawesplans zu erreichen versucht, daß die von ihr nach Art. 297i VV. an Reichsangehörige zu zahlenden Entschädigungen für beschlagnahmtes Eigentum an den im Dawes-Plan festgesetzten Summen abzuziehen seien, und hat, als die Gegenseite sich ablehnend verhielt, das für die Entscheidung von Streitfragen aus dem Dawes-Plan eingesetzte Schiedsgericht angerufen. Dieses Schiedsgericht hat durch seine am 29. Januar 1927 erlassene, im Reichsanzeiger Nr. 32 abgedruckte Entscheidung den deutschen Standpunkt abgelehnt. Es wird zwar dort (unter Nr. 2 a. E.) hervorgehoben, es erfolge keine Entscheidung über die jetzt dem Schiedsgericht nicht unterbreitete Frage, ob Gutschriften, die an Deutschland nach dem 1. September 1924 für den Wert einbehaltener Güter oder Rechte deutscher Staatsangehöriger gegeben würden, von den Jahreszahlungen abzuziehen seien, und es ist also dort keine den Streitfall unmittelbar berührende Entscheidung getroffen worden. Immerhin läßt jene Entscheidung erkennen, daß das Schiedsgericht von der Tragweite der fraglichen Bestimmung des Dawes-Plans eine andere Auffassung hat, als sie von der Klägerin — und auch von der deutschen Regierung — vertreten wird, und daß die Meinung der Klägerin und des Berufungsgerichts nicht zutrifft, es hänge nur vom Verhalten der deutschen Regierung ab, daß die Beeinträchtigung der Rechte der Klägerin durch die englischen Behörden unterbleibe.

Der Beklagte hat in dieser Instanz noch Angaben über verschiedene von der deutschen Regierung unternommene Schritte wegen Freigabe beschlagnahmten Eigentums gemacht, die zum Teil von Erfolg, zu einem andern Teil — namentlich England gegenüber — ohne Erfolg gewesen seien (vgl. hierzu auch die am 14. Mai 1927 vom Außenminister Dr. Stresemann gegebene Antwort auf eine Anfrage des Reichstagsabgeordneten Lejeune-Jung, woraus das Beharren Englands auf den von ihm aus dem Versailler Vertrag hergeleiteten Rechten dieser Art hervorgeht). Es kommt aber nach dem oben Ausgeführten für die Entscheidung nicht weiter auf dieses Verhalten der deutschen Regierung an. Ebenso bedarf es keines Eingehens auf die in dieser Instanz gemachten Ausführungen des Beklagten, worin er sich gegen die Bemerkung im Berufungsurteil verwahrt, daß er etwas zu seinem Vermögen gezogen habe, was der Klägerin durch eine fremde Macht abgenommen worden sei, worin er ferner unter Hervorhebung des Unterschieds von Gutschriften auf Ausgleichskonto, auf Liquidations- und auf Reparationskonto und unter Hinweis auf die Ausführungen bei Fuchs a. a. O. S. 144flg., 260flg., 274flg. bestreitet, daß für absehbare Zeit dem Beklagten aus den vom Board of Trade vorgenommenen Gutschriften etwas zugute kommen werde. Denn die Frage, ob eine Bereicherung des Beklagten vorliegt, ist in dieser Lage des Rechtsstreits nicht zu prüfen. . . .

---

41. Kann die Satzung einer Aktiengesellschaft das Recht zur Bestellung und Abberufung des Vorstands dem Aufsichtsrat zu eigener, ausschließlicher Zuständigkeit übertragen, sodaß es zur Ausübung dieses Rechts durch die Generalversammlung einer Änderung der Satzung bedarf?

HGB. § 182 Abs. 2 Nr. 4, §§ 231, 246, 190.

II. Zivilsenat. Urt. v. 3. Juni 1927 i. S. Bugsier-, Reederei- u. Bergungs A.-G. (Bekl.) u. Firma W. Sch. (Nebeninterv.) w. den Vorstand der Bugsier-, Reederei- u. Bergungs A.-G. u. Gen. (Kl.). II 466/26.

Landgericht Hamburg.
Oberlandesgericht daselbst.

Durch Beschlüsse der Generalversammlung der beklagten Aktiengesellschaft vom 27. Mai 1926 wurden die vier Mitglieder des damaligen Vorstands mit sofortiger Wirkung abberufen und Sch. zum alleinigen und allein vertretungsberechtigten Vorstand bestellt. Gleichzeitig wurde der Aufsichtsrat angewiesen, das zur Durchführung der Beschlüsse Erforderliche unverzüglich zu veranlassen, insbesondere einen Anstellungsvertrag mit Sch. abzuschließen. Der alte Vorstand und der Aktionär Chr., der gegen diese Beschlüsse Widerspruch zum Protokoll erklärt hat, fochten durch rechtzeitig erhobene Klagen, die vom Landgericht verbunden wurden, die genannten Beschlüsse an, wofern sie nicht ohne weiteres nichtig sein sollten, und beantragten die Nichtigerklärung der Abberufung des alten Vorstands und der Ernennung des Sch. zum alleinigen Vorstand der Beklagten. Sie stützen diesen Antrag auf § 8 der Satzung, wonach die Bestellung und auch die Abberufung des Vorstands Sache des Aufsichtsrats sei, so daß die mit einfacher Mehrheit gefaßten Beschlüsse der Generalversammlung eine Verletzung des Gesellschaftsvertrags enthielten. Außerdem stellten die Beschlüsse — so führen die Kläger weiter aus — eine gegen die guten Sitten verstoßende Ausnutzung der Machtstellung der als Nebenintervenientin der Beklagten beigetretenen Firma W. Sch. dar, welcher mehr als die Hälfte der Aktien gehöre und die für die von ihr selbst angeregten Beschlüsse gestimmt habe. Das Landgericht gab der Klage statt. Die Berufung der Beklagten wurde zurückgewiesen. Die von der Nebenintervenientin eingelegte Revision war erfolglos.

Gründe:

Die Nebenintervenientin hält die Abberufung und Neuwahl des Vorstands der Beklagten für gültig, weil das Recht zur Abberufung nicht dem Aufsichtsrat, sondern der Generalversammlung zustehe und weil das im § 8 der Satzung dem Aufsichtsrat eingeräumte Recht der Vorstandsbestellung nur auf einer Übertragung der Rechte der Generalversammlung beruhe, bei deren Ausübung sich der Aufsichtsrat nach dem Willen und den Weisungen der Generalversammlung zu richten habe.

Beide Vorinstanzen haben diese Auffassung abgelehnt und aus § 8 der Satzung abgeleitet, daß das Recht zur Bestellung und zur Abberufung des Vorstands nur vom Aufsichtsrat nach seinem Ermessen auszuüben sei; die Generalversammlung könne es daher nicht an seiner Stelle oder neben ihm wahrnehmen, sondern nur auf dem Wege einer mit $^3/_4$ Mehrheit beschlossenen Satzungsänderung an sich ziehen. Demgemäß wurden die mit einfacher Mehrheit gefaßten Beschlüsse, soweit sie die Abberufung und die Neuwahl des Vorstands zum Gegenstand haben, auf die Anfechtungsklage des abberufenen Vorstands und des Aktionärs Chr. für nichtig erklärt.

Die Revision greift diese Auslegung des § 8 der Satzung als rechtsirrig an. Es kann ihr jedoch nicht beigetreten werden.

Das Handelsgesetzbuch enthält keine Vorschrift über die Bildung des Vorstands, abgesehen von seiner ersten Bestellung bei der Gründung (§ 190). Es schreibt in § 182 Abs. 2 Nr. 4 vor, daß der Gesellschaftsvertrag die Art der Bestellung und der Zusammensetzung des Vorstands zu bestimmen habe. Die Satzung einer Aktiengesellschaft muß daher feststellen, wer den Vorstand zu bestellen hat und wie er zahlenmäßig gebildet werden soll. Irgendwelche Richtlinien für die Auswahl des Bestellungsorgans sind nicht gegeben. Das Gesetz deutet auch nicht an, daß die Vorstandsbestellung nicht einem anderen Organ als der Generalversammlung zur ausschließlichen Zuständigkeit übertragen werden könne. Hiernach ist es gesetzlich ohne weiteres zulässig, daß die Satzung die Bestellung des Vorstands dem Aufsichtsrat anvertraut; denn dessen gesetzliche Obliegenheiten dürfen nach § 246 Abs. 3 HGB. durch die Satzung vermehrt werden. Von dieser Ermächtigung hat die Satzung in § 8 Abs. 1 Gebrauch gemacht, indem sie bestimmt, daß der Vorstand nach dem Ermessen des Aufsichtsrats aus einem oder mehreren von diesem anzustellenden Mitgliedern besteht, welche deutsche Reichsangehörige sein und ihren ständigen Wohnsitz innerhalb des deutschen Reichs haben müssen.

Ob beim Schweigen des Gesetzes darüber, von wem der nach § 231 Abs. 3 HGB. jederzeit zulässige Widerruf der Vorstandsbestellung auszugehen hat, anzunehmen ist, daß dem bestellenden Organ ausnahmslos auch der Widerruf der Bestellung zusteht, braucht nicht untersucht zu werden. Denn es handelt sich hier nur um den Aufsichtsrat als bestellendes Organ, und das Berufungsgericht legt den § 8 der Satzung rechtsirrtumfrei dahin aus, daß das dem Aufsichtsrat eingeräumte Ermessen über den Bestand des Vorstands zu entscheiden habe und daher auch das Recht zu seiner Abberufung in sich schließe. Daß aber auch die Abberufung des Vorstands eine Obliegenheit ist, die nach § 246 Abs. 3 HGB. dem Aufsichtsrat übertragen werden kann, ist nicht zu bezweifeln, ist auch in der Rechtsprechung des erkennenden Senats (RGZ. Bd. 82 S. 347) anerkannt.

Es ist daher nur die Frage, ob nach aktienrechtlichen Grundsätzen die Generalversammlung neben dem Aufsichtsrat oder an seiner Stelle den Vorstand abberufen und neuwählen und den Aufsichtsrat entsprechend anweisen konnte, oder ob sie darin durch die Satzung zugunsten des Aufsichtsrats beschränkt worden ist und beschränkt werden durfte.

Soweit die Zuständigkeit der drei Organe der Aktiengesellschaft — Vorstand, Aufsichtsrat und Generalversammlung — gesetzlich geregelt ist, stehen sie gleichberechtigt nebeneinander, und die Generalversammlung ist, obwohl sie den Gesamtwillen der Aktionäre verkörpert, nicht befugt, die Obliegenheiten der anderen Organe wahrzunehmen oder an sich zu ziehen, die diesen zur eigenen ausschließlichen Zuständigkeit übertragen sind (RGZ. Bd. 43 S. 286). Das wird auch von der Revision nicht in Zweifel gezogen. Ihre Schranke findet aber die Betätigung der Generalversammlung nicht nur da, wo die Autonomie der Körperschaft sich nicht mehr betätigen kann oder wo ihr das Gesetz entgegensteht, sondern auch da, wo sie sich nach der Satzung nicht betätigen darf, ohne in den dort einem anderen Organ ausschließlich überlassenen Wirkungskreis einzugreifen. Denn autonom für den Kreis ihrer Angelegenheiten ist die Gesellschaft, nicht die Generalversammlung als körperschaftliches Organ. Durch welche Organe sich die autonome Regelung der Gesellschaftsangelegenheiten vollzieht, bestimmen Gesetz und Satzung, an welche alle Organe gebunden sind. Und wenn im Schrifttum und in der Rechtsprechung vielfach die Wendung gebraucht worden ist, die Generalversammlung sei das oberste Willensorgan der Aktiengesellschaft, so ist dies nur in dem Sinne richtig, daß ihrer Beschlußfassung die für das Bestehen und Gedeihen der Gesellschaft wichtigsten Maßnahmen vorbehalten sind und daß sie überall da zu entscheiden berufen ist, wo es sich nicht um Angelegenheiten der Gesellschaft handelt, die nach Gesetz und Satzung von anderen Organen in eigener Zuständigkeit zu besorgen sind (vgl. § 32 BGB.). Die Generalversammlung kann sich daher da nicht betätigen, wo sie sich durch die Satzung der Gesellschaft selbst beschränkt hat, es sei denn, daß sie durch Änderung der Satzung auf dem dafür gesetzlich oder satzungsgemäß vorgeschriebenen Wege ihre Zuständigkeit erweitert.

Einen Anhalt dafür, daß das Gesetz es nicht ausschließt, in der Satzung die Generalversammlung als Organ für die Bestellung des Vorstands auszuschalten, findet das Berufungsgericht mit Recht in der Vorschrift des § 190 HGB., wonach im Gründungszeitraum das an und für sich den Gründern — die alle Aktien übernommen haben — eingeräumte Recht zur Bestellung des ersten Vorstands der Satzung weichen muß, sofern nach ihr die Bestellung des Vorstands in anderer Weise als durch Wahl der Generalversammlung zu geschehen hat. Nur dann also, wenn nach der Satzung die Bestellung des Vorstands eine Obliegenheit der Generalversammlung ist, soll im Gründungsabschnitt die Bestellung des ersten Vorstands den Gründern zustehen. Daraus folgt jedenfalls so viel, daß auch nach Errichtung der Gesellschaft der in der Satzung ausgesprochene Wille der Gründer die für die Gesellschaftsorgane bindende Norm ist, nach der sich die Frage entscheidet, ob die Bestellung und Abberufung des Vorstands eine Obliegenheit des Aufsichtsrats oder, allein oder daneben, auch die Aufgabe der Generalversammlung ist. Denn wenn das Gesetz darauf verzichtet hat, die Bestellung und Abberufung des Vorstands der ausschließlichen Zuständigkeit der Generalversammlung vorzubehalten, und wenn es anderseits in § 246 Abs. 3 HGB. die Erweiterung der gesetzlichen Obliegenheiten des Aufsichtsrats gestattet, so ist kein aus der Gestaltung des Aktienrechts zu entnehmender Grund ersichtlich, der es verbieten könnte, daß diese Rechte durch die Satzung dem Aufsichtsrat zur eignen und zwar ausschließlichen Zuständigkeit übertragen werden.

Nun ist die Revision der Meinung, daß die eigentliche Trägerin dieser Rechte die Generalversammlung sei und daß daher die Übertragung der Rechte an andere Organe zur ausschließlichen Zuständigkeit gar nicht erfolgen könne, also immer nur als eine Bevollmächtigung durch die Generalversammlung aufgefaßt werden dürfe, derart, daß es ihr als der Machtgeberin jederzeit frei stehen müsse, die Ausübung dieser Rechte an Stelle des Bevollmächtigten selbst in die Hand zu nehmen. Diese Auffassung ist jedoch irrig.

Der Aufsichtsrat handelt als bestellendes Organ nicht kraft einer Vollmacht der Generalversammlung, sondern leitet seine Befugnis und seine Obliegenheit aus dem autonomen Grundgesetz der

Gesellschaft her, an das sich die Gründer gebunden haben und an das auch die Generalversammlung gebunden ist. Er ist daher für die Akte der Bestellung und der Abberufung des Vorstands nicht Bevollmächtigter der Generalversammlung, sondern gesetzlicher Vertreter der Gesellschaft kraft eines ihm übertragenen Amtes. Es entscheiden sonach über sein Recht zur Bestellung und Abberufung des Vorstands nicht Vollmachtsgrundsätze, sondern die Bestimmungen der Satzung, aus denen er sein Recht zur Vertretung der Gesellschaft herleitet. Soweit daher die Satzung die Befugnisse der Organe derart abgegrenzt hat, daß die Bestellung und der Widerruf der Bestellung des Vorstands dem Aufsichtsrat in eigener Befugnis zustehen sollen, handelt es sich nicht um eine Bevollmächtigung, sondern um eine Verteilung und Regelung der Zuständigkeit der Organe. Dem steht auch nicht, wie die Revision meint, entgegen, daß der Aufsichtsrat durch die Generalversammlung gewählt wird. Denn die Form seiner Berufung ist für seine Zuständigkeit nicht von Bedeutung, und er wird dadurch nicht ein Organ der Generalversammlung. Ebenso wie das Gesetz dem von der Generalversammlung gewählten Organ der Gesellschaft eine ausschließliche Zuständigkeit beigelegt hat, kann diese Zuständigkeit auch durch die Satzung erweitert werden, soweit damit nicht in Befugnisse eingegriffen wird, die das Gesetz ausschließlich der Generalversammlung vorbehalten hat. Es würde einem geordneten Verbandsleben zuwider sein, wenn es der Generalversammlung unbenommen wäre, die Zuständigkeit anderer Organe zu mißachten und nach Belieben an ihrer Stelle tätig zu werden. Ihr bleibt das Recht vorbehalten, sich im Aufsichtsrat und durch Satzungsänderung auch im Vorstand gefügige Organe zu schaffen. Solange aber der von ihr gewählte Aufsichtsrat im Amt ist, kann sie in seine gesetzlichen und satzungsmäßigen Rechte nicht eingreifen, mag sie dies auch im Interesse der Gesellschaft für erforderlich halten.[1])

Daß hier ein solcher Eingriff vorliegt und daß die Beschlüsse der

---

[1]) Vgl. Fischer, JW. 1926 S. 614; Ring im Bankarchiv 1924 S. 324; Goldschmid, Die Aktiengesellschaft 1927 § 231 Anm. 27, auch Ritter, HGB. § 231 Anm. 6; Marcus in Holdheims Zeitschrift Bd. 21 S. 123; Lehmann-Ring, HGB. § 231 Anm. 13; Brand, HGB. § 231 Anm. 5b; Passow, Die Aktiengesellschaft 1922 S. 373; Goldmann, HGB. § 231 Anm. 27; Staub-Pinner, 13. Aufl. zu § 250 BGB. Anm. 7 a. E. im Gegensatz zu § 231 Anm. 16.
D. E.

Generalversammlung den § 8 Abs. 1 der Satzung verletzen, hat das Berufungsgericht mit Recht festgestellt. Dafür, daß der § 8 Abs. 1 der Satzung dem Aufsichtsrat die alleinige Befugnis zur Bestellung und Abberufung des Vorstands hat einräumen wollen, ließe sich vielleicht anführen, daß § 8 über etwaige gleiche Rechte, die er daneben der Generalversammlung hätte zusprechen können, schweigt oder daß Satzungsänderungen allgemein einer Dreiviertelmehrheit bedürfen. Jedenfalls ergibt sich dies aber daraus, daß eine Abänderung des § 8 Abs. 1 in § 29 Abs. 3 ausdrücklich unter erschwerende Bedingungen gestellt ist. Hiernach sind für die Abänderung des § 8 Abs. 1 nicht einmal die allgemeinen Vorschriften über Satzungsänderungen maßgebend. Es kann vielmehr über Anträge auf Abänderung dieser Bestimmung nur abgestimmt werden, wenn die Hälfte des Aktienkapitals in der Generalversammlung vertreten ist, und der Beschluß ist nur gültig, wenn eine Mehrheit von drei Vierteln für den Abänderungsantrag gestimmt hat. Ist die Hälfte des Aktienkapitals nicht erreicht, so kann erst eine zweite Generalversammlung mit einer Mehrheit von drei Vierteln der bei der Beschlußfassung vertretenen Aktien entscheidend beschließen. Diese Erschwerung zeigt mit aller Deutlichkeit, daß nach dem Willen des Grundgesetzes eine Entziehung oder Schmälerung der im § 8 Abs. 1 dem Aufsichtsrat eingeräumten Rechte nicht daneben durch Beschlüsse herbeigeführt werden kann, die mit einfacher Mehrheit gefaßt sind. Denn dann hätte es dieser Erschwerung, die dadurch bis zur völligen Bedeutungslosigkeit herabgedrückt würde, nicht erst bedurft. Es braucht daher hier zu der Frage nicht Stellung genommen zu werden, ob die Generalversammlung neben dem Aufsichtsrat zur Bestellung des Vorstands zuständig wäre, wenn die Satzung dieses Recht zwar dem Aufsichtsrat übertragen, aber nicht zu erkennen gegeben hätte, daß darin eine Übertragung zu seiner ausschließlichen Zuständigkeit liegen solle.

Daß diese Auffassung zu einer Selbstentrechtung der Generalversammlung führen würde oder daß durch die Verschiebung der Zuständigkeit, die durch die Satzung auch in anderer Beziehung zugunsten des Aufsichtsrats erweitert worden ist, wesentliche Grundsätze des Aktienrechts verletzt würden, ist nicht anzuerkennen. Die Nichtigkeit der satzungsmäßigen Beschränkung der Generalversammlung kommt daher nicht in Frage. Die Revisionsklägerin übersieht, daß nicht nur der gesetzliche Wirkungskreis der Generalversammlung, also die ihr ausschließlich eingeräumten Rechte gewahrt sind, sondern daß ihr auch die Satzung wichtige Gegenstände zur Beschlußfassung vorbehält, daß sie z. B. den Aufsichtsrat zu wählen hat und im Wege der Satzungsänderung auch die Vorstandswahl an sich ziehen kann, und daß schließlich auch in der Verantwortlichkeit des Aufsichtsrats und in seiner Pflicht, da, wo es das Interesse der Gesellschaft erfordert, eine Generalversammlung einzuberufen, die Garantien liegen, deren die Gesellschaft nach Gesetz und Satzung zu ihrer gedeihlichen Entwicklung bedarf.

Die hier vertretene Auffassung setzt sich auch nicht in Widerspruch mit den von der Revision angezogenen Entscheidungen des Reichsgerichts. Sie alle betreffen anders liegende Fälle. Es ist hier weder ein Organ der Aktiengesellschaft zur völligen Bedeutungslosigkeit herabgedrückt (RG. in Holdheims Zeitschrift Bd. 7 S. 86), noch handelt es sich darum, daß es der Aktiengesellschaft an der zu ihrer Wesenheit erforderlichen Organisation fehlen würde (RGZ. Bd. 3 S. 123); ebensowenig liegt ein Fall vor, in dem der Aufsichtsrat die Generalversammlung hätte einberufen müssen (RGZ. Bd. 35 S. 83). Die Entscheidung des erkennenden Senats vom 3. November 1914 II 325/14 (Holdheims Zeitschrift Bd. 24 S. 78) ist hier überhaupt nicht anwendbar, weil nach dem dort vorliegenden Sachverhalt der Generalversammlung durch die Satzung das Recht der Vorstandsbestellung neben dem Aufsichtsrat eingeräumt war und das Reichsgericht daher dort mit Recht angenommen hat, nach dem regelmäßigen Verhältnis beider Organe zueinander habe die Bestimmung der Generalversammlung vorzugehen.

Wenn schließlich die Revision darzulegen sucht, der Sinn des § 246 Abs. 2 HGB. („der Aufsichtsrat hat eine Generalversammlung zu berufen, wenn dies im Interesse der Gesellschaft erforderlich ist") sei der, daß der Generalversammlung, die „das Vermögen der Gesellschaft repräsentiere", in allen wichtigen Angelegenheiten die letzte Entscheidung zustehe, so ist das in dieser Allgemeinheit unzutreffend. Unrichtig ist schon, daß die Generalversammlung „das Vermögen der Gesellschaft repräsentiere"; denn weil sie weder die Aktiengesellschaft selbst ist, noch ein dauernd tätiges Organ, ist sie auch nicht Trägerin der Rechte und Verbindlichkeiten des Gesellschaftsvermögens. Daß ihr auch nicht in allen wichtigen Angelegenheiten die letzte Entscheidung zusteht, beweist schon die Vorschrift des § 247 Abs. 2 HGB., wonach der Aufsichtsrat, soweit es sich um die Verantwortlichkeit seiner Mitglieder handelt, ohne und selbst gegen den Beschluß der Generalversammlung die Mitglieder des Vorstands verklagen kann, und zwar im Namen der Gesellschaft. Der § 246 Abs. 2, dessen grundsätzliche Bedeutung streitig ist und hier nicht näher erörtert zu werden braucht, besagt jedenfalls nichts über die Grenzen der Befugnisse der Generalversammlung. Er setzt nur eine Verpflichtung des Aufsichtsrats fest, die von Rechts wegen insoweit nicht bestehen kann, als die Generalversammlung nach Gesetz oder Satzung zu einer Entscheidung, zu der sie zu berufen wäre, gar nicht zuständig ist.

Unter diesen Umständen ist die Auffassung des Berufungsgerichts nicht zu beanstanden, daß die Beschlüsse der Generalversammlung, auch soweit sie dem Aufsichtsrat Weisungen über die Vornahme der Neuwahl geben, mit der Satzung nicht vereinbar und daher nichtig sind.

---

42. Wird der Anspruch auf Aufwertung durch verspätete Geltendmachung verwirkt?

BGB. § 242.

II. Zivilsenat. Urt. v. 3. Juni 1927 i. S. W. und R. (Bekl.) w. B. (Kl.). II 460/26.

I. Landgericht Kiel.
II. Oberlandesgericht daselbst.

Der Kläger betrieb früher in K. unter der Firma H. & R. eine Fischräucherei und Fischkonservenfabrik. Durch notarielle Verträge vom 2. Januar 1910, 22. November 1911, 3. August 1913 und 24. Mai 1916 verkaufte er das ganze Geschäft nebst der Firma und auch die dazu gehörigen Grundstücke an die beiden Beklagten. Seine Kaufpreisansprüche beliefen sich insgesamt auf 258047,18 *M*. Nachdem er bis zum 8. Juli 1921 138047,18 *M* erhalten hatte, verkauften die Beklagten im Oktober 1921 das Geschäft und die Grundstücke an die neu gegründete Aktiengesellschaft H. & R. Von den

120000 ℳ, die damals vom Kaufpreis noch ausstanden, waren 70000 ℳ durch Hypothek, 50000 ℳ durch Bürgschaft gesichert. Die 70000 ℳ wurden am 7. Dezember 1921, die 50000 ℳ am 2. Nov. 1922 dem Kläger gezahlt. Er hat diese Zahlungen ohne Vorbehalt angenommen. Einen Aufwertungsanspruch hat er erstmals am 21. September 1925 geltend gemacht.

Seit dem Jahre 1918 betreibt der Kläger in Str. eine andere Fischräucherei und Fischkonservenfabrik. Um sich von einem mit den Beklagten vereinbarten Wettbewerbsverbot, das diesem neuen Geschäftsbetrieb entgegenstand, teilweise zu befreien, zahlte er den Beklagten am 5. Juni 1918 35000 ℳ. Gegen Ende 1924 trat er mit dem Beklagten R. in Verhandlungen über Eröffnung eines gemeinsamen Geschäftsbetriebs, die sich jedoch zerschlugen. In einem Brief, den er am 4. November 1924 an R. schrieb, spricht er davon, daß ihn sein „seinerzeit erlittener, verhältnismäßig großer Verlust" nicht mehr schmerze. In einem weiteren Brief vom 4. April 1925 schreibt er an R.: „Für Freigabe meines hiesigen Betriebs habe ich Ihnen beiden ℳ 35000 = GℳM 28000 geben müssen. Außerdem habe ich meine Gelder, die ich in der Firma H. & R. stecken hatte, teilweise in entwertetem Papiergeld zurückbezahlt erhalten und glaube ich wahrlich genügend Opfer gebracht zu haben." Nach der Behauptung des Klägers bezog sich die erwähnte Bemerkung des Briefes vom 4. November 1924 nicht auf den Verlust, den er auf die Papiermarkzahlungen der Beklagten erlitten hat, sondern auf ein verlustreiches Geschäft in schwedischen Kronen.

Der Kläger behauptet, er habe, nach Abzug seiner Zahlung an die Beklagten für die Befreiung vom Wettbewerbsverbot, insgesamt nicht ganz 7000 Gℳ für das Geschäft und die Grundstücke erhalten. Er verlangte von den Beklagten für die am 2. November 1922 gezahlten 50000 ℳ Aufwertung auf 25000 RℳM und forderte mit der im November 1925 erhobenen Klage zunächst einen Teilbetrag von 2000 Rℳ. Die Beklagten beantragten widerklagend die Feststellung, daß sie zu keiner Aufwertung verpflichtet seien.

Das Landgericht gab unter Abweisung der Klage der Widerklage statt. Das Oberlandesgericht verurteilte den Beklagten W. zur Zahlung von 24950 Rℳ; dessen Widerklage erklärte es für erledigt. Die Revision des W. wurde zurückgewiesen.

Gründe:

Das Berufungsgericht ist ohne Rechtsirrtum der Ansicht, daß in der vorbehaltlosen Annahme der Zahlung vom 2. November 1922 kein Verzicht des Klägers auf die jetzt beanspruchte Aufwertung zu finden sei. Ebenso ist ihm darin beizupflichten, daß auch das spätere Verhalten des Klägers keinen Verzicht im Rechtssinn ergibt. Dieser hat, indem er sein Geschäft und seine Grundstücke veräußerte, sehr bedeutende Vermögenswerte weggegeben. Daß er, wie es der Begriff des Verzichts im Rechtssinn erfordern würde, den Willen gehabt hätte, die Folgen der Geldentwertung, auch soweit sie die Käufer trafen, auf sich zu nehmen und so den Schaden, den er ohnehin durch den Währungsverfall erlitt, noch weiter zu vergrößern, folgt jedenfalls noch nicht aus seinem Stillschweigen bis zum 21. September 1925 und auch nicht aus seinen Briefen vom 4. November 1924 und 4. April 1925, auch wenn im ersten der beiden Briefe die seinen Verlust betreffende Bemerkung nicht, wie er behauptet, auf ein anderes Geschäft, sondern auf die hier in Rede stehenden Kaufverträge Bezug haben sollte. Auf einen solchen Willen des Klägers könnte vielmehr nur geschlossen werden, wenn außerdem ein besonderer Grund erkennbar wäre, der ihn zu diesem Entgegenkommen gegenüber den Beklagten veranlaßte. Daran fehlt es aber.

Soweit das Berufungsgericht die Annahme eines Verzichts ablehnt, ist denn auch ein Revisionsangriff nicht erhoben. Wohl aber ist die Revision der Meinung, das Berufungsgericht hätte unter einem anderen — von ihm ebenfalls erörterten — Gesichtspunkt zur Abweisung der Klage kommen müssen, unter dem Gesichtspunkt nämlich, daß der Kläger gemäß § 242 BGB. keine Aufwertung mehr verlangen könne, weil er erst im September 1925 mit dem Verlangen hervorgetreten sei und durch sein untätiges Verhalten den Anspruch verwirkt habe. Dieser Auffassung kann nicht beigetreten werden. Der Gedanke, daß ein ausschließlich im Währungsverfall begründetes Aufwertungsrecht bestehe, hatte im November 1922, als die hier in Rede stehende Zahlung geleistet wurde, noch nicht Eingang gefunden. In der Rechtsprechung des Reichsgerichts ist er erst durch das Urteil vom 28. November 1923 (RGZ. Bd. 107 S. 78) zur Anerkennung gelangt. Aber auch dieses Urteil, das den besonderen, nachher gesetzlich geregelten Fall der Hypothekenaufwertung zum Gegenstand hatte, hat die jetzige Rechtsprechung nur eingeleitet. Zahlreiche Einzelfragen, darunter auch die, unter welchen Voraussetzungen bei sogenannten erledigten Geschäften, wie ein solches hier vorliegt, Aufwertung verlangt werden könne, wurden erst später geklärt und sind teilweise noch im Fluß. Nun sind allerdings schon gegen Ende des Jahres 1924 und Anfang 1925 Urteile auch des Reichsgerichts ergangen, in denen ausgesprochen ist, daß die vorbehaltlose Annahme des geschuldeten Papiermarkbetrags die nachträgliche Geltendmachung des Aufwertungsanspruchs nicht ausschließt. Nach den Umständen des gegenwärtigen Falles kann es aber nicht als rechtsirrig angesehen werden, wenn das Berufungsgericht kein mit der schuldigen Rücksichtnahme auf die Lage der Beklagten unvereinbares und damit gegen die Grundsätze von Treu und Glauben verstoßendes Verhalten des Klägers darin findet, daß er erst am 21. September 1925 das Aufwertungsverlangen erhoben hat. Es kommt dabei in Betracht, daß der Kläger noch im April 1925, wie das Berufungsgericht auf Grund des Briefes vom 4. jenes Monats tatsächlich feststellt, nicht an seinen Aufwertungsanspruch geglaubt hat und daß auch sonst, wie es weiter ausführt, nichts für die Annahme vorliegt, dieser Glaube sei längere Zeit vor dem September 1925 bei ihm vorhanden gewesen. Sodann ist zu berücksichtigen, daß der Kläger nicht bloß die hier in Rede stehenden 50000 *M* in entwertetem Geld erhalten hat, sondern daß Teilzahlungen der Beklagten vorausgegangen sind, die ebenfalls in die Zeit der Geldentwertung fielen, so in den Jahren 1919 bis 1921 — neben der Tilgung der Hypothekenschuld von 70000 *M* — vier Zahlungen von je 10000 *M*. Daraus ergab sich nach dem Stande der Rechtsprechung Unsicherheit darüber, wie weit das Aufwertungsverlangen auszudehnen sei, und das entschuldigte den Kläger, wenn er seine Ansprüche nicht alsbald geltend machte, nachdem bei erledigten Geschäften die Aufwertung anerkannt worden war. Zutreffend weist die Revisionsbeantwortung darauf hin, daß der Kläger, sobald er überhaupt mit einem Aufwertungsverlangen hervortrat, die ihn zu einer bestimmten Stellungnahme zwingende negative Feststellungsklage zu gewärtigen hatte, die von den Beklagten im vorliegenden Rechtsstreit erhoben wurde. Schließlich sind aber, wie das Berufungsgericht mit Recht annimmt, auch hier die Gründe von Belang, die gegen einen Verzicht des Klägers sprechen. Die Beträge, um die es sich handelt, waren so bedeutungsvoll für die Beteiligten und der Kläger war durch die in entwertetem Geld geleisteten Zahlungen so stark benachteiligt, daß die Beklagten kaum erwarten konnten, er werde von einem etwaigen Nachforderungsrecht keinen Gebrauch machen. Je weniger sie aber Anlaß zu dieser Erwartung hatten, um so mehr mußten sie darauf gefaßt bleiben, daß sie noch in Anspruch genommen würden. (Es folgen Ausführungen über die Höhe der Aufwertung.)

---

43. 1. Namensschutz einer nordamerikanischen „Corporation" nach § 12 BGB. gegen Verletzungen, die in Deutschland begangen werden.

2. Firmenschutz nach Art. 2 und 8 des Pariser Unionsvertrags vom 18. März 1883 in Verbindung mit § 16 des Gesetzes gegen den unlauteren Wettbewerb.

3. Schutz der schlagwortartigen Bestandteile von Namen und Firma nach deutschem Recht und nach dem Pariser Unionsvertrag.

BGB. § 12. UnlWG. § 16. Pariser Unionsvertrag v. 18. März 1883 zum Schutze des gewerblichen Eigentums in der Fassung vom 2. Juni 1911 (RGBl. 1913 S. 209).

II. Zivilsenat. Urt. v. 3. Juni 1927 i. S. Margarinewerk Dr. A. Sch. Akt.-Ges. u. Gen. (Bekl.) w. Firma Eskimo Pie Corporation (Kl.). II 346/26.

I. Landgericht I Berlin.
II. Kammergericht daselbst.

Die Beklagte zu 1, die Firma Margarinewerk Dr. A. Sch. A.-G. in Berlin, hat im Oktober 1924 von der Gea-Nährmittel-GmbH. in Berlin-Charlottenburg das von dieser am 17. April 1924 angemeldete und ihr am 2. August 1924 für Konditorwaren eingetragene Wertzeichen „Eskimo" erworben, nachdem die Gea-GmbH. in Konkurs geraten war. Das Zeichen wurde am 6. November 1924 auf die Beklagte zu 1 umgeschrieben. Ihrer Behauptung nach hat sie das Zeichen zusammen mit dem Geschäftsbetrieb der Gea-GmbH. an sich gebracht. Weiter hat sie von dem Kaufmann W.

in Berlin das für diesen im Jahre 1925, ebenfalls für Konditorwaren, eingetragene Wortzeichen „Eskimo Pie" erworben, als W., der bisher noch keinen Geschäftsbetrieb eröffnet hatte, aber angeblich hierzu bereit war, ihr auf Grund eines älteren Warenzeichens das Verbot der Benutzung des Zeichens „Eskimo" angedroht hatte. Seit dem Jahre 1925 vertreibt die Beklagte zu 1 ein cremeähnliches Speiseeis mit Schokoladeüberzug in Staniolumhüllung mit der Bezeichnung „Eskimo". Im Jahre 1925 hat sie zur Herstellung und zum Vertrieb von solchem Speiseeis die Firma Eskimo Speiseeiswerke GmbH. in Berlin (Beklagte zu 2), gegründet.

Die Klägerin, die seit dem Jahre 1921 bestehende amerikanische Firma „Eskimo Pie Corporation", die ihren Sitz satzungsgemäß in Wilmington im Staate Delaware hat und Geschäftsniederlassungen in Louisville im Staate Kentucky und in Chicago im Staate Illinois unterhält, stellt gleichfalls Speiseeis in Schokoladeüberzug her und vertreibt ihr Erzeugnis unter der Bezeichnung „Eskimo Pie" mittels umfangreicher Reklame in Nordamerika. In Deutschland besitzt sie bisher weder eine Niederlassung, noch werden ihre Erzeugnisse hier vertrieben. Sie hat aber die Absicht, in Deutschland eine Niederlassung zur Herstellung und zum Vertrieb ihrer Ware zu errichten, und hat zu diesem Zweck, ebenfalls im Jahre 1925, nach der Anmeldung des zweiten Zeichens der Beklagten zu 1 „Eskimo Pie" dieselben Worte zur Eintragung als Warenzeichen für Konditorwaren beim deutschen Reichspatentamt angemeldet. Daraufhin hat das Patentamt wegen der beiden älteren Zeichen der Beklagten zu 1 das Widerspruchsverfahren eröffnet. Die Klägerin behauptet, die Worte „Eskimo Pie" seien für sie schon seit dem Jahre 1921 in den Vereinigten Staaten für Konditorwaren als Warenzeichen geschützt. Die Urkunde vom 6. Juni 1922, die sie zum Beweis dieser Behauptung überreicht hat, enthält aber als Berechtigte nicht ihre Firma, sondern die Firma Russell Stover Company.

Mit der Behauptung, daß sie eine „Corporation" nach dem Rechte des Staates Delaware sei, sonach Rechtspersönlichkeit besitze und partei- und prozeßfähig sei, hat die Klägerin Klage erhoben:

1. gegen beide Beklagte auf Unterlassung der Verwendung des Wortes „Eskimo" auf der Verpackung von Konditorwaren und in bezug auf solche;

2. gegen die Beklagte zu 1 auf Löschung ihrer Warenzeichen „Eskimo" und „Eskimo Pie";
3. gegen die Beklagte zu 2 auf Löschung ihres Firmenbestandteils „Eskimo";
4. gegen die Beklagte zu 1 auf Verzicht auf die Sperrfrist des § 4 Abs. 3 WZG. für die beiden Warenzeichen „Eskimo" und „Eskimo Pie".

Das Landgericht entsprach den Klaganträgen; das Kammergericht wies die Berufung der beiden Beklagten zurück. Ihre Revision hatte keinen Erfolg.

Aus den Gründen:

Die Klägerin ist eine ausländische Gesellschaft. Ihre Parteifähigkeit (Rechtsfähigkeit) ist daher nach den Gesetzen ihres Heimatsstaates zu beurteilen. Das entspricht dem Rechtsgedanken, auf dem Art. 7 Abs. 1 EGBGB. beruht. Die Hauptniederlassung, d. h. der Sitz der Verwaltung, der Klägerin befindet sich nach dem von ihr überreichten „Affidavit" ihres Präsidenten und ersten Direktors vom 17. März 1926 und nach ihrem Geschäftsbericht für das Jahr 1925 satzungsmäßig in Wilmington, ihr Geschäftssitz dagegen ist Louisville und eine andere Niederlassung von ihr ist in Chicago. Die abweichenden Feststellungen des Berufungsgerichts entsprechen weder dem Inhalt der überreichten Urkunden noch den Behauptungen der Klägerin. Da hiernach der Sitz der Klägerin Wilmington im Staate Delaware ist, so entscheidet sich die Frage ihrer Parteifähigkeit nach dem Recht dieses Staates. Nach der von der Klägerin vorgelegten, vom Staatssekretär des Staates Delaware erteilten Bescheinigung vom 17. März 1926 ist die Klägerin als eine „Corporation" nach den Gesetzen des Staates Delaware anzusehen („incorporated under the laws of the state of Delaware").

Die Corporation stellt nach dem Recht des Staates Delaware ein Rechtsgebilde dar, das etwa unserer Aktiengesellschaft entspricht. Das ergibt sich auch aus der im Geschäftsbericht der Klägerin geschilderten Einrichtung ihrer Verwaltung sowie aus dem Gesellschaftsvermögen und seiner Einteilung. Jedenfalls besitzt die Corporation die Rechte einer juristischen Person. Nach dem Recht ihres Heimatsstaats kann sie vor den dortigen Gerichten klagen und verklagt werden. Die Frage, ob sie auch vor den deutschen Gerichten klagen kann, d. h. ob sie prozeßfähig ist, entscheidet sich nach §§ 51, 52 ZPO. In dieser Beziehung bestehen keine Bedenken. Die Klagansprüche sind in erster Linie auf § 12 BGB., § 16 UnlWG., § 14 WZG. in Verbindung mit Art. 2 und 8 des in Brüssel und Washington revidierten Pariser Unionsvertrags vom 18. März 1883 zum Schutze des gewerblichen Eigentums in der Fassung vom 2. Juni 1911, in zweiter Linie — aber nur wegen der Warenzeichen „Eskimo" und „Eskimo Pie" — auf § 9 Nr. 2 WZG. gestützt.

1. Sämtliche Klagansprüche sind schon auf Grund des § 12 BGB., unabhängig vom Pariser Unionsvertrag, begründet.

Das Recht des im Ausland wohnenden Ausländers auf Führung seines Namens wird in Deutschland in gleicher Weise gegen Verletzungen geschützt wie das Recht des Inländers nach § 12 BGB. Diese Vorschrift stellt aber auch das Höchstmaß des Schutzes dar, falls etwa nach dem für dieses Persönlichkeitsrecht an sich maßgebenden Personalstatut (Recht des Heimatstaats) ein weitergehender Schutz gewährt werden sollte (RGZ. Bd. 100 S. 182). Denn das Bürgerliche Gesetzbuch (und ebenso das Handelsgesetzbuch) gewährt seinen Schutz den Angehörigen aller Staaten, natürlichen und juristischen Personen, unabhängig davon, ob sie ihren Wohnsitz oder ihre Niederlassung im Inland haben, und ohne die Voraussetzung der Gegenseitigkeit (Urt. des erkennenden Senats vom 3. März 1905 II 273/04 in JW. 1905 S. 237 Nr. 25), es sei denn, daß Deutschland gegen den betreffenden ausländischen Staat etwa die Anwendung eines Vergeltungsrechts nach Art. 31 EGBGB. angeordnet haben sollte, was hier nicht der Fall ist. Der § 12 BGB. schützt auch den Handelsnamen. Für juristische Personen, auch des Handelsrechts, insbesondere für Aktiengesellschaften, aber auch für die Gesellschaft mit beschränkter Haftung und für die offene Handelsgesellschaft hat das Reichsgericht diesen Namensschutz anerkannt (RGZ. Bd. 74 S. 114, Bd. 78 S. 102, Bd. 100 S. 186, Bd. 109 S. 213, Bd. 114 S. 90). Die Gesellschaftsform der Klägerin — die Corporation nach dem Recht des Staates Delaware — steht nach der zutreffenden Annahme des Berufungsgerichts ihrem rechtlichen Charakter nach der deutschen Aktiengesellschaft am nächsten.

Der Namensschutz des § 12 BGB. gilt für alle Arten von Wörtern, Personennamen und Phantasiewörter, die der Firmeninhaber befugterweise zur Bildung seiner Firma verwendet hat. Auch schlagwortartige Abkürzungen genießen den Schutz des § 12 BGB., wenn das Schlagwort (Name oder Phantasiebezeichnung) einen wesentlichen Teil des Gesamtnamens oder der Gesamtfirmenbezeichnung darstellt und als Abkürzung dieser Gesamtbezeichnung die Anerkennung eines nicht ganz unerheblichen Teils der Verkehrskreise gefunden hat. Nun ist, wie das Berufungsgericht feststellt und wie sich überdies von selbst versteht, das Wort „Eskimo" das einzige eigenartige Wort in der Firma der Klägerin, es ist das Schlagwort, hinter dem das Wort „Pie" als Sachbezeichnung ohne eigene Unterscheidungskraft ganz zurücktritt. Dieses Wort, das an sich „Pastete" bedeutet (wobei aber nach dem Sprachgebrauch in den angelsächsischen Ländern nicht an ein feines, sondern nur an ein gewöhnliches, alltägliches Gebäck zu denken ist), wird für die hier fragliche, aus Eiscreme mit einem Schokoladenüberzug bestehende Ware nur bildlich (für Creme) gebraucht. Es würde deshalb in der Verbindung mit dem Worte „Eskimo" wohl am besten mit „Eskimo-Brot" wiedergegeben (ähnlich wie die Bezeichnung „Marzipan"-„Markusbrot" für die aus Mandeln und Zucker bestehende, vor Jahrhunderten zuerst in Venedig aufgekommene Leckerei, bei der die Silbe pan (lat. panis, ital. pane) auch nur bildlich gebraucht wird).

Mag auch das Wort „Eskimo" in verschiedenen Wortverbindungen wie „Eskimo-Stoffe", „Eskimo-Eisschränke" u. dgl. im Geschäftsleben hier und da als Hinweis auf große Kälte und als Bezeichnung von Mitteln zu ihrer Bekämpfung verwendet werden, so hat dieses Wort doch keineswegs die Fähigkeit verloren, auf ein bestimmtes geschäftliches Unternehmen bezogen zu werden. Die Beklagten, denen die Auffassung des Verkehrs geläufig ist, haben es sich ja auch selbst als Warenzeichen und als Firmenbestandteil eintragen lassen und verwenden es ständig in ihren Reklamen für Eiscreme zur Bezeichnung ihrer Ware. Das gleiche ist der Fall bezüglich der Wortverbindung „Eskimo-Pie".

Dieser Gebrauch geschieht unbefugt, d. h. objektiv rechtswidrig. Unbefugt im Sinne von § 12 BGB. ist der Gebrauch des Namens eines anderen oder eines unterscheidenden Bestandteils dieses Namens schon dann, wenn er im geschäftlichen Verkehr Verwechslungen herbeizuführen geeignet ist. Dafür genügt, daß (ebenso wie bei § 16 UnlWG.) innerhalb nicht ganz unerheblicher deutscher Verkehrskreise Beziehungen zwischen dem den zeitlichen Vorrang besitzenden Namensträger, der Klägerin, und den Benutzern dieses Namens, den Beklagten, angenommen werden können (RGZ. Bd. 114 S. 90; JW. 1926 S. 1435 Nr. 3). Andernfalls würde es an der für § 12 BGB. erforderlichen Interessenverletzung fehlen. Die Möglichkeit der Annahme einer Verwechslungsgefahr jener Art in deutschen Verkehrskreisen hat aber zur ersten Voraussetzung, daß das Bestehen der Firma der Klägerin einem nicht ganz unerheblichen Teil des in Frage kommenden deutschen Publikums überhaupt bekannt ist.

Daß sich ein nicht ganz unerheblicher Teil des kaufenden Publikums infolge der bedeutenden Reklame der Klägerin daran gewöhnt hat, in den Worten „Eskimo-Pie" und „Eskimo" einen Hinweis auf die Klägerin zu erblicken, kann man zwar für deren wirtschaftliches Gebiet in Nordamerika als festgestellt ansehen, nicht aber für Deutschland. Gerade auf das Fehlen einer dahin gehenden Feststellung stützt sich die Revision, die mit Nachdruck geltend macht, daß in Deutschland niemand die Klägerin kenne und daß infolge der starken Reklame der Beklagten die beteiligten Verkehrskreise beim Anblick der Worte „Eskimo-Pie" und „Eskimo" nur an die Beklagten und ihre Ware dächten. Denn die Klägerin habe nach der Feststellung des Berufungsgerichts bisher ihre Ware niemals in Deutschland feilgehalten, daher auch in Deutschland keine Reklame für sie gemacht.

Aber die Betrachtungsweise der Revision wird der Sache nicht gerecht. Auch wenn es sich um eine deutsche Firma mit dem Sitz in Deutschland handeln würde, wäre ihr Namensschutz nicht auf die Gegend beschränkt, in der sich ihr Betrieb zuerst entfaltete, es müßte vielmehr auf die Möglichkeit künftiger Ausdehnung Rücksicht genommen werden. Dieser Grundsatz findet, wenn es sich um den Anspruch auf Schutz des Firmennamens einer im Ausland ansässigen Firma handelt, die bisher ihre Ware in Deutschland nicht vertrieben hat, aber beabsichtigt dies zu tun, für das Inland entsprechende Anwendung. Es muß danach, um die Worte „Eskimo-Pie" und „Eskimo" in den Kreisen des beteiligten deutschen Verbraucherpublikums zum Hinweis auf die Firma der Klägerin werden zu lassen, genügen, wenn der Träger des fremden Namens seine Absicht, das Unternehmen auch in Deutschland zu betreiben, so an den Tag gelegt hat, daß sie bereits greifbare Form angenommen hat. Das ist hier durch die unstreitig erfolgte Warenzeichenanmeldung der Klägerin beim Deutschen Patentamt geschehen.

Hiervon ist auszugehen und weiter ist zu berücksichtigen, daß die dargelegte geringe Bedeutung des Wortes „Pie" im Vergleich zu dem anderen Firmenbestandteil „Eskimo" bei der großen Verbreitung der Elementarkenntnisse der englischen Sprache in Deutschland in weiten Kreisen des deutschen Publikums alsbald erkannt werden und daß sich deshalb auch bei diesem das Wort „Eskimo" als schlagwortartige Abkürzung der Firma der Klägerin sehr schnell durchsetzen wird. Dann wird man ein starkes wirtschaftliches Interesse der Klägerin daran anerkennen müssen, daß den Beklagten der unbefugte Gebrauch des vollen Firmennamens der Klägerin und seines schlagwortartigen Bestandteils verboten wird. Denn einmal wäre der Klägerin wegen der in Deutschland für die gleiche Warenart eingetragenen Zeichen „Eskimo" und „Eskimo-Pie" und wegen des in der Firmenbezeichnung ihrer deutschen Wettbewerberin vorkommenden Bestandteils „Eskimo" der deutsche Markt so gut wie verschlossen. Sodann wäre die Klägerin aber auch der Möglichkeit ausgesetzt, daß ein Teil der in Betracht kommenden Verkehrskreise das Bestehen geschäftlicher Beziehungen zwischen ihr und den Beklagten annehmen würde. Diese Annahme könnte für sie durchaus unerwünscht sein, da sie weder auf die Beschaffenheit der Erzeugnisse der Beklagten noch auf deren sonstige Geschäftsführung irgendwelchen Einfluß hätte. Schon deshalb braucht sie sich die Benutzung ihres Firmennamens durch die Beklagten nicht gefallen zu lassen (RGZ. Bd. 108 S. 273, Bd. 109 S. 213, Bd. 114 S. 90).

Hiernach sind sämtliche Klagansprüche aus § 12 BGB., ohne Heranziehung des Pariser Unionsvertrags, begründet. Im einzelnen ist noch zu bemerken: Die Gewährung des Löschungsanspruchs in Fällen wie dem vorliegenden ist nach der ständigen Rechtsprechung des erkennenden Senats nur die folgerichtige Durchführung des in § 12 BGB. (und ebenso in § 16 UnlWG., § 12 WZG., § 1 UnlWG.) vom Gesetz allein angeführten Unterlassungsanspruchs. Denn durch die Eintragung des mit dem Firmennamen oder einem schlagwortartigen Bestandteil davon gleichlautenden Warenzeichens wird ein Zustand geschaffen, dem nur durch die Anordnung der Löschung wirksam entgegengetreten werden kann (JW. 1905 S. 410 Nr. 39; RGZ. Bd. 95 S. 292, Urteile des erkennenden Senats vom 9. Februar 1926 II 251/25, vom 11. Juni 1926 II 510/25 und vom 15. Oktober 1926 II 577/25). Auch der den Verzicht auf die Sperrfrist des § 4 Abs. 3 WZG. betreffende Anspruch ist gerechtfertigt. Denn die dem Schutz des letzten Zeicheninhabers dienende Bestimmung kommt nicht zur Anwendung, wenn, wie hier, die Zeichen wegen Identität mit der vollen Firma oder mit einem schlagwortartigen Bestandteil davon gemäß § 12 BGB. (oder § 16 UnlWG.) der Löschung verfallen.

Endlich kann der Revision nicht zugegeben werden, daß ein dem Klagantrag gemäß lautendes Verbot der Verwendung des Wortes „Eskimo" für Konditorwaren und in bezug auf solche deshalb zu weit gehe, weil diese Waren nicht durchweg dem von der Klägerin hergestellten und vertriebenen Speiseeis mit Schokoladenüberzug gleich oder gleichartig seien. Der Gesichtspunkt der Gleichheit oder Gleichartigkeit der beiderseits vertriebenen und gekennzeichneten Waren würde nur für § 14 WZG. in Betracht kommen, für § 12 BGB. spielt er dagegen keine Rolle. Da der Namensschutz absolut wirkt, genügt es vielmehr, daß die Verwendung des betreffenden Wortes im Verkehr als Hinweis auf den Namensträger aufgefaßt werden kann, wenn auch nur in dem Sinne, daß das Bestehen von Beziehungen zu ihm angenommen werden könnte. Der Gleichheit oder Gleichartigkeit der beiderseits vertriebenen Waren bedarf es hierfür nicht.

Die Revision war daher schon auf Grund des § 12 BGB. zurückzuweisen.

2. Zum gleichen Ergebnis gelangt man bei Anwendung des Pariser Unionsvertrags. Seiner Heranziehung bedarf es, wie dargelegt, nur für die Anwendung des § 16 UnlWG., da die Klägerin ihre Hauptniederlassung nicht im Inland, sondern in Wilmington hat. Denn § 28 UnlWG., der das Erfordernis der Gegenseitigkeit aufstellt, wird, nachdem zwischen allen Verbandsstaaten durch Art. 2 und 10b PU. die Gegenseitigkeit verbürgt ist, nur noch da praktisch, wo die Bestimmungen der Pariser Union (oder des Versailler Vertrags) nicht Platz greifen.

Art. 2 PU. stellt die Angehörigen sämtlicher Verbandsstaaten für den Schutz ihres Handelsnamens mit den eigenen Angehörigen des Staates gleich, in dem der Rechtsschutz beansprucht wird, und zwar unabhängig davon, ob jene einen Wohnsitz oder eine Niederlassung in dem Staate besitzen, wo der Schutz begehrt wird. Art. 8 verlangt von allen Verbandsstaaten einen besonderen Schutz des Handelsnamens, ohne daß der Staat, der den Schutz gewähren soll, eine Eintragung fordern darf. Was unter Handelsnamen zu verstehen ist, bestimmt sich nach dem Recht des Heimatstaats. Es handelt sich dabei in erster Linie um die Firma, d. h. um den Namen, unter dem der Kaufmann seine Geschäfte betreibt. Der Schutzumfang richtet sich für verbandsangehörige Ausländer nach dem Recht des Verbandsstaats, in dem der Schutz beansprucht wird. Die Klägerin genießt daher, wie das Berufungsgericht zutreffend annimmt, als juristische Person des Handelsrechts in Deutschland nach dem Recht des Staates Delaware für ihren Handelsnamen den gleichen Schutz wie eine deutsche juristische Person des Handelsrechts, insbesondere wie die der „Corporation" ihrem rechtlichen Charakter nach am nächsten stehende Aktiengesellschaft.

Gleichen Schutz gewährt § 16 UnlWG., auf den sich die Klägerin ebenfalls beruft. Auch hier entsteht der Schutz der Firma durch die frühere Ingebrauchnahme. Auch hier wird nur unbefugtes, d. h. objektiv rechtswidriges Handeln gefordert. Unbefugt handelt, wer durch die Benutzung eines Namens oder einer Firma im geschäftlichen Verkehr die Gefahr der Verwechslung mit dem älteren Namen oder der älteren Firma hervorruft. Wie nach § 12 BGB., so genügt auch nach § 16 UnlWG. hierfür, daß bei einem nicht ganz unerheblichen Teil der Verkehrskreise die Meinung hervorgerufen werden kann, es beständen geschäftliche oder persönliche Beziehungen zwischen den Inhabern der jüngeren und der älteren Firma. Schon die Möglichkeit einer Annahme solcher Beziehungen zur jüngeren Firma braucht sich die ältere nicht gefallen zu lassen, da sie keinen Einfluß auf die Herstellung der Ware und auf die kaufmännische Geschäftsführung der jüngeren hat. Die Möglichkeit der Annahme solcher Beziehungen und einer eigentlichen Gefahr der Verwechslung der bei den Firmen setzt aber voraus, daß sie nicht ganz unerheblichen Teilen des in Betracht kommenden Publikums in gewissem Umfang bekannt sind. Deshalb gilt auch hier das nämliche, was oben zu der Ausführung der Revision gesagt ist, daß nach der Feststellung des Berufungsgerichts in den Worten „Eskimo-Pie" und

„Eskimo" nur in Kreisen des als Abnehmer der Klägerin in Betracht kommenden amerikanischen Publikums ein Hinweis auf die Klägerin erblickt werde, daß aber für Deutschland eine gleiche Feststellung fehle und in Deutschland niemand die Klägerin und ihre Ware kenne. Denn da die Klägerin nach der Pariser Union nur den gleichen und keinen stärkeren Schutz gegen Verletzung ihres Handelsnamens in Deutschland genießt als eine deutsche Aktiengesellschaft, so muß auch bei Berücksichtigung jener Übereinkunft die Voraussetzung für die Möglichkeit einer in Deutschland bestehenden Verwechslungsgefahr gegeben sein, wenn auch nach Art. 2 PU. die Niederlassung der Klägerin in Deutschland nicht gefordert werden kann. Es würde daher nicht genügen, wenn die Klägerin, die unstreitig nicht ein auf dem Weltmarkt in weiten Kreisen des Publikums bekanntes großes Unternehmen darstellt, sich einfach auf das Bestehen ihrer Firma in Amerika und deren dortige Einführung berufen wollte. Doch ist bei Anwendung des Art. 8 PU. für eine deutsche und in Deutschland angesessene Firma ganz besonders im Auge zu behalten, daß — wie schon oben erörtert — ihr Namensschutz nicht auf die Gegend beschränkt ist, in der sich ihr Betrieb zuerst entfaltete, daß vielmehr auf die Möglichkeit ihrer künftigen Ausdehnung Rücksicht genommen werden muß. Es ist selbstverständlich, daß der Name der fremden Firma zunächst in ihrem Heimatland bekannt wird. Wollte man ihm in den Verbandsländern, solange er nicht auch dort dem Publikum geläufig geworden ist, den Schutz versagen, so würde der Zweck des Art. 8 PU. vereitelt. Bei der Auslegung dieser Übereinkunft ist davon auszugehen, daß sich die Verhältnisse in jedem Augenblick ändern können und daß mit dem durchgreifenden Schutz des Art. 8 auch für die Zukunft Sorge getragen wird. Die den Schutz begründenden tatsächlichen Verhältnisse brauchen daher zu der Zeit, wo der Ausländer den Anspruch in Deutschland geltend macht, noch nicht völlig abgeschlossen vorzuliegen, sofern nur ihr Eintritt demnächst mit hoher Wahrscheinlichkeit zu erwarten ist.

Es muß sonach genügen, wenn der Träger des fremden Namens seine Absicht, das Unternehmen auch in dem Verbandsland zu betreiben, so an den Tag gelegt hat, daß diese Absicht bereits greifbare Form angenommen hat. Das ist, wie schon bemerkt, hier durch die Warenzeichenanmeldung der Klägerin beim deutschen Patentamt unzweideutig geschehen.

Nun sollte aber durch Art. 8 PU. nicht nur die Firma als solche, sondern auch ein schlagwortartiger Bestandteil von ihr geschützt sein. Der Schutz, der sich nur auf den genauen Wortlaut der Firma beschränken würde, aber ähnliche Fassungen oder schlagwortartige Bestandteile frei ließe, hätte keinen Wert. Die gegenteilige Auffassung der Revision würde zu dem Ergebnis führen, daß sich in Deutschland z. B. eine Gesellschaft mit der Firma „Eskimo"-GmbH. bilden könnte, die mit den gleichen Waren wie die Klägerin (oder auch mit anderen) Handel triebe. Daß solche Möglichkeiten nach dem Willen der Vertragschließenden durch Art. 8 verhindert werden sollten und daß sich der Schutz des Handelsnamens auch auf seine schlagwortartigen Bestandteile und auf verwechselbare Bezeichnungen erstrecken sollte (wie das nach § 12 BGB. und § 16 UnlWG. schon Rechtens ist), liegt auf der Hand. Es gelten daher auch hier die obigen Ausführungen über den schlagwortartigen Charakter des Firmenbestandteils „Eskimo" gegenüber dem nur eine farblose Sachbezeichnung darstellenden Bestandteil „Pie", und zwar nicht nur nach der Auffassung des amerikanischen Publikums, sondern auch nach der Auffassung nicht ganz unbedeutender Teile der deutschen Verkehrskreise.

Auf dem gleichen Standpunkt steht auch die Rechtsprechung der Verbandsstaaten, wie sich aus mehreren in der „Propriété Industrielle" veröffentlichten Entscheidungen ergibt. Vgl. z. B. Jahrgang 1915 S. 9, wo durch den höchsten Gerichtshof von Cuba die Verpflichtung zur Löschung einer dort eingetragenen Marke, bestehend aus den drei Buchstaben A.E.G., für elektrische Lampen und das Verbot der Benutzung dieser Buchstaben ausgesprochen wird mit der Begründung, daß diese Bezeichnung die in weiten Verkehrskreisen (und zwar, wie anzunehmen ist, Deutschlands) anerkannte Abkürzung der Firma der Allgemeinen Elektrizitäts-Gesellschaft in Berlin sei. Ferner hat (ebendaselbst Jahrgang 1906 S. 180) das Patentamt in Cuba auf Antrag einer nordamerikanischen Firma Manhattan Shirt Co. die einer cubanischen Firma für Herrenhemden eingetragene Fabrikmarke „Manhattan" gelöscht. Der Grund für die Löschung, der in diesem Falle nicht näher angegeben ist, liegt wie anzunehmen darin, daß der Firmenbestandteil „Manhattan" ein allgemein bekanntes Wort darstellt, das schon aus diesem Grunde als Hinweis auf die nordamerikanische Firma geläufig war, auch ohne daß diese ihre Waren in Cuba selbst vertrieb. Weiter hat das Urteil des erkennenden Senats in RGZ. Bd. 109 S. 213 der dort klagenden niederländischen Firma für ihren schlagwortartigen Firmenbestandteil „Kwatta" Firmenschutz gewährt gegenüber Verletzungen, die eine in Deutschland ansässige, mit anderen Waren handelnde Firma durch Eintragung des gleichen Wortes als Warenzeichen und durch seinen Gebrauch zur Bezeichnung ihrer Waren begangen hatte. Dieses Urteil stützt sich allerdings nur auf § 12 BGB.

Der Firmenschutz, den die Klägerin auf Grund der Art. 2 und 8 PU. in Verbindung mit § 16 UnlWG. in Deutschland genießt, beschränkt sich daher nicht nur auf ihre volle Firma „Eskimo-Pie-Corporation", sondern erstreckt sich auch auf ihren schlagwortartigen Firmenbestandteil „Eskimo".

Da die Klägerin das zeitliche Vorrecht besitzt, ist der Gebrauch der Worte „Eskimo-Pie" und „Eskimo" durch die Beklagten, sei es als Warenzeichen, als Firmenbestandteil, als Warenbezeichnung oder zu Reklamezwecken, unbefugt im Sinne des § 16 UnlWG. in Verbindung mit Art. 8 PU. Sämtliche Klagansprüche sind somit auch aus diesen rechtlichen Gesichtspunkten begründet, wobei wegen des Löschungsanspruchs, des Verzichts auf die Sperrfrist des § 4 WZG., sowie des Verbots der Verwendung jener Worte für Konditorwaren auf die obigen Ausführungen verwiesen werden kann.

---

44. Fällt ein im Juli 1923 geschlossener Vergleich, in dem auf künftige durch die Rechtsprechung oder durch die Gesetzgebung etwa einzuführende Aufwertungsansprüche ausdrücklich verzichtet ist, unter § 67 AufwG.?

V. Zivilsenat. Urt. v. 11. Juni 1927 i. S. Schw. & Co. (Bekl.) w. C. (Kl.). V 27/27.

I. Landgericht Köln.

Auf einem Grundstück in Köln, dessen Eigentümerin die Beklagte ist, standen zugunsten der Klägerin in Abteilung III unter Nr. 2,

3 und 4 aus der Vorkriegszeit stammende Hypotheken von insgesamt 200000 *M* eingetragen. Die Beklagte hat nach Verabredung mit der Klägerin die Hypotheken am 26. Juli 1923 mit 10 Millionen Papiermark zurückgezahlt, worauf sie am 19. Mai 1925 im Grundbuche gelöscht worden sind.

Die Klägerin hat die Hypotheken rechtzeitig zur Aufwertung angemeldet und mit der Klage die Feststellung begehrt, daß die Beklagte verpflichtet sei, sie nach den Vorschriften des Aufwertungsgesetzes aufzuwerten. Die Beklagte bestreitet ihre Verpflichtung zur Aufwertung, weil die Klägerin hierauf bei Empfang der 10 Millionen endgültig verzichtet habe. Das Landgericht hat der Klage stattgegeben. Die von der Beklagten mit Zustimmung der Klägerin unmittelbar eingelegte Revision hatte keinen Erfolg.

Gründe:

Das Landgericht nimmt an, daß ein Verzicht, welcher Teil eines Vergleichs ist, unabhängig davon, wie er lautet und ob er sich auf etwaige Ansprüche im Falle einer Gesetzesänderung bezieht, das Schicksal des Vergleichs teile und beim Vorhandensein der Voraussetzungen des § 67 AufwG. der Aufwertung nicht entgegenstehe. In der Einigung vom 26. Juli 1923, wonach die Beklagte sich zur Zahlung des 50fachen Nennbetrags verpflichtet und die Klägerin dagegen Löschungsbewilligung der Hypothek nach Empfang der Summe erteilt habe, sei, wie näher ausgeführt wird, ein Vergleich zu erblicken. Es sei kaum anzunehmen, könne aber unerörtert bleiben, ob der im Schreiben der Beklagten vom 26. Juli 1926 verlangte weitere Verzicht auf etwaige Ansprüche im Falle der Gesetzesänderung als vereinbart gelten könne. Da der Vergleich in die Rückwirkungszeit falle und die Aufwertung zugunsten einer Teilungsmasse erfolge (§ 67 Abs. 2, § 60 AufwG.), stehe der Vergleich und mit ihm der in der Quittung enthaltene Verzicht der Aufwertung nicht entgegen.

Die Revision hält bei dem gegebenen Sachverhalt den § 67 AufwG. nicht für anwendbar und bezeichnet auch den § 779 BGB. sowie die §§ 14 und 15 AufwG. als verletzt. Die Revision ist unbegründet.

Ohne Rechtsirrtum hat das Landgericht einen Vergleich angenommen. Zur Erfüllung der Voraussetzungen des § 779 BGB., die auch für § 67 AufwG. gelten, ist nicht erforderlich, daß die Festsetzung des Betrags, der zur Rückzahlung der Hypotheken dienen sollte, auf einer längeren Auseinandersetzung beruht. Auch wenn die Parteien ohne Feilschen sich auf die Summe geeinigt haben, kann ein gegenseitiges Nachgeben darin gefunden werden, daß gegen Zahlung des mehrfachen Nennbetrags der Hypotheken die Gläubigerin die Löschungsbewilligung erteilen sollte (RGZ. Bd. 116 S. 143).

Nach den Gründen des Urteils ist zu unterstellen, daß die Klägerin auch auf solche Forderungen verzichtet hat, die ihr durch die spätere Gesetzgebung über die Aufwertung von Hypotheken eingeräumt werden möchten. Im übrigen ist die Auslegung des Landgerichts, daß die Erklärungen der Parteien einschließlich des Verzichts als ein einheitlicher Vergleich anzusehen seien, rechtlich nicht zu beanstanden.

Die Revision weist noch darauf hin, daß im Schreiben der Beklagten vom 26. Juli 1923 eine Erklärung der Klägerin verlangt worden sei, wonach sie rückwirkende Forderungen nicht stellen dürfe, auch wenn die Hypothekenfrage reichsgesetzlich geregelt werde. Anscheinend will die Revision hiermit sagen, daß die Parteien am Vergleich auch dann festhalten wollten, wenn der Vergleich als solcher durch die spätere Gesetzgebung für wirkungslos erklärt werden sollte. Es kann dahin gestellt bleiben, ob nicht selbst gegenüber solchem Vertragswillen die Vorschrift des § 67 Abs. 2 AufwG. durchgreifen würde. Denn eine dahin gehende Vereinbarung ist nicht festgestellt.

Zu prüfen bleibt danach allein, ob ein Vergleich, in dem auf künftige, sei es durch die Rechtsprechung oder durch die Gesetzgebung etwa einzuführende Aufwertungsansprüche ausdrücklich verzichtet ist, unter § 67 AufwG. fällt. Im Eingang dieses Paragraphen sind die Vergleiche gekennzeichnet als solche über Ansprüche der in den §§ 4 bis 61 und im § 63 Abs. 1 bezeichneten Art, die den Zweck hatten, den Streit oder die Ungewißheit über die Höhe des infolge der Geldentwertung zu zahlenden Betrags zu beseitigen. Ein Streit oder eine Ungewißheit liegt aber nicht nur dann vor, wenn allein der Betrag im Streit und die Parteien über die Berechtigung zur Aufwertung einig waren, sondern auch in dem Falle, wenn sich der Streit oder die Ungewißheit sowohl auf die Aufwertungspflicht wie auf die Höhe erstreckt (RG. in JW. 1926 S. 2567, auch DJZ. 1927 S. 383). Haben anderseits die Parteien an eine Pflicht zur Aufwertung überhaupt nicht gedacht, sind sie vielmehr davon ausgegangen, daß der Gläubiger nur den Nennbetrag in Papiermark fordern könne, und hat sich der

Schuldner lediglich aus Gründen der Billigkeit, um der sich aufdrängenden, ihrem Wesen nach noch nicht erkannten Geldentwertung Rechnung zu tragen, bereit erklärt, den geschuldeten Betrag durch ein Aufgeld, eine Geldentwertungsentschädigung, zu erhöhen, so wird regelmäßig ein Vergleich im Sinne des § 67 AufwG. nicht anzunehmen sein. Schon in der Erläuterung zu § 13 des Regierungsentwurfs, der von den Vergleichen handelte, ist gesagt, es sei durch die Fassung klar gestellt, daß nicht etwa schon die Zahlung eines Aufgeldes den Aufwertungsanspruch ausschließe (S. 17 des Entwurfs zum AufwG. Drucksache Nr. 804 des Reichstags III. Wahlperiode 1924/25). Als Erfordernis des Vergleichs (§ 67 AufwG.) ist daher aufzustellen, daß die Parteien zum mindesten über das Bestehen der Aufwertungspflicht des Schuldners im Ungewissen waren, daß sie sich also eine solche wenigstens als möglich vorgestellt haben, und daß der Vergleich demnach die Frage der Aufwertung betraf (RGZ. Bd. 116 S. 143). Haben aber die Parteien zur Abgeltung eines von ihnen angenommenen oder doch als möglich vorgestellten gegenwärtigen oder künftigen Aufwertungsanspruchs eine bestimmte Summe im Vergleich festgesetzt, gegen deren Empfangnahme der Gläubiger in die Löschung der Hypothek gewilligt hat, so kann dieser Vergleich regelmäßig nur dahin gedeutet werden, daß der Gläubiger auf alle weiteren Ansprüche aus der Hypothek verzichtet hat. Ob dieser Verzicht im Wege der Auslegung aus dem Vergleich zu entnehmen oder ausdrücklich erklärt ist, kann für die Anwendung des § 67 AufwG. keinen Unterschied machen. Dem entspricht auch die Entstehungsgeschichte. Der § 13 der Regierungsvorlage lautete, soweit er hier in Betracht kommt: „Vergleiche, die den Zweck hatten, den Streit oder die Ungewißheit über die Höhe des infolge der Geldentwertung zu zahlenden Betrags zu beseitigen, bleiben unberührt. Dies gilt nicht gegenüber den Vorschriften des § 11 Abs. 2, soweit Abfindung in barem Gelde vereinbart ist." Der hier angezogene § 11 Abs. 2 enthielt in den Grundzügen die Aufwertung kraft Rückwirkung, wie sie später im § 15 AufwG. geregelt worden ist. Zu § 13 Satz 2 hatte der Abgeordnete Dr. **Dernburg** in der ersten Lesung des Aufwertungsausschusses des Reichstags die Fassung beantragt: „Dies gilt nicht gegenüber den Vorschriften des § 11 Abs. 2, soweit Abfindung in barem Gelde geleistet ist und der Gläubiger sich nicht ausdrücklich seiner Rechte auf Aufwertung begeben hat". Dieser Antrag ist aber im Laufe der Debatte zurückgezogen worden (Kommissionsbericht

S. 27) und daraus ist zu schließen, daß er keine Billigung gefunden und daß man es nicht für angezeigt gehalten hat, für Vergleiche mit ausdrücklichem Verzicht auf die Aufwertung eine Rückausnahme zu schaffen. Der Satz im § 14 AufwG., daß Hypotheken nicht aufgewertet werden, wenn der Gläubiger sich seiner Rechte auf Aufwertung der Hypothek ausdrücklich begeben hat, findet sich schon in der entsprechenden Vorschrift § 11 Abs. 1 der Regierungsvorlage. Er ist aber im § 15 AufwG. (§ 11 Abs. 2 Regierungsvorlage) nicht wiederholt und gilt daher nicht für die Rückwirkungszeit vom 15. Juni 1922 bis 14. Februar 1924 (RGZ. Bd. 117 S. 97). Um so weniger kann jene Bestimmung im § 14 AufwG. auf die Sonderregelung der Wirkung des Vergleichs in der Rückwirkungszeit (§ 67 Abs. 2 AufwG.) Anwendung finden. Anderseits würde bei einschränkender Auslegung die praktisch wichtige Vorschrift des § 67 Abs. 2 AufwG. in zahlreichen Fällen bedeutungslos sein.[1])

Wie eine Vereinbarung anderer Art, die nicht als Vergleich gelten kann, rechtlich zu beurteilen wäre, steht hier nicht zur Entscheidung.

---

45. 1. Nachbildung oder eigentümliche Schöpfung, unfreie oder freie Benützung bei Entlehnung des Gegenstandes, des leitenden Gedankens oder einzelner bezeichnender Züge eines Kunstwerkes; Bedeutung des Übereinstimmenden und der Unterschiede.

2. Grenzen der Nachprüfung durch das Revisionsgericht bei Feststellungen über die Kunstwerkeigenschaft.

KunstschutzG. v. 9. Januar 1907 §§ 1, 2, 15, 16.

---

[1]) Auf dem hier vertretenen Standpunkt, daß auch ein Vergleich mit ausdrücklichem Verzicht auf weitere Aufwertung dem § 67 AufwG. unterliegt, steht, soviel bekannt, die einhellige Rechtsprechung der Oberlandesgerichte (KG. 9. ZS. Beschlüsse vom 29. April und 12. Mai 1926 in JW. 1926 S. 1833 und Aufw. Karth. § 67 Nr. 5; Stuttgart 12. Juli 1926 Aufw.-Karth. § 67 Nr. 8; Nürnberg 20. Oktober 1926 AufwRechtspr. 1927 S. 10 Nr. 6; München 10. Januar 1927 AufwRechtspr. 1927 S. 217 Nr. 8). Ebenso Mügel Anm. 1 zu § 15 und JW. 1926 S. 2567; Quassowski S. 452; Abraham-Loebinger § 67 Anm. 9 und 10; Leutner, Deutsche Steuerzeitung 1925 S. 2567; Planck-Strecker Bd. 2 S. 1497 zu § 779 BGB.; Gottschalk, JW. 1926 S. 692; Lenz, JW. 1925 S. 2581; zweifelnd dagegen Neukirch Anm. 7 zu § 67; Falkenhausen, JW. 1926 S. 2351 und Probst, JW. 1926 S. 1511d).

I. Zivilsenat. Urt. v. 13. Juni 1927 i. S. Oe. u. Gen. (Bekl.) w. W. (Kl.). I 30/27.

I. Landgericht Altona, Kammer für Handelssachen.
II. Oberlandesgericht Kiel.

Die Klägerin entwarf im Jahre 1915 auf Bestellung der ersten Beklagten für „Oetkers Marmeladen Marke Dompfaff" das Titelbild eines Preislisten-Umschlags (B der Klageanlagen) und lieferte eine größere Anzahl derart bebilderter Umschläge. Später ließ die erste Beklagte durch die zweite Beklagte ein Titelbild (A der Anlagen) entwerfen, stattete ihre Preislisten damit aus und brachte sie in Verkehr. Die Klägerin hat die Unterlassungsklage erhoben. Sie beansprucht für ihr Bild Kunstschutz und bezeichnet das der zweiten Beklagten als Nachbildung des ihrigen.

Das Landgericht wies die Klage ab, weil das Bild der Klägerin kein Kunstwerk sei. Das Oberlandesgericht gab der Klage statt; übereinstimmend mit einem vom Landgericht eingeholten Gutachten der Preußischen Künstlerischen Sachverständigenkammer bejahte es für B die Kunstwerkeigenschaft, für A die Nachbildung. Die Revision der Beklagten hatte keinen Erfolg.

Gründe:

1. Schon im Jahre 1915 verwendete die erste Beklagte zum Aufkleben auf die von ihr vertriebenen Gefäße mit Fruchtmus bebilderte Schildchen, die ihr die zweite Beklagte entworfen hatte. Anordnung und Ausstattung dieser Papierschilder waren, abgesehen von einigen hier unwesentlichen Einzelheiten, durchweg so, daß ein liegendes rot umrandetes Eirund auf hellem Grunde oben den Namen Oetker, unten die Bezeichnung des Gefäßinhalts (Kirsch-Marmelade, Johannisbeer-Marmelade usw.) trug. Inmitten des nicht immer gleich groß gehaltenen eirunden Feldes — die Breite der dem Gericht vorgelegten Stücke wechselte von 9—15, die Höhe von $6^1/_2$ bis $11^1/_2$ cm — saß innerhalb eines gelben Kreises von 4 cm Durchmesser ein Dompfaff (Körperlänge etwa $3^1/_2$ cm), dem Beschauer die rechte Seite zuwendend, auf einem Zweig mit Früchten; Vogel, Früchte, Blätter, Hintergrund waren mit offensichtlicher Annäherung an die Naturfarben ausgeführt. Auf manchen Schildern hing an den Zweigen oder Stauden nur einerlei Frucht, entsprechend

der Aufschrift, die den Inhalt des Gefäßes angab; andere wieder wiesen straußartig gemischten Fruchtanhang auf (Pflaumen, Äpfel, Kirschen, Erdbeeren usw.).

Nach einem solchen Schilde — in welcher näheren Ausführung es gehalten war, ist nicht festgestellt — fertigte die Klägerin für die erste Beklagte auf deren Bestellung den bebilderten Preislisten-Umschlag B von etwa 14 cm Breite und etwa $19^1/_2$ cm Höhe an. Seine Vorderseite zeigt auf grauem Hintergrund unten einen schwarzen, würfelähnlichen Block oder Sockel mit der grünen Inschrift „Oetkers Marmeladen", oben auf dem Blocke gehäuft verschiedene Früchte. Über dem Block, etwas rechts von der Mittellinie des Bildes, sitzt auf niedrigem schwarzem Geländer ein dem Beschauer die linke Seite zukehrender Dompfaff. Er hebt sich von einem stehenden grünen Eirund ab, dessen schwarzen Rahmen er mit dem Schwanz überschneidet. Das Eirund mißt mit Rahmen in der Höhe etwa 9, in der Breite etwa $7^1/_4$ cm; die Länge des Vogelkörpers beträgt etwa $8^1/_2$ cm. Vogel und Früchte sind auch hier mit ersichtlicher Annäherung an die Naturfarben dargestellt.

Wären die von der zweiten Beklagten früher gefertigten kreisrunden Bilder auf den Klebschildchen keine Werke der bildenden Kunst, so hätte auch die Klägerin, die sie für ihr Bild B als Vorlage benutzte, damit kein Werk jener Kunst nachgebildet. Es kann aber dahingestellt bleiben, ob jenen Klebzettelbildern Kunstwerkeigenschaft zukam. Denn wenn dies der Fall wäre, so läge keine Nachbildung, keine unfreie Benutzung vor; das Bild B der Klägerin ist nach der von Rechtsirrtum freien Feststellung des Berufungsgerichts ein selbständiges Werk der bildenden Kunst.

Verwendung des Leitgedankens, auf dem Bild einen Dompfaffen darzustellen, der, umrahmt, über oder inmitten von Früchten sitzt, war der Klägerin von der ersten Beklagten eigens aufgetragen worden; in diesem Sinn und zu diesem Zweck hatte die Klägerin von ihr ein Schildchen der beschriebenen Art vorgelegt erhalten. Gemeinschaft des Gegenstandes oder des Grundgedankens oder beider braucht das spätere Bild, dessen Schöpfer das frühere kannte und benutzte, zu diesem früheren nicht in einen Zusammenhang zu bringen, der sich als unfreie Benutzung (zu vgl. § 16 KunstschG.) oder Nachbildung (§ 15 Abs. 1 Satz 2 Abs. 2) kennzeichnet. Auch sonstige Entnahme aus dem älteren Werke kann sich hinzugesellen, ohne daß das Ergebnis unfreie Benutzung sein muß. Entlehnte Züge und übernommene Einzelheiten können durch eigenartige Zusammenfügung und besondere Gestaltung des Ganzen in eine Verbindung gebracht werden, welche die Merkmale freier Benutzung aufweist und das neu Geschaffene vermöge der von ihm ausgehenden Wirkung auf das Schönheitsgefühl zu einem selbständigen Werke der bildenden Kunst erhebt.

Ohne Verstoß gegen Rechtsvorschriften und Auslegungsgrundsätze nimmt das Oberlandesgericht an, daß die Klägerin in ihrem Preislisten-Titelbilde B — trotz Benutzung eines älteren von der zweiten Beklagten entworfenen Schildes — mit den der Malerei geläufigen Mitteln etwas im Vergleich zur Vorlage Neues und Eigenartiges, also ein Werk der bildenden Kunst (§ 1 KunstSchG.), und zwar des Kunstgewerbes (§ 2), geschaffen hat. Dabei folgt es im Hauptgedanken und Ergebnis dem von ihm auf Stichhaltigkeit geprüften Gutachten der Preußischen Künstlerischen Sachverständigen-Kammer. Wenig Gewicht legt es auf Unterschiede von der Vorlage, die man in gewissen, vom Gutachten miterwähnten Einzelheiten des Bildes B finden kann. Mit Recht erklärt es für wesentlich: das zum Auge sprechende Gefüge des Aufbaus, den das Bild zeigt; die Art, wie es das Einzelne zum eindrucksvollen Ganzen verbindet; also die auf den Schönheitssinn berechnete und ihn befriedigende oder zum mindesten anregende Leistung, die das Gutachten Kompositionsschema nennt. Bezeichnend neu und eigenartig ansprechend findet das Berufungsgericht den im Gutachten überzeugend nachgewiesenen dreiteiligen Aufbau des Bildes: 1. Sockel mit der als Schrifttafel benutzten Schauseite, 2. dreieckig angeordnete Häufung der Früchte oben auf dem Sockel; 3. Dompfaff mit abschließend eingerahmtem Hintergrund. Diese Anordnung weicht von jener der Vorlage völlig ab. Neu und wirksam sind ferner Wahl und Anordnung der Farben: schwarzer Grund der Schrifttafel mit grünen Lettern unten, grüner schwarzgerahmter Hintergrund des Dompfaffen oben; in der Mitte das wechselnde Bunt gemischter Früchte, gegen das der Vogel sich durch den leuchtenden Purpur im Farbenkleide seine Geltung sichert. Darin liegt ebenfalls eine neue und eigentümliche Wirkung im Vergleich zu dem farbigen Schilde der zweiten Beklagten. Es mag wie eine gewisse Unebenheit im Gutachten der Sachverständigenkammer erscheinen, daß als weitere

Unterschiede noch einige belanglose Einzelheiten erwähnt werden, die man der Vollständigkeit halber mitnennen mag: Eirund statt eines Kreises, Geländer statt eines Zweiges; Unterschiede, die hinwiederum bei der Nachbildungsfrage für die dort erforderliche Abwägung nichts Entscheidendes bedeuten. Von einem eigentlichen Widerspruch im Gutachten, der die Schlüssigkeit aufhöbe, kann jedoch nicht die Rede sein.

Der Meinung der Klägerin, daß die vom Berufungsgericht getroffenen Feststellungen vom Revisionsgericht nicht nachzuprüfen seien, ist so allgemein, wie sie aufgestellt wird, nicht beizustimmen. Zwar liegt, was über Aufbau, Zusammenfügung, Farbenwahl wie über den Eindruck der Bilder auf Schönheits- und Kunstsinn im angefochtenen Urteile gesagt ist, auf dem Felde der erfahrungsmäßigen Beobachtung des Lebens und somit der Tatsachenwürdigung. Die Schlußfolgerung aber, daß mit den Mitteln bildender Kunst eine eigenartige Schöpfung, ein Kunstwerk, hervorgebracht sei, betritt das Gebiet der Gesetzesanwendung (§ 1 KunstSchG.).

Die Erwägungen, aus denen das Berufungsurteil der Klägerin für ihr Preislisten-Titelblatt B eine eigenartige schöpferische Leistung, dem Bilde die Eigenschaft eines kunstgewerblichen Erzeugnisses und somit Kunstwerkschutz zuerkennt, stehen durchaus mit der herrschenden Gesetzesauslegung im Einklang (RGSt. Bd. 6 S. 343, Bd. 23 S. 124; RGZ. Bd. 71 S. 355, Bd. 72 S. 162; Kohler, KunstwerkR. (1908) S. 27flg.; ders., Das literar. und artist. Kunstwerk (1892) S. 37 flg.; Osterrieth, KunstwerkGes. (1907) S. 16—26; Allfeld KunstschutzG. (1908) S. 28flg. Bem. 15, 16, 19, 22 zu § 1; Riezler, Urh.- und ErfinderR. Bd. 1 (1909) S. 407flg.; Dernburg, BürgR. Bd. 6 (1907—10) S. 156flg.; Crome, BürgR. Bd. 4 (1908) S. 70flg.).

Die Revision meint: das Bild B schließe sich dem Papierschildchen in allen wesentlichen Merkmalen so getreu an, daß beide Bilder durchaus den gleichen Eindruck hinterließen. Wie dargelegt, hat das Berufungsgericht in rechtlich fehlerfreier Würdigung für Merkmale und Gesamteindruck das Gegenteil festgestellt; seine Gesetzesanwendung ist also nicht zu beanstanden.

2. Von dem Titelbild B der Klägerin, die hiernach mit Recht Kunstwerkschutz beansprucht, ist das Bild A der zweiten Beklagten nach den rechtlich bedenkenfreien Feststellungen des Berufungs-

urteils eine in unfreier Benutzung gefertigte Nachbildung (§§ 16, 15 Abs. 1 Satz 2 KunstschutzG.). Das Urteil führt, anknüpfend an die von dem Maler F. bezeugte Entstehung des Bildes A, dazu aus: Daß es sich um eine Nachbildung und nicht etwa um eine unter freier Benutzung hervorgebrachte eigentümliche Schöpfung handelt, kann keinem Zweifel unterliegen. Beide Bilder sind auf den ersten Anblick zum Verwechseln ähnlich. Zwar sind einige kleine Abweichungen vorhanden: der Vogel sitzt in einem Kreise statt in einem Eirund, auf einem Zweige statt auf einem Geländer; das Früchtestilleben ist umgruppiert; die Schrifttafel schließt unten mit einer geraden, statt wie bei B mit einer geschweiften Linie ab. In allen wesentlichen Stücken aber hat sich der Maler der zweiten Beklagten an sein Vorbild gehalten. Der ganze Aufbau und die Farbenzusammenstellung sind getreulich aus dem Bild A übernommen. Die Nachbildung geht in ihrer Abhängigkeit so weit, daß sogar Einzelheiten, wie der den Rand der Umrahmung überschneidende Vogelschwanz und die bis in das O der Aufschrift überhängenden Kirschen, aus dem Bilde B in A wiederkehren. Begründeterweise folgt deshalb das Berufungsgericht auch hierin dem Gutachten der Sachverständigenkammer, verneint, daß das Bild A eine eigentümliche Schöpfung der bildenden Kunst sei und erklärt es für eine Nachbildung des Umschlagbildes B der Klägerin.

3. Ebensowenig wie §§ 1, 2, 15, 16 KunstschutzG. sind die §§ 17, 37, 42 verletzt. Da die Klägerin an ihrem Bilde B künstlerisches Urheberrecht hat, gebührt ihr allein das Recht der Herstellung und Verbreitung (§§ 15, 17 das.). Sie ist zur Unterlassungsklage befugt, da, wie mit Grund angenommen wird, die Gefahr weiterer Verletzung ihres Rechtes besteht (§ 1004 BGB., § 890 ZPO.). Vernichtung der im Besitze der Beklagten befindlichen Stücke zu verlangen, ist sie gleichfalls berechtigt (§§ 37, 42 KunstschutzG.). . . .

46. Findet in Preußen der ordentliche Rechtsweg statt, wenn sich der Streit der Parteien nach der Einlassung der Beklagten nur darum dreht, ob ihnen als einer besonderen Klasse von Gemeindeangehörigen Nutzungsrechte am Gemeindevermögen zustehen?

Preuß. Landgemeinde-Ordnung vom 3. Juli 1891 § 71.

V. Zivilsenat. Urt. v. 13. Juni 1927 i. S. der Alteingesessenen von Z. (Bekl.) w. die Gemeinde Z. (Kl.). V 163/26.

I. Landgericht Naumburg.
II. Oberlandesgericht daselbst.

Die politische Gemeinde Z. hat Klage gegen die Alteingesessenen daselbst, angeblich vertreten durch den Ortsrichter, erhoben mit dem Antrag auf Feststellung, daß der im Grundbuch von Z. auf den Namen der Gemeinde eingetragene Plan 110 freies Eigentum der politischen Gemeinde sei und den Beklagten ein Recht daran nicht zustehe. Diese haben, indem sie an dem Plane nur öffentlichrechtliche Nutzungsrechte in Anspruch nahmen, ihre Bitte um Abweisung der Klage in erster Linie auf die Unzulässigkeit des Rechtswegs nach § 71 der Preuß. Landgemeindeordnung vom 3. Juli 1891 gegründet. Das Landgericht ist ihnen beigetreten. Das Berufungsgericht dagegen hat den Rechtsweg für zulässig erklärt und die Sache zur anderweiten Verhandlung und Entscheidung an die Vorinstanz zurückverwiesen. Die Revision der Beklagten hatte Erfolg aus folgenden

Gründen:

... Maßgebend für die Frage der Zulässigkeit des Rechtswegs ist der materielle Inhalt des Streites der Parteien, mag er auch erst durch die Einlassung der Beklagten auf die Klage bestimmt werden (vgl. RGU. vom 12. Juni 1900 III 102/00 Gruch. Bd. 45 S. 1170). Ob der Streit nach seinem Gegenstande dem öffentlichen oder dem Privatrechtsgebiet angehört, ist nur aus der Gegenüberstellung dessen zu erkennen, was von beiden Seiten in Anspruch genommen wird. Im vorliegenden Falle hatte sich allerdings die Klägerin für ihr Eigentum an dem streitigen Plan 110 in der Klage auf ihre Eintragung als Eigentümerin im Grundbuch berufen. Aber anderseits hatte schon die Fassung ihres Klagantrags (festzustellen, daß der Plan ihr freies Eigentum sei und den Beklagten ein Recht daran nicht zustehe) darauf hingedeutet, daß nicht eigentlich das Eigentum der Klägerin an sich, sondern das Bestehen von Rechten der Beklagten in bezug auf das Grundstück den Gegenstand des Streites bilden werde. Solche Rechte konnten privatrechtlich begründet oder aus öffentlichem Recht, insbesondere dem Gemeindeverfassungsrecht, hergeleitet werden. Auf eine öffentlichrechtliche Natur des Streites wies nun wiederum schon die Klage selbst hin, indem die Beklagten nicht als Einzelpersonen und Privatrechtssubjekte, sondern in ihrer Zusammenfassung als „Alteingesessene, vertreten durch den Ortsrichter", demnach in ihrer Eigenschaft als Angehörige einer besonderen Klasse der Gemeindemitglieder mit besonderer Vertretung, in Anspruch genommen werden sollten. Die Beklagten aber haben schon in der Klagebeantwortung die demnächst in beiden Vorinstanzen folgerichtig und ohne Schwanken festgehaltene Auffassung klar herausgestellt, daß es sich bei dem von ihnen in Anspruch genommenen, das Eigentum der Gemeinde

(welches auch an dem sog. Gemeindegliedervermögen besteht, vgl. Deklaration vom 26. Juli 1847, GS. S. 327, § 1 Abs. 2; § 68 LandgO.; Entsch. des preuß. Oberverwaltungsgerichts Bd. 15 S. 187; RG. V. Zivilsenat Urteil vom 18. Juni 1898 im Preuß. VerwBl. Bd. 19 S. 463; RGZ. Bd. 73 S. 159)

an sich unberührt lassenden Nutzungsrecht lediglich um das Recht einer einzelnen Klasse der Gemeindeangehörigen an Nutzung und Ertrag von Gemeindevermögen im Sinne des § 71 Abs. 1 Nr. 2 der Landgemeindeordnung handelte. Ansprüche, die von einer besonderen Klasse der Gemeindeangehörigen, wie hier den Alteingesessenen, vermöge dieser Zugehörigkeit wegen der Nutzung von Teilen des Gemeindevermögens erhoben werden, gehen auf die Gemeindeverfassung zurück, gehören dem Gebiete des öffentlichen Rechts an (Entsch. des OVG. Bd. 5 S. 160, Bd. 8 S. 140, sowie die schon oben angezogenen Erkenntnisse) und sind durch § 71 LandgO. dem ordentlichen Rechtsweg entzogen. Private Nutzungsrechte sind von den Beklagten in diesem Rechtsstreit nirgends in Anspruch genommen worden. Wenn der Vortrag der Klägerin ihnen das unterschoben hat, so beruht das auf offensichtlichem Mißverstehen der Berufung der Beklagten auf ihre langjährige (Jahrhunderte alte) Ausübung der Nutzung, die aber auch nur öffentlichrechtlich, nicht im Sinne privatrechtlicher Ersitzung gemeint war. In Wahrheit hat danach nicht die Frage, ob ein von den Beklagten beanspruchtes Nutzungsrecht auf privatrechtlicher oder öffentlichrechtlicher Grundlage beruhe (vgl. Beschluß des Reichsgerichts vom 26. Januar 1889, Pr. VerwBl. Bd. 10 S. 338, auch abgedruckt bei Freytag, LandgO. § 71 Anm. 3), sondern lediglich das Bestehen eines ausschließlich öffentlichrechtlich begründeten Nutzungsrechts den Gegenstand des Streites der Parteien gebildet. Dann war aber diesem nach § 13 GVG., § 71 LandgO. vom 3. Juli 1891 der Rechtsweg verschlossen. (Darüber, daß auch die Bezugnahme auf den Separationsrezeß nicht geeignet war, die öffentlichrechtliche Natur des Streites zu ändern, vgl. das schon angeführte Urteil des erkennenden Senats in RGZ. Bd. 73 S. 159). Hiernach mußte unter Aufhebung der angefochtenen Entscheidung das den Rechtsweg versagende Urteil des Landgerichts wiederhergestellt werden.

47. Auf welcher Grundlage ist der Kapitalanteil eines Gesellschafters zu berechnen, wenn nach dem Gesellschaftsvertrag der buchmäßige Kapitalanteil so, wie er sich bei der letzten während Bestehens der Gesellschaft errichteten Bilanz herausstellt, als Abfindungsguthaben gelten soll und wenn die hiernach maßgebende Bilanz schon in die Zeit erheblicher Geldentwertung fiel?

BGB. §§ 157, 242. HGB. §§ 121flg., 131flg.
Goldbilanzverordnung vom 28. Dezember 1923.

II. Zivilsenat. Urt. v. 14. Juni 1927 i. S. A. K. (Kl.) w. H. u. Gen. (Bekl.). II 394/26.

I. Landgericht Torgau.
II. Oberlandesgericht Naumburg.

Der Kläger, ein Bruder von ihm, O. K. (Erblasser der Beklagten), und der Vater beider, H. K., schlossen am 29. Juni 1909 einen schriftlichen Gesellschaftsvertrag zur Fortführung des bisher vom Kläger und von D. unter der Firma „D. & K." betriebenen geschäftlichen Unternehmens, einer offenen Handelsgesellschaft. Die Anteile des Klägers und des H. K. am Geschäft sollten je 42500 ℳ betragen, während der Erblasser der Beklagten zunächst Gesellschafter ohne Geschäftsanteil wurde. Für den Fall der Kündigung wurde die Kapitalauszahlung ausgeschlossen und nur dem H. K. die Befugnis eingeräumt, Liquidation zu verlangen. Im § 9 des Vertrags heißt es:

„Im Fall des Todes eines Gesellschafters sind die überlebenden Gesellschafter ohne weiteres Erben des Geschäfts und der Firma.

Der Anteil des Verstorbenen gilt stets nach der vorangegangenen Inventur und wird nicht herausgezahlt außer in den nachfolgend genannten Fällen.

Stirbt H. K., so tritt für die Grundanteile H. und A. K. eine 2%ige, einvierteljährlich zahlbare Verzinsung zugunsten der Witwe ein.

Solange A. und O. K. unverheiratet sind, gelangt deren Anteil im Todesfall unter den erbenden Gesellschaftern gleichmäßig zur Verteilung. Sind A. und O. K. verheiratet, so sind deren Ehefrauen bzw. Kinder Erben des Anteils des Verstorbenen. Die Erben können Auszahlungen nicht verlangen, wohl aber steht es den überlebenden Gesellschaftern frei, das Kapital zurückzuzahlen. Findet Rückzahlung nicht statt, so gilt Verzinsung und deren Auszahlung, wie bei Witwe H. K. vorgesehen."

Schon vor längerer Zeit ist H. K. gestorben und am 23. März 1922 starb auch O. K., der von den beiden Beklagten als seinen gesetzlichen Erben beerbt wurde. Der Kläger nimmt auf Grund des Gesellschaftsvertrags das Recht für sich in Anspruch, das Geschäft der offenen Handelsgesellschaft mit Aktiven und Passiven ohne Liquidation gegen Abfindung der Beklagten für ihren Geschäftsanteil zu übernehmen, und hat demgemäß Klage auf Feststellung dieser Berechtigung erhoben. Er berechnet die Abfindung in erster Linie auf Grund einer von ihm für den 31. Dezember 1921 einseitig aufgestellten Papiermarkbilanz und gelangt so zu einem Geschäftsanteil des Erblassers der Beklagten in Höhe von 180136,32 ℳ, die er entsprechend aufwerten will. Die Beklagten verlangten widerklagend Feststellung ihres Rechts auf Liquidation des Geschäfts und auf die Hälfte des Geschäftsvermögens.

Das Landgericht stellte zunächst durch Teilurteil fest, daß die Beklagten nicht berechtigt seien, die Liquidation der Firma D. & K. zu verlangen. Sodann wies es die Klage insoweit, als sie auf Feststellung der vom Kläger angewandten Art der Berechnung des Kapitalanteils der Beklagten gerichtet war, und ebenso die Widerklage ab. Der Kläger legte Berufung ein und die Beklagten schlossen sich ihr an. Der Kläger beantragte nunmehr Feststellung dahin, daß er berechtigt sei, das Geschäft mit Aktiven und Passiven zu übernehmen gegen Abfindung der beiden Beklagten wegen des Geschäftsanteils ihres Erblassers, errechnet auf Grund einer von ihm unter Zuziehung der Beklagten nach dem Stand vom 31. Dezember 1921 zu errichtenden Bilanz, und gegen einen vom Richter zu bestimmenden Zuschlag für Geldentwertung. Die Beklagten baten, nach dem Berufungsantrag des Klägers zu erkennen mit der Maßgabe, daß er für den Gesellschaftsanteil der Beklagten eine Abfindung zu zahlen habe, die sich auf Grund einer auf den 31. Dezember 1921 zu errichtenden Goldmarkbilanz ergebe.

Das Oberlandesgericht wies die Berufung des Klägers zurück und stellte auf die Anschlußberufung der Beklagten fest, daß der Kläger das Geschäft der Firma D. & K. mit Aktiven und Passiven zu übernehmen berechtigt sei gegen Abfindung der beiden Beklagten wegen des ihrem Erblasser zustehenden Kapitalanteils, der sich nach einer von beiden Parteien gemeinschaftlich für den 31. Dezember 1921 aufzustellenden, durch Fortführung der letzten Friedensbilanz zu errechnenden Goldbilanz ergebe.

Die Revision des Klägers führte zur Aufhebung und Zurückverweisung.

Gründe:

Das Berufungsgericht geht bei Auslegung des Gesellschaftsvertrags davon aus, daß die Beklagten eine Auseinandersetzung auf dem Wege der Liquidation nicht verlangen könnten, sondern daß der Kläger das Recht habe, gegen Abfindung der Beklagten mit dem Betrag des Kapitalanteils ihres Erblassers das Geschäft mit Aktiven und Passiven zu übernehmen; ferner, daß für die Berechnung des Kapitalanteils der buchmäßige Wert des Gesellschaftsvermögens maßgebend sein solle, und daß damit der Grundsatz des § 738 BGB., wonach der wahre Wert zugrunde zu legen ist, bewußt verlassen sei. Auf diesen Standpunkt haben sich auch die Beklagten mit ihrem Berufungsantrag gestellt; sie wollen für die Berechnung ihrer Abfindung die buchmäßige Bilanz für den 31. Dezember 1921 zugrunde legen. Der Streit der Parteien dreht sich daher im wesentlichen nur noch darum, auf welcher Grundlage die Bilanz für den 31. Dezember 1921 aufzustellen ist, ob als reine Papiermarkbilanz, wie der Kläger will, oder unter Umwertung der Bestandteile des Geschäftsvermögens auf Goldmark, wie dies die Beklagten für richtig halten. Das Berufungsgericht hat festgestellt, daß der Kapitalanteil der Beklagten auf Grund einer von den Parteien gemeinschaftlich für den 31. Dezember 1921 aufzustellenden Goldbilanz zu ermitteln sei, die durch Fortsetzung der letzten Friedensbilanz errechnet werden müsse. Es nimmt an, daß die Aufstellung einer Papiermarkbilanz für 1921 von den Parteien Unmögliches verlange, und daß eine Berechnung des Kapitalanteils auf Grund einer solchen Bilanz nur einen verschwindend geringen Abfindungsbetrag ergäbe, während die Sachwerte in der Hand des Klägers verbleiben würden. Die Aufstellung der Goldbilanz dürfe nicht durch bloße Aufwertung einer Papiermarkbilanz erfolgen, sondern es müsse die letzte Friedensbilanz berücksichtigt werden.

Die Revision hebt demgegenüber mit Recht hervor, daß die Aufstellung einer Papiermarkbilanz für den 31. Dezember 1921 durchaus nicht unmöglich sei. Insofern kann der Begründung des angefochtenen Urteils nicht beigetreten werden. Auf Grund der Geschäftsbücher und von Schätzungen durch Sachverständige wäre die Aufstellung einer solchen Bilanz an sich wohl möglich. Es fragt sich lediglich, ob sie eine geeignete Grundlage für eine richtige Berechnung des Kapitalanteils der Beklagten wäre. Die Revision vertritt gegenüber dem angefochtenen Urteil den Standpunkt, daß für die Berechnung des Auseinandersetzungsguthabens der Beklagten lediglich eine Papiermarkbilanz für den 31. Dezember 1921 in Betracht kommen könne, da damals eine andere Währung nicht bestanden habe; der sich so ergebende Kapitalanteil der Beklagten sei dann nach allgemeinen Grundsätzen aufzuwerten.

In der Hauptsache ist aber der grundsätzliche Standpunkt des angefochtenen Urteils nicht zu beanstanden. Sachlich handelt es sich um die Frage, auf welcher Grundlage der Kapitalanteil eines Gesellschafters zu berechnen ist, wenn der Gesellschaftsvertrag bestimmt, daß der buchmäßige Kapitalanteil, so wie er sich bei der letzten während des Bestehens der Gesellschaft errichteten Bilanz herausstellt, als Abfindungsguthaben gelten soll, und wenn die hiernach maßgebende Bilanz schon in die Zeit erheblicher Geldentwertung fällt. Unter normalen wirtschaftlichen Verhältnissen ist die Wirkung einer solchen Bestimmung die, daß dadurch eine Beteiligung des ausscheidenden Gesellschafters am Gewinn und Verlust des zur Zeit seines Ausscheidens laufenden Geschäftsjahrs ausgeschlossen ist. Der ausscheidende Gesellschafter hat dann an den nach dem Gesellschaftsvertrag oder nach der bisherigen Übung gebildeten stillen

Reserven keinen Anteil, diese Mehrwerte der Substanz verbleiben vielmehr ebenso wie der sog. innere Wert des Unternehmens (Firma, Kundschaft usw.) dem das Geschäft übernehmenden Teilhaber. Im übrigen soll aber dem ausscheidenden Gesellschafter durch eine solche Abfindung doch ein wirkliches Entgelt für seinen Anteil am Gesellschaftsvermögen gewährt werden. Der Kapitalanteil eines Gesellschafters ist zwar nicht gleichbedeutend mit seinem Anteil am Geschäftsvermögen. Er bringt aber doch seine wirtschaftliche Beteiligung am Geschäftskapital zum Ausdruck; er ist der gesetzliche Maßstab für die Beteiligung des einzelnen Gesellschafters am Gesellschaftskapital (§§ 121, 122, 155 HGB.). Der Kapitalanteil gewinnt besondere rechtliche Bedeutung, wenn er nach dem Gesellschaftsvertrag als Grundlage für die Abfindung eines ausscheidenden Gesellschafters dienen soll. Dann stellt er dasjenige dar, was der ausscheidende Gesellschafter bei der Auseinandersetzung von der Gesellschaft oder von dem das Geschäft übernehmenden anderen Gesellschafter als seinen Anteil an der Vermögenssubstanz zu fordern hat.

Die besonderen Verhältnisse, wie sie während der Inflationszeit bestanden, haben dazu geführt, daß die auf Grund der Papiermarkbilanzen berechneten Kapitalanteile nicht mehr als geeignete Grundlage für die Abfindung eines ausscheidenden Gesellschafters gelten können. Denn die während der Zeit der steigenden Geldentwertung aufgestellten Bilanzen geben kein richtiges Bild von der wirtschaftlichen Lage des Unternehmens und von dem Verhältnis der Beteiligung der einzelnen Gesellschafter am Gesellschaftskapital. Die einzelnen Gegenstände des gesellschaftlichen Vermögens fanden in derartigen Bilanzen eine ganz verschiedene Bewertung. Die Anlagewerte wurden in ihnen regelmäßig nach den früheren Ansätzen unter Berücksichtigung der vertragsmäßigen oder üblichen Abschreibungen aufgeführt, während Forderungen und Warenbestände zu Papiermarkwerten eingesetzt wurden. Die nach dem Grundsatz „Mark gleich Mark" aufgestellten Papiermarkbilanzen enthielten also Ansätze von ganz verschiedenem Werte. Das mußte im Lauf der Entwicklung zu einer völligen Verschiebung der Beteiligungsverhältnisse führen. Würden die auf Grund solcher Papiermarkbilanzen berechneten Kapitalanteile als maßgebend für die Abfindung eines ausscheidenden Gesellschafters angesehen, so hätte das, wie der Berufungsrichter zutreffend hervorhebt, zur Folge, daß in der Hand des das Geschäft übernehmenden Gesellschafters die Sachwerte verblieben, der ausscheidende Gesellschafter dagegen für seinen Anteil eine dem wirklichen Werte des Gesellschaftsvermögens nicht entfernt entsprechende Abfindung erhielte. Daß auch hier ein derartiges unbilliges Ergebnis eintreten würde, lassen die Gutachten der Sachverständigen erkennen, nach denen sich das Kapitalkonto des Erblassers der Beklagten auf Grund der berichtigten Papiermarkbilanz auf 447878,32 P.M = rund 10400 G.M stellen würde, während der Sachverständige den Kapitalanteil nach der von ihm auf Goldmarkbasis aufgestellten Bilanz auf 69709,07 G.M berechnet.

Es ist daher in Fällen, wo die Berechnung des Auseinandersetzungsguthabens nach dem Kapitalanteil auf Grund der letzten Bilanz erfolgen soll, dem ausscheidenden Gesellschafter nicht zuzumuten, daß er eine auf dem Grundsatz „Mark gleich Mark" aufgebaute Papiermarkbilanz als Grundlage für die Berechnung seines Kapitalanteils anerkenne. Die Grundsätze von Treu und Glauben, wie sie nach §§ 157, 242 BGB. das Rechtsleben allgemein beherrschen und bei einem Gesellschaftverhältnis wegen des zwischen den Gesellschaftern bestehenden besonderen Vertrauensverhältnisses in erhöhtem Maße berücksichtigt werden müssen, verbieten eine derartige, auf der Geldentwertung beruhende Bereicherung des übernehmenden Gesellschafters auf Kosten des ausscheidenden. Sie verlangen, daß dem ausscheidenden Gesellschafter eine der wirklichen Vermögenslage entsprechende Abfindung zuteil werde. Das kann nur dadurch geschehen, daß die Einwirkung der Geldentwertung für die Berechnung des Kapitalanteils nach Möglichkeit ausgeschaltet wird, indem man die Bilanzen für die Auseinandersetzung auf wertbeständiger Grundlage umwertet. Daß für die Auseinandersetzung bei handelsrechtlichen Personalgesellschaften die Bilanzen zur Berechnung der Kapitalanteile der Gesellschafter nach ihrem Goldwert umgewertet werden müssen, hat der erkennende Senat schon in seinen Urteilen RGZ. Bd. 111 S. 77 und bei WarnRspr. 1925 Nr. 184 angenommen, und zwar in Fällen, wo die für die Auseinandersetzung maßgebenden Zeitpunkte in die Jahre 1922 und 1923 fielen. Aber auch für den Schluß des Jahres 1921, wie er hier in Betracht kommt, war die Einwirkung der Entwertung der Mark (die am Dollar gemessen schon auf weniger als ein Viertel ihres Friedenswerts gesunken war) auf die Richtigkeit der Wiedergabe des Gesellschaftsvermögens in der Bilanz schon so erheblich, daß die Mark (Papiermark) nicht mehr als geeignete Grundlage für die Berechnung der Abfindung eines ausscheidenden Gesellschafters dienen konnte.

Hiernach ist es nicht zu beanstanden, wenn das Berufungsgericht zur Berechnung des für die Abfindung maßgebenden Kapitalanteils der Beklagten die Aufstellung einer Goldmarkbilanz für erforderlich hält. Darüber, wie bei der Berechnung im einzelnen verfahren werden soll, spricht sich das angefochtene Urteil nicht näher aus. Es hebt nur hervor, daß die Goldmarkbilanz nicht im Wege der Aufwertung einer Papiermarkbilanz aufzustellen, sondern durch Fortführung der letzten Friedensbilanz zu errechnen sei. Dem Vorwurf der Revision, daß das Berufungsgericht sich über die Art und Weise, wie verfahren werden sollte, bestimmter und klarer hätte aussprechen sollen, kann zwar eine gewisse Berechtigung nicht abgesprochen werden, da die Frage der Umwertung der Kapitalanteile der Gesellschafter bei der durch die Goldbilanzverordnung vorgeschriebenen Umstellung des Gesellschaftsvermögens auf Goldmark äußerst bestritten ist und auch im vorliegenden Fall Zweifel in dieser Hinsicht auftauchen. Aber offensichtlich hat das Berufungsgericht, wenn es die bloße Aufwertung einer Papiermarkbilanz ablehnt und die Goldmarkbilanz durch Fortführung der letzten Friedensbilanz errechnet wissen will, das Verfahren im Auge, das nach einer im Schrifttum vertretenen und insbesondere auch vom Goldbilanz-Schiedsgericht (Sammlung der Entscheidungen S. 22, 56 und 86 sowie JW. 1924 S. 1212) befolgten Auffassung bei Umrechnung der Kapitalkonten von handelsrechtlichen Gesellschaften eingehalten werden soll. Es ist hiernach auf die letzte wirkliche Goldbilanz vor Eintritt der Inflation zurückzugreifen und von den auf Grund dieser Bilanz festgestellten Kapitalkonten auszugehen; ihnen sind die späteren Gutschriften und Entnahmen, umgerechnet in Goldmark über den Dollar nach dem Tage der Gut- oder Lastschrift, zuzuschlagen oder von ihnen abzurechnen. Daß gegen eine derartige Umrechnung vom formellrechtlichen Standpunkt der Unterschreibung der früheren Papiermarkbilanzen keine Bedenken zu erheben sind, hat der erkennende Senat in dem bei WarnRspr. 1925 Nr. 184 abgedruckten Urteil angenommen; auch im Urteil vom 18. März 1927 II 390/26 wurde diese Umrechnung für den damals vorliegenden Fall gebilligt. Deshalb ist das Berufungsurteil, wenn es so verstanden wird, nicht zu beanstanden. In dieser Weise wird auch bei Berechnung des Geschäftsanteils der Beklagten zu verfahren sein. Zweifelhaft kann sein, ob es angebracht war, auf die letzte Friedensbilanz, also bis in das Jahr 1913 zurückzugehen. Im Schrifttum und vom Goldbilanzschiedsgericht wird aus praktischen Erwägungen, um den Schwierigkeiten zu entgehen, die mit einem so weitgehenden Zurückgreifen verknüpft sind, empfohlen, die Bilanz für 1917 oder 1918 als Ausgangspunkt zu wählen, weil sich damals die Wirkungen der Geldentwertung noch nicht in erheblichem Maße geltend gemacht haben. Immerhin liegt die Frage, wie weit für den Ausgangspunkt der Berechnung zurückzugehen ist, in der Hauptsache auf dem Gebiet des tatrichterlichen Ermessens, und es können daher an sich gegen die Wahl der letzten Friedensbilanz allgemeine rechtliche Bedenken nicht erhoben werden.

Fragen kann sich nur, ob nicht nach den besonderen Umständen des vorliegenden Falles die Bilanz eines späteren Jahres als Ausgangspunkt zu wählen ist. Zwar steht, wie schon bemerkt, das in der Bilanzunterzeichnung liegende Anerkenntnis dem Zurückgreifen auf eine frühere Bilanz nicht entgegen. Aber ein Zurückgehen auf die letzte Friedensbilanz muß dann als ausgeschlossen gelten, wenn die Gesellschafter wegen Veränderung in der Zusammensetzung der Gesellschaft (Ausscheiden oder Neueintritt eines Gesellschafters) eine spätere Bilanz als Grundlage für ihre weiteren Rechtsbeziehungen, insbesondere auch für die Höhe ihrer Kapitalbeteiligung angenommen haben. Dann muß diese Neuordnung der gesellschaftlichen Verhältnisse als Ausgangspunkt für die Berechnung der Kapitalkonten gewählt werden. Im Streitfalle bestand die offene Handelsgesellschaft ursprünglich außer dem Kläger und dem Erblasser der Beklagten noch aus dem Vater dieser beiden; er soll bereits „vor längeren Jahren" verstorben sein und es ist zu vermuten, daß damals eine Neuordnung der gesellschaftlichen Verhältnisse, insbesondere der Beteiligung der noch übrig bleibenden Gesellschafter am Gesellschaftsvermögen vorgenommen wurde. Die damalige Festsetzung der Kapitalanteile würde, wenn sie nach der letzten Friedensbilanz erfolgt ist, auch für die Berechnung der Kapitalanteile in Goldmark zum Ausgangspunkt zu nehmen sein. Aus diesen Gründen ist es bedenklich, wenn das Berufungsgericht ohne weiteres die letzte Friedensbilanz als maßgebend ansieht, obwohl die Möglichkeit vorliegt, daß die Beteiligungsverhältnisse erst nach 1914 infolge des Ausscheidens des einen Gesellschafters neu geordnet wurden. Der genaue Zeitpunkt des Ausscheidens des früheren Gesellschafters ist nicht festgestellt. Das Revisionsgericht ist deshalb nicht in der Lage, nachzuprüfen, ob das Zurückgehen auf die letzte Friedensbilanz nicht den hervorgehobenen Bedenken unterliegt. Der Sachverhalt bedarf daher noch der Aufklärung in der bezeichneten Richtung. Für den Fall, daß nicht ein anderer, späterer Zeitpunkt als maßgebend angesehen werden muß, wird das Berufungsgericht auch von neuem zu prüfen haben, ob nicht aus praktischen Erwägungen von der Bilanz für 1918 und der in ihr erfolgten Festsetzung der Kapitalkonten auszugehen ist.

---

48. 1. Unterliegt eine Urkunde, worin während des Scheidungsprozesses der Ehemann sich für den Fall der Scheidung ohne Rücksicht darauf, wer für schuldig erklärt wird, der Ehefrau eine Unterhaltsrente zu zahlen verpflichtet, dem Stempel nach Tarifstelle 8 des Preuß. Stempelsteuergesetzes vom 27. Oktober 1924?

2. Findet die Befreiungsvorschrift des § 4 Nr. 1h daselbst Anwendung?

(VII.) VI. Zivilsenat. Urt. v. 14. Juni 1927 i. S. K. (Kl.) w. Preuß. Staat (Bekl.). (VII) VI 109/27.

I. Landgericht I Berlin.

Durch notariellen Akt vom 2. Juni 1926 hat der Kläger, der damals mit seiner Ehefrau im Scheidungsprozeß stand, dieser „gleichviel, wie der Ehescheidungsprozeß ausläuft, insbesondere ohne Rücksicht darauf, welcher Teil für schuldig erklärt wird, zur Regelung der Unterhalts- und güterrechtlichen Verhältnisse für die Dauer des Ehescheidungsprozesses und für den Zeitraum nach etwaiger rechtskräftiger Scheidung der Ehe" folgendes Angebot gemacht: „An Stelle der gesetzlichen Unterhaltsansprüche und gleichgültig, ob gesetzliche Unterhaltsansprüche bestehen oder nicht, zahle ich meiner Ehefrau lebenslänglich, jedoch nur bis zu ihrer Wiederverheiratung eine monatliche Unterhaltsrente von 150 RM." Frau K. nahm dieses „Vergleichsangebot" urkundlich an. Der Vertragsantrag war mit 3 RM verstempelt worden. Das Finanzamt Börse in Berlin hat dann, weil es in dem angenommenen Angebot einen Leibrentenvertrag sieht, gemäß Tarifstelle 8 Preuß. StStG. vom 27. Oktober 1924 2% von 9000 RM = 180 RM Stempel erhoben, wobei der gelöste Stempel von 3 RM in Anrechnung gebracht wurde. Der Restbetrag wurde bis zur rechtskräftigen Entscheidung des Rechtsstreites gestundet.

Der Kläger macht geltend, die Urkunde habe nur den Zweck verfolgt, der Ehefrau ihren gesetzlichen Unterhaltsanspruch in bestimmter Höhe vertraglich zu sichern. Von einer Gegenleistung der Frau im Sinne der Tarifstelle 8, insbesondere von einem Verzicht auf ihre gesetzlichen Ansprüche, sei keine Rede. Da die Urkunde die Erfüllung einer gesetzlichen Unterhaltspflicht zum Gegenstand habe, sei sie nach § 4 Nr. 1h Preuß. StStG. stempelfrei. Das Landgericht wies die Klage ab. Die vom Kläger unmittelbar beim Reichsgericht eingelegte Revision wurde zurückgewiesen.

Gründe:

Die Entscheidung des Landgerichts entspricht der ständigen Rechtsprechung des Reichsgerichts, wonach Verträge solchen Inhalts, wie der hier vorliegende, nach Tarifstelle 36 der früheren Preußischen Stempelsteuergesetze zu versteuern waren (RGZ. Bd. 61 S. 26; Urteile vom 12. Mai 1903 VII 59/03; vom 3. Mai 1907 VII 43/06, abgedruckt bei Holdheim 1908 S. 223; vom 9. April 1918 VII 8/18). Die hier in Betracht kommende Tarifstelle 8 des Preuß. StStG. vom 27. Oktober 1924 stimmt mit der früheren Tarifstelle 36 wörtlich überein. Der zwischen den Parteien abgeschlossene Vertrag enthält einen entgeltlichen Leibrentenvertrag (RGZ. Bd. 64 S. 135). Die Gegenleistung hat das Landgericht ohne Rechtsirrtum darin gefunden, daß die Ehefrau auf ihre etwaigen gesetzlichen Mehransprüche, wenn auch nicht ausdrücklich, so doch stillschweigend durch Annahme des Vertragsangebots des Mannes verzichtete. Außerdem ergibt sich die Entgeltlichkeit schon aus der Vergleichsnatur des Abkommens.

Die Revision bekämpft unter Bezugnahme auf den Kommentar von Heinitz zum Preuß. StStG. von 1909 die bisherige

Rechtsprechung des Reichsgerichts. Heinitz meint (S. 517, 518), der Vertrag würde unzulässigerweise in zwei Bestandteile zerlegt, insofern als durch Vergleich einmal der Fall geregelt sei, daß der Mann für allein schuldig erklärt würde, und ferner der gegenteilige Fall. Heinitz führt dann aus, schon während der Dauer des Verfahrens habe die Frau einen bedingten Anspruch auf Rente für den Fall der Scheidung. Es könnten auch über bedingte Ansprüche Vergleiche geschlossen werden dahin, daß ein unbedingtes Recht auf die vergleichsweise versprochene Rente erwächst, und wenn diese Leistung ihrem Wesen nach keine andere sei als die gesetzliche, wenn auch bedingungsweise geschuldete, so werde das bestehende Rechtsverhältnis durch ein seinem Inhalt entsprechendes Rechtsgeschäft beseitigt und nicht ein anderweites Rechtsgeschäft neu begründet (vgl. die frühere Tarifstelle 67, 2 und die jetzige, wörtlich damit übereinstimmende Tarifstelle 17, 2).

Diesen Ausführungen kann nicht beigetreten werden. Wenn die Eheleute den Unterhalt der Frau unabhängig von der Schuldfrage vertragsmäßig regeln, so wird dadurch die Unterhaltspflicht des Mannes auf eine andere als die gesetzliche Grundlage gestellt. Die Frau kann ihre Unterhaltsansprüche für den Fall der Alleinschuldigerklärung des Mannes nicht mehr auf das Gesetz stützen, sondern nur noch auf den Vertrag. Der § 1614 BGB., wonach auf den künftigen Unterhalt nicht verzichtet werden kann, findet auf den Unterhalt, welcher der Ehefrau für die Zeit nach Scheidung der Ehe zusteht, gemäß § 1580 Abs. 3 BGB. keine Anwendung (JW. 1916 S. 573; WarnRspr. 1924 Nr. 169, 1926 Nr. 82). Anderseits hat sie aber den vertraglichen Unterhaltsanspruch auch für den Fall, daß der Mann nicht für allein schuldig erklärt wird, während ihr für diesen Fall kein gesetzlicher Unterhaltsanspruch zusteht. Es wird also durch einen Vergleich, wie er hier vorliegt, ein anderes, neues Rechtsverhältnis begründet.

Daraus ergibt sich weiter auch die Unanwendbarkeit der Befreiungsvorschrift des § 4 Nr. 1h Preuß. StStG. vom 27. Oktober 1924, wonach Urkunden, welche die Erfüllung einer gesetzlichen Unterhaltspflicht zum Gegenstand haben, von der Stempelsteuer befreit sind. Der Vertrag hat nicht allein die Erfüllung einer gesetzlichen Unterhaltspflicht zum Inhalt, sondern er begründet darüber hinaus eine Unterhaltspflicht des Mannes auch für den Fall, daß ihm eine gesetzliche Pflicht nicht obliegt (vgl. auch Messerschmidt-Kollat, Stempelsteuergesetz, Anm. 2 zu Tarifstelle 8; Heucke, Stempelsteuergesetz, Anm. VIII zu § 4; Runderlaß des Preuß. Finanzministers vom 24. November 1924 im Preuß. FMBl. 1924 S. 414). Für die Stempelpflicht eines Vertrags ist aber lediglich sein Inhalt maßgebend. Deshalb ist es gleichgültig, wie der Ehescheidungsprozeß ausgeht. Die Stempelpflicht nach Maßgabe der Tarifstelle 8 kann nicht dadurch beseitigt werden, daß demnächst der Ehemann für allein schuldig erklärt wird und aus diesem Grunde auch gesetzlich zum Unterhalt der geschiedenen Frau verpflichtet gewesen wäre.

---

49. 1. Zum Begriff der Hilfsleistung in Seenot.
2. Kann die Hilfsleistung auch darin bestehen, daß das hilfeleistende Schiff das gefährdete Schiff nur begleitet, um bei Eintritt unmittelbarer Gefahr sofort einzugreifen?

HGB. §§ 740flg.

I. Zivilsenat. Urt. v. 15. Juni 1927 i. S. P. (Bekl.) w. H. H. V. A.-G. (Kl.). I 388/26.

I. Landgericht Hamburg.
II. Oberlandesgericht daselbst.

Am 2. Januar 1925 befand sich der der Beklagten gehörige Fischdampfer „Blücher" im Weißen Meer bei Cap Kanin. Während des Fischens bekam das Schiff plötzlich einen Stoß und die Maschine blieb stehen. Später gelang es zwar, die Maschine wieder in Gang zu bringen, aber sie arbeitete schwer und lief nicht mit der regelrechten Umdrehungszahl. Der erste Maschinist meldete dies dem Kapitän mit dem Bemerken, er denke, mit langsamer Fahrt die Maschine gebrauchen zu können, könne aber dafür nicht einstehen. Der Kapitän rief hierauf dem der Klägerin gehörenden Dampfer „Bremerhaven", der in der Nähe fischte, durch Morsespruch zu: „Ich brauche Hilfe, bleiben Sie bei mir". Die „Bremerhaven" kam an den „Blücher" heran, und die Kapitäne der beiden Schiffe verabredeten, daß die „Bremerhaven" schleppbereit den „Blücher" bis zur Küste begleiten solle, um ihn, falls er nicht mehr dampfen könne, zu schleppen. Diese Begleitung wurde auch ausgeführt. Als am 4. Januar 1925 Land voraus in Sicht kam, meldete der erste Maschinist des „Blücher" seinem Kapitän, er glaube, das Schiff könne jetzt aus eigener Kraft den nächsten Hafen erreichen. Hierauf erklärte der Kapitän des „Blücher" dem Kapitän der „Bremerhaven", er könne jetzt wohl allein fahren, und entließ das Begleitschiff. Die Begleitfahrt hat 44 Stunden gedauert.

Die Klägerin fordert für die Inanspruchnahme ihres Dampfers eine Entschädigung; sie verlangt Ersatz für den durch frühzeitigen Abbruch der Fangreise entstandenen Fangausfall und einen besonderen Hilfslohn, da der Dampfer „Blücher" sich in Seenot befunden habe. Die Beklagte hat den Klaganspruch nach Grund und Betrag bestritten.

Die Instanzgerichte haben der Klägerin Hilfslohn einschließlich Entschädigung für Fangausfall zugebilligt. Die Revision der Beklagten hatte keinen Erfolg.

Gründe:

1. Das Berufungsgericht hat festgestellt, beim Dampfer „Blücher" sei der Verschlußring der Ölabdichtung des Stevenrohres erheblich beschädigt gewesen, und zwar im Zusammenhang damit, daß sich ein Draht mit Schäkel zwischen Schiffsschraube und Verschlußring eingeklemmt gehabt habe. Dabei habe sich die gesamte Wellenleitung nach hinten verschoben, so daß Drucklager und Wellenlager sich beim Gange der Maschine stark erhitzt hätten. Eine dauernde Kühlung der Schraubenwelle sei erforderlich gewesen. Eine Ölkühlung, für die übrigens der Ölvorrat nicht gereicht hätte, sei nicht möglich gewesen, da beim Lösen der Stopfbüchse Wasser in den Wellentunnel gelaufen wäre. Bei der allein möglichen Seewasserschmierung habe aber dauernd die Gefahr bestanden, daß die Schmierung nicht reichte, sowie daß durch kleine, im Wasser befindliche Fremdkörper die Schwanzwelle festbrannte und so die Maschine völlig versagte. Hiernach habe ein erheblicher Maschinenschaden des Dampfers vorgelegen, der sich zu ungünstiger Jahreszeit im Weißen Meer etwa 30 Seemeilen NNW. von Cap Kanin befunden habe. Unter diesen Umständen habe nach dem Verhalten der Schiffsmaschine während der kritischen Zeit ein verständiger Maschinist und mit ihm der Kapitän des Dampfers „Blücher" bei sorgfältiger Prüfung, soweit sie unterwegs möglich

gewesen sei, zu der Auffassung gelangen dürfen, daß auf die Maschine kein Verlaß sei. Der Kapitän des „Blücher" habe es bei Antritt der Rückreise nicht darauf ankommen lassen dürfen, ob er sich in dem stets drohenden Augenblick des Versagens der Maschine in der Nähe eines hilfsbereiten Schiffes befinden werde. Er habe während der Fahrt bis in die Nähe der Küste nicht auf eine Schlepperhilfe rechnen können. Es sei daher zur Abwendung der dem Schiffe drohenden schweren Gefahr eine vernünftige Maßnahme des Kapitäns gewesen, den in der Nähe befindlichen Fischdampfer „Bremerhaven" zu bitten, sein Schiff auf der Heimreise bis in die Nähe der Küste zu geleiten.

Diese Erwägungen des Berufungsgerichts besagen, daß ein verständiger Schiffsführer bei vernünftiger Beurteilung aller damals gegebenen Verhältnisse mit Grund eine Entwicklung der Sachlage annehmen durfte, die von der Schiffsbesatzung allein nicht überwunden werden konnte und ohne alsbaldige Hilfe von dritter Seite die Beschädigung oder den Untergang des Schiffes herbeiführen würde. Sie enthalten ferner die Feststellung, daß zur Abwendung der danach für die Sicherheit des Schiffes bestehenden Gefahr die Begleitung des Dampfers „Blücher" durch den Dampfer „Bremerhaven" bis in die Nähe der Küste eine zweckmäßige Maßnahme war, die unter den obwaltenden Umständen von einem verständigen Schiffsführer bei Anwendung der erforderlichen Sorgfalt nicht unterlassen werden durfte.

Wenn danach das Berufungsgericht das Vorliegen einer Hilfsleistung in Seenot nach § 740 HGB. angenommen hat, so ist darin kein Rechtsirrtum zu erblicken. Die Revision vertritt den Standpunkt, der Begriff der Seenot erfordere einen Zustand, der ohne Abwendung von dritter Seite mit Notwendigkeit den Eintritt des nachteiligen Ereignisses zur Folge haben werde, oder erfordere doch, daß bei verständiger Beurteilung der Sachlage zur kritischen Zeit der Untergang des Schiffes als notwendig eintretend habe angesehen werden müssen. Diese Ansicht steht mit der herrschenden Rechtsprechung in Widerspruch. Denn danach liegt eine Seenot im Sinne von § 740 HGB. auch dann vor, wenn das Schiff durch Umstände, die der Seeschiffahrt eigentümlich sind, derart gefährdet ist oder einem verständigen Schiffsführer bei sorgfältiger Prüfung aller einschlägigen Verhältnisse als derart gefährdet erscheinen kann, daß das Schiff, falls es auf eigene Kraft und Hilfsmittel angewiesen bliebe, voraussichtlich beschädigt werden oder verloren gehen würde (RGZ. Bd. 47 S. 195, Bd. 59 S. 312). Im übrigen bedarf es keiner weiteren Darlegung, daß der Annahme einer Rettung aus Seenot nicht entgegen gehalten werden kann, die Reise des Dampfers „Blücher" bis in die Nähe der Küste sei tatsächlich gelungen, ohne daß eigentliche Schleppdienste des helfenden Schiffes erforderlich geworden seien (RGU. vom 24. Oktober 1914 I 166/14 in HansGZtg. 1915 Hauptbl. S. 35 Nr. 17; RGZ. Bd. 85 S. 369).

2. Der Berufungsrichter hat die Entschädigung auf 10000 RM bemessen und dabei den durch die Hilfsleistung entstandenen Fangausfall der „Bremerhaven" mit 6000 RM und den eigentlichen Hilfslohn mit 4000 RM eingesetzt. Dazu hat er ausgeführt, die Hilfsleistung sei für den Dampfer „Bremerhaven" ein gefahrloses Unternehmen gewesen, das weder die Bereithaltung von Apparaten noch besondere Anstrengungen erfordert und lediglich in einer Schleppbereitschaft während 44 Stunden bestanden habe. Wenn die Revision meint, diese Feststellungen rechtfertigten nicht die Höhe des zugesprochenen Hilfslohnes, so betrifft diese Rüge das der Nachprüfung des Revisionsgerichts entzogene Tatsachengebiet.

---

50. Wie ist der Schadensersatz für die Beschädigung von Gegenständen zu berechnen, wenn der Ersatzberechtigte selber die zur Ausbesserung der Gegenstände erforderlichen Beträge in Papiermark verauslagt hatte? Ist dabei der sog. Verarmungsfaktor zu berücksichtigen?

BGB. § 249.

I. Zivilsenat. Urt. v. 15. Juni 1927 i. S. H. St. (Bekl.) w. M. & Co. (Kl.). I 300/26.

I. Landgericht Kiel.
II. Oberlandesgericht daselbst.

Am 22. August 1919 ist im Kaiser Wilhelm-Kanal der Dampfer der Klägerin „Olga" mit dem der Beklagten gehörigen Dampfer

„Annie Hugo Stinnes 6" zusammengestoßen und beschädigt worden. Die Klägerin hat wegen des ihr hierdurch erwachsenen Schadens die Beklagte in Anspruch genommen. Im ersten Rechtszug wurde die Beklagte zur Zahlung von 6089,57 RM und 31150 schwedischen Kronen nebst Zinsen verurteilt. Das Oberlandesgericht verurteilte sie noch zur Zahlung weiterer 21985,84 RM nebst Zinsen. Der Streit der Parteien drehte sich in der Hauptsache nur noch um die Erstattung der Beträge, welche die Klägerin aufgewendet hatte, um die durch den Zusammenstoß verursachte Beschädigung des Dampfers Olga wieder ausbessern zu lassen. Die Klägerin hat nämlich diese Kosten im Jahre 1919 in Papiermark bezahlt und verlangt sie in der Höhe erstattet, wie sie das Berufungsgericht zuerkannt hat. Die Beklagte will nur einen Teil dieser Summe bezahlen. Das Revisionsgericht hat auf die Revision der Beklagten das Berufungsurteil zum Teil aufgehoben und insoweit die Sache in die Vorinstanz zurückverwiesen.

Gründe:

Nach den Feststellungen des Berufungsgerichts hat die durch den Zusammenstoß der beiden Dampfer erforderlich gewordene Wiederinstandsetzung des Dampfers Olga einen Kostenaufwand von 212868 PM verursacht. Diese Kosten hat die Klägerin in zwei Teilen, nämlich am 26. November 1919 mit 150000 PM und am 18. Dezember 1919 mit 62868 PM bezahlt. Die Beklagte verkennt an sich nicht ihre Verpflichtung, der Klägerin die verauslagten Beträge zu erstatten. Die Parteien streiten aber darüber, ob die Klägerin den Goldmarkwert, den die von ihr aufgewendeten Beträge an den genannten Zahlungsterminen hatten, in voller Höhe oder wegen des sog. Verarmungsfaktors nur mit einem entsprechenden Abstrich zu beanspruchen hat.

Das Berufungsgericht hat hierzu folgendes ausgeführt. Wenngleich die Klägerin Erstattung der von ihr zur Schadensausbesserung aufgewendeten Beträge begehre, so handle es sich dennoch nach wie vor um einen Schadensersatzanspruch. Inhalt des Schadensersatzanspruchs sei aber nach § 249 BGB. die Herstellung des Zustandes, der bestehen würde, wenn das schädigende Ereignis nicht eingetreten wäre. Für die Berechnung des Schadensumfangs sei der Zeitpunkt des Urteils maßgebend. Die Beklagte müßte also, wenn die Klägerin den Schaden nicht inzwischen hätte beseitigen lassen, den Geldbetrag zahlen, der zur Zeit des Urteils zur Wiederinstandsetzung des Dampfers erforderlich wäre. Dieser Betrag entspräche mindestens dem Goldmarkwert, den die von der Klägerin im November und Dezember 1919 aufgewendeten Papiermarksummen damals hatten. Habe aber der Schadensersatzberechtigte, wie hier, den Schaden zunächst auf eigene Kosten beseitigen lassen, so zeige die aufgewendete Summe lediglich an, in welchem Betrag sich der Schaden nach dem damaligen Stande der Währung ausdrückte. Die Klägerin sei dafür schadlos zu halten, daß sie damals, als der Schaden entstand, eine bestimmte Summe Geldes aufwenden mußte. Das Mindestmaß des zu ersetzenden Schadens müsse daher so sein, wie es sich nach dem damaligen Goldwert darstelle. Es komme nicht darauf an, ob die Klägerin sich diesen Goldwert hätte erhalten können. Die Klägerin würde auch dann Anspruch auf Ersatz dieses Schadens haben, wenn angenommen werden müßte, daß sie die aufgewendete Summe zu unwirtschaftlichen Zwecken, z. B. für Luxus, ausgegeben hätte. Wollte man der Klägerin unter Berücksichtigung des sog. Verarmungsfaktors nur einen Teil des inneren Wertes und der Kaufkraft der im Jahre 1919 von ihr zur Beseitigung des Schadens verauslagten Beträge zuerkennen, so erhielte sie nicht den ihr zukommenden vollen Schadensersatz. Dagegen würde die Beklagte einen erheblichen Vorteil davon haben, daß die Klägerin damals die an sich der Beklagten zur Last fallenden Beträge verauslagt habe. Das würde allen Grundsätzen über die Schadensersatzpflicht widersprechen. Es sei daher der Klägerin der volle, nach dem Dollarkurs der beiden maßgeblichen Zahlungstage ermittelte Goldmarkwert der gezahlten Papiermarksumme zuzubilligen.

Diesen Erwägungen des Berufungsgerichts kann nur zum Teil zugestimmt werden. Richtig ist, daß die Beklagte nach § 249 BGB. verpflichtet ist, den Zustand herzustellen, der bestehen würde, wenn der zum Ersatz verpflichtende Umstand nicht eingetreten wäre. Das bedeutet im vorliegenden Fall, daß die Klägerin wirtschaftlich so gestellt werden muß, wie wenn sie die zur Ausbesserung des Dampfers am 26. November und 18. Dezember 1919 geleisteten Zahlungen nicht hätte zu machen brauchen und nicht gemacht hätte. Es ist also die wirtschaftliche Lage der Klägerin, wie sie sich ohne den erwähnten Vermögensaufwand gestaltet hätte, zu vergleichen mit ihrer wirtschaftlichen Lage, wie sie sich infolge der gemachten Aufwendungen gestaltet hat (RGRKomm. Anm. 1 zu § 249 BGB.). Dabei ist, wie das Berufungsgericht zutreffend hervorhebt, grundsätzlich auf die Verhältnisse zur Zeit der Urteilsfällung abzustellen. Dies führt aber nicht dazu, daß — wie das Berufungsgericht unter Bezugnahme auf Anschauungen im Schrifttum meint — der Klägerin ohne weiteres ein Betrag zukommt, wie er dem nach dem Dollarkurs berechneten Goldmarkwert entspricht, den die von der Klägerin aufgewendeten Summen an den Zahlungstagen hatten. Wäre die Klägerin in ihrem Verhältnis zur Beklagten berechtigt gewesen, die Ausbesserung des Dampfers bis nach Beendigung der Inflationszeit oder bis zum Erlaß des Berufungsurteils hinauszuschieben, und hätte sie dies getan, so wäre die von der Beklagten zu erstattende Entschädigungssumme von vornherein in vollwertigem Gelde (Gold- oder Rentenmark) zu berechnen. Nun hat aber die Klägerin die Ausbesserung bereits im Jahre 1919 vornehmen lassen und mit Papiermark bezahlt. Damit ist die sog. Naturalrestitution ausgeschaltet und hat die Schadensausgleichung in Geld zu erfolgen. Dabei ist zunächst festzustellen, welchen wirtschaftlichen Wert für die Klägerin die von ihr verauslagten Papiermarkbeträge an den betreffenden Zahlungstagen hatten. Es kann sein, daß dieser Wert dem nach dem Dollarkurs jener Tage berechneten Goldmarkbetrag entspricht. Es kann aber auch sein, daß die Klägerin, wenn sie die gezahlten Papiermarkbeträge nicht zu Ausbesserungszwecken hätte aufzuwenden brauchen, ihren damaligen Wert in voller Höhe für sich erhalten oder mit ihnen noch größere wirtschaftliche Werte gewonnen hätte. Die Erfahrung lehrt und die ständige Rechtsprechung des Reichsgerichts weist darauf hin, daß dies nicht dem regelmäßigen Verlauf der Dinge entspricht, sondern eine Ausnahme wäre. Es würde also Sache der Klägerin sein, gegebenenfalls die dafür sprechenden Umstände im einzelnen darzulegen und zu beweisen. Daß dabei auch die sofortige Anlage der Papiermarkbeträge in wertbeständigen Sachwerten, unter Umständen auch die vom Berufungsgericht erwähnten Luxusausgaben in Betracht kommen können, bedarf keiner näheren Darlegung. Für den Regelfall aber ist anzunehmen, daß die Klägerin, wenn sie jene Papiermarksummen behalten oder sofort zurückbekommen hätte, ihren vollen damaligen Wert während der Inflationszeit sich nicht erhalten hätte. Wenn und soweit solches hier festzustellen sein sollte, darf dieser Umstand bei der Bemessung der der Klägerin zukommenden Entschädigung nicht außer acht gelassen werden. Mit anderen Worten: es ist gegebenenfalls der sog. Verarmungsfaktor sehr wohl zu berücksichtigen. Dies zeigt in besonderer Weise gerade der vom Berufungsgericht betonte Umstand, daß es sich um einen Schadensersatz handelt und daß dafür die Verhältnisse zur Zeit der Urteilsfällung maßgebend sind. Es sei angenommen, der Wert der von der Klägerin aufgewendeten Papiermarksummen habe an den Zahlungstagen dem nach dem Dollarkurs berechneten Goldmarkbetrag entsprochen, die Klägerin wäre aber, wenn sie die Papiermarksummen behalten hätte, nicht in der Lage gewesen, sich jenen Wert zu erhalten. Dann würde der Vergleich der zur Zeit der Urteilsfällung bestehenden wirtschaftlichen Lage der Klägerin so, wie sie tatsächlich ist, mit der wirtschaftlichen Lage, wie sie ohne die Papiermarkzahlungen wäre, ergeben, daß der Klägerin als Schadensausgleich nur ein Teil jenes Goldmarkbetrags zukommt. Denn die Zahlung des vollen Goldmarkbetrags würde die Klägerin wirtschaftlich besser stellen, als sie ohne die zur Naturalrestitution gemachten Aufwendungen stehen würde. Und es würde dann im Ergebnis der Klägerin auf Kosten der Beklagten der Vorteil einer wertbeständigen Vermögensanlage zufließen, den sie sonst nicht erreicht hätte. Für den Schadensausgleich ist es aber von entscheidender Bedeutung, daß die Klägerin wirtschaftlich weder besser noch schlechter gestellt werde, als sie zur Zeit der Urteilsfällung ohne das schädigende Ereignis stände. Unerheblich ist dagegen der vom Berufungsgericht erörterte Gesichtspunkt, wie die Beklagte bei dem Schadensausgleich gefahren wäre, wenn die Klägerin damals die Ausbesserungskosten nicht verauslagt, sondern die Ausbesserung bis nach Beendigung der Inflationszeit aufgeschoben oder Naturalrestitution verlangt hätte. Es kann daher auch dahingestellt bleiben, ob die Klägerin in ihrem Verhältnis zur Beklagten berechtigt war, weder die Naturalrestitution durch die Beklagte zu betreiben (§ 250 BGB.), noch selbst binnen angemessener Frist die Herstellung zu veranlassen oder den dazu erforderlichen Geldbetrag zu verlangen (§ 249 BGB.). Denn jedenfalls hat hier die Klägerin dadurch, daß sie selbst die Ausbesserung veranlaßte und bezahlte, ihren Schadensersatzanspruch dahin festgelegt, daß nur der Ausgleich der durch jene

Zahlung verursachten Vermögensminderung in Betracht kommt. Danach war das Berufungsurteil, soweit es mit der Revision angefochten ist, aufzuheben und die Sache insoweit zur anderweiten Verhandlung und Entscheidung an das Berufungsgericht zurückzuverweisen.

---

51. 1. Zum Begriff der öffentlichen Sparkassen.

2. Sind die Vorschriften über den öffentlichen Glauben des Grundbuchs anwendbar, wenn das einer Miterbengemeinschaft zustehende Eigentum an einem Grundstück auf eine von allen Miterben ohne Hinzutritt anderer Personen gegründete Kommanditgesellschaft übertragen wird?

BGB. §§ 892, 1807 Nr. 5; EGBGB. Art. 99; AufwG. §§ 20, 55, 56, 67 Abs. 2.

V. Zivilsenat. Urt. v. 15. Juni 1927 i. S. Kommanditges. R. Erben (Bekl.) w. Hamburger Sparkasse (Kl.). V 347/26.

I. Landgericht Hamburg.
II. Oberlandesgericht daselbst.

Die 6 Kinder des am 27. April 1913 verstorbenen Friedrich Karl R. haben in Erbengemeinschaft im Juni 1914 ein Grundstück in Hamburg in der Zwangsversteigerung erworben. Sie haben alsdann mehrere Darlehen von zusammen 130000 ℳ bei der Klägerin aufgenommen und hierfür auf dem Grundstück zwei Hypotheken zu 25000 ℳ und 75000 ℳ bestellt. Die Erbengemeinschaft hat die 130000 ℳ zur Rückzahlung am 1. Oktober 1923 gekündigt. Nach vorausgegangenen Verhandlungen haben sich beide Teile im Dezember 1923 dahin verglichen, daß gegen Zahlung von 125 Gℳ die Hypotheken gelöscht werden sollten. Die Zahlung und die Löschung sind geschehen. Auf Grund der Auflassung vom 22. Juni 1925 ist die beklagte Kommanditgesellschaft am 29. Juni 1925 im Grundbuch als Eigentümerin eingetragen worden. Die Beklagte besteht seit September 1925 aus dem persönlich haftenden Gesellschafter Gustav R. und Friedrich R. als Kommanditisten. Beide gehörten zu den Miterben und waren Teilhaber an der Erbengemeinschaft nach Friedrich Karl R. Zur Zeit der Auflassung waren außerdem die 4 übrigen Geschwister R. und die Witwe R. Kommanditisten.

Die Klägerin behauptet, daß für sie als eine öffentliche Sparkasse der Vergleich nach § 67 Abs. 2 Schlußsatz in Verbindung mit §§ 55, 56 AufwG. nicht bindend sei. Die Beklagte könne sich unter den gegebenen Umständen auch nicht auf den öffentlichen Glauben des Grundbuchs berufen. Die Klägerin begehrt die Feststellung, daß die Beklagte verpflichtet sei, die Eintragung des von der Aufwertungsstelle festzusetzenden Aufwertungsbetrags für die bezeichneten Hypotheken an der bisherigen Rangstelle zu dulden. Beide Vorinstanzen haben der Klage stattgegeben. Die Revision der Beklagten hatte Erfolg.

Gründe:

1. Das Oberlandesgericht nimmt an, daß der im Dezember 1923 zwischen der Klägerin und der Erbengemeinschaft geschlossene Vergleich über den Ausgleich der Geldentwertung bei Rückzahlung der streitigen Hypotheken nach § 67 Abs. 1 Satz 1 in Verbindung mit Satz 2 Halbsatz 2 AufwG. der Aufwertung nach den Vorschriften des Aufwertungsgesetzes nicht entgegenstehe. Zur Begründung führt das Oberlandesgericht im wesentlichen folgendes aus. Weder im Aufwertungsgesetz noch im Bürgerlichen Gesetzbuch sei eine Begriffsbestimmung der öffentlichen Sparkasse gegeben. Diese Begriffsbestimmung sei vielmehr dem Landesrecht übertragen, wie auch die zuständige Landesbehörde nach § 1807 Nr. 5 BGB. über die Zulassung einer Sparkasse zur Anlegung von Mündelgeld zu befinden habe. Durch die Satzung der Klägerin sei dem Staate das bedeutungsvolle Recht eingeräumt, daß zu jeder Satzungsänderung staatliche Genehmigung erforderlich sei. Ferner bestehe bei der Klägerin die Übung, auch für jede außergewöhnliche Kapitalbelegung die Zustimmung des Staates einzuholen. Dieser erhebliche Einfluß des Staates reiche nach Hamburger Gewohnheitsrecht aus, um die Klägerin als eine öffentliche Sparkasse zu kennzeichnen. Tatsächlich werde die Klägerin nach festbegründeter Rechtsüberzeugung als öffentliche Sparkasse angesehen. Diese allgemeine Auffassung des Hamburger Landesrechts finde ihren Ausdruck in der Verordnung des Senats vom 1. Dezember 1899, durch welche die Klägerin als zur Anlegung von Mündelgeld geeignet erklärt worden sei. Ob die Klägerin unter Staatsaufsicht stehe oder nicht, sei unerheblich.

Die Revision macht demgegenüber geltend, daß die Begriffsbestimmung der öffentlichen Sparkasse nicht allein dem Landesrecht überlassen sei. Dieser Begriff sei vorwiegend ein reichsrechtlicher. Das ergebe schon die Vorschrift des § 1807 Nr. 5 BGB. und es gehe noch klarer aus § 55 und § 58 Nr. 4 und 8 AufwG. hervor. Danach sei zwischen öffentlichen und unter Staatsaufsicht stehenden Sparkassen unterschieden und anderseits komme in Betracht, daß bei gewissen Sparkassen eine öffentlichrechtliche Körperschaft Garant oder an den Überschüssen beteiligt sei. Als öffentliche Sparkassen könnten nach dem Aufwertungsgesetz nur solche gelten, die von einer Körperschaft, Anstalt oder Stiftung des öffentlichen Rechts oder als deren unselbständiger Bestandteil betrieben würden, oder für die eine öffentlichrechtliche Rechtspersönlichkeit die Garantie übernommen habe. Nach Landesrecht könne sich nur das Begriffsmerkmal der öffentlichrechtlichen Organisation richten. Die Klägerin falle unter keine der aufgestellten Arten von öffentlichen Sparkassen. Es sei auch kein öffentlichrechtlicher Verband an ihren Überschüssen beteiligt. Ein Gewohnheitsrecht könne sich nicht zugunsten bestimmter Personen bilden. In Frage stehe das vor 1900 in Hamburg geltende Recht; das sei das gemeine Recht, das der Nachprüfung des Reichsgerichts unterliege.

Die Revision ist in diesem Punkte nicht begründet. Im Art. 99 EGBGB. ist bestimmt: „Unberührt bleiben die landesgesetzlichen Vorschriften über die öffentlichen Sparkassen, unbeschadet der Vorschriften des § 808 BGB. und der Vorschriften des Bürgerlichen Gesetzbuchs über die Anlegung von Mündelgeld". Dieser Artikel wurde von der zweiten Kommission aufgestellt. Es war zunächst an einen engeren Vorbehalt gedacht, im Anschluß an ein in Elsaß-Lothringen 1895 ergangenes Gesetz. In den Protokollen der zweiten Kommission heißt es, man werde besser tun, einen allgemeinen Vorbehalt für das gesamte Sparkassenwesen zu machen, weil auch in anderen Bundesstaaten Gesetze über die Sparkassen zu erwarten seien. Es sei zweckmäßig, der Landesgesetzgebung die Regelung der Materie vollständig zu überlassen, auch soweit es sich um privatrechtliche Normen handle. Eine Beschränkung sei nur insoweit notwendig, als die hervorgehobenen Vorschriften des Bürgerlichen Gesetzbuchs der Abänderung durch die Landesgesetzgebung entzogen werden müßten (Prot. II S. 9214—9216). Hiernach ist der Landesgesetzgebung in der Regelung des Sparkassenwesens grundsätzlich volle Freiheit gewährt (vgl. Staudinger Bemerkung 1, Planck Bem. 1 und 2 zu Art. 99 EG. BGB.). Von den vorgesehenen Beschränkungen der Landesgesetzgebung kommt für die Frage, wann eine Sparkasse als eine öffentliche anzusehen ist, allein § 1807 Nr. 5 BGB. in Betracht. Auch in dieser Vorschrift ist aber der Begriff der öffentlichen Sparkasse nicht näher geregelt. Nach der Entstehungsgeschichte dieser Bestimmung war eine reichsrechtliche Festlegung des Begriffs der öffentlichen Sparkasse nicht beabsichtigt. Im § 1664 des I. Entwurfs zum BGB. war bestimmt, der Vormund solle entbehrliche Gelder anlegen Nr. 5: „bei einer inländischen öffentlichen und obrigkeitlich bestätigten Sparkasse". Dazu heißt es in den Motiven Bd. 4 S. 1114: „Die Frage, welche Sparkasse als öffentliche und obrigkeitlich bestätigte Sparkasse anzusehen sei, entscheidet sich nach Landesrecht." Bei den Beratungen der Kommission für die zweite Lesung war der Antrag gestellt, die Worte im § 1664 des I. Entwurfs „und obrigkeitlich bestätigten" zu streichen, weil es keine öffentlichen Sparkassen gebe, die nicht unter öffentlicher Aufsicht stünden und deshalb als obrigkeitlich bestätigt anzusehen seien. Zur Begründung wurde weiter ausgeführt, öffentliche Sparkassen seien solche, die in den Organismus der öffentlichen Einrichtungen eingegliedert seien, insbesondere solche, für die ein Kommunalverband hafte. Die Mehrheit der Kommission ist jedoch diesem Gedankengang nicht gefolgt. Sie wählte auf Grund eines anderen Antrags die Fassung, die in das Gesetz übergegangen ist. In den Protokollen S. 6359 heißt es weiter: „Erwogen wurde: Der Begriff einer öffentlichen Sparkasse sei einer mehrfachen Deutung fähig. Man könne ihn unter Umständen auch in dem Sinne verstehen, daß eine öffentliche Sparkasse den Gegensatz bilden solle zu einer Sparkasse mit einem beschränkten Mitgliederkreise. Fasse man den Begriff einer öffentlichen Sparkasse so weit, dann erscheine es bedenklich, die Anlegung von Mündelgeldern bei öffentlichen Sparkassen für zulässig zu erklären. Es sei deshalb erforderlich, durch einen entsprechenden Zusatz dafür zu sorgen, daß die Anlegung nur bei wirklich geeigneten öffentlichen Sparkassen stattfinde. Ob und inwieweit eine Sparkasse sich zur Anlegung von Mündelgeldern eigne, lasse sich nicht durch eine allgemeine, für das ganze Reichsgebiet zu erlassende Bestimmung entscheiden. Es sei deswegen richtiger, die Entscheidung hierüber der Regierung des Bundesstaats zu überweisen, in welchem die betr. Sparkasse ihren Sitz habe". Die Kommission hat somit bewußt darauf verzichtet, die erörterten Zweifel über das, was unter einer öffentlichen Sparkasse zu verstehen sei, reichsgesetzlich zu lösen. Man hat dann später den schon besprochenen weitgehenden Vorbehalt zugunsten der Landesgesetze in Art. 99 EG. BGB. beschlossen. In den weiteren Verhandlungen im Bundesrat und Reichstag ist man auf die hier berührte Frage nicht mehr eingegangen. Nach alledem muß mit dem Oberlandesgericht angenommen werden, daß nach Landesrecht zu entscheiden ist, nicht nur, welche Behörden zur Abgabe der im § 1807 Nr. 5 BGB. vorgesehenen Erklärung berufen sind, sondern auch, welche Sparkassen als öffentliche zu gelten haben (Staudinger Bem. 1d, Planck Bem. 4d zu § 1807).

Daß das Aufwertungsgesetz, das diesen Rechtszustand vorfand, von sich aus den Begriff der öffentlichen Sparkasse hat festlegen wollen, läßt sich entgegen der Annahme der Revision aus seinen Vorschriften nicht entnehmen. Die Worte im § 55 „Sparguthaben bei öffentlichen oder unter Staatsaufsicht stehenden Sparkassen" sind aus § 1 Abs. 2 Nr. 9 der dritten SteuernotVo. übernommen. Wie die unter Staatsaufsicht stehenden Sparkassen sich von den öffentlichen unterscheiden und ob unter den ersteren solche Privatsparkassen zu verstehen sind, die einer besonders verordneten Aufsicht durch bestimmte Staatsbehörden unterliegen (z. B. die Privatsparkassen in Schleswig-Holstein KGJ. Bd. 30 S. 165, Bd. 33 S. 109; Mügel Bem. 1, Lehmann-Bösebeck Bem. 3, Michaelis Bem. 2 zu § 55 AufwG., Simon in JW. 1926 S. 115), bedarf keiner Erörterung, weil das Oberlandesgericht die Klägerin als öffentliche Sparkasse bezeichnet. Nicht zu den öffentlichen Sparkassen gehören die im § 63 Abs. 2 Nr. 6, § 64 AufwG. aufgeführten Fabrik- und Werksparkassen, die vom Unternehmer eines wirtschaftlichen Betriebs unter eigener Haftung für seine Arbeitnehmer eingerichtet sind (Art. I der DurchfVo. vom 8. Juli 1926, RGBl. S. 403). Anderseits mag aus den Vorschriften in § 58 Nr. 4, 7, 8 AufwG. zu schließen sein, daß neben den von Gemeinden, Kreisen, Provinzen, Ländern oder unter ihrer Garantie betriebenen Sparkassen auch die dort genannten Sparkassen den öffentlichen gleichzustellen sind, an deren Überschüssen eine öffentlichrechtliche Körperschaft rechtlich oder auch nur tatsächlich erheblich beteiligt ist. Hierbei ist jedoch zu beachten, daß durch § 58 die nähere Regelung der Aufwertung und die Bildung einer Teilungsmasse den Landesbehörden überlassen ist. Wenn auch unter den einzelnen Nummern der 12 Vorbehalte für die Landesbehörden gewisse Sparkassen besonders genannt sind, so fehlt doch jeder Anhalt dafür, daß hiermit eine erschöpfende Aufzählung der unter den Begriff der öffentlichen Sparkassen fallenden Arten von Sparkassen vom Gesetzgeber gewollt sei. Deshalb ist die Annahme gerechtfertigt, daß mangels besonderer Festsetzung im Aufwertungsgesetz (vgl. § 64) die Landesgesetze darüber zu entscheiden haben, welche Sparkassen zu den öffentlichen oder unter Staatsaufsicht stehenden zu rechnen sind (Mügel Bem. 1, Neukirch Anm. 2 zu § 55).

Das Oberlandesgericht spricht sich zwar über die Rechtsnatur der Klägerin nicht aus, legt ihr aber stillschweigend selbständige Rechtspersönlichkeit bei. Wie der Vertreter der Klägerin ohne Widerspruch der Gegnerin in diesem Rechtszuge dargelegt hat, stellt sich die Klägerin als eine juristische Person des alten Hamburger Rechts dar, deren Rechtsfähigkeit der Hamburger Senat ausdrücklich anerkannt hat. Gegen die Parteifähigkeit der Klägerin und ihre Vertretung durch die auf Grund der Satzungen berufenen Direktoren bestehen danach keine Bedenken.

Nach den Ausführungen des Oberlandesgerichts ist der staatliche Einfluß auf die Organisation und den Betrieb der seit 100 Jahren bestehenden Klägerin durch das Erfordernis der Genehmigung bei Satzungsänderungen und außergewöhnlichen Kapitalanlagen so erheblich, daß nach Hamburger Gewohnheitsrecht die Klägerin als eine öffentliche Sparkasse anzusehen ist. Diese Ausführungen stützen sich im wesentlichen auf das in Hamburg geltende öffentliche Recht und nicht, wie die Revision meint, auf das auf römischrechtlicher Grundlage beruhende gemeine Privatrecht. Jenes öffentliche Hamburger Recht unterliegt aber nicht der Nachprüfung des Reichsgerichts und es ist auch nicht ersichtlich, daß das Oberlandesgericht die Rechtsnatur des Gewohnheitsrechts verkannt habe. Der Vergleich vom Dezember 1923 steht somit nach § 67 Abs. 2 Schlußsatz AufwG. der mit der Klage geforderten Aufwertung nicht entgegen, wobei unerheblich ist, ob der Klägerin Kaufmannseigenschaft zukommt oder nicht.

2. Die Revision wendet sich ferner gegen die Darlegungen, mit denen das Oberlandesgericht im Anschluß an das Urteil des Land-

gerichts der Beklagten versagt, sich auf ihren guten Glauben bei der Erlangung des Grundstückseigentums zu berufen. Das Oberlandesgericht führt dazu in der Hauptsache folgendes aus: Zwischen der Erbengemeinschaft und der beklagten Kommanditgesellschaft bestehe im wesentlichen Personengleichheit der beiderseitigen Teilhaber, die mit dem gutgläubigen Erwerb des Grundstücks durch die Kommanditgesellschaft nicht vereinbar sei. Daran könne es auch nichts ändern, daß das Grundbuchamt wegen der verschiedenen Rechtsnatur der beiden Gemeinschaften für den Eigentumsübergang Auflassung verlangt und nicht den Weg der Grundbuchberichtigung für gangbar gehalten habe. Das Verfahren des Grundbuchamts sei für die Frage des gutgläubigen Erwerbs durch die Beklagte nicht entscheidend. Das Landgericht hebt noch hervor, auf den etwa anzunehmenden guten Glauben der Witwe R., die zeitweise Mitglied der Kommanditgesellschaft gewesen sei, komme es nicht an. Es läßt aber auch dahingestellt, ob die Beklagte tatsächlich in gutem Glauben über das Recht der Klägerin gewesen sei.

Die Revision hält die Ansicht des Oberlandesgerichts für rechtsirrig, daß in Wahrheit ein Eigentumsübergang von der Erbengemeinschaft auf die Kommanditgesellschaft gar nicht stattgefunden habe. Es sei deshalb zu prüfen, ob die vertretungsberechtigten Vertreter beim Erwerb des Grundstücks an die Richtigkeit des Grundbuchs geglaubt hätten. Das sei aber mit Notwendigkeit anzunehmen, weil zur maßgebenden Zeit im Juni 1925 noch die dritte Steuernotverordnung in Geltung und nach deren § 13 Abs. 1 die Hypothek endgültig erloschen gewesen sei. Soweit § 22 Abs. 1 AufwG. in Frage komme, werde darauf hingewiesen, daß die Beklagte in beiden Instanzen den Entlastungsbeweis über ihre Gutgläubigkeit im Sinne des § 22 Abs. 1 Halbs. 2 angetreten habe.

Der Angriff ist begründet. Zutreffend geht das Oberlandesgericht davon aus, daß bei mehreren Erben der Nachlaß gemeinschaftliches Vermögen aller Erben wird und hierbei eine Gemeinschaft zur gesamten Hand eintritt, wobei das Anteilsrecht jedes Miterben grundsätzlich auf das Ganze gerichtet ist. Die Vorinstanzen nehmen anscheinend an, daß das Grundstück auf den Namen der aus den 6 Geschwistern R. bestehenden Erbengemeinschaft, nicht etwa auf den persönlichen Namen der 6 Erben als Eigentümer im Grundbuch eingetragen war. Das würde auch der materiellen Rechtslage entsprechen, wenn die Miterben, wie die Beklagte behauptet hatte, das Grundstück zur Rettung einer zum Nachlaß gehörigen Hypothek ersteigert haben und es für den Nachlaß erwerben wollten (§§ 2038, 2041 BGB.).

Dagegen hat sich das Oberlandesgericht nicht darüber ausgesprochen, ob und inwieweit die Witwe R. Miterbin am Nachlaß ihres Mannes geworden ist. Zur Miterbengemeinschaft hätte die Witwe R. auch dann gehört, wenn ihr Erbrecht nur einen Teil des vorhandenen Vermögens umfaßte. Sollte also die „Friedrich Karl R. Erbengemeinschaft" als solche das Grundstück erworben und die Hypotheken bestellt haben, so wäre möglicherweise die Witwe R. schon hieran beteiligt und es wäre weiter zu prüfen, ob etwa das Grundbuch insoweit unrichtig war, als es lediglich die 6 R.schen Kinder und nicht auch die Witwe R. als zur Erbengemeinschaft gehörig und am Eigentum mitberechtigt auswies. Nach den bisherigen Feststellungen der Vorinstanzen ist das Grundstück von der aus den 6 Kindern bestehenden „Erbengemeinschaft" am 22. Juni 1925 aufgelassen worden an die beklagte Kommanditgesellschaft, deren Teilhaber damals ebenfalls die 6 Kinder und die Witwe R. waren. Ob diese Annahme rechtlich zutrifft, ist nicht unzweifelhaft, weil in Frage kommt, ob die Witwe R. nach der wirklichen Rechtslage zu den Veräußerern des Grundstücks zu rechnen ist.

Unterstellt man zunächst, daß als Veräußerer und Erwerber des Grundstücks ganz dieselben natürlichen Personen beteiligt waren, so könnte fraglich sein, ob überhaupt eine Auflassung erforderlich war. Wenngleich die Erbengemeinschaft ebenso wie die Kommanditgesellschaft Gemeinschaften zur gesamten Hand sind, so bestehen doch wesentliche rechtliche Unterschiede zwischen beiden. Das zeigt sich namentlich in folgendem. Während zur Verfügung über das Grundstück die Mitwirkung aller Miterben erforderlich ist (§§ 2040, 2033 Abs. 2 BGB.), steht in der Kommanditgesellschaft ebenso wie in der offenen Handelsgesellschaft grundsätzlich einem vertretungsberechtigten Gesellschafter allein die Befugnis zu, mit Wirkung für alle Teilhaber Grundstücke zu veräußern und zu belasten (§§ 125, 126, 161 Abs. 2, 170 HGB.; vgl. § 33 Abs. 2 GBO.). Mittelbar kann ein Miterbe seine Mitberechtigung am Grundstück dadurch übertragen, daß er seinen Erbteil, also seinen Anteil am gesamten Nachlaß, an einen Miterben oder einen Dritten veräußert (§§ 2033

Abs. 1, 2034 BGB.); ein gleichartiges Recht ist dem Teilhaber einer offenen Handelsgesellschaft oder Kommanditgesellschaft nicht eingeräumt (§ 105 Abs. 2, 161 HGB., § 719 Abs. 1 BGB.). Ist eine offene Handelsgesellschaft oder eine Kommanditgesellschaft im Grundbuch als Eigentümerin oder als Berechtigte eines begrenzten Rechts eingetragen (§§ 124, 161 HGB.), so können, solange die Gesellschaft fortbesteht, die Inhaber wechseln, ohne daß dies im Grundbuch zum Ausdruck kommt. Beim Ausscheiden eines Teilhabers und im Sonderfall des § 142 HGB. tritt Anwachsung ein (§ 738 Abs. 1 BGB., §§ 105 Abs. 2, 161 HGB.) und im Falle des Eintritts eines Gesellschafters entsteht eine neue Mitberechtigung (RGZ. Bd. 62 S. 227, Bd. 68 S. 410, Bd. 82 S. 160). Anderseits läßt das Miterbenverhältnis nur einen sehr beschränkten Wechsel im Personenbestand zu. Wegen dieser erheblichen Veränderung in der rechtlichen Gestaltung der Anteilsrechte wird überwiegend angenommen, daß es der Auflassung bedarf zur Übereignung eines den Miterben in ungeteilter Erbengemeinschaft gehörigen Grundstücks an eine von ihnen selbst gebildete offene Handelsgesellschaft oder Kommanditgesellschaft (KGJ. Bd. 51 S. 180 bes. 183flg.; Güthe-Triebel Anm. 19 zu § 20 GBO.; Staudinger Anm. II 2 zu § 925 BGB.; Komm. v. RGR. 5. Aufl. Bem. 2 zu § 925 BGB.). Ob dieser Ansicht beizutreten ist, kann im gegenwärtigen Falle dahingestellt bleiben.

Denn auch wenn man die Notwendigkeit der Auflassung anerkennt, so folgt daraus nicht ohne weiteres, daß ein rechtsgeschäftlicher Erwerb im Sinne des § 892 BGB., § 20 AufwG. vorliegt. Die Vorschriften über den öffentlichen Glauben des Grundbuchs dienen der Sicherung des redlichen Geschäftsverkehrs im Liegenschaftswesen. § 892 BGB. verfolgt den Zweck, den gutgläubigen Erwerber eines Rechts am Grundstück oder eines Rechts an einem solchen Recht gegen die Nachteile zu schützen, die ihm daraus erwachsen können, daß der Inhalt des Grundbuchs mit der wirklichen Rechtslage nicht übereinstimmt (vgl. Motive zum BGB. Bd. 3 S. 208flg.). Voraussetzung für einen solchen Schutz ist die Übertragung oder Neubegründung eines Rechts zugunsten eines anderen, vom bisherigen Rechtsinhaber verschiedenen Berechtigten, dessen Kenntnis von den an das Grundstück geknüpften Rechten und Verbindlichkeiten nicht erwartet werden kann und der deshalb auf den Inhalt des

Grundbuchs angewiesen ist. Findet aber lediglich eine Verschiebung der Anteilsrechte an einem dinglichen Rechte innerhalb desselben Personenkreises statt, so wird durch diesen Rechtsvorgang die Möglichkeit einer Täuschung über eine etwa bestehende Unrichtigkeit des Grundbuchs nicht herbeigeführt. Besteht vollkommene Personengleichheit bei den Veräußerern und Erwerbern, so kann die Veränderung ihrer gegenseitigen rechtlichen Gebundenheit ihre Besserstellung wegen der etwa außerhalb des Grundbuchs bestehenden Rechte an dem Grundstück nicht rechtfertigen. Im vorliegenden Falle waren — wie unterstellt wird — die Witwe R. und ihre 6 Kinder als Miterben Eigentümer des Grundstücks, und nach der Umschreibung auf den Namen der beklagten Kommanditgesellschaft sind dieselben Personen als die damaligen alleinigen Teilhaber der Kommanditgesellschaft Vermögensträger des Gesamthandseigentums geblieben. Ein Wechsel in den Personen der Eigentümer ist nicht eingetreten. Bei solcher Sachlage liegt ein wirkliches Verkehrsgeschäft, das nach dem Zwecke des § 892 BGB. auf dessen Schutz Anspruch hat, nicht vor. Danach finden im gegebenen Falle die Vorschriften über den öffentlichen Glauben des Grundbuchs, welche auch nach § 20 AufwG. gelten (RGZ. Bd. 116 S. 102), keine Anwendung (vgl. KG. in JRsch. 1917 Nr. 624 und 1141). Hieran würde es nichts ändern, wenn nach der Eintragung der Kommanditgesellschaft als Eigentümerin einzelne Personen aus der Gesellschaft ausgeschieden oder in sie eingetreten sein sollten. Denn die dadurch hervorgerufenen Änderungen der Anteile am Gesellschaftsvermögen und an den dazu gehörigen Grundstücken treten kraft Gesetzes ein, sodaß ein rechtsgeschäftlicher Erwerb des Eigentums am Grundstück im Sinne des § 892 BGB. nicht vorliegt (RGZ. Bd. 82 S. 161), wie denn auch neu eintretende Gesellschafter für die vor ihrem Eintritt begründeten Verbindlichkeiten der Gesellschaft haften (§ 130 HGB.); die Beschränkung der Haftung der Kommanditisten (§ 176 HGB.) kommt für die dingliche Haftung mit dem Grundstück nicht in Frage. Nicht zur Entscheidung steht hier die Frage, ob der Ausschluß der Vorschriften über den öffentlichen Glauben des Grundbuchs auch dann gerechtfertigt ist, wenn nach Auflösung einer Erbengemeinschaft oder einer offenen Handels- oder Kommanditgesellschaft das Eigentum an Grundstücken an einen oder mehrere der bisherigen Berechtigten übertragen wird und wenn der Erwerber eine juristische Person, z. B. eine Gesellschaft mit beschränkter Haftung ist (RG. JRsch. 1927 Nr. 625).

Ist dagegen, wie die Vorinstanzen annehmen, die Witwe R. als mitberechtigte Grundstückserwerberin neu hinzugetreten, so sind die Vorschriften über den öffentlichen Glauben des Grundbuchs anzuwenden. Der Meinung des Oberlandesgerichts, daß die Beteiligung der Witwe R. an der Kommanditgesellschaft zur Zeit der Auflassung unwesentlich sei, ist nicht beizutreten. Wenngleich die Kommanditgesellschaft keine juristische Person ist, so bildet sie doch eine Gemeinschaft zur gesamten Hand, welche eine Zerreißung in selbständige Berechtigungen nicht gestattet. Die Belastung lediglich der Anteile der 6 R.schen Kinder mit den streitigen Hypotheken wäre unzulässig (§ 1114 BGB.). Deshalb ist es rechtlich nicht möglich, den rechtsgeschäftlichen Erwerb im Sinne des § 892 BGB. zu verneinen, wenn als Erwerber des Grundstücks eine Gemeinschaft zur gesamten Hand auftritt und ihr einer oder mehrere Gesamthänder angehören, die bisher am Eigentum des Grundstücks unbeteiligt waren und den Grundstücksverhältnissen fremd gegenüber standen. Es wird daher in diesem Falle zu prüfen sein, ob die Beklagte beim Erwerb des Grundstücks in gutem Glauben war. Dabei würde die Kenntnis des persönlich haftenden Gesellschafters von der Unrichtigkeit des Grundbuchs in Ansehung des Fortbestands der Hypotheken (§ 892 BGB.), wenn jener die Auflassung im Namen der Beklagten entgegengenommen hat, gegen die Kommanditisten wirken. Im übrigen hat die Klägerin die Anfechtung des Eigentumsüberganges nach den Absätzen 1 und 3 des § 22 AnfG. geltend gemacht.

Das Urteil kann daher mit der bisherigen Begründung nicht aufrecht erhalten werden.

---

52. Zur Anwendung des § 764 BGB. auf Börsentermingeschäfte. Aus welchen Umständen kann auf die Spielabsicht geschlossen werden?

I. Zivilsenat. Urt. v. 15. Juni 1927 i. S. B. (Bekl.) w. H. als Verwalter im Konkurs über das Vermögen d. H.-Bank (Kl.). I 336/26.

I. Landgericht Hamburg, Kammer für Handelssachen.
II. Oberlandesgericht daselbst.

Am 11. März 1924 verkaufte die H.-Bank dem ins Handelsregister eingetragenen Beklagten 1000 £, Auszahlung London, gegen Franken zum Kurse von 143½ Pariser Usancen, per ultimo Mai. Am 23. April 1924 kaufte der Beklagte von der Bank 143000 Franken, Auszahlung Paris, zum Kurse von 64½ Londoner Usancen, per ultimo Mai. Der Kläger als Verwalter in dem später über das Vermögen der Bank eröffneten Konkurs hat einen Teil der sich nach der Abrechnung ergebenden Forderung eingeklagt. Der Beklagte hat geltend gemacht, es habe sich um ein Differenzgeschäft im Sinne von § 764 BGB. gehandelt.

Das Landgericht wies die Klage ab, das Oberlandesgericht gab ihr statt. Die Revision des Beklagten führte zur Aufhebung und Zurückverweisung. Aus den

Gründen:

... Es handelt sich, wie das Berufungsgericht mit Recht angenommen hat, allein darum, ob das vorliegende, zwischen börsengeschäftsfähigen Personen abgeschlossene Börsentermingeschäft in Werten, die zum Börsenterminhandel nicht zugelassen waren, nach § 764 BGB. nichtig ist. Der Berufungsrichter hat dies verneint. In seinen Darlegungen hat er indes für die rechtliche Beurteilung des Geschäfts maßgebende Umstände nicht beachtet. Das von ihm gefundene Ergebnis ist daher von Rechtsirrtum beeinflußt.

Der Vorderrichter geht davon aus, daß ein Termingeschäft, das in ausdrücklicher Abrede die in § 764 BGB. aufgestellten Merkmale des Differenzgeschäfts enthielte, in der Börsenübung kaum jemals vorkomme, daß diese vielmehr dem Verkaufsgeschäft ein entsprechendes Kaufgeschäft auf denselben Termin zu einem geeignet erscheinenden Zeitpunkt entgegenzustellen und aus dem Vergleich beider Geschäfte Gewinn und Verlust zu entnehmen pflege. Er wiederholt die im Schrifttum häufig geäußerten Zweifel, ob ein derartiges Gebaren den Merkmalen des § 764 BGB. entspreche, ohne indes neue Gesichtspunkte hinzuzufügen. Es besteht jedoch kein Anlaß, von der in ständiger Rechtsprechung (RGZ. Bd. 34 S. 82, Bd. 79 S. 234; JW. 1899 S. 373 Nr. 29) vertretenen Ansicht abzugehen, daß auch bei einem entsprechend jener Börsenübung abgewickelten Geschäft ein nicht auf

Lieferung, sondern nur auf Zahlung des Unterschieds im Sinne von § 764 BGB. gerichteter Abschluß vorliegen kann.

Der Berufungsrichter hat weiter den Standpunkt vertreten, auch wenn man sich auf den Boden der angeführten Rechtsprechung stelle, ergäben sich aus dem Vorbringen des Beklagten keine genügenden Anhaltspunkte für den Charakter des in Rede stehenden Geschäfts als eines Differenzgeschäfts. Er legt dabei seinen Darlegungen die Annahme zugrunde, dem Beklagten sei die Börsenübung eines Gegengeschäfts bereits bei Abschluß des ersten Geschäfts bekannt gewesen. Hierauf fußend nimmt er an, die nach Behauptung des Beklagten beim Geschäftsabschluß gefallenen Äußerungen der Gegenseite, der Beklagte bekomme am 31. Mai den Gewinn heraus, es komme lediglich auf die Differenz an, hätten sich nur auf die in solchen Fällen geübte Abwicklung des Geschäfts durch ein Gegengeschäft bezogen, aus ihnen könne aber nicht auf eine Absicht auch nur eines Teiles geschlossen werden, daß eine Lieferung nicht solle verlangt werden können. Zur Unterstützung seiner Auffassung zieht er heran, daß es sich nur um ein einziges, zu jener Zeit in seiner Art nicht ungewöhnliches Termingeschäft gehandelt habe, dessen Risiko zum Vermögen des in Börsengeschäften nicht unbewanderten Beklagten auch nicht außer Verhältnis gestanden habe.

In der Beurteilung der vom Beklagten beim Abschluß des ersten Geschäfts verfolgten Absichten hat aber der Vorderrichter einen maßgeblichen Umstand gänzlich unberücksichtigt gelassen. Die Vorschrift in § 764 BGB. will wirtschaftlich berechtigte Geschäfte nicht treffen, bei denen die Gegendeckung nur zum Zweck einer Sicherung gegen Verluste aus nicht voraussehbaren Schwankungen der Marktlage erfolgt. Sie ist nur gegen solche Geschäfte gerichtet, die ohne Beziehung zum Güterumsatz des Wirtschaftslebens und der mit ihm verbundenen wirtschaftlichen Tätigkeit aus den Schwankungen des Marktes Gewinn zu erzielen suchen. Für die Frage, ob es sich um ein ernstlich gemeintes Lieferungsgeschäft handelt, das aus irgendwelchen wirtschaftlichen Gründen mit einem Gegengeschäft verbunden ist, oder bloß um ein Differenzgeschäft, ist daher der Umstand von wesentlicher Bedeutung, ob das Geschäft zum Berufskreis des Käufers in Beziehung steht. Ergibt sich aus der Sachlage, daß das Geschäft diesem Kreise fernlag, so wird darin ein erhebliches Anzeichen für die Annahme der auf ein Spiel um die Differenz gerichteten Absicht erblickt werden können.

In dieser Hinsicht fehlt es im angefochtenen Urteil an einer ausreichenden Würdigung des Sachverhalts. Der Beklagte ist Hypotheken- und Assekuranzmakler. Es ist nicht ersichtlich, welches Interesse er als solcher an der Lieferung der gekauften Devisen oder an der Verfügung über sie gehabt haben sollte. Der Kläger hat auch keine Behauptungen aufgestellt, die das Gegenteil darzutun geeignet wären. Die Sachlage spricht unter diesen Umständen dafür, daß der Beklagte lediglich die Form des Börsengeschäfts benutzt hat, um in Ausnutzung des von ihm erhofften weiteren Fallens des Franken den Kursunterschied in dem der äußeren Form nach als Lieferungstag bezeichneten Zeitpunkt zu gewinnen. Im völligen Einklang damit steht die Absicht des Beklagten, die Pfund-Franken-Geschäfte „auch einmal mitzumachen", von der das Berufungsurteil auf Grund einer persönlichen Äußerung des Beklagten spricht. Der Bank, der die geschäftliche Tätigkeit des Beklagten bekannt war, konnten solche Schlüsse ebenfalls nicht fernliegen.

Die vom Berufungsgericht für seine Auffassung unterstützend herangezogenen Gesichtspunkte sind als solche nicht von ausschlaggebender Bedeutung. Daß der Beklagte mit der Bank bereits Effekten- und — für Kunden — auch Termingeschäfte gemacht hatte, spricht nicht entscheidend gegen seine Spielabsicht im vorliegenden Falle. Das gleiche gilt von den Darlegungen des angefochtenen Urteils, daß der Beklagte bei dem Geschäft kein übermäßiges Risiko eingegangen sei. Die vom Beklagten behaupteten Äußerungen der Beteiligten beim Abschluß sind mit der Absicht eines Spieles um die Differenz viel zwangloser zu vereinigen als mit der Auslegung, die sie im Berufungsurteil gefunden haben. . . .

53. 1. Ist eine Sicherungsübereignung der gegen Schaden versicherten Sachen durch den Versicherungsnehmer als Veräußerung im Sinne der §§ 69 bis 73 des Gesetzes über den Versicherungsvertrag anzusehen?

2. Unter welchen Voraussetzungen kann eine rechtsirrige Auskunft eines Rechtskundigen den Versicherungsnehmer von den Folgen der Nichterfüllung einer ihm nach dem Vertrag obliegenden Pflicht entlasten?

VVG. §§ 6, 69, 71.

VII. Zivilsenat. Urt. v. 17. Juni 1927 i. S. B. (Kl.) w. D. A. Versicherungsbank A.-G. (Bekl.). (VII) VI 100/27.

I. Landgericht I Berlin, Kammer für Handelssachen.
II. Kammergericht daselbst.

Der Kläger hatte bei der Beklagten sein Lager an „halb- und reinseidenen Waren" zum Werte von 67000 RM für die Zeit vom 7. November 1925 bis 7. November 1926 gegen Einbruchsdiebstahl versichert und danach am 14. Dezember 1925 mit dem Rechtsanwalt Dr. C. in Berlin einen Vertrag geschlossen, laut dem er ihm „als dem Treuhänder seiner Warengläubiger" das Warenlager übereignete. Ferner hatte sich Dr. C. damit einverstanden erklärt, „daß die ihm übergebene Ware zur Verwahrung" beim Kläger „liegenbleibt", und der Kläger sich verpflichtet, „die Ware zu marktgängigen Preisen zu verkaufen und bei außergewöhnlichen Preisen die Genehmigung des Treuhänders einzuholen". In der Nacht vom 16. zum 17. März 1926 wurden aus den Geschäftsräumen des Klägers versicherte Waren im Werte von 16500 RM durch Einbruch gestohlen. Er beanspruchte Zahlung dieses Betrags nebst Zinsen und legte ein nach der Klagerhebung an ihn gerichtetes Schreiben des Dr. C. vom 25. Juni 1926 vor, laut dem dieser mit Rücksicht auf die vom Kläger geleisteten Zahlungen seine Treuhänderschaft als beendet ansah und ihm die Waren zurückübereignete. Die Beklagte lehnte die Zahlung der Entschädigungssumme ab, weil der Kläger infolge der Übereignung nicht zum Anspruch auf Entschädigung legitimiert, weil auch die Übereignung der Beklagten nicht angezeigt worden und sie deshalb von der Entschädigungspflicht befreit sei.

Das Landgericht sprach die Klage zu, das Berufungsgericht wies sie ab. Die Revision des Klägers führte zur Aufhebung und zur Zurückverweisung der Sache an das Berufungsgericht.

Aus den Gründen:

Das Berufungsgericht ist der Meinung, daß sich der Vertrag vom 14. Dezember 1925, gleichviel ob es sich um eine Sicherungsübereignung oder eine anderweitige Übereignung handle, als eine Veräußerung der versicherten Sachen im Sinne der §§ 69, 71 VVG. und des § 11 der Allg. Versicherungsbedingungen der Beklagten darstelle, wonach „die Veräußerung dem Versicherer unverzüglich schriftlich anzuzeigen ist, andernfalls nach Maßgabe der gesetzlichen Vorschriften die Befreiung des Versicherers von der Verpflichtung zur Leistung eintreten kann". Da nun die Anzeige nicht erstattet und diese Unterlassung nicht im Sinne des § 6 Abs. 1 VVG. als unverschuldet anzusehen sei, so sei die Beklagte von der Entschädigungspflicht befreit.

... Gegenüber der Ausführung des Berufungsgerichts, eine Sicherungsübereignung sei Veräußerung im Sinne der §§ 69flg. VVG. und des § 11 Allg. Vers. Bed., macht die Revision geltend, daß bei der Sicherungsübereignung das materielle Eigentum dem Veräußerer bleiben solle. Indessen entspricht die Entscheidung des Berufungsgerichts insoweit lediglich der Auffassung, die das Reichsgericht, wie schon das Reichsoberhandelsgericht, über die Bedeutung der Sicherungsübereignung für die vor Erlaß des Versicherungsvertragsgesetzes geschlossenen Versicherungsverträge aufgestellt hat und von der es seit dessen Erlaß nicht abgegangen ist (ROHG. Bd. 25 S. 40, RGZ. Bd. 73 S. 141). Der dieser Auffassung zugrunde liegende Satz, daß für den Übergang der Versicherung der den Eigentumswechsel bewirkende Rechtsvorgang maßgebend ist, wurde auch neuerdings wiederholt festgehalten gegenüber Versuchen, das dem Eigentumswechsel zugrunde liegende schuldrechtliche Geschäft als „Veräußerung" gelten zu lassen (RGZ. Bd. 84 S. 409, Bd. 114 S. 316). Die dortige Erwägung, daß der Gesetzgeber offenbar absichtlich den Übergang der Versicherung von dem leicht zu ermittelnden Rechtsvorgang des Eigentumswechsels, nicht vom Gefahrübergang und von den mit ihm zusammenhängenden wirtschaftlichen Interessen abhängig gemacht habe, muß auch für die hier vorliegende Frage durchgreifen. Im übrigen kann es keinem Zweifel unterliegen, daß bei der Sicherungsübereignung in der Regel ebenso wie bei anderen Veräußerungen das versicherte Interesse auf den Erwerber übergeht (in diesem Sinne die von Mühsam-Werther in JW. 1927 S. 160, 161 veröffentlichte Äußerung der Industrie- und Handelskammer Berlin vom 26. November 1926). Im vorliegenden Falle hat der erwerbende Treuhänder zudem das Interesse der von ihm vertretenen Gläubiger des Klägers an der Versicherung im Übereignungsvertrag deutlich zum Ausdruck gebracht mit der Bestimmung, daß die Ware beim Kläger zur Verwahrung „versichert liegen bleibt".

Obwohl der Kläger hiernach verpflichtet war, die Übereignung vom 14. Dezember 1925 der Beklagten unverzüglich anzuzeigen, wurde diese nach § 6 VVG. wegen der Verletzung dieser Obliegenheit dann nicht gemäß § 71 VVG. von der Entschädigungspflicht frei, wenn die Nichterstattung der Anzeige durch den Kläger als unverschuldet anzusehen war. Das Berufungsgericht unterstellt nun zwar, daß das Versicherungsverhältnis bei der Veräußerung Gegenstand von Besprechungen gewesen sei und daß Rechtsanwalt Dr. C., der auf dem Gebiete der Sanierung von kaufmännischen Unternehmungen besondere Erfahrung besitze, eine Anzeige für nicht erforderlich gehalten habe. Es will aber trotzdem die Unterlassung der Anzeige nicht als unverschuldet anerkennen, weil Dr. C. dem Kläger nicht als sein Rechtsberater gegenübergestanden habe, sondern als Treuhänder seiner Gläubiger, die allerdings das gleiche Interesse wie der Kläger an der Erhaltung der Ansprüche aus der Versicherung gehabt hätten, und weil vom Kläger die Erstattung der nach § 11 der Allg. Vers.-Bed. für den Fall der Veräußerung vorgeschriebenen Anzeige auch dann zu verlangen gewesen sei, wenn er und Dr. C. die Übereignung nicht für eine Veräußerung im Sinne dieser Bestimmung gehalten hätten. Es muß der Revision zugegeben werden, daß anscheinend mit diesen Ausführungen die Anforderungen an den Begriff der unverschuldeten Unterlassung überspannt werden. Wenn der rechtsunkundige Kläger die Anzeige deshalb unterließ, weil ihm die nicht ohne weiteres unzweifelhafte und im Schrifttum mehrfach bestrittene Tragweite des § 11 der Allg. Vers. Bed. und des § 71 VVG. von einem mit der Übereignung von Warenlagern häufig befaßten Rechtsanwalt dahin erläutert wurde, daß sie sich auf Sicherungsübereignungen nicht beziehe, eine solche daher keinen Anlaß zu einer Anzeige biete, so kann ihm sein Rechtsirrtum nicht als Verschulden angerechnet werden. Solches läßt sich auch nicht daraus entnehmen, daß der Rechtsanwalt im vorliegenden Falle nicht vom Kläger mit der Angelegenheit befaßt worden war, sondern als Treuhänder seiner Gläubiger, also als Vertragsgegner des Klägers wirkte; denn da er als solcher das gleiche Interesse an der Wahrung der Rechte gegen die Beklagte aus dem Versicherungsvertrag hatte wie der Kläger, konnte dieser seine Rechtsauskunft unbedenklich auch als für sich maßgebend betrachten. Zweifelhaft kann nur sein, ob das Berufungsgericht mit den erwähnten Sätzen hat unterstellen wollen, daß Rechtsanwalt Dr. C. seine Auffassung über die Tragweite des § 11 Allg. Vers. Bed. und des § 71 VVG. dem Kläger bei oder alsbald nach dem Abschluß des Übereignungsvertrags kundgegeben hat und daß dieser ihn wegen seiner Verpflichtung zur Anzeige befragt hatte, oder daß andere Umstände die Annahme rechtfertigen, Dr. C.s Auskunft sei für ihn bei der Unterlassung der Anzeige bestimmend gewesen. Da es immerhin möglich ist, daß die Ausführungen des Berufungsgerichts in diesem Sinne zu verstehen sind und seine Entscheidung demgemäß lediglich auf der erwähnten unrichtigen Auffassung über den Begriff der unverschuldeten Unterlassung beruht, ist des Berufungsurteil aufzuheben und die Sache wegen der weiter erforderlichen Erörterungen an das Berufungsgericht zurückzuverweisen.

---

54. 1. Ist das Thüringische Enteignungsgesetz vom 18. April 1921/8. März 1923 revisibel?

2. Hat die Revisionsfähigkeit früherer Landesgesetze infolge der Zusammenlegung von Bundesstaaten zum Teil aufgehört?

ZPO. § 549. Verordnung vom 28. September 1879 § 1.

VII. Zivilsenat. Urt. v. 17. Juni 1922 i. S. Turnverein Z. M. (Kl.) w. F. (Bekl.). (VII) VI 20/27.

I. Landgericht Meiningen.
II. Oberlandesgericht Jena.

Durch Beschluß vom 8. Mai 1925 wurde zugunsten des Klägers Teile eines dem Beklagten gehörigen Grundstücks auf Grund des Thüringischen Enteignungsgesetzes vom 18. April 1921/8. März 1923 enteignet. Die Festsetzung der Entschädigung wurde vom Kläger im Rechtswege beanstandet, weil der Wert der enteigneten Grundflächen zu hoch angenommen worden sei. Das Landgericht gab der Klage statt, das Berufungsgericht wies sie ab. Die Revision des Klägers blieb erfolglos.

Gründe:

Die Entscheidung des Berufungsgerichts ist auf Grund des thüringischen Enteignungsgesetzes vom 18. April 1921 / 8. März 1923 (Thür. GS. 1921 S. 149, 1923 S. 125) ergangen, das nicht revisibel ist. Denn mag auch dieses Gesetz nicht bloß im Oberlandesgerichtsbezirk Jena, sondern auch im Bezirk des Oberlandesgerichts Naumburg Geltung haben, so ist doch die weitere Voraussetzung des § 1 der Verordnung vom 28. September 1879 nicht erfüllt, wonach auf Verletzung eines Landesgesetzes, sofern nicht besondere Ausnahmen zugelassen sind, die Revision nur dann gestützt werden kann, wenn der Geltungsbereich den vollen Umfang zweier deutscher Länder oder zweier preußischer Provinzen oder eines deutschen Landes und einer preußischen Provinz umfaßt.

Der Ansicht der Revision, der Gedanke des § 549 ZPO. werde nur gewahrt, wenn man für den gegenwärtigen Zeitpunkt die Revisionsfähigkeit des in mehreren früheren Bundesstaaten geltenden thüringischen Enteignungsgesetzes bejahe, kann nicht beigetreten werden. Bereits in der Entscheidung vom 8. Januar 1926 VI 67/25 hat der erkennende Senat die Auffassung abgelehnt, daß für die Auslegung des § 1 der auch jetzt noch geltenden Verordnung vom 28. September 1879 dauernd an dem geographischen Umfange festzuhalten wäre, den die deutschen Bundesstaaten (jetzt Länder) im Jahre 1879 gehabt haben. Dadurch mag die Revisionsfähigkeit von Gesetzen früherer deutscher Bundesstaaten, besonders thüringischer, verloren gegangen sein. Aber im gegebenen Falle trifft dies nicht einmal zu. Denn das hier angewandte thüringische Enteignungsgesetz ist als Gesetz früherer Bundesstaaten überhaupt nicht in Geltung gewesen, sondern erst in den Jahren 1921/23 von dem jetzigen Lande Thüringen erlassen worden. Es kommt deshalb ausschließlich ein Gesetz dieses neuen Landes in Frage, so daß auch nur dieses im Sinne der Verordnung vom 28. September 1879 berücksichtigt werden kann.

Die Revision versucht vergeblich, die Revisionsfähigkeit des angewendeten Rechts damit zu begründen, daß sie sich auf eine Verletzung der §§ 249, 251, 252 BGB. beruft. Es handelt sich lediglich darum, ob das Berufungsgericht bei der Bemessung der Enteignungsentschädigung dem § 12 des thüringischen Enteignungsgesetzes gerecht geworden ist. Denn aus ihm war zu beurteilen und ist auch beurteilt worden, was als Wert des enteigneten Grundstücks dem Enteigneten zu ersetzen ist. Wenn dabei auch allgemeine Grundsätze des bürgerlichen Rechts berücksichtigt sind, so sind sie nur zur Ergänzung des irrevisiblen Landesrechts herangezogen und können deshalb nach der ständigen Rechtsprechung des Reichsgerichts die Zulassung der Revision nicht begründen (vgl. RGZ. Bd. 109 S. 10, Bd. 111 S. 182; WarnRspr. Bd. 17 S. 160; LZ. 1926 Sp. 1012).

Hiernach ist das Berufungsurteil der Nachprüfung des Revisionsgerichts entzogen.

---

55. Zum Begriff der Üblichkeit von Saison- und Inventurausverkäufen im ordentlichen Geschäftsverkehr im Sinne von § 9 Abs. 2 UnlWG.

UnlWG. §§ 7, 9.

II. Zivilsenat. Urt. v. 17. Juni 1927 i. S. Firma L. T., A.-G. (Bekl.) w. Verein gegen Unwesen im Handel usw. (Kl.). II 509/26.

I. Landgericht Köln.
II. Oberlandesgericht daselbst.

Die Beklagte kündigte, ohne dem zuständigen Polizeipräsidenten vorher Anzeige erstattet zu haben, im Stadtanzeiger von Köln vom 13. Januar 1925 einen Inventurausverkauf in Porzellan, Steingut, Glas- und Stahlwaren und Haushaltungsartikeln an. Der Kläger erhob daraufhin Klage mit dem Antrag, die Beklagte zur Unterlassung der Anzeige über den Inventurausverkauf und dieses Ausverkaufs selbst zu verurteilen. Die Klage wird auf § 7 UnlWG. gestützt, wonach die Ankündigung des von der Beklagten beabsichtigten Inventurausverkaufs hätte angezeigt werden müssen; da ein solcher Verkauf im ordentlichen Geschäftsverkehr nicht üblich sei, falle er nicht unter die Befreiungsvorschrift des § 9 Abs. 2 a. a. O. Die Beklagte vertritt den gegenteiligen Standpunkt und hält den § 7 UnlWG. hier nicht für anwendbar.

Das Landgericht gab dem Klagantrag statt. Berufung und Revision der Beklagten blieben ohne Erfolg.

Gründe:

Zutreffend geht der Berufungsrichter davon aus, daß durch § 9 Abs. 2 UnlWG. nur der unlautere Wettbewerb unterbunden und daß der Entwicklung von Handel und Verkehr durch das Gesetz keine Schranke gezogen werden soll. Deshalb komme es nicht darauf an, ob der in Rede stehende Inventurausverkauf schon zur Zeit des Erlasses des Gesetzes (1909) üblich gewesen sei; vielmehr genüge es, wenn sich die Üblichkeit in der Zwischenzeit herausgebildet haben sollte.

Das Berufungsgericht lehnt die Auffassung der Beklagten ab, daß es genüge, wenn in irgendeinem andern Teil Deutschlands derartige Inventurausverkäufe üblich seien; denn Deutschland sei ein einheitliches Wirtschaftsgebiet und das Wettbewerbsgesetz gelte in allen Teilen Deutschlands gleichmäßig. Es stützt seine Ansicht darauf, daß das Gesetz Auswüchse im Wettbewerb unterbinden, d. h. den an sich zulässigen Wettbewerb in lauteren Bahnen halten wolle, weshalb das Vorhandensein von Mitbewerbern, die mit ihrer Gewerbetätigkeit untereinander wirklich im Wettbewerb ständen, Voraussetzung für die Anwendbarkeit des Gesetzes sei. Deswegen müsse die Üblichkeit von Inventurausverkäufen an solchen Orten außer Betracht bleiben, bei denen wegen ihrer weiten Entfernung von Köln eine Konkurrenz überhaupt nicht in Frage komme, zumal wenn es sich wie hier um Waren handle, bei denen auch im Einzelverkauf ein Wettbewerb in ganz Deutschland nicht stattfinde und deshalb eine einheitliche Regelung der Absatzgebräuche nicht nötig sei. Dabei geht das Berufungsgericht jedoch nicht so weit, daß es als üblich nur das „Ortsübliche" bezeichnen würde; nach seiner Ansicht genügt es vielmehr, wenn derartige Verkäufe in Nachbarstädten üblich sind.

Bei dieser Auslegung berücksichtigt der Berufungsrichter, daß sich bei der Warenanpreisung in den verschiedenen Ländern und Provinzen verschiedene Geschäftsgebräuche und Sitten herausgebildet haben. Wenn dem der Gesetzgeber dadurch Rechnung trage, daß er den örtlichen Behörden die Regelung von Zeit und Zahl der Inventurausverkäufe anheimgebe, so lasse sich hieraus als Wille des Gesetzes erkennen, daß die Üblichkeit nach der Verschiedenheit der Verhältnisse in den einzelnen Gegenden beurteilt werden solle. Aus der Üblichkeit von Inventurausverkäufen in anderen Waren dürfe nicht auf die Üblichkeit solcher Verkäufe in Haushaltsartikeln, Porzellan, Steingut, Glas- und Stahlwaren geschlossen werden, da diese Waren, im Gegensatz zu Saisonartikeln, weder dem schnellen Wechsel des Geschmacks noch dem Wechsel der Jahreszeit unterworfen seien. Die Üblichkeit sei auch nicht verschieden, je nachdem es sich um Warenhäuser oder um Einzelgeschäfte handle; sie richte sich vielmehr bei einem Inventurausverkauf nach dem Brauch aller Geschäfte eines bestimmten Geschäftszweigs, so daß bei Warenhäusern nur die betreffende Sonderabteilung in die Wagschale falle. Auf Grund dieser Erwägungen verneint der Berufungsrichter die Üblichkeit des Inventurausverkaufs für die hier fraglichen Waren in Köln.

Die Ausführungen des angefochtenen Urteils enthalten keinen Rechtsverstoß, soweit sie nicht überhaupt tatsächlicher Art sind und deshalb nicht den Gegenstand von Revisionsangriffen bilden können. Was die Beklagte dagegen geltend macht, ist ohne Belang. Es ist zwar richtig, daß das Gesetz nicht von Ortsüblichkeit spricht, sondern nur Üblichkeit der Saison- und Inventurausverkäufe „im ordentlichen Geschäftsverkehr" verlangt. Gleichwohl ist mit dem Berufungsrichter daran festzuhalten, daß man mit Rücksicht auf die Verschiedenheit der Verkehrssitten in den einzelnen Gegenden Deutschlands von einer Gemeinüblichkeit im ganzen Deutschen Reiche für die hier fraglichen Waren nicht sprechen und daß sich die Üblichkeit im ordentlichen Geschäftsverkehr immer nur auf ein räumlich beschränktes Gebiet beziehen kann. Soweit Rosenthal in der 6. Auflage seines Kommentars in Note 9 und 10 zu § 9 einen abweichenden Standpunkt einnimmt, kann ihm nicht gefolgt werden. Wenn er anführt, daß das Gesetz offenbar für das ganze Reichsgebiet eine einheitliche Regelung schaffen und der freien Entwicklung des Verkehrs nicht im Wege stehen wolle, so ist damit für die Beantwortung der Frage nicht viel gewonnen. Entwickelt sich der Verkehr in einem bestimmten Gebiet so, daß solche Verkäufe als im ordentlichen Geschäftsverkehr üblich anzusehen sind (was natürlich erst dann anzunehmen ist, wenn eine überwiegend große Anzahl von Geschäften solche Verkäufe unbeanstandet vornimmt), so mag sich in diesem einzelnen Gebiet zunächst eine Üblichkeit ausbilden, die allmählich vielleicht auch räumlich weiter um sich greifen wird. Es kann auch vorkommen, daß sich gleichzeitig an verschiedenen Stellen im Deutschen Reich derartige Verkäufe als üblich herausstellen; allein das berührt nicht ohne weiteres diejenigen Gebiete, in denen sich eine Üblichkeit nicht nachweisen läßt und der Verkehr demnach eine derartige Entwicklung nicht verlangt. Es ist nicht einzusehen, wie die Verkehrssitten bestimmter Gebiete imstande sein sollten, gegenteilige Verkehrssitten anderer Gebiete zu beseitigen. Daß das Gesetz für das ganze Reichsgebiet eine einheitliche Regelung habe schaffen wollen, ist nicht ohne weiteres anzunehmen. Viel näher liegt die Annahme, daß die Reichsgesetzgebung sich darauf beschränkt hat, die Entscheidung der Üblichkeit der hier fraglichen Verkäufe den verschieden gestalteten räumlichen Bedürfnissen und Anschauungen zu überlassen. Selbstverständlich darf dies nicht dazu führen, für einen ganz bestimmten, räumlich begrenzten Bezirk die Üblichkeit von Verkäufen zu verneinen, die im ganzen übrigen Deutschland üblich sind. Ein solcher Fall ist aber hier nach dem eigenen Vorbringen der Beklagten nicht gegeben.

Bestimmend für die Frage der Üblichkeit ist die Auffassung der Inhaber von Geschäften eines bestimmten Geschäftszweiges. Es ist allerdings denkbar — und das verkennt der Berufungsrichter auch nicht —, daß es Waren gibt, bei denen ein einheitlicher Wettbewerb in ganz Deutschland stattfindet und deshalb eine einheitliche Regelung der Absatzgebiete nötig ist. Für solche Waren wird sich wohl eine Gemeinüblichkeit herausbilden; diese beruht dann aber im Grunde darauf, daß tatsächlich sämtliche beteiligten Geschäfte in Deutschland in Wettbewerb miteinander treten. Allein der Berufungsrichter stellt ausdrücklich fest, daß für die hier fraglichen Waren ein derartiger allgemeiner Wettbewerb nicht in Betracht kommt, daß vielmehr hier der Wettbewerb an einen mehr oder minder beschränkten Raum gebunden ist. Für solche Fälle verstößt es nicht wider das Gesetz, wenn die örtlichen Grenzen des Wettbewerbs zu den örtlichen Grenzen der Üblichkeit in Beziehung gesetzt werden.

Wenn das Berufungsgericht die Üblichkeit für Köln verneint hat, so beruht dies auf tatsächlichen Feststellungen, die keinen Rechtsirrtum enthalten. Daß die Beklagte eine Großfirma darstellt, ist bedeutungslos; im vorliegenden Falle ist lediglich maßgebend die Größe ihres Geschäftsbetriebs in den hier fraglichen Waren im Vergleich zu anderen Spezialgeschäften. Daß die Beklagte ebenso wie einzelne andere Geschäfte Inventurausverkäufe vorgenommen hat, ist dem Berufungsrichter nicht entgangen. Gleichwohl hat er die Üblichkeit verneint. Das ist rechtlich nicht zu beanstanden....

56. 1. Sind die unter Art. 220 des Deutsch-Polnischen Abkommens über Oberschlesien vom 15. Mai 1922 (RGBl. II S. 237) fallenden Güter bei der Einfuhr „zollfreie" Güter im Sinne von § 18 der Ausführungsbestimmungen zu Art. 435 dieses Abkommens?

2. Können auch Einzelpersonen aus dieser Ausführungsbestimmung Rechte herleiten?

I. Zivilsenat. Urt. v. 18. Juni 1927 i. S. Deutsche Reichsbahn-Gesellschaft (Bekl.) w. Oberschlesische E. B.-A.G. (Kl.). I 13/27.

I. Landgericht Oppeln.

Die vorstehenden Fragen sind in einem Falle, in welchem die Klägerin Erstattung der ihr angerechneten Eisenbahngebühren forderte, auf die gegen das landgerichtliche Urteil unmittelbar eingelegte Revision unter Bestätigung dieses Urteils aus folgenden Gründen bejaht worden:

Gründe:

Nach dem im angefochtenen Urteil zugrunde gelegten Sachverhalt sind die streitigen Gebühren für Güter in Rechnung gestellt worden, die, aus industriellen Betrieben des polnischen Teiles des Abstimmungsgebiets stammend, nach seinem deutschen Teil zur Verarbeitung befördert und in verarbeitetem Zustande nach dem Ursprungsgebiet zurückbefördert worden waren. Für die Frage, ob die Erhebung der bei Einfuhr in das deutsche Abstimmungsgebiet berechneten Zollvorführungs-, Abfertigungs- und Verwägungsgebühren berechtigt ist, kommt danach Satz 2 des § 18 der Ausführungsbestimmungen zu Art. 435 des Deutsch-Polnischen Abkommens über Oberschlesien vom 15. Mai 1922 (Genfer Abkommen, RGBl. 1922 II S. 461) in Betracht. Nach dieser Bestimmung ist der Güterverkehr vom Eisenbahnnetz des einen Teiles nach dem des anderen für Kohlen, Erze und „zollfreie Güter" frei von allen Eisenbahngebühren für Zollabfertigung und von ähnlichen Abgaben mit Ausnahme der von den Eisenbahnen etwa verauslagten Beträge. Streitig zwischen den Parteien ist, ob es sich bei den unter Art. 220 fallenden Gütern, die hier allein in Betracht kommen, um zollfreie Güter im Sinne der Ausführungsbestimmung handelt.

Gegenüber dem bejahenden Standpunkt der Klägerin ist die Beklagte der Auffassung, die Ausführungsbestimmung zu Art. 435 beziehe sich neben Kohle und Erzen nur auf unbedingt zollfreie Güter, d. h. nach dem gemäß Art. 216 in Betracht kommenden Zolltarif (hier also dem deutschen) auf die an sich zollfreien Güter. Durch die Einfuhr der laut Tarif an sich zollpflichtigen Güter des Veredlungsverkehrs gemäß Art. 220 entstehe eine auflösend bedingte Zollschuld, die erst bei Wiederausfuhr der verarbeiteten Güter in das Ursprungsgebiet wieder fortfalle; diese Güter seien daher bei der maßgebenden zollamtlichen Behandlung an der Grenze nicht zollfrei, sondern bedingt zollpflichtig und fielen nicht unter die in der Ausführungsbestimmung erwähnten „zollfreien" Güter.

Das angefochtene Urteil nimmt an, auflösend bedingt sei nach Art. 220 nicht die Zollpflicht, sondern die Zollfreiheit, und gelangt danach zu dem Ergebnis, auch Veredlungsgüter gemäß Art. 220 des Abkommens seien zu den zollfreien Gütern des § 18 zu rechnen. Darin ist ihm beizutreten. Das Genfer Abkommen mit seinen Ausführungsbestimmungen ist in seinen wirtschaftlichen Vorschriften geschaffen worden, um entsprechend den in der Entscheidung der Botschafterkonferenz über Oberschlesien vom 20. Oktober 1921 gegebenen Richtlinien die Aufrechterhaltung des wirtschaftlichen Lebens in dem politisch geteilten Gebiete zu gewährleisten. Diese Vorschriften sind daher als einheitliches Ganzes zu würdigen. Wenn somit in Ausführungsbestimmungen der Begriff der „zollfreien Güter" Verwendung findet, so sind darunter auch solche Güter zu verstehen, die nach den Bestimmungen und dem Sprachgebrauch des Abkommens zollfrei sind. Dies ist um so mehr anzunehmen, als die Vorschriften der Art. 435 flg. über den „Verkehr" und die dazu gehörigen Ausführungsbestimmungen einem Abschnitt des Abkommens über „Wirtschaftliche Bestimmungen" (Teil V) angehören, der auch die in Betracht kommenden Zollbefreiungen in den Art. 217 bis 224 unter der Überschrift „Allgemeine Bestimmungen" als erstes Kapitel des Titels „Zollwesen" enthält. Es ist danach unrichtig, unter den in § 18 der Ausführungsbestimmungen zu Art. 435 genannten zollfreien Gütern nur solche zu verstehen, die schon an sich nach den gemäß Art. 216 in den Abstimmungsgebieten für maßgebend erklärten Zolltarifen der beteiligten Länder zollfrei sind. Auch aus der Eigenart der in Art. 220 vorgesehenen Zollerleichterung läßt sich nichts entnehmen, was entscheidend gegen die Zurechnung der darin genannten Güter zu den „zollfreien Gütern" des § 18 spräche. Nach der Vorschrift des Art. 220 sollen bestimmte Güter des einen Teils des Abstimmungsgebiets, die zur Verarbeitung im anderen Teile dorthin eingeführt werden, „zollfrei über die Grenze gehen, wenn sie wieder in ihr Ursprungsland eingeführt werden müssen".

Allerdings ist die aus der deutschen Wortfassung des Bedingungssatzes entnommene Auffassung der Klägerin abzulehnen, wonach die endgültige Zollfreiheit dieser Güter nicht von der Wiederausfuhr in das Ursprungsgebiet abhängen soll, sondern nur davon, ob bei der Einfuhr eine Verpflichtung zur Wiederausfuhr bestand. Die Bestimmung des Art. 220 dient zur Erleichterung der ausschließlich für Veredlung bestimmten Einfuhr. Bei einer Auslegung, wie sie ihr die Klägerin geben möchte, würde eine derartige Einfuhrerleichterung — zum Schaden des Einfuhrlandes — nicht unbedingt erreicht werden. Eine solche Regelung würde auch den Gepflogenheiten nicht entsprechen, wie sie bei Zollerleichterungen für Güter bestehen, die zur Wiederausfuhr bestimmt sind (vgl. Stenglein, Strafrechtl. Nebengesetze, 4. Aufl., Bd. 2 Vorbem. vor §§ 111 bis 118 VZG. und §§ 111 bis 118 VZG.). Aus der französischen Wortfassung „lorsqu'ils devront être réimportés", die nichts weiter als das künftige „Sollen", die künftige Tatsache der Wiederausfuhr, zu bedeuten braucht, ergibt sich im Zusammenhalt hiermit, daß die Klägerin den im deutschen Text gebrauchten Worten eine zu weitgehende und nicht beabsichtigte Bedeutung im Sinne einer bei der Einfuhr bestehenden Verpflichtung zur Wiederausfuhr als des für die Zollfreiheit entscheidenden Umstandes beigelegt hat.

Es ist vielmehr davon auszugehen, daß entscheidend für die Zollfreiheit der Einfuhr die Tatsache der Wiederausfuhr in das Ursprungsgebiet ist. Damit steht auch im Einklang die zollamtliche Behandlung der Güter, wie sie nach Darstellung der Beklagten stattfindet. Danach werden diese Güter bei der Einfuhr einer zollamtlichen Behandlung unterworfen. Ihre Untersuchung dient nicht nur der Nachprüfung (Art. 223), ob die Voraussetzungen des Art. 220 vorhanden sind, sondern bildet auch die Grundlage für die später stattfindende Zollerhebung, falls eine Wiedereinfuhr der in dieser Richtung überwachten Güter in das Ursprungsgebiet unterbleibt.

Es kann danach nicht verkannt werden, daß eine bedingte Zollpflichtigkeit dieser Güter besteht. Nach der Fassung der Art. 220 und 226, welche die zunächst jedenfalls bestehende Zollfreiheit betonen, erscheint es aber als geboten, so lange, bis festgestellt ist, daß keine Wiederausfuhr stattfindet, eine dadurch aufschiebend bedingte Zollpflichtigkeit anzunehmen, wie dies auch im Schrifttum bereits früher beim aktiven Veredlungsverkehr und in ähnlich gestalteten Fällen geschehen ist (vgl. Stenglein a. a. O., ferner ebendort Anm. 6 zu § 112 Abs. 2, Anm. 3 zu § 115 Abs. 2 VZG.). Die Vorschrift des § 81 Abs. 2 der Reichsabgabenordnung, wonach eine Zollschuld im Zweifel auflösend bedingt ist, steht dieser Auslegung nicht entgegen, da sie nur einen Anhalt gewähren soll, wenn sich aus der Sachlage selbst keine Klärung der Rechtsfrage ergibt (Becker, RAbgO. § 81 Anm. 4a).

Tatsächlich erfolgt somit zunächst eine zollfreie Einfuhr der Güter. Es erwächst mit ihr allerdings eine bedingte Zollpflicht, die erst mit der Feststellung, daß die Güter nicht in das Ursprungsgebiet zurückkehren, zur Wirksamkeit gelangt. Allein nach dem das Gesetz beherrschenden Zweckgedanken fallen auch Güter, die nur in diesem Sinne zollfrei sind, unter die Ausführungsbestimmung des § 18 zu Art. 435. Diese Vorschrift dient ebenfalls der Aufrechterhaltung der wirtschaftlichen Verbindung zwischen den durch die Grenzführung getrennten Teilen Oberschlesiens. Die Befreiung von Zollabfertigungsgebühren ist ein der damals staatlichen Eisenbahn für diesen Zweck auferlegtes Opfer. Danach kann auch nicht von Bedeutung sein, ob bei der Zollbeschau, die bei der Einfuhr dieser Güter notwendig ist, die Eisenbahn erheblichere Unkosten hat als bei der Einfuhr von Gütern, die nach dem Zolltarif an sich zollfrei sind. Gegen eine unredliche Ausnutzung der Gebührenbefreiung wird die Bahn außerdem durch das der Zollverwaltung nach Art. 223 zustehende Prüfungsrecht geschützt.

In § 2 des Art. 226 ist bestimmt, daß die in den vorhergehenden Artikeln, darunter auch Art. 220, vorgesehene Zollfreiheit sich nicht auf Zollmanipulations-Gebühren beziehe. Die Gebühren, um die es sich handelt, sind aber nicht von der Zollbehörde zu erhebende Zollmanipulations-Gebühren, sondern von der Eisenbahn berechnete Eisenbahnabfertigungs-Gebühren. Die angeführte Bestimmung tut daher der Tragweite der zur Erörterung stehenden Ausführungsbestimmung keinen Abbruch.

Auch die Befugnis der Klägerin, aus der Bestimmung des § 18 Rechte herzuleiten, ist zu Unrecht von der Beklagten in Zweifel gezogen worden. Das Genfer Abkommen ist allerdings ein zwischen den beteiligten Regierungen geschlossener Staatsvertrag. Er ist aber in Gesetzesform veröffentlicht (RGBl. 1922 II S. 237). Damit hat auch die streitige Vorschrift die Eigenschaft einer Gesetzesnorm erhalten. Da es sich bei ihr, wie ihr Inhalt ergibt, nicht um eine allgemeine völkerrechtliche Bestimmung, sondern um eine die Rechtsbeziehungen der Betroffenen regelnde Gesetzesmaßnahme handelt, kann auch der einzelne aus ihr Rechte herleiten. . . .

---

57. 1. Inwieweit ist der Versailler Vertrag als innerdeutsches Recht zu behandeln?
2. Was ist im Sinne von Art. 365 Abs. 1 VV. unter Gütern zu verstehen, die durch Deutschland von oder nach den Gebieten der alliierten und assoziierten Mächte durchgeführt werden?

Versailler Vertrag Art. 365 Abs. 1.

I. Zivilsenat. Urt. v. 18. Juni 1927 i. S. G. (Kl.) w. Deutsche Reichsbahn-Gesellschaft (Bekl.). I 372/26.

I. Landgericht Altona.
II. Oberlandesgericht Kiel.

Für Viehtransporte, die in den Monaten Februar bis Mai 1924 von Dänemark durch Deutschland in die Tschechoslowakei gingen, hat die Beklagte die Fracht nach dem gewöhnlichen Tarif berechnet und bezahlt erhalten. Der Kläger, ein Deutscher, der sich die Rechte der Absender hat abtreten lassen, verlangt Frachterstattung im Betrage von 6247,80 RM nebst Zinsen, indem er geltend macht, die Fracht müsse nach einem für die Zeit vom 15. Februar bis zum 31. Mai 1924 in Geltung gewesenen Ausnahmetarif berechnet werden. Dieser bezog sich auf Rindvieh, Schweine und Schafe, die im Deutschen Reich verwendet wurden. Der Kläger meint ihn in Anspruch nehmen zu können, weil gemäß Art. 365 VV. Durchfuhrgüter nach der Tschechoslowakei eine gleich günstige Behandlung genießen müßten. Die Beklagte wendet ein, Art. 365 sei deshalb nicht anwendbar, weil das Vieh von Flensburg-Weiche ab auf neue Frachtbriefe befördert worden sei und im Deutschen Reich keine Verwendung gefunden habe. Die Vorinstanzen haben die Klage abgewiesen. Die Revision des Klägers blieb erfolglos.

Gründe.

Das angefochtene Urteil geht stillschweigend davon aus, daß der einzelne einen unmittelbaren Anspruch auf Gewährung der aus Art. 365 Abs. 1 VV. sich ergebenden Meistbegünstigung hat, die sich auch in der Anwendung eines Tarifs äußern kann. Das trifft zu und kann nicht durch den Hinweis auf andere Artikel des Vertrags entkräftet werden. Der Versailler Vertrag ist innerdeutsches Recht geworden, auf das sich jeder berufen kann, wenn die einzelne Vorschrift nach Inhalt, Zweck und Fassung, ohne daß es noch völker- oder staatsrechtlicher Akte bedarf, privatrechtliche Wirkungen auszuüben geeignet ist. Das ist bei einer Vorschrift, die u. a. — worauf es hier ankommt — die Behandlung der auf der deutschen Reichsbahn beförderten Frachtgüter betrifft, der Fall und wird durch die Worte „von Rechts wegen" im Art. 365 außer Zweifel gestellt.

Aus der wirtschaftspolitischen Natur der Bestimmung, die nicht dem einzelnen Angehörigen der Feindstaaten, sondern deren gesamtem Wirtschaftsgebiet durch möglichst günstige Behandlung auf den deutschen Bahnen Vorteile verschaffen soll, folgert Jellinek mit Recht in einem dem Kläger erstatteten Gutachten, daß sich auf sie nicht nur der Angehörige der bevorrechtigten ausländischen Staaten, sondern auch der Deutsche berufen kann. Die von anderen Artikeln des Versailler Vertrags handelnde Entscheidung des Senats RGZ. Bd. 102 S. 363 steht dem nicht entgegen.

Der Kläger beansprucht Frachterstattung auf Grund der Anwendung eines zur Zeit der Güterbeförderung geltenden besonders billigen Tarifs, der maßgebend sein müsse, weil es sich um Güter gehandelt habe, die durch Deutschland nach der Tschechoslowakei durchgeführt worden seien und deshalb nach Art. 365 Abs. 1 Satz 1 VV. die günstigste Behandlung zu erfahren hätten, wie sie Gütern gleicher Art auf irgendeiner deutschen Strecke im Binnenverkehr unter ähnlichen Beförderungsverhältnissen zuteil werde. Das Berufungsgericht erachtet nicht für dargetan, daß es sich um Durchfuhrgut gehandelt habe, weil das Vieh aus Dänemark zunächst nur bis Flensburg-Weiche befördert worden sei, dort also zur Verfügung des Absenders gestanden habe und weil folglich dieser in der Lage gewesen sei, dort — auch anders als durch Weiterbeförderung auf neuen Frachtbrief nach der Tschechoslowakei — darüber zu verfügen. Zu Unrecht meint die Revision, daß damit der Begriff des Durchfuhrguts verkannt worden sei und daß als allein entscheidend die tatsächliche Durchführung durch Deutschland angesehen werden müsse.... Im Gegensatz dazu geht der im Berufungsurteil erörterte Art. 1 des Internationalen Übereinkommens über den Eisenbahn-Frachtverkehr (1890) davon aus, daß Durchfuhrgut auf durchgehenden Frachtbrief befördert wird. Entscheidendes Gewicht kann allerdings hierauf ebensowenig gelegt werden wie umgekehrt darauf, daß gelegentlich — wie der Vorderrichter im einzelnen dargelegt hat — in internationalen Verträgen ein Durchgangsverkehr auch trotz Umladung anerkannt zu werden scheint. Eine Regelung ist in der einen wie in der anderen Weise denkbar und kann auch in verschiedenen völkerrechtlichen Verträgen abweichend voneinander getroffen sein. Die richtige Auslegung kann daher nur aus Art. 365 VV. selbst entnommen werden.

Der bereits hervorgehobene Zweck dieser Bestimmung, der Wirtschaft der Feindstaaten zu dienen, erforderte die von vornherein bestehende Gewähr, daß die Durchfuhr auch wirklich erfolgen werde. Dabei konnte es, wie der Berufungsrichter zutreffend dargelegt hat, nicht auf den inneren Willen des Absenders ankommen. Erforderlich war vielmehr, daß die Durchfuhrabsicht auch deutlich in Erscheinung trat, noch ehe sie aus der tatsächlich erfolgten Durchfuhr mit Sicherheit zu entnehmen war. Ob das auch noch auf andere Art möglich war als dadurch, daß die Beförderung auf durchgehenden Frachtbrief geschah, mag dahingestellt bleiben. Im vorliegenden Fall hat jedenfalls das Berufungsgericht in tatsächlicher Beziehung ohne Rechtsirrtum festgestellt, daß der Absender nach der Ankunft des Viehs in Flensburg-Weiche vor Ausstellung der neuen Frachtbriefe auch innerhalb Deutschlands beliebig darüber hätte verfügen können und die gegenteilige Absicht noch nicht mit genügender Klarheit zum Ausdruck gebracht hatte. War hiernach das Vieh kein Durchfuhrgut, so mußte Art. 365 VV. schon aus diesem Grunde außer Anwendung bleiben.

58. 1. Kann einem im Wege der einstweiligen Verfügung erlassenen gerichtlichen Gebot an den Grundstückserwerber, sich des Antrags auf Eintragung des Eigentumsübergangs zu enthalten und den etwa bereits gestellten Antrag bis zur rechtskräftigen Entscheidung eines Rechtsstreits zurückzuziehen, materiell-rechtliche Bedeutung beigemessen werden? Beschränkt ein solches gerichtliches Gebot die Befugnis des Erwerbers, sich das Eigentum am Grundstück zu verschaffen, und begründet es ein vom Grundbuchrichter zu beachtendes Eintragungshindernis?

2. Hat die Bestimmung in § 313 BGB. über die heilende Kraft der Auflassung und Eintragung eine rechtswirksame Eintragung zur Voraussetzung oder kann auch eine relativ unwirksame Eintragung einem nichtigen Vertrag zur Rechtsgültigkeit verhelfen?

3. Muß ein Dritter Beschränkungen, denen eine Person in bezug auf die Veräußerung oder den Erwerb eines Grundstücks unterliegt, im Falle ihrer Verlautbarung im Grundbuch gegen sich gelten lassen?

BGB. §§ 313, 135, 136, 814, 888, 892, 894. ZPO. §§ 199, 203, 207, 920, 935 flg.

III. Zivilsenat. Urt. v. 21. Juni 1927 i. S. Z. (Bekl.) w. P. (Kl.). III 282/26.

I. Landgericht I Berlin.
II. Kammergericht daselbst.

Durch notariellen Vertrag vom 26. Oktober 1922 verkaufte der Kläger ein ihm gehöriges, in Berlin gelegenes Grundstück an den in Opatow (Polen) wohnhaften Kaufmann M. und ließ es ihm auf. Der im Kaufvertrag mit 915000 *M* beurkundete Kaufpreis war in Wirklichkeit höher vereinbart. Nach Abschluß des Vertrags bekam der Kläger Reue wegen des Verkaufs. Er erwirkte durch den jetzigen Beklagten, den Rechtsanwalt Z., als seinen Prozeßbevollmächtigten am 14. November 1922 eine einstweilige Verfügung, durch die dem Grundstückskäufer aufgegeben wurde, sich bei Vermeidung einer Haftstrafe des Antrags auf Eintragung des Eigentumsübergangs zu enthalten, für den Fall aber, daß der Antrag bereits gestellt sein sollte, ihn bis zur rechtskräftigen Entscheidung eines gleichzeitig anhängig gemachten Rechtsstreits zurückzuziehen. Durch eine weitere für ihn vom Beklagten erwirkte einstweilige Verfügung vom 16. November 1922 wurde das Grundbuchamt ersucht, dem Antrag des Grundstückskäufers auf Eintragung als Eigentümer nicht stattzugeben.

Der Beklagte übergab die beglaubigten Abschriften der beiden einstweiligen Verfügungen zur Zustellung an den Grundstückserwerber M. einem Gerichtsvollzieher, der sie als Einschreibebriefe an M. in Opatow in Polen zur Post gab. Ein Versuch, die Zustellung in anderer Weise zu bewirken, wurde nicht gemacht. Dem Grundbuchamt legte der Beklagte beglaubigte Abschriften der einstweiligen Verfügungen vor und teilte ihm mit, daß die Nichtigkeit des Kaufvertrags geltend gemacht werde. Das Grundbuchamt trug jedoch auf Drängen des Notars, der den Kaufvertrag beurkundet hatte, am 16. Dezember 1922 den Käufer M. als Eigentümer ein.

In einem Vorprozeß, in dem der Beklagte gleichfalls den Kläger vertrat, klagte dieser gegen M. auf Feststellung der Nichtigkeit des Kaufvertrags und Verurteilung zur Einwilligung in die Wiedereintragung des Klägers als Eigentümer. Diese Klage wurde dem damaligen Beklagten im April 1923 auf diplomatischem Wege in Polen zugestellt. Das Landgericht wies die Klage ab, die Berufung des Klägers wurde zurückgewiesen. Dem Beklagten war im Berufungsverfahren der Streit verkündet worden; Revision wurde nicht eingelegt. Die Abweisung der Klage im Vorprozeß beruhte auf der Erwägung, daß die Nichtigkeit des Kaufvertrags durch die Eintragung der Eigentumsänderung in das Grundbuch geheilt worden sei und daß der Eintritt dieses Erfolgs nur dann verhindert worden wäre, wenn die einstweilige Verfügung vom 14. November 1922 in rechtswirksamer Weise zugestellt worden wäre.

Im gegenwärtigen Rechtsstreit macht der Kläger wegen der unrichtigen Zustellung der beiden einstweiligen Verfügungen Schadensersatzansprüche gegen den Beklagten geltend. Er behauptet, durch die schuldhafte Unterlassung einer rechtsgültigen Zustellung sei die Eintragung des M. in das Grundbuch erfolgt und das Eigentum des Klägers an dem Grundstück verloren gegangen. Hierdurch sei ihm ein Schaden von mehr als 20000 RM einschließlich der Kosten des Vorprozesses entstanden. Von diesem Schaden hat der Kläger im ersten Rechtszug einen Teilbetrag von 1800 RM, im Berufungsverfahren einen solchen von 4100 RM geltend gemacht. Der Beklagte hat jegliches Verschulden in Abrede gestellt und ferner bestritten, daß ein Schaden überhaupt entstanden sei, und jedenfalls, daß er ihn verursacht habe. Er hat namentlich geltend gemacht, daß der Kläger auch bei wirksamer Zustellung der einstweiligen Verfügungen sein Eigentum an dem Grundstück verloren haben würde, da seinem Klagebegehren im Vorprozeß sowohl die Vorschrift des § 814 BGB. wie auch die Einrede der allgemeinen Arglist entgegenstünden. Das Landgericht hat den Klaganspruch dem Grunde nach für gerechtfertigt erklärt. Das Berufungsgericht hat auf die Anschlußberufung des Klägers hin diesen Ausspruch auf den erweiterten Klagantrag ausgedehnt, die Berufung des Beklagten aber zurückgewiesen. Die Revision des Beklagten blieb erfolglos.

Gründe:

Das Berufungsgericht erblickt in Übereinstimmung mit dem Landgericht eine fahrlässige Verletzung der dem Beklagten vertragsmäßig dem Kläger gegenüber obliegenden Sorgfaltspflicht darin, daß der Beklagte unter schuldhafter Außerachtlassung der §§ 199 flg., 207 mit § 203 Abs. 2 ZPO. die Abschrift der einstweiligen Verfügung vom 14. November 1922 — diejenige vom 16. November erklärt es für rechtlich bedeutungslos — dem Gerichtsvollzieher zur Zustellung durch einfachen Einschreibebrief an den im Ausland wohnenden Antragsgegner übergeben ließ, wodurch die einmonatige Frist der §§ 929 Abs. 2, 936 ZPO. nutzlos verstrichen ist. Diese Annahme begründet der Berufungsrichter damit, daß der Beklagte sich bei Aufwendung der erforderlichen und ihm durch den Rechtsanwaltsvertrag zur Pflicht gemachten Sorgfalt über die Notwendigkeit einer Zustellung der einstweiligen Verfügung und die Art der Zustellung durch Einsicht des Gesetzes, nötigenfalls eines Kommentars, unschwer hätte unterrichten können, wenn ihm die gesetzlichen Bestimmungen nicht an sich schon geläufig gewesen sein. Diese Feststellung eines vertraglichen Verschuldens des Beklagten und die Art ihrer Begründung lassen keinen Rechtsirrtum erkennen; die Revision hat auch nichts Beachtenswertes dagegen vorzubringen vermocht.

Der Hauptangriff der Revision richtet sich gegen den Ausspruch des Berufungsgerichts, daß die unterlassene Zustellung der einstweiligen Verfügung den dem Kläger erwachsenen Schaden mitverursacht habe und daß der Kläger sein Eigentum am Grundstück bei rechtzeitiger und rechtswirksamer Zustellung der einstweiligen Verfügung nicht verloren hätte. Hierzu ist folgendes zu sagen: In der Rechtsprechung des Reichsgerichts ist anerkannt, daß gemäß § 313 Satz 2 BGB. ein wegen unrichtiger (zu niedriger) Angabe des Kaufpreises nichtiger Kaufvertrag über ein Grundstück seinem ganzen Inhalt nach rechtsgültig wird, wenn die Auflassung erklärt und auf Grund dieser Auflassung die Eintragung der Rechtsänderung in das Grundbuch erfolgt ist (RGZ. Bd. 104 S. 102 und S. 296). Das Reichsgericht hat aber ferner ausgesprochen, daß eine auf Grund eines nichtigen Kaufvertrags abgegebene Auflassungserklärung bis zur Eintragung des Eigentumsübergangs kondiziert werden kann (RGZ. Bd. 108 S. 329flg.; vgl. RGZ. Bd. 109 S. 354, Bd. 111 S. 101). Diesen Kondiktionsanspruch hat der Kläger im Vorprozeß geltend gemacht, er ist jedoch damit weder bis zum Zeitpunkt der Eintragung des Grundstückserwerbers im Grundbuch noch auch später durchgedrungen, vielmehr wurde seine Klage abgewiesen. Zur Sicherung seines Kondiktionsanspruchs hatte aber der Kläger weiterhin die einstweilige Verfügung vom 14. November 1922 erwirkt, durch die dem Antragsgegner aufgegeben wurde, sich des Antrags auf Eintragung des Eigentumsübergangs zu enthalten, für den Fall aber, daß der Antrag bereits gestellt sein sollte, ihn bis zur rechtskräftigen Entscheidung über den Streit zurückzuziehen. Die diesem Antrag stattgebende einstweilige Verfügung ist im Rahmen der §§ 935, 938 Abs. 2 ZPO. ergangen; an ihrer Zulässigkeit ist nicht zu zweifeln. Nach der Auslegung, die das Berufungsgericht dieser Verfügung gibt, geht jedoch ihr Sinn und ihre Tragweite über den Wortlaut hinaus; sie enthält nicht nur das gerichtliche Verbot an den Erwerber des Grundstücks, verfahrensrechtlich Anträge beim Grundbuchamt nach § 13 Abs. 1 GBO. zu stellen und dadurch die Rechtsfolgen aus der Auflassung gemäß §§ 873, 925 BGB. herbeizuführen, sondern sie enthält zugleich ein in die Erwerbsmöglichkeit des Käufers eingreifendes Verbot des Inhalts, daß der Käufer das Grundstück nicht erwerben durfte. Diese Auslegung der einstweiligen Verfügung ist tatsächlich und rechtlich durchaus möglich und läßt keine Verletzung von Auslegungsregeln oder sonstigen Rechtsgrundsätzen erkennen. Steht aber hiernach fest, daß die einstweilige Verfügung vom 14. November 1922 in dem weiteren Sinne eines an den Grundstückserwerber gerichteten Verbots, sich das Eigentum am Grundstück zu verschaffen, ausgelegt werden muß, so hat sie materiellrechtliche Bedeutung; sie untersagt dem Käufer, die Eintragung im Grundbuch herbeizuführen und dadurch die durch die Einigung der Vertragsteile angebahnte Rechtsänderung und seinen eigenen Rechtserwerb zur Vollendung zu bringen. Von derartigen einstweiligen Verfügungen, die ein Verbot materiellrechtlichen Inhalts aussprechen, nimmt aber die neuere Rechtsprechung, namentlich diejenige des Kammergerichts und anderer Oberlandesgerichte an, daß sie die Befugnis des Erwerbers, sich das Eigentum zu verschaffen, beschränken, daß sie daher ein vom Grundbuchrichter zu beachtendes Eintragungshindernis begründen (Ring, KJB. Bd. 1 S. 379 und 383; JW. 1923 S. 763 und 764; vgl. die übrigen bei Güthe-Triebel, Grundbuchordnung, 4. Aufl. Bd. 2 S. 1708, 1709 angeführten Entscheidungen und Schriftsteller, auch RGZ. Bd. 103 S. 114/116).

Dieser Rechtsprechung tritt der erkennende Senat in ihrem Endergebnis bei und nimmt mit Güthe-Triebel a. a. O. an, daß sie einem Verkehrsbedürfnis entspricht und als eine ihm dienende Fortentwicklung des geltenden Rechts anzusehen ist. Ihren inneren Rechtsgrund und damit ihre Rechtfertigung findet diese Rechtsprechung in folgenden Erwägungen: Das Bürgerliche Gesetzbuch kennt — abgesehen von den unbedingten gesetzlichen Verboten des § 134 — lediglich gesetzliche Veräußerungsverbote, die nur den Schutz bestimmter Personen bezwecken und die dagegen verstoßenden Verfügungen nur diesen Personen gegenüber unwirksam machen (§ 135 BGB.). Diesen gesetzlichen Veräußerungsverboten sind in § 136 BGB. die von einem Gericht oder von einer anderen Behörde innerhalb ihrer Zuständigkeit erlassenen Veräußerungsverbote gleichgestellt. Gerichtliche Erwerbsverbote werden im Bürgerlichen Gesetzbuch nicht ausdrücklich erwähnt; die Anforderungen des Rechtsverkehrs nötigen jedoch dazu, sie entsprechend zu behandeln und anzunehmen, daß sie, ebenso wie die gerichtlichen Veräußerungsverbote, eine bedingte (relative) Unwirksamkeit gegenüber dem ihnen zuwiderhandelnden Grundstückserwerber bewirken.

Nach § 938 ZPO. bestimmt das Gericht nach freiem Ermessen, welche Anordnungen zur Erreichung des Zwecks der einstweiligen Verfügung erforderlich sind, und nach der Rechtsprechung können die Anordnungen bis zu den äußersten Grenzen der Zwangsvollstreckung gehen; sie können die Individualleistungen in gewissem Sinne vorweg nehmen und unter Umständen sogar die Befriedigung des Gläubigers für seinen Anspruch als einstweilige Regelung verfügen (RGZ. Bd. 9 S. 334). Muß schon hiernach der Erlaß eines Erwerbsverbots für ebenso zulässig erachtet werden wie der eines Veräußerungsverbots, so bestimmt Abs. 2 des § 938 noch besonders, die einstweilige Verfügung könne auch in einer Sequestration sowie darin bestehen, daß dem Gegner „eine Handlung geboten oder verboten, insbesondere die Veräußerung, Belastung oder Verpfändung eine Grundstücks untersagt wird." Auch hier ist nur die Veräußerung eines Grundstücks ausdrücklich erwähnt, die ganze Fassung der Gesetzesstelle und namentlich die Wendung „insbesondere" läßt jedoch keinen Zweifel darüber, daß die Aufzählung keine erschöpfende sein soll, und daß der Antragsteller durch Erlaß eines Erwerbsverbots an den Gegner ebenso geschützt werden kann, wie umgekehrt der Erwerber durch den Erlaß eines Veräußerungsverbots. Dann fehlt es aber an jedem inneren Grunde, die bürgerlichrechtlichen Wirkungen, die an Zuwiderhandlungen gegen gerichtliche Veräußerungsverbote geknüpft sind, nicht sinngemäß auch auf gerichtliche Erwerbsverbote zu übertragen. Demgemäß muß mit dem Berufungsrichter angenommen werden, daß die einstweilige Verfügung vom 14. November 1922 ein vom Grundbuchamt zu beachtendes Eintragungshindernis sachlichrechtlicher Art geschaffen hat und daß eine gegen das Erwerbsverbot verstoßende Verfügung des Grundstückskäufers dem Kläger gegenüber unwirksam gewesen wäre. Daraus ergibt sich als Rechtsfolge auch die relative Unwirksamkeit einer gleichwohl erfolgenden Eintragung der Rechtsänderung im Grundbuch dem Kläger gegenüber.

Selbstverständliche Voraussetzung für den Eintritt dieser Rechtsfolgen auf Grund der einstweiligen Verfügung ist, wie der Berufungsrichter mit Recht annimmt, deren rechtsgültige Zustellung. (So schon RG. in JW. 1913 S. 438 Nr. 18, RGZ. Bd. 67 S. 159, 165 wegen Eintragung einer Vormerkung zur Sicherung des Anspruchs auf Einräumung einer Sicherungshypothek). Da nun der Beklagte nach den getroffenen Feststellungen schuldhafterweise verabsäumt hat, für die rechtswirksame Zustellung Sorge zu tragen, so besteht kein rechtliches Bedenken gegen die Annahme des Berufungsgerichts, daß der Beklagte den dem Kläger erwachsenen Schaden zum mindesten mitverursacht habe. Gemäß § 207 ZPO. wären im Falle der rechtswirksamen Zustellung der einstweiligen Verfügung — sei es im diplomatischen Wege (§ 199 ZPO.), sei es durch öffentliche Bekanntmachung (§ 203 Abs. 2 das.) — die zunächst in der Schwebe befindlichen Rechtswirkungen der gerichtlichen Anordnungen auf den Zeitpunkt der Einreichung des Gesuchs um Bewirkung der Zustellung zurückbezogen worden, und es wäre hierdurch der etwa inzwischen erfolgte, dem Erwerbsverbot zuwiderlaufende Eintrag im Grundbuch unwirksam geworden, wenn nur das Gesuch innerhalb der in §§ 929 Abs. 2, 936 ZPO. bestimmten einmonatigen Frist angebracht wurde. Dabei wäre den Rechten des Klägers kein Abbruch geschehen, wenn er Zustellung etwa zunächst auf diplomatischem Wege und demnächst — bei Nichtausführbarkeit — durch öffentliche Bekanntmachung nachgesucht hätte (RGZ. Bd. 70 S. 291, Bd. 105 S. 427).

Nun enthält das Berufungsurteil allerdings die Feststellung, daß der Grundbuchrichter im vorliegenden Falle die einstweilige Verfügung auch dann nicht als für ihn bindend angesehen hätte, wenn eine rechtsgültige Zustellung vorgenommen worden wäre, daß er vielmehr auch in diesem Falle die Rechtsänderung in das Grundbuch eingetragen hätte. Allein auch diese Tatsache wäre nicht geeignet, den ursächlichen Zusammenhang zwischen dem Verhalten des Beklagten und dem eingetretenen schädigenden Erfolg als unterbrochen anzusehen. Denn für die Beantwortung der Frage des ursächlichen Zusammenhangs ist nicht maßgebend, welche Stellung in einem bestimmten Einzelfall gerade das zur Entscheidung berufene Gericht oder der in Betracht kommende Einzelrichter zu einer Rechtsfrage einnimmt, sondern es kommt allgemein darauf an, wie die Rechtsfrage — mag es sich auch um eine rechtsbegründende Eintragung handeln — nach Ansicht des über den Schadensersatzanspruch erkennenden Gerichts richtig zu entscheiden ist (RGZ. Bd. 91 S. 164 und die dort angezogenen Entscheidungen). Hier nun führt das angefochtene Urteil in rechtlich einwandfreier Weise aus, daß eine trotz rechtswirksamer Zustellung der einstweiligen Verfügung erfolgte Eintragung der Rechtsänderung das durch die einstweilige Verfügung gesicherte Recht des Klägers nicht hätte beseitigen können. Es kann dahin gestellt bleiben, ob die Annahme des Berufungsgerichts zutrifft, daß durch eine Eintragung, die dem nur den Schutz des Klägers bezweckenden gerichtlichen Erwerbsverbot zuwiderliefe, das Grundbuch unrichtig geworden wäre und daß in diesem Falle dem Kläger die Berichtigungsklage nach § 894 BGB. zu Gebote gestanden hätte, oder ob der Kläger auf die Rechtsbehelfe aus § 888 Abs. 2 BGB. beschränkt gewesen wäre; denn im vorliegenden Falle wäre der Erfolg bei jeder der beiden Annahmen der gleiche gewesen. Mag dem Kläger ein Berichtigungsanspruch mit dinglicher Wirkung oder nur ein schuldrechtlicher Berichtigungsanspruch zugestanden haben (RGZ. Bd. 112 S. 260, 267); die heilende Kraft der Auflassung und Eintragung gegenüber dem Formmangel der Vertragsurkunde (§ 313 BGB.) wäre in keinem Falle eingetreten. Denn diese gesetzliche Vorschrift hat eine rechtswirksame Eintragung in das Grundbuch zur Voraussetzung; eine auch nur relativ unwirksame Eintragung kann einem nichtigen Vertrage nicht zur Rechtsgültigkeit verhelfen. Der Verkäufer des Grundstücks, zu dessen Schutz das Erwerbsverbot ergangen ist, braucht die Eintragung des Erwerbers nicht gegen sich gelten zu lassen.

Hätte der Grundbuchrichter trotz des wirksam zugestellten Erwerbsverbots die Umschreibung des Grundstücks auf den Käufer vollzogen, so wäre der Verkäufer, auch wenn er seine Ansprüche nicht auf § 894 BGB. hätte stützen können, gleichwohl in der Lage gewesen, gegen den Käufer vorzugehen und dadurch den Eintritt des ihm entstandenen Schadens abzuwenden. Er hätte mit der Kondiktion die Rückgängigmachung der Eintragung verlangen und durch Herbeiführung der Eintragung des Erwerbsverbots seinem Kondiktionsanspruch die Durchführung auch gegen Dritte sichern können. Denn dem § 892 Abs. 1 Satz 2 muß der Grundsatz entnommen werden, daß Dritte die Beschränkungen, denen eine Person in bezug auf die Veräußerung oder den Erwerb eines Grundstücks unterliegt, im Falle ihrer Verlautbarung im Grundbuch gegen sich gelten lassen müssen. Der Rechtssatz, daß der Kreis der dinglichen Rechte ein geschlossener ist, hindert die Eintragung des

Erwerbsverbots nicht. Denn durch diese Eintragung wird kein dingliches Recht erzeugt, sondern es wird das Verbot nur Dritten gegenüber dergestalt wirksam gemacht, daß ihnen die Berufung auf den Grundsatz des gutgläubigen Erwerbs abgeschnitten wird.

Der Geltendmachung des Bereicherungsanspruchs gegen den Grundstückskäufer im Vorprozeß stand der § 814 BGB., auf den sich der Beklagte beruft, nicht im Wege. Denn wie das Berufungsgericht feststellt, hat der Kläger bei Abgabe der Auflassungserklärung noch keine Kenntnis davon gehabt, daß der Kaufvertrag wegen der unrichtigen Angabe des Kaufpreises und des dadurch begründeten Formmangels nichtig war; der Kläger hat sonach zur Zeit der Auflassung nicht gewußt, daß er zu der in seiner Auflassungserklärung liegenden Leistung nicht verpflichtet war.

Aus gleichen rechtlichen Erwägungen hat ferner der Berufungsrichter zutreffend verneint, daß der Kläger den ihm entstandenen Schaden durch eigene Arglist verursacht habe, oder daß auch nur der ursächliche Zusammenhang zwischen dem Verschulden des Beklagten und dem eingetretenen Schaden durch arglistiges Verhalten des Klägers unterbrochen worden sei. Die bloße Tatsache, daß der Kläger zur Ersparung der Wertzuwachssteuer die unrichtige Angabe des Kaufpreises im notariellen Vertrag veranlaßt hat, reicht nach der Rechtsprechung des Reichsgerichts nicht aus, um die Einrede der allgemeinen Arglist zu begründen und den Verlust des Kondiktionsanspruchs zu bewirken. Die Berufung des Klägers auf die durch Formmangel bedingte Nichtigkeit des Kausalgeschäfts wäre nur dann unstatthaft, wenn der Kläger gewußt hätte, daß der Grundvertrag infolgedessen nichtig sei, und wenn er bei dem Erwerber den Glauben hervorgerufen hätte, es komme auf den Mangel der Form des Rechtsgeschäfts nicht an (RGZ. Bd. 107 S. 180 und 357, Bd. 108 S. 110; RGU. vom 4. Mai 1926 III 302/25, WarnRspr. 1926 Nr. 136). Das Berufungsgericht stellt jedoch, wie bereits erwähnt, das Gegenteil fest und im Hinblick auf diese besonderen Umstände des Falles vermag die Einrede der allgemeinen Arglist nicht durchzugreifen. ...

59. Zum Begriff der Vergleiche und anderer Vereinbarungen über die Aufwertung im Sinne von § 67 des Aufwertungsgesetzes.

V. Zivilsenat. Urt. v. 22. Juni 1927 i. S. H.-Aktiengesellschaft (Kl.) w. K. (Bekl.). V 564/26.

I. Landgericht Königsberg i. Pr.

Auf einem im Eigentum des Beklagten stehenden Grundstück standen seit 27. März und 1. April 1912 für die Klägerin zwei Darlehenshypotheken von 50000 und 5000 ℳ eingetragen, die bis zum 1. April 1927 unkündbar waren. Wegen beabsichtigten Verkaufs eines Grundstückteils wandte sich der Beklagte am 19. Juni 1923 an die Klägerin mit der Anfrage, wie sie sich dazu stelle und ob sie einen Teil der Hypothek zurückgezahlt haben wolle. Die Klägerin erwiderte am 3. Juli 1923 u. a.:

„Die Abtretung des Fabrikgebäudes wird die Mündelsicherheit der Hypothek mit Rücksicht auf die inzwischen eingetretene Geldentwertung nicht beeinflussen, da ja auch der seinerzeit von uns hergegebene Betrag sich entwertet hat, während der Sachwert des Grundstücks bedeutend höher zu veranschlagen ist. Wir wären deshalb bereit, das Kapital in unveränderter Höhe bis zum Ablauftage der Kündigungsbeschränkung bestehen zu lassen, da heute noch nicht vorauszusehen ist, welchen Wert zurzeit unsere Hypothek hat, bzw. anzunehmen ist, daß sich bis dahin die Geldverhältnisse in Deutschland konsolidiert haben werden.

Sollten Sie indessen beabsichtigen, den ganzen Betrag bereits jetzt zurückzuzahlen, so könnten wir uns mit der vorzeitigen Annahme des Betrages nur dann einverstanden erklären, wenn Sie die annehmbare Höherbewertung unserer Hypothek im Jahre 1927 durch Zahlung eines Aufgeldes von mindestens 100% des Kapitalbetrags abschlössen. Würde Ihnen diese Bestimmung nicht konvenieren, dann würden wir es beim Fortbestehen der Hypothek in der bisherigen Höhe bewenden lassen."

In seiner Antwort vom 17. Juli 1923 erklärte sich der Beklagte damit einverstanden, zur Ausgleichung des Hypothekenbetrags von 55000 ℳ den doppelten Betrag zu zahlen, und bat um Erteilung einer löschungsfähigen Quittung gegen Überweisung von Hauptsumme nebst Zinsen.

Die Darlehen wurden am 25. Juli 1923 mit 110000 ℳ gezahlt und auf die Löschungsbewilligung der Klägerin am 24. Juli 1924 im Grundbuch gelöscht. Da der Beklagte den von der Klägerin bei der Aufwertungsstelle angemeldeten Aufwertungsanspruch bestritt, wurde das Verfahren vor der Aufwertungsstelle ausgesetzt. Aufwertung zugunsten einer Teilungsmasse kommt unstreitig nicht in Betracht.

Die Klägerin ist der Ansicht, daß es sich bei der im Juli 1923 getroffenen Vereinbarung nicht um einen Vergleich im Sinne von § 67 AufwG. handle, den sie gegen sich gelten lassen müsse. Sie beantragt mit der Klage die Feststellung, daß ihr gegen den Beklagten ein persönlicher und dinglicher Aufwertungsanspruch aus den bezeichneten beiden Hypotheken zustehe.

Das Landgericht hat die Klage abgewiesen. Die von der Klägerin gemäß § 566a ZPO. unmittelbar zum Reichsgericht eingelegte Revision hatte Erfolg.

Gründe:

Das Landgericht ist der Ansicht, daß dem Aufwertungsbegehren der Klägerin ein Vergleich im Sinne von § 67 Abs. 1 AufwG. entgegenstehe — wobei die Anwendung des Abs. 2 wegen der Kaufmannseigenschaft der Klägerin ausgeschlossen sei —, und begründet diese Ansicht damit, daß nach dem Schreiben vom 3. Juli 1923 sich zum mindesten die Klägerin darüber im Zweifel befunden habe, ob sie nicht zur Zeit der Fälligkeit der Hypotheken im Jahre 1927 mit Rücksicht auf die Geldentwertung einen höheren Betrag, wenn auch vielleicht nur dem inneren Werte nach, würde fordern können. Hiernach habe Ungewißheit über die Höhe des mit Rücksicht auf die Geldentwertung zu zahlenden Betrags bestanden; daß diese Ungewißheit sich nicht auf den Zeitpunkt der Vereinbarung, sondern auf den der Fälligkeit bezogen habe, sei ohne Belang. In der Annahme des doppelten Nennbetrags habe nicht nur bei der Klägerin, sondern auch beim Beklagten ein Nachgeben im Sinne des § 779 BGB. gelegen. Denn wenn dieser sich auch nur zur Zahlung eines im Verhältnis zu dem erhaltenen Goldmarkwert außerordentlich geringfügigen Mehrbetrags (70 Goldpfennige) bereit erklärt habe, so sei er doch über seine Verpflichtung hinausgegangen und habe nicht lediglich freiwillig aus Billigkeitsgründen ein Aufgeld gewährt, was möglicherweise der Annahme eines Vergleichs entgegenstehen würde.

Die Revision hält dadurch § 67 AufwG., §§ 242, 779 BGB. für verletzt. Sie leugnet, daß ein Streit oder eine Ungewißheit über einen zu zahlenden Betrag bestanden habe, wie dies der § 67 AufwG. voraussetze. Da die Hypotheken bis 1927 unkündbar gewesen seien, habe der Beklagte außer den Zinsen im Jahre 1923 überhaupt nichts zu zahlen gehabt. Nur über die vorzeitige Rückzahlung des später fälligen Betrags sei verhandelt worden, dagegen nicht über den Wert, d. h. die Entwertung und die dieser entsprechende Aufwertung der Hypotheken im Juli 1923. Die Schwankungen des Wertes während der Zeit der Unkündbarkeit seien für den allein in Betracht kommenden Rückzahlungswert im Jahre 1927 oder später unbeachtlich. Das Wort „Höherbewertung" habe deshalb nicht den Sinn einer „Aufwertung". Irgendwelche Maßstäbe für eine solche hätten keine Rolle gespielt. In der aufwertungslosen Berechnung des Hypothekenwertes für 1927 („Aufgeld") liege kein Verzicht auf die Aufwertung nach § 67 AufwG. Aber auch bei Annahme eines Aufwertungsvergleichs hätte das Landgericht doch das Mißverhältnis zwischen der Aufwertungssumme von 0,70 RM und dem Goldwert der Hypotheken nach dem Aufwertungsgesetz nicht unberücksichtigt lassen dürfen. Denn nach Treu und Glauben könne in der Zahlung eines Wertes von 0,70 RM nicht eine Aufwertung von 55000 PM gesehen werden, deren gesetzlicher Aufwertungsbetrag sich auf 13749,30 RM belaufe. Ein etwa beabsichtigter Vergleich sei in Wirklichkeit nicht zustande gekommen, da die Entgegennahme von nur 0,70 RM kein Nachgeben des Schuldners, sondern einen Erlaßvertrag bedeute, was keine der Parteien gewollt habe.

In den angegriffenen Erwägungen ist zwar nicht der gerügte Verstoß gegen §§ 242, 779 BGB., wohl aber ein solcher gegen § 67 AufwG. enthalten. Nach dessen Absatz 1 muß der Vergleich den Zweck gehabt haben, den Streit oder die Ungewißheit über die Höhe des infolge der Geldentwertung zu zahlenden Betrages zu beseitigen. Als Vergleich erfordert er seiner Natur nach (§ 779 BGB.) weiter, daß der Streit oder die Ungewißheit im Wege gegenseitigen Nachgebens beseitigt werde. Das Vorliegen letzteren Erfordernisses kann mit dem Landgericht bejaht werden. Einerseits hat der Beklagte der Forderung von 100% Aufschlag entsprochen. Anderseits hat die Klägerin sich mit der alsbaldigen Rückzahlung einverstanden erklärt, obwohl sie die 100% angesichts der „annehmbaren Höherbewertung" der Hypotheken im Jahre 1927 als Mindestbetrag ansah. Ein Entgegenkommen beider Teile durfte deshalb angenommen werden. Auch begegnet die Begründung des angefochtenen Erkenntnisses nicht etwa deshalb rechtlichen Bedenken, weil der Inhalt der Parteiabrede auch den Grund des Anspruchs der Klägerin betraf oder weil die im § 67 Abs. 2 AufwG. enthaltenen Bestimmungen unzutreffend angewendet worden wären (JW. 1926 S. 2567 Nr. 1).

Dagegen hat das Landgericht nicht hinreichend klargestellt, daß unter den Parteien eine Ungewißheit über das Bestehen einer Aufwertungspflicht des Beklagten bestand oder daß sie eine solche Pflicht sich wenigstens als möglich vorstellten, daß demnach der Vergleich die Frage der Aufwertung betraf. Er fällt in den Sommer des Jahres 1923. Der erkennende Senat hat in seinem Urteil vom 12. Februar 1927 (RGZ. Bd. 116 S. 143) darauf hingewiesen, daß vor seinem Urteil vom 28. November 1923 (RGZ. Bd. 107 S. 78) die Aufwertung nicht nur fast ausnahmslos in der Rechtslehre, sondern, mit Ausnahme des Oberlandesgerichts Darmstadt, ganz allgemein auch von der Rechtsprechung abgelehnt wurde, und daß auch die Reichsregierung noch bis in die erste Zeit nach dem Erlaß der genannten Entscheidung stets den Standpunkt vertreten hat, eine Aufwertung sei unmöglich; daher bedürfe es, um annehmen zu können, daß Vertragschließende bis zu jener Entscheidung überhaupt an die Möglichkeit einer Verpflichtung des Hypothekenschuldners zur Aufwertung der Hypothek gedacht hätten, stets der Feststellung besonderer Umstände. Das Landgericht hat solche bisher nicht festgestellt. Seine Bezugnahme auf den Gebrauch der Worte „annehmbare Höherbewertung" im Schreiben der Klägerin vom 3. Juli 1923 reicht dazu nicht aus. Als die Klägerin ihre Bedingungen für die wahlweise vorgeschlagene vorzeitige Rückzahlung des Hypothekenkapitals stellte, hat sie anscheinend damit gerechnet, im vertraglichen Rückzahlungsjahre 1927 werde das Kapital aus irgendwelchen in der Gemeinwirtschaft begründeten Ursachen an Wert gewonnen haben, und wollte sich davor bewahren, daß sie in der Zeit zwischen der Rückzahlung und der Fälligkeit mit einem Kapital von geminderter Kaufkraft arbeiten müsse. Dann wäre der Aufschlag unter diesem Gesichtspunkt der Billigkeit, nicht aber deswegen gefordert und vom Beklagten bewilligt worden, weil die Klägerin Aufwertung beansprucht und der Beklagte diesem Anspruche nachgegeben hatte.

Das angefochtene Urteil muß wegen dieses Zweifels gegen die Anwendung des § 67 AufwG. aufgehoben werden. Eine Entscheidung in der Sache selbst kann nicht ergehen. Denn es ist immerhin nicht gänzlich ausgeschlossen, daß sich bei erneuter Nachprüfung unter den richtigen Gesichtspunkten noch besondere Umstände herausstellen, die trotz der hervorgehobenen Bedenken die Annahme eines Aufwertungsvergleichs rechtfertigen.

Sollte ein solcher nicht gegeben sein, so würde eine Vereinbarung vorliegen, die nicht den Vorschriften der Absätze 1 und 2 des § 67 AufwG. über Vergleiche und wegen der Zeit ihres Abschlusses auch nicht seinem Absatz 3 untersteht. Die Behandlung derartiger Vereinbarungen hat das Aufwertungsgesetz nicht, wie vor ihm der Art. I § 13 der 3. StNotVo., ausdrücklich geregelt. Daraus aber, daß Aufwertungsvergleiche, also eine besondere Art von Vereinbarungen, unter den im § 67 AufwG. bestimmten Voraussetzungen vom Gesetz „unberührt" bleiben sollen, folgt im Wege des Umkehrschlusses, daß das Aufwertungsgesetz mit seinen die Aufwertung betreffenden Bestimmungen die anderen, nicht dieser besonderen Art angehörigen Vereinbarungen treffen will, wenn es dem Gläubiger für die Aufwertung mehr Rechte verleiht, als er sie ohne Eingreifen des Gesetzes nach der Vereinbarung hätte. Insoweit schließt sich der erkennende Senat der vom Bayerischen Obersten Landesgericht (Ring Rechtspr. in Aufwertungss. 1927 S. 9) und im Schrifttum fast durchweg vertretenen Meinung an. Es ist als Ausnahmebestimmung anzusehen, daß gemäß § 67 die auf Behebung der Aufwertungszweifel abzielenden Vergleiche Rechtsbestand gegenüber den die Aufwertung in festgesetzter Höhe regelnden Vorschriften des Aufwertungsgesetzes behalten sollen. Andere Vereinbarungen dagegen werden nur insoweit aufrechterhalten, als sie den Anforderungen des Gesetzes genügen, d. h. als der Betrag, dessen Zahlung der Schuldner zugesagt hat, die Sätze des Gesetzes erreicht oder übersteigt. Andernfalls ist der Gläubiger berechtigt, den Betrag nachzufordern, der sich aus dem Unterschied zwischen der nach dem Aufwertungsgesetz festzusetzenden Aufwertungssumme und der vertraglich versprochenen Zahlung ergibt. Letzterer Fall würde nach den Feststellungen des Landgerichts hier vorliegen.

60. Zur Auslegung von § 11 des Aufwertungsgesetzes.

V. Zivilsenat. Beschl. v. 22. Juni 1927 in der Aufwertungssache Ra. w. Erben Ro. V B 10/27.

I. Aufwertungsstelle Amtsgericht Birkenfeld.
II. Landgericht Koblenz.

Der Sachverhalt ergibt sich aus folgenden

Gründen:

Im Grundbuch der Gemeinde K., die zum oldenburgischen Landesteil Birkenfeld gehört, ist am 6. August 1909 auf Grundstücken, die früher den Eheleuten W. daselbst in Fahrnisgemeinschaft gehört hatten und infolge einer auf ihren Antrag geschehenen Versteigerung auf Ro. als Ersteher umgeschrieben worden waren, auf Grund des Versteigerungsprotokolls eine Steiggeldhypothek von 50500 *M* für den von den Eheleuten W. mit der Erteilung des Zuschlags und der Hebung der Steiggelder beauftragten Ra. in O. eingetragen worden. Von dieser Hypothek sind am 10. August 1917 28500 *M* gelöscht worden. Auf den noch verbleibenden Restbetrag von 22000 *M* hat Ra. am 1. April 1921 und am 1. April 1922 je 2000 *M* und am 9. Januar 1923 18000 *M* bezahlt erhalten und darauf am 28. Februar 1923 die Löschung des Restbetrags bewilligt. Die Löschung ist aber bisher nicht erfolgt.

Mit Eingaben vom 9. Oktober und 7. Dezember 1925 hat Ra. die Hypothek und die ihr zugrunde liegende persönliche Forderung in Höhe von 22000 *M* gemäß § 16 AufwG. bei der Aufwertungsstelle angemeldet und den Standpunkt vertreten, daß er in Höhe von 4000 *M* Aufwertung kraft Vorbehalts und im übrigen Aufwertung kraft Rückwirkung und zwar für die Hypothek in Höhe von 25% und für die persönliche Forderung gemäß § 10 Abs. 1 Nr. 5 und Abs. 3 AufwG. in Höhe von 75% des Goldmarkbetrags verlangen könne. Gegen diese Anmeldung haben die Schuldner als Erben des ursprünglichen Grundstückseigentümers und Schuldners Ro. am 15. Dezember 1925 Einspruch eingelegt und zur Begründung geltend gemacht: Aufwertung kraft Vorbehalts komme nicht in Frage, da ein Vorbehalt nicht gemacht sei; ebensowenig sei eine den normalen Höchstsatz übersteigende Aufwertung der persönlichen Forderung statthaft, da der Gläubiger die Steiggelder vor dem

14. Februar 1924 von den als ursprüngliche Gläubiger zu betrachtenden Eheleuten W. durch Abtretung erworben habe und daher § 11 AufwG. einer höheren Aufwertung entgegenstehe. Ferner haben die Schuldner mit Eingabe vom 13. April 1926 auf Grund des § 8 AufwG. Herabsetzung der Aufwertung verlangt.

Der Gläubiger hat diesem Verlangen widersprochen, da es nicht innerhalb der in § 8 bestimmten Frist gestellt, auch sachlich nicht gerechtfertigt sei. Außerdem hat er geltend gemacht, daß § 11 AufwG. hier nicht anwendbar sei, da die Steiggeldforderung von vornherein in seiner Person entstanden sei.

Die Aufwertungsstelle hat das Verfahren wegen eines Teilbetrags der Hypothek und der ihr zugrunde liegenden persönlichen Forderung von 4000 *M* bis zur rechtskräftigen Entscheidung des Streites der Parteien über die Frage des Vorbehalts ausgesetzt und dem Gläubiger zur Klagerhebung eine Frist bestimmt. Im übrigen hat sie den Aufwertungsbetrag der Hypothek und der ihr zugrunde liegenden persönlichen Forderung auf 25% ihres Goldmarkbetrags abzüglich des Goldmarkbetrags der darauf bezahlten 18000 *M*, d. i. auf 4500 — 9 = 4491 *GM* festgesetzt, indem sie einerseits das Verlangen des Gläubigers nach höherer Aufwertung der persönlichen Forderung aus dem von den Schuldnern angegebenen Grunde, anderseits das Verlangen der Schuldner auf Anwendung der Härteklausel des § 8 AufwG. wegen Nichteinhaltung der dort bestimmten Frist zurückgewiesen hat.

Die vom Gläubiger gegen diesen Beschluß eingelegte sofortige Beschwerde hat das Landgericht in Koblenz aus den Gründen des angefochtenen Beschlusses zurückgewiesen. Das Oberlandesgericht in Köln, dessen Zuständigkeit auf Art. 1 des preußisch-oldenburgischen Staatsvertrags vom 20. August 1879 beruht, möchte aus denselben Gründen auch die weitere sofortige Beschwerde des Gläubigers zurückweisen. Es sieht sich aber daran durch die Entscheidung des Oberlandesgerichts Dresden vom 4. Mai 1926 (AufwRspr. 1926 S. 618 Nr. 308) gehindert, weil nach dieser Entscheidung ein gemäß § 11 AufwG. die Anwendung des § 10 das. ausschließender Übergang einer Kaufgeldforderung auf einen anderen nicht vorliege, wenn die Forderung zufolge vertragsmäßiger Vereinbarung im Kaufvertrag von vornherein nicht für den Veräußerer, sondern unmittelbar für einen anderen begründet worden sei. Es hat deshalb die weitere sofortige Beschwerde gemäß § 74 AufwG. in Verbindung mit § 28 FGG. dem Reichsgericht zur Entscheidung vorgelegt.

Die Voraussetzungen der Zuständigkeit des Reichsgerichts sind nach den angeführten Vorschriften gegeben. Die sofortige weitere Beschwerde ist auch zulässig.

Sachlich ist sie jedoch, soweit Aussetzung des Verfahrens erfolgt ist, unbegründet. Denn zur Entscheidung der Frage, ob bei der Annahme der Leistung ein Vorbehalt gemacht wurde, ist die Aufwertungsstelle mangels Vereinbarung der Parteien nicht zuständig, da diese Frage nicht lediglich die Höhe der Aufwertung, sondern den Bestand der aufzuwertenden Forderung betrifft (§§ 69, 71 AufwG.). Die von der Aufwertungsstelle im erwähnten Umfang angeordnete Aussetzung des Verfahrens war daher gerechtfertigt.

Im übrigen aber war der Beschwerde der Erfolg nicht zu versagen. Das Landgericht verkennt zwar nicht, daß es sich hier um eine nach dem 31. Dezember 1918 begründete Kaufgeldforderung handelt und daß bei einer solchen nach § 10 Nr. 5 AufwG. eine höhere oder geringere Aufwertung nach allgemeinen Vorschriften, unter Abweichung vom normalen Höchstsatze, grundsätzlich zulässig ist. Es erachtet aber eine solche Abweichung hier in Hinblick auf § 11 AufwG. deshalb für unzulässig, weil die Forderung vor dem 14. Februar 1924 von den ursprünglichen Gläubigern (den Eheleuten W.) auf einen anderen (den Beschwerdeführer) übergegangen sei. Ob nicht diese Annahme, wie der Beschwerdeführer darzutun versucht, auf rechtsirriger Auslegung des Inhalts des Versteigerungsprotokolls beruht, kann dahingestellt bleiben. Denn auch vom gegenteiligen Standpunkt aus kommt die Vorschrift des § 11 AufwG. hier nicht zur Anwendung, weil ihre Anwendung, wie ihr Wortlaut ergibt, ausgeschlossen ist, wenn es sich um einen Rechtsübergang der im § 3 Abs. 1 Nr. 2 bis 11 bezeichneten Art handelt. Im vorliegenden Fall aber trifft § 3 Abs. 1 Nr. 7 zu. Denn der Rechtserwerb des Beschwerdeführers stellt sich nach den Vereinbarungen der Beteiligten als ein Erwerb auf Grund eines Treuhandverhältnisses dar, indem die Steiggelder vom Beschwerdeführer vereinbarungsgemäß im Interesse der Eheleute W. für diese zu verwenden waren. Die Vorschrift des § 11 des AufwG. steht sonach den Ansprüchen des Beschwerdeführers nicht entgegen.

61. Gibt nach Ablehnung eines Armenrechtsgesuchs wegen Aussichtslosigkeit die Fortdauer der Armut einen Grund zur Wiedereinsetzung in den vorigen Stand gegenüber dem Ablauf der Rechtsmittelfrist?

ZPO. §§ 233, 234.

IV. Zivilsenat. Beschl. v. 23. Juni 1927 i. S. F. w. H. IV B 23/27.

I. Kammergericht Berlin.

Die Frage wurde verneint auf folgenden, den Sachverhalt ergebenden

Gründen:

Der Beschwerdeführerin ist das am 1. November 1926 verkündete Urteil des Landgerichts am 18. dess. Mts. zugestellt worden. Am 11. Dezember hat sie um Bewilligung des Armenrechts für das Berufungsverfahren gebeten. Ihr Gesuch ist durch Beschluß vom 15., zugestellt am 28. Dezember wegen Aussichtslosigkeit der weiteren Rechtsverteidigung abgelehnt worden. Mit Schriftsatz vom 18. März 1927, eingegangen am 21. dess. Mts., hat sie durch einen von ihr bestellten Rechtsanwalt Berufung eingelegt und zugleich die Wiedereinsetzung in den vorigen Stand gegen die Versäumung der Berufungsfrist beantragt. Das Wiedereinsetzungsgesuch wurde damit begründet, daß es der Beschwerdeführerin jetzt erst gelungen sei, die erforderlichen Mittel zur Beauftragung eines Rechtsanwalts aufzubringen.

Das Berufungsgericht hat durch den angefochtenen Beschluß den Wiedereinsetzungsantrag abgelehnt und die Berufung als unzulässig verworfen. Es ist der Meinung, daß wohl die Armut einer Partei als ein unabwendbarer Zufall anzuerkennen sei, daß aber der ursächliche Zusammenhang zwischen diesem und der Versäumung der Berufungsfrist dann aufgehoben werde, wenn die arme Partei nach Ablehnung des Armenrechtsgesuchs nicht innerhalb einer ihr zuzubilligenden angemessenen Frist die Berufung einlege. In diesem Falle sei nicht mehr die Armut, sondern die Aussichtslosigkeit der Rechtsverfolgung oder Rechtsverteidigung als die rechtliche Ursache der Säumnis aufzufassen. Diesen Ausführungen kann nicht überall gefolgt werden.

Die bei der vorläufigen Prüfung der Sachlage, anläßlich der Entscheidung über das Armenrechtsgesuch, gewonnene Anschauung des Gerichts von der Aussichtslosigkeit braucht weder die arme Partei noch den von ihr angegangenen Rechtsanwalt davon zu überzeugen, daß die beabsichtigte Berufung keinen Erfolg haben werde. Es darf ohne weiteres angenommen werden, daß die Beschwerdeführerin auch schon früher einen Rechtsanwalt gefunden hätte, der bereit war, für sie die Berufung einzulegen, wenn sie nur die hierzu erforderlichen Mittel sich hätte beschaffen können. Der ursächliche Zusammenhang zwischen dem Fehlen dieser Mittel und der Versäumung der Berufungsfrist kann daher nicht verneint werden. Dagegen ist dem Berufungsgericht darin beizutreten, daß das Unvermögen einer Partei, ohne Beeinträchtigung des für sie und ihre Familie notwendigen Unterhalts die Kosten des Rechtsstreits zu bestreiten, nicht auf unbestimmte Zeit hinaus bis zu dem Zeitpunkt als ein unabwendbarer Zufall im Sinne des § 233 ZPO. gelten kann, in dem die Partei in den Besitz der zur Weiterführung des Rechtsstreits erforderlichen Geldmittel gelangt. Zur Beseitigung des Hindernisses der Armut hat das Gesetz der armen Partei ein bestimmtes Mittel an die Hand gegeben; sie kann um Bewilligung des Armenrechts nachsuchen. Allerdings ist die Gewährung des Armenrechts an eine Voraussetzung geknüpft; die beabsichtigte Rechtsverfolgung oder Rechtsverteidigung darf nicht mutwillig oder aussichtslos erscheinen. Versagt deswegen der der armen Partei gegebene Rechtsbehelf, wird das Armenrecht nicht bewilligt, so bleibt der armen Partei, die gleichwohl gegen ein ihr ungünstiges Urteil die Berufung einlegen will, nichts anderes übrig, als unter Beeinträchtigung des für sie und ihre Familie notwendigen Unterhalts die für die Einlegung und Durchführung der Berufung erforderlichen Geldbeträge aufzubringen. Die arme Partei muß deshalb ihr Armenrechtsgesuch zur Wahrung der Berufungsfrist so frühzeitig vor deren Ablauf einreichen, daß bei Bewilligung des Armenrechts der bestellte Anwalt noch rechtzeitig die Berufung einlegen kann und im Falle der Versagung ihr noch die Möglichkeit offen bleibt, selbst für die Einlegung der Berufung durch Aufstellung eines Prozeßbevollmächtigten zu sorgen (RGZ. Bd. 70 S. 124).

Ist das Armenrechtsgesuch rechtzeitig gestellt, die Bekanntmachung seiner Ablehnung aber erst nach Ablauf der Berufungsfrist erfolgt, dann erwächst der armen Partei aus diesem Umstand und nicht aus der Fortdauer ihrer Armut ein Wiedereinsetzungsgrund. Ihre Armut rechtfertigte es nur, daß sie nicht schon vor der Erledigung des Armenrechtsgesuchs die Berufung einlegte. Sie durfte damit so lange zuwarten, bis ihr die ergangene Entscheidung bekannt gegeben war. Von der Bekanntgabe ab läuft die für die Stellung des Wiedereinsetzungsantrags in § 234 ZPO. gesetzte Frist von zwei Wochen. Diese der armen Partei verbleibende Zeitspanne gibt ihr auch Gelegenheit, noch die Schritte zu tun, die sie zur selbständigen Einlegung der Berufung vornehmen muß. In ähnlicher Weise ist die Zahlung der Prozeßgebühr in § 519 Abs. 6 ZPO. geregelt; der Ablauf der Frist für den Nachweis der Zahlung wird für die arme Partei bis zum Ablauf von zwei Wochen nach Zustellung des das Armenrechtsgesuch ablehnenden Beschlusses gehemmt. Wird auch in der so verlängerten Frist nicht gezahlt, dann ist, sofern nicht noch gegen den ablehnenden Beschluß Beschwerde eingelegt wird, die Frist endgültig versäumt, mag auch die Armut der Partei weiter bestehen.

Im vorliegenden Falle hat die Beschwerdeführerin rechtzeitig ihr Gesuch eingereicht, der das Armenrecht versagende Beschluß ist ihr aber erst nach Ablauf der Berufungsfrist zugestellt worden. Hierwegen hätte sie innerhalb zwei Wochen nach der Zustellung die Wiedereinsetzung in den vorigen Stand beantragen können. Dies hat sie nicht getan. Ihr viel später gestellter, auf ihre fortdauernde Armut gestützter Antrag auf Wiedereinsetzung ist unbegründet, ihre Berufung daher mit Recht als unzulässig verworfen worden.

---

62. Kann der Schuldner Rechte aus § 779 oder § 812 BGB. herleiten, wenn er über eine abgetretene Hypothek mit dem neuen Gläubiger während der Rückwirkungszeit einen Vergleich geschlossen hat, der alle Aufwertungsansprüche regeln sollte, wenn er dann auf Grund des Vergleichs an den neuen Gläubiger mehr gezahlt hat, als diesem nach dem Aufwertungsgesetz gebühren würde, und wenn nun der frühere Gläubiger seine Aufwertungsansprüche gegen den Schuldner geltend macht?

AufwG. §§ 17, 18, 67.

VII. Zivilsenat. Urt. v. 24. Juni 1927 i. S. L. (Kl.) w. V.-Vers.-AG. (Bekl.). (VII) VI 71/27.

I. Landgericht I Berlin.
II. Kammergericht daselbst.

Die Klägerin ist die alleinige Testamentserbin ihres am 17. April 1923 verstorbenen Ehemannes, des Kaufmanns L. Dieser steht im Grundbuch noch als Eigentümer von Grundbesitz eingetragen, auf dem in Abt. III des Grundbuchblatts unter den Nummern 1, 3, 5 und 2, 4, 6 zwei Hypotheken von 180000 und 310000 ℳ eingetragen waren; die Hypotheken waren am 25. März 1913 in der Hand der Stadtsparkasse in Sch. zur Entstehung gelangt, dann aber auf Grund einer Abtretung vom 27. März 1923 am 3. Mai 1923 auf die Beklagte umgeschrieben worden. Für diese ist ferner in Abt. III unter Nr. 8 am 1. November 1921 eine Darlehenshypothek von 260000 ℳ eingetragen worden. Am 31. Dezember 1923 schrieb die Klägerin an die Beklagte:

„Ich bin bereit meine Hypothek für das obige Grundstück abzulösen. Für eine baldgefl. Nachricht, aus der die Bedingungen, von denen die Ablösung abhängig gemacht wird, hervorgehen, wäre ich Ihnen dankbar."

Im Januar 1924 trafen die Parteien ein Abkommen dahin, daß die Beklagte gegen Zahlung von 11500 GℳL ihre gesamten vorbezeichneten Hypotheken löschen lasse und sich wegen aller etwaigen Aufwertungsansprüche für befriedigt erkläre. Am 23. Januar 1924 hat die Beklagte die Löschung bewilligt und am 28. Juni 1924 auf Verlangen des Grundbuchrichters noch hinzugefügt, daß die Löschung ohne jeden Vorbehalt bewilligt werde. Die 11500 Gℳ sind bezahlt worden. Die Klägerin behauptet jetzt, daß die Stadtsparkasse in Sch. als die ursprüngliche Gläubigerin der Hypotheken von 180000 und 310000 ℳ rechtzeitig Aufwertungsansprüche nach § 17 AufwG. angemeldet habe. Sie hält diese Ansprüche für begründet und vertritt den Standpunkt, daß der von den Parteien mit dem Abkommen vom Januar 1924 bezweckte Erfolg der Abgeltung aller Aufwertungsansprüche nicht erreicht worden sei. Mit der gegenwärtigen Klage verlangt sie gemäß §§ 812 flg., aber auch gemäß § 779 BGB. die Zurückzahlung der 11500 Rℳ nebst Zinsen. Das Landgericht hat der Klage stattgegeben, das Kammergericht hat sie abgewiesen. Die Revision der Klägerin blieb erfolglos.

Aus den Gründen:

Die Klägerin stützt den Hauptantrag ihrer Klage auf zwei gesetzliche Vorschriften, auf den § 779 und den § 812 Abs. 1 Satz 2 BGB. Die gemeinsame Unterlage beider Klagegründe ist die Behauptung, daß die Stadtsparkasse in Sch. in der Lage sei, wegen der beiden Hypotheken von 180000 und 310000 ℳ Aufwertungsansprüche gegen die Klägerin geltend zu machen. Ob das zutrifft, hat das Kammergericht nicht untersucht. Die Möglichkeit, daß solche Ansprüche bestehen, ist nicht auszuschließen. Vergleiche über Hypotheken und die durch sie gesicherten persönlichen Forderungen werden vom Aufwertungsgesetz nach § 67 Abs. 1 Satz 1 regelmäßig nicht berührt, wenn die Vergleiche, wie vorliegend für den Vergleich der Parteien vom Januar 1924 unstreitig, den Zweck hatten, die Ungewißheit über die Höhe des infolge der Geldentwertung zu zahlenden Betrags zu beseitigen. Ist ein solcher Vergleich von einem Abtretungsempfänger abgeschlossen worden, so bindet er, wie das Reichsgericht im Urteil vom 11. Mai 1927 V 345/26 (teilweise abgedruckt RGZ. Bd. 116 S. 184) ausgesprochen hat, auch den früheren Gläubiger. Nun fällt aber der Vergleich der Parteien in die sogenannte Rückwirkungszeit vom 15. Juni 1922 bis zum 14. Februar 1924 und deshalb steht er nach § 67 Abs. 2 Satz 1 AufwG. „der Aufwertung nach den Vorschriften dieses Gesetzes", also auch der Aufwertung zugunsten des früheren Gläubigers nach § 17 AufwG., „nicht entgegen". Die Klägerin kann sich demgegenüber zwar auf § 67 Abs. 2 Satz 2 Halbs. 1 berufen, denn die Beklagte hat den Vergleich als Kaufmann und, wie nach § 344 Abs. 1 HGB. zu vermuten, im Betrieb ihres Handelsgewerbes abgeschlossen; ebenso mit Recht weist aber die Klägerin auf Halbs. 2 a. a. O. hin. Danach steht der Vergleich den Ansprüchen der Sparkasse nicht entgegen, „soweit die Aufwertung zugunsten einer Teilungsmasse (Aufwertungsstock) erfolgt (§§ 48, 51 Abs. 3, §§ 56, 60)". Ob hier für den Fall, daß eine Abtretung der Hypothek in Frage kommt, die Teilungsmasse des neuen Gläubigers gemeint ist, der den Vergleich abgeschlossen hat, oder die Teilungsmasse des früheren Gläubigers, der die Aufwertung begehrt, kann zweifelhaft sein, braucht aber nicht entschieden zu werden. Denn nach der vom Revisionsgericht als richtig zu unterstellenden Behauptung der Klägerin sind die Aufwertungsbeträge bei der beklagten Versicherungsgesellschaft (neuer Gläubiger) in einen Aufwertungsstock

(§ 60 AufwG.) geflossen und sollen sie bei der Sparkasse (früherer Gläubiger) in eine Teilungsmasse (§ 56 a. a. O.) fließen. Bei dieser Sachlage muß also davon ausgegangen werden, daß der Sparkasse noch Aufwertungsansprüche gegen die Klägerin zustehen....

Die auf § 779 BGB. gestützte Klage ist vom Kammergericht mit zwei selbständigen Erwägungen abgewiesen worden. Die erste geht dahin, daß die Parteien sich überhaupt nur über die im Verhältnis zueinander bestehenden Ansprüche hätten vergleichen wollen. (Es wird dargelegt, daß diese Erwägung nicht schlüssig begründet ist, und dann fortgefahren:) Es ist deshalb im folgenden zu unterstellen, daß die Parteien, wie die Klägerin behauptet, durch ihren Vergleich alle Aufwertungsansprüche haben beseitigen wollen.

Mit seiner zweiten Erwägung zu § 779 BGB. nimmt das Kammergericht an, daß nicht der von den Parteien nach dem Inhalt des Vergleichs als feststehend zugrunde gelegte Sachverhalt das gewesen sei, was der Wirklichkeit nicht entsprochen habe, daß sich die Parteien vielmehr höchstens über einen dem Vergleichsabschluß nachfolgenden Umstand, nämlich über die künftige Gestaltung der bevorstehenden Aufwertungsgesetzgebung, im Irrtum befunden hätten; der Aufwertungsanspruch der Sparkasse habe zur Zeit des Vergleichsabschlusses noch nicht bestanden, er sei ihr erst durch § 17 AufwG. gewährt worden. Diese Erwägung ist nicht zu beanstanden.

Zunächst ist richtig, was hier über die Entstehung der Ansprüche des Abtretenden gesagt wird. An anderer Stelle führt das Urteil allerdings aus, daß der Aufwertungsanspruch des früheren Gläubigers völlig selbständig und unabhängig von den Rechten des neuen sei, daß er auf diesen mit der Abtretung des Hypothekenrechts nicht übergegangen, vielmehr zur freien und alleinigen Verfügung des früheren Gläubigers verblieben sei. Dieser Ansicht, wonach das Bestehen der Sparkassenansprüche auch schon für die Zeit des Vergleichsabschlusses angenommen werden müßte, ist indessen nicht beizutreten. Mit Recht hat das Reichsgericht in der schon oben angezogenen Entscheidung RGZ. Bd. 116 S. 184 ausgesprochen:

„Hat der Gläubiger einer Hypothek diese vor Inkrafttreten des Aufwertungsgesetzes abgetreten, so gingen damit nach dem damaligen Rechtszustand seine Rechte aus der Hypothek auf den neuen Gläubiger über. Sein Anspruch aus der Hypothek war damit völlig erloschen; irgendein Aufwertungsanspruch stand ihm nicht zu; er selbst war aus dem Schuldverhältnis gänzlich ausgeschieden. Schloß dann der Zessionar mit dem Schuldner einen Vergleich über die Hypothek ab, so war dazu er, der neue Gläubiger, allein berechtigt. Über die nicht mehr vorhandenen Rechte des alten Gläubigers wurde durch den Vergleich nicht verfügt. Hatte der Vergleich das Erlöschen der Forderung zum Gegenstand, so ging sie unter."

Und an anderer, nicht abgedruckter Stelle desselben Urteils wird hervorgehoben,

„daß nach erfolgter Abtretung und Umschreibung der Hypothek auf den Zessionar lediglich eine Papiermarkhypothek zugunsten des Zessionars bestand, und daß die Rechtslage nicht etwa so beschaffen war, daß eine aus dem Grundbuche nicht ersichtliche Doppelbelastung vorhanden war. Aus der Bestimmung des § 17 AufwG., daß im Falle der Abtretung der Hypothek unter den dort näher bezeichneten Voraussetzungen „die" Hypothek auch zugunsten des Zedenten aufzuwerten ist, ergibt sich die Annahme des Gesetzgebers, daß dem Zedenten ein Teil des in den Goldmarkbetrag umgewandelten Papiermarkbetrags zugewiesen werden soll."

Danach ist es also der Gesetzgeber, der den Aufwertungsanspruch des Abtretenden durch § 17 AufwG. erst geschaffen hat. Deshalb haben die Parteien bei Abschluß des Vergleichs vom Januar 1924 nicht geirrt, als sie annahmen, daß die Beklagte über alle Aufwertungsansprüche aus den drei Hypotheken verfügen könne. Geirrt haben sie in der Tat nur über den Gang der späteren Gesetzgebung. Ihr wollten sie zuvorkommen, ohne Rücksicht auf sie wollten sie ihr Verhältnis regeln. Die Erwartung der Parteien, daß die Gesetzgebung geschlossene Vergleiche unbedingt und ausnahmslos anerkennen werde, ist dann allerdings enttäuscht worden. Dadurch wurde aber nicht der beim Vergleichsabschluß als feststehend zugrunde gelegte Sachverhalt nachträglich unrichtig, es kann vielmehr, wie das Kammergericht im Anschluß an die Entscheidung des Reichsgerichts vom 2. Juni 1926 (bei Ring Rechtsprechung in Aufw.-Sachen 1926 S. 556) zutreffend dargelegt hat, nur von einem Irrtum über einen dem Vergleichsabschluß nachfolgenden Umstand gesprochen werden.

Den Klagegrund der ungerechtfertigten Bereicherung lehnt das Kammergericht ab, weil die Sparkasse sich die an die Beklagte geleistete Vergleichssumme im Rahmen des § 18 Abs. 2 AufwG. anrechnen lassen müsse und die Beklagte deshalb nicht auf Kosten der

Klägerin ungerechtfertigt bereichert sei. Diesem Ergebnis ist zuzustimmen. Allerdings hat der Vergleich den nach seinem Inhalt bezweckten Erfolg nicht erreicht, wenn er alle Aufwertungsansprüche auch bezüglich der Hypotheken von 180000 *M* und 310000 *M* beseitigen sollte, wenn aber der Sparkasse insoweit noch Aufwertungsansprüche zustehen. Beides ist nach den früheren Darlegungen zu unterstellen. Ebenso kann nach den von den Parteien mitgeteilten Zahlen davon ausgegangen werden, daß die Beklagte auf die Hypotheken von 180000 *M* und 310000 *M* höhere Aufwertungsbeträge erhalten hat, als ihr jetzt nach dem Aufwertungsgesetz zustehen würden. Die Mehrbeträge sind aber der Beklagten — und das entscheidet — nicht auf Kosten der Klägerin zugeflossen.

Das Verhältnis zwischen dem Aufwertungsanspruch des früheren und dem des neuen Gläubigers wird im § 18 Abs. 2 AufwG. grundsätzlich dahin geregelt, daß die Hypothek für den früheren Gläubiger nur insoweit aufgewertet wird, als der für ihn zu berechnende Aufwertungsbetrag den des neuen übersteigt. Es soll also der Schuldner den vollen gesetzlichen Aufwertungsbetrag zahlen, der neue Gläubiger davon so viel bekommen, als sich ergibt, wenn für die Berechnung der Zeitpunkt seines Erwerbes der Hypothek eingesetzt wird; der Rest des Aufwertungsbetrags aber soll dem früheren Gläubiger zufallen. Das ist die Vorschrift über die Berechnung der Aufwertung für den Abtretenden. Was der Schuldner ihm auf seinen Anspruch anrechnen kann, ist nicht besonders bestimmt. Insoweit ist auf den Grundsatz des § 18 Abs. 1 AufwG. zurückzugehen. Danach sind „die geleisteten Zahlungen" anzurechnen, und zwar die vor dem 15. Juni 1922 geleisteten zum Nennbetrag auf den Nennbetrag, die später geleisteten in Höhe ihres Goldmarkbetrags auf den Aufwertungsbetrag. Von dieser Vorschrift ist keine Ausnahme gemacht für den Fall, daß der Schuldner auf Grund eines Vergleichs an den neuen Gläubiger gezahlt hat, der Vergleich aber nach § 67 Abs. 2 AufwG. dem Aufwertungsverlangen des früheren Gläubigers nicht entgegensteht. Allgemeine Rechtsgrundsätze greifen nicht ein. Nach diesen hat der frühere Gläubiger keinerlei Ansprüche mehr an den Schuldner. Gewährt ihm das Aufwertungsgesetz solche, so dürfen sie auch nur nach diesem beurteilt werden. Für die Klägerin ergibt sich daraus die Befugnis, auf den Aufwertungsanspruch der Sparkasse alles das anzurechnen, was die Beklagte an Aufwertung für die

Hypotheken von 180000 *M* und 310000 *M* mehr erhalten hat, als sie nach dem Aufwertungsgesetz zu verlangen gehabt hätte.

Der Beschluß des Reichsgerichts vom 2. März 1927 (RGZ. Bd. 116 S. 255) steht nicht entgegen. Dort ist ausgeführt, daß das Abtretungsentgelt nicht von dem Aufwertungsbetrag des früheren Gläubigers abzuziehen ist, weil es nicht vom Schuldner gezahlt ist, also keine Zahlung im Sinne des § 18 Abs. 1 AufwG. darstellt. Im übrigen entnimmt gerade jener Beschluß dem § 18 AufwG. den mit den obigen Darlegungen übereinstimmenden Gedanken, daß der Schuldner des abgetretenen und aufzuwertenden Rechts nicht mehr zu leisten haben soll, als er zu leisten hätte, wenn keine Abtretung vorgenommen worden wäre.

Bei diesem Ergebnis läßt sich eine Bereicherung der Beklagten auf Kosten der Klägerin nicht feststellen. . . .

---

63. Zur Auslegung des § 81 des Gesetzes über den Versicherungsvertrag.

VII. Zivilsenat. Urt. v. 24. Juni 1927 i. S. L. Feuer-Vers.-Anst. (Bekl.) w. J. (Kl.). (VII) VI 121/27.

I. Landgericht Hildesheim.
II. Oberlandesgericht Celle.

Der Kläger war bei der Beklagten für die Zeit vom 19. Januar 1924 bis 19. Januar 1929 gegen Feuersgefahr versichert:

a) auf Grund Versicherungsscheins Nr. 244456 mit Gebäuden und Fahrnis bis zur Höhe von 18700 und 12600 *RM*.
b) als Inhaber der Firma J. & D. Flachsaufbereitungsanstalt auf Grund Versicherungsscheins Nr. 244457 mit den Flachsvorräten, Maschinen und Werkzeugen bis zur Höhe von 10000 *RM*.

Die Jahresprämie betrug für a) und b) 8 vom Tausend; sie ist bis 19. Januar 1926 gezahlt worden. Mit Brief vom 19. Juli 1925 teilte der Kläger der Beklagten mit, daß ab 15. Juli 1925 der Betrieb der Flachsaufbereitungsanstalt eingestellt sei. Er beantragte, die Versicherung aus Schein 244457 mit dem 15. Juli 1925 aufzuheben und die Prämie auf Schein 244456 zu ermäßigen. Am 28. Juli ersuchte die Beklagte den Kläger, ihr, bevor sie die Betriebseinstellung zu den Scheinen 244456/57 dokumentiere, mitzuteilen, welches Gewerbe jetzt auf seinem Grundstück betrieben werde. Der Kläger erwiderte mit Postkarte vom 29. Juli, auf dem Grundstück werde nur noch Gastwirtschaft betrieben. Die Beklagte sandte dann ihrem Agenten S. eine vom 10. August 1925 datierte Abrechnung, wonach sie dem Kläger die halbe Prämie auf Schein 244457 und 3 v. T. auf Schein 244456 gutbrachte. Die Beklagte will ferner unter dem 31. Juli 1925 zum Versicherungsschein 244456 einen Nachtragsschein 141911 ausgestellt haben, worin die Prämie für diese Versicherung vom 19. Juli 1925 ab auf 2 v. T. ermäßigt wurde. Dieser Nachtragsschein ist dem Kläger erst am 22. September 1925 übersandt worden. Er hat von der Ausstellung des Scheines auch erst nach dem Brande vom 22. August 1925 Mitteilung erhalten, durch den er Brandschaden an Gebäuden, Fahrnis und Maschinen erlitt. Er verlangt Ersatz des Schadens auf Grund der Versicherungsscheine 244456 und 244457 und zwar auf ersteren 25157,50 RM, auf letzteren 6798 RM. Die Beklagte bestreitet die Ersatzpflicht.

Das Landgericht wies die Klage ab. Das Oberlandesgericht verurteilte die Beklagte durch Teilurteil zur Zahlung von 28117,20 RM. Ihre Revision wurde zurückgewiesen.

Aus den Gründen:

Die Revision rügt zu Unrecht rechtsirrige Anwendung des § 81 VVG. auf den vorliegenden Fall. Wohl ist richtig, daß diese Gesetzesvorschrift aus der Erwägung heraus entstanden ist, es solle an Stelle des unbestimmten Zeitraums, während dessen der Antragende nach der allgemeinen Bestimmung des § 147 Abs. 2 BGB. an seinen Antrag gebunden bleibt, eine bestimmte Frist gesetzt und damit der Antragende, falls vom Versicherer innerhalb dieser Frist keine Antwort eingeht, in die Lage versetzt werden, daß er sofort für anderweite Versicherung Sorge tragen kann und nicht der Gefahr ausgesetzt ist, doppelt Prämie bezahlen zu müssen (vgl. Begr. zu § 81 VVG. bei Gerhard-Hagen S. 378flg.). Nun ist der Revision zuzugeben, daß die Gefahr, längere Zeit der Versicherung entbehren oder vielleicht doppelt Prämie zahlen zu müssen, dann zumeist nicht besteht, wenn es sich lediglich um einen Antrag auf Änderung eines bereits abgeschlossenen Vertrags handelt, insbesondere um einen Antrag auf Prämienherabsetzung oder auf Aufhebung eines bestehenden Versicherungsvertrags wegen Wegfalls des Versicherungsinteresses. Aber das Gesetz hat die Vorschrift nicht auf Anträge beschränkt, welche die Schließung oder Verlängerung eines Versicherungsvertrags bezwecken, sondern auch die Anträge auf Vertragsänderung in die Bestimmung einbezogen, und zwar ohne zu unterscheiden, ob die bezeichnete Gefahr für den Versicherungsnehmer dabei in Betracht kommt oder nicht. Es fallen daher alle Anträge auf Änderung eines bestehenden Feuerversicherungsvertrags unter die Vorschrift des § 81. Eine einschränkende Auslegung der Vorschrift ist um so weniger geboten, als sie nicht nur dem Interesse des Versicherungsnehmers, sondern in ihrer weiten Fassung auch dem des Versicherers dient, indem nämlich die bis zum Ablauf der zweiwöchigen Frist erfolgte Annahme des Antrags auch dann noch rechtzeitig ist, wenn der Antragende gemäß § 147 BGB. unter regelmäßigen Umständen den Eingang der Antwort auf seinen Antrag schon früher hätte erwarten dürfen.

Der Antrag des Klägers war demnach erloschen, wenn er nicht binnen zwei Wochen seit seiner Absendung von der Beklagten angenommen wurde. Nach der Feststellung des Berufungsgerichts ist die Frist nicht gewahrt worden. Die am 19. Juli 1925 in Lauf gesetzte Frist lief am 2. August 1925 ab. Der erste Akt aber, aus dem der Wille der Beklagten, den Antrag anzunehmen, zu folgern war, ist erst am 13. August 1925 in die äußere Erscheinung getreten, als nämlich der Agent S. die Abrechnung vom 10. August nebst der Anweisung erhielt, einen Teil der für 1925/26 gezahlten Prämien dem Kläger wieder gutzubringen. Da dieser Akt schon nicht mehr rechtzeitig war, bedarf es keines Eingehens auf die von der Revision angeregte Frage, ob darin nicht eine Annahmeerklärung gegenüber dem Kläger insofern zu finden sei, als S., der auch der Bankier des Klägers war, als sein Vertreter die Erklärung entgegengenommen habe.

Ebensowenig braucht auf die Rüge rechtsirrtümlicher Nichtanwendung des § 151 BGB. eingegangen zu werden. Denn wenn man der Revision zugeben wollte, daß eine Annahmeerklärung nach der Verkehrssitte nicht zu erwarten war, oder daß der Kläger auf eine solche verzichtet gehabt hatte, so mußte doch irgendeine den Annahmewillen der Beklagten nach außen hin kundgebende Handlung binnen der Frist erfolgen. Wenn es auch im Falle des § 151 BGB. keiner Annahmeerklärung bedarf, so ist doch irgendeine äußere Kundgebung des Annahmewillens nötig, die freilich nicht dem Antragenden gegenüber vorgenommen zu werden und zunächst auch nicht einmal zu seiner Kenntnis zu gelangen braucht (RGZ. Bd. 84 S. 320, Bd. 90 S. 430). Eine solche Handlung ist aber innerhalb der Frist festgestelltermaßen nicht erfolgt....

---

64. 1. Auf welche Verhältnisse sind die Begriffe der Beschaffenheit und der Fehlerhaftigkeit der Kaufsache zu beziehen?

2. Ist Ungleichmäßigkeit des Gasdrucks ein Fehler des gelieferten Gases?

3. Wann unterliegt der Schadensersatzanspruch des Käufers wegen schuldhaft vertragswidriger Lieferung der Verjährung des § 477 BGB.?

BGB. §§ 276, 459, 477

VII. Zivilsenat. Urt. v. 24. Juni 1927 i. S. H. GmbH. (Bekl.) w. Th. Elektrizitäts- und Gaswerke A.-G. (Kl.). (VII) VI 135/27.

I. Landgericht Gotha.
II. Oberlandesgericht Jena.

Die Klägerin hat dem Gaswerk in J. die Versorgung des Stadtteils G. mit Gas durch Vertrag von 1922 übertragen und liefert durch dessen Vermittlung der Beklagten das Gas für ihre dortige Fabrik. Im Laufe eines Rechtsstreits über eine Restforderung der Klägerin von 357,90 RM für Gaspreis aus Dezember 1925, der während des ersten Rechtszugs durch Vergleich erledigt wurde, erhob die Beklagte Widerklage auf Schadensersatz. Sie behauptete, ihre Vorgängerin im Betrieb der Fabrik, die ihr auch diesen Anspruch abgetreten habe, sei bis Ostern 1925 in ihrem Betrieb dadurch schwer geschädigt worden, daß ihr das Gas vielfach nicht mit dem für die Arbeiten nötigen Druck zugeführt worden sei. Von dem Schaden, den sie für die Zeit seit April 1924 auf über 24000 RM berechnete, machte sie einstweilen einen Teilbetrag von 4100 RM geltend. Die Widerklage wurde von den Vorinstanzen abgewiesen. Die Revision der Beklagten blieb erfolglos.

Gründe:

Das Berufungsgericht läßt dahingestellt, ob die Schadensersatzansprüche der Beklagten von vornherein begründet waren. Es hält sie jedenfalls für verjährt, weil sie aus angeblichen Mängeln des zu liefernden Gases hergeleitet würden, daher der sechsmonatigen Verjährungsfrist des § 477 BGB. unterlägen und weil die Klägerin weder während des Laufes dieser Verjährungsfrist ein Verhalten, das die Gegeneinrede der Arglist rechtfertigen könnte, beobachtet noch nach deren Ablauf auf den Verjährungseinwand verzichtet habe. Die Revision meint, daß das Berufungsgericht die Ansprüche zu Unrecht als Ansprüche aus Sachmängeln behandle und der nur für diese geltenden Verjährung unterwerfe; beanstandet werde der wechselnde, bald zu geringe, bald zu starke Druck, unter dem das Gas der Beklagten zugeführt worden sei, und dieser bilde nicht einen Mangel des Gases, da er dessen Beschaffenheit nicht berühre. Es handle sich um einen Fehler in der Art der Lieferung, also um eine von der Lieferung einer mangelhaften Sache verschiedene positive Vertragsverletzung, deren Geltendmachung nicht durch § 477 BGB. zeitlich beschränkt sei. Dieser Angriff der Revision geht fehl.

Die im § 477 BGB. für die Ansprüche auf Wandelung, auf Minderung und auf Schadensersatz wegen Mangels einer zugesicherten Eigenschaft der Kaufsache bestimmte kurze Verjährung greift, wie die Revision nicht verkennt, nach ständiger Rechtsprechung des Reichsgerichts (RGZ. Bd. 53 S. 203, Bd. 56 S. 169, Bd. 93 S. 161) wegen der Gleichheit des gesetzgeberischen Grundes auch bei den Schadensersatzansprüchen des Käufers wegen schuldhaft vertragswidriger Lieferung (§ 276 BGB.) Platz, sofern die Vertragswidrigkeit in der Lieferung einer mangelhaften Sache besteht. Ein Mangel der Sache ist jede regelwidrige Beschaffenheit, die ihre Brauchbarkeit oder ihren Wert beeinträchtigt. Die Gleichmäßigkeit oder Ungleichmäßigkeit des Druckes, unter dem das Gas geliefert wird, beruht nun allerdings nicht auf der Art der Zusammensetzung des Gases, wohl aber auf dem Maß seiner Dichte und Ausdehnungskraft; sie betrifft also zwar nicht die chemische, wohl aber die physikalische Beschaffenheit des Gases. Wechselnder, zu geringer oder zu hoher Druck bildet also einen Mangel des Gases, da dieses der Regel nach nur bei Lieferung unter einem bestimmte Grenzen einhaltenden gleichmäßigen Drucke brauchbar ist.

Aber auch wenn der Gasdruck im naturwissenschaftlichen Sinne nicht zur Beschaffenheit des Gases zu rechnen wäre, müßte er im Rechtssinne für diese in Betracht gezogen und ein regelwidriger Gasdruck daher als Mangel des Gases angesehen werden. In der Rechtsprechung des Reichsgerichts wird der Begriff der zugesicherten Eigenschaft der Kaufsache mit Recht auf alle Verhältnisse bezogen, die zufolge ihrer Art und Dauer nach der Verkehrsanschauung einen Einfluß auf die Brauchbarkeit oder Wertschätzung der Sache zu üben pflegen (RGZ. Bd. 52 S. 2, Bd. 59 S. 120, Bd. 101 S. 416). In entsprechender Weise müssen, wie vom Reichsgericht bei Behandlung jener Frage gelegentlich ausgesprochen worden ist (RGZ. Bd. 59 S. 120), auch die Begriffe der Beschaffenheit der Sache und des Sachmangels abgegrenzt werden. Dann aber gehört der Druck, mit dem das Gas dem Abnehmer zugeleitet wird und bei ihm aus der Leitung austritt, im Rechtssinne zur Beschaffenheit der Sache, da er ein dauerndes Verhältnis bildet, das nach seiner Art für die Brauchbarkeit und Bewertung des Gases von Bedeutung ist. Ebenso muß dann die Ungleichmäßigkeit, der zu hohe oder zu niedrige Druck als Mangel des Gases angesehen werden, sofern — wie in der Regel — ein gleichmäßiger Druck von bestimmter Höhe für den im Vertrag vorausgesetzten Gebrauch erforderlich ist.

Wenn die Revision endlich noch ausführt, daß jedenfalls der Schadensersatzanspruch der Beklagten aus unerlaubter Handlung durch Verjährung nicht beseitigt sei, da er nach § 852 BGB. erst in 3 Jahren verjähre, so kann dieser Angriff deshalb keinen Erfolg haben, weil ein Anspruch aus unerlaubter Handlung nicht geltend gemacht ist. Die Beklagte stützt ihren Anspruch laut den Tatbeständen des landgerichtlichen und des Berufungsurteils nicht auf Beschädigungen ihres Eigentums, etwa ihrer Rohstoffe, Fertigwaren oder Geräte, sondern auf die Störungen, die in ihrem Betriebe durch Behinderung der Arbeiten entstanden seien. Solche Beeinträchtigungen begründen aber keinen Ersatzanspruch aus § 823 BGB., sondern nur Ersatzansprüche aus Vertragsverletzung, und es ist auch nicht zu ersehen, daß die Beklagte ihren Anspruch aus jenem ersten Gesichtspunkt herzuleiten versucht hätte.

65. Kann ein geschäftliches Unternehmen als Ganzes schon deshalb für gesetz- und sittenwidrig erklärt und ihm aus diesem Grunde der Firmen-, Namens-, Warenzeichen- und Ausstattungsschutz versagt werden, weil die Art und Weise des Geschäftsgebarens, insbesondere die Art der Reklame, gegen gesetzliche Vorschriften verstößt oder mit den guten Sitten des geschäftlichen Verkehrs nicht in Einklang steht?

UnlWG. § 1. BGB. § 826. WZG. § 15.

II. Zivilsenat. Urt. v. 24. Juni 1927 i. S. E. G. H. u. Gen. (Kl.) w. St. u. Gen. (Bekl.). II 514/26.

I. Landgericht Hamburg, Kammer für Handelssachen.
II. Oberlandesgericht daselbst.

Die Klägerin zu 1, die ihren Geschäftsbetrieb hauptsächlich in England ausübt, vertreibt seit Jahren, besonders in außerdeutschen Ländern, ein Gesundheitssalz unter der Bezeichnung „Kruschen-Salz"; seit dem 3. Dezember 1912 ist für sie das Wortzeichen „Kruschen" für Heilmittel in die Zeichenrolle des Patentamts eingetragen. Sie macht für ihre Ware u. a. durch Bilder Reklame, indem sie einen älteren Mann darstellt, der sein Wohlbefinden nach Genuß des Salzes durch starke und schnelle Bewegungen ausdrückt. Die Klägerin zu 2 hat von ihr im August 1925 das Recht übertragen erhalten, das Kruschensalz in Deutschland herzustellen und zu vertreiben, sowie das Warenzeichen zu benutzen.

Die am 28. März 1925 gegründete Beklagte zu 1, die „Stuvkamp-Salz-Werke GmbH.", vertreibt ebenfalls ein Gesundheitssalz und zwar unter der Bezeichnung „Stuvkamp-Salz", und macht für dieses Salz eine ähnliche Reklame wie die Klägerin zu 1. Für sie ist am 25. September 1925 das Wortzeichen „Stuvkamp" und später, im Laufe des Rechtsstreits, noch ein weiteres Wortzeichen, „Stuvkamp-Gefühl", in die Zeichenrolle eingetragen worden.

Die Klägerinnen fordern von der Beklagten zu 1 Unterlassung der Benutzung von Reklamebildern, die übermütig laufende, springende, gleitende oder sonst in Bewegung befindliche Menschen darstellen, ferner Unterlassung der Bezeichnungen „Stuvkamp-Salz" und „Stuvkamp-Gefühl", Unterlassung des Gebrauchs der Firma „Stuvkamp-Salzwerke GmbH." und Löschung dieser Firma. Zur Begründung wird geltend gemacht: Die Nachbildung der Reklame der Klägerin zu 1 durch die Beklagte zu 1 verstoße gegen die guten Sitten und enthalte unlauteren Wettbewerb, besonders weil die Klägerin zu 2, wie den Beklagten bekannt gewesen sei, im März 1925 den ausgedehnten Vertrieb des Kruschensalzes in Deutschland unter Benutzung jener Bildreklame habe beginnen wollen. Die Firmen der Klägerin zu 2 und der Beklagten zu 1 seien im Zusammenhang mit der betriebenen Reklame verwechslungsfähig, ebenso die Bezeichnungen der Waren der Parteien.

Die Beklagten haben bestritten, daß die Beklagte zu 1 die Reklame der Klägerin zu 1 nachgeahmt habe und daß die Bezeichnungen und Firmen der Parteien miteinander zu verwechseln seien. Die Art und Weise der von der Klägerin geübten Reklame sei nicht neu, sondern in ähnlicher Weise schon von anderen Firmen gebraucht worden. Ein Wettbewerb mit der Klägerin zu 1 bestehe nicht, weil die Absatzgebiete der Parteien ganz verschieden seien.

Das Landgericht wies die Klage im ganzen Umfang ab. Die Berufung der Klägerinnen war erfolglos. Ihre Revision hatte zum Teil Erfolg.

Aus den Gründen:

... Wegen der Ansprüche der Klägerinnen auf Unterlassung der Benutzung der nachahmenden Bilder und auf Ersatz des hierdurch verursachten Schadens hat das Berufungsgericht festgestellt, die Bilder, welche die Klägerinnen für ihr Kruschensalz als Reklame gebrauchten, hätten der Bildreklame der Beklagten zu 1 für ihr Heil- und Stärkungsmittel „Stuvkampsalz" als Vorbild gedient, so daß die Gefahr einer Verwechslung ohne weiteres gegeben sei. Das angefochtene Urteil erblickt in dieser Verwendung fremder Arbeit zur Empfehlung eigener Waren zutreffend einen Verstoß gegen die guten Sitten und hält, da es weiter feststellt, daß die Parteien im geschäftlichen Wettbewerb miteinander stehen, die Voraussetzungen des § 1 UnlWG. und des § 826 BGB. für gegeben. Trotzdem versagt es den Klägerinnen für ihre Ansprüche auf Unterlassung und Schadensersatz den Rechtsschutz, weil der Vertrieb des Kruschensalzes so, wie die Klägerinnen ihn ausübten, seinem Wesen und

Zwecke nach gegen das Gesetz und gegen die guten Sitten verstoße. Das Berufungsgericht nimmt auf Grund des eingeholten Gutachtens an, daß das Kruschensalz ein Gemenge von Salzen sei, das weder aus natürlichen Mineralwässern gewonnen noch den aus ihnen gewonnenen Salzen nachgebildet sei, vielmehr sich wesentlich von ihnen unterscheide und deshalb nach § 1 der Verordnung vom 22. Oktober 1901 betreffend den Verkehr mit Arzneimitteln außerhalb der Apotheken nicht feilgehalten werden dürfe. Diese Beschränkung findet aber nach § 3 der Verordnung auf den Großhandel keine Anwendung und auch die Geschäftsbetriebe der Klägerinnen würden ihr nicht unterliegen, soweit sie sich als Großhandel darstellen, was in zweifellos größerem Umfang der Fall ist. Weiter hält das Berufungsgericht das Kruschensalz für ein sog. Geheimmittel, d. h. für ein Arzneimittel, bei dem nicht in einer jedermann verständlichen Art die Bestandteile des Mittels nach Art und Menge aus einem Aufdruck auf der Verpackung ersichtlich sind. Endlich stellt der Berufungsrichter fest, daß die Anpreisungen des Kruschensalzes diesem Mittel Wirkungen beilegten, die über den wahren Wert des Mittels hinausgingen, wodurch das Publikum irregeführt werde. Demgemäß falle das Kruschensalz unter die Verordnung des Hamburger Senats vom 1. Juni 1900 und sei seine öffentliche Ankündigung verboten. Weiter geht das Urteil davon aus, daß der ganze Geschäftsbetrieb der Klägerinnen sowohl nach seinem Zweck wie nach seiner Geschäftsmethode gegen die guten Sitten verstoße, weil er darauf gerichtet sei, ein billig herzustellendes Mittel, dem keine außergewöhnliche Wirkung zukomme, durch wilde und gewissenlose Reklame in großen Mengen zu ungeheuerlichen Preisen dem irregeleiteten Publikum aufzudrängen; ein solcher sittenwidriger Geschäftsbetrieb könne nicht den Schutz der Gerichte finden.

Das Berufungsgericht hat diese Ansprüche nur unter dem allgemeinen Gesichtspunkt des § 1 UnlWG. und des § 826 BGB. beurteilt. Bei der Klägerin zu 1, die sich schon jahrelang vor der Beklagten zu 1 der von dieser jetzt nachgeahmten Bildreklame bedient hat und nach deren Behauptung diese Bildreklame als Kennzeichen ihres Kruschensalzes gilt, würde auch der besondere Ausstattungsschutz des § 15 WZG. in Betracht kommen, auf den die Ansprüche ausdrücklich mitgestützt sind. Enthielten die Reklamen der Klägerinnen anstößige Wörter oder Bilder, so könnten sie nicht geschützt werden. Denn was in § 1 Abs. 2 Nr. 1 PatG. für Erfindungen und in § 4 Abs. 1 Nr. 3 WZG. für Warenzeichen bestimmt ist, gilt selbstverständlich auch für Ausstattungen und Reklamen. Darum aber handelt es sich hier nicht, sondern es fragt sich, ob der Ausstattung (Reklame) der Klägerinnen der Schutz gegen Nachahmung wegen angeblicher Gesetz- und Sittenwidrigkeit ihres Geschäftsbetriebs zu versagen ist. Es ist nicht zweifellos und braucht hier nicht entschieden zu werden, ob einem geschäftlichen Unternehmen, dessen Zweck auf etwas gesetzlich Verbotenes oder Sittenwidriges, z. B. auf den Vertrieb von Abtreibungsmitteln gerichtet ist, aus allgemeinen Gründen ohne weiteres der Firmen-, Namens- und Warenzeichenschutz sowie der auf tatsächlichen Gebrauch gestützte Ausstattungsschutz zu verweigern wäre. Denn jedenfalls kann dem angefochtenen Urteile darin nicht beigetreten werden, daß die Geschäftsbetriebe der Klägerinnen als solche gesetzwidrig seien und gegen die guten Sitten verstießen.

Mit Recht macht die Revision geltend, von einer Gesetzwidrigkeit der Betriebe aus den vom Oberlandesgericht angegebenen Gründen könne keine Rede sein. Daß der § 1 der Verordnung über den Verkehr mit Arzneimitteln vom 22. Oktober 1901 hier nur in beschränktem Umfang Platz greift und jedenfalls insoweit keine Anwendung findet, als die Klägerinnen ihr Kruschensalz im Großhandel an Apotheken verkaufen, ist bereits hervorgehoben. Der Umstand aber, daß die von den Klägerinnen entfaltete Reklametätigkeit durch die Hamburger Verordnung vom 1. Juni 1900 verboten und unter Strafe gestellt ist, reicht nicht aus, um den ganzen Geschäftsbetrieb der Klägerinnen als einen gesetzlich verbotenen erscheinen zu lassen. Die Klägerin zu 1 übt ihren Geschäftsbetrieb in erster Linie in England und in anderen außerdeutschen Ländern aus und die Klägerin zu 2 hat ihren Sitz in Berlin, wird also durch die Hamburger Verordnung nicht gehindert, ihre Reklametätigkeit in anderen deutschen Ländern auszuüben, soweit dort nicht ähnliche Vorschriften bestehen. Auch unerlaubte Reklame für die gewerblichen Erzeugnisse eines Betriebs reicht für sich allein nicht aus, um diesen Betrieb als ganzen zu einem gesetzlich verbotenen zu machen. Insbesondere kann ein Hamburger Gericht einem auch außerhalb Hamburgs sich betätigenden gewerblichen Betrieb den Rechtsschutz nicht deshalb allgemein versagen, weil seine Reklametätigkeit innerhalb des Hamburger Rechtsgebiets mit Strafe bedroht ist.

Die Schlußfolgerung, daß das ganze Unternehmen der Klägerinnen als solches sittenwidrig sei, kann ebenfalls nicht gebilligt werden. Die Erwägungen des Berufungsgerichts laufen darauf hinaus, daß die Art und Weise, wie die Klägerinnen zur Zeit ihren Geschäftsbetrieb ausüben, gegen die guten Sitten verstoße. Sittenwidrig soll nach den Urteilsgründen nur sein, daß die Klägerinnen dem Kruschensalz in ihren Reklamen übertriebene Vorzüge andichten und dieses Mittel zu einem die Gestehungskosten außerordentlich übersteigenden Preis vertreiben. Dabei hebt das Oberlandesgericht selbst hervor, daß auf die Übertreibungen der Reklamebilder, die sich zum großen Teile als scherzhafte Reklame darstellen, kein Wert zu legen sei. Daß das Kruschensalz überhaupt keine günstige Wirkung auf den menschlichen Körper ausübt, hat das Berufungsgericht nicht festgestellt und konnte es nach dem eingeholten Gutachten auch nicht feststellen. An sich verstößt der Vertrieb von Kruschensalz nicht gegen die guten Sitten; zu beanstanden sind nur die Auswüchse des Geschäftsgebarens, die schwindelhafte Reklame für ein Heil- und Stärkungsmittel, dessen Herstellungswert gering ist und das die ihm angepriesenen außerordentlichen Wirkungen nicht besitzt. Ein geschäftliches Unternehmen ist aber nicht schon deshalb als ganzes sittenwidrig, weil die Art und Weise des Geschäftsgebarens, namentlich eine schwindelhafte Reklame für minderwertige Waren, mit den guten Sitten des geschäftlichen Verkehrs nicht im Einklang steht. Aus diesem Grunde kann also dem Unternehmen der Firmen-, Namens-, Warenzeichen- und Ausstattungsschutz nicht ganz versagt werden. Dem wirklich vorhandenen Bedürfnis wird durch die §§ 1, 3 und 13 UnlWG. Rechnung getragen; jeder Konkurrent und jeder Verband zur Förderung gewerblicher Interessen kann auf Grund dieser Bestimmungen Unterlassung der schwindelhaften Reklame verlangen oder ein Vorgehen nach § 4 UnlWG. veranlassen. Die Auffassung des Berufungsgerichts würde auch dazu führen, daß in jedem Firmen-, Namens- und Warenzeichenprozeß der Beklagte die Frage aufwerfen könnte, ob der Kläger sein (an sich nicht anstößiges) Geschäft auch in einwandfreier, mit den guten Sitten vereinbarer Weise betreibe. Das wäre aber ein rechtspolitisch unhaltbares Ergebnis.

Hiernach läßt sich die Auffassung des angefochtenen Urteils nicht aufrecht erhalten, daß den Klägerinnen wegen Sittenwidrigkeit ihrer Betriebe der Rechtsschutz gegenüber den Eingriffen der Beklagten zu versagen sei.

---

66. Welche Anforderungen sind an die Bezeichnung des Inhalts einer in das Grundbuch einzutragenden Dienstbarkeit zu stellen?

V. Zivilsenat. Beschl. v. 25. Juni 1927 in der Grundbuchsache von Friedrichstal Bd. 20 Heft 24. V B 11/27.

I. Amtsgericht Karlsruhe.
II. Landgericht daselbst.

Der Sachverhalt und die Entscheidung ergeben sich aus nachfolgenden

Gründen:

Der Landarbeiter H. und seine Ehefrau in F. sind in allgemeiner Gütergemeinschaft Eigentümer eines im Grundbuch von F. eingetragenen Grundstücks. Sie haben vom Badischen Staat aus Mitteln der produktiven Erwerbslosenfürsorge als Beitrag zur Errichtung eines Wohngebäudes mit Stallung auf dem Grundstück ein zinsloses Darlehen von 3600 RM erhalten. Am 12. Februar 1926 haben sie mittels beglaubigter Urkunde bewilligt und beantragt, zugunsten des Badischen Staates zur Sicherung des ihnen gewährten Darlehens eine Sicherungshypothek von 3600 RM und ferner eine beschränkte persönliche Dienstbarkeit des Inhalts einzutragen, daß „die (von ihnen zu errichtende) Wohnung auf die Dauer von 50 Jahren nur von deutschstämmigen Landarbeiterfamilien oder ihnen Gleichgestellten bewohnt werden darf." Das Grundbuchamt hat die Hypothek eingetragen, über den weitergehenden Antrag aber am 15. März 1926 eine Zwischenverfügung dahin erlassen, daß diesem Antrage vorerst nicht entsprochen werden könne, da die Bezeichnung „deutschstämmig" nicht bestimmt genug sei, um zweifelsfrei richtig verstanden zu werden. Unter Bezugnahme auf die vom beschließenden Senat erlassene Entscheidung vom 14. Oktober 1925 (RGZ. Bd. 111 S. 384) hat das Grundbuchamt sich dahin geäußert, daß gegen die Eintragung der Dienstbarkeit kein Bedenken bestehe, wenn anzunehmen sei, daß mit dem Worte „deutschstämmig“ nur die deutsche Staatsangehörigkeit gemeint sei; der Ausdruck müsse dann aber entsprechend richtiggestellt werden. Sofern diese Annahme nicht zutreffe, könne eine Beschränkung, die eine nähere Prüfung der Abstammungsverhältnisse im einzelnen Falle und nach sonstigen Merkmalen erfordern würde, gegenüber den für das Grundbuch zu stellenden Anforderungen nicht als ausreichend ausgedrückt gelten. Dem Ausdruck „deutschstämmig“ sei dann kein klarer bestimmter Inhalt zu entnehmen. Zur Klarstellung des Antrags in diesem Sinne ist den Antragstellern eine Frist von 6 Wochen bestimmt worden. Mit Erlaß vom 22. April 1926 hat darauf der Badische Minister des Innern das Bezirksamt Karlsruhe angewiesen, den Antrag auf Eintragung der Dienstbarkeit durch Beifügung des Zusatzes klarzustellen: „d. h. Personen, die sich im Besitze der deutschen Reichsangehörigkeit befinden, oder Personen, die ohne die deutsche Reichsangehörigkeit zu besitzen, nach Sprache und Abstammung dem deutschen Volkstum angehören.“ Nachdem das Bezirksamt dieser Anweisung entsprochen hatte, hat das Grundbuchamt den Antrag der Eheleute H. auf Eintragung der darin bezeichneten beschränkten persönlichen Dienstbarkeit mit der Begründung zurückgewiesen, daß diese binnen der ihnen bestimmten Frist keine Erklärung abgegeben hätten, aus der Erklärung des Ministers des Innern aber hervorgehe, daß nicht lediglich die deutsche Staatsangehörigkeit gefordert werde, sondern gegebenenfalls eine Beschränkung vorliege, die eine nähere Prüfung der Abstammungsverhältnisse im einzelnen Fall und nach sonstigen Merkmalen erfordere, somit die Voraussetzungen der Deutschstämmigkeit nicht bestimmt und klar genug bezeichnet seien.

Hiergegen hat der Minister des Innern am 16. November 1926 Beschwerde eingelegt und sich zu ihrer Begründung insbesondere auf eine Entscheidung des Kammergerichts vom 3. Dezember 1925 1 X 669/25 berufen, in der die vom Senat in seinem vorerwähnten Beschluß wegen des Begriffs der Deutschstämmigkeit zum Ausdruck gebrachten Zweifel schon dann als behoben angesehen werden, wenn dieser Begriff dahin erläutert werde, daß unter deutschstämmigen Personen solche zu verstehen seien, die, wenn auch politisch nicht dem Deutschen Reich, doch stammesmäßig dem deutschen Volkstum angehörten. Das Landgericht hat die Beschwerde mit Beschluß vom 16. Januar 1927 als unbegründet zurückgewiesen, weil der Begriff „deutschstämmig" der für den Grundbuchverkehr erforderlichen Eindeutigkeit und Bestimmtheit entbehre. Es komme dabei weder auf die Staatsangehörigkeit noch auf die Muttersprache, sondern ausschließlich auf die Rasse an. Wie diese festgestellt werden solle, sei nicht ersichtlich; auch sei insbesondere zweifelhaft, wie zu entscheiden sei, wenn die Eltern verschiedener Stammesangehörigkeit seien.

Gegen diese Entscheidung hat der Minister des Innern am 14. Februar 1927 weitere Beschwerde erhoben und beantragt, die Entscheidungen der Vorinstanzen aufzuheben und das Grundbuchamt zur Eintragung der Dienstbarkeit anzuweisen. Für den Fall, daß der Ausdruck „deutschstämmig" als zu unbestimmt befunden werde, hat er vorsorglich beantragt, diesen Ausdruck durch den Zusatz zu ergänzen, „d. h. Personen, die, auch ohne die deutsche Reichsangehörigkeit zu besitzen, nach Sprache und Abstammung offenbar dem deutschen Volkstum angehören." Das Oberlandesgericht hat im Hinblick auf die Ausführungen des Senats in dem mehrerwähnten Beschluß die Begründung einer beschränkten persönlichen Dienstbarkeit des Inhalts für zulässig erachtet, daß das auf einem Grundstück erbaute Wohnhaus nur an Landarbeiter einer gewissen, näher bezeichneten Art zum Wohnen überlassen werden dürfe. Es ist aber in Übereinstimmung mit den Vorinstanzen der Auffassung, daß der Begriff „deutschstämmig" diejenigen Landarbeiter, an die das Wohnhaus zum Bewohnen überlassen werden dürfe, nicht bestimmt genug bezeichne und daß daher die Eintragung der hier in Rede stehenden Dienstbarkeit unzulässig sei. Dieser Mangel werde auch durch die in der weiteren Beschwerde vorsorglich vorgeschlagene Begriffsbestimmung nicht beseitigt. Denn in vielen Fällen seien von den Stammeltern, wenn sich ihr Volkstum überhaupt bestimmen lasse, unter völkischen Gesichtspunkten ein Teil als Deutsche, ein anderer Teil als Nichtdeutsche anzusehen. Welchem Volkstum in solchen Fällen der Abkömmling angehöre, dafür fehle jeder allgemein anerkannte Maßstab. Insbesondere sei nicht klar, ob es zur Annahme der Deutschstämmigkeit genüge, wenn die Eltern Deutsche seien, oder ob und inwieweit auch die Großeltern oder noch weitere Vorfahren Deutsche gewesen sein müßten. Durch die Hinzufügung des Begriffsmerkmals der deutschen Muttersprache würden die vorhandenen Zweifel nur verstärkt. Das Oberlandesgericht möchte daher die weitere Beschwerde zurückweisen, sieht sich aber daran durch die erwähnte Entscheidung des Kammergerichts vom 3. Dezember 1925 gehindert und hat deshalb die weitere Beschwerde unter Hinweis auf § 79 GBO. dem Reichsgericht zur Entscheidung vorgelegt.

Die Voraussetzungen des § 79 GBO. liegen hier vor. Die weitere Beschwerde ist auch an sich statthaft und in gehöriger Form eingelegt. Es war ihr aber der Erfolg zu versagen.

Mit Recht gehen die Vorinstanzen davon aus, daß die Eintragung einer Dienstbarkeit in das Grundbuch ebenso wie die Eintragung eines sonstigen dinglichen Rechts eine bestimmte Bezeichnung des Inhalts dieses Rechts voraussetzt. Diesem Erfordernis ist aber nach den bisher von den Grundstückseigentümern und vom Beschwerdeführer gestellten Anträgen nicht genügt. Denn die Vereinbarung, daß die auf dem Grundstück zu errichtende Wohnung auf die Dauer von 50 Jahren nur von deutschstämmigen Landarbeiterfamilien oder ihnen Gleichgestellten bewohnt werden dürfe, läßt die erforderliche Bestimmtheit des Inhalts der damit vereinbarten Dienstbarkeit vermissen. Daß der Ausdruck „deutschstämmig" verschiedener Auslegung fähig ist, hat der Senat bereits in seinem Beschluß vom 14. Oktober 1925 ausgesprochen und daran ist hier um so mehr festzuhalten, als die Auslegungen, die der Beschwerdeführer selbst diesem Begriff in seiner Anweisung an das Bezirksamt und sodann in der weiteren Beschwerde gegeben hat, insofern voneinander abweichen, als nach ersterer deutsche Reichsangehörige, auch wenn sie nach ihrer Abstammung einem fremden Volkstum angehören und früher Ausländer waren, als deutschstämmig zu behandeln wären, während dies nach der in der weiteren Beschwerde enthaltenen Begriffsbestimmung, wenn nicht abzulehnen, so doch zum mindesten zweifelhaft wäre. Auch nach Klarstellung dieses Zweifelpunkts würde indes dem Antrage des Beschwerdeführers, so wie er gestellt ist, nicht entsprochen werden können. Allerdings stellen die Vorinstanzen und in Übereinstimmung mit ihnen der Vorlegungsbeschluß des Oberlandesgerichts an die Bestimmtheit der Bezeichnung des Inhalts der Dienstbarkeit hier zu weitgehende Anforderungen, wenn sie eine Begriffsbestimmung erfordern, die von vornherein für alle nur denkbaren Fälle jede Möglichkeit eines Zweifels ausschließt. Denn jede Möglichkeit eines Zweifels wird vielfach nicht ganz auszuschließen sein. Es muß daher genügen, und ist auch für das praktische Bedürfnis für ausreichend zu erachten, wenn die Bezeichnung des Inhalts der Dienstbarkeit so bestimmt ist, daß der Richter im Streitfalle nach verständigem Ermessen in der Lage ist, die Grenze zu ziehen. Diese Voraussetzung ist aber hier, soweit es sich um den Begriff der Deutschstämmigkeit handelt, gegeben, wenn unter Zuziehung der beteiligten Grundstückseigentümer klargestellt wird, ob unter den in ihrer Eintragungsbewilligung erwähnten deutschstämmigen Landarbeiterfamilien solche zu verstehen sind, die nach Sprache und Abstammung offenbar dem deutschen Volkstum angehören, und wenn ferner klargestellt wird, ob, wie es den Anschein hat, auch andere Landarbeiter, wenn sie die deutsche Reichsangehörigkeit besitzen, mit einbegriffen sein sollen oder nicht. Immerhin ist Klarstellung dieses Zweifelpunkts erforderlich. Abgesehen davon bleibt auch nach seiner Beseitigung unklar, was unter den solchen Landarbeiterfamilien „Gleichgestellten" zu verstehen ist. Auch nach dieser Richtung entbehren daher die Eintragungsbewilligung und die gestellten Anträge der erforderlichen Bestimmtheit. Die weitere Beschwerde konnte daher im Hinblick auf die bisher gestellten Anträge keinen Erfolg haben.

67. 1. Hat bei der Feuerversicherung der Versicherungsnehmer gegenüber dem Versicherer dafür einzustehen, wenn seine Ehefrau durch grobe Fahrlässigkeit einen Brandschaden herbeiführt?

2. Wird bei der Versicherung für fremde Rechnung der Versicherer von der Leistungspflicht befreit, wenn der Versicherte durch grobe Fahrlässigkeit den Versicherungsfall herbeiführt?

Gesetz über den Versicherungsvertrag §§ 61, 67, 74 bis 80, 85.

VII. Zivilsenat. Urt. v. 28. Juni 1927 i. S. L. (Kl.) w. H. Versicherungs-Aktiengesellschaft (Bekl.). (VII) VI 82/27.

I. Landgericht Stettin.
II. Oberlandesgericht daselbst.

Der Kläger hat bei der Beklagten laut Versicherungsschein Nr. 505021 vom 5. September 1924 die gesamte Einrichtung seines Hausstands zu 10000 GM und laut Versicherungsschein Nr. 505036 vom 6. September 1924 Schreib-, Papier-, Spiel- und Textilwaren, in seiner Wohnung befindlich, zu 5000 GM, je auf die Dauer von zehn Jahren seit dem 1. September 1924, gegen Feuer versichert.

Am Morgen des 21. Oktober 1925 entstand in Abwesenheit des Klägers, der geschäftlich verreist war, dadurch ein Brand in seiner Wohnung, daß seine Ehefrau, die glühende Kohlen von einem Ofen nach einem anderen Ofen tragen wollte, infolge Anstoßens an einen Stuhl Kohlen fallen ließ, wodurch zunächst ein Vorhang und Kleidungsstücke Feuer fingen.

Der Kläger behauptet, durch den Brand sei ein Teil der Hausstandseinrichtung, die zum größten Teil seiner Ehefrau, zum geringeren ihm selbst gehört habe, sowie ihm gehörige Textilwaren vernichtet worden. Er beziffert den Gesamtschaden auf 5833,80 RM und verlangt, nachdem die Beklagte wegen der der Frau L. zur Last fallenden groben Fahrlässigkeit die Ersatzleistung abgelehnt hat, mit der Klage Zahlung eines Teilbetrags von 4050 RM.

Die Vorinstanzen haben die Klage abgewiesen. Die Revision des Klägers führte zur Aufhebung des Berufungsurteils und zur Zurückverweisung der Sache.

Gründe:

Das Berufungsgericht sieht in dem Verhalten der Ehefrau des Klägers, das für die Entstehung des Schadenfeuers ursächlich war, eine grobe Fahrlässigkeit, die dem Kläger als dem Versicherungsnehmer anzurechnen sei und nach § 61 VVG. und dem damit inhaltlich übereinstimmenden § 12 Abs. 2 der Allgemeinen Versicherungsbedingungen der Beklagten diese von ihrer Leistungspflicht aus dem Versicherungsvertrag befreie.

Mit Recht wendet sich die Revision gegen diese Auffassung. Zwar liegt darin, daß der Vorderrichter das Verschulden der Frau L. als grobe Fahrlässigkeit bewertet, kein Rechtsirrtum. Hingegen kann die Annahme nicht gebilligt werden, daß der Kläger gegenüber der Beklagten dafür einzustehen hätte.

Daß sich eine derartige Haftung des Versicherungsnehmers für schuldhaftes Handeln Dritter nicht aus § 278 BGB. herleiten läßt, scheint auch das Oberlandesgericht anzunehmen, da es auf diesen Gesichtspunkt nicht eingeht. Das Reichsgericht hat bereits im Urteil RGZ. Bd. 83 S. 43 ausgesprochen, daß hier jene Gesetzesvorschrift unanwendbar ist, weil es nicht zu den Verbindlichkeiten des Versicherungsnehmers gegenüber dem Versicherer gehört, Fahrlässigkeit in bezug auf das versicherte Risiko zu vermeiden, und deshalb niemals davon die Rede sein kann, daß er sich insoweit eines anderen „zur Erfüllung seiner Verbindlichkeit bediente" (vgl. auch RGZ. Bd. 62 S. 190, Bd. 102 S. 113). An dieser Ansicht ist festzuhalten.

In der Entscheidung Bd. 83 S. 44 wie auch schon vorher in RGZ. Bd. 37 S. 149 und Bd. 51 S. 20 hat sich indes das Reichsgericht zu dem von der herrschenden Meinung vertretenen Satze bekannt, daß dem eigenen Verschulden des Versicherungsnehmers dasjenige solcher Personen gleich zu achten ist, die als sog. „Repräsentanten" in dem Betrieb, auf den sich das Versicherungsverhältnis bezieht, an seiner Stelle stehen (vgl. Gerhard-Manes, Kommentar zum Versicherungsvertragsgesetz, Anm. 4 zu § 61, S. 289). Hierauf fußend meint das Berufungsgericht, daß die Ehefrau des Klägers als dessen Repräsentantin in diesem Sinne anzusehen sei. Zu einer solchen Annahme reichen aber die getroffenen Feststellungen nicht aus. Die bloße Tatsache, daß der Kläger am Brandtage geschäftlich verreist war und infolgedessen den Hausstand der Obhut seiner Frau überlassen hatte, kann zur Begründung eines rechtsgeschäftlichen Vertretungsverhältnisses keinesfalls genügen. Dies hat das Reichsgericht schon in RGZ. Bd. 51 S. 20 angenommen, wo ein ähnlich liegender Fall — wenn auch nach preußischem Rechte — zur Beurteilung stand. Daß der Kläger bei seiner Abreise die Geschäftsführung seiner Ehefrau übertragen hätte, ist nicht festgestellt. Zudem weist diejenige Handlung, bei deren Vornahme Frau L. den Brand herbeigeführt hat, in keiner Weise darauf hin, daß sie sich als Vertreterin ihres Mannes angesehen und betätigt hätte. Vielmehr war das Ofenheizen eine Verrichtung, die ihr gemäß § 1356 BGB. als eigenes Recht zustand und als eigene Pflicht oblag, mochte ihr Ehemann anwesend sein oder nicht.

Hinsichtlich der durch das Feuer vernichteten Textilwaren meint der Berufungsrichter die Verantwortlichkeit des Mannes für das Verschulden der Frau mit der Erwägung besonders begründen zu können, daß der Kläger den Kleinhandel mit diesen Waren nach außen hin auf den Namen seiner Frau, im Innenverhältnis aber für eigene Rechnung betrieben habe. Indes erscheint dieser Umstand allein — und weiteres hat der Vorderrichter nicht festgestellt — ungeeignet zur Rechtfertigung eines Vertreterverhältnisses. Der Kläger verfuhr in dieser Weise lediglich deshalb, weil er sich den Textilwarenfabrikanten, deren Vertretungen er hatte, verpflichtet hatte, mit Textilwaren nicht auch für eigene Rechnung zu handeln. Trotz der Verschleierung, die er vornahm, blieb er tatsächlich doch der Herr des Handelsbetriebs, und es trat namentlich in keiner Weise zutage, daß sich an den bestehenden Verhältnissen durch sein Verreisen für kurze Zeit irgend etwas geändert hätte.

Die Beklagte meint, sich gegenüber diesen auch von der Revision vertretenen Erwägungen darauf berufen zu können, daß der Vorderrichter tatsächlich festgestellt habe, nach Sinn und Inhalt des Versicherungsvertrags habe die Gefahr, es könnten die versicherten Sachen des Klägers durch Verschulden seiner Frau von einem Feuerschaden betroffen werden, nicht einen Teil des versicherten Risikos bilden sollen. Indes ist darin nicht eine den Revisionsrichter bindende Feststellung einer Tatsache zu sehen, sondern lediglich eine rechtliche Beurteilung des Vertragsinhalts, für welche die zur mittlung dieses Inhalts allein in Betracht kommenden Urkunden — Versicherungsscheine und Versicherungsbedingungen — keinerlei Unterlage bieten. Die Annahme, es hätten die Verpflichtungen des Versicherers über die Bestimmungen jener Urkunden und des Gesetzes hinaus eingeschränkt werden sollen, ist durchaus abzulehnen.

Fehlt es sonach an den Voraussetzungen, unter denen eine Vertretung des Klägers durch seine Ehefrau im Rahmen des Versicherungsverhältnisses angenommen werden könnte, so ist seine Haftbarkeit für ihr Verschulden überhaupt zu verneinen. Keinesfalls läßt sich eine solche aus familienrechtlichen Beziehungen herleiten. Hier ist auf die Vorschrift im § 67 Abs. 2 VVG. hinzuweisen, wo für den Fall, daß dem Versicherungsnehmer ein Anspruch auf Ersatz des Schadens gegen einen mit ihm in häuslicher Gemeinschaft lebenden Familienangehörigen zusteht, der Übergang des Anspruchs auf den Versicherer, der nach der Regel des § 67 Abs. 1 sonst eintreten würde, ausgeschlossen wird, wenn nicht der Angehörige den Schaden vorsätzlich verursacht hat. Diese Vorschrift wäre gegenstandslos, wenn man den § 61 oder sonstige Vorschriften des Gesetzes so auslegen wollte, daß der Versicherungsnehmer Vorsatz und grobe Fahrlässigkeit solcher Familienangehörigen unmittelbar zu vertreten habe. Welchen Zweck der Gesetzgeber hat erreichen wollen, das ergibt sich deutlich aus der amtlichen Begründung des Entwurfs zum Gesetz über den Versicherungsvertrag von 1905, wo auf S. 127 zu § 67 Abs. 2, der unverändert Gesetz wurde, gesagt ist:

> „Fällt dem Versicherungsnehmer selbst ein die Haftung des Versicherers ausschließendes Verschulden nicht zur Last, so muß er, soweit möglich, auch dagegen geschützt werden, daß er infolge des Verschuldens eines Familienangehörigen der ihm zustehenden Entschädigung tatsächlich wieder verlustig geht."

Sonach bleibt nur noch zu erörtern, ob etwa der Umstand, daß ein Teil der verbrannten Sachen im Eigentum der Ehefrau des Klägers gestanden hat, insoweit zu einer abweichenden Beurteilung führen muß. Jedoch auch dieses ist zu verneinen. Nach der maßgebenden Vorschrift des § 85 VVG. gilt für die hier in Frage kommenden Sachen die vom Kläger mit der Beklagten über die gesamte Hausstandseinrichtung am 5. September 1924 eingegangene Versicherung als für fremde Rechnung genommen. Die §§ 74 bis 80, in denen das Gesetz die Versicherung für fremde Rechnung regelt, enthalten aber keine Vorschrift, die, entsprechend dem § 61 VVG., gegenüber dem vom „Versicherungsnehmer" scharf zu scheidenden „Versicherten", der den Versicherungsfall vorsätzlich oder durch grobe Fahrlässigkeit herbeiführt, eine Befreiung des Versicherers von der Leistungspflicht aufstellte. Eine solche Bestimmung würde der Gesetzgeber, wenn er sie hätte treffen wollen, in das mit besonderer Sorgfalt jahrelang vorbereitete Gesetz sicherlich aufgenommen haben. Davon ist um so mehr auszugehen, als der § 79 VVG. für eine Reihe sonstiger Umstände, die für das Versicherungsverhältnis von Wichtigkeit sind, im einzelnen verordnet, inwieweit der Versicherte dem Versicherungsnehmer rechtlich gleichzustellen ist. Bei dem Schweigen des Sondergesetzes kann mithin eine Berechtigung des Versicherers, dem Versicherten, der schuldhaft einen Brandschaden herbeigeführt hat, die Ersatzleistung zu verweigern, nur aus allgemeinen Rechtsgrundsätzen hergeleitet werden. Die hier in Betracht kommende allgemeine Arglisteinrede würde jedoch, auch bei Heranziehung des § 242 BGB., nur einen Rechtsverlust des vorsätzlichen Schädigers begründen können. Vorsätzliches Handeln fällt aber der Ehefrau des Klägers nicht zur Last.

Nach alledem erweist sich der Einwand, den die Beklagte aus der Entstehungsursache des Brandes entnommen hat, in vollem Umfang als unbegründet.

68. In welchem Umfang kann ein früherer Gesellschafter einer offenen Handelsgesellschaft, dem für eine Reihe von Jahren nach seinem Ausscheiden vertragsmäßig ein Anteil am bilanzmäßigen Reingewinn zugesichert war, zur Nachprüfung der ihm vorgelegten Bilanzen die Einsicht der Geschäftsbücher verlangen?

BGB. § 810.

II. Zivilsenat. Urt. v. 28. Juni 1927 i. S. E. u. Gen. (Kl.) w. Sch. (Bekl.). II 464/26.

I. Landgericht Hamburg.
II. Oberlandesgericht daselbst.

Der am 5. Januar 1921 gestorbene E. war früher Mitinhaber der Speditionsfirma J. R. in Hamburg. Im Jahre 1917 schied er aus dem Geschäft aus, das vom Beklagten allein übernommen wurde. Nach dem Auseinandersetzungsvertrag vom 18. Juli 1917 sollte er noch nach seinem Ausscheiden vom bilanzmäßigen Reingewinn bis zum 31. Dezember 1922 10% und bis zum 31. Dezember 1925 $12^1/_2$% erhalten. Von der nach den bisherigen Grundsätzen aufzumachenden jährlichen Bilanz sollte dem E. oder seinen Erben unverzüglich nach Fertigstellung eine Abschrift mitgeteilt werden und er oder seine Erben sollten das Recht haben, zur Prüfung der Richtigkeit der Bilanz das Geheimbuch der Firma einzusehen. Im August 1923 übersandte der Beklagte den Klägern (den Erben des E.) eine Abschrift der Bilanz vom 11. jenes Monats, wonach der Gewinnanteil des Nachlasses für 1922 12178368 ℳ betrug.

Die Kläger verlangen nunmehr unter anderem Einsichtnahme in die Geschäftsbücher der Firma zur Prüfung der Richtigkeit der für die Jahre 1920 bis 1923 auszukehrenden Gewinnanteile. Der Beklagte tritt diesem Verlangen entgegen, da ausdrücklich abgemacht sei, daß nur das Geheimbuch vorgelegt werden solle.

Das Landgericht hat die Entscheidung von der Leistung eines den Klägern zugeschobenen Eides darüber abhängig gemacht, daß zwischen dem verstorbenen E. und dem Beklagten nicht vereinbart worden sei, es solle nur das Geheimbuch, nicht aber die Geschäftsbücher überhaupt vorgelegt werden. Auf Berufung des Beklagten hat das Oberlandesgericht den Anspruch auf Einsichtnahme in die Geschäftsbücher abgewiesen.

Die Revision der Kläger führte zur Aufhebung und Zurückverweisung.

Aus den Gründen:

... Wenn das Berufungsgericht ein Recht der Kläger, zur Nachprüfung der Bilanzen die Handelsbücher einzusehen, aus allgemeinen Gründen verneint, so ist das nicht gerechtfertigt. Zwar können sich die Kläger nicht auf den § 118 HGB. berufen, da der Erblasser in der hier in Betracht kommenden Zeit nicht mehr Gesellschafter war. Wohl aber läßt sich ein solches Recht entgegen der Auffassung des Berufungsgerichts auf den § 810 BGB. gründen. Diese Vorschrift räumt demjenigen, der an der Einsichtnahme in eine in fremdem Besitz befindliche Urkunde ein rechtliches Interesse hat, das Recht auf solche Einsicht ein, wenn in der Urkunde ein zwischen ihm und einem anderen bestehendes Rechtsverhältnis beurkundet ist. Für die Anwendung des § 810 genügt die rechtliche Beziehung der Beurkundung auf das fragliche Rechtsverhältnis; es braucht sich nicht um solche Urkunden zu handeln, die das ganze Rechtsverhältnis umfassend beurkunden. Die Vorschrift des § 810 darf nicht zu eng ausgelegt werden (RGZ. Bd. 56 S. 109, Bd. 87 S. 10; WarnRspr. 1908 Nr. 465). Eine solche rechtliche Beziehung der Beurkundungen in den Handelsbüchern des Beklagten zu dem zwischen den Parteien bestehenden Gewinnbeteiligungsverhältnis ist hier vorhanden. Bei einem Einzelkaufmann, an dessen Unternehmen wie hier andere Personen mit Kapital oder auch nur mit Ansprüchen auf anteiligen Gewinn beteiligt sind, dienen die Handelsbücher auch der Feststellung der Gewinnanteile. Im Schrifttum und in der Rechtsprechung (vgl. die bei Staub-Bondi Anm. 5 zu § 65 HGB. angeführten Entscheidungen und RGZ. Bd. 87 S. 10) ist demgemäß für die ähnlichen Verhältnisse gewinnbeteiligter Angestellter anerkannt, daß ihnen ein Recht nicht nur auf Vorlegung der Bilanz, sondern auch auf Einsicht in die Handelsbücher und Papiere zusteht, soweit solche

Einsicht zur Nachprüfung der Richtigkeit der Bilanzangaben erforderlich ist. Dabei wird mit Recht auch auf eine entsprechende Anwendung des § 338 HGB. hingewiesen. Hiernach könnten die Kläger auch ohne besondere vertragsmäßige Einräumung schon aus allgemeinen Gründen vom Beklagten die Einsicht in die Geschäftsbücher und Papiere zur Nachprüfung der Richtigkeit der Bilanz und der Gewinnberechnung verlangen. Die Auslegung des Auseinandersetzungsvertrags in dem Sinne, daß den E.schen Erben nur das Recht auf Einsicht des Geheimbuchs habe eingeräumt werden sollen, ist beeinflußt durch die rechtsirrige Auffassung, es stehe aus allgemeinen Gründen einem solchen Gewinnbeteiligten kein Rechtsanspruch auf Einsicht zu, und ist deshalb zu beanstanden. Den Vorzug verdient vielmehr die Auffassung des Landgerichts, daß dann, wenn die E.schen Erben kraft ausdrücklicher Abrede das Geheimbuch sollten einsehen dürfen, das Recht der Einsicht in die offenen Handelsbücher als selbstverständlich vorausgesetzt sei. Das Oberlandesgericht hat sich auch über den Inhalt des Geheimbuchs nicht ausgesprochen; es ist deshalb nicht erkennbar, ob es für sich allein überhaupt eine geeignete Grundlage für eine Nachprüfung der Bilanz bildete.

Der Rechtsstreit ist aber auch hinsichtlich des Anspruchs auf Einsicht in die Geschäftsbücher und Papiere noch nicht zur Entscheidung reif. Denn es bleibt nach dem bisherigen Vorbringen zweifelhaft, ob für die Jahre 1920/21 und 1923 bis 1925 ein solcher Anspruch besteht. Voraussetzung für ihn bildet ein rechtliches Interesse an der Einsicht. Ob ein solches Interesse vorliegt, muß nach den Umständen des einzelnen Falles unter billiger Würdigung der beiderseitigen Interessen geprüft werden. Dem Interesse des Gewinnbeteiligten an der Einsicht steht dasjenige des Geschäftsherrn an der Geheimhaltung seiner Handelsbücher und Geschäftsbeziehungen gegenüber. Nach Treu und Glauben und nach der Verkehrsüblichkeit kann die Nachprüfung einer Bilanz durch Einsicht in die Geschäftsbücher nur binnen einer angemessenen Frist nach Vorlegung der Bilanz verlangt werden. Ein solcher Anspruch ist, wenigstens für den Regelfall, ausgeschlossen, wenn die Bilanz und die auf ihrer Grundlage aufgestellte Gewinnberechnung anerkannt und die geschuldeten Gewinnanteile vorbehaltlos angenommen sind. Die Parteien haben bisher, abgesehen von der Berechnung des Jahres

1922, in dieser Beziehung nichts vorgebracht. Es wird deshalb noch aufzuklären sein, wie die Kläger sich gegenüber der Vorlegung der Bilanzen und der Auszahlung der Gewinne in den anderen Jahren verhalten haben.

69. Unter welchen Umständen steht demjenigen, der eine im Eigentum eines Dritten befindliche bewegliche Sache gekauft und vom Verkäufer übergeben erhalten hat, gegen diesen ein Anspruch auf Schadensersatz wegen Nichterfüllung zu?

BGB. § 440.

II. Zivilsenat. Urt. v. 28. Juni 1927 i. S. M. & H. (Kl.) w. K. (Bekl.) u. M. (Nebenint.). II 4/27.

I. Landgericht Hamburg.
II. Oberlandesgericht daselbst.

Die Klägerin hat im April 1920 von der Beklagten eine Partie afrikanische Rinderhäute zum Preise von insgesamt 243794 ℳ in Hamburg gekauft und sie alsbald (Ende April oder Anfang Mai) nach Oporto verschiffen lassen, nachdem sie die Ware an eine dortige Firma weiterverkauft hatte. Die Häute waren ursprünglich Eigentum der Firma „Etablissement Salagna" in Bordeaux und von einer Firma, welche die Eigentümerin mit dem Verkauf beauftragt hatte, in einem Hamburger Lagerhaus eingelagert, dort aber von einem Unbekannten gestohlen worden. Nachdem sie durch verschiedene Hände gegangen waren, erwarb sie die Nebenintervenientin Firma M., die sie an die Beklagte weiterverkaufte. Im Juni 1920 erfuhr die Klägerin, daß die Häute der Firma Salagna gehörten und gestohlen seien. Sie hat aber, nachdem ihr auf sofortige Anfrage in Oporto mitgeteilt worden war, daß eine Wiederausfuhr der dort eingetroffenen Häute nicht möglich sei, die Auslieferung an den dortigen Käufer, dem damals das Konnossement noch nicht ausgehändigt war, nicht verhindert.

In dem Rechtsstreit, den die bestohlene Eigentümerin, Firma Salagna, gegen die jetzige Klägerin angestrengt und in dem sie Ersatz des Wertes der Häute und des durch die Entwertung des deutschen Geldes ihr verursachten Schadens verlangt hat, ist die jetzige Klägerin durch rechtskräftig gewordenes Urteil des Landgerichts Hamburg vom 10. November 1925 zur Zahlung desjenigen Markbetrags an die Firma Salagna verurteilt worden, der nach dem amtlichen Berliner Mittelkurs des Zahlungstags der Summe von 72049,35 französ. Franken entspricht. Sie hat daraufhin am 18. Januar 1926 die Summe von 13783,68 RM an die Firma Salagna gezahlt.

Mit der vorliegenden Klage verlangt die Klägerin von der Beklagten Ersatz der von ihr gezahlten Urteilssumme und Erstattung des auf sie (die Klägerin) entfallenen Prozeßkostenbetrags. Sie hatte der jetzigen Beklagten im Vorprozeß den Streit verkündet; diese ist aber dem Verfahren nicht beigetreten.

In beiden Vorinstanzen wurde die Klage abgewiesen. Die Revision der Klägerin führte zur Aufhebung und Zurückverweisung.

Gründe:

Die Klägerin hat von der Beklagten und diese von der Nebenintervenientin die der Firma Salagna gehörigen und ihr gestohlenen Häute in gutem Glauben gekauft. Sie hat auf Grund rechtskräftiger Verurteilung wegen schuldhafter Unmöglichkeit der Herausgabe dieser Ware an die Firma Salagna, deren Eigentum nach § 935 BGB. nicht untergegangen war, Schadensersatz durch Erstattung des Wertes der Häute geleistet (§ 990 Abs. 1 Satz 2, §§ 989, 249 BGB.). Die Klägerin fordert jetzt ihrerseits Schadensersatz wegen Nichterfüllung von der Beklagten als ihrer Verkäuferin.

Der Verkäufer ist nach § 433 Abs. 1 BGB. zur Eigentumsübertragung verpflichtet. Seine Haftung für Mängel im Recht ist durch § 440 Abs. 1 BGB. grundsätzlich den gewöhnlichen Regeln über die Nichterfüllung gegenseitiger Verträge (§§ 320 bis 327 BGB.) unterstellt. Hiernach stehen dem Käufer, wenn ihm die Sache zwar übergeben, aber das Eigentum an ihr nicht verschafft ist, nach seiner Wahl verschiedene Rechte zu. Er kann u. a. gehörige Erfüllung durch Verschaffung des Eigentums verlangen oder nach fruchtlosem Ablauf der von ihm gesetzten Frist vom Vertrag zurücktreten, oder — wenn er den Kaufpreis noch nicht gezahlt hat — die Zahlung verweigern.

Diese und die übrigen Rechte aus §§ 320 bis 327 BGB. stehen dem Käufer beweglicher und unbeweglicher Sachen ohne Unterschied zu mit alleiniger Ausnahme des Schadensersatzanspruchs wegen Nichterfüllung. Dieser Anspruch steht dem Käufer einer beweglichen

Sache, der diese zum Zwecke der Eigentumsübertragung übergeben erhalten hat, dann, wenn ein Dritter Eigentümer ist oder ein zum Besitz der Sache berechtigendes Recht hat, nach ausdrücklicher Vorschrift des Gesetzes nur in den in Abs. 2 bis 4 des § 440 BGB. aufgezählten Fällen zu. Nämlich: a) wenn er die Kaufsache dem Dritten, sei es nach einer Verurteilung, sei es freiwillig mit Rücksicht auf dessen Recht herausgegeben hat, oder b) wenn der Käufer den Dritten oder dieser ihn beerbt, oder c) wenn der Käufer das Recht von dem Dritten anderweit erworben, oder d) wenn er den Dritten abgefunden hat, oder e) wenn der Käufer die Sache oder, wenn er sie nicht hat, den Anspruch auf die Sache dem Verkäufer zurückübertragen hat, endlich f) wenn die Sache untergegangen ist.

Soweit es sich in diesen Fällen nicht um die eigentliche Entwehrung durch Herausgabe der Kaufsache an den Eigentümer handelt, ist die Entwehrung nur aus besonderen Gründen unterblieben, z. B. wegen besonderer rechtlicher Beziehungen oder Abmachungen des Käufers mit dem Dritten. Der Verkäufer soll aus diesen Umständen keinen Vorteil ziehen; die Nichterfüllung seiner Verpflichtung zur Verschaffung des Eigentums an der Kaufsache bleibt bestehen, sie wird durch jene Umstände nicht geheilt.

Bei allen diesen Tatbeständen handelt es sich ebenso wie bei der Entwehrung (oben a) um Fälle, bei denen dem Willen des Gesetzgebers entsprechend „die Möglichkeit, daß der Käufer eine Entschädigung wegen des Rechtsmangels erhält und gleichzeitig im Genuß der Sache bleibt, ausgeschlossen ist" (Denkschrift S. 60, Motive zum Entwurf eines BGB. Bd. 2 S. 216flg.; RGZ. Bd. 105 S. 349). Der Ausschluß dieses doppelten Vorteils ist der leitende Gedanke des Gesetzes bei der Beschränkung des Schadensersatzanspruchs auf die obigen Fälle. Anstatt aber den maßgebenden Grundsatz selbst auszusprechen und der Rechtsprechung danach die Prüfung und Entscheidung zu überlassen, welche Fälle in Frage kommen, zählt das Gesetz selbst diese Fälle auf, unverkennbar in der Absicht, hiermit nicht Beispiele, sondern eine erschöpfende Aufzählung zu geben. Dies zeigt die ausdrückliche Betonung, daß der Schadensersatzanspruch nur in diesen Fällen gegeben sei.

Über der Formulierung des Gesetzes steht aber sein leitender Gedanke. Versagt jene, so bleibt dieser maßgebend und zwingt zur Anwendung der Vorschrift auf einen Fall, der zwar unter den aufgezählten Fällen — ohne ersichtlichen Grund — nicht ausdrücklich aufgeführt ist, dessen gleiche rechtliche Beurteilung aber, sei es wegen Rechtsähnlichkeit mit einem der aufgezählten Fälle, sei es — ohne diesen Umweg — wegen unmittelbarer Anwendbarkeit jenes leitenden Gedankens des Gesetzes auf ihn, geboten ist.

Die gegenteilige Ansicht der Beklagten und der Nebenintervenientin betont den kasuistischen Charakter der gesetzlichen Regelung in § 440 Abs. 2 bis 4. Danach hält sie jede ergänzende Auslegung oder sinngemäße Anwendung für unzulässig und vertritt den Standpunkt, daß der Verkäufer trotz Nichterfüllung seiner Verpflichtung zur Verschaffung des Eigentums an der Kaufsache von aller Haftung frei sei, wenn der Käufer die Sache nicht dem Eigentümer in Natur herausgegeben, sondern wegen schuldhafter Unmöglichkeit der Herausgabe ihm nur ihren Wert ersetzt habe. Diese Auffassung übersieht, daß der Käufer nach § 440 Abs. 1 BGB., wie bereits oben angeführt, im Falle der Nichterfüllung der Verpflichtung des Verkäufers aus § 433 Abs. 1 BGB. alle Rechte geltend machen kann, die bei gegenseitigen Verträgen dem einen Teil wegen Nichterfüllung der dem anderen obliegenden Verpflichtungen zustehen. Danach wäre die Klägerin u. a. zum Rücktritt vom Kaufvertrag mit der Beklagten mit den sich daraus gemäß §§ 327, 346 bis 356 BGB. ergebenden Rechtsfolgen befugt gewesen. Von Freiheit der Beklagten von jeder Haftung kann also keine Rede sein. In Frage kommt nur eine etwaige Beschränkung der Haftung für Schadensersatz wegen Nichterfüllung.

Die Ansicht der Beklagten und der Nebenintervenientin übersieht weiter die Vorschrift des § 255 BGB., wonach derjenige, der für den Verlust einer Sache oder eines Rechts Schadensersatz zu leisten hat, zum Ersatz nur gegen Abtretung der Ansprüche verpflichtet ist, die dem Ersatzberechtigten auf Grund des Eigentums an der Sache oder auf Grund des Rechts gegen Dritte zustehen. Hat der Ersatzpflichtige vollen Ersatz geleistet, aber versäumt, sich den Anspruch abtreten zu lassen, so kann er, wie mit Recht angenommen wird, noch nachträglich die Abtretung verlangen. Dann aber wäre der in § 440 Abs. 2 BGB. ausdrücklich angeführte Fall — Erwerb des Rechtes des Dritten durch den Käufer — und damit die unmittelbare Anwendbarkeit des Gesetzes gegeben.

Das ist hier aber auch unabhängig von dieser Erwägung der Fall. Durch Erhebung des Schadensersatzanspruchs gegen die jetzige

Klägerin hat die Firma Salagna nur ein aus ihrem Eigentum an den Häuten fließendes Recht geltend gemacht. Wäre die Herausgabe der Häute noch möglich gewesen, so hätte sie diese mit der Klage verlangen müssen. Dann hätte ohne weiteres der eigentliche Fall der Entwehrung des § 440 Abs. 2 BGB. vorgelegen. Es kann jedoch keinen Unterschied machen, ob die Klägerin die Sache dem Eigentümer herausgegeben oder ob sie ihm wegen schuldhafter Unmöglichkeit der Herausgabe nach § 990 Abs. 1 Satz 2, § 989 BGB. Schadensersatz durch Werterſatz geleistet hat. In beiden Fällen ist der Klägerin die Sache oder ihr Wert entzogen. Das ist aber, wie oben ausgeführt, das wesentliche für die in § 440 Abs. 2 und 3 BGB. aufgeführten Fälle, die nur den leitenden Gedanken des Gesetzes zum Ausdruck bringen sollen, daß der Käufer nicht gleichzeitig im Genuß der Kaufsache bleiben und eine Entschädigung wegen des Rechtsmangels erhalten darf. Für die Weglassung des Falles (in § 440 Abs. 2 und 3 BGB.), daß der Käufer wegen schuldhafter Unmöglichkeit der Herausgabe der Kaufsache dem Eigentümer Schadensersatz leisten muß, fehlt es daher an einem inneren Grunde. Dieser Fall ist bei der Aufzählung offenbar übersehen worden.

Es handelt sich daher nicht um eine „entsprechende" Anwendung der Gesetzesvorschrift auf einen rechtsähnlichen Fall, vielmehr liegt auch hier der Fall der Entwehrung vor, und das Gesetz findet daher unmittelbar Anwendung auf ihn.

Das Berufungsgericht prüft die Frage, ob der Klaganspruch begründet ist, nur aus dem Gesichtspunkt, ob hier der Fall der „Abfindung" der Eigentümerin (Firma Salagna) durch die Klägerin im Sinne des § 440 Abs. 3 BGB. gegeben sei. Es gelangt zur Verneinung dieser Frage und damit zur Abweisung der Klage, weil von einem Verzicht der Eigentümerin auf ihr Recht gegen entsprechendes Entgelt dann nicht mehr die Rede sein könne, wenn jene wegen verschuldeter Unmöglichkeit der Herausgabe Schadensersatz vom Käufer (d. i. von der Klägerin) gefordert und erhalten habe. Da die selbständige Bedeutung der „Abfindung" im Sinne des § 440 Abs. 3 BGB. neben dem unmittelbar vorher vom Gesetz genannten Falle — Erwerb des Rechts des Dritten durch den Käufer — darin enthalten ist, daß letzterer durch entgeltlichen Vertrag den Dritten zum Verzicht auf sein Recht bestimmt, ein solcher Verzicht hier aber nicht vorliegt, so scheidet aus diesem

Grunde der Fall der „Abfindung" hier aus. Weshalb eine „wirtschaftliche" Abfindung nicht eine solche im Sinne des § 440 Abs. 3 a. a. O. sein sollte, ist nicht ersichtlich. Gerade wirtschaftliche Gesichtspunkte werden für den Eigentümer häufig entscheidend dafür sein, ob er die Sache selbst herausverlangt oder unter Verzicht auf sein Recht an ihr sich wegen ihres Wertes abfinden läßt. Nur muß es sich um einen solchen Verzicht des Dritten auf sein Recht handeln. Das ist aber hier nicht der Fall.

Auch der vom Landgericht und in der Revisionsinstanz von der Nebenintervenientin betonte Gesichtspunkt, daß die Schadensersatzpflicht der Klägerin auf der von ihr verschuldeten Unmöglichkeit der Herausgabe der Kaufsache an die Firma Salagna beruhe, beeinträchtigt ihren Klaganspruch nicht. Das Rechtsverhältnis der Parteien wird dadurch nicht berührt. Die Beklagte, die ihrer Verpflichtung nicht genügt hat, der Klägerin das Eigentum an der Kaufsache zu verschaffen, kann keinen Vorteil daraus ziehen, daß die Klägerin die Sache schuldhafterweise nicht an die Eigentümerin herausgegeben hat.

Der Klägerin steht daher ein Anspruch auf Schadensersatz wegen Nichterfüllung gegen die Beklagte zu. . . .

70. Wann liegt Annahme der Leistung im Sinne des § 11 der dritten Steuernotverordnung und des § 14 des Aufwertungsgesetzes vor?

V. Zivilsenat. Urt. v. 29. Juni 1927 i. S. Sp. u. Gen. (Kl.) w. Berliner Pfandbriefamt (Bekl.). V 284/26.

I. Landgericht I Berlin.
II. Kammergericht daselbst.

Die Klägerinnen sind Eigentümerinnen des Grundstücks Kronenstraße 33 in Berlin, auf dem für die Beklagte eine Darlehenshypothek von 831000 ℳ eingetragen ist. Das Darlehen ist in neuen Berliner Pfandbriefen gegeben worden. Die Klägerinnen haben infolge Erhöhung der Verwaltungskosten am 2. März 1923 die Hypothek zur Rückzahlung am 1. Oktober 1923 gekündigt und durch Schreiben vom 8. März 1923 die Kündigung dahin ergänzt, daß sie in barem Gelde leisten wollten. Mit Schreiben vom 18. Juli

1923 erklärte die Beklagte, daß sie Rückzahlung in Pfandbriefen verlange. Daraufhin erhoben die Klägerinnen die gegenwärtige Klage und beantragten Verurteilung der Beklagten, Zug um Zug gegen Zahlung von 831000 ℳ in die Löschung der Hypothek zu willigen. Das Landgericht wies durch Urteil vom 22. Dezember 1923 die Klage ab. Im Laufe des Berufungsverfahrens lieferten die Klägerinnen durch ihren Bevollmächtigten R. an der Kasse der Beklagten 4%ige Neue Berliner Pfandbriefe im Nennbetrag der noch bestehenden Schuld von 780000 ℳ in zwei Raten am 21. Juli 1924 und 30. Juli 1924 ab. Die Beklagte stellte über den Empfang der Pfandbriefe unter Vorbehalt weiterer Leistungen nach Maßgabe der 3. Steuernotverordnung und der sich ihr anschließenden gesetzlichen Bestimmungen Quittungen aus. Die übergebenen Pfandbriefe stammten nur in Höhe von 42000 ℳ aus den Jahren vor 1918, während die übrigen in der Folgezeit und zwar in Höhe von 580000 ℳ erst im Jahre 1923 ausgegeben waren. Die Beklagte hat ihre Forderung bei der Aufwertungsstelle nicht angemeldet. Die Klägerinnen meinen, daß infolgedessen das Recht der Beklagten auf Aufwertung verwirkt sei, und beantragen nunmehr, in Abänderung des landgerichtlichen Urteils die Beklagte schlechthin zur Bewilligung der Löschung der Hypothek zu verurteilen.

Die Beklagte behauptete, die Fassung der Quittungen beruhe auf einer allgemeinen Anweisung der Direktion; die Schalterbeamten hätten aber ihrer Anweisung entsprechend gleichzeitig mündlich erklärt, daß die Erteilung einer löschungsfähigen Quittung verweigert werde und daß die eingelieferten Pfandbriefe lediglich als „Asservat" behandelt werden würden. In gleichem Sinne habe sich der Direktor der Beklagten B. in der Zeit unmittelbar nach der Einlieferung der Wertpapiere dem Vertreter der Klägerinnen gegenüber wiederholt ausgesprochen. Die Klägerinnen bestritten das.

Das Kammergericht hat die Berufung der Klägerinnen zurückgewiesen. Ihre Revision hatte Erfolg.

Gründe.

Das Kammergericht geht von der Vorschrift des § 16 AufwG. aus, wonach die Aufwertung auf Grund Vorbehalts der Rechte nur stattfindet, wenn der Gläubiger den Anspruch auf Aufwertung bis zum 1. Januar 1926 bei der Aufwertungsstelle anmeldet. Diese

Vorschrift beziehe sich auf den im § 14 AufwG. geregelten Vorbehalt bei Annahme der Leistung. Werde aber die Leistung nach dem 13. Februar 1924 angenommen, so sei ein Vorbehalt zur Erhaltung der Aufwertungsrechte nicht erforderlich (§ 78 AufwG.). Ob eine Annahme der Leistung im Sinne dieser Bestimmungen vorliege, sei nach Lage des Falles unter Berücksichtigung der Verkehrssitte und der Grundsätze von Treu und Glauben zu beurteilen. Es komme darauf an, ob die Entgegennahme der Leistung den Willen des Gläubigers zum Ausdruck bringe, sie als Erfüllung der geschuldeten Leistung gelten zu lassen. Diese Voraussetzung sei nicht erfüllt. Die abgelieferten Pfandbriefe stammten zum größten Teil aus dem Jahre 1923. Die Klägerinnen hätten nicht der Ansicht sein können und nach der Überzeugung des Senats auch nicht geglaubt, daß die Beklagte diese Pfandbriefe als Leistung der Hypothekenschuld der Klägerinnen von noch 780000 *M* annehmen werde. Nach § 4 Abs. 2 in Verbindung mit § 6 der inzwischen in Kraft getretenen 3. StNVO. sei der Goldmarkbetrag der vor dem 1. Januar 1918 ausgegebenen Pfandbriefe auf den Nennbetrag festgesetzt, während bei später ausgegebenen Pfandbriefen der Tag der Ausgabe für die Berechnung des Goldmarkbetrags maßgebend sei. Als Ende Juli 1924 die Klägerinnen den Nennbetrag einlieferten, seien die in § 6 Abs. 2 der 3. StNVO. vorgesehenen näheren Bestimmungen, insbesondere auch über die Hypothekenrückzahlungen, noch nicht erlassen gewesen. Wegen dieser Unklarheit der Rechtslage habe die Beklagte durch Schriftsatz vom 5. Mai 1924 Vertagung beantragt. Die Klägerinnen hätten deshalb nicht davon ausgehen können, daß die Beklagte auch jetzt noch die Rückzahlung des Darlehens in Pfandbriefen verlange, und noch weniger davon, daß sie mit Pfandbriefen im Nennbetrag der Schuld sich zufrieden geben werde. Die Annahme der Pfandbriefe an der Kasse der Beklagten sei keine Annahme im Sinne der §§ 14, 78 AufwG. Die Leistung werde der Forderung in keiner Weise gerecht und hätte von der Beklagten unbeachtet gelassen werden dürfen. Der Vorbehalt bei der Quittung stehe nicht entgegen, sei vielmehr als Ablehnung der Leistung aufzufassen. Mangels Annahme der Leistung hätte es der Anmeldung nicht bedurft. Ob überdies von den Schalterbeamten erklärt worden sei, daß die eingelieferten Pfandbriefe als Asservate behandelt werden würden, könne dahingestellt bleiben.

Die Revision macht folgendes geltend:

Wenngleich beide Teile über die Bedeutung der Übergabe der Pfandbriefe sich nicht klar gewesen seien, so hätten doch die Klägerinnen die von der Beklagten selbst geforderte Leistung in Pfandbriefen erfüllen wollen. In diesem Sinne habe die Beklagte die Pfandbriefe angenommen und quittiert. Durch den Vorbehalt sei die Beklagte dagegen geschützt, daß die Annahme der Pfandbriefe den Untergang ihrer Forderung mit Löschungsverpflichtung zur Folge habe. Nach der zu unterstellenden Behauptung der Schuldnerin habe die Hingabe der Pfandbriefe mindestens eine Teilleistung gebildet; die Höhe der Leistung habe das Berufungsgericht nicht festgestellt. Für Fälle dieser Art sei die Anmeldung vorgeschrieben, welche die Beklagte unterlassen habe.

Die Revision ist begründet.

Der durch § 11 der 3. StNVO. eingeführte und in § 14 AufwG. weiter ausgebaute gesetzliche Vorbehalt hat die besondere Bedeutung, dem Gläubiger die Aufwertungsrechte gegenüber der Annahme der Leistung zu wahren. Das Gesetz verlangt also einerseits die Annahme der als Erfüllung angebotenen Leistung und anderseits eine Äußerung des Gläubigers, daß er die Leistung nicht als endgültige Tilgung der Schuld gelten lassen wolle. Nun hätte schon die Tatsache, daß die Leistung im Juli 1924, also unter der Herrschaft der 3. StNVO. bewirkt ist, die Prüfung nahegelegt, ob nicht die Beklagte ihr Verhalten bei Empfangnahme der Pfandbriefe dem Gesetze hat anpassen wollen. Hierbei war die Auffassung der Beklagten über die zweckmäßige Sicherung ihrer Rechte entscheidend, nicht aber, daß im gegebenen Falle vielleicht schon nach Maßgabe der 3. StNVO., jedenfalls nach dem später erlassenen Aufwertungsgesetz (§ 78), zur Erhaltung der Aufwertungsrechte ein Vorbehalt nicht erforderlich war. Namentlich hat aber das Berufungsgericht die Würdigung des Wortlauts der von der Gläubigerin ausgestellten Quittungen unterlassen. Die beiden Urkunden vom 21. und 30. Juli 1924 lauten abgesehen von den Summen übereinstimmend: 775800 (4700) *M* 4% neue Berliner Pfandbriefe „von Herrn R. in der Rückzahlungssache des Grundstücks Kronenstraße 33 unter Vorbehalt weiterer Leistungen nach Maßgabe der 3. StNVO. und der sich ihr anschließenden gesetzlichen Bestimmungen richtig erhalten zu haben bescheinigt hiermit Berlin, den 21. (30.) Juli 1924, Kasse des

Berliner Pfandbrief-Amtes"; folgen zwei Unterschriften. Hierin liegt eine doppelte Erklärung. Einmal wird der Empfang der Wertpapiere in der Rückzahlungssache, mithin auf Grund des Schuldverhältnisses, bestätigt und ferner werden weitere Leistungen nach Maßgabe der ergangenen und noch zu erwartenden gesetzlichen Regelung der Aufwertung vorbehalten. Mit Wortlaut und Sinn dieser Äußerungen ist die Auffassung des Kammergerichts unvereinbar, daß der deutlich nur auf zukünftige Leistungen erstreckte Vorbehalt sich als Zurückweisung der ganzen Leistung darstelle. Der bisher festgestellte Sachverhalt entspricht genau den im § 14 Satz 1 AufwG. vorgesehenen Voraussetzungen. Im übrigen ist nicht ersichtlich, inwiefern die vom Kammergericht angeführten Umstände für die Auslegung der abgegebenen Erklärungen von Bedeutung sein sollten. Richtig ist zwar, daß, wenn auch die Aufwertung der Hypotheken zu 15% bestimmt war und der Goldmarkbetrag der Pfandbriefe nach § 4 Abs. 2 der 3. StNVO. sich berechnen ließ, doch der wirtschaftliche Wert der Pfandbriefe sich jeder sicheren Beurteilung entzog, zumal da die vorgesehenen Anordnungen der Reichsregierung über die Bildung und Verteilung der Teilungsmasse und deren Ausschüttung auf die Pfandbriefe damals noch nicht ergangen waren. Ob die Beklagte in der Übergangszeit bis zum Erlaß der 3. Verordnung zur Durchführung der 3. StNVO. vom 15. August 1924 (RGBl. I S. 682), welche die Aufwertung der von Hypothekenbanken ausgegebenen Pfandbriefe regelt, Pfandbriefe als Leistung auf Hypothekenforderungen annehmen wollte oder nicht, war im wesentlichen ein Kalkulationsfrage. Entschloß sich die Beklagte zur Annahme von Pfandbriefen, so verringerte sie dadurch zu ihren Gunsten den Kreis der aufwertungsberechtigten Pfandbriefgläubiger, während sie anderseits durch den Vorbehalt gegenüber dem Hypothekschuldner einer zu starken Ermäßigung der Teilungsmasse entgegenwirkte. Mit einer solchen Stellungnahme, wonach die Beklagte zwar die Pfandbriefe in Anrechnung auf die Schuld annahm, aber die endgültige Befreiung des Schuldners verweigerte, würde der zeitlich vorhergegangene Vertagungsantrag im Rechtsstreit nicht notwendig im Widerspruch stehen, insofern auch dadurch die Beklagte eine endgültige Erledigung des Schuldverhältnisses durch gerichtliche Entscheidung vor dem Erlaß der erwarteten Regelung zu vermeiden suchen konnte. Rechtlich unerheblich ist die Auffassung der Klägerinnen darüber, wie die Beklagte sich bei Empfangnahme der Pfandbriefe verhalten werde. Die Klägerinnen haben nach dem festgestellten Sachverhalt Wertpapiere im Nennbetrag ihrer Schuld zu deren Tilgung durch ihren Vertreter tatsächlich angeboten. Demgegenüber ist ihr rechtsgeschäftlich nicht zum Ausdruck gebrachter oder erkennbar hervorgetretener innerer Zweifel ohne Bedeutung, ob bei der damaligen Rechtslage die Wertpapiere zur vollen Befriedigung der Gläubigerin ausreichen und von ihr so angenommen würden.

Zu Unrecht stützt das Kammergericht seine Beurteilung auf die Entscheidungen des jetzt erkennenden Senats vom 4. November 1925 V 621/24 (RGZ. Bd. 111 S. 320) und vom 25. November 1925 V 18/25 (JW. 1926 S. 145 Nr. 2). Damals handelte es sich um sehr geringfügige Barbeträge, die im Jahre 1923 nicht unmittelbar dem Gläubiger zugeführt, sondern im Wege der Zwangsvollstreckung beigetrieben oder auf ein Bankkonto überwiesen worden waren. Die Gläubiger hatten sich bei Empfang der Nachricht über den Eingang der Beträge im einen Falle nicht, im andern erst nach längerer Zeit geäußert. Wenn dort unter den besonderen Umständen des Falles in der bloß körperlichen Hinnahme der Beträge keine Annahme als Erfüllung der geschuldeten Leistung erblickt worden ist, so treffen diese Gesichtspunkte im vorliegenden Falle nicht zu. Namentlich fällt ins Gewicht, daß damals die Gläubiger zunächst völlig geschwiegen hatten, während hier die Beklagte als Gläubigerin eine bestimmte Erklärung abgegeben hat, die zugleich die Annahme als Vollerfüllung ausschloß.

Mit der bisherigen Begründung kann danach das Urteil nicht aufrechterhalten werden. Eine andere Beurteilung ist indes für den Fall nicht ausgeschlossen, wenn sich die Behauptung der Beklagten erweisen läßt, daß bei Aushändigung der Quittungen oder in unmittelbarem Anschluß daran die Schalterbeamten oder der Direktor der Beklagten abweichende mündliche Erklärungen gegenüber dem Vertreter der Klägerinnen abgegeben haben, nach deren Sinn die Pfandbriefe nicht in Anrechnung auf die Hypothekenschulden, sondern lediglich als Asservat in Verwahrung genommen werden sollten.

In der Revisionsverhandlung ist zur Sprache gekommen, ob die in den vorstehenden Ausführungen vorausgesetzte und im angefochtenen Urteil unterstellte Anwendbarkeit des Aufwertungsgesetzes etwa durch die Rückzahlung in Pfandbriefen und durch die darüber getroffenen Satzungsbestimmungen in Frage gestellt werde (vgl. wegen der hierbei in Betracht kommenden Rechtsfragen neuerdings den Beschluß des 9. Zivilsenats des Kammergerichts vom 19. Mai 1927 betr. die Schleswig-Holsteinische Landschaft gegen P. und das Urteil des 26. Zivilsenats des Kammergerichts vom 19. März 1927 in Sachen St. u. Gen. gegen Berliner Pfandbriefanstalt 26 U 13312/26). Die neue Verhandlung wird dem Berufungsgericht Gelegenheit bieten, sich hierüber unter Würdigung des Sachverhalts auszusprechen.

71. 1. Ist das Reichsgericht nach § 79 der Grundbuchordnung zur Entscheidung berufen, wenn ein Oberlandesgericht in einer Grundbuchsache von der im Aufwertungsverfahren ergangenen Entscheidung eines anderen Oberlandesgerichts abweichen will?

2. Ist die Beschwerde gegen die Eintragung eines Widerspruchs im Grundbuch zulässig?

3. Genügt zur Wahrung des Aufwertungsanspruchs die Anmeldung bei einer örtlich unzuständigen Aufwertungsstelle?

BGB. § 892. GBO. § 71 Abs. 2, § 79. AufwG. § 16.

V. Zivilsenat. Beschl. v. 29. Juni 1927 i. S. Sparkasse L. w. S. V B 7/27.

I. Grundbuchamt Teuchern.
II. Landgericht Naumburg a. S.

Der Sachverhalt ergibt sich aus folgenden

Gründen:

Die für die städtische Sparkasse in L. auf einem Grundstück in D. in Abteilung III unter Nr. 2 und 7 seit 1889 und 1907 eingetragenen beiden Hypotheken von je 20000 ℳ sind am 29. November 1922 zurückgezahlt und auf Grund der Löschungsbewilligung vom 21. Oktober 1923 am 6. November 1923 gelöscht worden. Die

Gläubigerin hat die beiden Hypotheken zur Aufwertung angemeldet und zwar innerhalb einer Sammelsendung vom 29. Dezember 1925, die an das Amtsgericht Zeitz gerichtet war und dort am 30. Dezember 1925 eintraf. Obgleich das Grundbuch über O. vom Amtsgerichte Teuchern geführt wird, trug das Amtsgericht Zeitz die Anmeldung der beiden Hypotheken in das Aufwertungsregister ein und stellte sie auch dem in O. wohnenden Eigentümer S. am 24. Juni 1926 zu. Erst nachdem dieser durch Schreiben vom 7. Juli 1926 mit der Begründung Einspruch erhoben hatte, daß die Anmeldung beim zuständigen Amtsgericht Teuchern nicht rechtzeitig erfolgt sei, gab das Amtsgericht Zeitz die Anmeldung an das Amtsgericht Teuchern zuständigkeitshalber ab. Am 30. Juli 1926 ging die Anmeldung beim Amtsgericht Teuchern ein. Nun trug das Grundbuchamt Teuchern am 25. September 1926 die schon mit der Anmeldung beantragten Widersprüche gegen die Löschung der Hypotheken Nr. 2 und 7 gemäß § 16 Abs. 2 Satz 2 AufwG. zugunsten der Gläubigerin ein. Gegen diese Eintragung hat der zum Konkursverwalter über das Vermögen des Eigentümers S. bestellte Rechtsanwalt G. Beschwerde eingelegt, mit der er Löschung der Widersprüche begehrt. Das Landgericht Naumburg hielt die Anmeldung für wirksam und wies deshalb die Beschwerde durch Beschluß vom 18. Dezember 1926 zurück.

Das Kammergericht möchte der vom Rechtsanwalt G. eingelegten weiteren Beschwerde stattgeben, sieht sich aber daran gehindert durch die auf weitere Beschwerde im Aufwertungsverfahren ergangenen Entscheidungen des Bayerischen Obersten Landesgerichts vom 26. Februar, 23. und 24. April 1926, abgedruckt AufwRechtspr. 1 S. 131, BayerZRpfl. 1926 S. 183 und JRdsch. 1926 Nr. 1161. Das Kammergericht will von diesen Entscheidungen, durch welche die Anmeldung bei einer unzuständigen Aufwertungsstelle für wirksam erklärt worden ist, abweichen und legt deshalb die Sache dem Reichsgericht zur Entscheidung vor.

Zur Begründung führt das Kammergericht im wesentlichen folgendes aus. Die Beschwerde gegen die Eintragung des Widerspruchs sei zulässig. Eine solche dürfe nur erfolgen, wenn die rechtzeitige Anmeldung des Anspruchs auf Aufwertung der Hypothek nachgewiesen sei. Die Entscheidung über die weitere Beschwerde hänge danach von der Beantwortung der Frage ab, ob die rechtzeitig bei der örtlich unzuständigen, aber verspätet bei der zuständigen Aufwertungsstelle eingegangene Anmeldung als rechtswirksam zu gelten habe oder nicht. Diese Streitfrage werde in den angeführten Entscheidungen des Bayerischen Obersten Landesgerichts sowie vom Landgericht Halle JW. 1926 S. 1854, anscheinend auch vom Oberlandesgericht Dresden AufwRechtspr. 1 S. 150, JW. 1926 S. 2693 bejaht, dagegen verneint vom Landgericht III Berlin JW. 1926 S. 872, sowie von Mügel, Erg.-Bd. § 16 A. 1 S. 270, Lehmann-Bösebeck, § 16 A. 1, 2, Emmerich, S. 190, 192, Cammerer, BayZfRpfl. 1926 S. 55, Josef, JW. 1927 S. 63 A. zu 10. Eine Mittelmeinung wolle die Anmeldung in entsprechender Anwendung der Grundsätze, die das Reichsgericht in RGZ. Bd. 71 S. 380 für den Fall der Erbschaftsausschlagung gegenüber einem örtlich unzuständigen Gericht aufgestellt hat, für wirksam erachten, wenn die örtlich unzuständige Aufwertungsstelle gerichtliche Handlungen im Sinne des § 7 FGG. vorgenommen, also bereits Obliegenheiten der zuständigen Aufwertungsstelle wahrgenommen habe (KG. 9. ZS. AufwRechtspr. 1 S. 486; Nadler, Grundbuch- und Aufw. Fragen 2 S. 18; Quassowski S. 198; Neukirch S. 258). Die Anmeldung sei aber im vorliegenden Falle unwirksam. Nach dem Wortlaut des § 16 Abs. 1 Satz 1 AufwG. habe die Anmeldung nicht bei irgendeiner, sondern bei der bestimmten im Art. 118 DurchfVo. als örtlich zuständig bezeichneten Aufwertungsstelle zu erfolgen. Die Anmeldungspflicht des Gläubigers einer zurückgezahlten Hypothek sei auf Antrag der Kompromißparteien in das Gesetz eingefügt worden, um die Durchführung der Aufwertung zu beschleunigen und in absehbarer Zeit wieder übersichtliche Grundbuchverhältnisse zu schaffen (Bericht des 18. Ausschusses des Reichstages S. 18, Neukirch S. 256). Wie sich aus der Fassung des § 16 Abs. 1 Satz 1 („findet nur statt") und der Überschrift „Anmeldungszwang" ergebe, sei die Frist als Ausschlußfrist anzusehen. Weder die Wiedereinsetzung in den vorigen Stand gegen den Ablauf der Frist noch deren Verlängerung in den Fällen der §§ 203, 204, 206, 207 BGB. sei im Gesetze zugelassen. Alle diese Erwägungen nötigten zu einer engen Auslegung des § 16 Abs. 1 Satz 1. Allerdings wolle das Bayerische Oberste Landesgericht die Vorschriften des Gesetzes, wenn irgend angängig, so auslegen, daß die Geltendmachung der dem Gläubiger verbliebenen

Rechte nicht unnötig erschwert oder gar vereitelt werde. Allein solche allgemeine Billigkeitserwägungen könnten gegenüber dem positiven Inhalt des Gesetzes keine Beachtung finden. Auch die Berufung auf Art. 124 DurchfVO., wonach die sofortige Beschwerde und die sofortige weitere Beschwerde zum Protokoll des Gerichtsschreibers des zuständigen Gerichts oder „eines" Amtsgerichts erklärt werden könne, sei verfehlt. Denn diese Ausnahmevorschrift lasse eine rechtsähnliche Anwendung auf die Anordnung des § 16 Abs. 1 Satz 1 AufwG. nicht zu und rechtfertige eher einen Schluß aus dem Gegenteil. Nach § 7 FGG., dessen Anwendbarkeit aus § 73 AufwG. folge, seien gerichtliche Handlungen nicht aus dem Grunde unwirksam, weil ein örtlich unzuständiges Gericht sie vorgenommen habe. Diese Vorschrift könne aber nicht auf Parteierklärungen ausgedehnt werden, die gegenüber dem Gericht abzugeben seien. Die Entscheidung RGZ. Bd. 71 S. 380 werde im Schrifttum lebhaft bekämpft (Josef bei Gruch. Bd. 54 S. 588, Wolf, DJZ. 1909 S. 1488) und im Kommentar von RGR. zu § 1945 A. 2 als bedenklich bezeichnet (vgl. auch RGZ. Bd. 71 S. 104). Ihr sei nicht beizutreten, weil sie zu einem nicht zu billigenden Ergebnis führe. Es könne nicht angenommen werden, daß eine unwirksame Anmeldung unwirksam bleibe, falls das unzuständige Gericht die Sache alsbald dem zuständigen Gericht übermittle, dagegen wirksam werde durch ein gesetzwidriges Verfahren des Gerichts, das ihm an sich nicht zukommende Verfügungen treffe. Die einzelne Aufwertungsstelle solle die Zentralstelle für alle das gleiche Grundstück betreffenden Aufwertungssachen sein. Eine zuverlässige Bescheinigung der im Art. 126 DurchfVo. vorgesehenen Art könnte nur erteilt werden, wenn nicht zu befürchten sei, daß noch nach Monaten wirksame Anmeldungen übersandt würden, die bei einer unzuständigen Aufwertungsstelle eingegangen seien. Die erwähnten Bescheinigungen könnten aber zu erheblichen wirtschaftlichen Maßnahmen der Beteiligten Anlaß geben. Die entsprechende Anwendung des § 7 FGG. auf solche bei einer unzuständigen Aufwertungsstelle eingegangenen Anmeldungen würde die Rechtssicherheit gefährden. Anderseits werde nicht verkannt, daß die vertretene Ansicht im einzelnen Falle zu Härten und Unbilligkeiten führen könne. Solche Nachteile seien aber bei Versäumung einer Ausschlußfrist unvermeidlich. Im übrigen wäre die die Gläubigerin vertretende städtische

Behörde wohl imstande gewesen, auf Grund der in ihren Händen befindlichen Nachweise die richtige Aufwertungsstelle rechtzeitig festzustellen.

Die Vorlegungspflicht nach § 79 GBO. bestehe auch dann, wenn die Entscheidungen, von denen das Oberlandesgericht abweichen wolle, auf weitere Beschwerde im Verfahren der freiwilligen Gerichtsbarkeit (§ 28 Abs. 2 FGG.) ergangen seien (Güthe-Triebel GBO. § 79 A. 13). Nach § 73 AufwG. seien aber die Vorschriften des Reichsgesetzes über die Angelegenheiten der freiwilligen Gerichtsbarkeit auf das Verfahren der Aufwertungsstelle grundsätzlich anzuwenden. Insbesondere seien die Bestimmungen des § 28 Abs. 2, 3 und des § 199 FGG. durch § 74 Abs. 1 Schlußsatz AufwG. für entsprechend anwendbar erklärt.

1. Die Zuständigkeit des Reichsgerichts ist nach § 79 GBO. gegeben. Zwar sind die drei Entscheidungen des Bayerischen Obersten Landesgerichts, von denen das Kammergericht abweichen will, nicht im Grundbuchverfahren, sondern auf weitere Beschwerde gegen Verfügungen der Aufwertungsstelle ergangen. Nach § 73 AufwG. finden jedoch auf das Verfahren der Aufwertungsstellen im allgemeinen die Vorschriften des Reichsgesetzes über die Angelegenheiten der freiwilligen Gerichtsbarkeit sinngemäße Anwendung und ebenso sollen die Vorschriften der § 28 Abs. 2, 3, § 199 FGG. über die Pflicht, die weitere Beschwerde dem Reichsgericht vorzulegen, Geltung haben (§ 74 Abs. 1 Schlußsatz des AufwG.). Ob § 79 Abs. 2 und 3 der Grundbuchordnung auch Platz greifen, wenn von einer gemäß § 28 Abs. 2 FGG. erlassenen Entscheidung abgewichen werden soll, ist streitig. Die Frage wird von Güthe-Triebel A. 13 und Fuchs A. 9 zu § 79 GBO. bejaht während Arnheim A. 8a zu § 79 GBO. und das bei Güthe-Triebel a. a. O. angeführte Schrifttum den entgegengesetzten Standpunkt vertreten. Der Entscheidung der allgemeinen Streitfrage bedarf es im vorliegenden Falle nicht, weil lediglich das Verhältnis der Grundbuchordnung und des Aufwertungsgesetzes in Betracht kommt. Die Vorschriften des Gesetzes über die Aufwertung von Hypotheken haben neben der Feststellung des Aufwertungsbetrags zugleich die entsprechenden Eintragungen im Grundbuch zum Gegenstand und stellen sich deshalb als reichsgesetzliche, das Grundbuch betreffende Vorschriften im Sinne des § 79 Abs. 2 GBO. dar. Es ist in dieser

Richtung namentlich auf folgendes hinzuweisen. Die Aufwertungsstelle hat im wesentlichen den Aufwertungsbetrag nach den näheren Gesetzesvorschriften zu ermitteln und zu bestimmen (§§ 69, 70 AufwG.), der demnächst nach § 6 im Grundbuch einzutragen ist; daneben kommen die Sondervorschriften der §§ 7, 20 bis 23 über den Grundbuchverkehr und für die Eintragung eines Widerspruchs § 8 Abs. 2 und § 16 Abs. 2, 3 AufwG. in Betracht. Die Vorschriften des Gesetzes über die Aufwertung der Hypotheken und die dadurch veranlaßten Eintragungen im Grundbuch greifen ineinander. Die Tätigkeit der Aufwertungsstelle bei der Aufwertung von Hypotheken gründet sich auf noch in Geltung befindliche oder frühere Eintragungen im Grundbuch und hat anderseits unmittelbar oder mittelbar neue Eintragungen im Grundbuch zum Ziele oder dient doch ihrer Vorbereitung. Dieser wechselseitige Zusammenhang zwischen den Amtskreisen der Aufwertungsstelle und des Grundbuchamts hat eine Bestätigung gefunden im Artikel 118 DurchfVo., wonach als Aufwertungsstelle für die Aufwertung der Hypotheken und der gesicherten persönlichen Forderungen regelmäßig das Amtsgericht örtlich zuständig ist, in dessen Bezirk das Grundbuch geführt wird. Aus § 74 Abs. 1 Schlußsatz AufwG. folgt, daß das Reichsgericht zur Wahrung der Rechtseinheit auf dem Gebiet des gesetzlichen Aufwertungsrechts berufen sein soll. Die Erreichung dieses Zweckes ist aber bei der gesetzlichen Regelung der Hypothekenaufwertung nur gewährleistet, wenn bei Uneinigkeit verschiedener Oberlandesgerichte über die Gesetzesauslegung die Zuständigkeit des Reichsgerichts zur Entscheidung über die weitere Beschwerde in jedem Falle begründet ist, mag die erstinstanzliche Entscheidung, sei es in der früheren, sei es in der zur Entscheidung stehenden Sache, von einer Aufwertungsstelle oder von einem Grundbuchamt erlassen sein. Das zeigt sich besonders im vorliegenden Falle, da von der Auslegung des § 16 Abs. 1 Satz 1 über den Anmeldungszwang das amtliche Einschreiten der Aufwertungsstelle und des Grundbuchamts gleichermaßen abhängt.

2. Mit Recht hält das Kammergericht im Vorlegungsbeschluß die Beschwerde gegen die Eintragung der Widersprüche mit dem Ziele ihrer Löschung für zulässig. Durch die Eintragung des Widerspruchs entsteht ebensowenig wie durch eine Vormerkung ein dingliches Recht. Auch die Verfügung über das eingetragene Recht,

gegen das sich der Widerspruch richtet, wird an sich nicht beschränkt. Vielmehr soll durch die Eintragung des Widerspruchs ein Recht für den Fall, daß es außerhalb des Grundbuchs besteht und nachgewiesen werden kann, gegen spätere rechtsgeschäftliche Verfügungen gesichert werden (§ 892 Satz 1 BGB.). Der Inhalt des Grundbuchs weist das Bestehen des durch den Widerspruch gesicherten Rechts nicht aus. Deshalb können die Vorschriften über den öffentlichen Glauben des Grundbuchs zugunsten des dem Widerspruchsberechtigten etwa zustehenden Rechts keine Anwendung finden (Komm. vom RGR. Bem. 1 zu § 899 BGB.). Bei der beschränkten rechtlichen Bedeutung des Widerspruchs, durch den nicht ein selbständiges Recht verbrieft wird, gehört er nicht zu den Eintragungen im Sinne des § 71 Abs. 2 GBO., wie auch ein Widerspruch gegen einen Widerspruch nicht zulässig ist. Es entspricht der allgemeinen Meinung, daß die Beschwerde gegen die Eintragung eines Widerspruchs durch § 71 Abs. 2 Satz 1 GBO. nicht ausgeschlossen ist (Güthe-Triebel II Bem. 9 zu § 7 GBO. mit Nachweisen; Arnheim Anm. 18; Predari Anm. 14 zu § 71 GBO.).

3. Zutreffend geht das Kammergericht davon aus, daß die Entscheidung über die weitere Beschwerde davon abhängt, ob die Anmeldung des Anspruchs auf Aufwertung der gelöschten Hypotheken als rechtswirksam anzusehen ist oder nicht. Im ersteren Falle ist die Eintragung des Widerspruchs gegen die Löschung nach § 16 Abs. 2 Satz 2 AufwG. an sich gerechtfertigt und die weitere Beschwerde unbegründet, da die Hypotheken innerhalb der im § 15 AufwG. bestimmten Frist zurückgezahlt sind und der Aufwertung kraft Rückwirkung unterliegen, wie wenigstens für das Widerspruchsverfahren zu unterstellen ist. Erweist sich dagegen die Anmeldung aus Rechtsgründen als unwirksam, so würde bereits das Erlöschen des Aufwertungsanspruchs nach § 16 Abs. 1 AufwG. feststehen und daher für die Eintragung eines Widerspruchs gegen die Löschung der Hypotheken kein Raum mehr sein.

In der Sachentscheidung ist den zutreffenden Gründen des Kammergerichts beizutreten. Zunächst kann es nicht zweifelhaft sein, daß nach § 16 AufwG. in Verbindung mit den Artikeln 117, 118 der Durchführungsverordnung vom 29. November 1925 nicht jede beliebige, sondern die nach diesen Vorschriften berufene Aufwertungsstelle für die Entgegennahme der Anmeldung örtlich zuständig ist. Die außerordentliche Tragweite der Hypothekenaufwertung für den Grundstückshandel und den Realkredit nötigt zu einer strengen Auslegung der Grundsätze über den Anmeldungszwang. Durch § 22 Abs. 2 AufwG. ist der öffentliche Glaube des Grundbuchs seit dem 1. Juli 1925 bis auf weiteres zugunsten der Aufwertungsansprüche ausgeschaltet. Steht die Veräußerung oder Belastung eines Grundstücks nach dem 1. Januar 1926 in Frage, so sind der Eigentümer und die Beteiligten darauf angewiesen, Erkundigungen über den Umfang der angemeldeten Rechte bei der zuständigen Aufwertungsstelle einzuholen, und diese ist auf Antrag verpflichtet, die im Artikel 126 DurchfVo. vorgesehenen Bescheinigungen über die erfolgten Anmeldungen auszustellen. Ließe man alle Anmeldungen bei einer örtlich nicht zuständigen Aufwertungsstelle als rechtswirksam gelten, so würde die Zuverlässigkeit der von der Aufwertungsstelle über die eingelaufenen Anmeldungen zu erteilenden Auskunft wesentlich beeinträchtigt werden. Die einzige vom Gesetz gebotene amtliche Grundlage, um während des Schwebens des Aufwertungsverfahrens die Hypothekenlast des einzelnen Grundstücks mit einiger Sicherheit berechnen zu können, würde damit erschüttert. Dieses Ergebnis ist aber mit der vom Gesetz durch den Anmeldungszwang erstrebten möglichsten Sicherung des Grundbuchverkehrs nicht vereinbar. Gegenüber den an die Rechtssicherheit auf dem Gebiete des Liegenschaftsrechts zu stellenden allgemeinen Anforderungen müssen die aus dem Gesetz nicht unmittelbar zu entnehmenden Billigkeitsgründe zurücktreten, die im einzelnen Falle dem Hypothekengläubiger gegen den Verlust seines Aufwertungsanspruchs an sich zur Seite stehen möchten. Die Wiedereinsetzung in den vorigen Stand gegen den Ablauf der Anmeldungsfrist ist nicht zugelassen[1]), so daß es der Gläubiger zu tragen hat, wenn er selbst ohne eigene Schuld, z. B. durch ein Versehen der Post, die rechtzeitige Anmeldung bei der zuständigen Aufwertungsstelle versäumt hat.

Der hier vertretenen Ansicht steht die Entscheidung des Reichsgerichts vom 15. Juli 1909 (RGZ. Bd. 71 S. 380) nicht entgegen. Diese Entscheidung knüpft an den ersten Halbsatz im § 7 FGG. an, welcher vorschreibt, daß gerichtliche Handlungen nicht aus dem

[1]) Vgl. jetzt § 16 des Ges. vom 9. Juli 1927, RGBl. I S. 171. D. E.

Grunde unwirksam sind, weil sie von einem örtlich unzuständigen Gericht vorgenommen sind. Es wird dort eine gegenüber einem örtlich unzuständigen Nachlaßgericht abgegebene Erklärung über die Ausschlagung einer Erbschaft dann für wirksam erklärt, wenn das Nachlaßgericht sich für zuständig gehalten hat und tätig geworden ist, und so dazu beigetragen hat, daß die rechtzeitige Ausschlagungserklärung beim zuständigen Nachlaßgericht unterblieben ist. Eine dem angeführten § 7 FGG. ähnliche Vorschrift findet sich in der Grundbuchordnung nicht (vgl. die beschränkte Vorschrift im § 10 daselbst), und es entspricht auch der Natur der Sache, daß eine Eintragung im Grundbuch auf dem Blatte eines bestimmten Grundstücks nur dort erfolgen kann, wo das Grundbuch geführt wird. Nun finden zwar auf das Verfahren der Aufwertungsstellen im allgemeinen die Vorschriften über die Angelegenheiten der freiwilligen Gerichtsbarkeit sinngemäße Anwendung. Allein die Vorschriften des Aufwertungsgesetzes über die Aufwertung der Hypotheken stehen, wie oben ausgeführt ist, im engen Zusammenhang mit dem Grundbuchrecht. Das tritt auch in diesem Falle hervor, da gleichzeitig mit der Anmeldung zur Aufwertung die Eintragung eines Widerspruchs im Grundbuch gegen die Löschung der Hypotheken beantragt worden ist. Aus diesem Grunde passen die in der Entscheidung RGZ. Bd. 71 S. 380 aufgestellten Rechtssätze nicht auf den gegenwärtigen Fall.

Nach alledem war der weiteren Beschwerde stattzugeben.

---

72. Kann die Ausübung eines Rücktrittsrechts, das in einer Chartepartie für den Fall der Nichteinhaltung der Ladebereitschaft ausbedungen worden ist, nach § 242 BGB. ausgeschlossen sein, wenn die ausbedungene Zeit nur um ein geringes überschritten ist?

BGB. § 242.

I. Zivilsenat. Urt. v. 29. Juni 1927 i. S. K. & M. (Bekl.) w. J. (Kl.). I 34/27.

I. Landgericht Stettin, Kammer für Handelssachen.
II. Oberlandesgericht daselbst.

Der Kläger verfrachtete am 28. Dezember 1925 seinen in Kopenhagen liegenden Dampfer „Hansa" für eine Ladung Roggen von Stettin nach einem dänischen Hafen. Nach einer in die Chartepartie aufgenommenen Klausel hatte der Befrachter das Recht zur Aufhebung des Vertrags, wenn der Dampfer nicht spätestens am 30. Dezember mittags 12 Uhr ladebereit sein würde.

Nach Behauptung des Klägers hat die „Hansa" an diesem Tage spätestens um 12 Uhr 20 Minuten ladebereit gelegen, nach Behauptung der Beklagten erst zwischen $12^1/_2$ und 1 Uhr nachmittags. Die Beklagte hat durch Schreiben vom 2. Januar 1926 dem Schiffsmakler des Klägers den Rücktritt vom Vertrag erklärt. Dieser hält den Rücktritt für unberechtigt und verlangt mit der Klage zwei Drittel der bedungenen Fracht als Fautfracht.

Landgericht und Oberlandesgericht sprachen sie ihm zu. Die Revision der Beklagten blieb erfolglos.

Gründe:

Der Berufungsrichter nimmt zwar an, es handle sich bei dem Frachtvertrag wegen der Klausel der Chartepartie, welche die Beklagte zur Vertragsaufhebung berechtigt, falls der Dampfer nicht zu einem bestimmten Zeitpunkt ladebereit sei, um ein Fixgeschäft im Sinne von § 361 BGB. Er hat jedoch, weil das Schiff mit nur halbstündiger Verspätung ladebereit gewesen sei, den Rücktritt der Beklagten vom Vertrag als unvereinbar mit dem Grundsatz des § 242 BGB. und daher als unberechtigt bezeichnet. Als maßgebend für diese Stellungnahme hat er drei Gesichtspunkte hervorgehoben, von denen jeder allein von entscheidender Bedeutung sei: Die geringfügige Überschreitung des für die Ladebereitschaft festgesetzten Zeitpunkts sei für die Beklagte ohne jede Bedeutung gewesen; diese habe auch gar nicht wegen der sachlichen Folgen der Fristüberschreitung, sondern aus anderen damit nicht in Zusammenhang stehenden Gründen die Befreiung vom Vertrage gesucht; sie habe schließlich die Rücktrittserklärung nicht alsbald, sondern erst nach 3 Tagen abgegeben, nachdem sie bis dahin den Kläger nach ihren Maßnahmen in dem Glauben gelassen habe, sie werde aus der Fristüberschreitung keine Rechte herleiten.

Die Revision macht u. a. geltend: Der Vorderrichter habe bei Zulassung der Fristüberschreitung die Besonderheiten des Fixgeschäfts verkannt. Er habe auch bei Prüfung der Sachlage aus dem

Gesichtspunkt des § 242 BGB. übersehen, daß die Gründe, welche den aus der Fristüberschreitung Berechtigten dazu veranlaßten, die Folgerung aus seiner Berechtigung zu ziehen, für deren Beurteilung selbst nicht von Bedeutung sein dürften.

Die Entscheidung des Berufungsgerichts ist nicht rechtsirrig. Wie das angefochtene Urteil festgestellt hat, war der Zweck der Rücktrittsklausel, ein so rechtzeitiges Eintreffen des Dampfers in Stettin zu gewährleisten, daß es der Beklagten möglich war, die vorgesehene Ladung noch als Dezemberabladung abzufertigen. Es handelt sich bei dieser Vereinbarung um ein im Seefrachtverkehr vielfach übliches vertragliches Rücktritts- oder Kündigungsrecht (vgl. Pappenheim, Handbuch des Seerechts Bd. 3 S. 164, 619; Carver, Carriage by Sea sect. 219, 221). Die Eigenart eines mit dieser Klausel versehenen Frachtvertrags besteht darin, daß der Einhaltung des für eine Erfüllungshandlung des Verfrachters vorgesehenen Zeitpunkts nach dem Willen der Parteien eine derartige Bedeutung beigemessen ist, daß der Verstoß hiergegen den anderen Teil zur Auflösung des Vertrags berechtigt, ohne daß die Voraussetzungen des Verzugs vorzuliegen brauchen. Insoweit weist allerdings eine solche Abrede die auch für das Fixgeschäft bezeichnenden Merkmale auf. Die Einhaltung der Erfüllungszeit ist aber nicht so wesentlich für den Bestand des Vertrags, daß dieser bei ihrer Versäumung auch ohne Rücktrittserklärung hinfällig würde und auch der Nichtsäumige Erfüllung nur noch begehren könnte, wenn er dies sofort anzeigte, wie dies beim Fixhandelskauf nach § 376 HGB. vorgesehen ist. Dies hat auch das Berufungsgericht nicht verkannt.

Auch eine Abrede solcher Art unterliegt indes der für das gesamte Gebiet der Schuldverhältnisse maßgebenden Norm des § 242 BGB. Bei Würdigung des Inhalts der Verpflichtungen der Parteien und ihres Verhaltens bei der Erfüllung nach den Anforderungen von Treu und Glauben ist deshalb die besondere Bedeutung angemessen zu berücksichtigen, die nach dem ausgesprochenen Parteiwillen der Einhaltung der bedungenen Erfüllungszeit beigelegt wurde. Eine Überschreitung der bedungenen Frist wird nur in ganz besonders liegenden Ausnahmefällen das Rücktrittsrecht nicht auslösen. Es kommen dabei solche Fälle in Betracht, in denen die Verspätung nicht nur an sich ganz geringfügig ist, sondern auch unter

Würdigung des Interesses des Berechtigten an der Einhaltung der Frist so unwesentlich erscheint, daß ihre Berücksichtigung zwar dem Buchstaben des Vertrags gerecht werden, aber mit einer Würdigung der Erfüllungshandlung nach billigem Ermessen und mit den Anforderungen von Treu und Glauben unvereinbar wäre. In solchen Fällen muß eine Berechtigung, die aus der Verletzung einer dem Zeitpunkt und den Wirkungen ihrer Nichteinhaltung nach genau bezeichneten Verpflichtung entspringt, dem Grundsatz des § 242 BGB. weichen. Unstreitig ist die auf den vertragsmäßigen Zeitpunkt zu erwartende Ladebereitschaft der „Hansa" dem Schiffsmakler des Klägers am 29. Dezember von Swinemünde aus mitgeteilt und diese Mitteilung an den Stettiner Vertreter der Beklagten weitergegeben worden. Die Beklagte war daher, wie auch das Berufungsgericht annimmt, in der Lage, alle für die Beladung der „Hansa" gebotenen Vorkehrungen rechtzeitig zu treffen. Daher kann die Entscheidung darüber, ob die Verspätung der „Hansa" für die Verladungsabsichten der Beklagten unerheblich war, gemäß § 242 BGB. auf den Zeitpunkt abgestellt werden, in dem der Dampfer tatsächlich ladebereit war, wenngleich an sich der Zeitpunkt, in dem diese Ladebereitschaft nach Eintreffen des Dampfers dem Vertreter der Beklagten gemeldet wird, von Erheblichkeit für die Frage sein könnte, inwieweit durch die Verspätung die Durchführung der Abladung beeinträchtigt worden ist. Es ist deshalb unwesentlich, daß das Berufungsgericht keine genauere Feststellung über den Zeitpunkt getroffen hat, in dem der Schiffsmakler des Klägers zunächst telephonisch und dann schriftlich die Ladebereitschaft der „Hansa" gemeldet hat. Mit dem Berufungsgericht ist also bei Beurteilung der Sachlage nach § 242 BGB. davon auszugehen, daß die „Hansa" $^1/_2$ Stunde später als vertraglich zugesichert ladebereit gewesen ist. Diese Verspätung war nach der tatsächlichen Feststellung des Berufungsrichters ohne jede Bedeutung für die Durchführung der Abladung noch im Dezember, der die Rücktrittsklausel dienen sollte. Eine Einhaltung der Ladebereitschaft auf die Minute ist nach dem Vorbringen der Beklagten beim Abschluß des Vertrags nicht ausdrücklich als wesentlich hervorgehoben worden, mag auch im übrigen die Notwendigkeit der genauen Erfüllung des Vertrags betont worden sein. Unter diesen Umständen steht es mit den für den Vertrag maßgebenden Rechtsgrundsätzen nicht in Widerspruch, wenn der Berufungsrichter bei der festgestellten Sachlage eine wenn auch nach dem Buchstaben des Vertrags begründete Geltendmachung des Rücktrittsrechts als nicht vereinbar mit dem Grundsatz des § 242 BGB. bezeichnet hat. Es ist weiter auch dagegen nichts einzuwenden, daß das angefochtene Urteil zur Unterstützung seines aus den vorstehenden Gründen bereits gerechtfertigten Standpunkts ferner erwogen hat, die Beklagte habe durch Maßnahmen, die ihr Bereitsein zur Aufrechterhaltung des Vertrags entnehmen ließen, und durch die Hinzögerung der Rücktrittserklärung zu erkennen gegeben, wie bedeutungslos die Verspätung der „Hansa" an sich für ihre Entschließungen gewesen sei. Ein näheres Eingehen auf diese Punkte und die Ausführungen der Beklagten hierzu erübrigt sich jedoch, da schon die obigen Erwägungen die Entscheidung des Berufungsgerichts tragen.

---

73. Unter welchen Umständen ist die Verwirkung eines etwaigen Aufwertungsanspruchs anzunehmen?

BGB. § 242.

VII. Zivilsenat. Urt. v. 23. September 1927 i. S. Fr. (Kl.) w. L. (Bekl.). (VII) VI 198/27.

I. Landgericht Glogau.
II. Oberlandesgericht Breslau.

Der Kläger lieh dem Beklagten am 16. August 1921 120000 *M* und verkaufte ihm am 15. Oktober 1921 13 Kalben für 91000 *M* und im Juni 1922 Stacheldraht für 23360 *M*. Die Kaufpreise wurden gestundet. Zur Tilgung der Gesamtschuld zahlte der Beklagte im Oktober 1922 im Einverständnis mit dem Kläger für dessen Rechnung an die Deutsche landwirtschaftliche Gesellschaft 234360 *M*. Durch ein Schreiben seines Rechtsanwalts vom 31. Dezember 1925 verlangte der Kläger nachträgliche Aufwertung und erhob im April 1926 Klage auf Zahlung eines Teilbetrags von 2000 *RM* nebst Zinsen.

Das Landgericht sprach dem Kläger auf das Darlehen 1292,40 *RM* in verschiedenen Raten zu und wies im übrigen die Klage ab. Der Kläger legte Berufung ein und beantragte schließlich, den Beklagten zur Zahlung der drei vorgenannten Papiermarkbeträge unter angemessener Aufwertung nebst angemessenen Zinsen vom 1. Januar 1924 zu verurteilen. Die Berufung wurde im wesentlichen zurückgewiesen. Auch die (nur wegen der Kaufpreisforderungen eingelegte) Revision des Klägers blieb ohne Erfolg.

Aus den Gründen:

.... Rechtlich nicht zu beanstanden ist die Erwägung des Oberlandesgerichts, daß der Kläger nach Treu und Glauben nicht mehr in der Lage ist, seinen etwaigen Aufwertungsanspruch geltend zu machen, ihn also verwirkt hat. Niemand darf mit der Verfolgung seiner Rechte so lange zuwarten, daß darin ein Verstoß gegen Treu und Glauben, also ein illoyales Verhalten zu finden ist. Dieser Grundsatz ist schon wiederholt in der Rechtsprechung des Reichsgerichts anerkannt worden (RGZ. Bd. 60 S. 348, Bd. 88 S. 262, Bd. 91 S. 347; WarnRspr. 1920 Nr. 192); besonders betont wurde er aber dann, wenn außergewöhnliche Verhältnisse einem der Beteiligten einen außergewöhnlichen Rechtsbehelf gewährten. In solchen Fällen wurde es als seine Pflicht erachtet, den Gegner alsbald von dem beabsichtigten Gebrauch dieses Rechtsbehelfs zu verständigen, damit nicht dieser sich auf den Nichtgebrauch des Rechtsbehelfs einrichte und hinterher in seinen geschäftlichen Berechnungen und Maßnahmen empfindlich gestört werde (RGZ. Bd. 88 S. 146, Bd. 107 S. 108; WarnRspr. 1919 Nr. 22). Ein solcher außerordentlicher Rechtsbehelf ist auch die Aufwertung. Deshalb hat der erkennende — damals als der VI. bezeichnete — Senat schon in seinem Urteil vom 27. Januar 1925 (RGZ. Bd. 110 S. 133) darauf hingewiesen, daß ein Gläubiger, der sich nach erlangter sicherer Kenntnis von seinem Aufwertungsanspruch längere Zeit schweigend und untätig verhält, seinen Anspruch gemäß § 242 BGB. verwirken kann. Der V. Zivilsenat vertritt dieselbe Meinung, wenn er in seinen Urteilen vom 20. November 1926 (RGZ. Bd. 114 S. 104) und vom 18. Juni 1927 V 22/27 (teilweise abgedruckt JW. 1927 S. 2115, vgl. auch die Anm. das. unter Nr. VI) ausführt, daß es bei längst abgewickelten und als erledigt betrachteten Rechtsverhältnissen, bei denen sich die Beteiligten auf die nach ihrer Meinung geschaffene Rechtslage eingerichtet haben, den zu berücksichtigenden Interessen des Schuldners und der Sicherheit des Rechtsverkehrs entspricht, ein nachträgliches Aufwertungsverlangen einzuschränken oder auch ganz auszuschließen. In demselben Sinne betont der I. Zivilsenat in seinem Urteil vom 6. April 1927 (WarnRspr. 1927 Nr. 110), daß das plötzliche Neuerstehen der — aufzuwertenden — Schuld zu unbilligen Härten für den Schuldner führen kann, und in seinem Urteil vom 7. Mai 1927 (RGZ. Bd. 116 S. 317) billigt er ausdrücklich die vom V. Zivilsenat aufgestellten Leitsätze, hebt allerdings hervor, daß auch die Interessen des Gläubigers zu beachten sind, und gelangt so zu dem Ergebnis, daß die Entscheidung immer von den Umständen des Einzelfalls abhängen wird. Dem ist beizustimmen und es ist anzuerkennen, daß die Sachlage bei einer Erbauseinandersetzung unter Geschwistern (RGZ. Bd. 114 S. 404) oder bei einem noch vor Eintritt der Inflation abgeschlossenen Verkauf eines Handelsgeschäfts (RGZ. Bd. 117 S. 211) anders zu würdigen ist, als bei den Geschäften des kaufmännischen Verkehrs oder des sonstigen täglichen Wirtschaftslebens.

Entsprechend diesen Grundsätzen hat der erkennende Senat in seinem Urteil vom 26. April 1927 (JW. 1927 S. 1848) der Ausführung des Berufungsgerichts zugestimmt, daß der Kläger bei einer längst bezahlten Werklohnforderung den Aufwertungsanspruch verwirkt habe, weil er sich trotz der ihm nicht unbekannt gebliebenen Anerkennung des Aufwertungsgedankens durch die Rechtsprechung während der Zeit vom 15. Mai 1923 bis zum 16. Dezember 1925 untätig verhalten und damit zu erkennen gegeben habe, daß er mit weiteren Ansprüchen nicht mehr hervortreten wolle. Dieselben Erwägungen haben im Urteil des erkennenden Senats vom 3. Mai 1927 (WarnRspr. 1927 Nr. 107), in dem es sich um eine im Oktober 1922 bezahlte Werklohnforderung handelte, zur Aufhebung der Berufungsentscheidung geführt, weil nicht geprüft war, ob nicht die Geltendmachung des Aufwertungsanspruchs als gegen Treu und Glauben verstoßend anzusehen sei. Für beachtlich ist dabei erklärt worden sowohl die Tatsache, daß der Kläger zwischen der Zahlung im Oktober 1922 und der Klagerhebung im Dezember 1925 mehr als drei Jahre hatte verstreichen lassen, als auch die Behauptung des Beklagten, daß der Kläger zwar schon im Februar 1925 mit einem Aufwertungsverlangen hervorgetreten sei, dann aber mit der Erhebung der Klage noch bis zum Dezember 1925 gewartet habe.

Die Revision will sich gegenüber diesen Entscheidungen auf das Urteil des III. Zivilsenats vom 25. Februar 1927 III 157/26 berufen. Dort wird aber nur ausgesprochen, daß zur Ablehnung eines Aufwertungsverlangens in der Regel die Erwägung nicht genüge, das Rechtsverhältnis sei längst abgewickelt, auf die als Erfüllung geleistete und vorbehaltlos angenommene Zahlung könne nicht mehr zurückgegriffen werden. Mit diesen — gewiß richtigen — Ausführungen ist keineswegs gesagt, daß in der langen und gegen Treu und Glauben verstoßenden Untätigkeit eines seinen Aufwertungsanspruch kennenden Gläubigers kein „Verwirken" gefunden werden dürfe.

Im Rahmen der hiernach für maßgebend zu erachtenden Grundsätze hat sich der Berufungsrichter bei der angefochtenen Entscheidung gehalten. Sie behandelt, soweit sie für die Revisionsinstanz in Betracht kommt, nur Kaufgeschäfte des regelmäßigen Wirtschaftsverkehrs. Dazu hat das Oberlandesgericht erwogen, daß die Rechtsprechung des Reichsgerichts bereits im Jahre 1924 die Aufwertung trotz vorbehaltloser Annahme zugelassen hat, wenn die Leistung zu der erhaltenen Gegenleistung in auffälligem Mißverhältnis gestanden hatte, daß dieser Rechtsstandpunkt durch die Tagespresse bald allgemein bekannt geworden ist, und daß daher bis zum Beweise des Gegenteils anzunehmen ist, auch der Kläger habe bereits im Jahre 1924 von derartigen, dem Gläubiger zustehenden Aufwertungsansprüchen sichere Kenntnis erlangt. Die Revision wendet dagegen nur ein, daß hier wohl eine Vermutung ausgesprochen, aber keine tatsächliche Feststellung getroffen sei. Eine solche liegt indessen vor. Das Oberlandesgericht hat auf Grund allgemeiner Betrachtungen die volle Überzeugung von der Kenntnis des Klägers erlangt, hat ihm die Möglichkeit des Gegenbeweises offen gehalten und ist, da dieser nicht angetreten wurde, bei seiner Überzeugung verblieben. Einen Verstoß gegen § 242 BGB. konnte der Berufungsrichter in dem langen Schweigen des Klägers bis zum 31. Dezember 1925 finden, da der Beklagte aus diesem Grunde die ganze Angelegenheit für beglichen und erledigt halten und nicht nach so geraumer Zeit mit einem Aufwertungsverlangen überrascht werden durfte, das seine wirtschaftlichen Maßnahmen durchkreuzte. In Betracht kommt endlich auch, daß die Forderung, deren Aufwertung der Kläger verlangt, erst im Oktober 1922 bezahlt worden ist, in einem Zeitpunkt also, für den auch die strengere, den 15. August 1922 als Stichtag behandelnde Auffassung des Reichsgerichts eine nachträgliche Aufwertung stets zugelassen hat. . . . .

74. 1. Welcher Zeitpunkt ist maßgebend für die Frage, ob es sich bei dem verkauften Grundstück um ein forstwirtschaftlich genutztes Gelände im Sinne von § 1 Abs. 2a GrundstVerkG. handelt?

2. Findet die Vorschrift des § 7 Abs. 4 GrundstVerkG., wonach beim Unterbleiben einer behördlichen Erklärung auf den Genehmigungsantrag die Genehmigung als erteilt gilt, entsprechende Anwendung im Falle der Versäumung der für die Erlassung der Beschwerdeentscheidung bestimmten Frist von drei Wochen?

3. Bleibt für alle nach dem 1. Januar 1923 rechtswirksam abgeschlossenen Verpflichtungsgeschäfte im Sinne von § 1 GrundstVerkG., die bis zum 16. Februar 1923 noch nicht durch Eintragung im Grundbuch vollzogen sind, auch nach dem Inkrafttreten des Gesetzes vom 20. Juli 1925 die Notwendigkeit der Genehmigung für die in Erfüllung dieser Geschäfte erklärten Eintragungsbewilligungen, namentlich für Auflassungen, bestehen? Kann die bloße in Erfüllung des nicht genehmigten Vertrags nach dem 4. August 1925 vorgenommene Auflassung als eine Bestätigung des Willens der Vertragsparteien gelten, den Vertrag von neuem abzuschließen?

Preuß. Grundstückverkehrsgesetze v. 10. Februar 1923 §§ 1, 7, 8 und v. 20. Juli 1925 Art. I.

Feriensenat. Urt. v. 22. Juli 1927 i. S. der Firma N. & Fr. (Kl.) w. Aktiengesellschaft Sanatorium Sch. (Bekl.). II 142/27.

I. Landgericht Halberstadt.
II. Oberlandesgericht Naumburg.

Durch notariellen Vertrag vom 20. Mai 1925 verkaufte J. N., einer der Gesellschafter der klagenden offenen Handelsgesellschaft, seinen gesamten im Grundbuch von E. eingetragenen Grundbesitz in Größe von 18000 qm für 70000 GM an die Beklagte; die Auflassung wurde am 17. Februar 1926 in notarieller Form erklärt. Die vom Verkäufer am 3. Juli 1926 erbetene Genehmigung des Kaufvertrags wurde durch Bescheid des Landrats versagt und die dagegen eingelegte Beschwerde vom Regierungspräsidenten zurückgewiesen. Nach dem Kaufvertrag hatte die Beklagte auf Verlangen des Verkäufers über den zur Hälfte am 1. Juli 1926, zur anderen

Hälfte am 1. Juli 1927 fälligen Kaufpreis Akzepte zu geben; sie hat demgemäß auch den eingeklagten, am 1. Juli 1926 fälligen Wechsel über 32000 GM akzeptiert, der vom Aussteller J. N. an die Klägerin indossiert, aber bei Verfall nicht eingelöst wurde.

Gegenüber der im Wechselprozeß erhobenen Klage auf Zahlung der Wechselsumme nebst Zinsen und Protestkosten hat die Beklagte eingewendet: Der Kaufvertrag sei durch die Versagung der behördlichen Genehmigung unwirksam geworden und deshalb sei auch die dem Wechsel zugrunde liegende Kaufpreisforderung unbegründet. Das könne auch der Klägerin gegenüber geltend gemacht werden; denn sie sei bloße Inkassomandatarin des Verkäufers, auch sei ihr die Nichtgenehmigung beim Erwerb des Wechsels bekannt gewesen, und außerdem bestehe Personengleichheit zwischen dem Verkäufer als Mitglied der offenen Handelsgesellschaft und dieser selbst. Die Klägerin hat bestritten, daß das Gesetz über den Verkehr mit Grundstücken vom 10. Februar 1923 auf den fraglichen Verkauf Anwendung finde; jedenfalls sei die Notwendigkeit einer Genehmigung weggefallen, nachdem dieses Gesetz wieder außer Kraft getreten sei.

Das Landgericht hat die Beklagte nach dem Klagantrag verurteilt; es hält eine Genehmigung der vorliegenden Grundstücksveräußerung jetzt nicht mehr für erforderlich. Das Oberlandesgericht dagegen hat die Klage abgewiesen. Die Revision der Klägerin blieb erfolglos.

Gründe:

Soweit das Berufungsgericht annimmt, daß die Beklagte ihre gegen den Aussteller des Wechsels J. N. aus dem Kaufvertrag hergeleiteten Einwendungen auch gegen die Klägerin als Indossatarin erheben könne, weil ein sog. verstecktes Inkassoindossament vorliege, bestehen keine rechtlichen Bedenken. Die Angriffe der Revision richten sich nur dagegen, daß das Oberlandesgericht den Grundstücks-Veräußerungsvertrag vom 20. Mai 1925 auf Grund des preußischen Gesetzes vom 10. Februar 1923 über den Verkehr mit Grundstücken wegen Fehlens der behördlichen Genehmigung für unwirksam hält.

Die Klägerin hatte in der Berufungsinstanz geltend gemacht, daß jenes Gesetz hier schon deshalb keine Anwendung finde, weil es sich um forstwirtschaftlich genutztes Gelände und um Unland im Sinne von § 1 Abs. 2a GrundstVerkG. handle. Das angefochtene Urteil erachtet auf Grund der Kataster- und Grundbuchauszüge als widerlegt, daß die verkauften Flächen Öd- oder Unland seien oder überwiegend im forstwirtschaftlichen Betrieb genutzt würden; es stellt vielmehr fest, daß das Gelände schon vor dem jetzigen Verkauf als Bauland in Angriff genommen und mit Wasserleitung, Kanalisation und elektrischer Leitung versehen gewesen sei. Die Ausnahme wegen der Eigenschaft als Öd- oder Unland könnte nur dann Platz greifen, wenn das ganze verkaufte Grundstück als Öd- oder Unland anzusehen wäre. Das behauptet die Klägerin selbst nicht; sie macht vielmehr geltend, daß jedenfalls ein großer Teil forstwirtschaftlich genutzt werde. Im übrigen kann es nicht als rechtsirrig bezeichnet werden, wenn das Berufungsgericht seine Feststellungen auf die Angaben der Kataster- und Grundbuchauszüge stützt. Daß es diese Angaben schlechthin für maßgebend erachtet, kann den Urteilsgründen nicht entnommen werden.

Bei Beurteilung der Frage, ob die verkauften Grundstücke ganz oder überwiegend im forstwirtschaftlichen Betrieb genutzt werden, geht das angefochtene Urteil zutreffend davon aus, daß es auf die tatsächliche Benutzungsart zur Zeit des Vertragsabschlusses ankomme. Der Vorderrichter verkennt auch nicht, daß es nicht ausreicht, wenn ein bisher forstwirtschaftlich genutztes Grundstück vom Erwerber zur Verwendung als Bauland in Aussicht genommen wird. Er stellt vielmehr fest, daß schon ein früherer Eigentümer, der Forstfiskus, das Gelände als Bauland verkauft habe und daß dann auch tatsächlich eine Erschließung der Fläche als Bauland in Angriff genommen worden sei. Hiernach konnte das Gericht ohne Rechtsirrtum zu der Schlußfolgerung gelangen, daß das verkaufte Grundstück schon zur Zeit des mit der Beklagten abgeschlossenen Kaufvertrags Bauland gewesen sei. Dafür, daß sich jene Feststellungen nur auf Nachbargrundstücke bezögen, bieten die Urteilsgründe keinen Anhalt; nach ihnen sollte vielmehr festgestellt werden, das verkaufte Grundstück sei zur Zeit des jetzigen Kaufabschlusses nicht mehr überwiegend forstwirtschaftlich genutzt worden, sondern schon damals seiner Verwendung als Baugelände zugeführt gewesen. Wenn das Berufungsgericht hierbei nicht dem Gutachten der Landwirtschaftskammer gefolgt ist, so ist darin keine Verfehlung gegen Abs. 4 der Ausführungsbestimmungen zum Grundstücksverkehrs-Gesetz § 1 zu erblicken, ganz abgesehen davon, daß es sich dort nur um eine Anweisung für das Genehmigungsverfahren handelt.

An sich unterlag sonach der am 20. Mai 1925, also vor dem Außerkrafttreten des Gesetzes vom 10. Februar 1923, abgeschlossene Kaufvertrag der Genehmigungspflicht nach § 1 Abs. 1 dieses Gesetzes. Tatsächlich ist die vom Verkäufer beantragte Genehmigung durch Bescheid des Landrats vom 16. Juli 1926 versagt und die dagegen eingelegte Beschwerde vom Regierungspräsidenten erst am 18. Dezember 1926 zurückgewiesen worden. Die Klägerin sucht daraus, daß der Regierungspräsident bei seiner Entscheidung die im § 8 Abs. 2 Satz 2 GrundstVerkG. vorgeschriebene Frist von 3 Wochen nicht innegehalten habe, herzuleiten, es müsse so angesehen werden, als ob die Genehmigung erteilt sei. Demgegenüber nimmt das Berufungsgericht zutreffend an, beim Fehlen einer ausdrücklichen Vorschrift könne eine entsprechende Anwendung des § 7 Abs. 4 a. a. O. nicht in Frage kommen (wonach im Genehmigungsverfahren erster Instanz dann, wenn auf den Genehmigungsantrag binnen 3 Wochen keine behördliche Erklärung abgegeben wird, die Genehmigung als erteilt gilt). Auch nach § 8 Abs. 2 Satz 2 ist die Beschwerdeentscheidung innerhalb 3 Wochen zu erlassen, aber es wird dort nichts darüber bestimmt, welche Folgen im Falle der Versäumung dieser Frist eintreten sollen. Beim Fehlen einer besonderen Vorschrift läßt sich der § 7 Abs. 4 nicht ohne weiteres entsprechend anwenden. Denn die Fiktion der Genehmigung, wie sie das Gesetz für das Genehmigungsverfahren erster Instanz aufstellt, paßt nicht schlechthin auch für die Beschwerdeinstanz, nachdem einmal ein die Genehmigung versagender Bescheid der Behörde ergangen ist. Es wäre eine außerordentliche Maßnahme und bedürfte deshalb besonderer Anordnung, wenn ein solcher behördlicher Bescheid durch bloßen Fristablauf seine Wirkung verlieren sollte. Höchstens ließe sich als Wirkung der Fristversäumnis denken, daß nach Ablauf der Frist die Befugnis der höheren Instanz zur Entscheidung wegfiele, was dann zur Folge hätte, daß die angefochtene Vorentscheidung aufrechterhalten bliebe. Aber auch eine solche Wirkung würde dem Grundgedanken des § 8 widersprechen, der gerade gegenüber einem versagenden Bescheid die Möglichkeit einer nochmaligen Nachprüfung durch eine höhere Instanz gewähren will. Deshalb bleibt nur die Annahme übrig, daß die Fristbestimmung in § 8 lediglich den Zweck hat, auf eine beschleunigte Erledigung der Beschwerde hinzuwirken, ohne aber sachliche Folgen an ihre Versäumung zu knüpfen. Auch eine nach

Ablauf der Frist ergehende Beschwerdeentscheidung behält demnach ihre sachliche Wirkung.

Das Berufungsgericht lehnt unter Hinweis auf RGZ. Bd. 114 S. 230 die Auffassung der Klägerin ab, das Grundstücksverkehrsgesetz sei zum 1. Juli 1926 mit der Wirkung außer Kraft getreten, daß für Grundstücksverkäufe von diesem Tage an überhaupt keine Genehmigung mehr erforderlich sei. Der Vorderrichter vertritt folgenden Standpunkt: Der § 16 GrundstVerkG. habe durch das neue Gesetz vom 20. Juli 1925, mit der Verlegung des Außerkrafttretens auf den 4. August 1925, seine Bedeutung verloren. Die Außerkraftsetzung habe nicht die Wirkung, daß jetzt so verfahren werden solle, als ob das Gesetz nie bestanden hätte, vielmehr bedürften alle vor dem 4. August 1925 abgeschlossenen genehmigungspflichtigen Grundstücks-Veräußerungsverträge auch über diesen Zeitpunkt hinaus noch der Genehmigung; befreit seien, wie das neue Gesetz ausdrücklich hervorhebe, nur die nach dem 4. August 1925 neu abgeschlossenen Rechtsgeschäfte. Auch Auflassungen und Eintragungen seien noch genehmigungspflichtig, wenn sie in Erfüllung von genehmigungspflichtigen Verträgen erfolgten. Die von den Parteien am 17. Februar 1926 erklärte Auflassung sei daher unwirksam. Eine selbständige Bestätigung des Kaufvertrags vom 20. Mai 1925, eine Wiederholung des Abschlusses, sei in ihr nicht zu erblicken. Die bloße Bezugnahme auf den Kaufvertrag reiche bei der abstrakten Natur der Auflassung nicht aus, um zum Ausdruck zu bringen, daß die Parteien damals den Kaufvertrag wiederholen wollten; sie hätten von der möglichen Unwirksamkeit des Kaufvertrags wegen fehlender Genehmigung damals auch nichts gewußt.

Demgegenüber erblickt die Revision in der Auflassung eine Bestätigung des Willens der Vertragsparteien, den Kaufvertrag auch unter der Geltung des neuen Gesetzes aufrechtzuerhalten; die Beteiligten müßten sich deshalb so behandeln lassen, als ob der Kauf selbst erst nach dem Außerkrafttreten des alten Gesetzes abgeschlossen wäre. Da der Mangel des Kaufvertrags (das Fehlen der Genehmigung) durch die Genehmigung der Auflassung geheilt werden könne, müsse die Unwirksamkeit als geheilt gelten durch die am 17. Februar 1926 erfolgte Auflassung, die nach Außerkraftsetzung des Grundstücksverkehrsgesetzes keiner Genehmigung mehr bedurft habe.

Diese Ausführungen können dem Rechtsmittel nicht zum Erfolg verhelfen. Der rechtliche Ausgangspunkt des angefochtenen Urteils ist nicht zu beanstanden und steht mit der Auffassung des Reichsgerichts in Einklang. Der Art. I des Gesetzes vom 20. Juli 1925 bestimmt, daß das Gesetz vom 10. Februar 1923 über den Verkehr mit Grundstücken außer Kraft tritt mit Wirkung für die Rechtsgeschäfte, die nach dem Inkrafttreten des neuen Gesetzes neu abgeschlossen werden, und beläßt es für alle übrigen Rechtsvorgänge bei der im alten Gesetze vorgesehenen Genehmigungspflicht, soweit es sich nicht um Erfüllung eines vor dem 1. Januar 1923 rechtswirksam abgeschlossenen Verpflichtungsgeschäfts handelt oder die Rechtsänderung nicht schon am 16. Februar 1923 durch Eintragung im Grundbuch wirksam vollzogen war. Diese Vorschrift beruht, wie in RGZ. Bd. 114 S. 230 dargelegt ist, im wesentlichen auf dem Gedanken, daß das frühere in seiner Geltung zeitlich beschränkte Gesetz volle Wirksamkeit behalten solle für die von ihm erfaßten Rechtsvorgänge, die sich unter seinem Geltungsbereich ereigneten. Demgemäß sollten alle vor dem 4. August 1925 liegenden genehmigungspflichtigen Grundstücks-Veräußerungsgeschäfte so lange nach dem alten Grundstücksverkehrsgesetz behandelt werden, bis sie durch nachgeholte Genehmigung oder auf andere Weise ihre Erledigung gefunden hätten. Der Sinn dieser Vorschrift ist also der: Nach dem Inkrafttreten des neuen Gesetzes, dem 4. August 1925, fällt für die neu abgeschlossenen Grundstücksverträge die Genehmigungspflicht des § 1 GrundstVerkG. fort. Die vor diesem Zeitpunkt abgeschlossenen Rechtsgeschäfte und die zu ihrer Erfüllung vorgenommenen Rechtshandlungen bedürfen weiter der Genehmigung. Davon ausgenommen sind solche Rechtsgeschäfte, die bis zum 16. Februar 1923 durch Eintragung im Grundbuch bereits wirksam erfüllt waren, und solche rechtsändernde Vorgänge, die in Erfüllung eines vor dem 1. Januar 1923 rechtswirksam abgeschlossenen Verpflichtungsgeschäfts vor sich gehen. Für alle nach dem 1. Januar 1923 abgeschlossenen Verpflichtungsgeschäfte, die bis zum 16. Februar 1923 noch nicht durch Eintragung im Grundbuch vollzogen sind, bleibt auch hinsichtlich der in Erfüllung dieser Geschäfte erklärten Eintragungsbewilligungen, namentlich der Auflassungen, die Notwendigkeit der Genehmigung bestehen. Die schwebende Unwirksamkeit, die bei einem unter den Geltungsbereich des Gesetzes vom 10. Februar 1923 fallenden Kaufvertrag als Folge der Genehmigungspflicht eingetreten ist, wird also nicht schon dadurch beseitigt, daß das Grundstücksverkehrsgesetz außer Kraft trat, und ergreift auch die zur Erfüllung des Verpflichtungsgeschäfts später vorgenommenen Rechtshandlungen. Auch sie können volle Wirkung nur äußern, wenn sie selbst, beim Fehlen der Genehmigung des Verpflichtungsgeschäfts, noch genehmigt werden. Im übrigen ist die Genehmigungspflicht für Eintragungsbewilligungen, insbesondere für die Auflassung, nach § 1 Abs. 1 Satz 3 nur hilfsweise vorgeschrieben. Ist die Genehmigung des an erster Stelle in Betracht kommenden Grundgeschäfts versagt, so ist damit das Geschäft mit allen Nachwirkungen erledigt.

Hiernach können allerdings die an einem den Vorschriften des Grundstücksverkehrsgesetzes vom 10. Februar 1923 unterliegenden, nicht genehmigten Grundstücks-Veräußerungsvertrag Beteiligten unter Abstandnahme von der Ausführung des Vertrags nach dem 4. August 1925 einen neuen Vertrag gleichen Inhalts schließen, der dann der Genehmigung nicht mehr bedarf. Die bloße, in Erfüllung eines nicht genehmigten Vertrags nach dem 4. August 1925 vorgenommene Auflassung unterliegt aber nach wie vor ebenso der Genehmigungspflicht wie das zugrunde liegende Verpflichtungsgeschäft selbst. Die Auflassung kann, wie das Berufungsgericht mit Recht hervorhebt, schon wegen ihrer abstrakten Natur nicht ohne weiteres als eine Neuvornahme in dem Sinne gelten, daß es nunmehr so angesehen werden müßte, als sei der Kaufvertrag von neuem abgeschlossen worden (RGZ. Bd. 115 S. 6 und S. 38). Dazu bedurfte es eines auf Wiederholung des Kaufvertrags gerichteten Willens der Beteiligten. Wenn das Berufungsgericht einen solchen Willen nicht schon deshalb allein annimmt, weil bei der Auflassung auf den Kaufvertrag Bezug genommen ist, so läßt das keinen Rechtsirrtum erkennen. Zutreffend weist auch das angefochtene Urteil darauf hin, daß für eine solche Wiederholungsabsicht schon deshalb jeder Anhalt fehle, weil die Parteien bei der Auflassung an der Wirksamkeit des Grundgeschäfts nicht zweifelten.

Allerdings kann der Mangel der behördlichen Genehmigung zu dem Verpflichtungsgeschäft durch die Genehmigung der in Erfüllung des schuldrechtlichen Vertrags erfolgenden Auflassung geheilt werden. Aber eine solche Heilung trat nicht, wie die Revision meint, schon dadurch ein, daß die Auflassung nach dem 4. August 1925 erklärt wurde, zu einer Zeit, als das alte Grundstücksverkehrsgesetz nicht mehr galt. Denn auch diese in Erfüllung des nicht genehmigten Kaufvertrags erfolgende Auflassung unterlag ebenso der Genehmigung wie das Verpflichtungsgeschäft selbst. Ob unter Umständen im Falle der Wiederholung der Auflassung, wenn sie unabhängig vom vorausgehenden Kaufvertrag nach dem Außerkrafttreten des Grundstücksverkehrsgesetzes erfolgte, die Sache anders zu beurteilen wäre, kann dahingestellt bleiben. Denn hier handelt es sich nicht um eine wiederholte, selbständige Auflassung, sondern um eine in Erfüllung eines genehmigungspflichtigen Kaufvertrags erklärte Auflassung, die nach dem Ausgeführten ebenso der Genehmigung bedurfte wie der Vertrag selbst. Diese Genehmigung ist rechtskräftig versagt worden und damit ist der Kaufvertrag selbst endgültig unwirksam geworden, so daß aus ihm eine Kaufpreisforderung nicht mehr hergeleitet werden kann. Demgemäß hat das Berufungsgericht mit Recht auch die Klage aus dem Wechsel abgewiesen, der sich auf einen Teil des Kaufpreises bezieht.

---

75. Über den Umfang der Pflichten eines nach § 1189 BGB. bestellten Grundbuchvertreters bei Teilschuldverschreibungen.

I. Zivilsenat. Urt. v. 29. Juni 1927 i. S. S. (Kl.) w. W. Landwirtschaftsbank (Bekl.). I 81/27.

I. Landgericht Stuttgart, Kammer für Handelssachen.
II. Oberlandesgericht daselbst.

Die Aktiengesellschaft C.-Werke in W. hatte im Jahre 1925 für 300000 GM Teilschuldverschreibungen ausgegeben. Zur Sicherheit hatte sie auf ihrem Grundbesitz gemäß § 1189 BGB. eine Hypothek von 309000 GM zugunsten der Beklagten bestellt. Die einzelnen Grundparzellen, auf denen die Hypothek eingetragen ist, sind in der Bestellungsurkunde und in den einzelnen Schuldverschreibungsurkunden genau bezeichnet. Die Aktiengesellschaft hatte zum Vertreter für den jeweiligen Gläubiger aus den Teilschuldverschreibungen im Sinne von § 1189 BGB. die Beklagte bestellt und wegen

Inhalt und Umfang der Vertretungsbefugnis auf die „Anlehensbedingungen" verwiesen.

Zur Unterbringung der Teilschuldverschreibungen war ein Emissionsprospekt erlassen worden, der von dem Bankgeschäft L. W. & Co. unterzeichnet worden war. In diesem Prospekt wird erklärt, die Hypothek werde auf dem gesamten Grundeigentum der Gesellschaft nebst Zubehör (Gebäuden, Maschinen, Kesseln usw.) sichergestellt; der öffentliche Schätzungswert des Grundeigentums nebst Gebäuden und Maschinen betrage rund 800000 RM; die Gesellschaft sei bis an die Grenzen ihrer Leistungsfähigkeit beschäftigt. Als Einlösungsstelle ist u. a. die Beklagte aufgeführt.

Der Kläger ist Eigentümer von Teilschuldverschreibungen im Nennwert von 5300 GM. Er behauptet, diese Verschreibungen im Vertrauen auf die Richtigkeit der Angaben des Prospekts erworben zu haben. In Wahrheit seien aber die Angaben unrichtig gewesen. Einmal sei die Hypothek nicht auf dem gesamten Grundbesitz eingetragen worden, sondern nur auf einem Teil, nämlich nicht auf den Parzellen 930 und 931. Letztere seien zwar an die C.-Werke verkauft, auch von ihnen teilweise bezahlt, aber noch nicht an sie aufgelassen gewesen. Eine öffentliche Schätzung der haftenden Werte in Höhe von 800000 RM habe niemals bestanden. Erst später seien die Werte öffentlich geschätzt worden und zwar auf 479000 RM. Verschwiegen worden sei weiter, daß die Maschinen größtenteils unter Eigentumsvorbehalt der Lieferanten gestanden hätten. Endlich sei der Beschäftigungsgrad der Gesellschaft im Prospekt falsch angegeben gewesen. Jetzt sei die Gesellschaft in Konkurs geraten, so daß die Schuldverschreibungen entwertet seien. Dadurch sei dem Kläger ein Schaden entstanden, für den er die Beklagte in Anspruch nehme. Denn diese habe als Treuhänderin für den Gläubiger die Verpflichtung gehabt, darauf zu achten, daß die Angaben des Prospekts mit der Wirklichkeit übereinstimmten. Diese Pflicht habe die Beklagte verletzt.

Die Beklagte hat dem entgegengehalten, daß sie nichts anderes gewesen sei als Treuhänderin zum Zwecke der Entgegennahme und Bewahrung der Hypothek. Für die Richtigkeit der Angaben des Prospekts, der nicht von ihr unterzeichnet sei, habe sie nicht einzustehen.

In den Vorinstanzen ist der Kläger abgewiesen worden. Seine Revision führte zur Aufhebung und Zurückverweisung.

Gründe:

Das Berufungsgericht hat ausgeführt, es bedürfe keiner Erörterung, daß der Kläger durch den Erwerb der schon zur Zeit ihrer Ausgabe durchaus ungenügend gedeckten Schuldverschreibungen in Schaden gekommen sei. Es möge auch unterstellt werden, daß der Kläger durch die unrichtigen Angaben des Emissionsprospekts zur Übernahme der 5300 GM Verschreibungen veranlaßt worden sei. Dennoch könne der Klage nicht stattgegeben werden, weil eine Haftung der Beklagten für jene unrichtigen Angaben zu verneinen sei. Eine bestimmte Kenntnis der Beklagten von der Unrichtigkeit sei nicht nachgewiesen. Die Entscheidung hänge deshalb davon ab, ob eine vertragliche oder aus allgemeinen Erwägungen herzuleitende rechtliche Pflicht der Beklagten bestanden habe, die Prospektangaben nachzuprüfen. Aus der rechtsgeschäftlichen Abtretung der Verschreibungen sei eine solche Verpflichtung nicht herzuleiten, weil die Übertragung ausdrücklich „ohne Gewähr" erfolgt sei. Auch die Stellung als Gläubigervertreter im Sinne von § 1189 BGB. begründe keine solche Pflicht. Der Treuhänder habe zwar nicht erst nach Bestellung der Hypothek wirksam zu werden, sondern seine Aufsichtspflicht umfasse auch schon die Eintragung der Belastung. Aber dafür, daß die Hypothek ausreichende Sicherheit biete, habe er nicht einzustehen. In besonderen Fällen möge eine gewisse Überwachungspflicht denkbar sein. Aber dazu sei erforderlich, daß eine unmittelbare finanzielle Beziehung, eine unmittelbare Verknüpfung mit dem Erfolg der Emission vorliege; nur dann rechtfertige sich eine Gleichstellung der Einlösungsstelle mit der Emissionsfirma in bezug auf die Haftung. An einem solchen finanziellen Interesse fehle es hier. Eine Konsortialbeteiligung der Beklagten liege nicht vor, sei insbesondere nicht daraus zu entnehmen, daß der Beklagten für ihre Aufwendungen 10% des Reingewinns beim Emissionsgeschäft zugesagt worden seien. Wenn somit keine Prüfungspflicht der Beklagten bestanden habe, so könne der Kläger aus der Unterlassung der Prüfung keine Schadensersatzforderung herleiten, und zwar weder auf vertraglicher Grundlage, noch auf der Grundlage schuldhaften Handelns. Auch eine nachträgliche Herabminderung des Schadens dadurch, daß die Beklagte für die Ausdehnung der Hypothek auf die beiden nichtbelasteten Parzellen gesorgt hätte, habe der Kläger nach der Sachlage nicht von ihr verlangen können; denn es sei erst nach der Konkurseröffnung entdeckt worden, daß die Parzellen vom Voreigentümer noch nicht aufgelassen gewesen waren. Danach sei die Klage unbegründet.

Die Revision hat um Nachprüfung des Urteils im vollen Umfang gebeten. Sie hat sich hauptsächlich darauf gestützt, daß die Beklagte nach dem Prospekt als Gehilfin des Emissionshauses aufgetreten sei und deshalb der Allgemeinheit gegenüber mehr als eine nur moralische Haftung für die Richtigkeit der Angaben des Prospekts übernommen habe. Tatsächlich habe sie den Anschein erweckt, als ob sie für die Richtigkeit der Angaben einstehen wolle. Die zugesagte Vergütung von 10% des Reingewinns stelle die Beklagte auf dieselbe Stufe mit dem Emissionshaus.

Die Revision ist begründet. Hat ein Unternehmen Teilschuldverschreibungen ausgegeben, so können sich zwischen die Gläubiger (die Inhaber der Verschreibungen) und den Schuldner (das Unternehmen) Vertreter von dreierlei Art einschieben: Gläubigervertreter, Grundbuchvertreter und sog. Vertragsvertreter. Die Einsetzung eines Gläubigervertreters ist durch § 14 des Gesetzes betreffend die gemeinsamen Rechte der Besitzer von Schuldverschreibungen vom 4. Dezember 1899/14. Mai 1914 geregelt. Der Gläubigervertreter hat in erster Linie die Rechte der Gläubiger gegenüber dem Unternehmen, unter Umständen auch gegenüber dem Grundbuchvertreter wahrzunehmen; er wird von der Gläubigerversammlung gewählt, die zugleich den Umfang seiner Befugnisse festsetzen muß. Um einen derartigen von einer Gläubigerversammlung gewählten Gläubigervertreter handelt es sich hier nicht. Ist dagegen zugunsten der Inhaber der Schuldverschreibungen, die auf Inhaber oder, wie hier, an Order gestellt sind, eine Sicherungshypothek bestellt worden (§ 1187 BGB.), so kann nach § 1189 BGB. für die jeweiligen Gläubiger ein Grundbuchvertreter eingesetzt werden, dessen Bestellung in das Grundbuch eingetragen werden muß. Ein Vertragsvertreter endlich wird eingesetzt durch Vertrag zwischen Schuldner und Gläubigern, in der Regel bei Ausgabe der Verschreibungen. Im vorliegenden Falle hat die Schuldnerin, die Aktiengesellschaft C.-Werke, in der notariellen Urkunde vom 31. Dezember 1924 eine Gesamtsicherungshypothek gemäß § 1189 BGB. zugunsten der Beklagten „oder der durch Indossament legitimierten Inhaber der Schuldverschreibungen" bestellt. Ausdrücklich betont ist darin, daß die Beklagte Vertreter für den (die) jeweiligen Gläubiger im Sinne von § 1189 BGB. sein solle. Die Beklagte war also, jedenfalls in erster Reihe, Grundbuchvertreter. Die Befugnisse eines solchen sind im § 1189 festgesetzt: er kann mit Wirkung für und gegen die Gläubiger bestimmte Verfügungen über die Hypothek treffen und die Gläubiger bei Geltendmachung der Hypothek vertreten (weitere Befugnisse und Pflichten, die ihm im § 16 des Gesetzes vom 4. Dezember 1899 übertragen sind, kommen hier nicht in Frage). Da § 1189 die einzelnen Verfügungen über die Hypothek, die der Grundbuchvertreter treffen darf, nicht bestimmt, muß insoweit eine Ergänzung stattfinden; sie wird regelmäßig in den Anleihebedingungen vorgenommen. So ist die Sache auch hier gehandhabt worden. Der notariellen Hypothekenbestellung sind „Anlehensbedingungen" beigefügt worden, die auch auf jeder Teilschuldverschreibung abgedruckt sind. Dort bestimmt § 6 im einzelnen, welche Rechte der Beklagten als Grundbuchvertreterin zustehen sollen. Über die Verpflichtungen des Grundbuchvertreters — im Gegensatz zu seinen Befugnissen — enthält das Gesetz keine ausdrücklichen Bestimmungen. In jenem § 6 ist — den Worten nach — bloß von einer Verpflichtung der Beklagten die Rede: sie ist verpflichtet, die Löschung der Hypothek nur unter gewissen Beschränkungen zu bewilligen. Das ist nichts weiter als eine Einengung der ihr im übrigen verliehenen Befugnisse und hat mit der im Streitfalle behaupteten Prüfungs- und Aufsichtspflicht nichts zu tun. Der Umfang der Verpflichtungen des Grundbuchvertreters ist also aus dem Zwecke zu entnehmen, den das Gesetz mit der Zulassung einer solchen Vertreterbestellung verfolgte. Der Zweck bestand in der Beseitigung der Mißstände, die sich daraus ergaben, daß die Gläubiger, deren Interessen durch die Hypothek gesichert werden sollten, eine mehr oder weniger große Anzahl unbekannter Personen sind. Dem Grundeigentümer sollte eine gewisse Bewegungsfreiheit verschafft werden, z. B. bei Veräußerung von Trennstücken, Austausch von Grundstücken und dgl. Als Gegenstück dazu sollte den Gläubigern gewährleistet werden, daß ihnen die bestellte Pfandsicherung erhalten blieb. Dafür zu sorgen, ist die Verpflichtung des Grundbuchvertreters den Gläubigern gegenüber.

Es fragt sich aber, ob die Verpflichtungen der Beklagten hierauf beschränkt sind. Das muß nach den gesamten Umständen des

Falles verneint werden. In einem früheren Falle, den das Reichsgericht in RGZ. Bd. 90 S. 211 entschieden hat, war in einer Gläubigerversammlung ein Vertreter gewählt worden, der die Gläubiger gemäß § 1189 BGB. vertreten sollte und dem die Befugnis beigelegt worden war, mit Wirkung für und gegen jeden späteren Gläubiger über die Hypotheken und Pfänder Verfügungen zu treffen, namentlich die Hypotheken- und Pfandrechte geltend zu machen. Das Reichsgericht hat dort ausgeführt, dem Rechte des Vertreters, die ihm übertragenen Befugnisse für die Gläubiger wahrzunehmen, entspreche grundsätzlich die Pflicht, von ihnen im Interesse der Gläubiger, soweit erforderlich, Gebrauch zu machen. Die Überwachung der Eintragung der zugesicherten Hypotheken sei nach Treu und Glauben mit Rücksicht auf die Verkehrssitte als Pflicht des Vertreters anzusehen. Entsprechendes muß für den vorliegenden Fall gelten, wenngleich es sich hier nicht um einen von einer Gläubigerversammlung gewählten, sondern um einen vom Schuldner nach § 1189 bestellten Vertreter handelt. In der notariellen Bestellungsurkunde wird wegen des Umfangs der Vertretungsbefugnisse auf die Anlehensbedingungen Bezug genommen. Nun sind zwar dort in § 12 die Parzellen einzeln aufgeführt, auf denen die Hypotheken eingetragen werden sollten. Aber es war gleichzeitig bemerkt, daß dies die sämtlichen im Eigentum der Schuldnerin stehenden Grundstücke der Gemarkung W. seien. Das war zweifellos für die Gläubiger von erheblichster Bedeutung; denn ihnen konnte nicht damit gedient sein, daß nur ein Teil des Grundbesitzes der Haftung unterworfen würde. Diesen Umstand mußte die Beklagte bei ihrer Stellung zur Sache beachten. Denn zweifellos war sie, wenngleich auch Grundbuchvertreterin, so doch nicht bloß Grundbuchvertreterin, sondern ihr Geschäfts- und Pflichtenkreis war erweitert worden. Sie ließ sich in den Schuldurkunden als Treuhänderin bezeichnen, und zwar nicht in der Beschränkung auf die Innehabung der Hypothek; die Urkunden wurden nach § 1 der Bedingungen auf ihren Namen oder an ihre Order ausgestellt; die Zinszahlungen erfolgten nach § 2 durch ihre Vermittlung, ebenso nach § 3 die Kapitalrückzahlungen; sie hatte nach § 6 für die gesamten Gläubiger die vorzeitige Fälligkeit der Anleihe zur Rückzahlung gemäß den Bestimmungen des § 5 auszusprechen. Ihre Verknüpfung mit der Emission war also eng; ihre Pflichten gingen über die eines bloßen Grundbuchvertreters hinaus. Danach muß es auch als ihre Verpflichtung angesehen werden, sich darum zu kümmern, ob die wichtigste der den Gläubigern gemachten Zusicherungen, die Eintragung der Hypothek auf dem gesamten Grundbesitz, durchgeführt wurde. Hat die Beklagte dieser Verpflichtung schuldhaft zuwider gehandelt, so haftet sie dafür, und zwar haftet sie allen Obligationsinhabern, nicht nur den ersten Erwerbern, weil sie sich in den Urkunden als „Vertreterin (Treuhänderin) der jeweiligen Inhaber" hat bezeichnen lassen. An dieser Haftung wird dadurch nichts geändert, daß sie ihr Indosso auf den Urkunden mit der Klausel „ohne Gewähr" geleistet hat. Nun hat allerdings das Berufungsgericht am Schlusse seines Urteils ausgesprochen, die Entdeckung, daß die beiden Parzellen 930 und 931 noch nicht an die C.-Werke aufgelassen waren und daß deshalb die Hypothek sich nicht auf sie erstreckte, sei für die Beklagte unmöglich gewesen. Dieser Ausspruch erledigt jedoch die Sache nicht, er erscheint vielmehr bis auf weiteres auffällig. Die Beklagte muß aufklären, welche Bemühungen sie im einzelnen aufgewendet hat. Einstweilen liegt die Annahme nahe, ein einfacher Einblick in einen Lageplan hätte gezeigt, daß gerade die — wie behauptet — neu errichteten Gebäude mit den neu angeschafften Maschinen sich nicht auf den verpfändeten, in der Schuldverschreibung aufgezählten Parzellen befanden.

Nach der Behauptung des Klägers hat die Beklagte nicht nur für die bisher erörterten Zusicherungen einzustehen, die in den Anlehensbedingungen gemacht sind, sondern auch für die weiteren Angaben des Prospekts über die amtliche Schätzung der Gebäude und Maschinen, über den Beschäftigungsgrad der Fabrik usw. Ein unmittelbarer Beweis für die Übernahme einer solchen Haftung liegt nicht vor, da die Beklagte den Prospekt nicht unterschrieben hat. Sie ist nach den bisherigen Parteibehauptungen auch nicht als Emissionshaus hervorgetreten, sondern ihre Tätigkeit beschränkte sich auf die vorher erörterten Punkte. Der Kläger hat aber weiter behauptet, daß im Innenverhältnis ein Konsortialvertrag zwischen der Beklagten einerseits und dem Bankhause L. W. & Co. oder den C.-Werken anderseits geschlossen worden sei. Das Berufungsgericht hat diese Behauptung zurückgewiesen, weil die Beteiligung der Beklagten mit 10% am Reinertrag der Emission noch nicht auf ein Konsortialgeschäft hinweise. Aufklärung über die behauptete Tatsache wird sich jedoch nur erbringen lassen, wenn der Vertrag vorgelegt wird, der zwischen der Beklagten und dem genannten Bankhaus oder den C.-Werken abgeschlossen worden sein wird. Daß ein solcher Vertrag bestanden hat, ist wahrscheinlich, weil die Abmachungen über die Treuhandschaft der Beklagten, über die Übernahme der ihr in den Bedingungen auferlegten Tätigkeit und über ihre Gewinnbeteiligung irgendwie schriftlich niedergelegt sein werden. . . .

---

76. Zur Frage der Fürsorgeerziehung minderjähriger Ausländer.

Reichsgesetz für Jugendwohlfahrt v. 9. Juli 1922 § 63.

IV. Zivilsenat. Beschl. v. 30. Juni 1927 in der Fürsorgeerziehungssache K. IV B 25/27.

I. Amtsgericht Bremen.
II. Landgericht daselbst.

Die am 23. August 1909 in Bremen geborene Ausländerin Regina K., Tochter der dort wohnhaften Eheleute K., ist durch Beschluß des Amtsgerichts Bremen, Abt. für Vormundschaftssachen (Jugendgericht), vom 8. September 1926 auf Grund des § 63 Abs. 1 Nr. 2 des Reichsgesetzes für Jugendwohlfahrt vom 9. Juli 1922 der Fürsorgeerziehung überwiesen worden, nachdem bereits durch Beschluß vom 30. Juni 1926 gemäß § 67 des bezeichneten Gesetzes ihre vorläufige Fürsorgeerziehung angeordnet worden war. Auf die sofortige Beschwerde der Eltern hat das Landgericht den Überweisungsbeschluß durch Beschluß vom 13. Dezember 1926 aufgehoben, weil die Anordnung einer Fürsorgeerziehung für Ausländerkinder nach dem Reichsgesetz für Jugendwohlfart nicht zulässig sei. Hiergegen hat das Jugendamt Bremen als zuständige Fürsorgebehörde (§ 1 Abs. 2 des Bremer AusfGes. zum RJWG. vom 2. Mai 1924) rechtzeitig sofortige weitere Beschwerde erhoben. Das Oberlandesgericht hält die weitere Beschwerde für unbegründet, sieht sich aber an ihrer Zurückweisung gehindert durch den Beschluß des Kammergerichts vom 16. Mai 1924, abgedr. im Jahrbuch für Entscheidungen Bd. 2 S. 96 (in kürzerer Fassung auch OLG. Bd. 43 S. 371), durch den die Überweisung minderjähriger Ausländer zur Fürsorgeerziehung auf Grund des § 63 Abs. 1 Nr. 2 RJWG. für statthaft erklärt wird. Das Oberlandesgericht hat deshalb die Sache gemäß § 28 Abs. 2 RFGG. dem Reichsgericht zur Entscheidung vorgelegt. Daß ein Anwendungsfall dieser Vorschrift gegeben ist, unterliegt keinem Bedenken.

In tatsächlicher Beziehung stellt das Landgericht fest, daß die minderjährige Regina K., wenn auch ihre russische Staatsangehörigkeit nicht klar erhelle, jedenfalls nicht deutsche Staatsangehörige sei. Rechtlich ist zunächst die Frage zu entscheiden, ob sich die Anordnung ihrer Fürsorgeerziehung auf das Reichsgesetz für Jugendwohlfahrt, hier auf § 63 Abs. 1 Nr. 2, gründen läßt. Das ist zu verneinen. § 1 des Gesetzes, der den allgemeinen Grundgedanken sowie Ziel und Zweck des Gesetzes zum Ausdruck bringt, bestimmt in Abs. 1, daß jedes deutsche Kind ein Recht auf Erziehung zur leiblichen, seelischen und gesellschaftlichen Tüchtigkeit habe. Dieser Erziehungsanspruch, dessen Verwirklichung nach Abs. 3 nötigenfalls der Staat zu gewährleisten hat, soll also nach dem Wortlaut des Gesetzes dem deutschen Kinde zustehen, wie auch der zugrunde liegende Programmsatz des Art. 120 RVerf., wonach die Ertüchtigung des Nachwuchses den Eltern unter Überwachung des Staates obliegt, sich im zweiten Hauptteil der Verfassung: Grundrechte und Grundpflichten der Deutschen findet. Verschiedene Anträge, die bei der Beratung des Jugendwohlfahrtsgesetzes im Reichstagsausschuß gestellt wurden und darauf zielten, in § 1 Abs. 1 das Wort „deutsche" zu streichen oder es durch die Worte „in Deutschland lebende" (Kind) zu ersetzen, wurden abgelehnt, nachdem auf die erheblichen finanziellen Folgen einer solchen Änderung und auf die juristischen Schwierigkeiten, deutscherseits die Vormundschaft über ausländische Kinder zu übernehmen, hingewiesen worden war (Drucks. des Reichstags I. Wahlperiode 1920 Bd. 372 Nr. 3959 S. 4194, 4207, 4246, 4248, 4259). Hiernach zwingen Wortlaut und Entstehungsgeschichte des Gesetzes zu der Annahme, daß seine Anwendbarkeit grundsätzlich auf deutsche Kinder beschränkt sein soll.

Damit ist aber keineswegs gesagt, daß das in Rede stehende Gesetz die Anordnung der Fürsorgeerziehung für Ausländerkinder im Inland überhaupt verbieten will. Wäre das der Fall, so hätte es einer ausdrücklichen Vorschrift bedurft. Beim Fehlen einer solchen muß angenommen werden, daß das Gesetz nur die Lage der deutschen Kinder durch die öffentlichrechtliche Organisation der Fürsorgeerziehung günstiger gestalten, wegen der Rechtsverhältnisse der Ausländerkinder es aber beim bisherigen Rechtszustand belassen wollte. Es fragt sich also weiter, ob nach diesem die Fürsorgeerziehung zulässig ist.

Auszuscheiden haben hierbei die Vorschriften der Landesgesetze, weil sie durch Art. 4 EG. zum RJWG., der den Vorbehalt des Art. 135 EG. z. BGB. beseitigt hat, in ihrem ganzen Umfang aufgehoben sind. Auch das Haager Vormundschaftsabkommen vom 12. Juni 1902 oder sonstige Staatsverträge kommen nicht in Betracht, da gegenüber Rußland eine Regelung durch Staatsverträge nicht erfolgt ist. Den Art. 23 Abs. 1 EG. z. BGB. aber hält der Senat nicht für anwendbar, weil im Streitfall nicht die Anordnung einer Vormundschaft oder Pflegschaft in Frage steht, vor allem aber auch aus dem weiteren Grunde, weil es sich bei der Fürsorgeerziehung (Zwangserziehung) um einen Akt der öffentlichen Zwangsgewalt handelt und auf dieses öffentlichrechtliche Verhältnis — anders als bei dem im wesentlichen auf privatrechtlicher Grundlage beruhenden Verhältnis zwischen den Eltern (oder dem Vormund) und dem Kind — die privatrechtlichen Kollisionsnormen der Art. 7flg. EG. z. BGB. nicht Platz greifen. Fehlt es hiernach an einer besonderen Regelung, so müssen für die Zulässigkeit der Fürsorgeerziehung von Ausländerkindern die allgemeinen Grundsätze Anwendung finden, wie sie sich aus der Natur der Fürsorgeerziehung als einer öffentlichrechtlichen Maßregel ergeben. In dieser Beziehung ist in dem Beschluß des Kammergerichts vom 16. Mai 1924 ausgeführt, daß die Fürsorgeerziehung neben der Besserung des Jugendlichen zugleich den Schutz der Allgemeinheit bezwecke und deshalb bei den der Zuständigkeit des deutschen Vormundschaftsgerichts an sich unterstehenden Ausländern in demselben Maße zulässig sei wie die Bestrafung von Ausländern, die sich auf deutschem Gebiet gegen deutsche Strafgesetze vergehen. Dem ist beizutreten. Die Zwangserziehung zur Beseitigung der Verwahrlosung im Anschluß an ein Strafverfahren war bereits in §§ 55, 56 RStGB. vorgesehen und ist jetzt in §§ 5, 7 des Jugendgerichtsgesetzes geordnet; auch diese Vorschriften dienen ihrem allgemeinen Zwecke nach zugleich dem öffentlichen Interesse und dem Schutz des Staates gegen jugendliche Missetäter. Pflicht der Staatsgewalt ist es insbesondere, die anderen Kinder vor dem verderblichen Einfluß verwahrloster ausländischer Minderjähriger zu bewahren. Beruht aber die Anordnung der Fürsorgeerziehung (Zwangserziehung) wesentlich zugleich auf solchen öffentlichrechtlichen Gründen des Staatswohls, so muß sie gerade auch gegenüber Ausländerkindern zulässig sein.

---

77. Zur Frage der Aufwertung von Ansprüchen aus Genußscheinen, die an Order lauten.

2. DurchfVo. z. GoldbilanzVo. § 33 II; AufwG. § 63; BGB. § 242.

II. Zivilsenat. Urt. v. 30. Juni 1927 i. S. Aktienbrauerei R. (Bekl.) w. K. (Kl.). II 7/27.

I. Landgericht Dresden.
II. Oberlandesgericht daselbst.

Die beklagte Aktiengesellschaft hat im Jahre 1896 zu jeder ihrer 2500 Inhaberaktien über 300 *M* unentgeltlich 2 Genußscheine ohne Angabe eines Nennbetrags ausgegeben. Die Scheine lauten auf den Namen des ersten Empfängers oder dessen Order. Im Text der Vorderseite ist auf die rückseitig abgedruckten §§ 4a, 21 und 23 der Satzung Bezug genommen, von denen sich § 4a mit den Verhältnissen der Genußscheine im allgemeinen und dem Ablösungsrecht der Beklagten, § 21 mit der Gewinnverteilung und § 23 mit der Verteilung der Liquidationsmasse befaßt. Im einzelnen sollen hiernach aus dem — nach Abzug der satzungsmäßigen Abschreibungen, der Zuweisungen an den Reservefonds und der Aufsichtsratstantieme verbleibenden — Reingewinn vorbehaltlich anderweiter Entschließung der Generalversammlung eine Aktionärdividende bis zu 6% und dann ein Betrag bis zu 25 *M* auf jeden Genußschein bezahlt werden; ein etwaiger Gewinnüberrest soll unter demselben Vorbehalt ganz den Aktionären zufallen. Im Fall der Auflösung der Gesellschaft erhalten die Genußscheininhaber nach Auskehrung des Aktiennennbetrags an die Aktionäre aus dem Reste des Gesellschaftsvermögens für jeden Genußschein 500 *M*. Bei Unzulänglichkeit der Masse wird dieser Betrag entsprechend gekürzt, wogegen ein etwaiger Überschuß ganz den Aktionären verbleibt. Der Gesellschaft steht ein Ablösungsrecht zu, und zwar bestimmt hierüber der auf den Genußscheinen wiedergegebene § 4a Abs. 3 der Satzung:

„Die Gesellschaft behält sich das Recht vor, aus demjenigen Reingewinn, welcher nach Gewährung der in § 21 Nr. 4 festgesetzten Bezüge der Genußscheininhaber übrig bleibt, oder aus angesammelten Reserven, mit Ausnahme des gesetzlichen Reservefonds, die Genußscheine durch einmalige Kapitalabfindung in Höhe von 500 *M* pro Stück abzustoßen und zu diesem Behuf die Genußscheine nach Maßgabe der vom Aufsichtsrat im einzelnen Fall festzusetzenden Modalitäten auszulosen oder ganz oder teilweise aufzukündigen.... Der Zeitpunkt der Auszahlung der 500 *M* Kapitalabfindung selbst ist vom Aufsichtsrat zu bestimmen und mit bekannt zu machen." ...

Die Genußscheininhaber haben nach der Satzung und den Ausgabebedingungen „keinerlei Aktionärrechte", insbesondere kein Stimmrecht und kein Widerspruchsrecht gegen eine Erhöhung oder Herabsetzung des Aktienkapitals.

Am 13. April 1923 hat der Aufsichtsrat der Beklagten die Kündigung der damals noch im Verkehr befindlichen 4167 Genußscheine zur Rückzahlung mit 500 *M* zuzüglich je 25 *M* Gewinnanteil für die Geschäftsjahre 1922/25 zum 30. September 1923 beschlossen. Die Kündigung ist am 20. April 1923 in den Gesellschaftsblättern satzungsgemäß bekannt gemacht worden. Die Beklagte hat ihr Stammkapital im Verhältnis 1:1 umgestellt. Der Kläger behauptet, er sei Eigentümer von 200 Genußscheinen der Beklagten gewesen, die er im Juni 1923 erworben habe. Hiervon habe er 188 nach Nummern bezeichnete Stücke bei der Dresdener Bank im Depot gehabt, und diese habe ihrerseits die Stücke ohne seinen Willen und sein Wissen zufolge der Kündigung im Oktober 1923 der Beklagten ausgehändigt und ihm dafür als Erlös 94014000 *M*, d. h. 500075 *M* für den einzelnen Genußschein, gutgebracht. Er macht weiter geltend, der dem Genußscheininhaber durch die Kündigung erwachsene Zahlungsanspruch unterliege als Anspruch aus einem Beteiligungsverhältnis der freien Aufwertung, der auch § 35 AufwG. nicht im Wege stehe; es sei Vollaufwertung gerechtfertigt. In erster Instanz forderte der Kläger jedoch zunächst nur Aufwertung seiner Ansprüche aus den ersten 9 Genußscheinen seines Verzeichnisses. Er verlangte demgemäß Verurteilung der Beklagten zur Zahlung von 4100 *RM* nebst Zinsen

„aus dem Einkommen, das sich nach den in § 262 HGB. vorgeschriebenen Rücklagen und Abschreibungen vom jährlichen Reingewinn ergebe". Hilfsweise begehrte er die Ausgabe von neuen gleichartigen Genußscheinen an ihn selbst.

Das Landgericht wies die Klage ab. Im Berufungsverfahren erweiterte der Kläger seine Ansprüche auf die ersten 100 Genußscheine seines Verzeichnisses und verlangte Zahlung von 50000 RM nebst Zinsen. Das Oberlandesgericht erklärte den Anspruch dem Grunde nach für gerechtfertigt. Die Revision der Beklagten war erfolglos.

Gründe:

Der Kläger verlangt Aufwertung des ihm aus der Kündigung der Beklagten erwachsenen satzungsmäßigen Kapitalabfindungs-Anspruchs von 500 M für den einzelnen Genußschein. Im Gegensatz zum Landgericht hat das Berufungsgericht diesen Anspruch dem Grunde nach für gerechtfertigt erklärt. Es erwägt, daß der Kapitalabfindungs-Anspruch ein Anspruch aus einem Beteiligungsverhältnis im Sinne des § 63 Abs. 2 Nr. 1 AufwG. sei, daß ferner, weil dieser Anspruch von der ganz im Belieben der Beklagten stehenden Kündigung oder Auslosung abhänge, die §§ 33 flg. AufwG. nicht zur Anwendung gelangen könnten, vielmehr Aufwertung nach allgemeinen Grundsätzen (§ 242 BGB.) zu erfolgen habe. Das Berufungsgericht führt weiter aus: Der Einwand der Beklagten, daß die Abfindungssumme nach Satzung und Ausgabebedingungen nur aus dem Reingewinn oder aus angesammelten Reserven zu leisten sei, daß es an beiden aber fehle und daß der zur Abstoßung der Genußscheine verwendete Papiermarkgewinn des Jahres 1923 aufgezehrt sei, greife um deswillen nicht durch, weil es sich insoweit nur um rein innergesellschaftliche, lediglich für die Ausübung des Ablösungsrechts erhebliche Bestimmungen, nicht aber um eine Beschränkung der Haftung nach außen handle. Sei die Kündigung einmal erfolgt, dann habe der Genußscheininhaber als Gläubiger eine gegen die Gesellschaft als solche und ihr ganzes Vermögen gerichtete Forderung auf Zahlung der satzungsmäßigen Abfindung von 500 M. Erwiesen sei, daß der Kläger für 188 Genußscheine anfangs Oktober 1923 von der Beklagten 500075 M für das Stück, also nur einen ganz geringfügigen Bruchteil des in der Vorkriegszeit festgesetzten Abfindungsbetrags von 500 M erhalten habe. Der Kläger habe zwar diesen Betrag widerspruchslos entgegengenommen, darin sei aber noch kein Verzicht auf Aufwertungsansprüche zu finden; ebensowenig sei Raum für eine entsprechende Anwendung des § 35 AufwG.

Die Revision rügt Verletzung des materiellen Rechts, insbesondere des § 63 Abs. 2 Nr. 1 AufwG. und des § 242 BGB. Sie wendet sich einmal dagegen, daß in den Genußscheinen ein Beteiligungsverhältnis verbrieft sei. Das Beteiligungsverhältnis werde lediglich durch die Aktien ausgedrückt, nicht aber durch die dazu gehörigen Dividendenscheine und die sie in gewissem Sinn vertretenden Genußscheine. Letztere seien im Jahre 1923 wertlos gewesen und würden dies auch jetzt sein, wenn sie nicht abgelöst worden wären, da der Zweck, dem ihre Ausgabe gedient habe — Herabdrückung der hohen Dividendensätze — weggefallen sei. Die Genußscheine hätten auch einen Anspruch auf Teilnahme am jährlichen Reingewinn nicht schlechthin, sondern erst nach Ausschüttung einer Aktionärdividende von 6% gewährleistet. Eine so bedingte Teilnahme der Genußscheininhaber sei kein Beteiligungsverhältnis im Sinne des § 63 Abs. 2 Nr. 1 AufwG. Das Berufungsgericht entziehe sich der Beantwortung der Frage, womit die Genußscheininhaber am Vermögen der Beklagten „beteiligt" gewesen seien. Es nehme ferner zu Unrecht an, daß für den Ablösungsanspruch das ganze Vermögen der Beklagten hafte. Dieser Anspruch sei zwar kein Anspruch auf Reingewinn, aber satzungsgemäß und nach den Ausgabebedingungen dadurch beschränkt, daß die Abfindungssumme nur aus Reingewinn oder angesammelten Reserven zahlbar sei. Auch sei der durch die Kündigung entstandene Anspruch nicht unbedingt, sondern nach § 4 Abs. 2 der Satzung bedingt gewesen.

Diese Angriffe sind nicht begründet.

Die Genußscheine der Beklagten waren, wie sich aus der Orderklausel ergibt, für den Verkehr und zum Umsatz als Wertpapier bestimmt. Dementsprechend wurden sie auch nach Börsenkurs gehandelt. Für die Auslegung der Ausgabebedingungen spielen daher die Umstände des Einzelfalls keine Rolle. Der wahre Sinn der einzelnen Bestimmungen ist vielmehr aus den Genußschein-Urkunden selbst zu ermitteln. Die Auslegung des Berufungsgerichts unterliegt deshalb der freien Nachprüfung. Seine Auffassung, daß mit der Kündigung der Genußscheine deren Inhaber einen „unbedingten Anspruch auf Zahlung" der Ablösungssumme gegen die Beklagte erworben hätten, für den ihnen deren ganzes Vermögen (wie für eine sonstige Geldforderung) hafte, ist aber trotz der gegenteiligen Ausführungen der Revision nicht nur möglich, sondern allein zutreffend. Die Höhe der Abfindungssumme ist nach den Ausgabebedingungen ein für allemal auf 500 *M* festgelegt. Weder dem Vorstand noch dem Aufsichtsrat oder der Generalversammlung der Beklagten ist insoweit die Befugnis zu einer den Rechten der Genußscheininhaber abträglichen, einseitigen anderweiten Regelung vorbehalten. Auch ist hier, anders als bei der Regelung der Gewinn- oder Liquidationsverteilung, keinerlei Zulänglichkeitsklausel gemacht. Insoweit sind die Ausgabebedingungen durchaus klar und eindeutig, wie denn auch die Klausel über den Zeitpunkt der Zahlung wiederum die Summe von 500 *M* als auszuzahlenden Betrag nennt. Den Interessen der Beklagten und ihrer Aktionäre ist auch vollauf dadurch genügt, daß die Ablösung lediglich ein Recht der Beklagten ist, von dem sie Gebrauch machen konnte oder nicht, während die Genußscheininhaber als solche keinerlei Einfluß auf die Ausübung oder Nichtausübung dieses Rechts hatten. Wäre die Ansicht der Revision zutreffend, daß die Haftung für die Abfindungsansprüche auf den Überrest an Reingewinn oder auf etwaige Sonderreserven beschränkt sei, so würde dies im Endergebnis nichts anderes bedeuten, als daß die Beklagte die Genußscheininhaber mit einem beliebig geringeren Betrag, also nach Gutdünken abfinden könnte. So unsichere Papiere wären aber börsenmäßig überhaupt nicht gehandelt und vollends nicht in Höhe von 320 oder 341 *M* bewertet worden, wie dies die Beklagte selbst für die Jahre 1913 und 1914 behauptet. Die Worte des § 4a Abs. 2 der Satzung, die Beklagte behalte sich das Recht vor, die Genußscheine aus dem restlichen Reingewinn oder aus besonderen Reserven durch einmalige Kapitalabfindung in Höhe von 500 *M* für das Stück abzustoßen, wollen demnach offenbar nur besagen, daß die Beklagte den Genußscheininhabern gegenüber — also im Außenverhältnis — in der Ausübung des Abfindungsrechts frei ist, daß aber die zuständigen Organe der Beklagten von dieser Möglichkeit nur Gebrauch machen dürfen, wenn aus freiem Reingewinn oder aus eben solchen Reserven Mittel hierfür verfügbar sind. Mit Recht geht deshalb das Berufungsgericht davon aus, daß den Genußscheininhabern durch die unstreitig rechtsgültig erfolgte Kündigung ein fester, unentziehbarer, nach Inhalt und Umfang unbeschränkter schuldrechtlicher Anspruch auf Zahlung einer bestimmten Geldsumme erwachsen ist. Dieser Anspruch hat auch eine andere Rechtsgrundlage als das Anrecht im Liquidationsfall. Irgendwelche aktienrechtlichen oder sonstigen gesetzlichen Bestimmungen stehen ihm nicht entgegen. Mit Recht nimmt das Oberlandesgericht auch an, daß dieser Anspruch, von der Rückwirkungsfrage zunächst abgesehen, der Aufwertung unterliegt. Die Rechte der Genußscheininhaber sind, so wie sie im vorliegenden Fall in den Ausgabebedingungen geregelt werden, nicht aktienabhängig im Sinne des § 33 der 2. DVo. zur GBVo. Dies gilt insbesondere auch für den Abfindungsanspruch. Die Umwertung jener Rechte hat deshalb nicht nach Umstellungs-, sondern nach Aufwertungsgrundsätzen zu erfolgen (Entscheidungen des erkennenden Senats vom 16. November 1926 in RGZ. Bd. 115 S. 227 und vom 6. Mai 1927 II 508/26).

Dem Berufungsgericht ist aber auch darin beizutreten, daß (wie gleichfalls schon in RGZ. Bd. 115 S. 227 dargelegt ist) die Aufwertung des Abfindungsanspruchs rechtsgrundsätzlich nach § 242 BGB. stattzufinden hat. Es handelt sich bei diesem Anspruch, entgegen den Ausführungen der Revision, um einen solchen aus einem Beteiligungsverhältnis. Nach der Satzung soll der zur Ausschüttung bestimmte Reingewinn nicht den Aktionären allein zufallen, sondern unter bestimmten Voraussetzungen zum Teil den Inhabern der Genußscheine zugute kommen. Sie haben damit Teil an den Gewinnergebnissen der Beklagten, und dieses ihr Recht, mochte es auch durch die Erzielung eines Reingewinns in bestimmter Höhe und durch einen Generalversammlungsbeschluß bedingt sein, konnte durch willkürliche Maßnahmen der Generalversammlung nicht beeinträchtigt werden. Dieses durch die Genußscheine verbriefte bedingte Gläubigerrecht bedeutet ein, wenn auch eigenartiges, Gewinnbeteiligungsverhältnis und fällt als solches unter § 63 Abs. 2 Nr. 1 AufwG. Aus diesem Beteiligungsverhältnis heraus ist der satzungsmäßige Kapitalabfindungs-Anspruch erwachsen, der gerade die Ablösung der Beteiligung bezweckt. Auf den Grund, dem die Genußscheine ihre Entstehung verdanken, kommt es dabei nicht an. Sie sind tatsächlich geschaffen und mit bestimmten, in der Satzung festgelegten Rechten ausgestattet. Daß das Gewinnbeteiligungsrecht im besonderen nicht gegenstands- und belanglos war, beweist am besten die Tatsache, daß die Abfindungssumme trotz der unentgeltlichen Begebung der

Genußscheine auf 500 ℳ festgesetzt wurde, sowie daß die Genußscheine in den Jahren 1913/14 börsenmäßig bis zu 340 ℳ für das Stück bewertet wurden. Daß die Genußscheine schon nach einer Aktionärdividende von nur 6% zum Zug gelangten, und zwar bis zum Betrag von 25 ℳ (also um 7 ℳ mehr als die Vordividende der 300 ℳ Stammaktien betrug), war ebenfalls geeignet, den wirtschaftlichen Wert des Gewinnanteilsrechts zu erhöhen. Auf dieses Recht wäre auch bei der Goldmarkumstellung Rücksicht zu nehmen gewesen. Die Genußscheininhaber hätten sich mit Erfolg dagegen wehren können, daß sie durch eine willkürlich hohe, den wirklichen Verhältnissen nicht entsprechende Ansetzung der Nennbeträge der Aktien von der Teilnahme am Reingewinn tatsächlich ausgeschaltet wurden (vgl. Entscheidung dieses Senats vom 1. März 1927 in RGZ. Bd. 115 S. 296). Die zahlenmäßige Begrenzung des Gewinnanteilrechts auf 25 ℳ war allerdings im Jahre 1923 durch die Geldentwertung völlig bedeutungslos geworden. Für das Gewinnanteilsrecht selbst gilt aber damit noch keineswegs ein gleiches; vielmehr handelt es sich auch insoweit zunächst nur um die Frage der Umwertung eben dieses Rechts.

Zutreffend führt sodann das Berufungsgericht weiter aus, daß der Kläger seiner Aufwertungsansprüche trotz der Papiermarkzahlung und der Rückgabe der Genußscheine an die Beklagte nicht verlustig gegangen ist. Im Jahre 1923 und vollends im Herbst jenes Jahres, als die Zahlung erfolgte, hatte die Papiermark ihre Eigenschaft als Wertmesser längst verloren. Bei einem Dollarstand von rund 160 Millionen Pℳ Ende September 1923 bedeutete die von der Beklagten auf den einzelnen Genußschein geleistete Zahlung von rund 500000 Pℳ so gut wie nichts. Für einen Verzicht des Klägers auf seine Aufwertungsansprüche ist nichts beigebracht. § 35 AufwG. steht ihm, wie das Berufungsgericht mit Recht annimmt, nicht entgegen. Ebensowenig bedurfte es zur Erhaltung der Aufwertungsansprüche eines Vorbehalts. Da die Frage nach der Möglichkeit der Aufwertung solcher Ansprüche im Herbst 1923 und noch längere Zeit nachher ungeklärt war, kann die Beklagte auch daraus keinen Einwand herleiten, daß der Kläger erst im Oktober 1925 zur gerichtlichen Geltendmachung seiner Ansprüche geschritten ist. Im übrigen sind insoweit keine Revisionsangriffe erhoben.

Nach alledem hat das Berufungsgericht den Klaganspruch ohne

Rechtsirrtum dem Grunde nach für gerechtfertigt erklärt. Anlangend die Bemessung der Aufwertung, so hat der erkennende Senat in der Entscheidung vom 16. November 1926 (RGZ. Bd. 115 S. 227), die sich allerdings auf Inhaber-Genußscheine bezog, den Standpunkt vertreten, daß mit Rücksicht auf den Charakter dieser Papiere und der in ihnen verbrieften Rechte die Aufwertung nur schematisch erfolgen kann und deshalb die Verhältnisse des jeweiligen Inhabers außer Betracht zu bleiben haben. Dieselben Erwägungen gelten auch für Orderpapiere, wie sie hier in Frage stehen. Mitzuberücksichtigen wird dagegen sein der Goldmarkwert zur Zeit der Ausgabe, Maß und Inhalt des Gewinnanteils, besonders aber auch, gerade weil es sich um einen Anspruch aus einem Beteiligungsverhältnis handelt, die finanzielle Lage der Gesellschaft und ihre Lebensfähigkeit. War auch dem Versuch der Beklagten, sich der Genußscheine im Widerspruch mit den Ausgabebedingungen ohne ernstzunehmende Gegenleistung zu entledigen, die rechtliche Anerkennung zu versagen, so darf doch anderseits die Aufwertung kraft Rückwirkung nicht dazu führen, daß der Fortbestand der Gesellschaft unmöglich gemacht oder erheblich gefährdet würde.

---

78. Kann auf Erfüllung eines im Inland erlassenen Schiedsspruchs geklagt werden, während die Klage des Gegners auf dessen Aufhebung rechtshängig ist?

ZPO. §§ 1039, 1040, 1042.

VII. Zivilsenat. Urt. v. 1. Juli 1927 i. S. M. M. (Kl.) w. J. M. (Bekl.). (VII) VI 13/27.

I. Landgericht Hamburg.
II. Oberlandesgericht daselbst.

Der Beklagte war lange Jahre hindurch am Bankgeschäft des Klägers, seines Bruders, beteiligt, geriet aber im Jahre 1924 mit ihm in Streitigkeiten. Über deren Beilegung und über die Auflösung des Gesellschaftsverhältnisses verhandelten die Parteien am 14. und 15. Januar 1925 unter Vermittelung des Dr. H. Dieser stellte über das Ergebnis einen Vergleichsentwurf auf, nach dessen

§ 6 Streitigkeiten aus dem Vergleich durch H. als Schiedsrichter entschieden werden sollten. Da der Kläger die Unterzeichnung und Erfüllung des Vergleichs verweigerte, erhob der Beklagte beim Schiedsrichter Klage. Dieser erließ, obgleich der Kläger den Abschluß des Schiedsvertrags bestritt und die Unzulässigkeit des Verfahrens geltend machte, am 15. Juli 1925 einen dem Antrage des Beklagten entsprechenden Schiedsspruch. Der Kläger klagte auf dessen Aufhebung, wurde aber vom Landgericht abgewiesen und auf die Widerklage des Beklagten, die in erster Linie Vollstreckbarerklärung des Schiedsspruchs, hilfsweise Verurteilung zu dessen Erfüllung, äußerstenfalls Verurteilung zur Aufstellung und Mitteilung einer Bilanz verlangte, zur Zahlung von 1000 RM nebst 1% Monatszinsen seit dem 1. April 1925, zur Tragung der Kosten des Schiedsgerichtsverfahrens und zur Aufstellung und Vorlegung einer Bilanz sowie zur Ermöglichung ihrer Prüfung verurteilt. Das Oberlandesgericht wies die Berufung des Klägers zurück und änderte auf die Anschlußberufung des Beklagten das Urteil des Landgerichts dahin ab, daß es den Kläger noch zur Bezahlung der Schiedsgerichtskosten mit 858 RM verurteilte. Auf die Revision des Klägers wurde dieses Urteil aufgehoben und die Klage und die Widerklage abgewiesen.

Aus den Gründen:

(Es werden zunächst die von der Revision gegen die Abweisung der Klage erhobenen Beanstandungen erörtert und für unbegründet erklärt. Dann wird fortgefahren:)

Dagegen sind die gegen die Zusprechung der Widerklage gerichteten Angriffe der Revision als begründet anzuerkennen. Die Erfüllungsklage mag, ebenso wie aus ausländischen Schiedssprüchen, auch aus solchen inländischen Schiedssprüchen zuzulassen sein, bei denen der Vollstreckbarerklärung nicht zu beseitigende Hindernisse, wie u. a. die Nichterfüllung der Voraussetzungen des § 1039 ZPO. entgegenstehen (so anscheinend auch eine Bemerkung in dem die Vollziehung ausländischer Schiedssprüche betreffenden Urteil RGZ. Bd. 30 S. 370). Dagegen würde ihre Zulassung bei einem formell gültigen, deshalb nach § 1040 ZPO. der Rechtskraft teilhaftigen Schiedsspruch die Erwirkung einer zweiten rechtskräftigen Entscheidung über den gleichen streitigen Anspruch ermöglichen und den Schuldner, da das Bestehen eines solchen Erfüllungsurteils nicht als Hindernis für die Vollstreckbarerklärung des Schiedsspruchs oder als

Grund für seine Aufhebung in den §§ 1042, 1041 ZPO. vorgesehen ist, der Gefahr eines zweiten vollstreckbaren Titels wegen des gleichen Schuldpostens aussetzen. Gegenüber derartigen Abweichungen von den Grundsätzen des Prozeßrechts und gegenüber den Mißständen, die diese Abweichungen zur Folge haben würden, müssen die Unzuträglichkeiten als minder bedeutsam zurücktreten, die sich für den Gläubiger aus der Vorschrift des § 1042 Abs. 3 über die Aussetzung der Vollstreckbarerklärung bis zur Erledigung des Rechtsstreits über die Aufhebungsklage ergeben können. Es muß angenommen werden, daß der Gesetzgeber, indem er im § 1042 zur Vollstreckung des Schiedsspruchs den Weg der Vollstreckbarerklärung durch Beschluß vorschrieb, hiermit für alle zu diesem Verfahren tauglichen Schiedssprüche jeden anderen Weg zur Zwangsvollstreckung hat ausschließen wollen, und zwar auch für die Dauer einer etwa nach § 1042 Abs. 3 verfügten Aussetzung des Verfahrens über den Antrag auf Vollstreckbarerklärung.

Hiernach ist auch die Widerklage ganz abzuweisen. . . .

---

79. Zum Begriff des Empfängers von Gütern, die mit Hilfskosten im Sinne von § 100 Abs. 2 des Binnenschiffahrtsgesetzes belastet sind.

I. Zivilsenat. Urt. v. 2. Juli 1927 i. S. Gebr. R. (Kl.) w. R. & Co. (Bekl.). I 31/27.

I. Landgericht Hamburg, Kammer für Handelssachen.
II. Oberlandesgericht daselbst.

Am 8. April 1924 hat im Hamburger Hafen ein der Klägerin gehöriger Schlepper einer Schute, die leck gesprungen war und zu sinken drohte, durch Pumpen Hilfe geleistet und so die aus 120 bis 130 Tonnen Kupferstangen bestehende Ladung der Schute vor dem Untergang bewahrt. Die Klägerin verlangt hierfür Hilfslohn. Die Ladung wurde ausgeliefert, ohne daß die Klägerin wegen ihres Hilfslohnanspruchs befriedigt oder sichergestellt worden war. In einem Vorprozeß verklagte sie zunächst den Eigner der Schute; die Vollstreckung gegen ihn verlief jedoch fruchtlos. Jetzt hält sie sich an die Beklagte mit der Behauptung, diese sei Empfängerin des Gutes und habe bei seiner Annahme gewußt, daß davon Hilfskosten zu berichtigen waren (§ 100 Abs. 2 BinnenschiffG.).

Das Landgericht gab der Klage statt, das Oberlandesgericht wies sie ab. Die Revision der Klägerin hatte keinen Erfolg.

Gründe:

Nach den Feststellungen des Berufungsgerichts hatte die Beklagte die Ware auf Grund des auf ihren Namen lautenden Konnossements aus dem Seeschiff empfangen. Die Ware lagerte im Hamburger Hafen, Schuppen 77a. Nunmehr hatte die Beklagte die Speditionsfirma H. beauftragt, das Gut für sie von dort abzuholen, zur Freihafen-Lagerhausgesellschaft zu befördern und dort für sie einzulagern. Dabei hatte die Beklagte das inzwischen mit ihrem Blanko-Indossament versehene Konnossement an die Firma H. zu deren Legitimation gegenüber der Kaiverwaltung übergeben.

Der Berufungsrichter verkennt nicht, daß damit zwischen der Beklagten und der Firma H. ein Frachtvertrag im Sinne von § 425 HGB. zustande gekommen ist. Er stellt aber fest, daß die Firma H. diesen Frachtvertrag nicht selbst ausgeführt habe. Sie habe auch nicht etwa den Eigner der Schute als Unterfrachtführer benutzt, sondern im eigenen Namen mit diesem über die Beförderung des Gutes vom Schuppen 77a nach der Freihafen-Lagerhausgesellschaft einen besonderen Frachtvertrag geschlossen, wonach sie ihm gegenüber nicht nur Befrachter und Absender, sondern auch Empfänger des Gutes gewesen sei. Selbst wenn der Eigner der Schute gewußt haben sollte, daß das Gut bei der Freihafen-Lagerhausgesellschaft für die Beklagte eingelagert werden sollte, sei er auf Grund seines mit der Firma H. abgeschlossenen Frachtvertrags verpflichtet gewesen, das Gut an diese Firma abzuliefern. Und es sei Sache der Firma H. gewesen, ihrerseits auf Grund ihres Frachtvertrags mit der Beklagten die Einlieferung des Gutes bei der Freihafen-Lagerhausgesellschaft für die Beklagte herbeizuführen. Zum mindesten habe die Klägerin, die hierfür beweispflichtig sei, nicht dargetan, daß das Gut nach dem zwischen der Firma H. und dem Schuten-Eigner geschlossenen Frachtvertrag nicht an die Firma H., sondern an die Beklagte abzuliefern war.

Die hiergegen erhobenen Revisionsangriffe sind nicht durchschlagend. Die Firma H. war gemäß ihrem Vertrag mit der Beklagten dieser gegenüber für die Beförderung der Ware vom Schuppen 77a nach der Freihafen-Lagerhausgesellschaft und für die dort im Namen der Beklagten zu vollziehende Einlagerung verantwortlich. Sie konnte zur Ausführung dieser Vereinbarung das Gut einem anderen Frachtführer übergeben (§§ 431, 432 HGB.). In welcher Weise dies geschah, insbesondere ob der von der Firma H. angenommene Frachtführer als Unterfrachtführer oder Zwischenfrachtführer tätig wurde oder ob zwischen beiden ein ganz selbständiger Frachtvertrag zustande kam, hing vom Inhalt der zwischen ihnen getroffenen Abmachungen ab. Letztere konnten rechtlich sehr wohl dahin gehen, daß dem Frachtführer gegenüber nur die Firma H. berechtigt und verpflichtet war und daß sie allein ihm gegenüber als Absender und Empfänger des Transportguts in Frage kam. Das Berufungsgericht konnte auch ohne Rechtsirrtum die Feststellung treffen, daß die Firma H. einen solchen Vertrag als Spediteur im eigenen Namen für Rechnung der Beklagten abgeschlossen habe (§ 407 HGB.). Dabei ist der Umstand ohne Bedeutung, daß die Beklagte das auf ihren Namen lautende See-Konnossement, mit einem Blanko-Indossament versehen, der Firma H. ausgehändigt und daß diese es an den Frachtführer weitergegeben hat. Denn dieses Konnossement hatte als solches nur Bedeutung für die Empfangnahme der Ware aus dem Seeschiff. Diese Empfangnahme war indes bereits vollzogen. Für den hier maßgeblichen Binnenschiffstransport diente der Besitz jener Konnossementsurkunde nur als Legitimation gegenüber der Hamburger Kaiverwaltung bei Abholung des Gutes vom Schuppen 77a. War aber das Frachtgut auf Grund des zwischen der Firma H. und dem Schuten-Eigner über eine Beförderung auf Binnengewässern geschlossenen Frachtvertrags der Firma H. auszuliefern, so war auch im Rahmen dieser Binnenschiffsreise die Firma H. und nicht die hinter ihr stehende Beklagte Empfängerin des Gutes im Rechtssinne. Denn danach ist Empfänger derjenige, der zur Entgegennahme des beförderten Frachtguts im eigenen Namen, wenn auch nicht für eigene Rechnung, legitimiert ist und dementsprechend das Frachtgut entgegennimmt (Empfänger im technischen Sinne; zu vgl. Düringer-Hachenburg HGB. 2. Aufl., § 433 Anm. 8; Schaps Seerecht 2. Aufl. § 753 Anm. 4, § 697 Anm. 1, § 614 Anm. 2flg.; Pappenheim Seerecht Bd. 1 § 29 S. 378flg.; Wüstendörfer Seefrachtvertrag Bd. 1 S. 319flg.; RGZ. Bd. 41 S. 117). Dies war aber nach den Feststellungen des Berufungsgerichts für die einen besonderen und selbständigen Transportabschnitt bildende Binnenschiffahrtsreise ausschließlich die Firma H. Dabei ist es belanglos, für wen das Gut nach seinem Eintreffen bei der Freihafen-Lagerhausgesellschaft schließlich bestimmt war. Übrigens würde auch dann, wenn dieser Gesichtspunkt in Frage käme, die Beklagte für den Binnenschiffahrts-Transport nicht als Empfänger angesehen werden können. Denn sie hat mit dem eigentlichen Haupttransport nur als Spediteurin für Rechnung eines Dritten zu tun gehabt. Zum mindesten konnte das Berufungsgericht auf Grund seiner tatsächlichen Erwägungen die Feststellung treffen, die Klägerin habe nicht dargetan, daß das Gut nach dem zwischen der Firma H. und dem Eigner der Schute geschlossenen Frachtvertrag, welcher der Unfallreise zugrunde lag, nicht an die Firma H., sondern an die Beklagte auszuliefern war. Mit Recht hat auch das Berufungsgericht angenommen, daß die Empfänger-Eigenschaft der Beklagten von der Klägerin zu beweisen war, da diese die Beklagte nach § 100 Abs. 2 BinnenschiffG. in Anspruch nimmt.

---

80. Umfang der Transportversicherung bei einer sog. Werftprobefahrt des versicherten Schiffes. Begriff der Fahrtüchtigkeit (Seetüchtigkeit). Ist die Werftprobefahrt ein gefahrerhöhender Umstand?

Allgemeine Seeversicherungs-Bedingungen von 1867 (ASVB.) §§ 29flg., 69, 70.

I. Zivilsenat. Urt. v. 2. Juli 1927 i. S. V. Feuerversicherungs-AG. (Bekl.) w. Schiffswerft und Maschinenfabrik, vormals J. & S. AG. (Kl.) I 35/27.

I. Landgericht Hamburg, Kammer für Handelssachen.
II. Oberlandesgericht daselbst.

Der von der Klägerin für die Firma H. B. in Hamburg erbaute Schleppdampfer „Neptun" sollte im November 1924 zur Abnahme kommen. In der Polize vom 7. November 1924 versicherte die Firma H. B. „für Rechnung wen es angeht" das Kasko des „neuerbauten" Schleppdampfers bei der Beklagten für die Zeit vom 18. November 1924 bis zum 17. November 1925, beide Tage eingeschlossen. Die

Versicherung erfolgte — wie sonst bei der Klausel „nur für Seegefahr" — gegen die Gefahr der Fluß- und Binnenschiffahrt für die Schiffahrt auf der Elbe und ihren Nebenflüssen. Nach der Polize sind die Allgemeinen Seeversicherungs-Bedingungen von 1867 mit einzelnen Zusätzen, Abänderungen und besonderen „Bedingungen" maßgebend.

Am 18. November 1924 fand am Vormittag um 10 Uhr vor der auf 12 Uhr mittags festgesetzten eigentlichen Probefahrt eine sogenannte Werftprobefahrt statt, und zwar im Kuhwärder Vorhafen. Das Schiff stand unter der Führung des Kapitäns H. Im übrigen nahmen an der Probefahrt mehrere Ingenieure und ein Heizer der Klägerin sowie mehrere von der Firma B. gestellte Personen teil. Auf Wunsch des an Bord befindlichen Oberingenieurs der Klägerin fuhr Kapitän H. mit dem Dampfer Kreise und machte einige scharfe Wendungen. Dabei wurde eine im Schlepp eines anderen Dampfers befindliche Schute angerannt und beschädigt. Deswegen ist in einem Vorprozeß die jetzige Klägerin zum Schadensersatz verurteilt worden. Diese, zu deren Gunsten die Versicherung damals lief, verlangt von der Beklagten auf Grund des Versicherungsvertrags Ersatz der bezahlten Urteilssumme und der Kosten des Vorprozesses. Sie behauptet, daß H. als Person der Besatzung des Dampfers „Neptun" den Schiffszusammenstoß verschuldet habe und daß die Beklagte ihr gemäß § 69 Abs. 2 Nr. 6 und 7 ASVB. schadensersatzpflichtig sei.

Die Beklagte wendet ein, der Dampfer „Neptun" habe sich auf der Fahrt nicht in einem seinem Zweck entsprechenden tauglichen Zustand befunden (§ 70 Nr. 1 ASVB.) und die Werftprobefahrt sei ihr nicht gehörig als ein gefahrerhöhender Umstand angezeigt worden (§§ 29, 30 das.).

Die Instanzgerichte haben den Klaganspruch dem Grunde nach für gerechtfertigt erklärt. Die Revision der Beklagten hatte keinen Erfolg.

Gründe:

1. Nach § 70 Nr. 1 ASVB. in der nach der Versicherungs-Polize maßgeblichen abgeänderten Fassung haftet die Beklagte nicht für den „Schaden, welcher daraus entsteht, daß das Schiff sich nicht in einem seinem Zweck entsprechenden tauglichen ... Zustande befindet ... oder nicht gehörig ausgerüstet oder bemannt ... zur

Verwendung kommt". Als tauglicher Zustand und gehörige Ausrüstung in diesem Sinne wird nach der Polize — in Übereinstimmung mit der herrschenden Rechtsauffassung — eine solche Beschaffenheit des Schiffes erfordert, die es befähigt, die Gefahren der Fluß- und Binnenschiffahrt auf der Elbe und deren Nebenflüssen zu überstehen, soweit diese Gefahren nicht ganz außergewöhnlicher Art sind. Die Frage, ob eine solche Beschaffenheit des Schiffes vorhanden war oder nicht, ist nach objektiven Gesichtspunkten und nach den Anschauungen der beteiligten Verkehrskreise zu entscheiden (RGZ. Bd. 115 S. 67; Schaps Seerecht § 513 Anm. 2; Voigt Seeversicherungsrecht § 70 S. 448flg.; Ritter Seeversicherung § 58 Anm. 9; Sieveking Seeversicherung § 821 Anm. 3; Mittelstein Binnenschiffahrtsrecht § 8 Anm. 2).

Das Berufungsgericht hat festgestellt, daß der Schleppdampfer „Neptun" sich zur maßgeblichen Zeit in einem solchen Zustande der Fahrtüchtigkeit befunden habe. Der zur Ein- und Ausschaltung der Dampfsteuerung dienende Hebel sei bei Beginn der Probefahrt in der für die Betätigung der Dampfsteuerung erforderlichen Stellung gewesen. Er sei aber in dieser Stellung nicht durch Einführung des dazu bestimmten Splintes in das hierfür vorgesehene Splintloch festgehalten worden und habe so während der Fahrt des Schiffes bei den auftretenden Erschütterungen seine Lage verändern können; der Splint sei jedoch an Bord des Schiffes gewesen und habe verwendungsbereit an gehöriger Stelle an einer Kette gehangen. Das Schiff habe also auch in dieser Beziehung die erforderliche Einrichtung und Ausrüstung gehabt. Der Umstand, daß der Splint trotz Benutzung der Dampfsteuerung nicht in das Splintloch eingeführt worden sei, bedeute keinen Mangel in der Beschaffenheit des Schiffes und seiner Einrichtung, sondern eine Fahrlässigkeit der Schiffsbesatzung bei der Handhabung der vorhandenen und an sich ordnungsmäßigen Einrichtungen. Und zwar habe diese Fahrlässigkeit der Kapitän H. begangen. Dieser habe bei der Abfahrt des Schiffes von der Werft die Schiffsführung übernommen und die Rudermaschine bedient. Er sei daher auch für die ordnungsmäßige Sicherung des Hebels verantwortlich gewesen. Diese Verantwortlichkeit habe nicht erst mit der Abnahme des Schiffes durch den Bauherrn begonnen, sondern bereits mit der tatsächlichen Übernahme der Schiffsführung durch H.; die Schiffsführung umfasse aber die richtige Handhabung der zur Rudermaschine gehörigen Einrichtungen. Zwar habe H. die Führung des Schiffes bis zu dessen Abnahme nicht vom Bauherrn, sondern von der Werft (der Klägerin) übertragen erhalten; dies ändere aber nichts daran, daß H. zur Schiffsbesatzung im Sinne von § 69 Abs. 1 Nr. 6 ASVB. gehört habe. Die von der Klägerin vorübergehend an Bord entsandten Schiffsbauingenieure hätten lediglich als Sachverständige zu prüfen gehabt, ob das Schiff auf der Probefahrt allen Anforderungen entspreche. Es hätten ihnen aber keine bestimmten Schiffsdienste, sei es in der Führung des Schiffes, sei es bei der Bedienung der Maschine, obgelegen. Sie seien auch im Verhältnis der Parteien nicht als Vertreter der Klägerin anzusehen, da sie insoweit keinerlei rechtsgeschäftliche Befugnisse gehabt hätten, und ebensowenig könnten sie von dem Zeitpunkt an, wo H. die Schiffsführung übernommen habe, im Verhältnis der Parteien als Erfüllungsgehilfen der Klägerin während der Probefahrt bezeichnet werden. Vielmehr trage die gesetzliche Verantwortung dafür, daß der Schalthebel der Rudermaschine auf der Probefahrt nicht durch den Splint gesichert war, allein der Schiffsführer H. Mangels Splintsicherung sei der Hebel während der Probefahrt durch die Schwingungen des Schiffes aus seiner Lage geraten und so die Dampfsteuerung ausgeschaltet worden. Dies und verschiedene andere, vom Kapitän H. zu vertretende Fehler in der Schiffsführung hätten den Zusammenstoß herbeigeführt.

Die Einwendungen der Revision hiergegen sind nicht durchschlagend. Richtig ist, daß der gehörige Zustand des Schiffes im Sinne von § 70 Nr. 1 ASVB. in der hier maßgeblichen Fassung nicht ohne weiteres und in allen Fällen schon dann vorliegt, wenn sich alle für die Fahrt erforderlichen Einrichtungsgegenstände — gleichviel an welcher Stelle und in welcher Zusammensetzung — an Bord des Schiffes befinden. Das hat aber das Berufungsgericht auch keineswegs verkannt. Nach seinen Feststellungen handelt es sich um eine Rudermaschine, die sowohl für Dampf- wie für Hand-Steuerbetrieb eingerichtet war. Beide Steuervorrichtungen arbeiten aber nicht gleichzeitig, sondern es wird ordnungsmäßigerweise jeweils nur die eine oder die andere benutzt. Zur gehörigen Einrichtung und Beschaffenheit des Schiffes in dem hier maßgeblichen Sinne genügt es, wenn alles Erforderliche so vorhanden ist, daß bei beiden Steuervorrichtungen das Ein- und Ausschalten der einen oder anderen Vorrichtung von der Schiffsbesatzung im Rahmen des Schiffsdienstes in verkehrsüblicher Weise vorgenommen werden kann. Das war nach den Feststellungen des Berufungsgerichts der Fall. Die Entscheidung darüber, welche der beiden Steuervorrichtungen jeweils auf der Fahrt in Benutzung genommen werden soll, ist ausschließlich Sache der Schiffsführung. Es brauchte ihr daher das Schiff von der Werft auch nicht mit einer gehörig eingeschalteten Steuervorrichtung, sei es für Dampf-, sei es für Handbetrieb, übergeben zu werden. Vielmehr lag es der Schiffsleitung ob, nachdem sie sich für die Benutzung der einen oder der anderen Steuervorrichtung entschieden hatte, dafür Sorge zu tragen, daß die von ihr gewählte Vorrichtung in sachgemäßer Weise eingeschaltet war oder wurde. Danach enthält die Feststellung des Berufungsgerichts, daß das Schiff zur maßgeblichen Zeit in einem tauglichen Zustand im Sinne von § 70 Nr. 1 ASVB. war, keinen Rechtsirrtum.

Die Annahme des Vorderrichters, daß auf der Probefahrt die Schiffsführung in den Händen des Kapitäns H. lag, wird von der Revision nicht beanstandet. Sie ist auch nach den tatsächlichen Feststellungen gerechtfertigt. Als Schiffsführer (Schiffer) gehörte H. aber zur Schiffsbesatzung im Sinne von § 69 Abs. 1 Nr. 6 und § 70 ASVB. (§ 481 HGB., § 3 Abs. 2, §§ 7, 21 BinnenschiffG.; Mittelstein BinnenschiffG. § 3 Anm. 5, § 7 Vorbemerkung I). Zu der Frage, ob ein mitwirkendes Verschulden der von der Klägerin für die Probefahrt an Bord gesandten anderen Personen vorliegt, insbesondere der Ingenieure der Klägerin, hat das Berufungsgericht nicht ausdrücklich Stellung genommen. Seine Ausführungen ergeben aber mit genügender Deutlichkeit, daß ein solches Verschulden nicht anzunehmen ist.

Im übrigen sei hierzu folgendes bemerkt. Die Werftprobefahrt mag ausschließlich oder in erster Reihe den Zweck gehabt haben, daß die Werft, d. h. die Klägerin, sich selbst vor der eigentlichen Probefahrt von der Manövrierfähigkeit des Schiffes überzeugen konnte. Das änderte aber nichts daran, daß im Verhältnis der Parteien die Klägerin als Versicherte für die Besatzung des Schiffes nur insoweit zu sorgen hatte, als das Schiff gehörig bemannt sein mußte (§ 70 Nr. 1 ASVB. in der Fassung der Polize). Daß in dieser Beziehung ein Mangel geherrscht hätte, insbesondere daß die Klägerin bei der Auswahl des Kapitäns H. zum Führer des Schiffes für die Werftprobefahrt nicht mit der erforderlichen Sorgfalt verfahren wäre, ist nicht behauptet oder sonst ersichtlich. Als Schiffsführer lag es dem H. unter anderem ob, dafür zu sorgen, daß die von der Klägerin für die Werftprobefahrt an Bord gesandten Personen, mochten sie zur Schiffsbesatzung gehören oder nicht, Störungen des Schiffsbetriebes unterließen und, soweit sie zur Schiffsbesatzung gehört haben sollten, ihre Dienstpflichten erfüllten. Es liegt keinerlei Anhaltspunkt dafür vor, daß H. hieran oder sonst in der ihm obliegenden Schiffsführung durch Weisungen, Maßnahmen oder Unterlassungen der Klägerin gehindert worden wäre. Sollte trotzdem der Schiffszusammenstoß auf ein mitwirkendes Verschulden einer oder mehrerer Personen zurückzuführen sein, welche die Klägerin für die Werftprobefahrt an Bord geschickt hatte, so würde sich die Beklagte hierauf der Klägerin gegenüber nicht berufen können. Soweit jene Personen zur Besatzung des „Neptun" gehört haben sollten, fiel ihr Verschulden gemäß § 69 Abs. 1 Nr. 6, 7 (letztere Nummer in der Fassung der Polize) und § 70 Nr. 3 (in der Fassung der Polize) unter die Versicherung. Andernfalls lag neben dem die Beklagte haftbar machenden Verschulden des H. ein Mitverschulden anderer Personen vor, das aber aus den vom Berufungsgericht dargelegten Gründen nicht als ein Verschulden der Klägerin im Sinne von § 70 Nr. 4 ASVB. angesehen werden kann. Vielmehr wäre ein solches Verschulden als das von Personen zu behandeln, die, ohne zur eigentlichen Schiffsbesatzung zu gehören, im Dienste des Schiffseigners zu Schiffszwecken in Ausführung von Dienstverrichtungen gehandelt hätten, die an sich zu den Obliegenheiten der Schiffsbesatzung gehörten (RGZ. Bd. 13 S. 115, Bd. 20 S. 85, Bd. 50 S. 35; Mittelstein Binnenschiffahrtsrecht § 3 Anm. 5c β). Für ein solches Verschulden hätte in entsprechender Anwendung von § 3 BinnenschiffG., § 485 HGB. die Klägerin dem durch den Zusammenstoß geschädigten Dritten aufzukommen (Schaps Seerecht § 481 Anm. 15, § 735 Anm. 10/11). Demnach würde auch dieser Schaden gemäß § 69 Abs. 1 Nr. 7 ASVB. (Fassung der Polize), § 92 BinnenschiffG., § 735 HGB. unter die Versicherung fallen.

2. Das Berufungsgericht hat ferner ausgeführt: Die Beklagte habe vor und bei Abschluß des Versicherungsvertrags Kenntnis davon gehabt, daß der Schleppdampfer „Neptun" eine unter die Versicherung fallende Probefahrt machen werde. Es hätte also selbst für

den Fall, daß das Abhalten einer Probefahrt im allgemeinen als gefahrerhöhender Umstand im Sinne von §§ 29flg. ASVB. anzusehen sein sollte, im Verhältnis der Parteien keiner besonderen Anzeige der Probefahrt bedurft (§ 31 Abs. 2 ASVB.). Dies gelte auch von der Werftprobefahrt. Denn die Werftprobefahrt sei der eigentlichen Probefahrt gegenüber nicht als gefahrerhöhender Umstand anzusehen. Da die Beklagte überhaupt Kenntnis von der Veranstaltung einer Probefahrt gehabt habe, so sei keine besondere Anzeige von der Werftprobefahrt erforderlich gewesen.

Diese Erwägungen betreffen im wesentlichen das der Revision nicht zugängliche Tatsachengebiet. Ersichtlich geht das Berufungsgericht davon aus, daß eine unter die Versicherung fallende Probefahrt grundsätzlich in der Art und in dem räumlichen und zeitlichen Umfang vorgenommen werden durfte, wie dies den berechtigten Interessen des Versicherten bei Übergabe und Abnahme des Schiffes entsprach, ohne daß dabei das den Grundsätzen von Treu und Glauben im Verkehr entsprechende Maß überschritten wurde. Führte ein in diesem Sinne sachgemäßes Vorgehen dazu, die Probefahrt in zwei Teile zu zerlegen und der eigentlichen, regelmäßig mit gewissen festlichen Veranstaltungen an Bord verbundenen Probefahrt eine — besonderen technischen und nautischen Versuchen dienende — Werftprobefahrt vorhergehen zu lassen, so konnte das Berufungsgericht ohne Rechtsirrtum annehmen, daß dies gegenüber dem sonst Üblichen keinen gefahrerhöhenden Umstand bedeute. Daß aber die Werftprobefahrt hier zwecklos gewesen oder aus dem Rahmen des Verkehrsüblichen und nach Treu und Glauben zu Erwartenden herausgefallen sei, ist weder aus den Feststellungen des Berufungsgerichts noch sonst ersichtlich. Es kommt auch nicht etwa in Frage, daß die Werftprobefahrt auf eine Prüfung der Fahrtüchtigkeit des Schiffes im oben dargelegten Sinne abgestellt war. Denn diese Fahrtüchtigkeit, die nach § 70 Nr. 1 ASVB. (in der Fassung der Polize) bei Beginn der Werftprobefahrt vorhanden sein mußte, ist nach den rechtlich einwandfreien Feststellungen des Berufungsgerichts damals auch vorhanden gewesen.

81. Wie ist die preußische Stempelsteuer für eine Urkunde zu berechnen, in welcher ein Recht bis zu einem bestimmten Höchstbetrag sichergestellt worden ist?

Preußisches Stempelsteuergesetz in der Fassung vom 27. Oktober 1924 (GS. S. 627), Tarifnummern 14, 15 und 18.

VII. Zivilsenat. Urt. v. 5. Juli 1927 i. S. D. B. (Kl.) w. Preuß. Staat (Bekl.). (VII) VI 163/27.

I. Landgericht I Berlin.
II. Kammergericht daselbst.

Die Klägerin hat der Firma G. W. in B. einen offenen Kredit eingeräumt. Am 24. Februar 1926 betrug ihre Forderung daraus 5000 RM. An diesem Tage stellte die Firma G. L. in B. der Klägerin eine Urkunde aus, in der es heißt:

„Für alle Forderungen, welche Ihnen . . . aus der Gewährung von Krediten irgendwelcher Form oder Art . . . jetzt oder künftig zustehen mögen, übernehmen wir hierdurch die Bürgschaft als Selbstschuldner, und zwar bis zu einem Kapitalbetrage von Reichsmark 5000 zuzüglich Zinsen, Schäden, Provisionen und Kosten, auch soweit solche durch Saldofeststellung im Kontokorrent Kapitalschuld geworden sind. . . .“

Diese Urkunde ist mit 5 RM versteuert worden, und zwar nach T.Nr. 15 Abs. 1 des preußischen Stempelsteuergesetzes in der Fassung vom 27. Oktober 1924. Die Klägerin hat die 5 RM bezahlt. Sie fordert davon mit der gegenwärtigen Klage 2 RM zurück. Das Landgericht hat der Klage stattgegeben, das Kammergericht hat sie abgewiesen. Die Revision der Klägerin führte zur Wiederherstellung des landgerichtlichen Urteils.

Gründe:

Die Urkunde vom 24. Februar 1926 enthält die Beurkundung einer Sicherstellung von Rechten und fällt deshalb unter T.Nr. 15 StStG. Der Stempel beträgt nach Abs. 1 daselbst regelmäßig $^1/_{10}$ v. H. des Wertes der sichergestellten Rechte. Er würde sich also, wenn der Höchstbetrag der Bürgschaft zugrunde gelegt und der Stempel gemäß § 6 Abs. 2 StStG. nach diesem Höchstbetrag berechnet würde, auf 5 RM belaufen. Hier greift indessen Abs. 3 der T.Nr. 15 ein. Es heißt dort:

„Der Stempel darf in keinem Falle den für die Beurkundung des sicherzustellenden Rechtes zur Erhebung gelangenden Stempel übersteigen."

Danach muß eine Beurkundung des sicherzustellenden Rechtes als geschehen angenommen und es muß untersucht werden, wie diese Urkunde zu verstempeln gewesen wäre. Der so ermittelte Stempelbetrag bildet die Höchstgrenze, die der Stempel für die Sicherstellung nicht überschreiten darf.

Die Urkunde über das sicherzustellende Recht würde die Schuldurkunde der Firma G. W. über den künftig zurückzuzahlenden Betrag gewesen sein und dahin gelautet haben, daß die Firma sich verpflichte, einen ihr von der Klägerin bis zur Höhe von 5000 RM eingeräumten Kredit zurückzuzahlen. Das wäre eine Schuldverschreibung, die an sich unter T.Nr. 14 Abs. 1 StStG. fiele, die aber gemäß Satz 2 daselbst als Urkunde, worin „der Betrag der verschriebenen Schuld nur dem Höchstbetrage nach bestimmt ist", dem Stempel dieser Tarifstelle nicht unterworfen wäre. Sie würde also nur mit dem allgemeinen Vertragsstempel der T.Nr. 18 Abs. 2 zu belegen sein, d. h. mit einem Stempel von 3 RM. Deshalb darf auch für die Urkunde über die Sicherstellung der Schuld kein höherer Stempel gefordert werden.

Der Beklagte und das Kammergericht kommen zu einem abweichenden Ergebnis lediglich deshalb, weil die Schuld der Firma G. W. sich am Tage der Bürgschaftserklärung bereits auf 5000 RM belief. Diese Tatsache darf indessen nicht berücksichtigt werden, denn die Stempelpflicht einer Urkunde richtet sich gemäß § 3 Abs. 1 StStG. nach ihrem Inhalt und nur nach ihrem Inhalt; Ausnahmen müssen besonders zugelassen sein (RGZ. Bd. 117 S. 89). Eine Ausnahmevorschrift ist für den hier zu entscheidenden Fall nicht gegeben, deshalb behält es bei dem Inhalt der Urkunde und bei dem sich daraus ergebenden Wortlaut der als ausgestellt anzusehenden Schuldverschreibung sein Bewenden.

Der Beklagte beruft sich für seine Ansicht auf die Verfügung des Preußischen Finanzministers vom 25. September 1925 (JMBl. S. 367). Es ist richtig, daß auch hier entscheidender Wert auf die tatsächliche Höhe der gesicherten Schuld zur Zeit ihrer Sicherstellung gelegt wird; die Verfügung des Finanzministers steht aber insoweit mit § 3 Abs. 1 StStG. im Widerspruch und es kann ihr deshalb nicht gefolgt werden.

Wie der zweite Satz der T.Nr. 14 Abs. 1 StStG., an dem das Verlangen des Beklagten nach einer höheren Besteuerung der Sicherstellungsurkunde scheitert, in das Gesetz hineingekommen ist, ergibt sich aus der Entscheidung des Reichsgerichts vom 16. November 1926 (RGZ. Bd. 115 S. 240). Es wird hier darauf verwiesen.

---

82. Hat über die Voraussetzungen der Einziehung von Schutz-, Vorrats- und Verwertungsaktien die Spruchstelle zu entscheiden oder ist dafür der ordentliche Rechtsweg gegeben?

2. DurchfVo. z. GBVo. §§ 28, 30; 4. DurchfVo. z. GBVo. § 1 Abs. 1 Nr. 3.

II. Zivilsenat. Urt. v. 5. Juli 1927 i. S. Firma C. F. H. Chemische Fabrik A.-G. (Bekl.) w. Kommanditgesellschaft R. L. & Co. (Kl.). II 3/27.

I. Landgericht II Berlin.
II. Kammergericht daselbst.

Eine Generalversammlung der beklagten Aktiengesellschaft hat am 15. Mai 1923 die Erhöhung des Grundkapitals der Gesellschaft um 12 Millionen Mark durch Ausgabe von 1 Million Mark Vorzugsaktien und 11 Millionen Mark Stammaktien beschlossen. In dem Beschluß heißt es: „Die 11 Millionen Mark Stammaktien werden einem unter Führung des Bankhauses R. L. u. Co. in Berlin gebildeten Konsortium überlassen zum Kurse von 600% mit der Verpflichtung

a) 5500000 ℳ den bisherigen Aktionären in der Weise anzubieten, daß auf 10 alte Stammaktien über 1000 ℳ eine neue Stammaktie über 5000 ℳ zum Kurse von 600% zuzüglich des Schlußnotenstempels und der Bezugsrechtssteuer mit einer Mindestbezugsfrist von 2 Wochen bezogen werden kann;

b) die restlichen 5500000 ℳ im Interesse der Gesellschaft nach den Weisungen ihres Vorstands zu verwerten.

„Auf sämtliche neuen Aktien — heißt es in dem Beschluß weiter — sind 25% und außerdem ...... auf die neuen Stammaktien der den Nennbetrag übersteigende Betrag von 500% sofort einzuzahlen, die Restzahlung hat jederzeit auf Erfordern des Vorstands zu erfolgen.“

Gemäß einem schon vor dieser Generalversammlung, nämlich am 19. April 1923, zwischen den Parteien getroffenen Abkommen hat die Klägerin von den 11 Millionen Mark Stammaktien 5½ Millionen an die Aktionäre abgegeben, die andere Hälfte hat sie mit der zu b) bezeichneten Verpflichtung selbst übernommen und die beschlossenen Einzahlungen geleistet. Außerdem war vereinbart worden, daß vom Erlös der nach den Weisungen des Vorstands im Interesse der Gesellschaft zu verwertenden Aktien ¾ der Beklagten, ¼ der Klägerin zufließen und daß die Klägerin bemüht sein solle, die Aktien bei der Börse zunächst zum amtlichen, später zum freien Handel einzuführen. Die Einführung der Aktien bei der Börse ist nicht erfolgt. Durch schriftlichen Vertrag vom 10. September 1923 hat dann die Beklagte der Klägerin aus diesen nach Weisung des Vorstands zu verwertenden Aktien 4 Millionen Mark Stammaktien zum Kurse von 2½ Millionen % „zur freien Verfügung“ überlassen. In dem Vertrag heißt es weiter, daß die Klägerin sich verpflichtet:

„aus den von uns übernommenen 4 Millionen Mark C. F. H.-Aktien den Betrag bei der Einführung dieser Aktien im Freiverkehr zur Verfügung zu halten, der von dem Ausschuß über die Zulassung von Wertpapieren zum Handel im Freiverkehr für erforderlich gehalten worden ist“.

Unstreitig hatten vorher Verhandlungen mit dem Börsenausschuß geschwebt, über deren Verlauf zwar zwischen den Parteien Streit herrscht, auf Grund deren aber beide Teile davon ausgingen, daß 15% des Aktienkapitals = 3300000 ℳ Aktien für die Einführung an der Börse zur Verfügung gehalten werden müßten.

Am 27. Oktober 1924 hat der Vorstand der Beklagten unter Zustimmung des Aufsichtsrats beschlossen, die sämtlichen 4 Millionen Mark Aktien der Klägerin einzuziehen. Die Klägerin hält dieses auf § 30 Abs. 1 der 2. Durchführungsverordnung zur Goldbilanzverordnung gestützte Vorgehen der Beklagten für ungerechtfertigt und ist gegen sie klagbar geworden mit dem Antrag, festzustellen, daß die Beklagte nicht berechtigt sei, die 4 Millionen Mark Aktien ganz oder zum Teil einzuziehen, und ihr die Vornahme von Handlungen zu untersagen, welche die Klägerin oder ihre Rechtsnachfolger bezüglich dieser Aktien in der Wahrnehmung ihrer Aktienrechte behindern.

In beiden Vorinstanzen wurde die Klage zugesprochen. Auf die Revision der Beklagten erging ein Zwischenurteil des Reichsgerichts, das den Rechtsweg für zulässig erklärte.

Gründe:

Nach § 30 Abs. 1 der 2. Durchführungsverordnung zur Goldbilanzverordnung vom 28. März 1924 kann die Gesellschaft andere als die in den §§ 28, 29 das. bezeichneten Aktien, deren Inhaber durch ausdrückliche oder stillschweigende Vereinbarung mit der Gesellschaft zu ihren Gunsten in der Ausübung oder sonstigen Verfügung über die Aktien gebunden sind oder gebunden waren, durch den Vorstand mit Zustimmung des Aufsichtsrats einziehen. Dieses Recht besteht nach § 30 Abs. 3 nicht, wenn auf die Aktien Einlagen entsprechend dem Kurs oder Wert der nach den allgemeinen Bestimmungen umzustellenden Aktien geleistet worden sind. Auf Grund dieser Vorschrift hat der Vorstand der Beklagten mit Zustimmung des Aufsichtsrats beschlossen, 4 Millionen Mark Stammaktien einzuziehen, welche die Klägerin bei einer Erhöhung des Grundkapitals der Beklagten im April/Mai 1923 gezeichnet und welche sie unter Einzahlung von 25% und des Agios mit der Bindung erworben hat, sie im Interesse der Gesellschaft nach den Weisungen des Vorstands zu verwerten. Mit ihrer Feststellungsklage macht die Klägerin geltend, daß die Einziehung der 4 Millionen Mark Stammaktien ungesetzlich sei, weil diese Aktien durch Vertrag vom 10. September 1923 ihr zur freien Verfügung überlassen und von ihr auf Grund dieses Vertrags zum vereinbarten Kurse von 2,5 Millionen Prozent wertgleich eingezahlt worden seien. Dadurch sei nicht nur die anfängliche Bindung der Aktien aufgehoben, sondern auch ihre ordnungsmäßige Verwertung herbeigeführt worden. Die Vorschrift des § 30 Abs. 1 der 2. DurchfVo. sei demnach nicht anwendbar. Das Landgericht und ebenso das Kammergericht erachten die Einziehung für unzulässig, das Kammergericht deshalb, weil die Aktien durch den Vertrag vom 10. September 1923 zugunsten der Gesellschaft verwertet und außerdem zum Kurse von 2,5 Millionen Prozent wertgleich eingezahlt worden seien.

Voran steht jedoch die Frage, ob die ordentlichen Gerichte zur Entscheidung dieses Rechtsstreits berufen sind oder ob § 30 Abs. 4, § 28 Abs. 4 der 2. DurchfVo. und § 1 Abs. 1 Nr. 3 der 4. DurchfVo. den ordentlichen Rechtsweg zugunsten einer ausschließlich zuständigen Spruchstelle ausschließen. Diese Frage ist, obwohl beide Parteivertreter sie ausdrücklich verneinen, auch in der Revisionsinstanz von Amts wegen zu prüfen. Ob der ordentliche Rechtsweg ausgeschlossen ist, hängt von der Vorfrage ab, ob die 2. und die 4. DurchfVo. überhaupt gültig sind. Hierüber haben jedenfalls nicht die Spruchstellen, sondern die ordentlichen Gerichte zu entscheiden. Sind die Verordnungen ungültig, so steht der Klägerin für ihre negative Feststellungsklage der Rechtsweg ohne weiteres offen. Der erkennende Senat hat aber die Gültigkeit der §§ 26 bis 33 der 2. DurchfVo. schon in seinem Urteil vom 29. Januar 1926 (RGZ. Bd. 113 S. 6) anerkannt. An dieser Auffassung ist festzuhalten.

Nach § 28 der 2. DurchfVo., der die Umstellung der sog. schuldverschreibungsähnlichen Aktien regelt und dessen Abs. 4 (Zuständigkeit der Spruchstelle) auch auf die im § 30 geregelte Umstellung der sogenannten Schutz-, Vorrats- und Verwertungsaktien entsprechend anwendbar ist (§ 30 Abs. 4), darf der auf diese Gattung von Aktien entfallende Teil des auf Goldmark umgestellten Grundkapitals den in Goldmark umgerechneten Wert der auf sie geleisteten Einlagen nicht übersteigen (§ 28 Abs. 1). Für die Berechnung des Goldmarkwerts der Einlagen ist der Fälligkeitstag maßgebend (Abs. 2 das.). Diese Vorschriften gelten nicht für solche Aktien, auf welche Einlagen entsprechend dem Kurs oder Wert der nach den allgemeinen Bestimmungen umzustellenden Aktien geleistet worden sind (Abs. 3). Der Teil des Grundkapitals, der unter Anwendung dieser Vorschriften auf diese Aktiengattung entfällt, wird in Streitfällen oder auf Antrag der Gesellschaft von der durch die Reichsregierung bestimmten Stelle festgesetzt. Diese Stelle kann, wenn die Anwendung der Vorschriften zu einer offenbar unbilligen Härte für die Gesellschaft oder die Aktionäre führen würde, eine anderweitige Festsetzung unter billiger Berücksichtigung der Interessen der Beteiligten treffen. Die Entscheidung ist endgültig (Abs. 4). Die entsprechende Anwendung des Abs. 4 auf die Vorrats-, Schutz-

und Verwertungsaktien des § 30 — um solche handelt es sich hier — würde bedeuten, daß der Teil des Grundkapitals, der nach den Einziehungsvorschriften der Absätze 1 bis 3 auf diese Aktiengattung entfällt, von der Spruchstelle endgültig festgestellt wird.

Angesichts dieser Fassung der §§ 28, 30 Abs. 4 der 2. DurchfVo. ist im Schrifttum streitig geworden, ob die Zuständigkeit der Spruchstelle sich nicht darin erschöpft, daß sie nur die Höhe des auf die erwähnten Aktiengattungen entfallenden Teils des Grundkapitals festzusetzen habe. In diesem Fall würden die Fragen, ob die Voraussetzungen der §§ 28, 30 Abs. 1 und 3, also insbesondere die Voraussetzungen der Einziehung vorliegen, und ob nicht der die Einziehung ausschließende Ausnahmefall der wertgleichen Einzahlung der Aktien gegeben ist, zur Zuständigkeit der ordentlichen Gerichte gehören. Einerseits wird die Meinung vertreten, daß unmöglich in der gleichen Sache zwei Verfahren nebeneinander herlaufen könnten und daß der Gesetzeszweck dazu zwinge, auch die Vorfragen des § 30 Abs. 1 (Einziehung) und des Abs. 3 (wertgleiche Einzahlung) durch die Spruchstelle entscheiden zu lassen, weil es sonst jeder Aktionär in der Hand hätte, durch die Behauptung kurs- oder wertgleicher Einzahlung die Entscheidung der Spruchstelle hinter einen Prozeß von drei Instanzen zu schieben (Rheinstrom Goldmarkbilanzen S. 32, Fürnrohr Goldbilanzen 2. Aufl. S. 60, Roth in der Neuen Steuerrundschau 1924 S. 106, Rambke-Reichel GoldbilanzVo. § 8 Anm. 17flg., Abraham Übergang zur Goldmarkbilanz 1924 S. 136, Quassowski-Susat 2. Aufl. S. 303flg.). Von der anderen Seite, insbesondere von Flechtheim im Bankarchiv 1924 S. 199, wird mit Recht das Bedenken in den Vordergrund gestellt, daß die in der Satzung nicht vorgesehene Einziehung von Aktien der schärfste Eingriff in das Mitgliedschaftsrecht sei und daher unmöglich unter einem geringeren Rechtsschutz stehen könne als die bloße Verletzung einzelner aus der Mitgliedschaft fließender Rechte. Die Frage nach dem Vorhandensein der Voraussetzungen der § 28 Abs. 1 und 3, § 30 Abs. 1 und 3 soll daher nach Flechtheims Ansicht der Beurteilung durch die ordentlichen Gerichte unterliegen (so auch Rosendorff Goldmarkbilanz S. 230, Byk GoldbilanzVo. 2. Aufl. § 28 Anm. 11, Friedländer Goldmarkumstellung und Konzernfragen S. 30, Friedmann in JW. 1924 S. 1085 Anm. 6).

Der letzteren Auffassung ist beizutreten. Der § 28 Abs. 4 der

2. DurchfVo. stellt keineswegs klar, daß die Zuständigkeit der Spruchstelle sich weiter erstrecken solle als auf die Festsetzung der Höhe des Grundkapitals und auf die Beseitigung der offenbar unbilligen Härten, die sich aus der Anwendung des § 28 Abs. 1 bis 3 für die Gesellschaft oder die Aktionäre ergeben könnten. Das schließt aber nicht aus, daß, wenn über die Anwendbarkeit dieser Vorschriften (hier also: über die Berechtigung zur Einziehung oder über die kurs- oder wertgleiche Einzahlung der Aktien) Streit entsteht, dieser zunächst im ordentlichen Rechtsweg auszutragen ist. Sollte auch insoweit der Rechtsweg ausgeschlossen sein, so hätte es einer klaren, unzweideutigen Anordnung im Gesetze bedurft. Eine solche Teilung der Zuständigkeit ist nichts Ungewöhnliches, wenn sie auch nicht zur Vereinfachung und Beschleunigung beiträgt; sie tritt in der Aufwertungsgesetzgebung in gleicher Weise zutage. Dort ist aber (§§ 69 bis 71 AufwG.) klar und unzweideutig ausgesprochen, daß in gewissen Fällen die Aufwertungsstelle unter Ausschluß der ordentlichen Gerichte zu entscheiden hat. An einer solchen genauen Abgrenzung der Zuständigkeiten fehlt es in der 2. DurchfVo. Die Zuständigkeit der Spruchstelle wird im § 28 Abs. 4 der 2. DurchfVo. weder ausdrücklich als eine ausschließliche bezeichnet, noch wird sonst das Gebiet der ausschließlichen Zuständigkeit irgendwie sicher abgegrenzt. Die Verordnung spricht nur aus, daß die Spruchstelle endgültig entscheide, und stellt damit nur klar, daß Rechtsmittel gegen ihre Entscheidung nicht gegeben sind.

Auch die Anordnung, daß die Spruchstelle die Höhe des Grundkapitals „unter Anwendung des Abs. 1 bis 3" festzusetzen hat, läßt nicht erkennen, wer insoweit zur Entscheidung eines „Streits" der Parteien zuständig sein soll. Besteht kein solcher Streit, dann setzt allerdings die Spruchstelle die Höhe des Grundkapitals so fest, wie es bei der gegebenen unstreitigen Sachlage den Absätzen 1 bis 3 der §§ 28, 30 entspricht. Für den ordentlichen Rechtsweg ist dann insoweit kein Raum. Besteht jedoch Streit darüber, ob Aktien Vorzugsaktien oder Verwertungsaktien im Sinne des § 30 Abs. 1 sind und ob die Voraussetzungen der Bindung oder einer früheren Bindung vorliegen, oder ob die Aktien wertgleich einbezahlt worden sind, so muß bezweifelt werden, daß solche Streitigkeiten einer im Verfahren der freiwilligen Gerichtsbarkeit entscheidenden Spruchstelle übertragen werden sollten. Dies um so mehr, als insoweit keineswegs, wie bei der Festsetzung der Höhe des Grundkapitals, im wesentlichen nur aktienrechtliche Fragen in Betracht kommen, sondern in gleicher Weise Fragen des bürgerlichen Rechts, die unter Umständen überwiegen und den Ausgang des Streites entscheidend beeinflussen können. Zur Entscheidung von Fragen aber, wie die der schuldrechtlichen oder dinglichen Bindung des Inhabers der Aktien oder die der Anfechtung des Verwertungsvertrags wegen arglistiger Täuschung, betrachtet doch wohl auch der heutige Gesetzgeber die ordentlichen Gerichte als die geeignete Instanz. Da es an einer zwingenden anderweitigen Anordnung des Gesetzes fehlt, ist nicht anzunehmen, daß derartige Fragen den Gerichten entzogen und einer zur Entscheidung aktienrechtlicher Fragen gebildeten Spruchstelle und damit dem Verfahren der freiwilligen Gerichtsbarkeit überantwortet werden sollten, das für die Erledigung solcher Streitpunkte überhaupt nicht paßt.

Nun hat es, rein äußerlich betrachtet, den Anschein, als ob § 1 der 4. DurchfVo. der Spruchstelle auch die Entscheidung über die Anwendung des § 30 Abs. 1 bis 3 der 2. DurchfVo. habe übertragen und damit auch insoweit die Zuständigkeit der ordentlichen Gerichte habe ausschließen wollen. Es heißt dort im Abs. 1 Nr. 3: „Die Spruchstellen zum Zwecke der Entscheidung .... im Falle des § 30 der 2. DurchfVo. über die Anwendung der Vorschriften des § 30 Abs. 1 bis 4 und des § 28 Abs. 2, 4 .... werden bei den Oberlandesgerichten gebildet." Aus dem Zweck dieser Vorschrift ergibt sich jedoch, daß damit nur die Art der Bildung der Spruchstellen geregelt werden sollte. Daß durch die Hinzufügung der Worte „zum Zwecke der Entscheidung ...." eine über die § 28 Abs. 4, § 30 Abs. 4 der 2. DurchfVo. hinausgehende Zuständigkeit der Spruchstellen bestimmt oder eine maßgebende Auslegung jener die Zuständigkeit der Spruchstellen regelnden Gesetzesvorschriften habe gegeben werden sollen, ist nicht ersichtlich. Dem Gesetzgeber war aber, wie ohne weiteres zu unterstellen ist, die Streitfrage bekannt, die im Schrifttum unausgesetzt erörtert und von gewichtigen Stimmen dahin beantwortet wurde, daß den ordentlichen Gerichten die Zuständigkeit zur Entscheidung über die Voraussetzungen der Abs. 1 und 3 des § 30 der 2. DurchfVo. durch Abs. 4 daselbst nicht genommen sei. Hätte sich die 4. DurchfVo. auf den gegenteiligen Standpunkt stellen wollen, so wäre nicht verabsäumt worden, auszusprechen, daß auch insoweit die Zuständigkeit der Spruchstelle „eine ausschließliche und endgültige" sei. Das ist nicht geschehen. In einer Vorschrift, die sich damit befaßt, die Art der Bildung der Spruchstellen zu regeln, deren Zuständigkeit anderwärts bereits geregelt ist oder vom Gesetzgeber als geregelt betrachtet wird, kann niemand eine — wörtlich nicht als solche gekennzeichnete — Ausdehnung dieser Zuständigkeit oder eine vom Gesetzgeber selbst gegebene Auslegung früherer Vorschriften suchen wollen. Der Wortlaut des § 1 der 4. DurchfVo. („zum Zwecke der Entscheidung über die Anwendung des § 30 Abs. 1 bis 4") unterscheidet sich auch kaum von der Fassung des § 30 Abs. 4 der 2. DurchfVo., wonach die Spruchstelle die Höhe des Grundkapitals „unter Anwendung dieser Vorschriften", d. h. des Abs. 1 bis 3, festzusetzen hat. Es ist bereits darauf hingewiesen worden, daß, wenn kein Streit über diese Anwendung besteht, die Spruchstellen allerdings die Festsetzung nach Maßgabe des § 30 Abs. 1 bis 3 der 2. DurchfVo. zu treffen haben. Die Frage aber, wer im Streitfall darüber zu befinden hat, wird auch durch § 1 der 4. DurchfVo. nicht in unzweideutiger Weise geklärt. Da sonach nicht zu erkennen ist, daß dieser § 1 etwas von der früheren Regelung Abweichendes bestimmen wollte oder daß damit der Inhalt der §§ 28, 30 Abs. 4 der 2. DurchfVo. klargestellt werden sollte, so ist die Meinung berechtigt, daß die 4. DurchfVo. in jener Vorschrift nur die frühere Regelung der Zuständigkeit der Spruchstelle wiedergibt. Demnach ist die Auslegung maßgebend, die sich als dem Willen des Gesetzgebers entsprechend aus den §§ 28 und 30 der 2. DurchfVo. gewinnen läßt. Quassowski-Susat 2. Aufl. S. 303, 335 meinen zwar, die Fassung des § 1 der 4. DurchfVo. habe denjenigen Schriftstellern nicht recht gegeben, die sich für die Zuständigkeit der ordentlichen Gerichte zur Entscheidung über die Anwendbarkeit des Abs. 1 bis 3 des § 30 der 2. DurchfVo. ausgesprochen hätten. Ein Anhaltspunkt für diese Meinung auf Grund der Entstehungsgeschichte der 4. DurchfVo. wird indessen von Quassowski-Susat nicht gegeben; lediglich mit dem Hinweis auf die Fassung des § 1 der 4. DurchfVo. läßt sich aber jene Auffassung nicht einwandfrei begründen.

83. Trägt der Umstand, daß der einen Warennamen („Lysol") behandelnde Artikel eines Konversationslexikons den Warenzeichencharakter des betreffenden Wortes nicht erwähnt, zur Umbildung des Wortzeichens zum freien Warennamen bei, und gefährdet diese Nichterwähnung den Warenzeichenschutz des Zeicheninhabers?

WZG. § 12, BGB. §§ 823, 826, 1004.

II. Zivilsenat. Urt. v. 5. Juli 1927 i. S. Bibliograph. Institut A.G. (Bekl.) w. Sch. & M. A.G. (Kl.). II 506/26.

I. Landgericht Leipzig.
II. Oberlandesgericht Dresden.

Die Klägerin ist Inhaberin des für ihre Rechtsvorgängerin am 28. Juni 1895 in die Zeichenrolle des Reichspatentamts für Desinfektionsmittel eingetragenen Wortzeichens „Lysol". Auch in den meisten Auslandsstaaten ist der Klägerin das Wort „Lysol" für die gleiche Warenart eingetragen. Nach dem Beitritt des Deutschen Reichs zum Madrider Markenabkommen (auf Grund Gesetzes vom 12. Juli 1922) ist ihr das Wort „Lysol" am 7. Dezember 1923 als Warenzeichen auch in das Internationale Markenregister in Bern eingetragen worden. Die Klägerin benutzt — wie dies bereits ihre Rechtsvorgängerin getan hat — das Zeichen für ein bestimmtes von ihr hergestelltes und vertriebenes Desinfektionsmittel (Teerpräparat).

Das von der Beklagten verlegte und herausgegebene bekannte Werk „Meyers Konversationslexikon" enthält unter dem Stichwort „Lysol" eine Beschreibung der chemischen Zusammensetzung des unter dieser Bezeichnung vertriebenen Desinfektionsmittels, ohne zu erwähnen, daß das Wort für die Klägerin als Warenzeichen eingetragen ist. Diese in den bisherigen Auflagen, z. B. noch in Bd. 13 der 6. Auflage von 1906, enthaltene Erläuterung soll nach Absicht der Beklagten unverändert, d. h. wiederum ohne Erwähnung des Warenzeichencharakters des Wortes „Lysol", in die zurzeit im Erscheinen begriffene 7. Auflage des Werkes übergehen.

Die Klägerin fühlt sich durch die Weglassung dieser Erwähnung insofern beeinträchtigt, als dadurch die ohnehin bestehende Gefahr sehr erhöht werde, daß ihr Wortzeichen zur reinen Beschaffenheitsangabe (zum sog. Warennamen) werde und sie dann ihres Zeichenrechts verlustig gehe. Sie verlangt daher, nachdem die Beklagte ein briefliches Ersuchen der Klägerin um Erwähnung ihres Warenzeichenschutzes abgelehnt hat, mit der auf § 12 WZG., §§ 823, 826, 226 BGB. gestützten Klage, daß die Beklagte in der siebenten und in den künftigen Auflagen ihres Werkes entweder die Veröffentlichung eines Artikels unter dem Stichwort „Lysol" überhaupt unterlasse oder hinter diesem Stichwort den Zusatz „eingetragenes Warenzeichen" oder eine sonstige Bemerkung aufnehme, die geeignet sei, die befürchtete Umwandlung zu verhindern.

Das Landgericht wies die Klage ab; das Oberlandesgericht dagegen gab ihr statt. Auf die Revision der Beklagten wurde das landgerichtliche Urteil wiederhergestellt.

Gründe:

Das Berufungsgericht ist der Ansicht, daß die Nichterwähnung des Zeichenschutzes der Klägerin an dem als Bezeichnung einer Ware (Desinfektionsmittel) gebrauchten Worte „Lysol" im Meyerschen Konversationslexikon die zeichenrechtlichen Interessen der Klägerin gefährde, weil diese Nichterwähnung geeignet sei, die Entwicklung des Wortzeichens „Lysol" zum freien Warennamen wesentlich zu fördern. Denn derartige Nachschlagewerke seien — so wird weiter ausgeführt — dazu bestimmt, ihre Leser über alles Wissenswerte kurz, aber zutreffend und vollständig zu unterrichten; die Leser des fraglichen Artikels, die den Zeichencharakter des Wortes „Lysol" nicht kennten, müßten daher beim Fehlen irgendeines entgegenstehenden Hinweises annehmen, „Lysol" sei nur die allgemein gebräuchliche und daher jedem freistehende Bezeichnung des Erzeugnisses, mithin ein freier Warenname. Unerheblich sei sonach, daß der Zeichenschutz an dem Worte nicht ausdrücklich verneint sei, die Möglichkeit seines Vorhandenseins also offen bleibe. Auch darauf komme es nicht an, daß nach allgemeiner Übung solche Nachschlagewerke jeden Zeichenschutz unerwähnt ließen; denn nur wenigen sei diese Übung bekannt. Selbst die Kreise, die mit dem Vertrieb des „Lysol" der Klägerin oder mit der Herstellung eines solchen oder ähnlichen Desinfektionsmittels (das Berufungsgericht sagt irrtümlich „mit der Herstellung von Lysol") befaßt seien, könnten bei der großen Verbreitung des Nachschlagewerks der Beklagten durch die Nichterwähnung des Zeichencharakters in der Auffassung bestärkt werden, daß „Lysol" freier Warenname geworden sei, und könnten hierdurch veranlaßt werden, sich für eigene Erzeugnisse dieser Bezeichnung zu bedienen. Ein Vorgehen der Klägerin gegen alle so bewirkten Verletzungen ihres Zeichenschutzes im In- und Ausland sei nicht möglich. Die ständige Notwendigkeit solchen Vorgehens der Klägerin stelle übrigens schon eine Beeinträchtigung ihrer Interessen dar.

Diese Gefährdung ihres Zeichenschutzes könne die Klägerin der Beklagten ohne Rücksicht auf Verschulden in sinngemäßer Anwendung des § 1004 BGB. untersagen, da es sich um einen unmittelbaren Eingriff in ihren eingerichteten und ausgeübten Gewerbebetrieb handle, der als „sonstiges Recht" im Sinne des § 823 Abs. 1 BGB. anzusehen sei. Denn die Klägerin sei nach Umwandlung des Wortzeichens „Lysol" in einen freien Warennamen nicht mehr in der Lage, den Ruf und die Beliebtheit, die sich ihre Ware unter der bisherigen Herkunftsbezeichnung erworben habe, durch deren alleinigen Gebrauch für sich auszunützen.

Weiter handle es sich auch um einen Eingriff der Beklagten in das absolute Recht der Klägerin als Zeicheninhaberin zur ausschließlichen Benutzung des Warenzeichens (nach § 12 WZG.). Denn dieses Recht werde nicht nur durch die eigentliche Benutzung des Warenzeichens, sondern auch durch Handlungen eines Dritten verletzt, die sich gegen den Bestand des Warenzeichens richteten.

Endlich erblickt das Berufungsgericht darin, daß die Beklagte unter Ablehnung der Aufforderung der Klägerin, den fraglichen Artikel durch den Zusatz „eingetragenes Warenzeichen" zu ergänzen, an der „Unrichtigkeit" festgehalten und diese weiterverbreitet habe, einen Verstoß gegen die guten Sitten (§ 826 BGB.).

Die Revision ist begründet.

Die Versuche des Berufungsgerichts, den Unterlassungsanspruch auf § 12 WZG. und auf § 826 BGB. zu gründen, müssen ohne weiteres als rechtsirrig ausscheiden.

Das in § 12 WZG. dem Zeicheninhaber gewährte absolute Recht verbietet nicht jede Art des Gebrauchs des Zeichens durch einen andern, sondern nur einen solchen Gebrauch, der für den geschäftlichen Verkehr bestimmt ist. Das Warenzeichen muß von dem andern zur Bezeichnung der Ware oder in bezug auf diese verwendet, d. h. so gebraucht werden, daß der unbefangene Durchschnittsverbraucher annimmt, das Zeichen diene zur Unterscheidung der Ware von gleichen und gleichartigen Waren anderer Herkunft, weise also auf ihren Ursprung aus einem bestimmten Betrieb hin. Es muß sich mithin um einen warenzeichenmäßigen Gebrauch des Zeichens durch einen anderen handeln. Diese Beschränkung ergibt sich schon aus dem Zweck des Warenzeichens, das die Waren des Berechtigten von denen anderer unterscheiden soll, also einen Verkehr voraussetzt, innerhalb dessen eine Verwechslung denkbar ist (RGZ. Bd. 109 S. 73). Sie folgt aber auch aus dem Wortlaut des § 12 WZG., der anderen nur verbietet, die — sei es vom Zeicheninhaber selbst, sei es zulässiger- oder unzulässigerweise von einem anderen — bezeichneten Waren in Verkehr zu setzen und das Zeichen auf Ankündigungen, Preislisten, Geschäftsbriefen, Empfehlungen, Rechnungen oder dgl. anzubringen. Aus der danach dem Zeichenberechtigten allein vorbehaltenen Verbindung des Warenzeichens mit der Ware und der gleichfalls ihm allein gestatteten Verwendung des Warenzeichens in bezug auf die Ware ergibt sich, daß andere, außerhalb der bezeichneten wirtschaftlichen Bestimmung des Warenzeichens liegende Verwendungsarten keine Verletzung des Zeichenrechts darstellen. Sodann ist nicht ersichtlich, wie in der Ablehnung der erwähnten Aufforderung der Klägerin ein Verstoß gegen das Anstandsgefühl aller billig und gerecht Denkenden und daher gegen die guten Sitten liegen sollte. Voraussetzung hierfür wäre, daß die Beklagte sich aller Tatsachen bewußt war, die — objektiv betrachtet — einen solchen Verstoß darstellen. Nun hat aber die Beklagte die von der Klägerin behauptete Gefährdung ihres Zeichenrechts mit der Begründung bestritten, es bestehe unter den Herausgebern zahlreicher anderer Nachschlags- und auch wissenschaftlicher Einzelwerke eine allgemeine Übung dahin, daß jeder Warenzeichenschutz von ihnen grundsätzlich unerwähnt gelassen werde. (Das Berufungsgericht hat diese Angabe als wahr unterstellt). Die Beklagte hat es aber nicht bei dieser Bestreitung bewenden lassen, sondern ist der Klägerin entgegengekommen. Sie sagt zwar, sie könne den allgemeinen Gebrauch nicht zugunsten der Klägerin allein aufgeben, sondern hätte die gewerblichen Schutzrechte auch aller anderen berücksichtigen und dementsprechend ihr ganzes im Erscheinen begriffenes Werk umarbeiten müssen, was ihrer Angabe nach unausführbar ist. Sie hat aber in das Werk vom jetzt erschienenen 5. Band der 7. Auflage an, vorn auf der im übrigen freien Innenseite des Titelblatts gegenüber der ersten Textseite, den allgemeinen Satz aufgenommen, daß die Stichwörter, die zugleich eingetragene Warenzeichen sind, im Lexikon — wie üblich — nicht besonders als solche kenntlich gemacht seien und daß daher aus der Bezeichnung einer Ware mit dem für diese eingetragenen Warenzeichen nicht geschlossen werden könne, diese Bezeichnung sei freier Warenname. Eine inhaltlich gleiche Bemerkung hat die Beklagte ihrem Werk als Fußnote zu dem Artikel beim Stichwort „Handelszeichen" eingefügt. Unter diesen Umständen kann, selbst wenn die von der Klägerin behauptete Gefährdung ihres Zeichenschutzes trotzdem anzuerkennen wäre, keine Rede davon sein, daß die Weigerung, den von der Klägerin geforderten Vermerk in den Artikel aufzunehmen, gegen das Anstandsgefühl aller billig und gerecht Denkenden verstoße. Es ist irreführend, wenn das Berufungsgericht einen solchen Verstoß in dem „Festhalten an der Unrichtigkeit" des Artikels erblickt. Die sog. Unrichtigkeit spielt für den vorliegenden Rechtsstreit nur insoweit eine Rolle, als sie den Anlaß bilden würde für die von der Klägerin behauptete Gefährdung ihres Zeichenschutzes. Die Beklagte bestreitet aber nicht nur mit gutem Grunde, daß die Nichterwähnung des Zeichenschutzes in ihrem Lexikon mit Rücksicht auf dessen Charakter überhaupt geeignet sei, jene Gefährdung zu begründen, sondern sie trifft auch im Rahmen der ihrer Ansicht nach allein in Betracht kommenden Abhilfemöglichkeiten Vorkehrungen zur Verhinderung des behaupteten nachteiligen Erfolgs.

Es fragt sich daher nur noch, ob die Beklagte den Zeichenschutz der Klägerin an dem Worte „Lysol" gefährdet. Wäre dies der Fall, so läge allerdings ein objektiv widerrechtliches Verhalten der Beklagten vor, das sich unmittelbar gegen den Bestand des Gewerbebetriebs der Klägerin und damit gegen ein „sonstiges Recht" im Sinne des § 823 Abs. 1 BGB. richten würde. Die Beklagte wäre dann nach dem sinngemäß anzuwendenden § 1004 BGB. zur Unterlassung dieser Störung verpflichtet.

Aber jene Voraussetzung ist nicht gegeben, die behauptete Gefährdung liegt nicht vor. Wenn auch grundsätzlich die Möglichkeit anzuerkennen ist, daß ein eingetragenes Wortzeichen die Bedeutung der Herkunftsbezeichnung verliert und zum Warennamen (zur Beschaffenheitsangabe nach § 13 WZG.) wird, so kann eine solche Umwandlung doch nur ganz ausnahmsweise und unter ganz besonderen

Umständen angenommen werden (Urteile des erk. Senats in RGZ. Bd. 108 S. 8, Bd. 110 S. 339, ferner Urteil vom 1. Oktober 1926 II 551/25). Im vorliegenden Falle handelt es sich nur darum, daß die Beklagte in ihrem Konversationslexikon, also außerhalb des für eine Umwandlung maßgebenden geschäftlichen Verkehrs, im Artikel über „Lysol" den diesem Wort zustehenden Zeichenschutz nicht hervorgehoben, das Wort vielmehr so behandelt hat, als ob es eine Beschaffenheitsangabe wäre, nämlich der Name eines aus bestimmten Bestandteilen zusammengesetzten Desinfektionsmittels, der hiernach auch für Erzeugnisse irgendwelcher anderer Betriebe verwendet werden könnte.

Nun ist, wie das Berufungsgericht feststellt, die Möglichkeit gegeben, daß durch diese Fassung des Artikels die Umbildung des Wortzeichens „Lysol" zum Warennamen in solchen Verkehrskreisen gefördert wird, die als Verbraucher des unter diesem Zeichen in den Handel gebrachten Desinfektionsmittels in Betracht kommen. Aber die Auffassung dieser Kreise ist nach der ständigen Rechtsprechung des erkennenden Senats (vgl. die oben genannten Urteile) für die Frage jener Umbildung nicht entscheidend. Andernfalls würden viele von den wertvollsten Zeichen Gemeingut werden. Denn wenn jemand fortgesetzt eine bestimmte Ware mit einem ihm eingetragenen Zeichen versieht, so wird dieses Zeichen — besonders wenn die betreffende Ware sich gut eingeführt hat — bei einem Teil des Publikums bald den Charakter einer Beschaffenheitsangabe annehmen und als Gattungsbezeichnung (Warenname) dienen. Wollte man die Ansicht dieser Kreise als entscheidend für die Umbildung des Zeichens zum Warennamen ansehen, so würde man den Zeichenschutz gerade der wertvollsten Zeichen hinfällig machen. Denn dem Zeicheninhaber würde die Gefahr, seine Ware nicht mehr als einziger unter der bekannt gewordenen Bezeichnung in den Verkehr bringen zu können, um so eher drohen, je mehr Kosten er für ihre Herstellung und für weiteste Einführung in den Verkehr aufgewendet hat. Das wäre nicht nur vom zeichenrechtlichen, sondern auch vom rein wirtschaftlichen Standpunkt widersinnig. Die Behauptung, ein eingetragenes Wortzeichen habe sich zum freien Warennamen umgewandelt oder es bestehe die Gefahr, daß dies geschehe, ist daher mit großer Vorsicht zu behandeln. Deshalb kann eine solche Umbildung nicht anerkannt werden, so lange noch ein beteiligter Verkehrskreis, sei es auch nur von Personen, die mit dem Vertrieb der betreffenden Ware (hier eines Desinfektionsmittels) oder mit der Herstellung oder dem Vertrieb einer ähnlich oder gleich zusammengesetzten Ware befaßt sind, an der Bedeutung des Wortes als Hinweis auf die bestimmte Herkunftstelle festhält. Dafür, daß in fachkundigen Kreisen durch die Weglassung des Zeichencharakters des Wortes „Lysol" in dem fraglichen Artikel die Gefahr der Umbildung dieses Zeichens zum Warennamen begründet werde, fehlt es an ausreichendem Anhalt. Diese geschäftlichen Kreise verschaffen sich erfahrungsgemäß Auskunft über zeichenrechtliche Fragen, insbesondere über die Zeichenrechte anderer, aus dem hierfür geschaffenen und jeweils den neuesten Stand wiedergebenden, vom Patentamt herausgegebenen Warenzeichenblatt, nicht aber aus einem Konversationslexikon. Die Aufgabe des letzteren ist auch nicht die Vermittlung genauer Kenntnisse auf allen nur denkbaren Spezialgebieten; das Konversationslexikon will vielmehr, worauf schon der Name hindeutet, nur ein Nachschlagewerk für gebildetere Kreise sein zur Belehrung über jeweils in der Unterhaltung oder beim Lesen auftauchende Tatsachen oder Begriffe. Sollte auch dieser oder jener aus den erwähnten fachkundigen Kreisen Kenntnis von dem fraglichen Artikel erhalten haben, so würde er dadurch aus den angegebenen Gründen doch nicht in dem von der Klägerin behaupteten Sinne umgestimmt.

Der Standpunkt des Berufungsgerichts in der entscheidenden Frage, ob auch für die fachkundigen Kreise die Gefahr der Umbildung des Zeichens „Lysol" zum freien Warennamen gegeben sei, ist nicht klar. Im wesentlichen scheint das Berufungsgericht eine solche Gefahr nur für die „übrigen" Verkehrskreise anzunehmen, indem es schon die Steigerung der Gefahr der Umbildung in den übrigen Verkehrskreisen als ausreichend für die Annahme der behaupteten Gefährdung erachten will. Das Urteil berührt dann aber auch die fachkundigen Verkehrskreise und meint, das Nachschlagewerk der Beklagten dringe auch in diese ein und wirke auch dort für die Umbildung. Alles, was das Berufungsgericht in dieser Beziehung ausführt, betrifft indessen nur künftige Möglichkeiten. Ihre Berücksichtigung bei der hier zu beantwortenden Frage ist aber rechtsirrig. Denn die Entscheidung war zu treffen auf Grund der Verhältnisse, die zur Zeit der Urteilsfällung bestanden; etwaige künftige Möglichkeiten, die theoretisch denkbar sein mochten, für die aber die gegenwärtige Lage keinen greifbaren Anhalt bot, waren dagegen nicht in Rechnung zu ziehen (so auch das oben erwähnte Urteil vom 1. Oktober 1926 II 551/25).

Da es hiernach an der behaupteten Gefährdung des Zeichenrechts der Klägerin fehlt, so entfällt auch die Möglichkeit, gemäß § 1004 BGB. Unterlassung der Störung zu fordern.

---

84. In welchem Umfang kann das Dienstverhältnis von Krankenkassenangestellten durch Tarifvertrag geregelt werden? Gehen die Bestimmungen des Tarifvertrags den Vorschriften der für die Angestellten einer Krankenkasse erlassenen Dienstordnung vor?

Reichsversicherungsordnung §§ 349 flg. Tarifvertragsverordnung § 1. RVerf. Art. 165.

III. Zivilsenat. Urt. v. 6. Juli 1927 i. S. Z. (Kl.) w. Allgem. Ortskrankenkasse des Kreises Gr. (Bekl.). III 336/26.

I. Landgericht Hildesheim.
II. Oberlandesgericht Celle.

Durch Anstellungsvertrag vom 14. November 1921 hat die beklagte Krankenkasse den Kläger, der zuvor Sparkassenbeamter und nur nebenamtlich bei der Beklagten beschäftigt war, für die Zeit vom 1. Januar 1922 an als Geschäftsführer im Hauptamt und „ständig Angestellten im Sinne des § 351 Abs. 1 RVO." (nicht mit den Rechten eines Gemeindebeamten) angestellt. Nach § 3 des Anstellungsvertrags gehörte die dem Kläger übertragene Dienststelle „der Angestelltengruppe 1" an. Damit war Gruppe 1 des Tarifvertrags gemeint, der zwischen dem Zentralverband der Angestellten, Gau Hannover, und dem Hauptverband deutscher Ortskrankenkassen abgeschlossen war. Nach diesem Tarifvertrag bestanden für die Besoldung der planmäßigen Angestellten vier Gruppen; der Geschäftsführer war in Gruppe 1 einzureihen. Gruppe 1 des Tarifvertrags entsprach der Gruppe 8 der staatlichen Besoldungsordnung. Die dementsprechenden Gehaltsbeträge hat der Kläger denn auch anfänglich bezogen. Die damals noch geltende ältere Dienstordnung der Beklagten hatte für das bis dahin nur nebenamtlich verwaltete Amt ein Gehalt von 600 ℳ ausgeworfen. Im Zusammenhang mit der

Neuordnung hat der Vorstand der Beklagten eine neue Dienstordnung aufgestellt und darin für den Kläger die Entlohnung nach Gruppe 1 des Tarifvertrags vorgesehen. Das Oberversicherungsamt hat diese neue Dienstordnung nur mit der Maßgabe genehmigt, daß der Geschäftsführer in Gruppe 6 des Beamtendiensteinkommensgesetzes eingestuft werden und erst nach Umfluß einer gewissen Dienstzeit in Gruppe 7 einrücken sollte. Die Beschwerde gegen den Beschluß des Oberversicherungsamts ist vom Minister für Volkswohlfahrt zurückgewiesen worden.

Auf Grund des Anstellungsvertrags glaubt der Kläger ein Recht auf die Bezüge nach Gruppe 1 des Tarifvertrags zu haben. Das von ihm angegangene Versicherungsamt hat zunächst durch Beschluß vom 28. Januar 1924 seinen Anspruch als berechtigt anerkannt und ihm für die Zeit vom 1. November 1922 bis zum 31. Januar 1924 den damals von ihm begehrten Unterschiedsbetrag zwischen Gruppe 8 und Gruppe 6 des bezeichneten Gesetzes rechtskräftig zugesprochen. In einem späteren Bescheid dagegen hat das Versicherungsamt seinen Standpunkt gewechselt und dem Kläger die entsprechenden Unterschiedsbeträge für die Zeit vom 1. Februar 1924 an aberkannt. Die Beschwerde des Klägers gegen diesen Beschluß ist vom Oberversicherungsamt am 7. März 1925 zurückgewiesen worden; dieser Beschluß ist dem Kläger am 10. August 1925 zugestellt worden. Am 5. September 1925 hat er die gegenwärtige Klage erhoben, mit der er die Feststellung, daß ihm die Beklagte Gehalt nach Gruppe 8 des Gesetzes zu zahlen habe, und die Verurteilung der Beklagten zur Bezahlung gewisser Rückstände verlangt. Die Vorinstanzen haben die Klage abgewiesen. Die Revision des Klägers blieb erfolglos.

Gründe:

Der Klaganspruch findet eine an sich schlüssige Begründung im Anstellungsvertrag vom 14. November 1921, und dieser hält sich im Einklang mit dem Tarifvertrag, der zwischen den beiderseitigen Organisationen abgeschlossen worden war. Aber der Anstellungsvertrag lief, insofern er dem Kläger ein Gehalt nach Gruppe 1 des Tarifvertrags = Gruppe 8 der staatlichen Besoldungsordnung zubilligte, der Dienstordnung der Beklagten zuwider. Die ältere Dienstordnung hatte für das früher nur nebenbei geführte Amt bloß 600 *M* ausgeworfen; die neue Dienstordnung der Beklagten hatte die Genehmigung des Oberversicherungsamts nur mit der ausdrücklichen Maßgabe gefunden, daß das Gehalt des Klägers nur der Gruppe 6 der staatlichen Besoldungsordnung entsprechen dürfe. Den Beschluß des Oberversicherungsamts hat im Beschwerdeverfahren der Minister für Volkswohlfahrt gebilligt. Die ablehnende Haltung der Aufsichtsbehörden hatte ihren Grund darin, daß sowohl die Geschäftsführer anderer Krankenkassen des Bezirks mit ähnlicher Mitgliederzahl, als auch die für die Vergleichung mit den Geschäftsführern der Krankenkassen in Betracht kommenden Gemeinde- und Staatsbeamten nicht höher als in Gruppe 6 der staatlichen Besoldungsordnung eingestuft waren; ein Sachverhalt, dem Rechnung zu tragen der Volkswohlfahrtsminister in wiederholten allgemeinen Weisungen ausdrücklich angeordnet hatte. Das im Anstellungsvertrag enthaltene Gehaltsversprechen lief mithin der damals geltenden Dienstordnung zuwider. Gemäß § 357 Abs. 3 RVO. war der Anstellungsvertrag in diesem Punkte nichtig. Er kann daher der Klage nicht zur Grundlage dienen; den Versuch des Klägers, schon allein aus dem Anstellungsvertrag ein wohlerworbenes Recht auf die verlangten höheren Gehaltsbezüge abzuleiten, hat der Berufungsrichter mit zutreffender Begründung zurückgewiesen. Auf diesen Rechtsbehelf kommt auch die Revision nicht zurück.

In erster Linie stützt der Kläger die Klage auf den von ihm behaupteten Vorrang des Tarifvertrags vor der Dienstordnung.

Für die Angestellten der Berufsgenossenschaften hat sich der erkennende Senat schon wiederholt (RGZ. Bd. 114 S. 22 und 112) mit dem Verhältnis zwischen Tarifvertrag und Dienstordnung beschäftigt. Er hat die Meinung mißbilligt, daß jene Angestellten deshalb, weil ihre Anstellungsverhältnisse nach näherer Maßgabe der Reichsversicherungsordnung durch die Dienstordnung geregelt seien, überhaupt nicht unter die Tarifvertragsverordnung fielen. Er hat ausgesprochen, daß vielmehr für das Anstellungsverhältnis der genannten Personen Dienstordnung und Tarifvertrag nebeneinander zur Anwendung gelangen können, dies freilich nur, soweit der Inhalt der Dienstordnung Raum für den Tarifvertrag lasse, womit gleichzeitig ausgesprochen ist, daß im Falle eines Widerstreits die Festsetzungen der Dienstordnung, soweit das Gesetz ihnen zwingenden Charakter beilegt, den Festsetzungen des Tarifvertrags vorgehen. Da die Dienstordnungen der Berufsgenossenschaften für die Entlohnung der Angestellten nur Mindestsätze vorsehen, so ist in dem Falle RGZ. Bd. 114 S. 22 eine für den Angestellten günstigere Gehaltsbemessung nach dem Tarifvertrag für rechtswirksam erklärt worden.

Im gegenwärtigen Falle handelt es sich um einen Krankenkassenangestellten. Die Dienstordnungen der Krankenkassen müssen einen Besoldungsplan enthalten (§ 353 RVO.). Ein Besoldungsplan kann seinem Wesen nach nur bedeuten, daß die Gehälter summenmäßig, ohne Spielraum nach oben oder unten, zu bestimmen sind. Es kann daher der Revision nicht beigetreten werden, wenn sie die in RGZ. Bd. 114 S. 22 ausgesprochenen Grundsätze auch hier angewendet wissen will, weil auch der Besoldungsplan in Wahrheit nur Mindestsätze im Auge habe. Diese Auffassung, auf welche die Revision in zweiter Linie den Klaganspruch gründen will, findet im Gesetz keine Stütze, und die Revision hat keine Gründe dafür anzuführen vermocht, daß der feste Besoldungsplan nur Mindestsätze anordne.

Im übrigen ist die Rechtslage für die Angestellten der Krankenkassen keine andere, jedenfalls keine günstigere, als für die Angestellten der Berufsgenossenschaften. Auch für die Krankenkassen gilt die Vorschrift, daß Bestimmungen des Anstellungsvertrags, die der Dienstordnung zuwiderlaufen, nichtig sind (§ 357 Abs. 3 RVO.). Für die Krankenkassen ist zudem eigens vorgeschrieben, daß das Oberversicherungsamt seine Genehmigung zur Dienstordnung nur dann, jedenfalls also dann versagen darf, „wenn Zahl und Besoldung der Angestellten in auffälligem Mißverhältnis zu ihren Aufgaben steht" (§ 355 Abs. 2 RVO.). Von dieser Vorschrift hat das Oberversicherungsamt Gebrauch gemacht, als es der neuen Dienstordnung der Beklagten die Genehmigung versagte; das Oberversicherungsamt hat angenommen, daß die dem Kläger zugedachte Besoldung in der Tat in auffälligem Mißverhältnis zu seiner Aufgabe stehe.

Bei dieser Rechtslage muß der Senat auch für die Krankenkassen an dem Ergebnis festhalten, daß zwingende Vorschriften der Dienstordnung nicht durch den Tarifvertrag außer Kraft gesetzt werden können. Dies muß um so mehr gelten, als die Rechtsauffassung des Klägers im vorliegenden Fall auf nichts anderes hinausläuft als darauf, das Erfordernis der Genehmigung der Aufsichtsbehörden gänzlich außer Kraft zu setzen. Denn hier hatte ja die beklagte Kasse als Arbeitgeber im Anstellungsvertrag dem Kläger das tarifmäßige Gehalt zugesagt; lediglich der Versagung der Genehmigung durch das Oberversicherungsamt ist es zuzuschreiben, daß die Beklagte dem Kläger das, obzwar zugesagte, Gehalt nicht gewähren kann. Daß die Vorschriften der Reichsversicherungsordnung über die Genehmigungspflichtigkeit der Dienstordnungen auch neben der Tarifvertragsverordnung weitergelten, heben übrigens zwei der von der Revision angeführten Schriftsteller selbst hervor.

Der Senat findet demgemäß keinen Anlaß, die Ausführungen des Berufungsrichters zu mißbilligen; sie bewegen sich größtenteils in ähnlichen Gedankengängen wie die angeführten beiden Senatsurteile. Zutreffend hebt der Berufungsrichter insbesondere hervor, daß die Vorschriften der Reichsversicherungsordnung, soweit sie die Genehmigung der Dienstaufsichtsbehörden für die Dienstordnung erfordern, im öffentlichen Interesse erlassen seien, und daß in diesen Vorschriften, unabhängig von dem Gedanken, der in Artikel 165 RVerf., in der Tarifvertragsverordnung und im Betriebsrätegesetz zum Ausdruck komme, dem Gedanken der gleichberechtigten Mitwirkung von Arbeitnehmern und Arbeitgebern bei der Regelung der Lohn- und Arbeitsbedingungen, ein weiteres selbständiges Erfordernis zutage trete, nämlich das, daß die Aufsichtsbehörde das öffentliche Interesse für gewahrt erachtet. Zutreffend bemerkt der Berufungsrichter ferner, daß die öffentliche Beaufsichtigung auch die Interessen der Arbeitnehmer wahren solle, indem sie dazu diene, die Verwaltungskosten der Sozialversicherung zugunsten der Versicherten in angemessenen Grenzen zu halten. Nicht rechtsirrtümlich endlich ist die Erwägung des Berufungsrichters, daß es sich bei den Vorschriften der Reichsversicherungsordnung keineswegs um eine einseitige Berücksichtigung oder Bevorzugung der Arbeitgeberinteressen handle, sondern um die Mitwirkung einer über den Beteiligten stehenden staatlichen Aufsichtsinstanz.

Mit ihren Gegenausführungen vermag die Revision nicht durchzudringen.

Aus dem zeitlichen Verhältnis der Tarifvertragsordnung zu der Reichsversicherungsordnung läßt sich nichts zugunsten des Klägers ableiten. Gegenüber der Reichsversicherungsordnung von 1911 war die Tarifvertragsverordnung vom 23. Dezember 1918 allerdings das jüngere Gesetz. Die Folgerung liegt nahe, daß sie als neueres

Gesetz dem älteren Gesetze vorgehe. Indessen hat schon eine Verordnung vom 5. Februar 1919, namentlich aber haben die Gesetze vom 15. Dezember 1924 und 9. Januar 1926 in ihren Neufassungen der Reichsversicherungsordnung an den Bestimmungen festgehalten, daß Abmachungen des Anstellungsvertrags nichtig sind, wenn sie der Dienstordnung zuwiderlaufen, und daß das Oberversicherungsamt die Genehmigung zu der Dienstordnung versagen darf, wenn Anzahl und Besoldung der Krankenkassenangestellten in auffälligem Mißverhältnis zu ihren Aufgaben stehen. Und auch davon abgesehen stellt die Reichsversicherungsordnung im Verhältnis zur Tarifvertragsverordnung ein Sondergesetz von engerem Bereich dar, so daß sie nicht schlechthin als durch das neuere allgemeine Gesetz aufgehoben gelten kann. Die Tarifvertragsverordnung regelt ganz allgemein das Arbeitsvertragsverhältnis zwischen Arbeitnehmern und Arbeitgebern. Die Reichsversicherungsordnung regelt das davon ganz verschiedene Gebiet der sozialen Fürsorge und trifft nur nebenbei Bestimmungen über das Dienstverhältnis der Angestellten der Versicherungsträger. Bei diesen Bestimmungen läßt sich die Reichsversicherungsordnung ersichtlich sowohl von der Rücksicht auf die Angestellten leiten, denen sie eine gewisse Gewähr ihrer dienstlichen Stellung geben will, als auch von der Rücksicht auf die Versicherten, in deren Interesse die Verwaltungskosten in gewissen Grenzen gehalten werden sollen, wie dies schon der Berufungsrichter an den obenerwähnten Stellen des Berufungsurteils ausgeführt hat. Bei dieser Rechtslage stellt die Reichsversicherungsordnung eine Sonderregelung dar, die sich ihrem Zweck und Inhalt nach auch gegenüber der späteren Tarifvertragsverordnung behaupten muß.

Die Entwicklung, die das Arbeitsrecht in den letzten Jahren genommen hat, ist freilich, das ist der Revision zuzugeben, bei der Entscheidung der Frage nicht außer acht zu lassen. Aber auch sie ergibt keine durchschlagenden Gründe für die Annahme des Klägers, daß eine Abmachung zwischen einer Krankenkasse und ihren Angestellten, wofern sie sich nur auf einen Tarifvertrag gründet, auch dann Geltung beanspruchen dürfe, wenn das Oberversicherungsamt dieser Abmachung ausdrücklich seine Genehmigung versagt hatte.

Art. 165 Abs. 1 RVerf. ist sicherlich eine Rechtsquelle von besonderem Gewicht. Ob er unmittelbar anzuwendendes Recht und nicht bloße Richtlinien enthält (vgl. RGZ. Bd. 107 S. 245, Bd. 113 S. 37), mag dahingestellt bleiben. Denn auch aus ihm ergibt sich nicht der von der Revision aufgestellte, ganz allgemeine Satz, daß vermöge des Art. 165 RVerf. „alle außertarifvertraglichen öffentlichrechtlichen Normen hinter den Tarifvertrag zurückzutreten haben". Art. 165 befaßt sich doch immer nur mit dem Verhältnis zwischen den Parteien des Arbeitsvertragsverhältnisses. Nach der Reichsversicherungsordnung aber hat neben diesen Parteien eine öffentliche Behörde mitzusprechen, nämlich die Abmachungen zwischen Arbeitgeber und Arbeitnehmer zu genehmigen, und zwar mit Rücksicht auf besondere, von der Behörde wahrzunehmende öffentliche Interessen und keineswegs etwa bloß mit dem Zweck einer Art Bevormundung der Arbeitsvertragsparteien, wie es die Revision darzustellen sucht. Zur Beseitigung eines solchen Genehmigungsrechts reicht der Inhalt des Art. 165 RVerf. nicht aus.

Von den Schriftstellern, auf die sich die Revision beruft, wird zum Teil der Art. 165 RVerf. ins Feld geführt. Aber auch diese Schriftsteller müssen einräumen, daß der Tarifvertrag nicht ohne weiteres zwingende Vorschriften anderer Gesetze zu beseitigen vermag. Die Frage eines etwaigen Widerstreits zwischen dem Inhalt eines Tarifvertrags und einer sonstigen Gesetzesvorschrift kann daher nur im Wege einer sorgfältigen Abwägung zwischen den einzelnen widerstreitenden Bestimmungen, einer Einzeluntersuchung gelöst werden. Das legt den Zweifel nahe, ob die Frage des Rangverhältnisses zwischen dem Tarifvertrag und anderen Bestimmungen, insbesondere auch denen der Dienstordnung im Sinne der Reichsversicherungsordnung, überhaupt mittels einer so allgemeinen Formel wie der von dem Vorrang des Tarifvertrags gelöst werden kann. Für die Lösung solcher Fragen ist dem Art. 165 RVerf. ein Auslegungsbehelf neben anderen, nicht aber das schlechthin entscheidende Wort zu entnehmen.

Den behaupteten unbedingten Vorrang des Tarifvertrags vor der Dienstordnung sucht die Revision ferner aus § 66 Nr. 5, § 78 Nr. 3 des Betriebsrätegesetzes herzuleiten. Nach diesen Vorschriften hat der Betriebsrat die Aufgabe, die Arbeitsordnung oder sonstige Dienstvorschriften „im Rahmen der geltenden Tarifverträge" mit dem Arbeitgeber zu vereinbaren. Die Dienstvorschriften, die das Gesetz hier im Auge hat, haben mithin nach dem erkennbaren Willen des

Gesetzgebers hinter den Inhalt eines Tarifvertrags zurückzutreten. Es wird die Meinung vertreten, daß auch die Dienstordnungen der Reichsversicherungsordnung zu den Dienstvorschriften im Sinne des Betriebsrätegesetzes gehören und daß der angebliche Vorrang des Tarifvertrags vor den Dienstordnungen schon hieraus erhelle. Einer Entscheidung dieser Frage bedarf es hier nicht. Selbst wenn dem so wäre, würden sich hieraus nur für die Anwendung des Betriebsrätegesetzes gewisse Folgerungen ergeben, es wäre damit aber noch keineswegs der Schluß gerechtfertigt, daß nunmehr auch ganz allgemein und im Sinne ganz anderer Gesetze die Dienstordnungen der Reichsversicherungsordnung schlechtweg als Unterart der Dienstvorschriften im Sinne des Betriebsrätegesetzes zu behandeln wären und daß insbesondere damit auch das Erfordernis der Genehmigung der Dienstordnungen durch das Oberversicherungsamt beseitigt oder in seiner Bedeutung geändert worden sei.

Nach § 148 des Reichsknappschaftsgesetzes vom 23. Juni 1923 (§ 186 der Neufassung vom 1. Juli 1926 RGBl. I S. 369) hat die in § 147 (185) daselbst vorgesehene Dienstordnung, die ihrem Wesen nach allerdings ein Gegenstück zu den Dienstordnungen der Reichsversicherungsordnung bildet, nur „vorbehaltlich eines etwa abgeschlossenen Tarifvertrags" ihre Regelungen zu treffen. Die Revision will hierin einen Fingerzeig für die Ermittlung des gesetzgeberischen Willens auch bei anderen Gesetzen erblicken. Demgegenüber hat der Berufungsrichter aber zutreffend darauf hingewiesen, daß der Gesetzgeber noch nach der Erlassung des Reichsknappschaftsgesetzes die Reichsversicherungsordnung in den neuen Fassungen von 1924 und 1926 herausgegeben hat, ohne eine dem Sinne nach dem § 148 Reichsknappschaftsgesetz entsprechende Änderung zu treffen.

Wie aus dem Dargelegten erhellt, bedarf es für die Entscheidung keines näheren Eingehens auf die rechtliche Natur des Tarifvertrags. In dem Urteil RGZ. Bd. 114 S. 22 (24) hat der Senat den Tarifvertrag als eine aus dem öffentlichen Recht entspringende allgemeine Ordnung bezeichnet, aus welcher der Einzelarbeitsvertrag sich ergänzt. Daran ist festzuhalten; zu weitergehenden Erörterungen über das rechtliche Wesen des Tarifvertrags bietet auch der jetzt vorliegende Fall keinen Anlaß.

85. 1. Unterliegt der Ersatzanspruch des Eigentümers gegen den Besitzer im Falle der Verschaffung des Besitzes durch verbotene Eigenmacht oder durch eine strafbare Handlung der kurzen Verjährung nach § 852 BGB.?

2. Gilt ein nur über den Grund des Anspruchs ergangenes Urteil nach § 304 ZPO. als eine rechtskräftige Feststellung des Anspruchs nach § 218 BGB.?

3. Wann hat in der Zeit der Geldentwertung die Verjährung für die Aufwertung von Schadensersatzansprüchen zu laufen begonnen?

BGB. §§ 203, 211, 218, 852, 992.

IV. Zivilsenat. Urt. v. 7. Juli 1927 i. S. St. (Kl.) w. Sch. (Bekl.). IV 41/27.

I. Landgericht Düsseldorf.
II. Oberlandesgericht daselbst.

Bei einem im Mai 1919 im Geschäft der Klägers verübten Einbruch sind wertvolle Kleiderstoffe gestohlen worden; der Beklagte hat einen größeren Posten solcher Stoffe von den Dieben gekauft und ist deshalb wegen Hehlerei zu Strafe verurteilt worden. Einen Teil der Stoffe hat der Kläger zurückerhalten, einen anderen Teil hatte der Beklagte schon weiterverkauft. Im Januar 1920 hatte der Kläger gegen den Beklagten eine Klage auf Zahlung von 25000 ℳ als Schadensersatz erhoben und dabei erklärt, daß das nur einen Teil seines Schadens darstelle und er sich die Erhöhung des Betrags vorbehalte. Der Prozeß endete damit, daß der Beklagte durch Urteil des Oberlandesgerichts vom 24. März 1924 zur Zahlung von 200 Billionen Mark nebst Zinsen verurteilt wurde. Diesen Betrag hat er bezahlt.

Im Oktober 1925 hat der Kläger die jetzige Klage erhoben, mit der er Bezahlung von 12000 RM nebst Zinsen verlangte, wobei er wieder diesen Betrag als Teil seines Anspruchs bezeichnete und sich die Erhöhung vorbehielt; er begründete den Anspruch damit, daß der Wert der nicht an ihn zurückgekommenen Waren über 27000 ℳ betragen habe, daß aber auch die zurückgekommenen Waren durch unsachgemäße Behandlung erheblich entwertet gewesen seien, sowie daß er zudem einen Schaden an einem Betrag von 4000 ℳ erlitten habe, den er als Sicherheit zur Vollstreckung eines gegen den Beklagten erwirkten Arrestes hinterlegt habe und der während der Hinterlegungszeit der Entwertung anheimgefallen sei. Das Landgericht verurteilte den Beklagten zur Zahlung von 5000 RM nebst Zinsen und wies im übrigen die Klage ab. Der Beklagte legte Berufung ein und beantragte völlige Abweisung der Klage. Das Oberlandesgericht verurteilte den Beklagten zur Zahlung von 700 RM nebst Zinsen und wies im übrigen die Klage ab. Die Revision des Klägers hatte zu einem Teil Erfolg.

Gründe:

Der Betrag, den das Berufungsgericht dem Kläger zuerkannt hat, bezieht sich auf den Geldentwertungsschaden, den er an der im Arrestverfahren hinterlegten Sicherheit erlitten hat. Insoweit ist das Berufungsurteil nicht angefochten.

Die Abweisung der Klage wegen der weiteren Beträge begründet das Berufungsgericht damit, daß die vom Beklagten erhobene Einrede der Verjährung durchgreife. Der Kläger habe im Vorprozeß mit den damals den Gegenstand der Klage bildenden 25000 PM von vornherein überhaupt nur einen Wert von etwa 3000 GM eingeklagt gehabt, sodaß für den Mehrbetrag keine Unterbrechung der in § 852 BGB. angeordneten dreijährigen Verjährung erfolgt sei. Aber auch wegen des eingeklagten Betrags sei im Laufe des Prozesses Verjährung insoweit eingetreten, als der Prozeß vom Kläger nicht weiter betrieben worden sei (§ 211 Abs. 2 BGB.). Dies sei insofern der Fall gewesen, als der Kläger trotz immer fortschreitender Geldentwertung bei seinem Antrag auf Bezahlung von 25000 PM stehen geblieben sei und erst im Laufe der zweiten Instanz zuerst 50, dann 200 Billionen Mark verlangt habe. Zu Beginn des jetzigen Prozesses sei deshalb die Verjährung des jetzt geltend gemachten Betrags schon vollendet gewesen; dagegen sei der Kläger auch nicht durch seine Erklärung geschützt worden, daß er sich Erhöhung des Betrags vorbehalte.

Die Revision bezeichnet es zunächst als verfehlt, daß das Berufungsgericht die Verjährungsvorschrift in § 852 BGB. als maßgebend erachtet habe; denn der Anspruch des Klägers leite sich in erster Reihe aus dem Eigentum her, wofür die Vorschriften in den

§§ 990, 987, 989 BGB. maßgebend seien und die Verjährungsfrist 30 Jahre betrage.

(Es wird zunächst ausgeführt, daß im Vorbringen des Klägers eine Berufung auf die bezeichneten Vorschriften gefunden werden müsse; dann wird fortgefahren:)

Dann konnte aber sein Anspruch nicht ohne weiteres wegen Ablaufs der in § 852 BGB. angeordneten dreijährigen Verjährung abgewiesen werden; denn die aus dem Eigentum fließenden, in §§ 985 flg. BGB. geregelten Ersatzansprüche unterliegen nicht dieser kurzen Verjährung. Dies ist namentlich auch nicht etwa aus § 992 zu entnehmen, dessen besondere Voraussetzungen allerdings nach dem festgestellten Sachverhalt hier gegeben sind. Der § 992 sagt zwar, der Besitzer hafte nach den Vorschriften über den Schadensersatz wegen unerlaubter Handlungen; aber das ist nicht dahin zu verstehen, daß das Gesetz hier gegen den Eigenbesitzer einen Anspruch aus unerlaubter Handlung im Sinne der §§ 823 flg. BGB. an die Stelle der in den vorausgegangenen Paragraphen (§§ 985 flg.) behandelten Ersatzansprüche aus Verletzung des Eigentums setzen will, sondern dahin, daß es diese Ersatzansprüche über die §§ 983 flg. hinaus bis zum Umfang eines Anspruchs aus unerlaubter Handlung erweitern, im übrigen aber den Ersatzanspruch als solchen bestehen lassen will. Daraus folgt, daß die Verjährungsvorschrift für die in § 992 behandelten Ansprüche nicht aus § 852, sondern aus § 195 BGB. zu entnehmen ist. Es bedarf deshalb noch einer Prüfung der Frage durch den Tatrichter, ob der Anspruch des Klägers sich aus §§ 985 flg. begründen läßt.

Sollte das Berufungsgericht diese Vorschriften aus irgendeinem Grunde für nicht anwendbar halten, dann käme es auf die von ihm erörterte Frage an, ob die dreijährige Verjährungsfrist des § 852 während des Rechtsstreits abgelaufen ist, was die Revision bestreitet. Insoweit ist jedoch dem Berufungsgericht beizutreten. Das rechtskräftig gewordene Urteil, das im Vorprozeß gemäß § 304 ZPO. über den Grund des Anspruchs am 27. Mai 1921 ergangen war, hatte nicht die Wirkung, daß von da ab eine 30jährige Verjährung lief, sondern die Erwirkung dieses Urteils hatte nur die Bedeutung einer den Prozeß betreibenden Handlung nach § 211 Abs. 2 BGB. Soweit ihm nicht weitere solche Handlungen nachgefolgt sind, ist von diesem Urteil an wieder die dreijährige Verjährung gelaufen (RGZ. Bd. 66 S. 10).

Die Meinung des Klägers, die Verjährung seines Anspruchs habe nicht früher zu laufen beginnen können, als der Gedanke der Aufwertung in der Rechtsprechung Anerkennung gefunden habe, trifft auf den hier vorliegenden Schadensersatzanspruch nicht zu; hier war der Geschädigte auch in der Zeit der Geldentwertung stets in der Lage, seinen Ersatzanspruch in der dem jeweiligen Geldstand entsprechenden Weise (z. B. nach dem Wiederbeschaffungspreis) zu beziffern. Da er aber immer betonte, daß er nur einen Teil des ihm zustehenden Anspruchs geltend mache und sich die Geltendmachung weiterer Ansprüche vorbehalte, so hat er eben wegen der letzteren den Prozeß nicht betrieben und sich dadurch der Verjährung seines Anspruchs ausgesetzt. Die im Berufungsurteil besprochenen Entscheidungen des Reichsgerichts über Schadensersatzansprüche aus der Eisenbahnverkehrsordnung (RGZ. Bd. 109 S. 61, Bd. 111 S. 147) behandeln einen Sonderfall und können ihrer Begründung nach nicht auf einen Fall der hier vorliegenden Art ausgedehnt werden. . . .

---

86. Welche Bedeutung kommt dem Rangvorbehalt für den Eigentümer aus § 7 des Aufwertungsgesetzes zu?

V. Zivilsenat. Beschl. v. 7. Juli 1927 in der Grundbuchsache Charlottenburg Bd. 54 Bl. 2252 A. V B 14/27.

I. Amtsgericht Charlottenburg.
II. Landgericht III Berlin.

Der Sachverhalt ergibt sich aus folgenden

Gründen:

Im Grundbuch der Stadt Charlottenburg ist in Abteilung III zur ersten Stelle unter Nr. 2 eine auf 9618,75 GM aufgewertete Darlehenshypothek von 75000 M eingetragen. Ihr geht im Range nur die in Abteilung II Nr. 1 eingetragene Post vor, die sich auf die Beitragspflicht der Grundstückseigentümerin zu den Kanalisationskosten bezieht. Bei der am 31. Juli 1926 erfolgten

Eintragung der Aufwertung der Hypothek Nr. 2 ist im Grundbuch in Abteilung III unter Nr. 9 vermerkt worden, daß die Grundstückseigentümerin gemäß § 7 AufwG. befugt sei, im Range vor den — der Hypothek Nr. 2 im Range nachstehenden — Posten Abteilung III Nr. 3, 6 und 7 und Abteilung II Nr. 2 eine Hypothek oder Grundschuld in Höhe von 25% des Goldmarkbetrags der Hypothek Nr. 2, d. i. in Höhe von 9618,75 GM, mit den üblichen Zinsen eintragen zu lassen. Zu gleicher Zeit ist unter derselben Nummer mit dem Range der darin bezeichneten Befugnis der Grundstückseigentümerin auf Grund ihrer Bewilligung eine Darlehenshypothek von 8000 GM für den Kaufmann G. in L. eingetragen worden. Dieser vertritt den Standpunkt, daß die Eintragung seiner Hypothek insofern der wirklichen Rechtslage nicht entspreche, als ihr zufolge § 7 AufwG. der Vorrang nicht nur gegenüber den in ihrer Eintragung angegebenen — bereits vor dem Inkrafttreten des Aufwertungsgesetzes eingetragenen — Posten, sondern auch gegenüber der unter Nr. 8 erst nachher (am 9. April 1926) eingetragenen Höchstbetragshypothek von 38280 GM zustehe. Er ist deshalb beim Grundbuchamt mit Eingabe vom 20. Oktober 1926 dahin vorstellig geworden, daß die Eintragung eines entsprechenden Widerspruchs von Amts wegen bewirkt werde. Das Grundbuchamt hat diesem Verlangen jedoch nicht stattgegeben, weil der Rangvorbehalt des § 7 AufwG. nur gegenüber den bei Inkrafttreten des Aufwertungsgesetzes bereits bestehenden Rechten am Grundstücke wirksam sei. Die vom Gesuchsteller hiergegen eingelegte Beschwerde, mit der er unter Wiederholung seines früheren Begehrens zugleich Eintragung entsprechender Rangvermerke bei den Hypotheken Nr. 8 und 9 beantragt hat, ist vom Landgericht als unbegründet zurückgewiesen worden. Das Kammergericht hält die weitere Beschwerde insoweit, als mit ihr Grundbuchberichtigung beantragt ist, im Hinblick auf § 71 Abs. 2 GBO. für unzulässig, im übrigen dagegen für zulässig und begründet. Es erwägt, daß dem Grundstückseigentümer, wenn nicht schon — ungeachtet der Vorbelastung in Abteilung II Nr. 1 — nach § 7 Abs. 1 Satz 1 AufwG., so doch mit Rücksicht auf die sich aus dem berichtigten Wehrbeitragswert von 200000 GM ergebende Grenze für die Anlegung von Mündelgeld von 100000 GM nach § 7 Abs. 1 Satz 2 daselbst die Befugnis zustehe, im Range nach der Hypothek Abteilung III Nr. 2 und vor den ihr nachstehenden Rechten eine Hypothek in der aus der Eintragung dieser Befugnis ersichtlichen Höhe eintragen zu lassen. Unter den nachstehenden Rechten seien aber im Gegensatz zu der Auffassung der Vorinstanzen nicht nur die bei Inkrafttreten des Aufwertungsgesetzes bestehenden (sei es eingetragenen, sei es nach dessen Vorschriften wiedereinzutragenden) Rechte, sondern auch später neu eingetragene Rechte zu verstehen. Da dieser Rechtsauffassung aber die vom Bayerischen Obersten Landesgericht in einer Grundbuchsache erlassene Entscheidung vom 18. Dezember 1926 (AufwRspr. 1927 S. 161, JRdsch. 1927 Nr. 615, JW. 1927 S. 1021) entgegenstehe, so hat das Kammergericht die weitere Beschwerde gemäß § 79 GBO. dem Reichsgericht vorgelegt.

Die Voraussetzungen des § 79 GBO. sind gegeben. Denn die Entscheidung über die weitere Beschwerde hängt nach den Darlegungen des Kammergerichts, soweit die Beschwerde für zulässig erachtet wird, davon ab, ob die im § 7 AufwG. dem Eigentümer gewährte Befugnis auch gegenüber solchen Rechten Platz greift, die erst nach dem Inkrafttreten des Aufwertungsgesetzes entstanden sind. Da es sich bei der Beantwortung dieser Frage um die Auslegung einer das Grundbuchrecht betreffenden Vorschrift des Aufwertungsgesetzes handelt und das Kammergericht bei dieser Auslegung von der auf weitere Beschwerde ergangenen vorerwähnten Entscheidung des Bayerischen Obersten Landesgerichts abweichen will, so ist das Reichsgericht zur Entscheidung berufen.

Dem Kammergericht ist auch darin beizutreten, daß die weitere Beschwerde, soweit sie auf Grundbuchberichtigung abzielt, gemäß § 71 Abs. 2 GBO. unzulässig ist; das ist im kammergerichtlichen Beschluß mit eingehender Begründung zutreffend dargelegt. Dagegen kann im übrigen der Rechtsauffassung des Kammergerichts nicht gefolgt werden. Zutreffend begründet ist allerdings seine Annahme, daß die Entscheidung über die weitere Beschwerde von der Beantwortung der vorerwähnten, auch im Schrifttum[1]) sowie in

---

[1]) Vgl. Michaelis § 7 AufwG. Anm. 6; Nadler, Grundbuch- und Aufwertungsfragen 3. Aufl. S. 261; Neukirch S. 141; Ricks ZDNotV. 1926 S. 599; Ring, JW. 1925 S. 2571, Grundbuch- und Aufwertungsrichter Großberlins Beschl. Nr. 73 ZDNotV. 1926 S. 610 im Gegensatz zu Mügel § 7 AufwG. Anm. 7 und 10, Erg.-Bd. § 7 Anm. 4b; Quassowski AufwG. 4. Aufl. S. 116; Imberg ZDNotV. 1926 S. 64; Levis, Aufwertung von Hypotheken S. 84; Cammerer, Bay. Z. f. Rpfl. 1926 S. 383. D. E.

der Rechtsprechung[1]) streitigen Rechtsfrage abhängt. Nicht beizupflichten ist aber seiner Annahme, daß diese Rechtsfrage zu bejahen sei.

Als ausschlaggebend hat das Kammergericht in seinem Vorlegungsbeschluß erwogen, das Gesetz enthalte trotz eingehender Regelung der in § 7 dem Eigentümer gewährten Befugnis keine ausdrückliche Vorschrift des Inhalts, daß den erst nach dem Inkrafttreten des Gesetzes entstandenen Rechten der Vorrang vor der bereits vorher entstandenen Eigentümerbefugnis zukommen solle; ein solcher Vorrang des später entstandenen Rechts könne aber nicht als selbstverständlich und daher beim Mangel ausdrücklicher gesetzlicher Anordnung nicht als zu Recht bestehend angesehen werden. Dieser Erwägung vermag indes der Senat nicht zu folgen. Denn nach dem Wortlaute des Gesetzes ist es keineswegs ausgeschlossen, liegt vielmehr näher, unter „nachgehenden Rechten", denen gegenüber die Eigentümerbefugnis den Vorrang genießen soll, nur solche zu verstehen, die bereits beim Inkrafttreten des Gesetzes zu Recht bestanden; sei es, daß sie noch eingetragen waren oder nach den Vorschriften des Gesetzes kraft Vorbehalts oder Rückwirkung wieder einzutragen sind. Gegen diese Auffassung läßt sich auch nicht § 7 Abs. 3 ins Feld führen. Nach dieser Vorschrift wird die Befugnis des Eigentümers, an der vorbehaltenen Rangstelle eine Hypothek oder Grundschuld eintragen zu lassen, auch solange diese Befugnis nicht eingetragen ist, dadurch nicht berührt, daß ein im Range nachgehendes Recht von einem Dritten erworben ist. Diese Vorschrift war aber auch von dem hier vertretenen Standpunkt aus erforderlich, damit eine Beeinträchtigung der Eigentümerbefugnis vermieden wird, welche durch die Vorschriften über den öffentlichen Glauben des Grundbuchs verursacht werden könnte. Denn diese Vorschriften hätten sonst in Fällen Platz greifen können, in denen die vor dem Inkrafttreten des Gesetzes entstandenen Rechte nach dem Inkrafttreten auf einen gutgläubigen Dritten übertragen worden sind.

Die hier vertretene Gesetzesauslegung ist also mit dem Wortlaute des Gesetzes durchaus in Einklang zu bringen und sie hat,

[1]) Vgl. die Beschlüsse des Oberlandesgerichts Braunschweig AufwRspr. 1926 S. 571 und des 1. Zivilsenats des Kammergerichts AufwRspr. 1927 S. 1013 im Gegensatz zu der Entscheidung des 8. Zivilsenats des Kammergerichts AufwRspr. 1926 S. 530. D. E.

wenn man den Wortlaut für sich allein nicht für unzweideutig hält, auch innere Gründe für sich.

Kein wesentliches Gewicht ist allerdings den Gründen zu entnehmen, die das Bayerische Oberste Landesgericht aus § 881 BGB. und aus den in seinem Beschluß erwähnten Anträgen der Abgeordneten Dr. Best und Keil entnimmt. Denn die Vorschrift des § 881 BGB. hat einen durch Rechtsgeschäft zu Lasten eines bestimmten Rechts bestellten und der Eintragung in das Grundbuch bedürfenden Rangvorbehalt im Auge, während hier eine Eigentümerbefugnis in Frage kommt, die kraft Gesetzes entstanden ist, die der Eintragung in das Grundbuch nicht bedarf und deren Inhalt durch Auslegung des § 7 AufwG. bestimmt werden muß. Ebensowenig ist den Anträgen der Abgeordneten Dr. Best und Keil eine maßgebliche Bedeutung beizumessen, da das Gesetz nicht auf ihnen, sondern auf den wesentlich von ihnen verschiedenen Anträgen der Kompromißparteien beruht.

Entscheidend für die hier vertretene Auffassung spricht dagegen der Zweck des Gesetzes. Denn dieser ging, wie seine Entstehungsgeschichte (vgl. Bericht des 18. Ausschusses S. 7) ergibt, dahin, dem Eigentümer an kreditfähiger Stelle einen kreditfreien Platz einzuräumen. Diesem Bedürfnis wird aber Genüge getan, wenn der Eigentümer gegenüber den beim Inkrafttreten des Gesetzes bereits bestehenden Rechten die in § 7 vorbehaltene Befugnis eingeräumt erhält. Hat er nach dem Inkrafttreten des Gesetzes Kredit aufgenommen, so ist nicht anzunehmen, daß ihm auch gegenüber einer für diesen Kredit bestellten Hypothek oder Grundschuld eine Rangstelle insoweit vorbehalten bleiben soll, als er nicht auf die Befugnis zur Einräumung eines Vorrangs ausdrücklich verzichtet hat. Denn diese Annahme würde in aller Regel dem mutmaßlichen Willen der Beteiligten zuwiderlaufen. Eine Befugnis des Eigentümers, an der ihm vorbehaltenen Rangstelle eine Hypothek oder Grundschuld eintragen zu lassen, könnte daher mit Wirkung gegenüber den nach dem Inkrafttreten des Gesetzes entstandenen Rechten nur dann angenommen werden, wenn der Wille des Gesetzes, eine solche Befugnis einzuräumen, klar und unzweideutig ersichtlich wäre. Dies ist nicht der Fall.

Dazu kommt, daß die vom Kammergericht in seinem Vorlegungsbeschluß vertretene Rechtsauffassung, wie es in seinem darin erwähnten Beschluß vom 27. Januar 1927 (AufwRspr. 1927 S. 246, JRdsch. 1927 Nr. 723, JW. 1927 S. 1013) selbst zugibt, zu einem das Rechtsgefühl nicht befriedigenden Ergebnis führt. Denn da die Eigentümerbefugnis des § 7 AufwG., wie in Übereinstimmung mit der herrschenden Meinung anzunehmen ist, als ein dem jeweiligen Eigentümer zustehender Teil seines Eigentumsrechts, ebensowenig wie der Rangvorbehalt des § 881 BGB. abtretbar und deshalb auch nicht pfändbar ist[1]), so würde die hier in Rede stehende Rechtsauffassung des Kammergerichts dem Eigentümer die Möglichkeit eröffnen, sein Grundstück zum Nachteil seiner Gläubiger mit einem ihnen auch im Falle der Eintragung einer Zwangshypothek vorgehenden Rechte zu belasten. Dieses Ergebnis, dem gegenüber die Beschlagnahme des Grundstücks nur in beschränktem Umfange Schutz gewähren könnte, muß aber als unannehmbar bezeichnet werden.

Der Senat kommt daher in Übereinstimmung mit dem Bayerischen Obersten Landesgericht und im Gegensatz zum Kammergericht zu dem Ergebnis, daß dem Rangvorbehalt für den Eigentümer nach § 7 AufwG. Wirkung nur gegenüber den beim Inkrafttreten des Aufwertungsgesetzes eingetragenen und den nach dessen Vorschriften wieder einzutragenden Rechten zukommt. Daraus ergibt sich aber, daß hier eine Unrichtigkeit des Grundbuchs nicht vorliegt und daß mithin die weitere Beschwerde, soweit sie zulässig ist, als unbegründet zurückzuweisen war.

---

87. Ist für die Berechnung des Goldmarkbetrags einer abgetretenen Buchhypothek der Zeitpunkt, in dem die Abtretung im Grundbuch eingetragen wurde, auch dann maßgebend, wenn zwischen der Abtretungserklärung und der Eintragung ein längerer Zeitraum liegt? Kann der bisherige Gläubiger mit dem neuen Gläubiger den für die Berechnung des Goldmarkbetrags

---

[1]) Vgl. dazu u. a. Stein-Jonas § 857 ZPO. Anm. 12a; Mügel Erg.-Bd. S. 254; Schlegelberger-Harmening 4. Aufl. § 7 AufwG. Anm. 2; Quassowski 3. Aufl. S. 115; Lehmann-Boesebeck S. 115; Emmerich § 7 AufwG. Anm. 3; Nadler 2. Aufl. S. 73; Levis S. 83; Mertzfeld JW. 1925 S. 257; Max Wolff JW. 1926 S. 690; Enneccerus-Wolff Sachenrecht 7. Aufl. S. 117 und 569 im Gegensatz zu Abraham § 7 AufwG. Anm. 12a; Kronstein Bad. RPr. 1925 S. 109; Ring JW. 1925 S. 2570. D. E.

der Hypothek maßgebenden Zeitpunkt abweichend von den gesetzlichen Vorschriften mit Wirkung gegenüber dem Schuldner regeln?

AufwG. §§ 2, 5, 11. BGB. §§ 873, 1153, 1154.

V. Zivilsenat. Beschl. v. 9. Juli 1927 i. S. W. w. B. V B 23/27.

I. Aufwertungsstelle Münsingen.
II. Landgericht Ulm.

Der Sachverhalt ergibt sich aus folgenden

Gründen:

Durch notariellen Vertrag vom 27. September 1917 verkaufte die Gläubigerin Witwe W. ihr Apothekengrundstück in B. an den Apotheker Re. für 235000 ℳ. Der Kaufpreis wurde u. a. belegt durch Abtretung einer Hypothek von 62000 ℳ, die für Re. im Grundbuch von M. auf einem Apothekengrundstück in M. haftete. „Der Wert dieses Forderungsrechts" — heißt es im Vertrage — „wird zum Zweck der Verrechnung gewertet zu 52000 ℳ". Die in Zahlung gegebene Hypothek war eine Restkaufgeldhypothek; Re. war früher Eigentümer der Apotheke in M. gewesen und hatte diese am 30. September 1913 an den Apotheker Ra. verkauft. Hierbei war für Re. die erwähnte Restkaufgeldhypothek eingetragen worden. Diese Hypothek war bei ihrer Abtretung an Frau W. noch eine Buchhypothek. Sie wurde am 23. April 1919 in eine Briefhypothek umgewandelt und gleichzeitig auf Frau W. im Grundbuch umgeschrieben. Die Übergabe des Hypothekenbriefs an Frau W. erfolgte am 29. April 1919. Das Apothekengrundstück in M. wurde von den Ra.schen Erben am 31. März 1921 an den Apotheker B. verkauft, der die Hypothek von 62000 ℳ in Anrechnung auf den Kaufpreis übernahm, jetzt also persönlicher und dinglicher Schuldner ist.

Die Gläubigerin hat Aufwertung der Hypothek auf 25%, der persönlichen Forderung auf über 25% des Goldmarkwerts nach richterlichem Ermessen beantragt.

Die Aufwertungsstelle hat durch Beschluß vom 19. Mai 1926 die persönliche Forderung und das dingliche Recht auf 4433 Gℳ aufgewertet. In der Begründung des Beschlusses wird ausgeführt, daß für die Berechnung des Goldmarkbetrags nach § 2 AufwG.

der Tag des Erwerbs der Hypothek durch Frau W. maßgebend sei. Dies sei der 23. April 1919; denn es habe sich um eine Buchhypothek gehandelt, die nach § 1154 Abs. 3 BGB. erst mit der Eintragung der Abtretung im Grundbuch auf die Erwerberin übergegangen sei. Erst am 23. April 1919 sei aber die Umschreibung der Hypothek auf Frau W. unter gleichzeitiger Umwandlung der Buchhypothek in eine Briefhypothek erfolgt. Für die persönliche Forderung komme derselbe Erwerbstag in Frage, da nach § 1153 BGB. die Forderung nicht ohne die Hypothek und die Hypothek nicht ohne die Forderung übertragen werden könne. Als Erwerbspreis habe der Betrag von 52000 *M* zu gelten, da die Hypothek zu diesem Betrag von Frau W. an Zahlungsstatt oder zahlungshalber angenommen worden sei. Am 23. April 1919 seien 52000 P*M* gemäß § 2 AufwG. gleich 17732 G*M* gewesen. 25% hiervon seien 4433 G*M*. Eine Aufwertung der persönlichen Forderung über 25% hinaus sei nach § 11 AufwG. unzulässig.

Die sofortige Beschwerde der Gläubigerin, die den 27. September 1917 als den Stichtag betrachtet und Aufwertung des persönlichen und dinglichen Anspruchs auf den vollen Goldmarkbetrag, d. h. auf 25% von 62000 *M* = 15500 G*M* begehrt, ist durch Beschluß des Landgerichts zurückgewiesen worden. Das Landgericht hat sich den Ausführungen der Aufwertungsstelle angeschlossen.

In der sofortigen weiteren Beschwerde macht die Gläubigerin geltend, unter Erwerb im Sinne des § 2 AufwG. sei nicht der rechtliche Erwerb, sondern der Erwerb im wirtschaftlichen Sinn zu verstehen. Auch das Reichsgericht habe im Beschluß vom 21. Dezember 1926 V B 27/26 anerkannt, daß der in § 2 festgesetzte Stichtag dann keine Beachtung finden könne, wenn die Vertragschließenden sich einander mittelbar schuldrechtlich zur Berücksichtigung eines andern Stichtags verpflichtet hätten.

Das Oberlandesgericht Stuttgart hat die sofortige weitere Beschwerde dem Reichsgericht zur Entscheidung vorgelegt. Es möchte für die Aufwertung der persönlichen Forderung einen früheren Erwerbstag zugrunde legen, als den Tag der Eintragung der Abtretung im Grundbuch. Zwar habe die Beschwerde darin nicht Recht, wenn sie unter Erwerb in § 2 AufwG. nicht einen Erwerb im Rechtssinn, sondern einen wirtschaftlichen Erwerb verstehe. Aber der Begriff Erwerbstag habe in neueren Entscheidungen des Reichsgerichts eine

Auslegung erfahren, die eine Abweichung von der starren Auffassung zeige, daß erst mit dem Abschluß aller zum Erwerb des Rechts notwendigen Handlungen der Zeitpunkt gekommen sei, nach dem sich der Goldmarkbetrag gemäß § 2 AufwG. berechne. Im Beschluß vom 21. Dezember 1926 V B 26/26 RGZ. Bd. 115 S. 13 habe das Reichsgericht ausgeführt, das Aufwertungsgesetz habe in § 2, wenn es der Berechnung des Goldmarkbetrags den Tag des Erwerbs der Forderung zugrunde lege, nur den Regelfall im Auge gehabt, in dem der Kaufvertrag durch sofortige Annahme des Angebots zustande komme. An solche Fälle, in denen zwischen dem Kaufangebot und seiner Annahme eine Zeitspanne liege, habe der Gesetzgeber nicht gedacht. Diese Lücke sei daher zu ergänzen. Dabei sei zu berücksichtigen, daß der Preis nach den zur Zeit des Angebots herrschenden Geldverhältnissen festgesetzt worden sei; deshalb werde die Bindung des Verkäufers im Angebot regelmäßig nur dahin verstanden werden können, daß er das Grundstück zu einem Preise veräußern wolle, der dem Geldwertstand zur Zeit des Angebots entspreche. Diese Grundsätze möchte das Oberlandesgericht auch hier anwenden. Denn auch hier sei das Entgelt für die Hypothek nach den Verhältnissen einer früheren Zeit festgesetzt worden. Der Umstand, daß die Abtretung erst später ins Grundbuch eingetragen worden sei, habe ein erhebliches Sinken der Meßzahl des Aufwertungsgesetzes zur Folge gehabt. Der Unterschied betrage für Frau W. 13000—4433 = 8567 GM. Hätte der Gesetzgeber an eine derartige Verzögerung gedacht, so hätte er für die persönliche Forderung den Tag der Einigung der Parteien über die Abtretung als Erwerbstag gelten lassen. Die Rücksicht auf die formale Vorschrift des § 1153 BGB., die überdies keine absolute Geltung habe, müsse hinter der Rücksicht auf Treu und Glauben zurücktreten, um so mehr als im maßgebenden Zeitpunkt schon eine beiderseitige schuldrechtliche Verpflichtung geschaffen worden sei. Auch aus dem Beschluß RGZ. Bd. 115 S. 6 entnimmt das Oberlandesgericht eine Stütze für seine Auffassung. Dort sei zur Aufwertung der persönlichen Forderung einer Restkaufgeldhypothek, die aus einem wegen Formmangels nichtigen, aber durch Auflassung und Eintragung gemäß § 313 Satz 2 BGB. geheilten Kaufvertrag stamme, ausgeführt, daß der Goldmarkbetrag der persönlichen Forderung unter Umständen nach der Zeit des Abschlusses des formnichtigen Vertrags und nicht nach der Zeit seiner Heilung berechnet werden müsse, nämlich dann, wenn die Vertragschließenden sich einander mittelbar zur Berücksichtigung eines anderen Stichtags, als des in § 2 AufwG. angegebenen, verpflichtet hätten. Auch im vorliegenden Fall hätten die Parteien die Abtretung der Forderung mit dem Wert vom 27. September 1917 vornehmen und sich bei Herbeiführung der Eintragung im Grundbuch das gewähren wollen, was sie bei Abschluß des Vertrags im Auge hatten. Für diesen Parteiwillen spreche auch, daß entsprechend einer Bestimmung des Kaufvertrags die Verkäuferin schon vom 1. Oktober 1917 ab die Zinsen der abgetretenen Hypothek bezogen habe.

Aus diesen Gründen möchte das Oberlandesgericht der weiteren Beschwerde dahin abhelfen, daß für die Berechnung des Aufwertungsbetrags der persönlichen Forderung der 27. September 1917 als Erwerbstag zugrunde gelegt werde. Es sieht sich hieran jedoch gehindert durch die gegenteilige Entscheidung des Bayerischen Obersten Landesgericht auf weitere Beschwerde in einer Aufwertungssache, abgedruckt in AufwRspr. 1926 S. 472, die dahin geht: Für die Berechnung des Goldmarkbetrags einer durch Abtretung erworbenen, mittels Buchhypothek gesicherten Forderung sei der Zeitpunkt der Eintragung des Übergangs der Hypothek in das Grundbuch maßgebend.

Mit Rücksicht hierauf hat das Oberlandesgericht die Vorlegung der Beschwerde an das Reichsgericht beschlossen.

Die Zuständigkeit des Reichsgerichts ist nach § 74 Abs. 1 Satz 5 AufwG., § 28 Abs. 2 und 3 RFGG. gegeben, da das Oberlandesgericht Stuttgart bei Abtretung einer Buchhypothek den Tag des Erwerbs der persönlichen Forderung durch den neuen Gläubiger nach anderen Grundsätzen bestimmen will als das Bayerische Oberste Landesgericht. In der Sache selbst war dem letzteren Gericht beizutreten.

Das Oberlandesgericht geht zutreffend davon aus, daß der Begriff des Erwerbs in § 2 AufwG. im Rechtssinn, nicht bloß im wirtschaftlichen Sinne aufzufassen ist, wenn es sich darum handelt, für die Berechnung des Goldmarkbetrags den Zeitpunkt zu bestimmen, in dem der Erwerb der aufzuwertenden Forderung stattgefunden hat. Für die Berechnung des Goldmarkbetrags von Hypotheken stellt § 5 AufwG. die Vermutung auf, daß die Hypothek an dem Tage erworben ist, an dem sie für den Gläubiger in das Grundbuch eingetragen ist. Für Briefhypotheken, die gemäß § 1154 Abs. 1 BGB. durch schriftliche Abtretungserklärung und Übergabe des Hypothekenbriefs abgetreten werden können, stellt § 5 Abs. 1 Satz 2 AufwG. die besondere Vermutung auf, daß der Erwerb am Tag der Ausstellung der Abtretungsurkunde stattgefunden hat. Für Buchhypotheken ist eine besondere Vermutung in § 5 nicht aufgestellt. Hier bleibt es also bei der allgemeinen Vermutung des § 5 Abs. 1 AufwG. Zur Abtretung von Buchhypotheken ist nach § 1154 Abs. 3 BGB. in Verbindung mit § 873 BGB. die Einigung des Abtretenden und des Erwerbers und die Eintragung der Abtretung in das Grundbuch erforderlich. Hier gilt also der Tag des Eintrags der Abtretung als Zeitpunkt des Erwerbs, falls aber die Einigung über die Abtretung erst später erfolgt ist, der Zeitpunkt der Einigung. Dies muß grundsätzlich auch für die der Hypothek zugrunde liegende persönliche Forderung gelten, da nach § 1153 Abs. 2 BGB. die Forderung nicht ohne die Hypothek und die Hypothek nicht ohne die Forderung übertragen werden kann.

Das Oberlandesgericht Stuttgart ist der Ansicht, der Gesetzgeber habe bei der Fassung der §§ 2 und 5 AufwG. nur den Regelfall im Auge gehabt, daß die Eintragung der Abtretung sich alsbald an den Abtretungsakt anschließe; hätte der Gesetzgeber daran gedacht, daß zwischen beiden Akten eine größere Zeitspanne liegen könne, so würde er für die persönliche Forderung die Einigung der Parteien über die Abtretung als Erwerbstag bestimmt haben. Jedenfalls könne der im Gesetz vorgesehene Stichtag für die Berechnung des Goldmarkbetrags dann keine Anwendung finden, wenn sich die Vertragschließenden schuldrechtlich verpflichtet hätten, einen andern Stichtag zugrunde zu legen. Diese Auffassung gründet das Oberlandesgericht auf die beiden vorerwähnten Beschlüsse des Reichsgerichts V B 26/26 und 27/26, in denen allerdings bei einem Vertragsschluß durch Angebot und Annahme der Zeitpunkt des Angebots und bei einem wegen Formmangels nichtigen, aber gemäß § 313 Satz 2 BGB. geheilten Vertrag der Tag des Vertragsschlusses, nicht der Tag der Eintragung für die Aufwertung der persönlichen, durch Hypothek gesicherten Restkaufgeldforderung zugrunde gelegt ist. Allein in diesen beiden Fällen war der Goldmarkbetrag zu bestimmen nach dem Zeitpunkt des Erwerbs der Forderung durch den Vertragschließenden selbst. In V B 27/26 war der Verkäufer zwar der Ehemann der Hypothekengläubigerin, aber diese hatte die Restkaufgeldhypothek von ihrem Ehemann mit Rücksicht auf ihr zukünftiges gesetzliches Erbrecht auf Grund eines Treuhandverhältnisses und ohne Entgelt abgetreten erhalten, so daß der Erwerb ihres Rechtsvorgängers, des ersten Erwerbers der Kaufgeldforderung, maßgebend war (§ 3 Abs. 1 Nr. 6, 7, 11 AufwG.). Im Fall V B 26/26 war das Verkaufsangebot von den Erblassern des Hypothekengläubigers gemacht und nach dessen Annahme die Restkaufgeldhypothek' für die Erblasser eingetragen, so daß auch dort gemäß § 3 Abs. 1 Nr. 2 AufwG. für die Berechnung des Goldmarkbetrags der Erwerb durch die Erblasser maßgebend war. Dagegen handelt es sich im vorliegenden Fall nicht um den Erwerbspreis, der im Kaufvertrag zwischen Re. und Ra. für die Apotheke in M. vereinbart ist, sondern um das Entgelt, das zwischen Re. und Frau W. für die Abtretung der Restkaufgeldhypothek festgesetzt worden ist. Dieses Entgelt ist gemäß § 2 AufwG. für den Tag des Erwerbs der Buchhypothek durch Frau W. nach der Umrechnungstabelle des Aufwertungsgesetzes in Goldmark umzurechnen. Maßgebend ist also hier gemäß § 3 Nr. 1 und § 5 AufwG. der Zeitpunkt des Erwerbs dieser Hypothek durch die Beschwerdeführerin. Mit Rücksicht auf diesen Übergang der Forderung vom ursprünglichen Gläubiger auf die Witwe W. kommt auch gemäß § 11 AufwG. bei Aufwertung der persönlichen Forderung nach § 10 Nr. 5 eine Abweichung vom normalen Höchstsatz nicht in Betracht. Wenn nun auch in den Entscheidungen V B 26/26 und V B 27/26 angenommen worden ist, daß die Veräußerung der Grundstücke nach dem zu vermutenden Willen der Parteien nur zu einem Preise erfolgen sollte, der dem Geldwert zur Zeit des Angebots oder zur Zeit des Abschlusses des Schwarzkaufs entspricht, und es deshalb dort zugelassen worden ist, der Aufwertung der persönlichen Restkaufgeldforderung und der hierzu erforderlichen Berechnung des Goldmarkbetrags diese Zeitpunkte zugrunde zu legen, so gilt dies doch zunächst nur für das Verhältnis der Vertragschließenden untereinander und deshalb auch im Falle eines Rechtsübergangs der in § 3 Abs. 1 Nr. 2 bis 11 AufwG. bezeichneten Art. War für die Festsetzung des Entgelts dessen damaliger Geldwert bestimmend und haben die Parteien auch später bei der Vollendung oder beim Eintritt der Wirksamkeit des Vertragsschlusses einander das gewähren wollen, was sie früher einander zu gewähren beabsichtigt hatten, so ist diese Zurückdatierung der Wirkungen des Rechtserwerbs im Verhältnis zwischen den Parteien maßgebend. Dagegen steht es nicht in ihrer Macht, mit Wirkung gegenüber Dritten den Zeitpunkt des Rechtserwerbs abweichend von den gesetzlichen Vorschriften zu regeln. Denn die Verpflichtungen Dritter können ohne deren Einwilligung durch Vereinbarungen der Parteien nicht erweitert werden (vgl. Neukirch Aufwertungsgesetz S. 57 Nr. 5).

Für das Verhältnis der Beschwerdeführerin zum Schuldner B. muß es deshalb bei der gesetzlichen Regelung des Erwerbstags, wie sie in §§ 2, 3, 5 AufwG. erfolgt ist, sein Bewenden behalten. Dadurch, daß die Hypothek, als sie auf die Beschwerdeführerin im Grundbuch umgeschrieben wurde, keine Buchhypothek mehr blieb, sondern gleichzeitig in eine Briefhypothek umgewandelt wurde, ändert sich an der Rechtslage nichts Wesentliches. Denn auch wenn man die Vermutung, die der § 5 Abs. 1 AufwG. für den Zeitpunkt der Abtretung einer sich nach § 1154 Abs. 1 BGB. vollziehenden Briefhypothek aufstellt, hier überhaupt Platz greifen lassen wollte, obwohl die Hypothek bei Ausstellung der Abtretungsurkunde überhaupt noch keine Briefhypothek war, so würde sie jedenfalls dadurch entkräftet, daß der Hypothekenbrief erst im April 1919 gebildet und der Beschwerdeführerin ausgehändigt worden ist. Eine frühere Vollendung des Erwerbs als im April 1919 hat daher keinesfalls stattgefunden. Hiernach hat das Landgericht es mit Recht abgelehnt, den von der Gläubigerin angegebenen Zeitpunkt der Aufwertung zugrunde zu legen. Die weitere Beschwerde war daher zurückzuweisen.

Register.

Die Zahlen bedeuten die Seiten.

A. Sachregister.

A

K

L

M

N

O

P

R

B. Gesetzesregister.

1. Reichsrecht.

a. Bürgerliches Gesetzbuch.

2. Landesrecht.

Braunschweig.

Bremen.

Hamburg.

Preußen.

a. Allgemeines Landrecht.

b. Einzelne Gesetze und Verordnungen.

Thüringen.

3. Ausländisches Recht.

England.

C. Zusammenstellung der Entscheidungen nach der Zeitfolge.

Zusammenstellung

der

im 117. Bande

mitgeteilten Entscheidungen

nach

Oberlandesgerichtsbezirken.

(Die Zahlen bezeichnen die Nummern der Entscheidungen.)

Berlin . . . . . . 1. 2. 4. 5. 11. 17. 20. 21. 24. 31. 34. 37. 38. 40. 43. 53. 58. 61. 62. 70. 81. 82.
Braunschweig . 6.
Breslau . . . . . 27. 73.
Celle . . . . 9. 29. 35. 63. 84.
Dresden . . . . . 32. 77. 83.
Düsseldorf . . . 14. 25. 30. 85.
Frankfurt a. M. 22.
Hamburg . . . . 7. 19. 26. 41. 49. 51. 52. 65. 68. 69. 78. 79. 80.
Hamm . . . . . . 10. 13.
Jena . . . . 23. 28. 54. 64.
Karlsruhe . . . 12. 15.
Kiel . . . . 42. 45. 50. 57.
Köln . . . . 3. 55.
Königsberg . . . 39.
München . . . . 33.
Naumburg a. S. 8. 46. 47. 74.
Stettin . . . . . . 36. 67. 72.
Stuttgart . . . . 75.

—

Landgericht I Berlin . . . . 16. 48.
Landgericht III Berlin . . . . 86.
Landgericht Bremen . . . . 76.
Landgericht Breslau . . . . 18.
Landgericht Karlsruhe . . . . 66.
Landgericht Koblenz . . . . 60.
Landgericht Köln . . . . 44.
Landgericht Königsberg . . . . 59.
Landgericht Naumburg a. S. . . . . 71.
Landgericht Oppeln . . . . 56.
Landgericht Ulm . . . . 87.

Berichtigungen.

Hundertundsiebzehnter Band.

S. 99 Z. 3 v. u. statt „Gläubigerin" lies „Schuldnerin".
„ 237 „ 11 v. u. statt „unterschoben" lies „untergeschoben".
„ 274 „ 16 v. u. statt „1922" lies „1927".

FSC
www.fsc.org
MIX
Papier | Fördert
gute Waldnutzung
FSC® C083411

Kolibri 360 GmbH
Ferdinand-Jühlke-Straße 7
99095 Erfurt, Deutschland
produktsicherheit@kolibri360.de